KB218272

머리말

선의 종지에 대하여 不立文字이고 教外別傳이라고 말하면서도 실제로는 不離文字 教內別傳이라는 언설과 문자의 방편을 통해서 정법안장이 전수되어 왔다. 그런 만큼 언설과 문자는 선의 종지를 표현하고 전수하는 방식으로 필요불가결한 요소이다. 이와 같은 언설과 문자로 이루어진 선문헌에는 선의 教義를 비롯하여 선의 역사, 선의 문화, 선의 수행, 선의 행위, 선의 문답 등 다양한 소재가 담겨 있다.

따라서 선종의 역사와 사상과 문화는 선의 문헌을 벗어나서는 불가능하다. 때문에 선문헌에 기록된 내용에 따라서 그 영향을 받아 선의 역사가 전개되는가 하면, 다시 선의 역사로부터 선의 문헌이 영향을 받아 새롭게 간행되기도 한다. 또한 그 내용은 누가 기록했는가에 따라서 상반된 내용으로 기록되는가 하면 상반된 내용으로 해석되기도 한다. 그 결과 동일한 禪理의 기록에 대해서도 그것을 해석하고 활용하는 견해마다 다를 수밖에 없다.

선리의 논쟁은 바로 이런 점에서 가장 첨예한 모습을 보여주고 있다. 선리의 논쟁은 인도선의 경우에 수많은 선법의 창출과 그 전승과 해석과 실천의 결과를 보여주었다. 그러나 菩提達磨로부터 시작되는 중국선의 역사에서는 보다 분명한 이슈를 가지고 나름대로 선리의 논쟁이 일어났음을 보여주고 있다. 그것은 바로 法脈의 正統과 傍系에 대한 기준이 되는 도구였을 뿐만 아니라, 자파에 대한 긍지와 타파에 대한 공격의 원인이 되기도 하였다. 가령 달마의 선법을 누가 계승했는가 하는 점은 초기선종의 역사에서 가장 두드러진 논쟁이었다. 소위 北宗과 南宗의 정통과 방계의 논쟁이 그것

한국 선리논쟁의 전개

김호귀 번역

도서출판 中道

이었다.

나아가서 남종의 역사에서 다시 唐末 및 五代 초기에 형성된 禪宗五家의 분립은 각 門庭의 교화방편에 따른 선리의 이해가 각 파로 전승된 법맥의 문제와 결부됨으로써 자파의 우월성을 강조하는 전등사서와 어록의 출현으로 인하여 더욱더 다양하고 폭넓은 선리의 논쟁으로 드러났다.

가령 般若多羅의 예언으로부터 비롯되어 마조 洪州宗의 세력을 과시하기 위하여 출현한 天王道悟의 날조된 법맥의 주장은 선종법맥에 대한 논쟁으로까지 불거진 것이었는가 하면, 曹洞宗의 五位思想이 조동종 이외의 다른 종파로까지 전개됨으로써 오위의 정통논쟁과 오위의 교의에 대한 논쟁이 오랫동안 지속되었던 것도 또한 선리논쟁의 역사를 화려하게 장식해주었다. 법맥 내지 선리뿐만 아니라 수행의 측면에서도 송대에 새롭게 출현한 默照禪과 看話禪의 수증관도 등장하여 묵조선측에서는 간화선측을 향하여 待悟禪 내지 梯子禪이라고 비판하였는가 하면, 간화선측에서는 묵조선측을 향하여 暗證禪 내지 默照邪禪이라고 서로 비판하였다.

그런데 이와 같이 다양한 중국선종의 선리논쟁 뿐만 아니라 한국선에서도 마찬가지의 선리논쟁의 역사가 등장하였다. 가령 羅末 및 麗初에 출현한 九山門의 교의 가운데서 선과 교의 차별 내지 일치 혹은 융합의 문제가 있었지만 그것은 선의 측면에서 교학과 비교한 일방적인 방식이 모습으로 전개되었다. 그와는 달리 본격적인 선리의 논쟁으로는 고려 중기 이후부터 臨濟宗 중심으로 전승되어 온 까닭에 임제의 종지에 대한 이해와 해석과 적용의 문제가 두드러졌다.

그 연원은 물론 임제종의 세력이 주축을 형성했던 까닭에 『임제록』에 근거한 삼구의 해석과 적용에서 찾아볼 수가 있다. 임제삼구에 대하여 汾陽無德의 어록에 보이는 이해와 그것에 대하여 覺範慧洪이 『臨濟宗旨』를 통해서 보여주고 있는 三句와 三玄와 三要 등에 대한 중국적인 이해는 이윽고 고려 후반기에 眞靜國師 天頙의 『禪門綱要集』의 찬술로 계승되었다. 이로써 『선문강요집』에 보이는 삼구의 해석방식의 모습은 임제의 삼구를 중심으로 전개되었다는 점에서 중국에서 등장했던 선리의 논쟁과 비교해보면 비교적 단순하고 분명하면서도 오랫동안 지속되었다.

『선문강요집』의 내용은 臨濟宗의 宗旨와 雲門宗의 宗旨이지만, 특히 임제종의 종지에 대한 선리의 논쟁은 조선시대 초기 龜谷覺雲의 『拈頌說話』에서 널리 인용 및 논의되었고, 이후 조선시대 후기에 이르러 크게 부각되었다. 白坡亘璇은 58세(1824) 때 『禪門五宗綱要私記』를 통해서 선종오가의 선리에 대하여 나름대로 견해를 피력하였다. 그리고 이후 66세(1832)년에는 다시 『禪文手鏡』을 저술하여 임제삼구를 중심으로 三處傳心과 三種禪 등에 임제삼구의 선리를 응용함으로써 그에 대하여 이후로 선리논쟁이 본격적으로 전개되었다.

『선문수경』의 선리에 대하여 제일 먼저 비판을 가한 인물은 草衣意恂이다. 초의는 『禪門四辨漫語』에서 백파의 견해에 대하여 여러 가지 점에서 반박하고 그 증거를 제시하였다. 이후에 優曇洪基는 백파 문중에 속하는 인물이면서도 『禪門證正錄』에서 초의와 다른 관점에서 백파를 비판하였다. 따라서 초의와 우담이 백파의 견해를 비판한 것은 전혀 별개의 것에 속한다. 그런 만큼 어느 한 사람만의 문제가 아니라 선문의 전체에 걸친 보편적인 양상으로 전개되었다. 그러자 다시 백파의 문중에 속하는 雪竇有炯은 백파의 견해를 옹호하고, 초의와 우담의 견해에 대하여 다시 반박을 가하였다.

이후에 다시 竺源震河는 백파의 견해를 비롯하여 우담과 설두의 견해까지 언급하면서 타당하지 못한 점을 지적하였다. 다만 초의의 견해에 대해서는 특별히 언급하지 않았다. 그런데 진하는 이전에 초의와 우담과 설두가 각각 강도 높게 비판한 태도와 다르게 비교적 미약한 비판을 가하고, 궁극에는 그 비판을 수용하고자 하는 건설적인 입장을 취하였다. 진하는 이전의 선리비판에 대한 종합적인 태도를 취함으로써 전체적으로 비판적인 계승을 지향하였다.

이처럼 한국선의 역사에서 출현한 선리논쟁은 13세기부터 임제삼구를 그 연원으로 하여 20세기 초에 이르기까지 수백 년 동안에 걸쳐 전개되었다. 그러한 과정에서 단순히 임제삼구에 그치지 않고 여래의 삼처전심과 달마의 삼처전심, 그리고 삼처전심과 관련한 祖師禪과 如來禪의 배대, 三句와 三玄과 三要의 관계, 殺人刀와 活人劍의 적용, 三句와 一句의 관계, 義理禪과 格外禪의 적용 등 선리논쟁의 범위에 대해서도 점차 널리 확장되어 갔다.

특히 조선 후기 백여 년에 걸친 치열한 논쟁은 8세기에 불거진 남종과 북종의 정통논쟁 및 명말 청초에 전개된 법맥의 논쟁보다도 오랜 세월에 걸쳐 전개되었고, 중국 선종사에서 출현했던 門庭의 우월의식을 중심으로 전개되었던 논쟁의 양상에 비추어보면 비교적 순수한 선리논쟁의 역사였다는 점에 그 의의를 부여할 수가 있다.

2020년 10월

목 차

제 1 장

한국 선리논쟁의 연원

鎭州臨濟慧照禪師語錄[1]

1.『진주임제혜조선사어록』[2]

臨濟慧照玄公大宗師語錄序[3]

曹溪派列 洶涌而流注無窮 南嶽岐分 巍峨而聯綿不盡. 雲仍曼衍 枝葉滋榮 非止蔭覆人天 抑亦光揚祖道 無說之說 須知意不在言 無聞之聞 果信言非有意. 此皆理極無喩之道 緖餘影響者也. 故臨濟祖師以正法眼明涅槃<妙+?>心 興大智大慈, 運大機大用 棒頭喝下勦絶凡情 電掣星馳卒難搆副 豈容擬議 那許追思 非唯鷄過新羅 欲使鳳趨霄漢 不留朕跡 透脫玄關 令三界迷徒歸一眞實際 天下英流莫不仰瞻 爲一宗之祖 理當然也. 今總統雪堂禪師乃臨濟十八代孫 河北江南遍尋是錄 偶至餘杭得獲是本 如貧得寶, 似暗得燈 踊躍歡呼 不勝感激 遂捨長財 繡梓流通 俵施諸刹 此一端奇事 寔千載難逢 噢 擲地金聲聞四海 定知珠玉價難酬. 元貞二年歲次丁未 大都報恩禪寺住持嗣祖 林泉老人從倫盥手焚香謹序

---

1) 大正新脩大藏經47, pp.495上-506下 수록본.

2)『鎭州臨濟慧照禪師語錄』(大正藏47 수록)은 臨濟義玄(?-865)의 어록으로 제자인 三聖慧然이 기록하였다. 1120년에 圓覺宗演이 重刊하였다. 권두에 馬防의 序가 있고, 이어서 上堂 · 示衆 · 勘辨 · 行錄이 수록되어 있다. 그리고 [眞定十方臨濟慧照玄公大宗師道行碑] · [臨濟正宗碑銘]이 수록되어 있다. 臨濟義玄은 중국 임제종의 개조로서 산동성 조주 남화 출신이다. 黃檗希運의 법을 계승하고 하북성 진주로 가서 호타하 주변에 臨濟院을 짓고 주석하며 선풍을 진작하였다.『임제록』의 [행록] 참조.

3)【原】永享九年版德富猪一郎氏藏本【明】增上寺報恩藏明本古尊宿語錄之內【宮】宮內省圖書寮藏本【甲】慶安二年版大谷大學藏本【乙】延德三年版德富猪一郎氏藏本 明本宮本甲本乙本俱無此序

1) 서문

서문①

임제혜조현공 대종사 어록 서

조계의 물길이 나뉘었지만 높이 물결치며 끝이 없이 흘러내렸다. 남악으로 분기한 것은 높이 솟아 끝이 없이 연면하였다. 거듭하여 구름이 만연하고 지엽이 번영하여 인천을 덮어주는데 그치지 않았을 뿐만 아니라 또한 祖道를 光揚하였다. 무설의 설법은 반드시 그 의미가 언설에 있지 않은 줄 알아야 하고, 무문의 문은 과연 언설이 의미에 있지 않은 줄 믿어야 한다. 이것은 모두 이치가 지극하여 비유를 초월한 道이므로 영향만 남아 있을[緒餘] 뿐이다. 때문에 임제조사는 정법안장 · 열반묘심으로써 大智 · 大慈를 일으켰고, 대기 · 대용을 활용하고 방과 할로써 凡情을 勦絕하였으며, 번개를 휘어잡고 별을 끌어당겼으니, 끝내 그 작략에 계합됨[搆副][4]이 어려웠다. 그러니 어찌 擬議인들 용납하겠는가. 미루어 생각해볼 수밖에 없다.

닭이 신라를 초과할 뿐만 아니라 또한 봉으로 하여금 하늘을 날아가도록 하되 짐적을 남겨두지 않고 현관을 투탈하여 삼계의 미혹한 중생으로 하여금 진실제로 귀일시키려는 것이었으니, 천하의 뛰어난 사람들로 하여금 일종의 조사로서 앙첨하지 않는 사람이 없도록 한 것도 이치상 당연하다.

지금의 총통설당 선사는 이에 임제의 제18대 법손으로서 하북 및 강남으로 이『임제록』을 널리 찾아다녔다. 그런데 여항에 이르러서 이 本을 획득하였는데 마치 가난한 사람이 보배를 얻은 것과 같았고 어둠속에서 등불을 만

---

4) 搆副는 법거량에서 機鋒을 주고받을 때 납자의 근기를 잘 살펴서 그에 상응하는 방편을 베풀어줌으로써 납자로 하여금 계합되도록 해주는 행위를 말한다.

난 것과 같아서 용약하고 환호하며 감격을 주체할 수가 없었다. 그리하여 마침내 長財를 털어서 繡梓하여 유통하며 여러 사찰에 널리 보시하였다. 이와 같은 일단의 기특한 사건은 진실로 천재난봉이다. 오호라. 땅에 던지니 금석 소리[5]가 사해에 떨치고, 주옥은 값을 매길 수가 없는 말임을 정녕코 알겠다.

元貞 2년(1296) 정미년 대도 보은선사의 주지이고 사조비구인 林泉老人 從倫이 손을 씻고 분향하고 삼가 서문을 쓰다.

臨濟慧照玄公大宗師語錄序[6]

薄伽梵 正法眼藏涅槃妙心 付摩訶迦葉 是爲第一祖. 逮二十八祖菩提達磨提十方三世諸佛密印而來震旦 是時中國始知佛法有教外別傳 不立文字 直指人心 見性成佛 厥後優鉢羅花於時出現 芬芳馥郁 一華五葉 香風匝地 寶色照天 各放無量光明 輝映大千世界 其中一大苾芻 爲一大事因緣依棲黃蘗山中 三度參請 三度被打 後向高安灘頭大愚老師處始全印證. 平生用金剛王寶劍 逢凡殺凡 逢聖殺聖 風行草偃 號令八方 如雪色象王 如金毛師子踞地哮吼 狐狸, 野干心破腦裂 百獸見之無不股慄 如驚濤嶮崖 壁立萬仞 使途中之人其行次且不敢擧足下足惟恐喪身失命 雖老子鉗槌者 見之無不汗下 若夫三玄三要奪境奪人金章玉句如風檣陣馬 如迅雷奔霆 凌轢波濤 穿穴嶮固 破碎陣敵 天回

5) 擲地金聲은 땅에 던지면 금석(鐘磬: 악기 이름) 소리가 난다는 것으로, 아름답고 뛰어난 문장을 비유한다.
6) 明本宮本甲本乙本俱無此序

地轉 七縱八橫 幾於截斷衆流 四海學徒莫不望風披靡 故門庭峻峭 孤硬難入 蓋妙用功夫不在文字 不離文字 盡大地作一隻眼者乃能識之末後將正法眼藏却向瞎驢邊滅却 師之出處具載《傳燈》等錄 玆不復贅 自興化奬公而下 子孫雲仍最爲蕃衍盛大 多大根器人 冠映河嶽 騰耀古今 在在處處法席叢林 化俗談眞 重規疊矩 出廣長舌相爲人開堂演法一一如慈明圓公, 琅瑘覺公 皆大法王人天師也 今雪堂大禪師 臨濟十八代嫡孫 琅瑘第十世的派 王臣尊禮 緇素嚮慕 是亦僧中之龍象不忘祖師恩德 每恨臨濟一言一句 一棒一喝 叅承諮決, 升堂入室語錄未大發明 刻梓流行 用廣禪林觀聽 仍求北山居士郭天錫爲作序引 嗚呼 雪堂老師行從上祖師難能之事 愼終追遠 知恩報恩則不無 將五百年風顚老漢吐下唾團 重新拈出供養 今代衲僧還肯咀嚼麽 合浦還珠固爲奇特 冷灰爆豆亦自不妨

大德二年八月 前監察御史郭天錫焚香九拜書

서문②

임제혜조현공 대종사 어록 서

바가범이 정법안장 열반묘심으로써 마하가섭에게 부촉하였는데, 이 사람이 제일조이다. 차례로 28조 보리달마가 시방삼세 제불의 밀인을 가지고 진단으로 도래하였다. 그때 중국은 처음으로 불법에 교외별전 불립문자 직지인심 견성성불이 있는 줄을 알게 되었다. 그 이후에 우발라화가 그때 출현하여 아름다운 향기가 더욱 풍겼고, 一華五葉의 향기로운 바람은 땅을 덮었고 보배 색깔은 하늘까지 빛났는데, 각각 무량한 광명을 내어 대천세계를 밝게 비추어주었다.

그 가운데 한 대필추가 일대사인연을 위하여 황벽산에 주석하면서 세 번이나 참청하다가 세 번이나 얻어맞았다. 그 후에 고안의 탄두대우 노사의 처소를 찾아가서 비로소 온전하게 인가증명을 받았다. 평생토록 금강왕보검을 활용하면서 범부를 만나면 범부를 극복하고 부처님을 만나면 부처님을 극복하여 바람을 일으켜 풀을 쓰러뜨렸고 팔방을 호령하였는데, 마치 흰 코끼리왕과 같고 마치 금모사자가 땅에 버티고 포효하는 것과 같아서 狐狸와 野干은 심장이 파열되고 뇌가 부서졌으며 백수가 그 모습을 보면 전율하지 않은 것이 없었다. 그리고 마치 성난 파도와 험준한 벼랑처럼 壁立萬仞[7]하여 途中人으로 하여금 그 행차에도 또한 감히 擧足下足하지 못하게 하였을 뿐만 아니라 喪身失命할 것을 두려워하게 하였다. 비록 老子(老古錐)의 겸추라고 할지라도 그 모습을 보면 땀을 흘리지 않을 수가 없었다.

이에 대저 삼현 · 삼요 · 탈경탈인의 金章玉句는 마치 風檣陣馬[8]와 같고, 마치 신속한 번개와 맹렬한 우레와 성난 파도가 험준하고 단단한 방벽을 꿰뚫고 적의 진열을 부수는 것과 같았으며, 하늘을 돌리고 땅을 굴리며 七縱八橫으로 자유롭게 截斷衆流하는 것과 같아서 사해의 납자들이 그 바람을 맞고 쓰러지지 않는 사람이 없었다. 때문에 그 문정이 준초하고 단단하여 들어가기 어려웠다. 무릇 묘용의 공부는 문자에 있지 않지만 문자를 벗어나지도 않아서 진대지를 일척안으로 만드는 사람이어야 이에 그것을 알아차릴 수가 있다. 말후에 정법안장이 퇴색할 즈음에는 눈먼 나귀[삼성혜연]를 향하여 그에게서 멸각될 것이라고 하였다.

선사에 대한 출처는『경덕전등록』등에 기록되어 있으므로 여기에서 반복

7) 壁立萬仞은 본디 벼랑이 매우 깨끗하고 높음을 형용한 말인데, 인품이 고결하여 험난한 세파에 흔들리지 않고 의연히 절의를 지킴을 비유하는 말로 쓰인다.

8) 風檣陣馬는 돛이 바람을 타고, 말이 진지 앞에 선다는 뜻으로, 문장이 웅건하거나 필체가 강하고 굳셈을 비유하여 이르는 말이다.

하여 군더더기를 붙이지는 않겠다. 흥화존장 공으로부터 이하 자손인 백운에 이르러 이에 가장 번영하고 성대하여 수많은 대근기인이 물과 산을 冠映하였고 고금을 높이 비추었으며 재재처처가 법석이었고 총림이었으며 세속을 교화함에 진리를 담론하였고 규구가 잘 정비되었으며 광장설상을 내어 사람들에게 개당하여 연법하였다. -- 자명초원공 및 낭야혜각공 등은 모두 대법왕이었고 인천사였다.

지금 설당대선사는 임제의 제18대 적손이고 낭야혜각의 제10세 적파로서, 王臣이 尊禮하였고 緇素가 嚮慕하였는데, 이 또한 선승 가운데 용상이었다. 그는 조사의 은덕을 잊지 않고 매번 임제의 일언 · 일구와 일방 · 일할과 參承 · 諮決과 승당 · 입실한 어록이 아직까지 大發明되지 못한 것을 아쉬워하였다. 이에 刻梓하여 流行시킴으로써 널리 선림에서 觀聽할 수 있도록 하였다. 거듭하여 北山居士 郭天錫에게 서문을 붙여줄 것을 원구하였다.

오호라. 설당노사께서는 종상의 조사들조차 행하기 어려운 일을 실천하여 삼가 追遠을 마쳤으니, 知恩과 報恩이 곧 없지 않았기에 오백 년 동안 풍전노한이 뱉어놓은 말씀을 가지고 거듭해서 새롭게 염출하여 공양하였다. 그러므로 이제 납승들을 대신하여 씹어 먹을 수 있겠는가. 合浦還珠[9]하게 되니 참으로 기특하도다. 이에 찬 재에다 콩을 볶아먹는다고 해도 또한 거리낄 것이 없다.

대덕 2년(1298) 8월에 전감찰어사 곽천석이 분향 및 구배하고 쓰다.

9) 合浦還珠는 진주가 합포로 돌아왔다는 뜻으로 『後漢書』 맹상전에 나오는 이야기이다. 물건이 원래 주인에게 되돌아오거나 떠나갔던 사람이 다시 돌아온 것으로 정치를 잘 베풀어 떠나갔던 민심이 다시 돌아오는 뜻으로도 원용된다.

臨濟慧照玄公大宗師語錄序[10]

竊以黃蘗山高 便敢當頭捋虎 滹沱岸遠 亦能順水操舟 旣露惡毒爪牙 仍顯慈悲手段 欄腮一掌 免煩著齒粘唇 劈肋三拳 可謂傾心吐膽 三玄在手 七事隨身 觸之則石裂崖崩 擬之則雷轟電掣 門庭孤峻 閫奧宏深 只可望崖 不可趣向 玆者總統雪堂和尚 憫巴歌唱而和寡 嗟雪曲彈而應稀 語錄闕文 叢林罕見 遂旁求釋子而再起斯文 欲鏤板以廣流通 俾參玄而得受用 弘揚祖道 垂裕後昆 棒頭喝下須明石火電光 正案傍提要顧眉毛鼻孔 其他機緣備載前錄 不勞再擧 噫 臨濟祖師六傳而至汾陽大宗師 汾陽下傑出六大尊者——曰慈明圓,曰瑯琊覺 圓傳陽岐會 會傳白雲端 端傳五祖演 演傳佛果勤佛鑑,天目齊 佛果傳虎丘隆,大慧杲 虎丘隆傳應菴華 華傳密菴傑 傑傳松源岳 岳傳無德<得?>通 通傳虛舟度 度傳徑山虎巖伏 天目齊傳汝<懶?>州和 和傳竹林寶 寶傳竹林安<庵?> 安傳竹林海 海傳慶壽<中和=>璋 白澗一歸雲宣 宣傳平山亮 白澗一傳冲虛昉,懶牧歸 慶壽璋傳海雲大宗師竹林彝 彝傳龍華惠 海雲傳可菴朗 龍宮玉 頤菴儇 可菴傳太傅劉文貞公 慶壽滿 龍宮玉傳大名海 頤菴傳慶壽<西雲=>安 瑯琊覺傳泐潭月 月傳毘陵眞 眞傳白水白 白傳天寧黨 黨傳慈照純 純傳鄭州寶 寶傳竹林藏 慶壽亨 少林鑑 慶壽亨傳東平汴 大原昭 少林鑑傳法王通 通傳安閑覺 覺傳南京智西菴贇 南京智傳壽峯湛 西菴贇傳雪堂仁——雪堂乃臨濟十八世孫也 莫不門庭孤峻 機辯縱橫 俱是克家子孫 燈燈續焰直至如今 可謂源清流長 此之謂也 雪堂禪師乃吾三世祖 囑予爲序 率爾書之 腦後見腮,頂門具眼者大發一笑 開泰退堂 襲祖第二十世孫五峯普秀齋沐焚香拜書

10) 明本宮本甲本乙本俱無此序

서문③

임제혜조현공 대종사 어록 서

생각해보면 황벽산은 높았지만 감히 그곳에 가서 호랑이를 쓰다듬어주었고, 호타하 물가는 멀지만 또한 물을 따라서 배를 저어갔다. 이미 악독한 발톱을 드러냈지만 거듭하여 자비의 수단도 드러내주었다. 한 차례 뺨을 얻어맞고는 번뇌를 벗어나 침묵하더니 옆구리를 세 번이나 쥐어박았으니, 가히 속마음을 털어놓았다고 말할 수 있겠다. 삼현은 손에 있고 七事는 몸에 있으니, 그것을 따른 즉 바위가 부서지고 벼랑이 무너지며, 그것을 어찌하려고 한 즉 우레가 치고 번개를 낚아채는 격이다. 문정이 고준하고 문턱은 더욱 심오하여 단지 벼랑 끝만 바라볼 뿐 나아가지 못한다.

이에 총통설당 화상은 속가만 불러댈 뿐 和唱하는 사람이 드문 것을 불쌍하게 여겼고, 白雪曲을 타도 상응하는 사람이 드문 것을 탄식하였다. 어록에는 누락된 글자가 있고 총림에서도 보기 드물게 되었다. 이에 마침내 널리 釋子를 찾아다니면서 다시 이 글[임제록]을 일으켜 鏤板하여 널리 유통시켜서 참현하여 수용을 얻도록 돕고 조도를 널리 드날려서 후인에게 풍부한 자료를 전해주고자 하였다. 방을 때려주고 할을 내려주는 데에는 반드시 전광석화와 같아야 하고, 正案과 傍提로는 요컨대 眉毛와 鼻孔을 돌아보게 해주어야 한다. 기타 기연은 이전의 기록에 잘 수록되어 있으므로 번거롭게 다시 언급하지 않겠다.

아! 임제조사로부터 6전하여 분양무덕 대종사에 이르렀고, 분양의 문하에서 걸출한 六大尊者 -- 자명초원, 낭야혜각, 초원은 양기방회에게 전승하였고, 방회는 백운수단에게 전승하였으며, 수단은 오조법연에게 전승하였고, 법연은 불과극근 · 불감혜근 · 天目齊 등에게 전승하였다.

불과극근은 호구소륭 · 대혜종고에게 전승하였고, 호구소륭은 응암담화에게 전승하였으며, 담화는 밀암함걸에게 전승하였고, 함걸은 송원숭악에게 전승하였으며, 숭악은 무덕〈득?〉각통에게 전승하였고, 각통은 허주보도에게 전승하였으며, 보도는 경산의 호암정복에게 전승하였다. 그리고 천목제는 여〈나?〉주화에게 전승하였고, 화는 죽림보에게 전승하였으며, 보는 죽림안〈암?〉에게 전승하였고, 안〈암?〉은 죽림해에게 전승하였으며, 해는 경수〈中和=〉장 · 白澗一 · 歸雲宣에게 전승하였는데, 여기에서 귀운선은 平山亮에게, 백운일은 충허방 및 나목귀에게, 경수〈중화〉장은 해운대종사(海雲印簡) 및 죽림이에게 각각 전승하였다. 죽림이는 용화혜에게 그리고 해운인간은 가암랑 · 용궁옥 · 이암현에게 각각 전승하였다. 가암랑은 태부 유문정 공〈거사=〉 · 경수〈만암=〉만에게 전승하고, 용궁옥은 대명해에게 전승하였으며, 이암현은 경수〈서운=〉안에게 전승하였다. 낭야혜각은 늑담효월에게 전승하였고, 효월은 비릉진에게 전승하였으며, 진은 백수백에게 전승하였고, 백은 천녕당에게 전승하였으며, 당은 자조순에게 전승하였고, 순은 정주보에게 전승하였으며, 보는 죽림장 · 경수정 · 소림감에게 전승하였다. 경수정은 동평변 · 태원소에게 전승하였다. 소림감은 법왕통에게 전승하였고, 통은 안한각에게 전승하였으며, 각은 남경지 · 서암빈에게 전승하였다. 남경지는 수봉담에게 전승하였다. 서암빈은 설당인에게 전승하였다. ——

설당은 이에 임제 18세 법손이다. 그 문정은 고준하지 않음이 없고, 선기와 언변은 종횡하여 모두 克家의 자손들로서 燈燈續焰하여 곧 지금까지 이른다. 그러므로 가히 근원이 맑으면 흐름이 오래간다는 말은 이를 두고 한 말이다.

설당선사는 이에 나[五峯普秀]의 3世祖로서 子에게 序를 부촉하셨으니, 그에 따라서 序를 쓰게 된 것이다. 腦後見腮[11] 및 頂門具眼의 사람이라면 크게 웃어버리고 문을 크게 열어젖히고 退堂할 것이다.

임제조사를 이은[襲祖] 제20세 법손 오봉보수가 齋沐하고 焚香하고 예배하고 쓰다.

鎭州臨濟慧照禪師語錄序[12)]

延康殿學士 金紫光祿大夫 眞定府路安撫使 兼馬步軍都總管 兼知成德軍府事 馬防撰

黃檗山頭曾遭痛棒 大愚肋下方解築拳 饒舌老婆 尿床鬼子 這風顚漢再捋虎鬚 巖谷栽松 後人標榜 钁頭斸地 幾被活埋 肯箇後生 驀口自摑辭焚机案 坐斷舌頭 不是河南 便歸河北 院臨古渡 運濟往來 把定要津壁立萬仞 奪人奪境 陶鑄仙陀 三要三玄 鈐鎚衲子 常在家舍 不離途中無位眞人 面門出入 兩堂齊喝 賓主歷然 照用同時 本無前後 菱花對像虛谷傳聲 妙應無方 不留朕跡 拂衣南邁 戾止大名 興化師承 東堂迎侍銅瓶鐵鉢 掩室杜詞 松老雲閑 曠然自適 面壁未幾 密付將終 正法誰傳瞎驢邊滅 圓覺老演 今爲流通 點撿將來 故無差舛 唯餘一喝 尙要商量具眼禪流 冀無賺擧 宣和庚子中秋日謹序

11) 腦後見腮뒤에서 턱이 보일 정도로 하악골이 돌출되어 있는 사람. 골상학에서 말하는 도둑상이기 때문에 조금도 방심하는 틈을 내보이지 않는 사람으로서 아주 똑똑한 남자를 의미한다.

12) 明本宮本甲本無此序

서문④

진주임제혜조선사어록서

연강전의 학사이고, 금자광록대부이며, 진정부로의 안무사이고, 겸마보군의 도총관이며, 겸 지성덕군의 부사인 마방이 찬술하다

황벽산에서 일찍이 痛棒을 맛보고서 대우의 옆구리를 바야흐로 주먹질해줄 수가 있었다. 오지랖이 넓은 노파(대우)가 '이 오줌싸개야.'라고 말했고, (황벽은) '이 풍전한이 또 호랑이 수염을 잡는구나.'라고 말했다. 바위계곡에다 소나무를 심은 것은 후인의 모범이었다. 괭이로 땅을 파니 (황벽과 목주가) 자칫 생매장당할 뻔하였다. (황벽은) 임제를 긍정한 말을 했다가 돌연히 자기의 말문이 막히고 말았다. (임제는 황벽을 하직하며) 책상[13]을 불살라버리라고 말하였고, (황벽은 임제에게) 천하인의 입을 틀어막으라고 말했다. (임제가) 하남 아니면 하북으로 가겠다고 하직하고, 古渡의 임제원에서 왕래하는 사람을 제도하였다.

要津을 굳게 지키니 만 길이나 되는 벼랑과 같았다. 사람을 부정하고 경계를 부정하면서 뛰어난 납자[仙陀][14]를 길러냈다. 삼요와 삼현으로써 납자를 단련시켰고, 항상 家舍에 있으면서도 교화[途中]를 도외시하지 않았다.

---

13) 황벽이 백장에게서 인가의 의미로 부여받은 책상을 가리킨다.

14) 仙陀는 先陀婆로서 鹽 · 器 · 水 · 馬의 의미가 있다. 왕이 선타파를 찾을 때 훌륭한 신하는 왕의 의중을 잘 파악하여 네 가지 가운데 어김없이 필요한 한 가지를 준비해드렸다고 한다. 여기에서는 뛰어난 제자를 가리킨다. 『大般涅槃經』 卷9, (大正藏12, p.421上-中) "善男子 如來密語甚深難解 譬如大王告諸群臣 先陀婆來 先陀婆者 一名四實 一者鹽 二者器 三者水 四者馬 如是四法 皆同此名 有智之臣善知此名 若王洗時索先陀婆 卽便奉水 若王食時索先陀婆 卽便奉鹽 若王食已將欲飮漿索先陀婆 卽便奉器 若王欲遊索先陀婆 卽便奉馬"

무위진인이 항상 눈앞에 출입하였다. 양당의 수좌가 동시에 할을 해댔지만 빈주가 분명하였고, 조용은 동시이며, 본래 전후가 없었다. 거울[菱花]은 물상을 상대하였고, 빈 계곡에다 소리를 전달하였다. 어떤 방편도 무방하여 조짐과 흔적을 남기지 않았다. 옷소매를 떨치고 남방으로 가서 大名府에 주석하였다.

흥화존장이 임제를 계승하여 동당에 모셨다. 구리 물병과 철 발우를 지니고 문을 걸어잠그고 입을 다물었다. 노송과 흐르는 구름을 보며 유유자적하였다. 면벽하다 이윽고 은밀하게 부촉하고 임종에 이르러 정법을 누구한테 전승할까 하니 눈먼 나귀[삼성혜연]가 말아먹겠구나. 원각(설봉)종연(1074-1146) 노승이 연법하여 지금 유통하였는데 점검해보니 어그러짐이 없다. 오직 한 마디 할을 하노니, 잘 받들어 상량해보라. 안목이 있는 납자에게 바라노니 부디 잘못 거양하지 말라.

선화연간 경자면(1120) 중추일에 삼가 쓰다.

鎭州[15]臨濟慧照禪師語錄[16]
住三聖嗣法小師慧然集[17]
진주임제혜조선사어록
삼성에 주석하는 사법소사 혜연이 집록하다

府主王常侍與諸官請師升座 師上堂 云山僧今日事不獲已 曲順人情方登此座 若約祖宗門下稱揚大事 直是開口不得 無爾措足處 山僧此日以常侍堅請 那隱綱宗 還有作家戰將直下展陣開旗麼 對衆證據看

2) 상당법어

상당①

하북부의 왕상시가 제관과 함께 임제에게 승좌해줄 것을 청했다. 임제가 상당하여 말했다.

"산승은 오늘 부득이하게 애써 인정을 따라서 이 자리에 오르게 되었습니다. 만약 조종의 문하에서 일대사를 일러 드러내자면 곧 (산승은) 입도 뗄 수가 없고 대중은 발을 붙일 곳도 없습니다. 그러나 산승은 오늘 왕상시께서 간청하니, 어찌 綱宗을 감추어두겠습니까. 본분작가라면 곧장 법석을 펼치고 (강종의) 깃발을 드러내보여야 하지 않겠습니까. 대중에게 증거를 보여줄 테니, 잘들 보시오."

15) 〔鎭州〕-【宮】
16) 〔錄〕-【宮】
17) (住三…集)十字＝(嗣黃蘗)三字【宮】

僧問 如何是佛法大意 師便喝 僧禮拜 師云 這箇師僧却堪持論 問師唱誰家曲 宗風嗣阿誰 師云 我在黃蘗處 三度發問 三度被打 僧擬議師便喝 隨後打 云 不可向虛空裏釘橛去也

승이 물었다.

"불법의 대의란 무엇입니까."

선사가 문득 할을 하자, 승이 예배하였다. 선사가 말했다.

"이 스님하고는 지론할 수가 있겠습니다."

그러자 승이 선사에게 물었다.

"어떤 가풍의 노래를 부르고, 누구의 종풍을 이었습니까."

선사가 말했다.

"나는 황벽의 처소에서 세 번을 질문했는데 번번이 얻어맞았습니다."

승이 뭐라고 말하려고 하자, 선사가 문득 할을 해대고는 바로 때려주고 말했다.

"허공을 향해 말뚝을 박아서는 안 된다."

有座主問 三乘十二分敎豈不是明佛性 師云 荒草不曾鋤 主云 佛豈賺人也 師云 佛在什麽處 主無語 師云 對常侍前擬瞞老僧 速退速退 妨他別人諸問 復云 此日法筵爲一大事故 更有問話者麽 速致問來 爾纔開口 早勿交涉也 何以如此 不見釋尊云 法離文字 不屬因 不在緣故爲爾信不及 所以今日葛藤恐滯常侍與諸官員 昧他佛性 不如且退 喝一喝 云 少信根人終無了日 久立珍重

어떤 좌주가 물었다.

"삼승과 십이분교야말로 어찌 불성을 해명한 것이 아니겠습니까."

선사가 말했다.

"잡초라고 해도 호미질을 할 필요가 없다."

좌주가 물었다.

"부처님께서 어찌 사람을 속였겠습니까."

선사가 말했다.

"부처님이 어디 있단 말입니까."

좌주가 말하지 못하자, 선사가 말했다.

"상시 앞에서 노승을 기만하려고 하는데, 속히 그만 물러나시오. 괜히 다른 사람의 질문까지 방해가 됩니다."

그리고는 다시 말했다.

"오늘의 법연은 일대사를 위한 것인데, 더 질문하려는 사람은 없습니까. 어서 질문을 하시오. 그렇지만 그대가 입을 떼는 찰나에 금방 (일대사와) 멀어지고 맙니다. 왜냐하면 석존께서는 다음과 같이 말했습니다. '법은 문자를 벗어나 있어서 因에도 속하지 않고 緣에도 없기 때문이다.' 그런데도 그대가 (이 말을) 믿지 못한 까닭에 오늘 말이 많아졌습니다. 상시와 제관원을 가로막아 그들의 불성이 묻혀버릴까 염려됩니다. (산승도) 물러나는 것이 좋겠습니다."

할을 한 번 하고나서 말했다.

"믿음이 부족한 사람은 끝내 (일대사를) 해결할 날이 없습니다. 오랫동안들 서 있었습니다. 안녕히 가십시오."

師因[18]一日到河[19]府 府主王常侍請師升座 時麻谷出問 大悲千手眼那箇是正眼 師云 大悲千手眼 那箇是正眼 速道速道 麻谷拽師下座 麻谷却坐 師近前 云不審 麻谷擬議 師亦拽麻谷下座 師却坐 麻谷便出去 師便下座

상당②

선사가 어느 날 하북부에 도착하자, 부주인 왕상시가 선사에게 승좌를 청하였다. 그때 마곡이 나와서 물었다.

"대비의 천개 손과 눈 가운데 어느 것이 곧 정안입니까."

선사가 말했다.

"대비의 천개 손과 눈 가운데 어느 것이 곧 正眼인지 속히 말해 보십시오."

이에 마곡은 선사를 끌어내리고 마곡이 법좌에 앉았다. 그러자 선사가 다가와서 말했다.

"안녕하십니까."

마곡이 답하려고 하자, 선사도 또한 마곡을 법좌에서 끌어내리고 선사가 법좌에 앉았다. 이에 마곡이 곧 밖으로 나가버리자, 선사도 곧장 법좌에서 내려왔다.

---

18) 〔因〕-【明】【宮】
19) 河+(北)【明】

上堂云[20] 赤肉團上有一無位眞人 常從汝等諸人面門出入 未證據者看看 時有僧出問 如何是無位眞人 師下禪床把住 云道道 其僧擬議 師托開 云無位眞人是什麽乾屎橛 便歸方丈

상당③

상당하여 말했다.

"육신에 한 무위진인이 있는데, 항상 그대들 대중의 눈앞에서 출입합니다. 그런데 아직도 자각하지 못한 사람은 잘 살펴보시오."

그때 어떤 승이 나와서 물었다.

"무위진인이란 무엇입니까."

선사가 법상에서 내려와 멱살을 잡고 말했다.

"자, 어서 말해 보십시오."

그 승이 말하려고 하자, 선사가 밀쳐버리고 말했다.

"무위진인이 뭐라고 말한들 그것은 건시궐일 뿐입니다."

곧장 방장실로 돌아갔다.

上堂[21] 有僧出禮拜 師便喝 僧云 老和尚莫探頭好 師云 爾道落在什麽處 僧便喝 又有僧問 如何是佛法大意 師便喝 僧禮拜 師云 爾道好喝也無 僧云 草賊大敗 師云 過在什麽處 僧云 再犯不容 師便喝 是日兩堂首座相見 同時下喝 僧問師 還有賓主也無 師云 賓主歷然 師云 大

---

20) 〔上堂云〕-【宮】*

21) 〔上堂〕-【宮】* [* 1 2 3]

衆要會臨濟賓主句 問取堂中二首座 便下座

상당④

상당하자, 어떤 승이 나와서 예배하였다. 선사가 곧장 할을 하자, 승이 말했다.

"노화상께서는 간을 보려고 하지 마십시오."

선사가 말했다.

"그대는 할의 낙처가 어디인가 말해 보라."

그러자 승이 곧장 할을 하였다.

또 어떤 승이 물었다.

"불법의 대의는 무엇입니까."

선사가 곧장 할을 하자, 승이 예배하였다. 이에 선사가 물었다.

"말해 보라. 훌륭한 할이었는가."

승이 말했다.

"초적(승 자신)이 대패하고 말았습니다."

선사가 말했다.

"(대패하였다면) 그 허물은 어디에 있는가."

승이 말했다.

"재범은 못하겠습니다."

선사가 곧장 할을 하였다.

그날 양당의 수좌가 상견하여 동시에 할을 하자, 승이 선사에게 물었다.

"여기에 빈주가 따로 있습니까."

선사가 말했다.

"빈주가 분명하다."

그리고 선사가 말했다.

"대중은 임제의 빈주구를 알고 싶으면 당중의 두 수좌에게 물어보시오."
곧장 법좌에서 내려왔다.

[*]上堂 僧問 如何是佛法大意 師竪起拂子 僧便喝 師便打 又 僧問 如何是佛法大意 師亦竪起拂子 僧便喝 師亦喝 僧擬議 師便打 師乃云 大衆 夫爲法者 不避喪身失命 我二十年在黃蘗<檗?>先師處三度問 佛法的的大意 三度蒙他賜杖 如蒿枝拂著相似 如今更思得一頓棒喫 誰人爲我行得 時有僧出衆云 某甲行得 師拈棒與他 其僧擬接 師便打

상당⑤

상당을 하자, 승이 물었다.

"불법의 대의는 무엇입니까."

선사가 불자를 치켜세웠다. 승이 곧장 할을 하자, 선사가 곧장 때려주었다.

또 승이 물었다.

"불법의 대의는 무엇입니까."

선사가 또 불자를 치켜세웠다. 승이 곧장 할을 하자, 선사도 또한 할을 하였다. 승이 어찌하려고 하자 선사가 곧장 때려주었다.

선사가 이에 말했다.

"대중이여, 대저 불법을 추구하는 사람이라면 喪身失命도 회피하지 말아야 한다. 산승은 20년 전에 黃檗先師 처소에서 세 차례 불법의 적적대의를 묻고 세 차례 그분이 내려준 몽둥이를 맞았는데, 마치 쑥대로 맞은 것과 같았다. 지금도 다시 一頓棒을 맞보고 싶은데, 나를 때려줄 사람은 누구입니까."

그때 어떤 승이 대중 가운데서 나와 말했다.

"제가 하겠습니다."

선사가 주장자를 들어 그에게 건네주니, 그 승이 받으려는 찰나 선사가 곧장 때려주었다.

[*]上堂 僧問 如何是劍刃上事 師云 禍事 禍事 僧擬議 師便打 問 秖如石室行者 踏碓忘却移脚 向什麽處去 師云 沒溺深泉 師乃云 但有來者不虧欠伊 總識伊來處 若與麽來 恰似失却 不與麽來 無繩自縛 一切時中莫亂斟酌 會與不會都來是錯 分明與麽道 一任天下人貶剝 久立珍重

상당⑥

상당을 하자, 승이 물었다.

"칼날 위의 수행이란 무엇입니까."

선사가 말했다.

"위험하다. 너무 위험하다."

승이 어쩌려고 하자, 선사가 곧장 때려주었다.

승이 물었다.

"가령 石室行者[22]가 방아를 찧고 있는 것도 잊은 경우에는 어디로 가고 있는 것입니까."

선사가 말했다.

"깊은 샘물에 빠져버렸다."

22) 石室行者는 청원행사의 제4세로서 石室善道이다.

선사가 이에 말했다.

“무릇 찾아오는 사람은 놓치지 않고 죄다 찾아온 까닭을 알고 있습니다. 만약 이렇게 온 사람이라면 흡사 모자란 것이고, 저렇게 온 사람이라면 줄도 없이 스스로 묶인 것입니다. 그러므로 일체시에 함부로 짐작해서는 안 됩니다. 알아도 몰라도 모두 착각입니다. 분명히 말하건대, 천하인의 평판에 맡겨두겠습니다. 오랫동안 세워두었습니다. 안녕히 가십시오.”

[*]上堂 云 一人在孤峯頂上 無出身之路 一人在十字街頭 亦無向背 那箇在前 那箇在後 不作維摩詰 不作傅大士 珍重

상당⑦

상당하여 말했다.

“어떤 사람은 고봉정상에 있어도 세속을 벗어날 길이 없고, 어떤 사람은 십자가두에 있어도 또한 무방하게 자유롭습니다. 그러면 누가 뛰어나고 누가 하열한 것입니까. (고봉정상의) 유마힐이 뛰어난 것도 아니고 (십자가두의) 부대사가 하열한 것도 아닙니다. 안녕히 가십시오.”

[*]上堂 云 有一人論劫在途中不離家舍 有一人離家舍不在途中 那箇合受人天供養 便下座

상당⑧

상당하여 말했다.

"어떤 한 사람은 영겁토록 도중에 있건만 가사를 벗어나 있지 않고, 어떤 한 사람은 가사를 떠나 있건만 도중에 있지 않습니다. 그러면 어떤 사람이 인천의 공양을 받겠습니까."

그리고는 곧장 법좌에서 내려왔다.

[*]上堂 僧問 如何是第一句 師云 三要印開朱點側[23] 未容擬議主賓分 問 如何是第二句 師云 妙解豈容無著問 漚和爭負截流機 問 如何是第三句 師云 看取棚頭弄傀儡 抽牽都來[24]裏有人 師又云 一句語須具三玄門 一玄門須具三要 有權 有用 汝等諸人作麽生會 下座

상당⑨

(임제가) 상당을 하자, 승이 물었다.

"제일구란 무엇입니까."

선사가 말했다.

"'삼요의 심인이 열리니 붉은 점이 드러납니다. 주체와 객체를 분별하려는 것조차 용납되지 않습니다."

승이 물었다.

"제이구란 무엇입니까."

선사가 말했다.

"문수가 어찌 무착의 질문을 인정하겠습니까. 그렇지만 방편의 입장에서

23) 側=窄【明】

24) 來裏有=藉裏頭【明】

어찌 수행납자를 저버리겠습니까.”

승이 물었다

“제삼구란 무엇입니까.”

선사가 말했다.

“무대에서 재롱을 떠는 꼭두각시를 보십시오. 그 장난은 막후에 있는 사람에 달려 있습니다.”

선사가 다시 말했다.

“일구어에는 반드시 삼현문을 갖추고 있습니다. 일현문에는 반드시 삼요를 갖추고 있는데, 權도 있고 實도 있습니다. 대중은 모두 어떻게 이해하겠습니까.”

그리고는 법좌에서 내려왔다.

師晩參示衆云 有時奪人不奪境 有時奪境不奪人 有時人境俱奪 有時人境俱不奪 時有僧問 如何是奪人不奪境 師云 煦日發生鋪地錦 瓔[25]孩垂髮白如絲 僧云 如何是奪境不奪人 師云 王令已行天下遍 將軍塞外絕烟塵 僧云 如何是人境兩俱奪 師云 幷汾絕信 獨處一方 僧云 如何是人境俱不奪 師云 王登寶殿 野老謳歌 師乃云 今時學佛法者 且要求眞正見解 若得眞正見解 生死不染 去住自由 不要求殊勝 殊勝自至 道流 秖如自古先德 皆有出人底路 如山僧指示人處 秖要爾不受人惑 要用便用 更莫遲疑 如今學者不得 病在甚處 病在不自信處 爾若自信

25) 瓔[孆>瓔]=嬰【明】

不及 卽便忙忙[26]地徇[27]一切境轉 被他萬境回換 不得自由 爾若能歇得念念馳求心 便與祖佛不別 爾欲得[28]識祖佛麽 秖爾面前聽法底是學人信不及 便向外馳求 設求得者 皆是文字勝相 終不得他活祖意 莫錯諸禪德 此時不遇 萬劫千生輪回三界 [*]徇好境掇去 驢牛肚裏生道流 約山僧見處 與釋迦不別 今日多般用處 欠少什麽 六[29]道神光未曾間歇 若能如是見得 秖是一生無事人 大德 三界無安 猶如火宅 此不是爾久停住處 無常殺鬼一刹那間 不揀貴賤老少 爾要與祖佛不別 但莫外求 爾一念心上淸淨光 是爾屋裏法身佛 爾一念心上無分別光 是爾屋裏報身佛 爾一念心上無差別光 是爾屋裏化身佛 此三種身是爾卽今目前聽法底人 秖爲不向外馳求 有此功用 據經論家取三種身爲極則 約山僧見處不然 此三種身是名言 亦是三種依 古人云 身依義立土據體論 法性身 法性土 明知是光影 大德 爾且識取弄光影底人是諸佛之本源 一切處是道流歸舍處 是爾四大色身不解說法聽法 脾胃肝膽不解說法聽法 虛空不解說法聽法 是什麽解說法聽法 是爾目前歷歷底 勿一箇形段孤明 是這箇解說法聽法 若如是見得 便與祖佛不別但一切時中更莫間斷 觸目皆是 秖爲情生智隔想變體殊 所以輪回三界受種種苦 若約山僧見處 無不甚深 無不解脫 道流 心法無形 通貫十方 在眼曰見 在耳曰聞 在鼻嗅香 在口談論 在手執捉 在足運奔 本是一精明 分爲六和合 一心旣無 隨處解脫 山僧與麽說 意在什麽處 秖爲道流一切馳求 心不能歇 上他古人閑機境 道流取山僧見處 坐斷報化

26) 忙忙=茫茫【明】*
27) 徇=狥【明】* [* 1]
28) (得)-【宮】
29) 六=一【明】【宮】

佛頭 十地滿心猶如客作兒 等妙二覺<猶如+?>擔枷鎖漢 羅漢 辟支猶如廁穢 菩提 涅槃如繫驢橛 何以如此 秖爲道流不達三祇劫空 所以有此障礙 若是眞正道人 終不如是 但能隨緣消舊業 任運著衣裳 要行卽行 要坐卽坐 無一念心希求佛果 緣何如此 古人云 若欲作業求佛 佛是生死大兆 大德 時光可惜 秖擬傍家波波地學禪 學道 認名 認句 求佛 求祖 求善知識 意度莫錯 道流 爾秖有一箇父母 更求何物 爾自返照看 古人云 演若達多失却頭 求心歇處卽無事 大德 且要平常莫作模樣 有一般不識好惡禿奴 便卽見神 見鬼 指東劃西 好晴 好雨 如是之流盡須抵債 向閻老前呑熱鐵丸有日 好人家男女被這一般野狐精魅所著 便卽捏怪瞎屢生 索飯錢有日在

3) 시중법어

시중①

선사가 만참에 시중하였다.

"어떤 때는 人을 부정하고 境을 부정하지 않으며, 어떤 때는 境을 부정하지만 人을 부정하지 않으며, 어떤 때는 人과 境을 모두 부정하며, 어떤 때는 人과 境을 모두 부정하지 않습니다."[30]

그때 어떤 승이 물었다.

"人을 부정하고 境을 부정하지 않는 것은 무엇입니까."

30) 人 · 境은 주관(주체)과 객관(외경)이다. 제일구의 境은 人에 상대하는 境이 아니라 純一絕對의 境이다. 바로 그 境에 집착된 凡情 곧 하근기 납자의 견해를 인정하고 그들을 절대의 경지로 고양시켜주려는 것이다. 제이구는 人에 집착된 聖解 곧 중근기 납자를 상대한 것이다. 제삼구는 상근기를 상대한 전체부정이다. 제사구는 超格의 납자를 상대한 절대긍정이다.

선사가 말했다.

"따사로운 햇살은 지천으로 비단처럼 발생시키고, 영아의 긴 수염은 실처럼 하얗습니다."[31]

승이 물었다.

"境을 부정하지만 人을 부정하지 않는 것은 무엇입니까."

선사가 말했다.

"왕의 법령은 천하에 두루 시행되고, 새외의 장군은 煙塵을 끊었습니다."

승이 물었다.

"人과 境을 모두 부정하는 것은 무엇입니까."

선사가 말했다.

"并州와 汾州의 단월이 끊기고 독립하여 한곳에 머뭅니다."

승이 물었다.

"人과 境을 모두 부정하지 않는 것은 무엇입니까."

선사가 말했다.

"왕은 寶殿에 오르고, 야로는 노래합니다."

선사가 이에 말했다.

"오늘날 불법을 닦는 납자라면 먼저 眞正見解를 추구해야 합니다. 만약 진정견해를 터득한다면 생사에 오염되지 않고 거주에 자유로우며 殊勝을 추구하지 않아도 수승에 저절로 이릅니다. 납자들이여, 가령 예로부터 先德에게는 모두 人을 배출하는 길이 있었습니다. 가령 산승이 人에게 지시하는 이치는 단지 대중이 남에게 속지 말고, (진정견해를) 작용해야 할 때 곧장 활용하여 결코 망설이거나 의심하지 말라는 것뿐입니다.

31) 현실에는 없는 것으로 人의 부정에 해당한다.

오늘날 납자들은 그렇지 못하는데 잘못이 무엇이겠습니까. 그 잘못은 자기를 믿지 않는 까닭입니다 대중이 만약 자기를 믿지 못하면 곧 허둥지둥 일체경계에 따라 굴러서 저 만경에 휘둘려서 자유가 없습니다. 대중이 만약 항상 치구심을 그친다면 곧 조사인 부처와 차별이 없습니다. 대중은 조사인 부처를 알고자 합니까. 그것은 바로 면전에서 청법하고 있는 그대들입니다. 납자가 (이와 같은 이치를) 믿지 못하면 곧 밖으로 치구합니다. 설령 (밖으로 치구하여) 터득했다고 할지라도 그것은 모두 문자의 勝相일 뿐이지 끝내 저 活祖意는 터득하지 못합니다.

제선덕은 착각해서는 안 됩니다. 바로 이때를 놓치면 만겁천생토록 삼계에 윤회하면서 좋은 경계를 찾는 것만 좇다가 나귀의 뱃속에 태어납니다. 납자들은 산승의 견처에 의하자면 석가와 차별이 없습니다. 오늘의 다반작용에 무엇이 부족하겠습니까. 육도의 신통광명은 일찍이 그친 적이 없는데, 만약 이와 같이 볼 수가 있으면 그대로 일생토록 無事人입니다.

대덕들이여, 삼계는 안락이 없는데 마치 불난 집과 같습니다. 삼계는 대중이 오랫동안 머물 주처가 아닙니다. 무상살귀는 일찰나 간에도 귀 · 천 · 노 · 소를 가리지 않습니다. 대중이 조사인 부처와 차별이 없으려면 무릇 밖에서 추구하지 말아야 합니다. 대중의 일념심에 있는 淸淨光이 곧 대중 몸속의 법신불이고, 대중의 일념심에 있는 無分別光이 곧 대중 몸속의 보신불이며, 대중의 일념심에 있는 無差別光이 곧 대중 몸속의 화신불입니다. 이 삼종신이야말로 곧 대중이 卽今[時] · 目前[處] · 聽法底[用]의 대중[人]입니다. 다만 밖으로 치구하지 않아야 이 功用이 있습니다. 경론가에 의하면 삼종신의 취득이 극칙이지만 산승의 견처로는 그렇지 않습니다. 이 三種身은 그대로 설명[名言]일 뿐이고 또한 그대로 三種衣일 뿐입니다.

고인은 '불신은 義相에 의거하여 내세운 것이고, 불토는 법성체에 의거하여 논한 것이다.'[32]고 말했습니다. 이에 법성신과 법성토는 곧 光影임을 분명하게 알아야 합니다.

대덕들이여, 대중은 또 光影을 염롱하는 사람이야말로 곧 제불의 본원으로서 일체처가 곧 납자가 돌아가야 할 집인 줄을 알아차려야 합니다. 대저 대중의 사대색신은 설법도 청법도 할 줄 모르고, 脾·胃·肝·膽도 설법도 청법도 할 줄 모르며, 허공도 설법도 청법도 할 줄 모릅니다. 그러면 무엇이 설법 및 청법을 할 줄 알겠습니까. 대중의 목전에 역력한 일개 형단도 없이 고명한 바로 그것이 설법 및 청법을 할 줄 압니다. 만약 이와 같이 변별한다면 곧 조사인 부처와 차별이 없습니다. 무릇 일체시에 간단이 없으면 보이는 그대로 모두 깨침입니다. 단지 "정식이 발생하면 지혜가 막히고 형상이 변하면 본체가 달라진다."[33]는 것입니다. 때문에 삼계에 윤회하며 갖가지 고통을 받습니다. 그러나 만약 산승의 견처에 의하면 甚深하지 않은 것이 없고, 解脫하지 않은 것이 없습니다.

납자들이여, 심법은 형상이 없어도 시방을 관통합니다. 눈에 있으면 본다고 말하고, 귀에 있으면 듣는다고 말하며, 코에 있으면 향기를 맡는다고 말하고, 입에 있으면 담론한다고 말하며, 손에 있으면 잡는다고 말하고, 발에 있으면 달린다고 말합니다. 본래는 하나의 精明이었지만 나뉘어 육근의 화합이 되었습니다. 그러므로 일심이 이미 없는 줄 알면 처하는 곳마다 해탈입니다. 산승이 이처럼 설법하는 의도는 무엇이겠습니까. 단지 납자들 일체

32) 慈恩窺基(632-682)의 『大乘法苑義林章』 卷7, (大正藏45, p.370中) 참조.

33) 『新華嚴經論』 卷1, (大正藏36, p.721上) "夫以有情之本 依智海以爲源 含識之流 總法身而爲體 只爲情生智隔 想變體殊 達本情亡知心體合"; 『祖庭事苑』 卷5, (卍新續藏64, p.380中) "想變體殊 想當作相 形相也 所以對情智也 想變甚無謂 華嚴疏主云 衆生包性德而爲體 依智海以爲源 但相變體殊 情生智隔"

가 치구심을 그치지 못하고 저 고인의 쓸데없는 방편[機境]에만 올라타기 때문입니다.

납자들이 산승의 견처를 얻게 되면 보신불과 화신불의 머리를 좌단하게 됨으로써 십지만심의 보살도 마치 객작아[34]와 같고, 등각과 묘각의 이각도 마치 擔枷鎖漢과 같으며, 나한과 벽지불도 마치 측간의 오물과 같고, 보리와 열반도 마치 繫驢橛과 같습니다. 왜냐하면 단지 납자들이 삼아승지겁이 공임을 통달하지 못한 까닭에 이와 같은 장애가 있습니다.

만약 眞正見解를 지닌 납자라면 끝내 그렇지 않습니다. 무릇 인연을 따라 舊業을 녹여서 마음대로 의상을 걸치고 걷고 싶으면 곧 걷고 앉고 싶으면 곧 앉으며 찰나도 마음에 불과를 희구하지 않습니다. 무슨 인연으로 그러겠습니까. 고인은 '만약 업을 지어서 부처를 추구한다면 그 부처는 곧 생사의 大兆일 뿐이다.'[35]고 말했습니다.

대덕들이여, 時光을 낭비하지 마십시오. 다만 쓸데없이 분주하여 선을 닦네 도를 닦네 하면서 명자와 언구에 집착하고 부처를 추구하고 조사를 추구하며 선지식을 추구하느라고 마음을 계탁하는데, 납자들이여, 착각하지 마십시오. 대중에게는 진실로 일개의 부모가 있는데 다시 무엇을 추구한단 말입니까. 대중 스스로 반조해보십시오. 고인은 '연야달다는 머리를 잃어버렸다고 (찾아헤맸지만) 추구하는 마음을 그치자 곧 번뇌가 없어졌다.'[36]고 말했습니다.

34) 客作兒는 客作 · 客作賤人이라고도 하는데, 자신이 주인임을 모르고 남의 집 머슴처럼 착각하고 일을 하는 사람이란 뜻이다.

35) 寶誌(425-514)의 말이다. 『景德傳燈錄』 卷29 [梁寶誌和尙大乘讚十首], (大正藏51, p.449中) "若欲作業求佛 業是生死大兆 生死業常隨身 黑闇獄中未曉 悟理本來無異 覺後誰晩誰早" 참조.

36) 고인은 미상. 『首楞嚴經』 卷4, (大正藏19, p.121中) 참조.

대덕들이여, 또 요컨대 평상심이 필요하지, 이리저리 모색하거나 형상을 만들지 마십시오. 세간에서 좋고 나쁨도 모르는 어떤 대머리[禿奴]는 鬼·神을 보았다고 하고 동·서를 가리키며, 날씨가 개었다 비가 온다고 말하는 무리가 있습니다. 이와 같은 무리는 모두 세간의 빚을 지고 염라대왕 앞에서 熱鐵丸을 삼키는 날이 있을 것입니다. 양가의 남녀들이 그와 같은 野狐精魅에 꾀임을 받아 곧 해괴하고 눈먼 사람이 되어갑니다. 밥값을 치러야 할 날이 있을 것입니다."

師示衆云 道流 切要求取眞正見解 向天下橫行 免被這一般精魅惑亂 無事是貴人 但莫造作 秖是平常 爾擬向外傍家求過覓脚手 錯了也 秖擬求佛 佛是名句 爾還識馳求底麽 三世十方佛祖出來也秖爲求法 如今參學道流也秖爲求法 得法始了 未得依前輪回五道 云何是法 法者是心法 心法無形 通貫十方 目前現用 人信不及 便乃認名認句 向文字中求意度佛法 天地懸殊 道流 山僧說法 說什么法 說心地法 便能入凡入聖 入淨 入穢 入眞 入俗 要且不是爾眞俗凡聖能與一切眞俗凡聖安著名字 眞俗凡聖與此人安著名字不得 道流 把得便用 更不著名字 號之爲玄旨 山僧說法與天下人別 秖如有箇文殊 普賢出來 目前各現一身問法 纔道咨和尙 我早辨了也 老僧穩坐 更有道流來相見時 我盡辨了也 何以如此 秖爲我見處別 外不取凡聖 内不住根本 見徹更不疑謬

시중②

선사가 시중하였다.

"납자들이여, 간절하게 진정견해를 추구하여 천하를 횡행하며 저 精魅와 같은 무리의 惑亂을 벗어날 것을 요구합니다. 無事가 곧 귀인이므로 무릇 조작하지 말고 단지 평상심을 지녀야 합니다. 대중이 밖을 향해 기웃기웃 지나치며 잔재주[脚手]를 추구하는 것은 착각입니다. 그저 부처를 추구하려고 해도 부처는 명구일 뿐입니다. 대중은 또한 馳求하는 그 주체를 알고 있습니까. 삼세와 시방의 부처와 조사가 출현한 것도 또한 단지 불법을 추구하는 것일 뿐입니다. 지금 참학하고 있는 납자들도 단지 불법을 추구할 뿐입니다. 불법을 터득해야 비로소 완료하는 것이지, 터득하지 못하면 여전히 오도에 윤회합니다.

그렇다면 불법이란 무엇이겠습니까. 불법이란 곧 심법입니다. 심법은 형체가 없지만 시방을 관통하고 목전에 작용을 드러냅니다. 그러나 납자가 그것을 믿지 못하고 곧 명구를 가지고 문자 속에서 불법을 생각으로 헤아리는데 불법과 천지만큼 멀어집니다.

납자들이여, 산승도 설법을 합니다. 어떤 법을 설하는가 하면 심지법을 설합니다. 곧 凡에도 들어가고 聖에도 들어가며 淨에도 들어가고 穢에도 들어가며 眞에도 들어가고 俗에도 들어갑니다. 요컨대 대중은 진 · 속 · 범 · 성에 대하여 일체의 진 · 속 · 범 · 성이라는 명자를 부여할 수가 없습니다. 진 · 속 · 범 · 성은 그런 사람에 의하여 붙는 것이 아닙니다.

납자들이여, 터득했으면 곧 활용하면 그만이지, 다시 명자를 붙여서는 안 됩니다. 그것을 玄旨라고 부릅니다. 산승의 설법은 천하인의 경우와 차별됩니다. 가령 저 문수와 보현이 찾아와서목전에 각각 일신을 드러내어 문법하려고 화상에게 질문을 꺼내자마자 산승은 벌써 勘辨해버립니다. 그리고 노승이 穩坐한 곳에 다시 어떤 납자가 찾아오면 상견하자마자 산승은 벌써 감변해버립니다. 왜냐하면 그저 산승의 견처는 남과 달라서 밖으로는 범 · 성을 취하지 않고 안으로는 근본에도 주함이 없이 견철하고 또 疑謬가 없기 때문입니다."

師示衆云 道流 佛法無用功處 秖是平常無事 — 屙[37]屎 送尿 著衣 喫飯 困來卽臥 — 愚人笑我 智乃知焉 古人云 向外作工[38]夫 總是癡頑漢 爾且隨處作主 立處皆眞 境來回換不得 縱有從來習氣 五無間業 自爲解脫大海 今時學者總不識法 猶如觸鼻羊逢著物安在口裏 奴郎不辨 賓主不分 如是之流邪心入道 鬧處卽入不得 名爲眞出家人 正是眞俗家人 夫出家者 須辨得平常眞正見解—辨佛 辨魔 辨眞 辨僞 辨凡 辨聖…若如是辨得 名眞出家 若魔 佛不辨 正是出一家入一家 喚作造業衆生 未得名爲眞出家 秖如今有一箇佛魔同體不分 如水乳合鵝王喫乳 如明眼道流 魔 佛俱打 爾若愛聖憎凡 生死海裏浮沈

시중③

선사가 시중하였다.

"납자들이여, 불법은 무공용의 이치입니다. 그러므로 단지 평상무사하면 됩니다. -- 똥을 누고, 오줌을 누며, 옷을 걸치고, 밥을 먹으며, 피곤하면 곧 잠을 자면 됩니다. -- 어리석은 사람은 나를 비웃지만 지혜로운 사람은 이에 그것을 압니다. 고인이 말했습니다. '밖을 향하여 공부하는 것은 모두가 어리석은 사람이다.'[39] 대중은 가는 곳마다 주인공이고, 서 있는 곳마다

---

37) 屙=阿【宮】

38) 工=功【宮】

39) 南嶽明瓚은 북종 普寂(651-739)의 법사이다. 『景德傳燈錄』 卷30 [南嶽懶瓚和尙歌], (大正藏51, p.461中) "向外覓功夫總是癡頑漢"

깨침입니다. 어떤 경계가 도래해도 대중을 바꾸지 못합니다. 설령 종래의 습기와 오무간업이 있었더라도 본래부터 해탈대해입니다.

오늘날의 납자는 도통 불법을 몰라서 마치 양이 코에 닿는 물건을 입속에 집어넣는 것과 같아서 머슴인지 양반인지 변별하지 못하고 주인인지 손님인지 분간하지 못합니다. 이와 같은 무리가 사심으로 불도에 들어와서 소란을 피운즉 眞出家人이라고 말할 수가 없고 바로 眞俗家人입니다.

대저 출가자라면 반드시 평상의 진정견해를 터득해야 합니다. 곧 佛과 魔를 변별하고, 眞과 僞를 변별하며, 凡과 聖을 변별해야 합니다. 만약 이와 같이 변별하면 진출가라고 말합니다. 만약 魔와 佛을 변별하지 못하면 바로 출가하였지만 입가한 것이 되어 업을 짓는 중생으로 아직은 진출가라고 말할 수가 없습니다. 가령 지금 여기에 佛과 魔가 있는데 同體로서 나눌 수 없는 것이 마치 水와 乳가 합쳐져 있는 것과 같다고 가정합시다. 鵝王은 우유만 골라먹지만,[40] 저 명안납자는 魔와 佛을 모두 타파합니다. 만약 대중이 聖을 좋아하고 凡을 싫어한다면 생사의 바다에서 부침하는 것과 같습니다.[41]"

問 如何是佛 魔 師云 爾一念心疑處是魔[42] 爾若達得萬法無生 心如幻化 更無一塵 一法 處處清淨是佛 然佛與魔是染 淨二境 約山僧見處無佛 無衆生 無古 無今 得者便得 不歷時節 無修 無證 無得 無失 一切時中更無別法 設有一法過此者 我說如夢 如化 山僧所說皆是 道流

40) 『正法念處經』 卷64, (大正藏17, p.379下)
41) 『景德傳燈錄』 卷29, (大正藏51, p.449中)
42) (佛)+魔【明】【宮】【甲】

卽今目前孤明歷歷地聽者 此人處處不滯 通貫十方 三界自在 入一切境差別不能回換 一刹那間透入法界 逢佛說佛 逢祖說祖 逢羅漢說羅漢 逢餓鬼說餓鬼 向一切處游履國土敎化衆生未曾離一念 隨處淸淨光透十方 萬法一如 道流 大丈夫兒今日方知本來無事 秖爲爾信不及念念馳求 捨頭覓頭 自不能歇 如圓頓菩薩入法界現身 向淨土中厭凡忻聖 如此之流取捨 未忘染淨心在 如禪宗見解 又且不然 直是現今更無時節 山僧說處皆是一期藥病相治 總無實法 若如是見得 是眞出家日消萬兩黃金 道流 莫取次被諸方老師印破面門道 我解禪 解道 辯似懸河 皆是造地獄業 若是眞正學道人 不求世間過 切急要求眞正見解若達眞正見 解圓明方始了畢

(승이) 물었다.

“佛과 魔는 무엇입니까.”

선사가 말했다.

“그대가 일념 동안만이라도 마음에 의심이 있으면 그것이 마입니다. 만약 그대가 만법이 무생이고, 마음은 환화와 같아서 다시는 일진 및 일법도 없는 줄 통달하여 처처에 청정하면 그것이 불입니다. 그렇더라도 불과 마는 염과 정의 두 경계일 뿐입니다. 산승의 견처에 의하면 佛도 없고 衆生도 없으며 古도 없고 今도 없습니다. 그래서 터득하는 것은 곧장 터득하는 것으로 시절을 경력하지 않으므로 修도 없고 證도 없으며 得도 없고 失도 없어 일체시중에 다시는 별법이 없습니다. (부처님께서는) ‘설령 이것을 능가하는 어떤 법이 있을지라도 나 여래는 夢과 같고 化와 같다고 말한다.’고 말했습니다. 산승이 설한 것도 모두 그와 같습니다.

납자들이여. 즉금 목전에서 고명역력하게 듣고 있는 바로 그 사람은 처처에 걸림이 없고, 시방을 관통하며, 삼계에 자재하여, 일체의 경계차별에 들어가서도 회환되지 않고, 일찰나간에 법계에 투입하며, 부처를 만나면 부처의 경지에 대하여 설해주고, 조사를 만나면 조사의 경지에 대하여 설해주며, 나한을 만나면 나한의 경지에 대하여 설해주고, 아귀를 만나면 아귀의 경지에 대하여 설해주며, 일체처를 향하여 국토를 游履하면서 중생을 교화하는데 일찍이 일념을 벗어난 적이 없고, 가는 곳마다 청정하여 광명이 시방을 관통하며, 만법이 일여합니다.

납자들이여, 대장부라면 금일이야말로 본래무사인 줄을 알아야 합니다. 그러나 단지 대중이 믿지 못하는 까닭에 염념에 치구하여 머리를 버리고 머리를 찾느라고 스스로 그만두지를 못합니다. 저 원돈교의 보살도 법계에 들어가 몸을 드러내어 정토를 향하면서도 범을 싫어하고 성을 좋아하는데, 이와 같은 무리는 아직 취사심도 잊지 못하고 염정심도 남아 있습니다. 그러나 선종의 견해는 전혀 그렇지 않고 지금 그대로일 뿐이지 다른 시절이 없습니다.[43] 산승이 설한 이치는 모두가 곧 동시에 약과 병을 서로 치유하는 것이지 전혀 실법이란 없습니다. 만약 이와 같은 견해를 지닌다면 그것이 眞出家이고 날마다 만 냥의 황금을 소비하는 것입니다.

납자들이여, 손쉽게 제방 노사가 면문에서 인가해준 깨침을 받고 '나는 선을 깨쳤다, 도를 깨쳤다'고 현하처럼 말해서는 안 됩니다. 그것은 모두 지옥업만 지을 뿐입니다. 만약 眞正學道人이라면 세간의 허물을 추구하지 않고 간절하게 眞正見解를 요구해야 합니다. 만약 眞正見을 깨쳐서 원명하게 이해한다면 바야흐로 대사를 마친 것입니다."

43) 선종의 깨침은 지금 이 자리에서 바로 드러낼 뿐이지 다른 시절을 기다렸다가 드러내는 것이 아니라는 뜻이다.

問 如何是眞正見解 師云 爾但一切入凡 入聖 入染 入淨 入諸佛國土 入彌勒樓閣 入毘盧遮那法界 處處皆現國土成 住 壞 空 佛出于世 轉大法輪 却入涅槃 不見有去來相貌 求其生死了不可得 便入無生法界 處處游履國土 入華藏[44]世界 盡見諸法空相 皆無實[45]法 唯有聽法無依道人 是諸佛之母 所以佛從無依生 若悟無依 佛亦無得 若如是見得者 是眞正見解 學人不了 爲執名句 被他凡聖名礙 所以障其道眼不得分明 秖如十二分敎皆是表顯之說 學者不會 便向表顯名句上生解 皆是依倚落在因果 未免三界生死 爾若欲得生死去住脫著自由 卽今識取聽法底人 無形 無相 無根 無本 無住處 活撥撥[46]地 應是萬種施設用處秖是無處 所以覓著轉遠 求之轉乖 號之爲祕密 道流 爾莫認著箇夢幻伴子 遲晚中間便歸無常 爾向此世界中覓箇什麽物作解脫 覓取一口飯喫補毳過時 且要訪尋知識 莫因循逐樂 光陰可惜 念念無常 麤則被地水火風 細則被生住異滅四相所逼 道流 今時且要識取四種無相境 免被境擺撲

(승이) 물었다.

"진정견해란 무엇입니까."

선사가 말했다.

"대중은 무릇 일체의 경우에서 凡에 들어가고 聖에 들어가며 染에 들어가고 淨에 들어가며 제불국토에 들어가고 미륵누각에 들어가며 비로자나법계에 들어가고 이르는 곳마다 모두 국토를 드러내어 성 · 주 · 괴 · 공합니다.

44) 藏=嚴【明】
45) 實=寔【明】
46) 撥撥=潑潑【明】* [* 1]

그리고 부처님은 세간에 출현하여 대법륜을 굴리고 열반에 들어갔지만 거 · 래의 모습이 없고 그 생 · 사를 추구해도 끝내 없으며 곧장 무생법계에 들어가서는 이르는 곳마다 국토를 유람하고, 화장세계에 들어가서는 제법의 공상으로 모두 실법이 없음을 투철하게 봅니다. 오직 산승의 설법을 듣고 있는 無依道人만이 곧 제불의 어머니입니다. 때문에 부처는 無依로부터 발생합니다. 만약 무의를 깨친다면 부처도 또한 터득할 것이 없습니다. 만약 이와 같이 볼 수가 있다면 그것이 眞正見解입니다.

그러나 납자가 이것을 깨치지 못하고 명구에 집착하여 범 · 성의 명칭에 장애를 받는 까닭에 그 도안이 가려져 분명하지 않습니다. 가령 저 십이분교는 모두 어떤 것을 표현하는 설명인데도 납자가 이해하지 못하고 곧 표현된 명구에서 분별견해를 일으키는데, 그것은 모두 명구에 의지하는 것으로 인과에 떨어져서 삼계의 생사를 벗어나지 못합니다.

대중이 만약 생 · 사 · 거 · 주에서 옷을 탈착하듯이 자유를 얻고자 한다면 즉금에 청법하고 있는 사람 곧 形도 없고 相도 없으며 根도 없고 本도 없으며 住處도 없지만 활발발한 줄을 반드시 알아차려야 합니다. 그런데 갖가지 시설이 작용하는 곳은 바로 無라는 경지[無處]이기 때문에 찾으면 찾을수록 점점 멀어지고 추구하면 추구할수록 점점 어긋나는데 그것을 비밀이라고 말합니다.

납자들이여, 대중은 이 夢 · 幻과 같은 육신을 인정하거나 집착해서는 안 됩니다. 조만간에 곧 무상으로 돌아가고 맙니다. 그런데 대중은 이러한 세계에서 무엇을 추구하여 해탈하려는 것입니까. 한 입의 밥을 찾아 먹고 누더기를 기우며 세월을 보내는 것이 아닙니까. 우선 선지식부터 찾을 일이지 고지식하게 쾌락을 좇아서는 안 됩니다. 세월을 낭비하지 마십시오, 염념에 무상하여 크게는 지 · 수 · 화 · 풍 그리고 작게는 생 · 주 · 이 · 멸의 사상에

핍박을 받습니다.

납자들이여, 금시에 필요한 것은 四種無相의 경계를 알아차려서 그 경계에 휘둘리지 말아야 합니다."

問 如何是四種無相境 師云 爾一念心疑 被地來礙 爾一念心愛 被水來溺 爾一念心嗔 被火來燒 爾一念心喜 被風來飄 若能如是辨得 不被境轉 處處用境 東涌西沒 南涌北沒 中涌邊沒 邊涌中沒 履水如地 履地如水 緣何如此 爲達四大如夢如幻故 道流 爾秖今聽法者 不是爾四大 能用爾四大 若能如是見得 便乃去住自由 約山僧見處 勿嫌底法 爾若愛聖 聖者聖之名 有一般學人向五臺山裏求文殊 早錯了也 五臺山無文殊 爾欲識文殊麽 秖爾目前用處 始終不異 處處不疑 此箇是活文殊 爾一念心無差別光 處處總是眞普賢 儞一念心自能解縛 隨處解脫 此是觀音 三昧法 互爲主伴 出則一時出 一卽三 三卽一 如是解得 始好看教

(승이) 물었다.

"사종무상이란 무엇입니까."

선사가 말했다.

"대중이 일념만이라도 마음에 疑가 생겨나면 地에 막히는 장애를 받고, 대중이 일념만이라도 마음에 愛가 생겨나면 水에 빠지는 장애를 받으며, 대중이 일념만이라도 마음에 嗔이 생겨나면 火에 불타는 장애를 받고, 대중이 일념만이라도 마음에 喜가 생겨나면 風에 나부끼는 장애를 받습니다. 만약 이와 같은 이치를 알아차리면 경계에 휘둘리지 않고 모든 곳에서 경계를 활용합니다. 東에서 솟았다가 西에서 사라지고 南에서 솟았다가 北에서 사라지며 中에서 솟았다가 邊에서 사라지고 물 위를 땅처럼 걷고 땅 위를 물처럼 밟습니다. 왜냐하면 사대가 幻과 같은 줄 통달했기 때문입니다.

납자들이여, 대중이 지금 청법하는 것은 대중의 사대가 아니라, (그 사대를) 작용시키고 있는 대중의 자신[四大]입니다. 만약 이와 같은 견해를 지닌다면 이에 곧 거 · 주에 자유롭습니다. 산승의 견처에 입각하면 꺼려야 할 것은 아무것도 없습니다. 대중이 만약 聖을 애호해도 그 성은 성이라는 명칭일 뿐입니다. 어떤 일반의 납자들은 오대산을 가서 문수보살을 추구하는데 그것은 벌써 잘못된 것입니다. 오대산에는 문수보살이 없습니다. 대중은 문수보살을 알고자 합니까. 그렇다면 그저 대중의 목전에서 작용하고 있으면서도 시간적으로 시 · 종이 없고 공간적으로 모든 곳에 의심이 없는 바로 그것이 살아 있는 문수보살입니다. 대중이 일념만이라도 마음에 차별이 없는 광명으로 곳곳을 비추는 것이 그대로 진정한 보현보살입니다. 대중이 일념만이라도 마음에 스스로 속박에서 풀려나면 가는 곳마다 해탈인데 그것이 바로 관음보살입니다. 세 별자리[三昧 : 문수 · 보현 · 관음]의 불법은 서로 주 · 반이 되어 출현한 즉 일시에 출현하여 일이 곧 삼이고 삼이 곧 일입니다. 이와 같이 이해해야 바야흐로 教를 제대로 볼 수가 있습니다."

師示衆云 如今學道人且要自信 莫向外覓 總上他閑塵境 都不辨邪正 秖如有祖 有佛 皆是教迹中事 有人拈起一句子語 或隱顯中出 便卽疑生 照天 照地 傍家尋問 也大忙[47]然 大丈夫兒莫秖麽論主 論賊 論是

47) 忙=茫【明】* [* 1 2]

論非 論色 論財 論說閑話過日 山僧此間不論僧俗 但有來者盡識得伊任伊向甚處出來 但有聲名文句 皆是夢幻 却見乘境底人是諸佛之玄旨 佛境不能自稱我是佛境 還是這箇無依道人乘境出來 若有人出來問我求佛 我卽應淸淨境出 有人問我菩薩 我卽應慈悲境出 有人問我菩提 我卽應淨妙境出 有人問我涅槃 我卽應寂靜境出 境卽萬般差別人卽不別 所以應物現形 如水中月 道流 爾若欲得如法 直須是大丈夫兒始得 若萎萎隨隨地 則不得也 夫如嘶嗄(上音西 下所嫁切)之器不堪貯醍醐 如大器者 直要不受人惑 隨處作主 立處皆眞 但有來者皆不得受 爾一念疑卽魔入心 如菩薩疑時 生死魔得便 但能息念 更莫外求 物來則照 爾但信現今用底 一箇事也無 爾一念心生三界 隨緣被境分爲六塵 儞如今應用處欠少什麼 一刹那間便入淨 入穢 入彌勒樓閣 入三眼國土 處處遊履 唯見空名

시중④

선사가 시중하였다.

"오늘날의 납자인은 무엇보다 자신을 믿는 것이 중요합니다. 밖을 향해서 찾지 마십시오. 그것은 모두 쓸데없는 진경[閑塵境]일 뿐으로 모두 邪·正도 분별하지 못하는 것입니다. 가령 조사가 있고 부처가 있다고 해도 그것은 모두 敎迹의 경우[事]일 뿐입니다. 어떤 사람이 한마디를 拈起하여 숨겼다 감추었다 하면 곧 의심을 일으켜 허둥지둥하며 엉뚱한 곳에 가서 묻고 크게 망연자실합니다. 대장부라면 主·賊, 是·非, 色·財, 說·話 등을 논하느라고 세월을 낭비해서는 안 됩니다. 산승은 여기에서 승·속을 가리지 않고 무릇 찾아오는 사람을 죄다 알아봅니다. 가령 어떤 경계를 내놓든지 무릇 聲·名·文·句는 모두 몽·환과 같습니다. 그러나 경계를 활용하는 사람

[乘境底人]은 제불의 玄旨를 본 것입니다. 불경지는 자칭 '나는 부처의 경지이다'고 말할 수 없는 것입니다. 저 無依道人이야말로 경계를 마음대로 활용하는 것입니다.

만약 어떤 사람이 나와서 산승에게 부처가 되는 길을 묻는다면 산승은 곧 청정한 경계를 내어 응수하고, 어떤 사람이 산승에게 보살이 되는 길을 묻는다면 산승은 곧 자비의 경계를 내어 응수하며, 어떤 사람이 산승에게 깨침에 대하여 묻는다면 산승은 곧 淨妙의 경계를 내어 응수하고, 어떤 사람이 산승에게 열반에 대하여 묻는다면 산승은 곧 寂靜의 경계를 내어 응수합니다. 경계는 곧 만반차별이지만 사람 자체는 곧 다르지 않습니다. 때문에 사물에 상응하여 형체를 드러내는 것이 마치 물속에 비친 달과 같다고 말합니다.

납자들이여, 대중이 만약 여법하게 살고자 하면 반드시 대장부라야 가능합니다. 만약 시들시들하여 흔들려서는 안 됩니다. 대저 깨진 그릇[甆嗄之器]에다 제호를 담을 수는 없습니다. 기량이 큰 사람은 결코 남에게 속지 않고, 가는 곳마다 주인이 되며, 어디에서나 깨침의 상태입니다. 무릇 밖에서 오는 것은 모두 받아들여서는 안 됩니다. 대중이 일념만이라도 의심한 즉 魔가 마음에 스며듭니다. 보살일지라도 의심하는 경우에는 생사마가 곧 틈을 탑니다. 그러므로 무릇 망념을 그치고 다시는 밖에서 추구하지 말고, 경계[物]가 닥쳐오면 곧 비추어보야 합니다. 대중은 무릇 현금의 작용을 믿으면 아무런 번뇌도 없습니다. 대중이 일념만이라도 마음에 삼계를 발생하거나 반연을 따르면 경계가 육진으로 나뉘고 맙니다. 대중이 지금 응용하는 곳에 무엇이 부족하겠습니까. 일찰나 사이에 곧장 정토에도 들어가고 예토에도 들어가며 미륵누각에도 들어가고 三眼國土에도 들어가며 가는 곳마다 遊履하지만 그것은 오직 空名일 뿐이라고 보아야 합니다."

問 如何是三眼國土 師云 我共儞入淨妙國土中 著清淨衣 說法身佛 又入無差別國土中 著無差別衣 說報身佛 又入解脫國土中 著光明衣 說化身佛 此三眼國土皆是依變 約經論家取法身爲根本 報 化二身爲用 山僧見處 法身卽不解說法 所以 古人云 身依義立 土據體論 法性身法性土 明知是建立之法依通國土 空拳黃葉用誑小兒 蒺藜菱刺枯骨上覓什麽汁 心外無法 内亦不可得 求什麽物 爾諸方言 道有修 有證莫錯 設有修得者 皆是生死業 爾言六度萬行齊修 我見皆是造業 求佛求法 卽是造地獄業 求菩薩亦是造業 看經 看教亦是造業 佛與祖師是無事人 所以有漏有爲 無漏無爲 爲清淨業 有一般瞎禿子飽喫飯了 便坐禪觀行 把捉念漏不令放起 厭喧求靜 是外道法 祖師云 爾若住心看靜 擧心外照 攝心内澄 凝心入定 如是之流皆是造作 是爾如今與麽聽法底人作麽生擬修他 證他 莊嚴他 渠且不是修底物 不是莊嚴得底物若教他莊嚴 一切物卽莊嚴得 爾且莫錯 道流 爾取這一般老師口裏語爲是眞道 是善知識不思議 我是凡夫心 不敢測度他老宿 瞎屢生 爾一生秖作這箇見解 辜[48]負這一雙眼 冷噤噤地如凍凌上驢駒相似 我不敢毁善知識 怕生口業 道流 夫大善知識始敢毁佛毁祖 是非天下 排斥三藏教 罵辱諸小兒 向逆順中覓人 所以我於十二年中求一箇業性 [知>如]芥子許不可得 若似新婦子禪師 便卽怕趁出院 不與飯喫 不安不樂 自古先輩到處人不信 被遞出始知是貴 若到處人盡肯 堪作什麽 所以師子一吼 野干腦裂 道流 諸方說有道可修 有法可證 爾說證何法 修何道 爾今用處欠少什麽物 修補何處 後生小阿師不會 便卽信這般野狐精魅 許他說事繫縛人 言道理行相應 護惜三業始得成佛 如此說者

48) 辜=孤【明】

如春細雨 古人云 路逢達道人 第一莫向道 所以言 若人修道道不行 萬般邪境競頭生 智劍出來無一物 明頭未顯暗頭明 所以 古人云 平常心是道 大德 覓什麽物 現今目前聽法無依道人歷歷地分明 未曾欠少 爾若欲得與祖佛不別 但如是見 不用疑誤 爾心心不異 名之活祖 心若有異 則性相別 心不異故 卽性相不別

(승이) 물었다.

"삼안국토란 무엇입니까."

선사가 말했다.

"산승은 대중과 함께 淨妙國土에 들어가 청정의를 걸치고 법신불을 설하고, 또한 無差別國土에 들어가 무차별의를 걸치고 보신불을 설하며, 또한 解脫國土에 들어가 광명의를 걸치고 화신불을 설합니다. 이 삼안국토는 모두 자신의 행동방식에 의거하여 변환된 것입니다. 경론가에 의거하면 법신을 취하여 根本으로 삼고 보신과 화신을 用으로 삼습니다. 그러나 산승의 견처로는 법신은 곧 설법할 줄 모릅니다. 때문에 고인은 '법신은 義相에 의거하여 내세운 것이고, 국토는 法性의 본체에 의거하여 논의한 것이다.'[49] 고 말합니다. 법성신과 법성토는 곧 建立된 법이고 依通[50]의 국토인 줄을 분명히 알아야 합니다. 빈손에 낙엽을 가지고 임시로 어린이를 달래는 것과 같습니다. 蒺藜草의 가시라든가 마른 뼈다귀에서 무슨 국물을 찾겠습니까.

49) 『大乘法苑義林章』 卷7, (大正藏45, p.370중) "자성의 신토는 곧 진여의 이치이다. 비록 이 身과 土는 무차별일지라도 불법에 속하므로 相·性의 차이가 있기 때문에 義相으로 身을 삼고 體性으로 土를 삼으며, 覺相으로 身을 삼고 法性으로 土를 삼는다. 自性身土卽眞如理 雖此身土體無差別 而屬佛法相性異故 以義相爲身 以體性爲土 以覺相爲身 以法性爲土"

50) 依通은 자립할 수 없는 상대적인 이해를 말한다.

마음 밖에도 법이 없고 안에도 또한 없는데 무엇을 추구하겠습니까.

저들은 제방에서 '도에는 修도 있고 證도 있다'고 말하는데, 착각해서는 안 됩니다. 설령 修를 통해서 道를 터득했다고 할지라도 그것은 모두 생사의 업일 뿐입니다. 저들은 육도만행을 전부 修한다고 말하지만, 산승의 견처로는 그것은 모두 (생사의) 업을 지을 뿐입니다. 부처를 추구하고 법을 추구하는 것도 바로 지옥의 업을 지을 뿐입니다. 그래서 보살을 추구하는 것도 또한 곧 업을 짓는 것이고, 看經 및 看教도 또한 곧 업을 짓는 것입니다. 부처와 조사는 곧 無事人이기 때문에 유루 · 유위 및 무루 · 무위가 모두 청정한 업입니다.

저 일반의 멍청한 승려[瞎禿子]는 배불리 밥을 먹은 채로 좌선하고 관행을 하고, 念漏를 파촉하여 放起하지 못하게 하며, 시끄러운 곳을 멀리하여 조용한 곳을 추구하는데 그것은 외도법입니다. 하택조사(670-762)는 '그대가 만약 마음을 머물러 고요한 상태를 살펴보고, 마음을 들어서 밖을 비추어보며, 마음을 가다듬어 안으로 맑게 하고, 마음을 집중하여 정에 들어간다면[住心看靜 擧心外照 攝心內澄 凝心入定] 그러한 행위는 모두 조작이다.'고 말했습니다.

여기의 대중은 지금 이처럼 聽法底人으로서 어찌 다른 것을 닦고 증득하며 장엄하겠습니까. 거시기는 또한 닦아서 되는 것도 아니고 장엄해서 되는 것도 아닙니다. 만약 거시기로 하여금 장엄시킬 수 있다면 일체물은 곧 장엄으로 터득될 것입니다. 그러므로 대중은 착각하지 말아야 합니다.

납자들이여, 대중은 저 일반의 노사가 입속으로 중얼거리는 것을 眞道로 간주하고 그 선지식을 부사의하게 간주하여 '나의 곧 범부심으로는 감히 저 노숙을 헤아리지 못한다.'라는 태도를 취합니다. 바보 같은 그들은 일생을 단지 그와 같은 견해를 지어서 저 一雙眼[51]을 저버리고 맙니다. 그리하여 추워서 덜덜 떨면서도 얼어붙은 땅을 걸어가는 驢駒와 같아서 '나는 감히 선지식을 비방할 수가 없다. 구업을 짓는 것이 두렵다.'고 생각합니다.

납자들이여, 대저 대선지식이라야 비로소 감히 부처를 꾸짖고, 조사를 꾸짖으며, 천하를 시비하고, 삼장교를 배척하며, 諸小兒를 욕하고, 순경과 역경을 활용하여 사람을 찾아낼 수가 있습니다. 때문에 산승은 십이 년 동안 일개 됨성부른 소질을 지닌 사람[業性]을 추구하였지만 芥子만큼도 없었습니다. 만약 새색시와 같은 선사[52]라면 곧장 선원에서 쫓겨나 밥도 못 먹고 안 · 락하지 못할 것을 두려워할 것입니다. 자고로 선배들은 도처에서 그들에게 환영받지 못하여 번번이 쫓겨났지만, 떠난 뒤에야 비로소 그 선지식의 고귀함을 알게 되었습니다. 그러나 만약 도처에서 그들에게 전적으로 환영받았다면 어떻게 (대선지식의 역량을) 감당할 수 있었겠는가. 때문에 사자가 한 번 포효하면 야간은 뇌가 찢어진다고 말했습니다.

납자들이여, 제방에서는 닦아야 할 道가 있고 증득해야 할 법이 있다고 말하는데, 도대체 그들은 어떤 법을 증득하고 어떤 도를 닦는다는 것이며, 그들 현재의 용처에 무엇이 결여되고 무엇이 부족하며 어떤 이치를 닦아서 보완해야 한다는 것입니까. 후생의 小阿師는 이해하지 못하고서 곧장 저들 野狐 · 精魅를 믿고, 또 저들이 설하는 事야말로 사람을 계박하는 언사로 '理와 行이 상응하여 삼업을 護惜해야 비로소 성불한다'는 말까지도 허용합니다. 그런데 그와 같이 설하는 자들은 봄철의 가랑비처럼 많습니다.

고인은 '길에서 도에 통달한 사람을 만나면 절대 그에게 말을 걸지 말

---

51) 一雙眼은 육안에 갖추고 있는 두 눈이라는 의미로는 赤肉團의 주인공을 의미한다. 만약 一隻眼이라면 깨침의 안목을 의미한다.

52) 새색시와 같은 선사[新婦子禪師]는 계율에 철저하고 선기가 뛰어나며 대장부와 같은 사람을 가리킨다.

라.'[53]고 말했습니다. 그래서 '만약 사람이 도를 의도적으로 닦으면 도는 실행되지 않고 온갖 삿된 경계가 다투어 발생한다. 반야지혜의 검을 뽑았지만 잘라야 할 것이 일물도 없다. 밝음이 미처 드러나지도 않았는데 어둠은 벌써 밝아졌다.'고 말합니다. 때문에 고인은 平常心是道[54]라고 말했습니다.

대덕들이여, 그러니 무엇을 찾겠습니까. 지금 목전에서 청법하고 있는 無依道人은 역력하고 분명하여 일찍이 결여되거나 부족한 적이 없었습니다. 대중이 만약 祖佛과 다름없기를 바란다면 무릇 이와 같이 철견하여 다시는 잘못되지 않을까 의심해서는 안 됩니다. 대중 각자의 마음이 변이하지 않는 것을 活祖라고 말합니다. 만약 마음이 변이한다면 곧 性과 相으로 차별됩니다. 그러나 마음에는 본래 변이가 없는 까닭에 곧 性과 相으로 차별되지 않습니다."

問 如何是心心不異處 師云 爾擬問早異了也 性相各分 道流莫錯 世出世諸法 皆無自性 亦無生性 但有空名 名字亦空 爾秖麽認他閑名爲實 大錯了也 設有 皆是依變之境 有箇菩提依 涅槃依 解脫依 三身依 境智依 菩薩依 佛依 爾向依變國土中覓什麽物 乃至三乘十二分敎 皆是拭不淨故紙 佛是幻化身 祖是老比丘 爾還是娘生已否 爾若求佛 卽被佛魔攝 爾若求祖 卽被祖魔縛 爾若有求皆苦 不如無事 有一般禿比丘向學人道 佛是究竟 於三大阿僧祇劫修行果滿方始成道 道流 爾若道佛是究竟 緣什麽八十年後向拘尸羅城雙林樹間側臥而死去 佛今何

53) 『景德傳燈錄』 卷5, (大正藏51, p.243中) "忽逢修道人 第一莫向道 참조.

54) 『馬祖道一禪師廣錄』, (卍新續藏69, p.3上)

在 明知與我生死不別 爾言三十二相 八十種好是佛 轉輪聖王應是如來 明知是幻化 古人云 如來擧身相 爲順世間情 恐人生斷見 權且立虛名 假言三十二 八十也 空聲有身非覺體 無相乃眞形

(승이) 물었다.

"마음에 변이가 없는 이치란 무엇입니까."

선사가 말했다.

"그대가 질문하려는 찰나에 벌써 변이하여 성과 상으로 각각 나누어졌습니다.

납자들이여, 착각하지 마십시오. 세간 및 출세간의 제법은 모두 (본래의) 자성도 없고, 또한 생겨나는 자성도 없으며, 무릇 공이라는 명칭만 있는데 그 명자도 또한 공입니다. 대중은 그저 부질없는 명칭을 실유라고 인식하고 있는데 그것은 크게 착각한 것입니다. 설령 실유라고 해도 모두가 곧 依變의 경계[55]일 뿐입니다. 그래서 보리라는 依, 열반이라는 依, 해탈이라는 依, 삼신이라는 依, 境·智라는 依, 보살이라는 依, 불이라는 依가 있습니다. 그렇다면 대중은 이와 같은 依變國土에서 무엇을 찾겠습니까. 내지 삼승·십이분교의 모두가 곧 부정물을 닦아내는 휴지이고, 불은 곧 환화의 몸이며, 조사는 곧 노비구일 뿐이지만, 대중은 곧 어머니로부터 태어난 것이 아니겠습니까. 대중이 만약 부처를 추구한다면 곧 佛魔에 얽매이고, 대중이 만약 조사를 추구한다면 祖魔에 속박됩니다. 대중이 만약 추구하는 것이 있으면 모두가 苦가 되어 無事만 못합니다. 그런데 일반의 머리 깎은 비구는 납자들에게 '佛은 곧 구경이다. 삼대아승지겁 동안 수행한 결과가 충만해야 바

55) 依變之境은 사물의 인연에 의거하여 변환되는 모습을 말한다.

야흐로 성도한다.'고 말합니다.

납자들이여, 만약 佛을 곧 구경이라고 말한다면 어째서 여든 살을 인연하여 구시라성 쌍림수 사이에서 옆으로 누워 입적하였고, 그 佛은 지금은 어디에 있습니까. 그러므로 우리의 생사와 다르지 않는 줄 분명하게 알아야 합니다.

대중이 삼십이상 · 팔십종호가 곧 부처라고 말하는데, 그렇다면 전륜성왕도 마땅히 곧 여래이어야 합니다. 그러므로 (삼십이상과 팔십종호의) 그것은 곧 환화인 불인 줄을 분명히 알아야 합니다. 고인은 말했습니다.

'여래가 身相을 언급한 것은
세간의 인정을 따른 것이다
단견을 내는 자를 염려하여
방편을 세운 거짓 명칭이다
짐짓 언급해둔 삼십이 형상
팔십종호 또한 헛된 소리요
신상은 깨침의 몸이 아니라
형상 없음이 이에 진상이다'[56]"

爾道佛有六通是不可思議 一切諸天 神仙 阿修羅 大力鬼亦有神通 應是佛否 道流莫錯 秖如阿修羅與天帝釋戰 戰敗領八萬四千眷屬入藕絲孔中藏 莫是聖否 如山僧所擧 皆是業通 依通 夫如佛六通者不然 入色界不被色惑 入聲界不被聲惑 入香界不被香惑 入味界不被味惑 入

56) 『梁朝傅大士頌金剛經』(大正藏85, p.2中)

觸界不被觸惑 入法界不被法惑 所以達六種色 聲 香 味 觸 法皆是空相 不能繫縛 此無依道人 雖是五蘊漏質 便是地行神通

시중⑤

"대중은 '佛에게 육신통이 있는데 불가사의하다.'고 말합니다. 그렇다면 일체의 諸天 · 神仙 · 아수라 · 대력귀도 또한 신통이 있으므로 응당 佛이겠습니까.

납자들이여, 착각하지 마십시오. 저 아수라가 천제석과 전쟁하여 패배하자 팔만사천의 권속을 거느리고 연뿌리 실구멍 속으로 들어가 숨었습니다.[57] 그렇다면 아수라도 부처이겠습니까. 산승이 언급한 일례는 모두가 곧 業通이고 依通일 뿐입니다. 그러나 저 佛의 육통은 그렇지 않습니다. 색계에 들어가도 색혹을 받지 않고, 성계에 들어가도 성혹을 받지 않으며, 향계에 들어가도 향혹을 받지 않고, 미계에 들어가도 미혹을 받지 않으며, 촉계에 들어가도 촉혹을 받지 않고, 법계에 들어가도 법혹을 받지 않습니다. 때문에 육종의 색 · 성 · 향 · 미 · 촉 · 법의 모두가 곧 공상임을 통달하여 (육혹이) 계박할 수가 없습니다. 이야말로 無依道人은 비록 오온을 갖춘 번뇌의 몸일지라도 곧 땅을 걷고 신통을 부립니다."

道流 眞佛無形 眞法無相 爾秖麽幻化上頭作模作樣 設求得者 皆是野狐精魅 並不是眞佛 是外道見解 夫如眞學道人 並不取佛 不取菩薩 羅漢 不取三界殊勝 逈無<然?>獨脫不與物拘 乾坤倒覆我更不疑 十方

57) 『雜阿含經』 卷16, (大正藏2, p.109上) ; 『法苑珠林』 卷5, (大正藏53, p.310中)

諸佛現前無一念心喜 三塗地獄頓現無一念心怖 緣何如此 我見諸法空相 變卽有 不變卽無 三界唯心 萬法唯識 所以夢幻空花何勞把捉

시중⑥

"납자들이여, 진불은 무형이고 진법은 무상인데, 대중이 그저 幻化에다 연지 찍고 곤지 찍는 것입니다. 설령 얻었다고 할지라도 모두 그것은 野狐 및 精魅일 뿐이지 결코 진불이 아니라 곧 외도의 견해일 뿐입니다. 대저 진실한 납자[眞學道人]는 결코 부처에 집착하지 않고, 보살 및 나한에 집착하지 않으며, 결코 삼계의 뛰어난 점에 집착하지 않고, 아득하게 독탈하여 경계에 얽매이지 않아 천지가 뒤집혀도 다시는 의심하지 않습니다. 시방제불이 현전해도 일념도 마음에 기뻐함이 없고 삼도의 지옥이 온전히 현현해도 일념도 마음에 두려움이 없습니다. 어째서 그렇겠습니까. 산승의 견해로는 제법이 공상이므로 변한다면 그것은 곧 유이고, 불변한다면 그것은 곧 무인데, 삼계는 유심이고 만법은 유식인 줄을 철견하기 때문입니다. 때문에 '夢·幻·空花와 같은 것을 어찌 애써서 잡겠습니까.'[58)]"

唯有道流目前現今聽法底人 入火不燒 入水不溺 入三塗地獄如遊園觀 入餓鬼畜生而不受報 緣何如此 無嫌底法 爾<更?>若愛聖憎凡 生死海裏沈浮 煩惱由<因=>心故有 無心煩惱何拘<居?> 不勞分別取相 自然得道須臾 爾擬傍家波波地學得 於三祇劫中終歸生死 不如無事向叢林中床<牀=>角頭交脚坐

58)『信心銘』, (大正藏48, p.376下)

시중⑦

"오직 目前·現今·聽法底人의 대중만이 불속에 들어가도 불에 타지 않고, 물에 들어가도 물에 젖지 않으며, 삼도의 지옥에 들어가도 園觀에 노니는 듯 하고[59], 아귀와 축생에 들어가도 그 과보를 받지 않습니다. 어째서 그렇겠습니까. 싫어하는 것이 아무것도 없기 때문입니다.

'다시 부처를 좋아하고 범부를 싫어한다면
생사의 바다 가운데서 부침을 거듭하리라
번뇌는 마음을 인유하는 까닭에 有이지만
무심이 된다면 번뇌가 어떻게 머물겠는가
애써 분별심으로 형상에 집착하지 않으면
자연히 찰나지간에 깨침을 터득할 것이다'[60]

대중이 엉뚱하게[傍家] 수도한다면 삼아승지겁이 지나도 끝내 생사로 돌아가고 마는데, 무사하게 총림 승당의 평상[床角頭]에서 가부좌하는 것만 못합니다."

道流 如諸方有學人來 主客相見了 便有一句子語 辨前頭善知識 被學人拈出箇機權語路 向善知識口角頭攛過 看爾識不識 爾若識得是境把得 便抛向坑子裏 學人便卽尋常 然後便索善知識語 依前奪之 學人云 上智哉 是大善知識 卽云 爾大不識好惡

59)『維摩詰所說經』卷3, (大正藏14, 554中) 참조.

60)『景德傳燈錄』卷29, (大正藏51, p.449中) "更若愛聖憎凡 生死海裏沈浮 煩惱因心有故 無心煩惱何居 不勞分別取相 自然得道須臾"

시중⑧

"납자들이여. 가령 제방에서 어떤 납자가 찾아와 주 · 객이 상견하게 되는 경우가 되면 (客인 납자는) 곧 일구어를 가지고 목전의 선지식을 변별해보려고 합니다. 그리하여 (客인) 납자는 선지식에게 저 방편인 語路를 끄집어내어 선지식의 입가를 향해 들이대면서 '보십시오. 화상께서는 아시겠습니까.'라는 경지까지 이릅니다.[被] 그 선지식이 만약 그 경계를 알아차리고 곧장 구덩이에 던져버리면 납자는 금새 평상의 태도로 돌아간 연후에 선지식의 一轉語를 추구합니다. 그러나 선지식은 여전히 그것마저 부정해버립니다. 그러면 납자는 '참으로 훌륭하십니다. 곧 대선지식이십니다.'라고 우롱하는 조로 찬탄을 합니다. 이에 선지식은 '그대는 도대체 똥 · 오줌도 가리지 못하는 것인가.'라고 말합니다."

如善知識把出箇境塊子 向學人面前弄 前人辨得下下[61]作主 不受境惑 善知識便卽現半身 學人便喝 善知識又入一切差別語路中擺撲 學人云 不識好惡老禿奴 善知識歎曰 眞正道流

시중⑨

"가령 선지식이 어떤 경계[境塊子]를 끄집어내어 그 납자의 면전에서 염롱하면, 납자는 그 낱낱에 대하여 주인의 입장이 되어 경계에 미혹되지 않습니다. 이에 선지식이 곧 半身 쯤 드러내면 납자가 곧 할을 합니다. 그러면 선지식은 다시 모든 차별의 어로에 들어가서 (납자를) 혹란시킵니다.[擺撲]

---

61) 下下＝了不【明】【宮】

이에 납자가 '에이, 똥 · 오줌도 못가리고 나이만 드셨습니다.'라고 말하면, 선지식은 찬탄하여 '진정한 납자로구나.'라고 말합니다."

如諸方善知識不辨邪正 學人來問菩提涅槃三身境智 瞎老師便與他解說 被他學人罵著 便把棒打他 言 無禮度 自是爾善知識無眼 不得嗔他

시중⑩

"가령 제방의 선지식들이 邪 · 正도 변별하지 못하면서 납자가 찾아와서 보리 · 열반 · 삼신 · 境智에 대하여 질문하면 눈먼 노사가 곧 그에 대하여 해설해주다가 똑똑한 납자의 반격을 받으면 곧장 주장자를 가지고 그를 후려치면서 '예의와 법도도 모르는 녀석이로구나.'라고 말합니다. 그러나 본래 그 선지식은 안목이 없으므로 화를 낼 자격도 없습니다."

有一般不識好惡禿奴 卽指東劃西——好晴 好雨 好燈籠露柱——爾看眉毛有幾莖 這箇具機緣學人不會 便卽心狂 如是之流總是野狐精 魅魍 魎 被他好學人嗌嗌微笑 言瞎老禿奴惑亂他天下人

시중⑪

"좋고 나쁨도 분별할 줄 모르는 일반의 禿奴가 곧 동 · 서를 가리키며 날씨가 맑아도 좋고 비가 내려도 좋으며 등롱과 노주도 좋다고 횡설수설합니다. 대중은 살펴보십시오, 그들에게 눈썹이 몇 가닥이나 남아있습니까. 거기에는 그럴만한 까닭이 있는데도 납자가 아무것도 모르고 곧 마음이 미쳐버리고 맙니다. 이와 같은 부류는 모두 野狐의 精 · 魅 · 魍 · 魎이므로 저 영리한 납자들로부터 '이 瞎老 · 禿奴가 천하 사람을 미혹시킨다.'고 비웃는 말을 듣습니다."

道流 出家兒且要學道 秖如山僧往日曾向毘尼中留心 亦曾於經論尋討 後方知是濟世藥表顯之說 遂乃一時抛却 卽訪道參禪 後遇大善知識 方乃道眼分明 始識得天下老和尚 知其邪正 不是娘生下便會 還是體究練磨一朝自省

시중⑫

"납자들이여, 출가자는 우선 辨道하는 것이 중요합니다. 가령 산승의 경우도 지난날에는 일찍이 계율[毗尼]에 전념하였고 또한 일찍이 교학[經論]을 궁구하였습니다. 나중에야 바야흐로 그것이 세간을 구제하는 약방문이고 글자로 표현된 설명인 줄을 알고서 마침내 일시에 던져버리고 곧장 도를 찾아 참선하였습니다. 이후에 대선지식을 만나 바야흐로 도안이 분명해져서 비로소 천하 노화상들의 깜냥을 알아차리고 그들의 邪 · 正을 분간하게 되었습니다. 그것은 태어나면서부터 알았던 것이 아니라 도리어 體究하고 練磨한 결과 하루아침에 自省한 것입니다."

道流 爾欲得如法見解 但莫受人惑 向裏向外逢著便殺－逢佛殺佛 逢祖殺祖 逢羅漢殺羅漢 逢父母殺父母 逢親眷[62]殺[*]親眷－始得解脫 不與物拘 透脫自在 如諸方學道流未有不依物出來底 山僧向此間從頭打 手上出來手上打 口裏出來口裏打 眼裏出來眼裏打 未有一箇獨脫出來底 皆是上他古人閑機境

시중⑬

"납자들이여, 대중이 여법한 견해를 터득하고자 하면 무릇 제방의 선지식[他]에게 속지 말아야 합니다. 안에서도 밖에서도 만나는 사람은 곧 초월해야 합니다. 가령 부처를 만나면 부처를 초월하고, 조사를 만나면 보사를 초월하며, 나한을 만나면 나한을 초월하고, 부모를 만나면 부모를 초월하며, 친지 및 권속을 만나면 친지 및 권속을 초월해야 합니다. 그래야 바야흐로 해탈하여 어떤 것에도 얽매이지 않고 투탈하여 자재합니다.

가령 제방의 납자들 가운데 어떤 것에도 의지하지 않은 채로 산승을 찾아온 사람은 없습니다. 산승은 이 도량에서 처음부터 그러한 납자들을 부정합니다. 손의 작용으로 나타내면 손이 작용으로 부정하고, 입의 작용으로 나타내면 입의 작용으로 부정하며, 눈의 작용으로 나타내면 눈의 작용으로 부정합니다. 일찍이 홀로 투탈하여 나타낸 사람은 하나도 없었습니다. 모두가 저 고인의 허접한 농간[閑機境]을 모방한 것뿐이었습니다."

山僧無一法與人 秖是治病解縛 爾諸方道流試不依物出來 我要共爾

62) 親眷=眷屬【宮】* [* 1]

商量 十年五歲並無一人 皆是依草 附葉 竹木 精靈 野狐精魅 向一切糞塊上亂咬 瞎漢 枉消他十方信施 道我是出家兒 作如是見解 向爾道無佛 無法 無修 無證 秖與麽傍家擬求什麽物 瞎漢頭上安頭 是爾欠少什麽

시중⑭

"산승은 남에게 줄 것이 아무것도 없고, 그저 병을 치유해주고 속박을 풀어줄 뿐입니다. 저 제방에서 온 납자들이여, 시험삼아 어떤 것에도 의지하지 말고 나타내보십시오. 산승이 대중과 문답상량하고자 했지만, 오년 및 십년이 지나도 누구도 없었습니다. 모두가 草 · 葉에 의지하는 精, 竹 · 木에 깃들어 사는 靈, 野狐의 精 · 魅들로서 온갖 똥무더기와 같은 고인의 언구를 향해서 어지럽게 씹어댑니다. 눈먼 자들이 저 시방 단월의 시주물을 낭비하면서 '나는 출가인이다.'고 우쭐대며 그와 같은 견해를 지어댑니다. 산승이 그들에게 '부처랄 것도 없고 법이랄 것도 없으며 수행할 것도 없고 깨칠 것도 없다'고 말해주었는데도, 어째서 그렇게들 옆길로 들어가서 무엇을 추구한다는 것입니까. 눈먼 자들은 머리 위에 머리를 얹고 있는데, 도대체 그들은 무엇이 부족하다는 것입니까."

道流 是爾目前用底與祖佛不別 秖麽不信 便向外求 莫錯 向外無法 内亦不可得 爾取山僧口裏語 不如休歇無事去 已起者莫續 未起者不要放起 便勝爾十年行脚

시중⑮

“납자들이여, 바로 대중의 목전에서 작용하고 있는 것도 祖佛과 다르지 않습니다. (눈먼 자들은) 다만 그것을 믿지 못하고 다시 밖을 향해서 추구할 뿐입니다. 그러므로 착각하지 마십시오. 밖을 향해도 법은 없고 안에도 또한 없습니다. 그렇다고 대중이 산승의 입에서 나온 말을 취하는 것도 休歇하고 無事하는 것만 못합니다. 이미 일어난 망념은 지속되지 않도록 하고, 아직 일어나지 않은 망념을 애써 일으킬 필요가 없습니다. 그러면 대중이 십년 동안 행각하는 것보다 뛰어납니다.”

約山僧見處無如許多般 秖是平常著衣 喫飯 無事過時 爾諸方來者皆是有心求佛 求法 求解脫 求出離三界 癡人 爾要出三界 什麽處去 佛祖是賞繫底名句 爾欲識三界麽 不離爾今聽法底心地 爾一念心貪是欲界 爾一念心瞋是色界 爾一念心癡是無色界 是爾屋裏家具子 三界不自道 我是三界 還是 道流 目前靈靈地照燭萬般酌度世界底人與三界安名

시중⑯

“산승의 견처에 의거하면 허다하게 번잡할 필요가 없이, 그저 평상에 옷을 입고 밥을 먹으며 무사하게 시간을 보낼 뿐입니다. 대중이여, 제방에서 찾아온 자들은 모두 有心으로 부처를 추구하고 법을 추구하며 해탈을 추구하고 삼계의 出離를 추구하는데, 그것은 바보 같은 사람일 뿐입니다. 대중은 삼계를 벗어나서 어디로 간단 말입니까. 부처나 조사라는 것은 듣기 좋으라고 붙여둔 명구일 뿐입니다.

대중이여, 삼계를 알고자 합니까. 그것은 바로 대중이 지금 청법하고 있는 그 마음입니다. 대중이 일념만이라도 마음에 탐욕을 내면 곧 욕계이고, 대중이 일념만이라도 마음에 성을 내면 곧 색계이며, 대중이 일념만이라도 마음에 어리석음을 내면 곧 무색계입니다. 삼계는 대중의 집에 있는[屋裏家 : 마음] 살림살이입니다. 삼계는 스스로 자기가 삼계라고 말하지 않습니다. 그런데도 도리어 납자들, 곧 목전에서 분명하게 만물을 비추어내고[照燭] 세계를 헤아려내는[酌度] 사람이 삼계(마음)에다 (욕계 · 색계 · 무색계라는) 명칭을 붙여준 것입니다."

大德 四大色身是無常 乃至脾胃肝膽髮毛爪齒 唯見諸法空相 爾一念心歇得處 喚作菩提樹 爾一念心不能歇得處 喚作無明樹 無明無住處 無明無始終 爾若念念心歇不得 便上他無明樹 便入六道 四生 披毛 戴角 爾若歇得 便是清淨身界 爾一念不生 便是上菩提樹 三界神通變化 意生化身 法喜禪悅身光自照 思衣羅綺千重 思食百味具足 更無橫病 菩提無住處 是故無得者

시중⑰

"대덕들이여, 사대의 색신은 무상합니다. 내지 지라 · 위 · 간 · 쓸개 · 머리카락 · 터럭 · 손톱 · 이빨도 죄다 제법공상을 보여줍니다. 대중이 일념 동안만이라도 망상심을 그쳐서 얻는 경지를 보리수라고 부르고, 대중이 일념 동안도 망상심을 그치지 못하고 얻는 경지를 무명수라고 부릅니다.

무명은 주처가 없고, 무명은 시종이 없습니다. 그래서 대중이 만약 염념에 망상심을 그치지 못하면 곧 저 무명수에 올라가고 곧 (태 · 난 · 습 · 화의)

사생 · (지옥 · 아귀 · 축생 · 수라 · 인간 · 천상의) 육도에 들어가서 몸에 모피를 두르고 머리에 뿔을 이게 됩니다. 그러나 만약 대중이 망상심을 그치면 곧 그것이 청정법신의 세계입니다. 대중이 일념 동안만이라도 망상심이 발생하지 않으면 곧 보리수에 오르고, 삼계에서 신통변화하며, 마음대로 몸을 나투어 (중생을 제도하고), 법희와 선열로 몸을 기르며, 법신의 광명이 저절로 빛납니다. 옷을 생각하면 비단으로 천 겹을 걸치고, 밥을 생각하면 진미가 갖추어지며, 다시는 횡액병사가 없습니다.

보리는 주처가 없는데, 그런 까닭에 얻는 사람도 없습니다."

道流 大丈夫漢更疑箇什麽 目前用處更是阿誰 把得便用 莫著名字 號爲玄旨 與麽見得勿嫌底法 古人云 心隨萬境轉 轉處實能幽 隨流認得性 無喜亦無憂

시중⑱

"납자들이여, 대장부로서 더 이상 무엇을 의심하겠습니까. 목전에서 작용하고 있는 그는 또 누구입니까. 알아차리면 곧장 활용할 뿐이지 명자나 호칭을 붙이지 않는 것을 玄旨라고 합니다. 이처럼 깨치면[見得] 어떤 법도 싫어할 것이 없습니다. 摩拏羅 존자는 게송으로 말했습니다.

'마음은 갖가지 경계를 따라가지만
따라가는 곳마다 진실로 그윽하다
그윽한 흐름에서 자성을 깨달으면

어떤 기쁨도 없고 또 근심도 없다'[63]"

道流 如禪宗見解死活循然 參學之人大須子細 如主客相見便有言論往來 或應物現形 或全體作用 或把機權喜怒 或現半身 或乘師子 或乘象王 如有眞正學人便喝 先拈出一箇膠盆子 善知識不辨是境 便上他境上作模作樣 學人便喝 前人不肯放 此是膏肓之病不堪醫 喚作客看主 或是善知識不拈出物 隨學人問處卽奪 學人被奪抵死不放 此是主看客 或有學人應一箇清淨境出善知識前 善知識辨得是境 把得抛向坑裏 學人言 大好善知識 卽云 咄哉 不識好惡 學人便禮拜 此喚作主看主 或有學人披枷帶鎖出善知識前 善知識更與安一重枷鎖 學人歡喜 彼此不辨 呼爲客看客 大德 山僧如是所擧 皆是辨魔揀異 知其邪正

시중⑲

"납자들이여, 예컨대 선종의 견해에서는 사 · 활이 교차합니다.[循然] 납자라면 반드시 잘 점검해야 합니다. 저 주 · 객이 상견하는 경우에 곧 문답하는 언론의 왕래가 있게 마련입니다. 어떤 경우는 납자[物]에 응하여 形을 드러내고, 어떤 경우는 대기 · 대용[全體]으로 작용하며, 어떤 경우는 機 · 權을 부려서 喜 · 怒하고, 어떤 경우는 半身만 드러내며, 어떤 경우는 根本智인 문수의 사자를 타고, 어떤 경우는 差別智인 보현의 코끼리를 타기도 합니다.

가령 진정한 납자가 곧 할을 하고 먼저 일개의 교분자를 염출하면 선지식이 그 경계를 변별하지 못하고 그 경계에 편승하여 갖가지 문채[模]와 형상

63) 『景德傳燈錄』 卷2, (大正藏51, p.214上)

[樣]을 일으킵니다. 납자가 곧 할을 해도 선지식은 자신의 경계를 내려놓지 않는데, 이것은 고황의 병이므로 치료할 수가 없습니다. 이것을 객이 주인을 간파한다[客看主]고 말합니다.

가령 선지식이 아무것도 염출하지 않고 납자의 질문을 모두 다짜고짜로 부정합니다. 납자는 부정당하고도 필사적으로 내려놓지 않습니다. 이것을 주인이 객을 간파한다[主看客]고 말합니다.

가령 어떤 납자가 일개의 청정한 경계를 선지식 앞에 내놓으면 선지식은 그 경계를 알아차리고 집어다가 구덩이에 던져버립니다. 납자가 '참으로 훌륭한 선지식입니다'라고 말하면, 선지식은 '돌! 똥오줌도 가리지 못한다'고 나무랍니다. 그러면 납자는 곧장 예배를 합니다. 이것을 주인이 주인을 간파한다[主看主]고 말합니다.

가령 어떤 납자가 칼을 쓰고 족쇄를 차고[披枷帶鎖] 선지식 앞에 나서면 선지식은 곧 한 겹의 칼과 족쇄를 더 씌워줍니다. 납자는 어리석게도 그것을 기뻐하는데 피차가 변별하지 못하는 경우입니다. 이것을 객이 객을 간파한다[客看客]고 말합니다.

대덕들이여, 산승이 이와 같이 언급한 것은 모두가 곧 마를 변별하고 이단을 가려내어[辨魔揀異] 그 邪 · 正을 알려주려는 것입니다."

道流 寔情大難 佛法幽玄 解得可可地 山僧竟日與他說破 學者總不在意 千遍萬遍脚底踏過 黑沒焌地 無一箇形段 歷歷孤明 學人信不及 便向名句上生解 年登半百 秖管傍家負死屍行 檐却檐子天下走 索草鞋錢有日在

시중⑳

"납자들이여, 진실한 수도심을 발생하기도 참으로 어렵고 깨침[佛法]은 유현한데도 (어떤 납자들은) 이해하고 있는 듯이 우쭐거립니다. 산승이 종일토록 그들에게 설파해주어도 납자는 도통 주의를 기울이지 않고, 천 번 만 번 발로 밟고 다니면서도 깜깜하여 전혀 모르고 있습니다. 일개의 형단도 없이 역력하고 고명하지만 납자들은 그것을 믿지 못하고 도리어 佛이라는 名이나 法이라는 句로써 이해를 일으킵니다. 그래서 나이가 오십이 넘도록 단지 곁길만 다니며 시체를 메고 (부처니 조사니 하는) 망상만 가득 짊어지고 다닙니다. 그리하여 閻魔廳으로부터 草鞋錢을 청구받는 날이 다가옵니다."

大德 山僧說向外無法 學人不會 便卽向裏作解 便卽倚壁坐 舌拄上齶 湛然不動 取此爲是祖門佛法也 大錯 是爾若取不動清淨境爲是 爾卽認他無明爲郎主 古人云 湛湛黑暗深坑寔可怖畏 此之是也 爾若認他動者是 一切草木皆解動 應可是道也 所以 動者是風大 不動者是地大 動與不動俱無自性 爾若向動處捉他 他向不動處立 爾若向不動處捉他 他向動處立 譬如潛泉魚鼓波而自躍

시중㉑

"대덕들이여, 산승이 밖에는 불법이 없다고 말하자 납자들이 이해하지 못하고 곧장 안에 있다고 이해하여 곧장 벽을 의지하여 앉고서 혀를 입천장에 붙이고 담연하고 부동하게 좌선하는 것을 취하여 곧 조사문중의 불법으로 삼는데, 그것이야말로 큰 착각입니다. 대중이 만약 不動의 청정한 경계를 깨침이라고 간주한다면 대중은 곧 그 무명을 주인공으로 인식하는 꼴입니다. 고인이 '매우 어둡고 깊은 구덩이야말로 참으로 두렵다.'고 말한 것이 바로 이것입니다.

반대로 대중이 만약 動用을 불법이라고 인식한다면 일체초목도 모두 동용하므로 응당 깨침이라고 말해야 할 것입니다. 때문에 동용하는 것은 곧 풍대이고 부동하는 것은 곧 지대로서 동용과 부동은 모두 자성이 없습니다. 대중이 만약 동용처에서 그것을 포착하려고 하면 그것은 벌써 부동처에 서 있고, 대중이 만약 부동처에서 그것을 포착하려고 하면 그것은 벌써 동용처에 서 있습니다. 비유하면 샘물에 사는 물고기가 물결치며 약동하는 것과 같습니다."

大德 動與不動是二種境 還是無依道人用動 用不動 如諸方學人來 山僧此間作三種根器斷 如中下根器來 我便奪其境 而不除其法 或中上根器來 我便境法俱奪 如上上根器來 我便境法人俱不奪 如有出格見解人來 山僧此間便全體作用不歷根器

시중㉒

"대덕들이여, 동용과 부동은 곧 두 가지 경계일 뿐입니다. 진실로 無依道人이라야 동용을 활용하고 부동을 활용할 수가 있습니다.

저 제방에서 납자들이 찾아오면 산승은 여기에서 삼종근의 기량으로 나누어 취급합니다. 가령 중하근의 기량이 찾아오면 산승은 곧 그 境을 부정하지만 그 法은 부정하지 않고, 혹 중상근의 기량이 찾아오면 산승은 곧 境과 法을 모두 부정하며, 가령 상상근의 기량이 찾아오면 산승은 境과 法을 모두 부정하지 않습니다. 가령 出格見解人이 찾아오면 산승은 여기에서 곧 全體作用하여 근기의 기량을 따지지 않습니다."

大德 到這裏學人著力處不通風 石火電光卽過了也 學人若眼定動 卽沒交涉 擬心卽差 動念卽乖 有人解者 不離目前

시중㉓

"대덕들이여, 그러한 경지에 도달해서 납자가 전력을 기울이게 되면 주도면밀하여 바람도 들어갈 틈이 없고 전광도 석화도 찰나에 추월해버립니다. 납자가 만약 눈만 깜박여도 곧 沒交涉이고, 분별심을 낼라치면 곧 어긋나버리며, 망념이 일어날라치면 곧 어그러져버립니다. 그러나 이해하는 사람에게는 목전에서 벗어나지 않고 전체작용합니다."

大德 爾檐鉢囊屎檐子 傍家走求佛求法 卽今與麼馳求底 爾還識渠麼 活[*]撥撥地 秖是勿根株 擁不聚 撥不散 求著卽轉遠 不求還在目前 靈音屬耳 若人不信 徒勞百年

시중㉔

"대덕들이여, 대중은 밥통과 똥자루를 짊어지고서 곁길로만 내달리며 부처를 추구하고 법을 추구하는데, 즉금에 그처럼 추구하는 것에 대하여 대중은 그것을 알고 있습니까. 活鱍鱍地하게 작용하지만 그루터기[根株]도 없어서 잡아서 모을 수가 없고, 흩어서 떨쳐버릴 수도 없으며, 추구하면 추구할수록 더욱 멀어지지만 도리어 추구하지 않은 즉 목전에서 영묘한 소리가 귓가에 들려옵니다. 어떤 사람이 이것을 믿지 못하면 평생토록 헛수고만 합니다."

道流 一刹那間便入華藏世界 入毘盧遮那國土 入解脫國土 入神通國土 入清淨國土 入法界 入穢入淨 入凡入聖 入餓鬼畜生 處處討覓尋皆不見有生 有死 唯有空名 幻化空花不勞把捉 得失是非一時放却

시중㉕

"납자들이여, 일찰나에 곧 화장세계에 들어가고, 비로자나국토에 들어가며, 해탈국토에 들어가고, 신통국토에 들어가며, 청정국토에 들어가고, 법계에 들어가며, 예토에 들어가고, 정토에 들어가며, 범부에 들어가고, 부처에 들어가며, 아귀와 축생에 들어가서 이르는 곳마다 찾아보아도[覓尋] 전혀 生이 있고 死가 있음을 보지 못하고 오직 헛된 명칭만 있을 뿐입니다. 그러므로 고인은 말합니다. '幻化 및 空花를 애써 잡으려고 하지 말고 득실과 시비를 일시에 놓아버려야 한다.'[64]"

道流 山僧佛法的的相承 從麻谷和尚 丹霞和尚 道一和尚 廬山拽石頭和尚 一路行遍天下 無人信得 盡皆起謗 如道一和尚用處純一無雜 學人三百 五百盡皆不見他意 如廬山和尚自在眞正順逆用處 學人不測涯際 悉皆[*]忙然 如丹霞和尚翫珠隱顯 學人來者皆悉被罵 如麻谷

64) 『信心銘』, (大正藏48, p.376下) "夢幻空華 不勞把捉 得失是非 一時放却" 참조.

用處苦如黃蘗 近皆[65]不得 如石鞏用處向箭頭上覓人 來者皆懼

시중㉖

“납자들이여, 산승의 불법은 的的相承한 것입니다. 마곡보철화상 · 단하천연화상 · 마조도일화상 · 여산귀종화상 · 석공혜장화상들로부터 一路行하며 遍天下하였건만 믿는 사람은 없고 모두가 비방만 일으킵니다. 저 도일화상의 작용처는 순일무잡했지만 삼백 내지 오백 명의 납자들이 모두가 마조의 의도를 친견하지 못했습니다. 저 여산귀종화상의 自在하고 眞正하며 順逆한 작용처를 납자들은 그 경지를 헤아리지 못하고 모두가 망연자실할 뿐이었습니다. 저 단하천연화상은 구슬을 숨기고 드러내며 자유롭게 굴렸지만 찾아온 납자들은 모두가 매도당했을 뿐입니다. 저 마곡보철화상의 작용처는 저 소태나무처럼 써서 모두가 접근조차 못했습니다. 저 석공혜장화상의 작용처는 화살로 사람을 겨누었는데 찾아오는 납자가 모두 두려워하였습니다.”

如山僧今日用處眞正成壞 翫弄神變 入一切境 隨處無事 境不能換 但有來求者 我卽便出看渠 渠不識我 我便著數般衣 學人生解一向入我言句 苦哉 瞎禿子無眼人把我著底衣認靑黃赤白 我脫却入淸淨境中 學人一見便生忻欲 我又脫却 學人失心[*]忙然狂走 言 我無衣 我卽向渠道 爾識我著衣底人否 忽爾回頭 認我了也

65) 皆=傍【明】

시중㉗

“산승의 오늘 작용처는 진정으로 성취하고 파괴하며 신통변화를 완롱하면서 일체경계에 들어가지만 이르는 곳마다 無事하여 어떤 경계에도 얽매이지 않습니다. 무릇 어떤 사람이 찾아와서 도를 추구하면 산승은 곧 그를 간파해내지만 그는 산승을 알아보지 못하고, 산승이 곧 몇 가지로 옷을 바꿔 입으면 납자는 거기에 이끌려 분별지해를 일으켜 산승의 언구에 끌려듭니다.

눈이 멀고 안목이 없는 납자들이 산승이 걸친 옷에 집착하여 청·황·적·백으로 인식하는 꼬락서니가 서글픕니다. 산승이 옷을 벗고 청정경계에 들어가면 납자들은 대번에 기쁜 심정[忻欲]을 일으킵니다. 산승이 다시 옷을 다 벗어버리면 납자들은 엉겁결에 망연자실하여 미친 듯이 달아나며 산승이 옷을 죄다 벗어버렸다고 말합니다. 그러면 산승이 그들에게 ‘대중은 산승이 옷을 바꿔 입었던 것을 아십니까.’라고 물으면, 홀연히 대중은 고개를 돌려보고서 산승인 줄을 알아차립니다.”

大德 爾莫認衣 衣不能動 人能著衣 有箇淸淨衣 有箇無生衣 菩提衣 涅槃衣 有祖衣 有佛衣

시중㉘

“대덕들이여, 대중은 옷을 통해서 인식해서는 안 됩니다. 옷은 스스로 동용하지 못하고, 사람이 옷을 걸치는 것입니다. 거기에 청정의가 있고, 무생의·보리의·열반의도 있으며, 祖衣도 있고 佛衣도 있습니다.”

大德 但有聲名文句 皆悉是衣變 從臍輪氣海中鼓激 牙齒敲磕成其句義 明知是幻化

시중㉙

"대덕들이여, 무릇 음성과 명칭과 문구는 모두가 곧 옷의 변화를 나타낸 것입니다. 배꼽의 기해단전으로부터 치고 올라오고 이빨이 서로 부딪쳐서 그 句義를 성취하지만 그것은 곧 幻化인 줄을 분명히 알아야 합니다."

大德 外發聲語業 內表心所法 以思有念 皆悉是衣 爾秖麽認他著底衣爲寔解 縱經塵劫秖是衣通 三界循還輪回生死 不如無事 相逢不相識 共語不知名

시중㉚

"대덕들이여, 밖으로 발성된 어업은 안에 있는 마음이 표출된 법이고, 사유함으로써 念이 존재하는데, 그것은 모두가 곧 옷에 불과합니다. 대중이 단지 걸치고 있는 옷만 보고 진실한 이해라고 인식한다면 설령 진겁이 지나도 그대로 옷만 취한 셈입니다. 그리하여 삼계를 순환하며 생사윤회할 뿐이므로, 無事한 것만 못합니다. 그러므로 고인은 '차라리 만나고도 알아보지 못하고 함께 이야기를 나누고도 이름도 모른다.'[66]고 말했습니다."

今時學人不得 蓋爲認名字爲解 大策子上抄死老漢語 三重五重複子

66)『古尊宿語錄』卷12 [池州南泉普願禪師語要], (卍新續藏68, p.73上)

裹 不敎人見 道是玄旨 以爲保重 大錯 瞎屢生 爾向枯骨上覓什麽汁 有一般不識好惡 向敎中取意度商量成於句義 如把屎塊子向口裏含了 吐過與別人 猶如俗人打傳口令相似 一生虛過也 道我出家 被他問著 佛法 便卽杜口無詞 眼似漆突 口如榀檐 如此之類逢彌勒出世 移置他方世界寄地獄受苦

시중㉛

"오늘날의 납자들이 깨치지 못하는 것은 무릇 명칭이나 자구를 인식하여 이해를 삼기 때문입니다. 大策子에다 죽은 老漢의 말을 발췌하여 삼중·오중으로 보자기에 싸서 남한테 보여주지도 않고 그것을 玄旨라고 말하며 애지중지하는데, 참으로 크게 착각하는 것입니다. 눈이 먼 바보들이여, 대중은 말라비틀어진 뼛조각에서 무슨 국물을 찾겠습니까. 일반의 똥오줌도 가리지 못하는 자들이 敎中의 句義에서 意度商量을 취하는데, 똥덩어리를 가지고 입속에 담아두었다가 다른 사람들에게 뿜어주는 것과 같습니다. 그것은 마치 속인이 술판에서 傳口令[67]을 하는 것과 같아서 일생을 허비하고 맙니다.

그래도 그들은 스스로 출가인이라고 자부하여 말하지만 남한테 불법에 대하여 질문을 받으면 곧 입을 꾹 다물고 말을 하지 못하고, 눈은 새까만 굴뚝과 같으며, 입은 처마 밑의 편액처럼 닫혀버립니다. 이와 같은 무리들은 미륵이 출세하는 시대가 오더라도 타방세계로 쫓겨 가거나 지옥에 떨어져서 고통을 받습니다."

67) 傳口令은 술판에서 어떤 단어를 차례로 다른 사람의 귀에 정확하게 전달해주는 놀이로서 酒令이라고도 한다. 곧 들은 말을 그대로 전해준다는 의미로도 활용된다.

大德 爾波波地往諸方覓什麼物 踏爾脚板闊 無佛可求 無道可成 無法可得 外求有相佛 與汝不相似 欲識汝本心 非合亦非離

시중㉜

"대덕들이여, 대중은 부산스럽게 제방을 쏘다니면서 무엇을 찾느라고 발바닥이 닳아졌습니까. 부처라고 해도 추구할 것이 없고, 도라고 해도 추구할 것이 없으며, 법이라고 해도 추구할 것이 없습니다.

'밖으로 형상의 부처를 추구한다면
그대에게는 전혀 어울리지 않는다
그대의 본래마음을 알고자 하는가
계합됨도 없지만 격리됨도 없다네'[68)]"

道流 眞佛無形 眞道無體 眞法無相 三法混融和合一處 辨旣不得[69)] 喚作[*]忙忙業識衆生

시중㉝

"납자들이여, 진불은 形이 없고, 진도는 體가 없으며, 진법은 相이 없습니다. 이 세 가지 법이 혼융하여 하나로 화합된 것입니다. 이것을 변별하지 못하는 자를 허둥지둥하는 업식의 중생이라고 부릅니다."

---

68)『景德傳燈錄』卷1, (大正藏51, p.208下)
69) 辨旣不得은『聯燈會要』卷9, (卍新續藏79, p.88上)에 의거하여 旣辨不得으로 번역한다.

問 如何是眞佛眞法眞道 乞垂開示 師云 佛者 心清淨是 法者 心光明是 道者 處處無礙淨光是 三卽一 皆是空名 而無寔有 如眞正學道人念念心不間斷 自達磨大師從西土來 秖是覓箇不受人惑底人 後遇二祖一言便了 始知從前虛用功夫 山僧今日見處與祖佛不別 若第一句中得 與祖佛爲師 若第二句中得 與人天爲師 若第三句中得 自救不了

(승이) 물었다.

"무엇이 진불이고 진법이며 진도입니까. 바라건대 개시를 내려주십시오."

선사가 말했다.

"불이란 마음의 청정이 그것입니다. 법이란 마음의 광명이 그것입니다. 도란 어디에서든지 걸림이 없는 (마음의) 청정과 (마음의) 광명이 그것입니다. 이들 셋은 그대로 하나로서 모두가 곧 空의 명칭으로 진정한 실체[有]가 없습니다. 眞正한 납자는 항상 마음에 간단이 없습니다. 달마대사는 인도로부터 도래한 이후로 오로지 타인에게 미혹되지 않는 사람을 찾을 뿐이었습니다. 후에 이조가 언하에 곧 깨쳤을 때[70]에 비로소 종전의 공부가 헛된 것이었음을 알게 되었습니다. 산승의 지금 견처는 불조와 더불어 다르지 않습니다. 그래서 만약 제일구에서 깨친다면 祖 · 佛의 스승이 되고, 만약 제이구에서 깨친다면 人 · 天의 스승이 되며, 제삼구에서 깨친다면 자기구제도 마치지 못합니다."

問 如何是西來意 師云 若有意 自救不了 云 旣無意 云何二祖得法 師

70) '一言便了'는 『景德傳燈錄』 卷3, (大正藏51, p.219中) "我與汝安心竟"을 가리킨다.

云 得者是不得 云 旣若不得 云何是不得底意 師云 爲爾向一切處馳求心不能歇 所以 祖師言 咄哉 丈夫 將頭覓頭 儞言下便自回光返照 更不別求 知身心與祖佛不別 當下無事 方名得法

(승이) 물었다.

"어떤 것이 달마조사가 서쪽에서 온 의미입니까."

선사가 말했다.

"만약 의미가 있다면 자신도 구제하지 못했을 것입니다."

(승이) 물었다.

"이미 의미가 없다면 이조가 법을 얻었다는 것은 무엇입니까."

선사가 말했다.

"얻었다는 것은 곧 터득한 것이 아닙니다."

(승이) 물었다.

"이미 터득한 것이 아니라면 곧 터득한 것이 아니라는 의미는 무엇입니까."

선사가 말했다.

"대중이 일체처를 향해 치구하는 마음을 그치지 못하는 까닭에 조사께서 '돌재! 대장부이면서도 머리를 가지고 있으면서 머리를 찾는구나.'라고 말했습니다. 그러므로 대중이 언하에 스스로 회광반조하여 다시는 다른 곳에서 추구하지 않고 자기의 身 · 心이 祖 · 佛과 다르지 않은 줄 알아차려 당장에 無事가 되면 바야흐로 법을 터득했다고 말합니다.

大德 山僧今時事不獲已 話度說[71]出[72]許多不才淨 爾且莫錯 據我見處 寔無許多般道理 要用便用 不用便休 秖如諸方說六度萬行以為佛法 我道是莊嚴門 佛事門 非是佛法 乃至持齋 持戒 擎油不潤 道眼不明 盡須抵債 索飯錢有日在 何故如此 入道不通理 復身還信施 長者八十一 其樹不生耳 乃至孤峯獨宿 一食卯齋 長坐不臥 六時行道皆是造業底人 乃至頭目髓腦 國城 妻子 象 馬 七珍盡皆捨施 如是等見皆是苦身心故 還招苦果 不如無事純一無雜 乃至十地滿心菩薩皆求此道流蹤跡了不可得 所以諸天歡喜 地神捧足 十方諸佛無不稱歎 緣何如此 為今聽法道人用處無蹤跡

시중㉞

"대덕들이여, 산승이 오늘은 부득이한 일로 지껄였는데 쓸데없는 말이 많았습니다. 대중은 부디 착각하지 마십시오. 산승의 견처에 의거하면 진실로 번거로운 도리가 없습니다. 작용하고 싶을 때는 곧 작용하고, 작용하고 싶지 않을 때는 곧 그만두면 됩니다.

가령 제방에서는 육바라밀의 온갖 보살행[六度萬行]으로 불법을 삼는데, 산승은 그것을 장엄문이고 불사문일 뿐이지 올바른 불법이 아니라고 말합니다. 내지 持齋하고 持戒[73]하기를 마치 기름그릇을 든 것처럼[擎油不潤][74]

---

71) 說=語【宮】

72) 話度說出은 이야기를 지껄인다는 속어이다.

73) 持齋 · 持戒는 행위가 청정하고 계율이 청정한 것을 말한다.

74) 擎油不潤는 『涅槃經』 卷22, (大正藏12, p.496中-下)에 나오는 비유이다. "비유하면 세간의 제대중이 25리에 충만한데, 왕이 한 신하에게 칙령으로 '기름이 가득한 그릇을 가지고 대중 가운데를 지나가되 기울어지거나 엎어서는 안 된다. 만약 한 방울이라도 흘린다면 그대의 목을 단절할 것이다.'고 하였다. 그리고 한 사람을 보내어 칼을 뽑아 뒤따르게 하여 겁을 주었다. 신하가 왕의 칙령을 받고서 온 마음을 견지하여 그 대중 가운데를 지나갔다. 비록 마음에 드는 다섯 가지 邪欲을 보더라도 마음속으로 '내가

조심하더라도 道眼이 열리지 않으면 모두 빚을 갚아야 하는데, 염라대왕한테 밥값의 청구서를 받게 됩니다. 어째서 그러겠습니까. '불도에 들어와 이치를 통달하지 못하면 환생하여 시주의 은혜를 갚아야 한다. 장자가 81세가 되자 그 나무에 버섯이 나지 않았다.'[75]는 일화가 있습니다. 내지 고봉에서 獨宿하면서 묘시에 一食만 공양하고 長坐不臥하며 六時로 行道하더라도 곧 업을 짓는 사람에 불과합니다. 내지 자신의 머리 · 눈 · 골수 · 뇌 그리고 국가 · 처자 · 코끼리 · 말 · 칠보를 모두 보시하더라도 그와 같은 견해는 모두가 곧 身 · 心의 고통이기 때문에 내생에 苦果를 초래할 뿐이므로 차라리 無事하게 純一無雜한 것만 못합니다. 내지 십지의 滿心菩薩이 모두 그 無心道流의 종적을 찾아보아도 끝내 찾지 못합니다. 때문에 제천은 환희하고, 지신은 받들어 모시며, 시방제불도 칭탄하지 않음이 없습니다. 무엇 때문이겠습니까. 그것은 지금 청법하고 있는 대중[道人]의 용처에는 종적이 없기 때문입니다."

問 大通智勝佛十劫坐道場 佛法不現前 不得成佛道 未審此意如何 乞師指示 師云 大通者 是自己 於處處達其萬法無性 無相 名爲大通 智勝者 於一切處不疑 不得一法 名爲智勝 佛者 心清淨 光明透徹法界

만약 방일하여 저 邪欲에 집착하면 당장 기름병을 놓치고 목숨을 온전히 건지지 못할 것이다.'고 말했다. 그 신하는 공포의 인연 때문에 내지 한 방울의 기름도 흘리지 않았다. 보살마하살도 또한 다시 이와 같이 생사에서 念慧를 잃지 않는데, 잃지 않는 까닭에 비록 오욕을 보아도 마음에 탐착하지 않는다. 譬如世間有諸大衆滿二十五里 王勅一臣持一油鉢 經由中過 莫令傾覆 若棄一渧 當斷汝命 復遣一人拔刀在後 隨而怖之 臣受王敎 盡心堅持 經歷爾所大衆之中 雖見可意五邪欲等 心常念言 我若放逸 著彼邪欲 當棄所持 命不全濟 是人以是怖因緣故 乃至不棄一渧之油 菩薩摩訶薩 亦復如是 於生死中 不失念慧 以不失故 雖見五欲 心不貪著"

75)『景德傳燈錄』卷2, (大正藏51, p.211中)

得名爲佛 十劫坐道場者 十波羅密是 佛法不現前者 佛本不生 法本不滅 云何更有現前 不得成佛道者 佛不應更作佛 古人云 佛常在世間 而不染世間法 道流 爾欲得作佛 莫隨萬物 心生種種法生 心滅種種法滅 一心不生 萬法無咎 世與出世 無佛 無法 亦不現前 亦不曾失 設有者 皆是名言章句 接引小兒施設藥病 表顯名句 且名句不自名句 還是爾目前昭昭靈靈鑒覺聞知照燭底 安一切名句 大德 造五無間業方得解脫

(승이) 물었다.

"대통지승불은 십겁 동안 도량에서 좌선하였지만 불법이 현전하지 않아 불도를 성취할 수 없었다[76]는데, 그게 무슨 뜻입니까."

선사가 말했다.

"'大通'은 곧 자기로서 모든 곳에서 그 만법이 무자성이라서 무상임을 통달하는데, 그것을 대통이라고 말합니다. '智勝'은 일체처에서 의심이 없는 眞空無相으로 어떤 법도 터득할 것이 없는데, 그것을 지승이라고 말합니다. '佛'은 마음이 청정하여 그 광명이 시방법계에 투철한데, 그것을 불이라고 말합니다. '십겁 동안 도량에서 좌선하였다'는 것은 곧 십바라밀입니다. '불법이 현전하지 않았다'는 것은 불은 본래 불생이고 법은 본래 불멸인데 어찌 다시 현전한단 말입니까. '불도를 성취할 수 없었다'는 것은 불은 결코 다시 부처가 될 필요가 없다는 것입니다. 고인은 말합니다. '부처는 항상 세간에 계시지만 세간법에 염오되지 않는다'[77]

76) 『妙法法華經』 卷3, (大正藏9, p.22上)
77) 『如來莊嚴智慧光明入一切佛境界經』 卷下, (大正藏12, p.248上) "佛常在世間 而不染世法" 참조.

납자들이여, 대중이 부처가 되고자 하면 결코 만물에 이끌려서는 안 됩니다. 마음이 발생하면 갖가지 법이 발생하고 마음이 소멸하면 갖가지 법이 소멸합니다. 그러므로 일심이 발생하지 않으면 만법에 허물이 없습니다.[78] 세간에 있어서도 출세간에 있어서도 부처도 없고 법도 없으며 또한 현전한 적도 없고 또한 일찍이 잃어버린 적도 없습니다. 설령 있다고 할지라도 그것은 모두 名言이나 章句일 뿐으로 어린아이를 달래주는 것으로 병에 따른 방편의 약이라서 무언가를 표현하는 명구에 불과합니다. 또한 명구는 자체의 명구가 아니라 오히려 대중의 목전에서 소소영령하게 보고 느끼며 듣고 알며 밝게 비추어내는 바로 그것이 일체의 명구를 안배한 것입니다.

대덕들이여, 오무간업을 지어야 바야흐로 해탈을 터득합니다.[79]"

問 如何是五無間業 師云 殺父 害母 出佛身血 破和合僧 焚燒經像等 此是五無間業 云 如何是父 師云 無明是父 爾一念心求起滅處不得 如響應空 隨處無事 名爲殺父 云 如何是母 師云 貪愛爲母 爾一念心入欲界中求其貪愛 唯見諸法空相 處處無著 名爲害母 云 如何是出佛身血 師云 爾向淸淨法界中無一念心生解 便處處黑暗 是出佛身血 云 如何是破和合僧 師云 爾一念心正達煩惱結使 如空無所依 是破和合僧 云 如何是焚燒經像 師云 見因緣空 心空 法空 一念決定斷 逈然無事 便是焚燒經像 大德 若如是達得 免被他凡聖名礙

78) 『信心銘』, (大正藏48, p.376下)

79) 造五無間業方得解脫은 그 무엇도 절대시하지 않는 행위. 자심 이외의 일체 권위를 인정하지 않는 것을 말한다.

(승이) 물었다.

"오무간업이란 무엇입니까."

선사가 말했다.

"아버지를 죽이는 것, 어머니를 해치는 것, 부처님 몸에 피를 내는 것, 화합승을 파괴하는 것, 경상 등을 불사르는 것들이 곧 오무간업입니다."

(승이) 물었다.

"아버지란 무엇입니까."

선사가 말했다.

"무명이 아버지입니다. 대중은 일념만이라도 마음으로 기멸의 처소를 추구해서는 안 됩니다. 마치 메아리가 허공에 울리는 것과 같이 하여 처하는 곳마다 無事가 되는 것을 아버지를 죽인다고 말합니다."

(승이) 물었다.

"어머니란 무엇입니까."

선사가 말했다.

"탐애가 어머니입니다. 대중은 일념만이라도 마음으로 욕계에 들어가서 그 탐애를 추구해서는 안 됩니다. 오직 제법이 공상임을 보아 처처에서 집착하지 않는 것을 어머니를 해친다고 말합니다."

(승이) 물었다.

"부처님 몸에 피를 내는 것이란 무엇입니까."

선사가 말했다.

"대중이 청정법계를 향하여 일념만이라도 마음에 지해를 발생하지 않으면 곧 처처가 흑암[무분별]처럼 되는데, 그것을 부처님 몸에 피를 내는 것이라고 말합니다."

(승이) 물었다.

"화합승을 파괴하는 것이란 무엇입니까."

선사가 말했다.

"대중이 일념만이라도 마음으로 번뇌 · 결사는 공으로 무소의임을 바르게 통달하면 그것을 화합승을 파괴하는 것이라고 말합니다."

(승이) 물었다.

"경상 등을 불사르는 것이란 무엇입니까."

선사가 말했다.

"(대중이) 인연법이 공이고 마음이 공이며 법이 공임을 보아 일념만이라도 결정코 단절하면 초연하게 無事가 되는데, 그것을 경상 등을 불사르는 것이라고 말합니다.

대덕들이여, 만약 이와 같이 통달한다면 저 범부 · 부처라는 명칭의 장애로부터 벗어납니다."

爾一念心秖向空拳指上生寔解 根境法中虛揑怪 自輕而退屈 言 我是凡夫 他是聖人 禿屢生 有甚死急 披他師子皮 却作野干鳴 大丈夫漢不作丈夫氣息 自家屋裏物不肯信 秖麽向外覓 上他古人閑名句 倚陰博<傳? 附?>陽 不能特達 逢境便緣 逢塵便執 觸處惑起 自無准定 道流莫取山僧說處 何故 說無憑據 一期間圖畫虛空 如彩畫像等喩

시중㉟

"대중이 일념만이라도 마음이 텅 빈 주먹과 손가락을 진짜로 간주하고 경계와 대상에 머물러 헛되게 조작하여[80] 자신을 열등시하고 퇴굴심에서 '나는 범부이고 그는 부처이다'고 말합니다. 대머리 바보들이여[禿屢生], 무슨 급한 일이 있길래 저 사자의 가죽을 쓰고서도 야간의 울음소리를 내는 것입니까.[81] 대장부이면서도 장부의 氣息을 일으키지도 못하고, 자기집안[自家屋裏]의 보물을 믿지도 못하며, 단지 밖을 향해서 찾아다니고, 저 고인의 하찮은 명구를 최고로 간주하며, 음양을 점쳐서 요행을 바라고,[倚陰傅〈傳? 附?〉陽][82] 주체적인 삶에 통달하지 못하여 경계를 만나면 곧 반연하고 육진을 만나면 곧 집착하여 부딪치는 경계마다 미혹이 일어나 자신의 줏대가 없습니다.

납자들이여, 산승의 설법을 취하려고 하지 마십시오. 왜냐하면 언설에는 의거할[憑據] 것이 없고, 일시적으로 허공에다 그려놓은 그림과 같아서 마치 형상 등을 채색하는 비유와 같기 때문입니다."

道流 莫將佛爲究竟 我見猶如廁孔 菩薩 羅漢盡是枷鎖 縛人底物 所以文殊仗劍殺於瞿曇 鴦掘持刀害於釋氏 道流 無佛可得 乃至三乘 五性圓頓敎迹皆是一期藥病相治 並無實法 設有 皆是相似 表顯路布 文字差排 且如是說 道流 有一般禿子便向裏許著功 擬求出世之法 錯了也 若人求佛 是人失佛 若人求道 是人失道 若人求祖 是人失祖

80) "텅 빈 주먹과 손가락을 진짜로 간주하고 경계와 대상에 머물러 헛되게 망상을 피워서'의 대목은 『證道歌』, (大正藏48, p.396下) "더욱이 어리석고 또 소심하기까지 하여 텅 빈 주먹과 손가락을 진짜로 간주한다. 손가락을 달로 알고 그릇되게 공부하니 경계와 대상에 머물러 헛되게 조작한다. 亦愚癡 亦小騃 空拳指上生實解 執指爲月枉施功 根境法中虛捏怪" 参조.

81) 『思益梵天所問經』 卷4, (大正藏15, p.56中) "若行者說法無所貪著 是名師子吼 若行者貪著所見而有所說 是野干鳴 不名師子吼 起諸邪見故" 参조.

82) 倚陰傅〈附=〉陽은 陰에 의지하고 陽에 달라붙는다는 뜻으로 고인의 언설만 따르다가 진정한 자신을 잃어버리는 것을 가리킨다.

시중㊱

"납자들이여, 부처를 구경으로 간주해서는 안 됩니다. 산승은 부처를 마치 측간의 똥통과 같이 봅니다. 그리고 보살과 나한은 모두가 형틀과 족쇄처럼 사람을 결박하는 것들입니다. 때문에 문수보살은 긴 칼을 들고 구담을 죽이려고 하였고, 앙굴마라는 단도를 가지고 세존을 해꼬지 하려고 했습니다.

납자들이여, 부처는 특별히 얻을 것이 없습니다. 내지 삼승의 오성과 원돈의 교적도 모두가 일시적으로 병에 따라 약을 처방하는 방편이므로 또한 진실법은 아닙니다. 설령 진실법이 있다고 할지라도 그것은 모두 가짜[相似]일 뿐이고 표현된 게시판[路布]과 같은 것이며 문자를 잘 배열하여 또 방편처럼[如是] 설한 것일 뿐입니다.

납자들이여, 또한 어떤 대머리 무리는 (좌선에 대하여) 곧장 내면에 집중하여 출세간법을 추구하는 것이라고 하는데 그것은 착각입니다. 어떤 사람이 부처를 추구한다면 그 사람은 부처를 잃어버릴 것이고, 어떤 사람이 깨침[道]을 추구한다면 그 사람을 깨침[道]을 잃어버릴 것이며, 어떤 사람이 조사를 추구한다면 그 사람은 조사를 잃어버릴 것입니다."

大德莫錯 我且不取爾解經論 我亦不取爾國王大臣 我亦不取爾辯似懸河 我亦不取爾聰明智慧 唯要爾眞正見解 道流 設解得百本經論 不如一箇無事底阿師 爾解得一一卽輕蔑他人 勝負修羅 人我無明 長地獄業 如善星比丘解十二分敎 生身陷地獄 大地不容 不如無事休歇去 飢來喫飯 睡來合眼 愚人笑我 智乃知焉 道流 莫向文字中求 心動疲勞 吸冷氣無益 不如一念緣起無生 超出三乘權學菩薩

시중㊲

"대덕들이여, 착각하지 마십시오. 산승은 또한 대중이 이해하고 있는 경론을 인정하지도 않고, 산승은 또한 대중이 국왕대신인 것을 인정하지도 않으며, 산승은 또한 대중의 달변이 현하와 같음을 인정하지도 않고, 산승은 또한 대중의 총명한 지혜도 인정하지 않습니다. 오직 대중이 진정한 견해를 갖출 것만 요구할 뿐입니다.

납자들이여, 설령 백 권의 경론을 이해할지라도 일개의 無事한 아사리만 못합니다. 대중은 경론을 이해하면 곧 타인을 경멸하고 아수라처럼 승부를 다투며 인상과 아상의 무명심으로 지옥업을 증장합니다. 저 선성비구는 십이분교를 이해하였지만 산 채로 지옥에 빠졌는데 대지도 그를 용납하지 않았습니다. 그것은 차라리 無事하게 休歇했던 것만 못합니다. 남악나찬 화상은 '배가 고프면 밥을 먹고, 졸리면 잠을 잔다. 그러나 어리석은 사람은 나를 비웃지만 지혜로운 사람은 곧 그것을 안다.'[83] 말했습니다.

납자들이여, 문자 속에서 추구하지 마십시오. 마음이 동요하면 피로하고 냉기를 마시는 것처럼 이익이 없습니다. 차라리 일념 동안만이라도 연기하는 무생을 통해서 삼승권학의 보살을 초출하는 것이 낫습니다."

大德 莫因循過日 山僧往日未有見處時 黑漫漫地 光陰不可空過 腹熱心忙 奔波訪道 後還得力 始到今日共道流如是話度 勸諸道流莫爲衣食 看世界易過 善知識難遇 如優曇花時一現耳

83)『景德傳燈錄』卷30, (大正藏51, p.461中)

시중㊳

“대덕들이여, 하릴없이 세월만 보내지 마십시오. 산승도 왕년에 견처가 열리지 않았을 때는 참으로 아득하고 깜깜했습니다. 허송세월할 수가 없어서 가슴이 타고 마음만 바빠서 분주하게 깨침을 찾아다녔습니다. 연후에 다시 선지식의 법력을 얻어서 비로소 오늘에 이르러 납자들과 함께 이와 같이 話度하게 되었습니다. 모든 납자에게 권합니다. 옷과 음식을 위하지 마십시오. 보십시오. 세계는 무상하고 부질없으며 선지식은 만나기 어렵습니다. 마치 우담화가 시절인연으로 한번 나타나는 것과 같습니다.”

儞諸方聞道有箇臨濟老漢 出來便擬問難 教語不得 被山僧全體作用 學人空開得眼 口總動不得 懵然不知以何答我 我向伊道 龍象蹴踏 非驢所堪 爾諸處秖指胸點肋 道我解禪 解道 三箇兩箇到這裏不奈何 咄哉 爾將這箇身心到處簸兩片皮誑謼閭閻 喫鐵棒有日在 非出家兒 盡向阿修羅界攝

시중㊴

“대중은 제방에서 임제라는 노인이 있다는 말을 듣고는 찾아와 곧 問難하여 산승의 말문을 막아버리려고 합니다. 그러나 산승의 전체작용에 도달해서는 납자가 눈은 멀뚱멀뚱 뜨고 입은 도통 뻥끗하지도 못하며 얼이 빠진 채 산승에게 어찌 답변해야 할지도 모릅니다. 산승은 그러한 납자에게 ‘큰 코끼리[龍象]가 밟고 지나가면 나귀는 감당할 수가 없다.’[84]고 말해줍니다. 대중

84) 『維摩經』 卷6, (大正藏14, p.547上)

은 제처에서 의기양양하게 자기의 가슴을 치면서 '나는 선을 깨쳤고 도를 깨쳤다'고 말하는데, 몇 사람이 여기에 찾아와서는 어찌할 바를 모릅니다.

돌재!

대중은 그와 같이 훌륭한 자질[身心]을 가지고 가는 곳마다 두 입술을 나불대며 선남선녀를 기만하니, 염라대왕의 철봉을 얻어맞는 날이 있을 것입니다. 그들은 출가인이라고 말할 수가 없고, 모두가 아수라세계에 빠진 것입니다."

夫如至理之道 非諍論而求激揚 鏗鏘以摧外道 至於佛祖相承更無別意 設有言教 落在化儀三乘 五性 人天因果 如圓頓之教 又且不然 童子善財皆不求過 大德 莫錯用心 如大海不停死屍 秖麽擔却擬天下走 自起見障以礙於心 日上無雲 麗天普照 眼中無翳 空裏無花 道流 爾欲得如法 但莫生疑 展則彌綸法界 收則絲髮不立 歷歷孤明未曾欠少 眼不見 耳不聞 喚作什麽物 古人云 說似一物則不中 爾但自家看 更有什麽 說亦無盡 各自著力 珍重

시중㊵

"대저 무상의 이법[至理]인 불도는 쟁론으로 격양을 추구하여 큰 소리[鏗鏘] 외도를 꺾는 것도 아니고, 불조의 상승에 이르렀다고 해도 다시 특별한 의미가 있는 것이 아닙니다. 설령 언구가 있을지라도 교화양식으로 삼승 · 오성의 가르침은 인천의 인과에 떨어질 뿐이지만, 원돈의 가르침은 또한 그렇지 않습니다. 선재동자는 오십삼 선지식을 찾아다닌 것이 아닙니다.

대덕들이여, 용심에 있어서 착각하지 마십시오. 저 대해가 시체를 머물러

두지 않는 것처럼 해야 합니다.[85] 시체와 같은 언구를 짊어지고 천하를 헤매며 스스로 견해에 장애를 일으켜서 마음을 가로막습니다.

태양을 가리는 구름조각 하나 없으면
화창한 하늘까지 널리 비추는 것처럼
우리의 눈동자 가운데 티끌이 없다면
허공에 피어 있는 꽃은 있을 수 없네

납자들이여, 대중이 여법하게 살아가고자 한다면 무릇 의심을 내서는 안 됩니다. 펼치면 곧 법계에 가득하지만 거두면 곧 실 끝만큼도 내세울 것이 없습니다.[86] 역력하고 고명하여 일찍이 없었거나 부족한 적도 없지만 눈으로 보지 못하고 귀로 듣지 못하니,[87] 그것을 무엇이라고 불러야 좋겠습니까. 고인은 '일물이라고 말해도 적중한 것이 못됩니다.'[88]라고 말했습니다.

대중은 무릇 스스로 살펴볼 줄 알아야 합니다. 그밖에 다시 무엇이 있겠습니까. 설명으로는 또한 끝이 없습니다. 각자 스스로 정진할 뿐입니다. 안녕히 가십시오."

勘辨

黃蘗[89]因入廚次 問飯頭 作什麽 飯頭云 揀衆僧米 黃蘗云 一日喫多少 飯頭云 二石五 黃蘗云 莫太多麽 飯頭云 猶恐少在 黃蘗便打 飯頭却

---

85)『華嚴經』卷27, (大正藏9, p.575中)
86)『宗鏡錄』卷97, (大正藏48, p.941中)
87)『景德傳燈錄』卷30, (大正藏51, p.462上)
88)『景德傳燈錄』卷5, (大正藏51, p.240下)
89) 蘗〈檗?〉 이하 동일.

擧似師 師云 我爲汝勘這老漢 纔到侍立次 黃蘗擧前話 師云 飯頭不會請和尚代一轉語 師便問 莫太多麽 黃蘗云 何不道來日更喫一頓 師云說什麽來日 卽今便喫 道了便掌 黃蘗云 這風顚漢又來這裏捋虎鬚 師便喝出去 後潙山問仰山 此二尊宿意作麽生 仰山云 和尚作麽生 潙山云 養子方知父慈 仰山云 不然 潙山云 子又作麽生 仰山云 大似勾賊破家

5) [감변][90)]

황벽이 공양간에 들어갔을 적에 반두에게 물었다.
"뭐하고 있습니까."
반두가 말했다.
"대중이 공양할 쌀을 일고 있습니다."
황벽이 말했다.
"하루에 얼마나 먹습니까."
반두가 말했다.
"두 섬 다섯 말을 먹습니다."
황벽이 물었다.
"너무 많지 않습니까."
반두가 말했다.
"오히려 적은 편입니다."

90) 勘辨은 납자가 서로 깨침의 眞僞, 체험의 深淺, 견해의 邪正 등을 살펴서[勘] 변별하기[辨] 위해 하는 문답을 말한다.

황벽이 곧장 반두를 때려주었다. 그러자 반두가 그 사실을 임제에게 말하자, 임제가 말했다.

“산승이 그대를 위하여 저 노인을 감변해 주겠습니다.”

그리고는 임제가 황벽한테 가서 옆에 서 있자니 황벽이 조금 전의 일을 꺼냈다. 이에 임제가 말했다.

“반두는 알아듣지 못했습니다. 청하건대 화상께서 대신하여 一轉語[91]를 내려주십시오.”

그리고는 임제가 곧장 물었다.

“너무 많지 않습니까.”

황벽이 말했다.

“어째서 ‘내일이면 다시 한 번 먹어야 합니다’라고 말하지 않습니까.”

임제가 물었다.

“어찌 내일이라고 말하십니까. 지금 곧장 먹어야 합니다.”

말을 마치고는 곧장 손으로 뺨을 갈기자, 황벽이 말했다.

“이 風顚漢[92]이 또 여기까지 와서 호랑이 수염을 뽑는구나.”

임제가 곧장 할을 하고는 나가버렸다.

훗날 위산이 앙산에게 일러 물었다.

“황벽과 임제의 두 존숙의 의도는 무엇이었습니까.”

앙산이 말했다.

“화상께서는 어떻게 생각하십니까.”

위산이 말했다.

---

91) 一轉語는 법어를 듣는 납자로 하여금 미혹으로부터 깨침으로 전환시켜주는 힘을 가진 말씀이라는 뜻이다.

92) 風顚漢은 격식을 벗어난 행동으로 미치광이라는 뜻이다. 파격적인 선기를 보여주는 뛰어난 사람을 일컫는 말이다.

“자식을 키워봐야 바야흐로 아버지의 사랑을 이해하는 법입니다.”
앙산이 말했다.
“저는 그렇게 생각하지 않습니다.”
위산이 물었다.
“그대는 어찌 생각합니까.”
앙산이 말했다.
“마치 도적을 집안에 불러들였다가 집안을 풍비박산으로 만들어버린 것과 같습니다.”

師問僧 什麽處來 僧便喝 師便揖坐 僧擬議 師便打

임제가 승에게 물었다.
“어디에서 온 것입니까.”
승이 곧장 할을 하였다. 그러자 임제가 곧 읍하고 앉았다. 이에 승이 말하려고 하자, 임제가 곧장 때려주었다.

師見僧來便竪起拂子 僧禮拜 師便打 又見僧來 亦竪起拂子 僧不顧 師亦打

임제가 승이 오는 것을 보고 곧장 불자를 치켜세웠다. 승이 예배를 드리자, 임제가 곧 때려주었다. 또 승이 온 것을 보고 역시 불자를 치켜세웠다. 그 승이 돌아본 척도 하지 않았는데, 임제가 마찬가지로 때려주었다.

師一日同普化赴施主家齋次 師問 毛呑巨海 芥納須彌 爲是神通妙用本體如然 普化踏倒飯床 師云 太麤生 普化云 這裏是什麽所在 說麤說細 師來日又同普化赴齋 問 今日供養何似昨日 普化依前踏倒飯床 師云 得卽得 太麤生 普化云 瞎漢 佛法說什麽麤細 師乃吐舌

임제가 어느 날 보화와 함께 시주의 집에 공양청을 받고 갔을 때, 임제가 (보화에게) 물었다.

"'한 가닥 털이 거해를 삼키고 하나의 겨자씨에 수미산을 담는다'는데 그것은 신통의 묘용입니까 아니면 본체가 그러한 것입니까."

보화가 공양상을 걷어 차버렸다. 임제가 말했다.

"너무 거칠게 구십니다."

보화가 말했다.

"이것이 뭐인데 거칠다 섬세하다 말하는 것입니까."

임제가 이튿날 다시 보화와 함께 공양청을 받고 갔다. 임제가 물었다.

"오늘의 공양은 어제와 비교하여 어떻습니까."

보화는 전날과 마찬가지로 공양상을 걷어 차버렸다. 그러자 임제가 말했다.

"옳기는 옳지만 너무 거치십니다."

보화가 말했다.

"이 눈먼 화상이여, 불법에 무슨 거칠고 섬세함이 있다고 말하는 것입니까."

임제가 이에 혀를 내둘렀다.

師一日與河陽木塔長老同在僧堂地爐內坐 因說 普化每日在街市掣風

掣顚 知他是凡 是聖 言猶未了 普化入來 師便問 汝是凡 是聖 普化云 汝且道我是凡 是聖 師便喝 普化以手指云 河陽新婦子 木塔老婆禪 臨濟小廝兒 却[93]具一隻眼 師云 這賊 普化云 賊賊 便出去

임제가 어느 날 하양장로와 목탑장로 함께 승당의 화로[地爐] 주변에 앉아 있었다. 임제가 말했다.

"보화는 매일 저잣거리에서 미치광이 노릇을 하고 있는데, 그는 범부입니까, 부처입니까."

말이 채 끝나기도 전에 보화가 들어오자, 임제가 곧장 물었다.

"스님은 범부입니까, 부처입니까."

보화가 말했다.

"스님이 자 말해 보십시오. 제가 범부입니까, 부처입니까."

임제가 갑자기 할을 하였다. 보화가 손으로 가리키면서 말했다.

"하양장로는 새색시선이고, 목탑장로는 노파선이며, 풋내기[小廝兒] 임제는 일척안[94]을 갖추었습니다."

임제가 말했다.

"도둑놈 같습니다."

보화가 말했다.

"도둑놈이라구요, 제가 도둑놈이라구요."

---

93) 『祖堂集』 卷17, (大藏經補編25, p.619中)에는 却이 只이다. 只의 경우에는 '한쪽 눈 밖에 없다.'는 의미가 되어 내용이 크게 달라진다. 『景德傳燈錄』 卷10, (大正藏51, p.280中)과 『臨濟錄』에서 의도적으로 只를 却으로 고쳤다. 이것은 보화를 통해 임제를 끌어올리려는 편자의 수단이다. 柳田聖山, 一指 옮김, 『임제록』 (고려원. 1988. p.243) 본래는 只가 原形이었을 것으로 보인다. 秋月龍珉 譯, 『臨濟錄』, (『禪家語錄』Ⅰ. 1985. 筑摩書房. p.361上)

94) 一隻眼은 頂門竪眼 · 心眼을 말한다.

그리고는 곧장 밖으로 나가버렸다.

一日普化在僧堂前喫生菜 師見云 大似一頭驢 普化便作驢鳴 師云 這賊 普化云 賊賊 便出去

어느 날 보화가 승당 앞에서 생채를 먹고 있었다. 임제가 보고 말했다.
"마치 한 마리 나귀와 같습니다."
보화가 곧장 나귀의 울음소리를 냈다. 임제가 말했다.
"도둑놈 같습니다."
보화가 말했다.
"도둑놈입니다. 저는 도둑놈입니다."
그리고는 곧장 밖으로 나가버렸다.

因普化常於街市搖鈴云 明頭來明頭打 暗頭來暗頭打 四方八面來旋風打 虛空來連架打 師令侍者去 纔見如是道 便把住云 總不與麼來時如何 普化托開 云 來日大悲院裏有齋 侍者回擧似師 師云 我從來疑著這漢

보화는 항상 저잣거리에서 방울을 흔들며 말했다.
"아침[明]이 오면 아침[明]을 부정하고 저녁[暗]이 오면 저녁[暗]을 부정한다. 사방 팔면처럼 다양하게 오면 회오리처럼 부정하고 허공처럼 종적이 없이 오면 도리깨처럼 연속하여 부정한다."

이에 임제가 시자를 보내서 그와 같이 말하는 것을 보거든 곧장 멱살을 잡고 다음과 같이 물어보라고 시켰다.

"전혀 다르게 오면 어떻게 합니까."

보화가 시자를 갑자기 내팽개치며 말했다.

"내일 대비원에서 대중공양이 있을 것이다."

시자가 돌아와서 임제한테 보고하자, 임제가 말했다.

"산승은 종래부터 그 사람은 보통내기가 아닌지 알아보고 싶었다."

有一老宿參師 未曾人事便問 禮拜卽是 不禮拜卽是 師便喝 老宿便禮拜 師云 好箇草賊 老宿云 賊賊 便出去 師云 莫道無事好 首座侍立次 師云 還有過也無 首座云 有 師云 賓家有過 主家有過 首座云 二俱有過 師云 過在什麽處 首座便出去 師云 莫道無事好 後有僧擧似南泉 南泉云 官馬相踏

어떤 한 노숙이 임제에게 참하였다. 그런데 아직 인사도 하기 전에 곧장 물었다.

"예배를 하는 것이 좋습니까, 예배를 하지 않는 것이 좋습니까."

임제가 곧장 할을 하자, 노숙이 바로 예배를 드렸다. 임제가 말했다.

"뭘 좀 아는 도둑입니다."

노숙이 말했다.

"도둑이라구요, 아니 도둑놈이라구요."

그리고는 곧장 밖으로 나가버렸다.

임제가 말했다.

"無事한 것만이 능사라고 말하지는 마십시오."

그때 수좌가 옆에 서 있었는데 임제가 물었다.

"방금 나눈 문답에 허물이라도 있습니까."

수좌가 말했다.

"있습니다."

임제가 물었다.

"손님에게 허물이 잇습니까, 주인에게 허물이 있습니까."

수좌가 말했다.

"양쪽 모두에게 허물이 있습니다."

임제가 물었다.

"어떤 점에서 허물이 있다는 것입니까."

그러자 수좌가 곧장 밖으로 나가버리자, 임제가 말했다.

"無事한 것만이 능사라고 말하지 말라고 했건만."

이후에 어떤 승이 이 상황을 남전에게 말씀드리자, 남전이 말했다.

"훌륭한 말[官馬]끼리 서로 걷어차는 모습입니다."

師因入軍營赴齋 門首見員僚 師指露柱問 是凡 是聖 員僚無語 師打露柱 云 直饒道得 也秖是箇木橛 便入去

임제가 군영에 공양청을 받고 들어갔다. 문 앞에서 幕僚를 보자 임제가 노주를 가리키고 물었다.

"이것은 범부입니까, 부처입니까."

막료가 답변하지 못하자, 임제가 노주를 두드리며 말했다.

"설령 제대로 답변했어도 그저 나무기둥일 뿐입니다."

그리고는 바로 들어가버렸다.

師問院主 什麽處來 主云 州中糶黃米去來 師云 糶得盡麽 主云 糶得盡 師以杖面前畫一畫 云 還糶得這箇麽 主便喝 師便打 典座至 師擧前語 典座云 院主不會和尙意 師云 爾作麽生 典座便禮拜 師亦打

임제가 원주에게 물었다.

"어디 갔다 옵니까."

원주가 말했다.

"鎭州의 首府에 黃米를 다녀왔습니다."

임제가 물었다.

"황미는 다 팔았습니까."

원주가 말했다.

"다 팔았습니다."

임제가 주장자로 면전에다 일획을 긋고 말했다.

"이것도 팔 수 있겠습니까."

원주가 갑자기 할을 하자, 임제가 곧장 때려주었다. 전좌가 다가오자 임제는 방금 전의 상황을 말해주었다. 전좌가 말했다.

"원주가 화상의 의도를 이해하지 못했습니다."

임제가 물었다.

"전좌는 어떻습니까."

전좌가 바로 예배를 드리자, 임제가 마찬가지로 때려주었다.

有座主來相看次 師問座主 講何經說 主云 某甲荒虛粗習《百法論》 師云 有一人於三乘十二分敎明得 有一人於三乘十二分敎明不得 是同 是別 主云 明得卽同 明不得卽別 樂普爲侍者 在師後立 云 座主這裏是什麽所在 說同 說別 師回首問侍者 汝又作麽生 侍者便喝 師送座主 回來遂問侍者 適來是汝喝老僧 侍者云 是 師便打

어떤 좌주가 찾아왔을 때 임제가 물었다.

"어떤 경전을 강의했습니까."

좌주가 말했다.

"저는 변변치 못하지만『대승백법명문론』을 조금 공부하였습니다."

임제가 물었다.

"한 사람은 삼승십이분교를 통달하였고 한 사람은 삼승십이분교를 통달하지 못했는데, 같겠습니까 다르겠습니까."

좌주가 말했다.

"통달했으면 곧 같겠지만 통달하지 못했으면 곧 다릅니다."

시자로 있던 낙보가 임제 뒤에 서 있다가 물었다.

"좌주께서는 여기에 무엇이 있길래 같다고 말하고 다르다고 말하는 것입니까."

임제가 고개를 돌려 시자에게 물었다.

"시자는 또 어찌 생각합니까."

시자가 갑자기 할을 하였다. 임제가 좌주를 전송하고 돌아와서 시자에게 물었다.

"조금 전에 시자가 노승한테 할을 했습니까."

시자가 말했다.

“그렇습니다.”
그러자 임제가 바로 때려주었다.

師聞第二代德山垂示云 道得也三十棒 道不得也三十棒 師令樂普去問 道得爲什麽也三十棒 待伊打汝 接住棒送一送 看他作麽生 普到彼如教而問 德山便打 普接住送一送 德山便歸方丈 普回擧似師 師云 我從來疑著這漢 雖然如是 汝還見德山麽 普擬議 師便打

임제는 제이대 덕산이 수시하여 ‘답변을 해도 삼십 방을 때려줄 것이고, 답변을 못해도 삼십 방을 때려줄 것이다.’는 말을 들었다. 이에 임제가 낙보를 보내서 ‘답변을 했는데 어째서 삼십 방을 때리는 것인지 묻고, 덕산이 그대를 때리려거든 주장자를 꽉 잡고 한번 밀쳐버린 다음에 그가 어떻게 하는가를 살펴보라.’고 시켰다. 낙보가 덕산에 도착하여 시킨 대로 묻자, 덕산이 곧장 때려주었다. 낙보가 주장자를 잡고서 한번 밀쳐버리자, 덕산은 곧바로 방장으로 돌아가버렸다. 낙보가 돌아와서 임제에게 상황을 말씀드리자, 임제가 말했다.
“산승은 종래부터 그 사람은 보통내기가 아닌지 알아보고 싶었습니다. 그것은 그렇다고 치고, 그대는 덕산의 진면목을 보았습니까.”
낙보가 뭐라고 말하려고 하자, 임제가 곧장 때려주었다.

王常侍一日訪師 同師於僧堂前看 乃問 這一堂僧還看經麽 師云 不看經 侍云 還學禪麽 師云 不學禪 侍云 經又不看 禪又不學 畢竟作箇什

麽 師云 總敎伊成佛作祖去 侍云 金屑雖貴 落眼成翳 又作麽生 師云 將爲[95]爾是箇俗漢

왕상시가 어느 날 임제를 방문하였다. 승당 앞에서 임제를 만났는데 거기에서 물었다.

"이곳 스님들은 경전을 봅니까."

임제가 말했다.

"경전을 보지 않습니다."

상시가 물었다.

"그러면 좌선을 공부합니까."

임제가 말했다.

"좌선도 공부하지 않습니다."

상시가 물었다.

"경전도 보지 않고, 좌선도 공부하지 않으면 필경에 무엇을 합니까."

임제가 말했다.

"모두에게 부처도 되고 조사도 되게 만들어줍니다."

상시가 물었다.

"비록 금가루가 귀하지만 눈 속에 들어가면 눈병이 난다는데, 어찌 생각하십니까."

임제가 말했다.

"산승은 상시를 그저 속물로만 알고 있었습니다만."

95) 爲=謂【明】

師問杏山 如何是露地白牛 山云 吽吽 師云 啞那 山云 長老作麽生 師云 這畜生

임제가 杏山[96]에게 물었다.
"露地白牛란 무엇입니까."
행산이 말했다.
"우- 우-"
임제가 말했다.
"스님은 벙어리입니까."
행산이 말했다.
"그렇다면 장로라면 어찌하겠습니까."
임제가 말했다.
"그저 짐승일 뿐입니다."

師問樂普云 從上來 一人行棒 一人行喝 阿那箇親 普云 總不親 師云 親處作麽生 普便喝 師乃打

임제가 낙보에게 물었다.
"예로부터 한 사람은 방을 활용하고, 한 사람은 할을 활용하였다. 그러하다면 어느 쪽인 깨침에 가깝습니까."
낙보가 말했다.

96) 杏山鑒洪은 雲巖曇晟의 문하이다.

"모두 깨침으로부터 멀리 떨어져 있습니다."
임제가 물었다.
"깨침에 가깝게 다가가려면 어찌하면 좋겠습니까."
낙보가 곧장 할을 하였다. 그러자 임제가 이에 때려주었다.

師見僧來 展開兩手 僧無語 師云會麽 云不會 師云渾崙擘不開 與爾兩文錢

임제는 승이 오는 것을 보고 두 손을 펼쳐보였다. 그러나 승이 대꾸도 하지 않자, 임제가 물었다.
"알겠습니까."
승이 말했다.
"모르겠습니다."
임제가 말했다.
"곤륜산을 찢어 펼칠 수가 없습니다. 딱한 그대한테 두 푼을 주겠습니다."[97]

大覺到參 師擧起拂子 大覺敷坐具 師擲下拂子 大覺收坐具入僧堂 衆僧云 這僧莫是和尚親故 不禮拜 又不喫棒 師聞 令喚覺 覺出 師云 大衆道汝未參長老 覺云 不審 便自歸衆

97) 그대는 절대세계인 곤륜산을 도저히 열어젖힐 수가 없다. 참으로 딱하다. 그러나 여기까지 찾아온 것이 기특하니 노잣돈으로 두 푼을 주겠다.

대각[98]이 도착하여 참하였다. 임제가 불자를 치켜세우자, 대각이 좌구를 폈다. 임제가 불자를 내던지자, 대각이 좌구를 거두어 승당으로 들어갔다. 대중이 말했다.

"저 승은 화상의 친구가 아닐까. 예배도 드리지 않았는데 방도 얻어맞지 않은 걸 보면."

임제가 그 말을 듣고 대각을 불러오게 하였다. 대각이 나오자, 임제가 말했다.

"대중이 그대가 장로[임제]를 참례를 하지 않았다고 말합니다."

그러자 대각이 말했다.

"안녕하셨습니까."

그리고는 곧장 대중의 승당으로 돌아갔다.

趙州行脚時參師 遇師洗脚次 州便問 如何是祖師西來意 師云 恰値老僧洗脚 州近前作聽勢 師云 更要第二杓惡水潑在 州便下去

조주가 행각하다가 임제를 찾아왔다. 마침 임제가 발을 씻고 있었는데, 조주가 바로 물었다.

"조사서래의가 무엇입니까."

임제가 말했다.

"마침 지금은 발을 씻고 있는 중입니다."

조주가 가까이 다가와서 귀를 기울여 듣는 시늉을 하자, 임제가 말했다.

98) 大覺은 황벽희운의 13명 제자 가운데 한 사람으로 임제와 목주 등과 동문이었다. 魏府(大名府) 大覺寺에 주석하였다.

"다시 또 다른 구정물을 뿌려줘야 하겠습니다."

조주가 곧장 떠나버렸다.[99]

有定上座到參 問 如何是佛法大意 師下繩床 擒住與一掌便托開 定佇立 傍僧云 定上座何不禮拜 定方禮拜 忽然大悟 [100] [101]

정상좌가 도착하여 참하고 물었다.

"佛法大意란 무엇입니까."

임제가 선상에서 내려와 멱살을 잡더니 뺨을 한 대 후려치고 밀쳐버렸다. 정상좌는 멍하게 서 있었다. 그러자 곁에 있던 승이 말했다.

"정상좌는 빨리 예배를 드리십시오."

정상좌가 막 예배를 드리는 찰나에 홀연히 대오하였다.

麻谷到參 敷坐具 問十二面觀音 阿那面正 師下繩床 一手收坐具 一手搊麻谷 云十二面觀音 向什麽處去也 麻谷轉身擬坐繩床 師拈拄杖打 麻谷接却 相捉入方丈

99) 『趙州錄』(『古尊宿語錄』 卷14, 卍新續藏68, p.89)에는 主客이 바뀌어 있다. "師因到臨濟 方始洗脚 臨濟便問 如何是祖師西來意 師云 正值洗脚 臨濟乃近前側聆 師云 若會便會 若不會 更莫啗啄作麼 臨濟拂袖去"

100) 明本分卷

101) (師問洛浦云從上來一人行棒一人行喝阿那箇親洛浦云總不親師曰親處作麽生洛浦便喝師便打一日大覺到參師舉起拂子大覺敷坐具師擲下拂子大覺收坐具入僧堂衆僧云這僧莫是和尙親故不禮拜又不喫棒師聞令喚覺覺出師云大衆道汝未參長老覺云不審便自歸衆)百十二字＋麻【明】

마곡이 도착하여 참하였다. 좌구를 펼치고 물었다.
"십이면관음 가운데 어느 것이 정면입니까."
임제가 선상에서 내려오더니 한 손으로는 좌구를 거두고 한 손으로는 마곡을 붙들고 물었다.
"십이면관음이 어디 갔습니까."
마곡이 몸을 돌려 임제의 선상에 앉으려고 하였다. 임제가 주장자를 들고 마곡을 후려치자, 마곡이 주장자를 잡더니, 서로 붙들고 방장으로 들어갔다.

師問僧 有時一喝如金剛王寶劍 有時一喝如踞地金毛師子 有時一喝如探竿影草 有時一喝不作一喝用 汝作麽生會 僧擬議 師便喝

임제가 승에게 물었다.
"어떤 때는 일할이 금강왕보검과 같고, 어떤 때는 일할이 거지금모사자와 같으며, 어떤 때는 일할이 탐간영초와 같고, 어떤 때는 일할이 일할로만 작용하지는 않습니다. 그대는 어찌 생각합니까."
승이 뭐라고 말하려고 하자, 임제가 곧 할을 하였다.

師問一尼 善來 惡來 尼便喝 師拈棒 云更道 更道 尼又喝 師便打

임제가 어떤 비구니에게 물었다.
"잘 오신 겁니까, 잘못 오신 겁니까."
비구니가 곧장 할을 하자, 임제가 주장자를 들고 말했다.

"다시 말해 보십시오. 어서 말해 보십시오."

비구니가 다시 할을 하자, 임제가 곧장 때려주었다.

龍牙問 如何是祖師西來意 師云 與我過禪板來 牙便過禪板與師 師接得便打 牙云 打卽任打 要且無祖師意 牙後到翠微問 如何是祖師西來意 微云 與我過蒲團來 牙便過蒲團與翠微 翠微接得便打 牙云 打卽任打 要且無祖師意 牙住院 後有僧入室請益 云 和尚行脚時參二尊宿因緣 還肯他也無 牙云 肯卽深肯 要且無祖師意

용아가 물었다.

"조사서래의가 무엇입니까."

임제가 말했다.

"산승에게 선판을 갖다 주시오."

용아가 막 선판을 건네주자, 임제가 받더니 곧장 때려주었다. 용아가 말했다.

"때릴 테면 때려보십시오. 그러나 거기에 조사서래의는 없습니다."

이후에 용아가 翠微無學에게 물었다.

"조사서래의가 무엇입니까."

취미가 말했다.

"산승에게 포단을 갖다 주시오."

용아가 막 취미에게 포단을 건네주자, 취미가 받더니 곧장 때려주었다. 용아가 말했다.

"때릴 테면 때려보십시오. 그러나 거기에 조사서래의는 없습니다."

용아가 사원의 주지로 있던 훗날 어떤 승이 입실하여 청익하여 물었다.

“화상께서 행각할 때 두 존숙을 참문했던 인연이 있었는데, 두 분을 긍정하셨습니까.”

용아가 말했다.

“긍정인즉 깊이 긍정했지만, 거기에 조사서래의는 없었습니다.”

徑山有五百衆 少人參請 黃蘗令師到徑山 乃謂師曰 汝到彼作麼生 師云 某甲到彼自有方便 師到徑山 裝腰上法堂見徑山 徑山方擧頭 師便喝 徑山擬開口 師拂袖便行 尋有僧問徑山 這僧適來有什麼言句便喝和尚 徑山云 這僧從黃蘗會裏來 儞要知麼 且[102]問取他 徑山五百衆太半分散

경산에는 오백 대중이 있었지만, 참청[103]하러 찾아온 사람이 거의 없었다. 황벽이 임제를 경산으로 보내면서 이에 물었다.

“그대가 그곳에 도착하면 어찌하겠습니까.”

임제가 말했다.

“제가 거기에 도착하면 나름대로 방편이 있습니다.”

임제가 경산에 도착하여 행장도 풀지 않고 법당에 올라가 경산을 친견하였다. 경산도흠이 막 고개를 드는 찰나에 임제가 할을 하였다. 경산이 입을 열려고 하자, 임제가 소매를 떨치고 바로 나가버렸다. 이윽고 어떤 승이 경

102) 且=自【明】【宮】

103) 參請은 朝參暮請이다.

산에게 물었다.

“저 납승에게 아까 무슨 말을 해주었길래 대뜸 화상께 할을 하였습니까.”

경산이 말했다.

“그 납승은 황벽회하에서 왔는데, 그대가 알고 싶으며 가서 직접 물어 보시오.”

이후에 경산의 오백 대중은 태반이 흩어져버렸다.

普化一日於街市中就人乞直裰 人皆與之 普化俱不要 師令院主買棺一具 普化歸來 師云 我與汝做得箇直裰了也 普化便自擔去 繞街市叫云 臨濟與我做直裰了也 我往東門遷[104]化去 市人競隨看之 普化云 我今日未 來日往南門[*]遷化去 如是三日 人皆不信 至第四日無人隨看 獨出城外 自入棺內 倩路行人釘之 卽時傳布 市人競往開棺 乃見全身脫去 秖聞空中鈴響隱隱而去

보화가 어느 날 저잣거리에서 사람들에게 장삼[直裰]을 보시해달라고 하였다. 사람들이 저마다 장삼을 보시하였지만, 보화는 모두 받지 않았다. 임제가 원주를 시켜 관 하나를 사왔다. 보화가 절에 돌아오자 임제가 말했다.

“산승이 스님을 위해 딱 맞는 장삼을 마련했습니다.”

보화가 곧장 몸소 관을 짊어지고 저잣거리를 돌며 외쳤다.

“임제가 나한테 장삼을 만들어주었습니다. 나는 동문으로 가서 천화할 것입니다.”

---

104) 遷=遷【宮】* [* 1]

시장 사람들이 다투어 따라가 그를 만나보니, 보화가 말했다.

“나는 오늘은 떠나지 않겠습니다. 내일 남문으로 가서 천화하겠습니다.”

이와 같이 사흘 동안 계속하자, 사람들이 모두 믿지 않았다. 나흘째는 따라와서 살펴보는 사람이 하나도 없자, 홀로 성 밖으로 나가서 스스로 관 속에 들어가더니 길가는 행인에게 관에 못을 쳐달라고 청하였다. 소문이 삽시간에 널리 퍼져 시장 사람들이 다투어 가서 관을 열어보니, 전신은 이미 빠져나갔고, 단지 허공에서 요령소리만 은은하게 멀어져 갔다.

行錄

師初在黃蘗會下行業純一 首座乃歎曰 雖是後生 與衆有異 遂問 上座在此多少時 師云 三年 首座云 曾參問也無 師云 不曾參問 不知問箇什麽 首座云 汝何不去問堂頭和尚 如何是佛法的的大意 師便去問 聲未絶 黃蘗便打 師下來 首座云 問話作麽生 師云 某甲問聲未絶 和尚便打 某甲不會 首座云 但更去問 師又去問 黃蘗又打 如是三度發問 三度被打 師來白首座云 幸蒙慈悲 令某甲問訊和尚 三度發問 三度被打 自恨障緣不領深旨 今且辭去 首座云 汝若去時 須辭和尚去 師禮拜退

6) [행록]

임제는 처음에 황벽의 회상에 있을 때 행업이 순일하였다. 이에 목주수좌가 찬탄하고 말했다.

“비록 후생이지만 대중과 남다릅니다.”

이윽고 물었다.

"상좌는 여기에 온지 얼마나 되었습니까."

임제가 말했다.

"삼년 되었습니다."

목주수좌가 물었다.

"일찍이 참문한 적이 있습니까."

임제가 말했다.

"아직까지 참문한 적이 없습니다. 무엇을 물어야 할지 모르겠습니다."

목주수좌가 말했다.

"그대는 당두화상을 찾아가 '불법의 적적대의가 무엇입니까'라고 물어보면 어떻겠습니까."

임제가 곧장 찾아가서 물었는데, 말이 끝나지도 않았는데 황벽이 바로 때렸다. 임제가 내려오자, 목주수좌가 물었다.

"질문한 이야기는 어찌 되었습니까."

임제가 말했다.

"제 질문이 끝나기도 전에 화상한테 바로 얻어맞았습니다. 저는 그 까닭을 모르겠습니다."

목주수좌가 말했다.

"무릇 다시 찾아가서 물어보십시오."

임제가 다시 찾아가서 물었는데, 황벽이 또 때렸다. 이와 같이 세 번이나 물었는데 세 번이나 얻어맞았다. 임제가 스스로 목주수좌에게 찾아가서 물었다.

"덕분에 자비를 입어 제가 화상께 질문하였습니다. 그래서 세 번이나 질문을 했지만 번번이 얻어맞았을 뿐입니다. 업장의 인연으로 깊은 종지를 깨치지 못한 것이 스스로 한스러울 뿐입니다. 이제 하직하고 떠날까 합니다."

목주수좌가 말했다.

"만약 그대가 하직하고 떠난다면 반드시 화상에게 하직인사를 드리는 것이 어떻습니까."

임제가 예배를 드리고 물러갔다.

首座先到和尚處 云問話底後生甚是如法 若來辭時 方便接他 向後穿鑿成一株大樹 與天下人作廕[105)]涼去在 師去辭黃蘗 蘗云 不得往別處去 汝向高安灘頭大愚處去 必爲汝說 師到大愚 大愚問什麽處來 師云 黃蘗處來 大愚云 黃蘗有何言句 師云 某甲三度問佛法的的大意 三度被打 不知某甲有過 無過 大愚云 黃蘗與麽老婆[106)]爲汝得徹困 更來這裏問有過 無過 師於言下大悟 云 元來黃蘗佛法無多子 大愚搊住云 這尿床鬼子 適來道有過 無過 如今却道黃蘗佛法無多子 爾見箇什麽道理 速道 速道 師於大愚脅下築三拳 大愚托開 云 汝師黃蘗 非干我事

이에 목주수좌가 먼저 황벽의 처소에 도착하여 말했다.

"질문하러 찾아왔던 후생은 대단히 여법합니다. 만약 하직인사를 드리러 찾아올 때면 방편으로 그를 이끌어주십시오. 향후에 천착하면 한 그루의 큰 나무가 되어 천하의 사람들에게 시원한 그늘을 드리울 것입니다."

임제가 황벽에게 하직인사를 드리자, 황벽이 물었다.

---

105) 廕=陰【明】【宮】

106) 婆+(心切)【宮】【甲】

"다른 곳으로 가지 마십시오. 향후에 그대는 高安 灘頭의 大愚 처소로 가십시오. 반드시 그대를 위하여 설법해줄 것입니다."

임제가 대우에 도착하자, 대우가 물었다.

"어디에서 왔습니까."

임제가 말했다.

"황벽의 처소에서 왔습니다."

대우가 물었다.

"황벽한테 어떤 가르침을 받았습니까."

임제가 말했다.

"저는 세 번이나 불법의 적적대의에 대하여 물었는데 번번이 얻어맞았습니다. 저한테 무슨 허물이 있는지 모르겠습니다."

대우가 말했다.

"황벽은 그토록 노파심으로 그대를 위해 무던히 애를 썼건만[徹困], 다시 여기까지 와서 허물이 있느니 허물이 없느니 묻는 것입니까."

임제가 언하에 대오하였다. 그리고는 '원래 황벽의 불법은 간명직절하였구나.'라고 중얼거렸다. 그러자 대우가 멱살을 잡고 말했다.

"이 오줌싸개 같은 녀석이 아까는 허물이 있느니 허물이 없느니 말하더니, 이제는 도리어 황벽의 불법이 간명직절하다고 말하는데 그대는 무슨 도리를 보았습니까. 빨리 말해 보십시오, 어서 말해 보십시오."

임제가 대우의 옆구리를 세 번이나 쥐어박았다. 그러자 대우가 밀쳐버리고 말했다.

"그대의 스승은 황벽입니다. 나 대우와 무관합니다."

師辭大愚 却回黃蘗 黃蘗見來便問 這漢來來去去 有什麽了期 師云 秖爲老婆心切 便人事了侍立 黃蘗問 什麽處去來 師云[107] 昨奉慈旨 令參大愚去來 黃蘗云 大愚有何言句 師遂擧前話 黃蘗云 作麽生得這漢來 待痛與一頓 師云 說什麽待來 卽今便喫 隨後便掌 黃蘗云 這風顚漢却來這裏捋虎鬚 師便喝 黃蘗云 侍者引這風顚漢參堂去

임제가 대우를 하직하고 다시 황벽한테 돌아왔다. 황벽이 돌아온 것을 보고 바로 물었다.

"그대는 왔다 갔다 하니 언제 깨칠 기약이나 있겠습니까."

임제가 말했다.

"(왔다 갔다 한 그것은) 다만 (화상께서) 노파심절하기 때문입니다."

그리고는 곧장 인사를 드리고 侍立하자, 황벽이 물었다.

"어디에 다녀왔습니까."

임제가 말했다.

"지난번에 자비로운 마음으로 대우화상의 처소를 참문하라는 가르침을 받들고 왔습니다."

황벽이 말했다.

"대우의 가르침은 어떠했습니까."

임제가 다녀온 이야기를 말씀드리자, 황벽이 말했다.

"좌우지간 대우를 잡아서 한 방 때려줘야 하겠습니다."

임제가 말했다.

"어찌 올 때까지 기다린다고 말씀하시는 것입니까. 즉금에 바로 드셔야겠

107) 云=去【明】【宮】【甲】

습니다."

그리고는 즉시[隨後] 손바닥으로 갈겼다. 이에 황벽이 말했다.

"이 풍전한이 다시 여기에 찾아오더니 호랑이 수염을 당기는구나."

임제가 바로 할을 하니, 황벽이 말했다.

"시자는 이 풍전한을 승당으로 데려가시오."

後潙山擧此話問仰山 臨濟當時得大愚力 得黃蘗力 仰山云 非但騎虎頭 亦解把[108]虎尾

후에 위산이 이 이야기를 들어 앙산에게 물었다.

"임제는 당시에 대우화상의 은혜를 입었습니까, 황벽화상의 은혜를 입었습니까."

앙산이 말했다.

"호랑이 머리에 올라탈 줄 알았을 뿐만 아니라 또한 호랑이 꼬리도 붙잡을 줄 알았습니다."

師栽松次 黃蘗問 深山裏栽許多 作什麽 師云 一與山門作境致 二與後人作標榜 道了 將钁頭打地三下 黃蘗云 雖然如是 子已喫吾三十棒了也 師又以钁頭打地三下 作嘘嘘聲 黃蘗云 吾宗到汝大興於世

108) 把=抵【明】

임제가 소나무를 심고 있는데, 황벽이 물었다.

"깊은 산속에 그 많은 소나무를 심어 무엇하려는 것입니까."

임제가 말했다.

"첫째는 산문의 경치를 꾸미려는 것이고, 둘째는 후인에게 본보기가 되려는 것입니다."

말을 마치고 괭이로 땅을 세 번 치자, 황벽이 물었다.

"비록 그렇기는 하다만 그대는 이미 나한테 삼십방을 얻어맞은 것입니다"

임제가 다시 괭이로 땅을 세 번 치고는 '후유!'하고 긴 한숨 쉬는 소리를 냈다. 황벽이 말했다.

"황벽의 종지가 그대한테 이르러 세상에 크게 퍼질 것입니다."

後潙山擧此語問仰山 黃蘗當時秖囑臨濟一人 更有人在 仰山云 有 秖是年代深遠 不欲擧似和尚 潙山云 雖然如是 吾亦要知 汝但擧看 仰山云 一人指南吳越令行 遇大風卽止(讖風穴和尚也)

후에 위산이 이 이야기를 들어 앙산에게 물었다.

"황벽은 당시에 임제 한 사람에게만 부촉한 것입니까, 아니면 또 다른 사람이 있었던 것입니까."

앙산이 말했다.

"있었습니다. 그렇지만 먼 훗날이기 때문에 화상께 말씀드리고 싶지 않습니다."

위산이 말했다.

"비록 그렇더라도 내가 또한 알고 싶으니, 그대가 말해 보십시오."

앙산이 말했다.

"어떤 사람[南院慧顒: 860-930]이 남방으로 가서 吳·越 지방에서 법회를 펼치는데, 대풍[風穴延沼: 896-973]을 만나면 곧 그칠 것입니다.(풍혈화상을 참언한 것이다)"

師侍立德山次 山云 今日困 師云 這老漢寐語作什麽 山便打 師掀倒繩床 山便休

임제가 덕선선감(782-865)을 侍立하자, 덕산이 물었다.

"오늘은 피곤합니다."

임제가 말했다.

"이 노장님이 무슨 잠꼬대이십니까."

덕산이 바로 때려주자, 임제가 선상을 엎어버렸다. 그러자 덕산이 곧 그만두었다.

師普請鋤地次 見黃蘗來 拄钁而立 黃蘗云 這漢困那 師云 钁也未擧 困箇什麽 黃蘗便打 師接住棒 一送送倒 黃蘗喚 維那 維那 扶起我 維那近前扶 云 和尙爭容得這風顚漢無禮 黃蘗纔起便打維那 師钁地 云 諸方火葬 我這裏一時活埋

임제가 보청으로 땅을 파다가 황벽이 오는 것을 보고 괭이에 의지하여 서 있었다. 황벽이 말했다.

“그대는 고단합니까.”

임제가 말했다.

“아직 괭이도 들지 않았는데 뭐가 고단하겠습니까.”

황벽이 곧장 때려주자, 임제가 주장자를 빼앗고 탁 밀어 넘어뜨렸다. 황벽이 소리쳤다.

“유나여, 유나여, 나를 부척해 일으켜주십시오.”

유나가 다가와서 부축해 일으키며 말했다.

“화상께서는 어찌 저 풍전한의 무례를 용인하십니까.”

황벽이 일어나자마자 곧장 유나를 때려주었다. 그러자 임제가 괭이로 땅을 파며 말했다.

“제방에서는 화장을 하는데, 나는 여기에다 일시에 산 채로 묻어버립니다.”

後潙山問仰山 黃蘗打維那意作麽生 仰山云 正賊走却 邏[109]蹤人喫棒

이후에 위산이 앙산에게 일러 물었다.

“황벽이 유나를 때려준 것은 무슨 뜻입니까.”

앙산이 말했다.

“진짜 도적은 달아나고, 뒤쫓던 경찰이 주장자를 맞은 꼴입니다.”

師一日在僧堂前坐 見黃蘗來 便閉却目 黃蘗乃作怖勢 便歸方丈 師隨

109) 邏=羅【宮】

至方丈禮謝 首座在黃蘗處侍立 黃蘗云 此僧雖是後生 却知有此事 首座云 老和尚脚跟不點地 却證據箇後生 黃蘗自於口上打一摑 首座云 知卽得[110)]

임제가 어느 날 승당 앞에서 앉아 있다가 황벽이 오는 것을 보자 곧장 눈을 감아버렸다. 황벽이 무서워하는 시늉을 하더니 곧장 방장으로 돌아가버렸다. 임제가 뒤따라가 방장에 이르러 사과의 예배를 드렸다. 수좌가 황벽을 侍立하고 있었는데, 황벽이 말했다.

"이 납자가 비록 후배이지만 저 此事를 알고 있습니다."

수좌가 말했다.

110) 次下明本有'師見普化乃云我在南方馳書到潙山時知儞先在此住待我來及我來得汝佐贊我今欲建立黃蘗宗旨汝切須爲我成褫普化珍重下去克符後至師亦如是道符亦珍重下去三日後普化却上問訊云和尙前日道甚麼師拈棒便打下又三日克符亦上問訊乃問和尙前日打普化作什麼師亦拈棒打下師會下有同學二人相問離却中下二機請兄道一句子一人云擬問卽失一人云恁麼則禮拜老兄去也前人云賊師聞得陞堂云要會臨濟賓主句問取堂中二禪客便下座有僧來問禮拜則是不禮拜則是師便喝僧作禮師云這賊僧亦云這賊便出去師云莫道無事好首座侍立師回顧云還有過也無座云有師云賓家有過主家有過座云二俱有過師云過在甚麼處座便出去師云莫道無事好後有僧擧似南泉泉云官馬相踏師問僧什麼處來僧便喝師便揖坐僧擬義師便打師見僧來便竪起拂子僧禮拜師便打又見僧來亦竪起拂子僧不顧師亦打示衆云參學之人大須子細如賓主相見便有言論往來或應物現形或全體作用或把機權喜怒或現半身或乘師子或乘象王如有眞正學人便喝先拈出一箇膠盆子善知識不辨是境便上他境上作模作樣被學人又喝前人不肯放下此是膏肓之病不堪醫治喚作賓看主或是善知識不拈出物秖隨學人問處卽奪學人被奪抵死不肯放此是主看賓或有學人應一箇淸淨境出善知識前知識辨得是境把得抛向坑裏學人言大好善知識知識卽云咄哉不識好惡學人便禮拜此喚作主看主或有學人披枷帶鎖出善知識前知識更與安一重枷鎖學人歡喜彼此不辨喚作賓看賓大德山僧所擧皆是辨魔揀異知其邪正師到明化化問來來去去作什麼師云秖徒踏破草鞋化云畢竟作麼生師云老漢話頭也不識又往鳳林路逢一婆婆問甚處去師云鳳林去婆云恰値鳳林不在師云甚處去婆便行師乃喚婆婆回頭師便行師陞堂有僧出師便喝僧亦喝便禮拜師便打問僧甚處來日定州來師拈棒僧擬議師便打僧不肯師日已後遇明眼人去在僧後參三聖纔擧前話三聖便打僧擬議聖又打師應機多用喝會下參徒亦學師喝師日汝等總學我喝我今問汝有一人從東堂出一人從西堂出兩人齊喝一聲這裏分得賓主麼汝且作麼生分若分不得已後不得學老僧喝示衆云我有時先照後用有時先用後照有時照用同時有時照用不同時先照後用有人在先用後照有法在照用同時駈耕夫之牛奪飢人之食敲骨取髓痛下鍼錐照用不同時有問有答立賓立主合水和泥應機接物若是過量人向未擧已前撩起便行猶較些子師見僧來擧起拂子僧禮拜師便打又有僧來師亦擧拂子僧不顧師亦打又有僧來參師擧拂子僧日謝和尙指示師亦打'九百五十六字

"노화상께서도 깨치지 못했는데[脚跟不點地][111] 외려 저 후배를 증명[證據]하시는 것입니까."

황벽이 스스로 자기 입을 쥐어박자, 수좌가 말했다.

"아시면 다행입니다."

師在堂中睡 黃蘗下來見 以拄杖打板頭一下 師擧頭見是黃蘗 却睡 黃蘗又打板頭一下 却往上間 見首座坐禪 乃云 下間後生却坐禪 汝這裏妄想作什麽 首座云 這老漢作什麽 黃蘗打板頭一下 便出去

임제가 승당에서 졸았는데 황벽이 내려와서 보더니 주장자로 板頭를 한 번 내리쳤다. 임제가 고개를 들어 그가 황벽인 것을 보더니 다시 졸았다. 황벽이 다시 판두를 한 번 내리쳤다. 그리고는 上間으로 가서 좌선하고 있는 수좌를 보고 이에 말했다.

"下間의 후배도 좌선을 하는데 그대는 여기에서 어찌 망상만 피웁니까."

수좌가 말했다.

"노장님께서 뭐하자는 것입니까."

그러자 황벽은 판두를 한 번 내려치고는 곧장 나가버렸다.

後潙山問仰山 黃蘗入僧堂意作麽生 仰山云 兩彩一賽

111) 脚跟不點地는 발뒤꿈치가 땅에 닿지도 않았다는 말로 아직 수행이 철저하지 못하다, 확실하게 모른다는 의미이다.

후에 위산이 앙산에게 일러 물었다.

"황벽이 선당에 들어간 의도는 무엇입니까."

앙산이 말했다.

"한 번의 승부[一賽]에 두 번의 승산[兩彩]이 있는 것과 같습니다."[112]

一日普請次 師在後行 黃蘗回頭見師空手 乃問 钁頭在什麽處 師云 有一人將去了也 黃蘗云 近前來 共汝商量箇事 師便近前 黃蘗竪起钁頭云 秖這箇 天下人拈掇不起 師就手掣得竪起 云 爲什麽却在某甲手裏 黃蘗云 今日大有人普請 便歸院

어느 날 보청하러 가는데 임제가 맨 뒤에서 걷고 있었다. 황벽이 고개를 돌려 임제가 빈 손인 것을 보고 이에 물었다.

"괭이는 어디 있습니까."

임제가 말했다.

"어떤 사람[113]이 가져가버렸습니다."

황벽이 말했다.

"가까이 오시오. 그대와 함께 그것[箇事]에 대하여 상량해봅시다."

임제가 다가가자, 황벽이 괭이를 치켜들고 말했다.

"오직 이것[秖這箇]만은 천하인도 집어들지 못합니다."

임제가 괭이를 빼앗아 치켜들고 말했다.

112) 兩彩一賽는 한 번의 승부[一賽]에 두 번이나 이긴다[兩彩]는 말이다. 『景德傳燈錄』 卷12, (大正藏51, p.290中) "一彩兩賽" 참조.

113) 有一人은 大悟한 사람, 無位眞人을 가리킨다.

"그렇다면 어떻게 괭이가 제 손안에 있는 것입니까."
황벽이 말했다.
"오늘은 큰일 할 사람이 있습니다."
그리고는 곧장 선원으로 돌아가버렸다.

後潙山問仰山 钁頭在黃蘗手裏 爲什麽却被臨濟奪却 仰山云 賊是小人 智過君子

후에 위산이 앙산에게 일러 물었다.
"괭이가 황벽의 수중에 있었는데 어째서 외려 임제한테 빼앗겼습니까."
앙산이 말했다.
"도적은 소인인데 그 지혜는 군자를 능가합니다."

師爲黃蘗馳書去潙山 時仰山作知客 接得書便問 這箇是黃蘗底 那箇是專使底 師便掌 仰山約住云 老兄知是般事便休 同去見潙山 潙山便問 黃蘗師兄多少衆 師云 七百衆 潙山云 什麽人爲導首 師云 適來已達書了也 師却問潙山 和尚此間多少衆 潙山云 一千五百衆 師云 太多生 潙山云 黃蘗師兄亦不少

임제가 황벽의 편지를 가지고 위산한테 갔다. 그때 앙산이 지객이었기 때문에 편지를 접수하고 곧 물었다.
"이것이 황벽의 편지입니까. 그러면 어떤 것이 특사[專使]의 편지입니까."

임제가 손바닥으로 때려주자, 앙산이 그 손을 잡아쥐고 말했다.

"노형이 이것[是般事]을 알고 있으니 그만 두십시다."

그리고는 함께 위산을 친견하러 갔다. 위산이 바로 물었다.

"황벽사형에게는 대중이 얼마나 됩니까."

임제가 말했다.

"칠백 대중입니다."

위산이 말했다.

"우두머리[導首]는 누구입니까."

임제가 말했다.

"아까 이미 편지를 전달해드렸습니다."

그리고는 도리어 임제가 위산에게 물었다.

"화상의 여기에는 대중이 얼마나 됩니까."

위산이 말했다.

"천오백 대중입니다."

임제가 말했다.

"대단히 많습니다."

위산이 말했다.

"황벽사형의 대중도 또한 적지 않습니다."

師辭潙山 仰山送出 云 汝向後北去有箇住處 師云 豈有與麼事 仰山云 但去 已後有一人佐輔老兄在 此人秖是有頭無尾 有始無終 師後倒鎮州 普化已在彼中 師出世 普化佐贊於師 師住未久 普化全身脫去

임제가 위산에게 하직하자, 앙산이 배웅하러 나와서 말했다.

"그대가 향후에 북방으로 가면 주석할 곳이 생길 것입니다."

임제가 말했다.

"어찌 그럴 일이 있겠습니까."

앙산이 말했다.

"그냥 가시면 됩니다. 이후에 어떤 사람이 노형을 보좌해줄 것입니다. 그 사람은 그저 머리는 있지만 꼬리는 없고, 시작은 있지만 끝이 없습니다."

임제가 후에 진주에 도착하자, 보화가 이미 거기에 있었다. 임제가 출세하자, 보화가 임제를 도왔다. 임제가 주석한 지 머지않아 보화는 全身脫去하였다.[114]

師因半夏上黃蘗 見和尚看經 師云 我將謂是箇人 元來是揞[115]黑豆老和尚 住數日乃辭去 黃蘗云 汝破夏來 不終夏去 師云 某甲暫來禮拜和尚 黃蘗遂打趁令去 師行數里 疑此事 却回終夏

임제가 하안거 도중에 황벽산에 올랐다. 경전을 읽고 있는 화상을 보고 임제가 말했다.

"저는 是箇人이라고 여겼는데 원래 흑두나 주워 먹는 노화상이었군요."

며칠 머물다가 이에 하직인사를 드리자, 황벽이 말했다.

"그대는 하안거를 어겼는데, 또 하안거도 마치지 않으려는 것입니까."

114) 全身脫去는 흔적도 없이 떠나버린 모습을 말한다.
115) 揞=暗【宮】

임제가 말했다.

“저는 잠시 화상께 예배드리러 온 것입니다.”

황벽이 바로 때려주었다. 임제가 몇 리를 가다가 此事에 의문을 품고 다시 돌아와서 하안거를 마쳤다.

師一日辭黃蘗 蘗問 什麽處去 師云 不是河南 便歸河北 黃蘗便打 師約住與一掌 黃蘗大笑 乃喚侍者將百丈先師禪板机案來 師云 侍者將火來 黃蘗云 雖然如是 汝但將去 已後坐却天下人舌頭去在

임제가 어느 날 황벽에게 하직인사를 드리자, 황벽이 말했다.

“어디로 가려는 것입니까.”

임제가 말했다.

“하남이 아니면 하북으로 돌아갈까 합니다.”

황벽이 곧장 때려주자, 임제가 주장자를 붙잡고 손으로 뺨을 때려주었다. 그러자 황벽이 크게 웃더니, 이에 시자를 불러 말했다.

“백장회해 先師의 선판과 책상[116]을 가져오라.”

임제가 말했다.

“시자여, 불을 가져오십시오.”

황벽이 말했다.

“비록 옳기는 하다만 어쨌든 그대가 가져가야 합니다. 이후에 천하인의 입을 틀어막는데 필요할 것입니다.”

116) 禪板과 机案은 인가의 증명으로 내려준 물증이다.

後潙山問仰山 臨濟莫辜負他黄蘗也無 仰山云 不然 潙山云 子又作麼生 仰山云 知恩方解報恩 潙山云 從上古人還有相似底也無 仰山云 有秖是年代深遠 不欲擧似和尚 潙山云 雖然如是 吾亦要知 子但擧看 仰山云 秖如楞嚴會上阿難讚佛云 將此深心奉塵刹 是則名爲報佛恩 豈不是報恩之事 潙山云 如是 如是 見與師齊 減師半德 見過於師 方堪傳授

후에 위산이 앙산에게 일러 물었다.

"임제가 저 황벽을 저버린 것은 아닙니까."

앙산이 말했다.

"그렇지 않습니다."

위산이 물었다.

"그대는 또 어찌 생각합니까."

앙산이 말했다.

"은혜를 알아야 바야흐로 은혜에 보답하는 법입니다."

위산이 말했다.

"종상의 고인에게도 그와 비슷한 경우가 있었습니까."

앙산이 말했다.

"있었습니다. 그렇지만 먼 훗날이기 때문에 화상께 말씀드리고 싶지 않습니다."

위산이 말했다.

"비록 그렇더라도 내가 또한 알고 싶으니, 그대가 말해 보십시오."

앙산이 말했다.

"저 능엄법회에서 아난이 부처님을 찬탄하여 '이 深心으로 塵刹을 받드는 것이 곧 불은에 보답하는 것입니다.'라고 말한 것이야말로 어찌 보은의 행위가 아니겠습니까."

위산이 말했다.

"그렇습니다. 바로 그렇습니다. 견해가 스승과 같으면 스승의 덕을 반감하는 것입니다. 견해가 스승을 능가해야 바야흐로 傳授를 감당합니다."

師到達磨塔頭 塔主云 長老先禮佛 先禮祖 師云 佛祖俱不禮 塔主云 佛祖與長老是什麽冤家 師便拂袖而出

임제가 달마의 塔頭[117]에 도착하자, 탑주가 물었다.

"장로께서는 부처님께 먼저 예배하시겠습니까, 아니면 달마조사에게 먼저 예배하시겠습니까."

임제가 말했다.

"부처님에게도 그리고 조사에게도 모두 예배하지 않겠습니다."

탑주가 말했다.

"부처님과 조사가 장로에게 무슨 원수라도 됩니까."

임제는 곧장 소매를 떨치고 그 자리를 떠나버렸다.

師行脚時到龍光 光上堂 師出 問云 不展鋒鋩如何得勝 光據坐 師云

117) 塔頭는 고승이 입적한 이후에 제자들이 탑을 수호하기 위하여 탑 근처에 지어놓은 암자이다. 후에는 가람에 딸린 암자의 의미가 되었다. 여기의 탑두는 河南城 熊耳山 定林寺에 있는 보리달마의 탑두이다.

大善知識豈無方便 光瞪目 云 嗄 師以手指云 這老漢今日敗闕也

임제가 행각시절에 용광에 도착하였다. 용광이 상당하자 임제가 나와서 물었다.

"칼[鋒鋩]을 뽑지 않고도 이기려면 어찌해야 합니까."

용광이 똑바로 앉자,[據坐][118] 임제가 말했다.

"대선지식께서 어찌 방편이 없겠습니까."

용광이 눈을 부릅뜨고 말했다.

"사-악![嗄][119]"

그러자 임제가 손가락으로 용광을 가리키며 말했다.

"노장님께서 오늘은 패배하였습니다."

到三峯 平和尙問曰 什麼處來 師云 黃蘗來 平云 黃蘗有何言句 師云 金牛昨夜遭塗炭 直至如今不見蹤 平云 金風吹玉管 那箇是知音 師云 直透萬重關 不住淸霄內 平云 子這一問太高生 師云 龍生金鳳子 衝破碧琉璃 平云 且坐 喫茶

(임제가) 삼봉에 도착하자, 평화상이 물었다.

"어디에서 왔습니까."

임제가 말했다.

118) 據坐는 똑바로 앉는다는 말인데, 여기에서는 상대방과 겨루려는 자세를 취한 모습을 상징한다. 據座는 설법좌석에 앉아있는 모습 내지 앉음새를 똑바로 유지하는 것을 말한다.

119) 嗄의 발음은 '사' 또는 '아'인데 감탄사이다. 여기에서는 칼날이 바람에 스치는 소리를 형용한 것이다.

"황벽에서 왔습니다."
평화상이 물었다.
"황벽의 가르침은 무엇입니까."
임제가 말했다.
"金牛가 간밤에 용광로[塗炭]에 들어갔는데 지금까지 종적도 보이지 않습니다."
평화상이 물었다.
"가을바람 결에 옥피리 가락이 울려 퍼지는데 知音은 누구이겠습니까."
임제가 말했다.
"그대로 萬重關을 투과해서 淸霄를 뚫고 날아갑니다."
평화상이 말했다.
"그대의 一問이야말로 대단히 고준합니다."
임제가 말했다.
"용이 金鳳子를 낳았는데 碧琉璃를 뚫고 날아오른 모습입니다."
평화상이 말했다.
"자, 앉으십시오. 차 한 잔 마십시다."

又問 近離甚處 師云 龍光 平云 龍光近日如何 師便出去

(평화상이) 또 물었다.
"근래에 어디를 다녀왔습니까."
임제가 말했다.
"용광에 다녀왔습니다."

평화상이 물었다.
"용광의 불법은 요즈음 어떻습니까."
임제가 곧장 나가버렸다.

到大慈 慈在方丈內坐 師問 端居丈室時如何 慈云 寒松一色千年別 野老拈花萬國春 師云 今古永超圓智體 三山鎖斷萬重關 慈便喝 師亦喝 慈云 作麼 師拂袖便出

大慈寰中(780-862)에 도착했는데 대자가 방장실에 앉아 있었다. 임제가 물었다.
"방장실에 正坐하고 있는 경지는 어떻습니까."
대자가 말했다.
"겨울에도 소나무의 푸른색은 천 년에 이르고,[體]
야로가 꽃을 따니 만국이 봄입니다.[用]"
임제가 말했다.
"고금에도 영원히 대원경지의 체를 초월했고,
三山[120]은 萬重關으로 굳게 닫혀 있습니다."[121]
대자가 곧장 할을 하자, 임제도 또한 할을 하였다. 이에 대자가 말했다.
"어떻습니까."
임제가 소매를 떨치고 곧장 떠나버렸다.

---

120) 三山은 蓬萊山 · 方丈山 · 瀛洲山으로 신선이 거주하는 세계를 말한다.
121) 大圓鏡智의 깨침마저 초월하였기 때문에 굳게 닫혀 있는 三山의 관문처럼 누구도 그 경지를 엿보지 못한다는 말이다.

到襄州華嚴 嚴倚拄杖作睡勢 師云 老和尙瞌睡作麽 嚴云 作家 禪客宛爾不同 師云 侍者點茶來與和尙喫 嚴乃喚維那 第三位安排這上座

양주화엄에 도착하자, 화엄이 주장자에 기대어 조는 시늉을 하였다. 그러자 임제가 말했다.

"노화상께서 졸면 어쩌자는 것입니까."

화엄이 말했다.

"作家의 선객은 완연히 다릅니다."

임제가 말했다.

"시자는 차를 내어 화상께 올리십시오."

화엄이 이에 유나를 불렀다.

"이 上座를 제삼위[122]로 모셔주십시오."

到翠峯 峯問 甚處來 師云 黃蘗來 峯云 黃蘗有何言句指示於人 師云 黃蘗無言句 峯云 爲什麽無 師云 設有 亦無擧處 峯云 但擧看 師云 一箭過西天

취봉에 도착하자, 취봉이 물었다.

"어디에서 왔습니까."

임제가 말했다.

122) 第三位는 후당의 수좌자리이다. 청규에서 승당 안에서 앉는 자리에 서열을 부여하는데, 第一位는 首座(首衆·版首·上首·座元·座頭라고도 한다)가 앉고, 第二位는 前堂首座가 앉으며, 第三位는 後堂首座가 앉는다.

"황벽에서 왔습니다."

취봉이 물었다.

"황벽은 요즈음 납자들에게 어떤 언구로 指示하십니까."

임제가 말했다.

"황벽화상에게는 언구라고 할 것이 없습니다."

취봉이 물었다

"어째서 없다고 말하는 것입니까."

임제가 말했다.

"설령 있다손 치더라도 또한 저는 드릴 말씀이 없습니다."

취봉이 말했다.

"어쨌든 한 번 말해 보십시오."

임제가 말했다.

"화살 하나가 서천으로 날아가버렸습니다."

到象田 師問 不凡 不聖 請師速道 田云 老僧秪與麽 師便喝 云 許多禿子在這裏覓什麽椀

상전에 도착하였다. 임제가 물었다.

"범부의 경계도 아니고 부처의 경계도 아닌 것에 대하여 화상께서 어서 말해주십시오."[123)]

상전이 말했다.

---

123) 無位眞人의 경계에 대하여 질문한 것이다.

"노승은 그저 이렇습니다."

임제가 곧장 할을 하고 말했다.

"허다한 바보들이 여기에서 무슨 밥그릇[禪法]을 찾겠다는 것입니까."

到明化 化問 來來去去作什麽 師云 秖徒踏破草鞋 化云 畢竟作麽生 師云 老漢話頭也不識

명화에 도착하자, 명화가 물었다.

"제방에 왔다 갔다 하면서 무엇을 하는 것입니까."

임제가 말했다.

"그저 신발이 닳도록 돌아다닐 뿐입니다."[124]

명화가 말했다.

"필경에 뭘 하려는 것입니까."

임제가 말했다.

"노장님이시면서 화두조차 모르고 계십니다."[125]

往鳳林 路逢一婆 婆問 甚處去 師云 鳳林去 婆云 恰値鳳林不在 師云 甚處去 婆便行 師乃喚婆 婆回頭 師便打<行?>[126]

124) 철저한 無心과 無作의 행각을 말한다.

125) 畢竟事와 話頭를 대비시켜 설명한 것으로 여기에서 말하는 화두는 가르침의 방편으로 제시된 것으로 단순한 말귀를 가리킨다.

126) 〔到明化…打〕七十九字-【明】

봉림으로 가는 길에 도중에 한 노파를 만났다. 노파가 물었다.

“어디로 가십니까.”

임제가 말했다.

“봉림으로 가는 길입니다.”

노파가 말했다.

“마침 봉림화상은 부재중입니다.”

임제가 물었다.

“어디에 가셨습니까.”

그러자 노파가 곧장 떠나버렸다. 임제가 이에 가는 노파를 부르는 소리에 노파가 고개를 돌리자 임제가 곧장 떠나버렸다.

到鳳林 林問 有事相借問 得麽 師云 何得剜肉作瘡 林云 海月澄無影 遊魚獨自迷 師云 海月旣無影 遊魚何得迷 鳳[127)]林云 觀風知浪起 翫水野帆飄 師云 孤輪獨照江山靜 自笑一聲天地驚 林云 任將三寸輝天地 一句臨機試道看 師云 路逢劍客須呈劍 不是詩人莫獻詩 鳳林便休 師乃有頌 大道絶同 任向西東 石火莫及 電光罔通

봉림에 도착하자, 봉림이 물었다.

“질문할 것[事相]이 있는데 괜찮으시겠습니까.”

임제가 말했다.

“어찌 긁어 부스럼을 만들려는 것입니까.”

127) 〔鳳〕-【明】

봉림이 말했다.
"바다에 뜬 달은 맑아 그림자도 없는데
헤엄치는 물고기가 스스로 길을 잃습니다."
임제가 말했다.
"바다에 뜬 달은 이미 그림자도 없는데
헤엄치는 물고기가 어찌 길을 잃겠습니까."
봉림이 말했다.
"바람을 보면 파랑이 있어난 줄 알고,
물놀이 즐기니 조각배 돛이 나부낍니다."
임제가 말했다.
"보름달은 휘영청한데 강과 산은 고요하고
나 홀로 웃는 큰 소리에 천지가 놀랍니다."
봉림이 말했다.
"세 치의 혀로 천지를 마음대로 비춘다지만
상황[機]에 걸맞는 일구를 말해 보십시오."
임제가 말했다.
"길을 가다가 검객을 만나면 칼을 뽑아야 하겠지만,
詩人이 아니거든 시를 바치지 마십시오."
그러자 봉림이 곧장 문답을 그만두었다. 이에 임제가 게송을 지었다.
대도는 평등마저도 초월하였으니[128)]
동서남북을 자유롭게 활보한다네
부싯돌의 불도 따라잡을 수 없고

128) 평등은 깨침의 속성을 가리킨다. 제일구는 佛向上事의 모습을 말한 대목이다.

번쩍 하는 번개도 미치지 못하네

潙山問仰山 石火莫及 電光罔通 從上諸聖將什麼爲人 仰山云 和尚意作麼生 潙山云 但有言說 都無寔[129]義 仰山云 不然 潙山云 子又作麼生 仰山云 官不容針 私通車馬

위산이 앙산에게 일러 물었다.
"부싯돌의 불도 따라잡을 수 없고 번쩍 하는 번개도 미치지 못한다는데, 종상의 제성인은 무엇으로 남자를 교화하였습니까."
앙산이 말했다.
"화상께서는 어찌 생각하십니까."
위산이 말했다.
"무릇 언설이 있다고 해서 모두 진실한 뜻을 드러내는 것은 아닙니다."
앙산이 말했다.
"그렇지 않습니다."
위산이 물었다.
"그대는 또 어찌 생각하십니까."
앙산이 말했다.
"겉[官]으로는 바늘만큼도 용납되지 않지만 속[私]으로는 거마도 통합니다."

---

129) 寔=實【明】

到金牛 牛見師來 橫按拄杖 當門踞坐 師以手敲拄杖三下 却歸堂中第一位坐 牛下來見 乃問 夫賓主相見各具威儀 上座從何而來 太無禮生 師云 老和尚道什麼 牛擬開口 師便打 牛作倒勢 師又打 牛云 今日不著便

금우에 도착하였다. 금우는 임제가 오는 것을 보더니 주장자를 가로 걸쳐 놓고 그 위에 걸터앉았다. 임제가 손으로 주장자를 세 차례 두드리더니 물리치고 선당으로 돌아가서 제일위에 앉았다. 금우가 선당에 내려와서 (임제를) 보고는 이에 물었다.

"대저 손님과 주인이 서로 만나면 각각 위의를 갖추어야 합니다. 상좌는 어디에서 왔는데 이다지도 무례합니까."

임제가 말했다.

"노화상께서는 뭐라고 말씀하시는 것입니까."

금우가 입을 열려고 하자, 임제가 곧장 때렸다. 금우가 넘어지는 시늉을 하자, 임제가 다시 때렸다. 이에 금우가 말했다.

"오늘은 운수가 나쁩니다."[130]

潙山問仰山 此二尊宿還有勝負也無 仰山云 勝卽總勝 負卽總負

위산이 앙산에게 일러 물었다.

"이들 두 존숙가운데 승부가 났습니까."

앙산이 말했다.

130) 임제한테 법거량에서 패배했음을 시인하는 말이다.

"이겼다고 하면 모두가 이겼고, 졌다고 하면 모두가 졌습니다."[131]

師臨遷化時據坐云 吾滅後不得滅却吾正法眼藏 三聖出云 爭敢滅却和尙正法眼藏 師云 已後有人問爾 向他道什麽 三聖便喝 師云 誰知吾正法眼藏向這瞎驢邊滅却 言訖端然示寂

임제가 천화에 이르러 단정하게 앉아서 말했다.

"내가 입멸한 후에 나의 정법안장이 멸각되지 않도록 하십시오."[132]

삼성혜연이 나와서 물었다.

"어찌 감히 화상의 정법안장을 멸각시키겠습니까."

임제가 말했다.

"이후에 어떤 사람이 그대한테 (나의 정법안장에 대하여) 질문하면 그대는 그에게 뭐라고 말해줄 것입니까."

삼성이 곧장 할을 하였다. 그러자 임제가 말했다.

"나의 정법안장이 이 눈먼 나귀[瞎驢]에게서 멸각될 줄을 누가 알겠습니까."[133]

131) 勝負에 대한 것처럼 이길 때는 철저하게 이기고 질 때는 철저하게 진다는 말로서 자신의 全力을 기울여 수행하고 깨치는 모습을 가리킨다.

132) 임제의 진정한 의도대로라면 이 말은 임제답지 못한 군더더기이다. 누군가가 편집할 때 보충했던 흔적으로 보인다.

133) 삼성혜연의 일할을 인가 · 증명한 말이다. 정법안장을 멸각시킨다는 말은 번뇌 · 망상은 물론 본래 佛見 내지 法見까지도 내세우지 않게 되는 경지로서 眞空 · 無相의 절대경지가 되는 것을 의미한다. 멸각은 초월한다는 뜻이다. 正法眼藏은 淸淨法眼 및 眞正見解와 동의어이다.

師[134]諱義玄 曹州南華人也 俗姓邢氏 幼而穎異 長以孝聞 及落髮受具居於講肆 精究毘尼 博經論 俄而歎曰 此濟世之醫方也 非教外別傳之旨 卽更衣游方 首參黃蘗 次謁大愚 其機緣語句載于行錄 旣受黃蘗印可 尋抵河北鎭州城東南隅 臨滹沱河側小院住持 其臨濟因地得名 時普化先在彼 佯狂混衆 聖凡莫測 師至卽佐之 師正旺化 普化全身脫去乃符仰山小釋迦之懸記也 適丁兵革 師卽棄去 太尉默君和於城中捨宅爲寺 亦以臨濟爲額迎師居焉 後拂衣南邁至河府 府主王常侍延以師禮 住未幾 卽來大名府興化寺 居于東堂 師無疾 忽一日攝衣據坐 與三聖問答畢 寂然而逝 時唐咸通八年丁亥孟陬月十日也 門人以師全身建塔于[135]大名府西北隅 勅謚慧照禪師 塔號澄靈 合掌稽首 記師大略 住鎭州保壽嗣法小師延沼謹書

鎭州臨濟慧照禪師語錄終[136],[137]

住大名府興化嗣法小師存獎校勘[138],[139]

永享九年八月十五日板在法性寺東經所[140]

7) [임제혜조선사탑기]

임제의 휘는 의현이고, 조주 남화 출신으로 속성은 邢씨이다. 어려서부터

134) (臨濟慧照禪師塔記)+師【明】
135) 于=於【明】
136) 〔鎭州…終〕十一字-【明】
137) 〔錄終〕-【宮】
138) 〔住大…勘〕十四字-【宮】【甲】
139) 勘+(住福州鼓山圓覺苾蒭宗演重開)【乙】
140) 〔永享…所〕十七字-【明】【宮】【甲】(永享…所)十七字=(延德三年辛亥八月十五日季恭居士鏤梓捨入濃之正法栖雲院)二十六字【乙】

특별히 영특하였고, 자라서는 효성이 자자했다. 출가하여 구족계를 받고 講肆에 머물면서 律을 깊이 궁구하였고, 경론을 널리 연구하였다.

그러다가 불현듯이 탄식하였다. '이것들은 세상을 구제하여 약의 처방전으로 교외별전의 종지가 아니다.' 그리고는 곧장 유방하였다. 먼저 황벽에게 참문하였고, 다음으로 대우를 참알하였는데, 그 기연어구는 [행록]에 수록되어 있다. 이미 황벽한테 인가를 받고, 이어서 하북으로 가서 진주 동남쪽 호타하 가까운 곳에 작은 암자를 짓고 주지에 임하였다. 그 임제는 지역의 명칭을 인유한 것이었다.

그때 보화가 먼저 그곳에 머물면서 거짓으로 미친 척하며 대중과 섞여 있었는데 성인인지 범부인지 헤아릴 수가 없었다. 임제가 도착하자 임제를 보좌하였는데, 임제가 본격적으로 왕성하게 교화할 때 보화는 全身脫去하였다. 이것은 앙산소석가의 현기와 부합된 것이다.

병란을 만나자 임제는 즉시 그곳을 떠났는데, 태위 묵군화가 성중의 사택을 사찰로 희사하고 또한 임제라는 寺額을 걸고 임제를 맞이하여 주석하도록 하였다. 후에 옷깃을 떨치고 남방으로 가서 河府에 이르자, 부주 왕상시가 스승으로 예우하였다. 주석한 지 얼마 안 되어 곧 대명부 흥화사로 옮겨 동당에 주석하였다.

임제는 병이 없었는데, 어느 날 홀연히 가사를 갖추고 단정하게 앉아서 삼성과 문답을 마치고, 적연하게 입적하였다. 그때가 당 함통 8년(867) 정해년 음력 정월[孟陬月] 십일이었다. 문인들이 대명부 서북쪽 언덕에 탑을 세우고 전신을 모셨다. 시호는 혜조선사이고 탑호는 징령이다.

합장하고 머리 숙여 대사의 약력을 기록하다

진주 보수에 주석하는 사법소사 연소가 삼가 쓰다.

『진주임제혜조선사어록』을 마치다.

대명부 흥화사에 주석하는 사법소사 존장이 교감하다.

永享 9년(1437) 8월 5일 판본은 법성사 동경소에 있다.

臨濟宗旨
2. 『임제종지』[141]

明白庵居沙門 慧洪 撰
명백암에 주석하는 사문 혜홍이 찬술하다

汾陽昭禪師示衆曰 先聖云 一句語須具三玄 一玄中須具三要 阿那箇是三玄三要底句 快會取好 各自思量 還得穩當也未 古德已前行脚 聞一箇因緣未明 中間直下飮食無味睡卧不安 火急決擇 豈將爲小事 所以大覺老人爲一大事因緣出現於世 想計他從上來行脚 不爲游山翫水看州府奢華 片衣口食皆爲聖心未通 所以驅馳行脚 決擇深奧 傳唱敷揚 博問先知 親近高德 盖爲續佛心燈 紹隆佛種祖代 興崇聖種 接引後機 自利利他 不忘先迹 如今還有商量者麽 有卽出來大家商量

분양선소[142] 선사가 시중하여 말했다.[143]

["선성[임제]은 '일구어에는 반드시 삼현을 갖추고 있다. 일현중에는 반드시 삼요를 갖추고 있다.'고 말했다. 그러면 어느 것이 삼현구이고 삼요구인가. 제대로 이해하고 잘 취해서 각자 생각해 보라. 온당한 것이 있던가.

141) 『臨濟宗旨』, (卍新續藏63, pp.167下-170上)
142) 汾陽善昭(947-1024)는 汾陽無德이다. 임제의현-흥화존장-풍혈연소-수산성념-분양선소로 계승되는 중국 임제종 제5세이다. 산서성 太原 출신으로 속성은 兪씨이다. 산서성 분주현 분양 太子院에 주석하며 宗要를 설하였다.
143) 이하 무진거사가 각범혜홍에게 질문하는 대목 이전 부분까지 모두 분양선소의 법어에 해당한다.

고덕은 이전에 행각하다가 자신이 일개의 인연을 듣고도 해명하지 못한 도중에는 곧장 음식을 먹어도 맛을 모르고 잠을 잘 시간도 없이 화급하게 결택했다. 그것을 어찌 小事라 하겠는가.

때문에 대각노인[석가모니불]은 一大事因緣으로 세간에 출현했다. 그리하여 그는 종상의 행각이 산을 유람하고[游山] 물을 완상[翫水]하며 세속[州府]의 영화[奢華]를 찾는 일이 아니었음을 헤아리게 되었다. 그렇지만 그는 몸에 걸치는 옷자락[片衣] 및 입으로 먹는 음식[口食]이 모두 부처님의 마음에 통하지 못하였기 때문에 채찍하여 행각하면서 深奧를 결택하고, 敷揚을 傳唱하며, 先知를 傳問하고, 高德을 친근하였다.

이에 무릇 부처님의 정법안장[佛心燈]을 계승하여 부처[佛種]와 조사[祖代]를 이어서 불법[聖種]을 높이 받들고[興崇]하고 후인[後機]을 교화하며 자리이타로써 선배들의 종적[先迹]을 잊지 않았다. 그러면 지금 그것을 상량해볼 수 있겠는가. 있으면 곧 나오라. 그대들과 상량해보겠다."

僧問如何是接初機底句 答曰汝是行脚僧 又問如何是辨衲僧底句 答曰西方日出卯 又問如何是正令行底句 答曰千里持[144]來呈舊面 又問如何是立乾坤底句 答曰 北俱盧州長粳米 食者無嗔亦無喜 師曰 只將此四轉語驗天下衲僧 纔見汝出來驗得了也

한 승이 물었다.

"어떤 것이 초심자[初機]를 교화하는 句입니까."

---

144) 持疑特

분양선소가 답했다.

"그대는 곧 행각승이로구나."

다시 물었다.

"어떤 것이 납승을 점검하는 句입니까."

분양선소가 답했다.

"서쪽에서 해가 묘시에 뜨는구나."

다시 물었다.

"어떤 것이 正令을 실천하는 句입니까."

분양선소가 답했다.

"천리에서 가져다가 아는 사람한테 바친다."

다시 물었다.

"어떤 것이 천지를 내세우는 句입니까."

분양선소가 답했다.

"북구로주에다 메벼를 심었는데, 그것을 먹는 사람은 탐욕도 없고 또 성냄도 없다."

분양선소가 말했다.

"단지 이 四轉語[145]만 지니면 천하의 납승을 증험할 수가 있다. 따라서 그대가 나오는 것을 보자마자 증험해줄 수가 있다."

僧問如何是學人著力處 答曰嘉州打大像 問如何是學人轉身處 答曰

145) 여기에서 말하는 四轉語는 위에선 언급한 接初機底句 · 辨衲僧底句 · 正令行底句 · 立乾坤底句를 가리킨다.

陝府灌鐵牛 問如何是學人親切處 答曰西河弄師子

한 승이 물었다.
"어떤 것이 납자의 著〈得=〉力處입니까."
분양선소가 말했다.
"가주에서 큰 미륵상[大像]을 깨부수는 것이 그것이다."
다시 물었다.
"어떤 것이 납자의 轉身處입니까."
분양선소가 말했다.
"섬부에서 철우를 목욕시키는 것이 그것이다."
다시 물었다.
"어떤 것이 親切處입니까."
분양선소가 말했다.
"서하에서는 사자를 희롱하는 것이 그것이다."

師曰 若人會此三句 已辨三玄 更有三要語在 切在薦取 不是等閑 與大衆頌出曰 三玄三要事難分 得意忘言道易親 一句明明該萬象 重陽九日菊花新 還會麽 恁麽會得不是性燥衲僧 作麽生會好

분양선소가 말했다.
"어떤 사람이 이 삼구를 이해하였으면, 이미 삼현을 변별한 것이다. 다시 삼요가 있는데 그것도 반드시 이해해야지 등한히 해서는 안 된다. 이제 대중에게 게송으로 말한다.

삼현 및 삼요는 분별하기 어렵지만
득의 및 망언하면 깨침이 가깝다네
일구가 분명하면 만상 다 구비되니
중양절인 구월 구일 국화가 새롭네

알겠는가. 이와 같이 이해해야 한다. 性燥衲僧[146]이 아닌 경우에는 어떻게 이해해야 좋겠는가. (오랫동안 수고들 많았다.)"

又擧三玄語曰 汝還會三玄底時節麽 直須會取古人意旨 然後自心明去 更得通變 自枉受用無窮 喚作自受用身佛 不從他敎便識得自家活計 所以南泉曰 王老師十八上解作活計

(분양선소가) 또한 삼현어를 들어 말했다.

"그대들은 삼현의 시절을 알겠는가. 반드시 고인의 意旨를 알아차려야 한다. 연후에 자심을 해명하면 곧 신통변화를 터득하여 스스로 마음대로 무궁하게 수용하게 되는데 그것을 자수용삼매라고 부른다. 그것은 타인으로부터 배운 것이 아니라 곧 自家活計인 줄을 알게 된다. 때문에 남전은 '왕노사[남전]는 십팔 세 때 살림살이[活計]할 줄 알았다.'고 말한다."

僧便問 古人十八上解作活計 未審作箇什麽活計 答曰 兩隻水牯牛 雙角無欄棬<圈?> 復云 若要於此明得去 直須得三玄旨趣 始得受用無

146) 性燥衲僧은 才氣가 날카롭고 뛰어난 납자를 가리킨다.

礙 自家慶快 以暢平生 大丈夫漢莫敎自辜 觸事不通 彼無利濟 與汝一切頌出曰 第一玄 法界廣無邊 森羅及萬象 總在鏡中圓 第二玄 釋尊問阿難 多聞隨事答 應器量方圓 第三玄 直出古皇前 四句百非外 闔氏問豐干

한 승이 또 물었다.

"고인은 십팔 세 때 살림살이할 줄 알았다고 말합니다. 어떤 그것은 살림살이인지 궁금합니다."

분양선소가 말했다.

"물소가 두 마리인데[兩隻水牯牛] 쌍뿔을 가둘 곳이 없다.[雙角無欄棬]"

그리고 분양이 다시 말했다.

"만약 이것을 해명하고자 한다면 반드시 삼현의 旨趣를 터득해야 비로소 受用이 無碍하고 自家가 慶快하여 그것으로 평생토록 누린다. 대장부라면 자기를 속이지 말아야 한다. 경계를 상대하여 통하지 못하면 그 사람은 중생구제[利濟]하지 못한다. 그대들에게 한꺼번에 게송으로 말해주겠다.

제일현[體中玄]이여
광대하고 무변한 법계에는
삼라와 만상의 일체제법이
거울 가운데 모두 다 있네

제이현[用中玄]이여
석가세존께서 질문을 하고
다문인 아난다가 답변하니

그릇의 역량 자유자재하네

제삼현[玄中玄]이여
古皇前에 그대로 드러내니
사구백비를 벗어난 경지를
여씨가 풍간에게 질문하네"

師乃曰 這箇是三玄底頌 作麽生是三玄底旨趣 直敎決擇分明 莫只與麽望空裏妄解道 我曾親近和尙來 與我說了 脫空漫語 誑嚇他人 喫鐵棒有日 莫言不道(子細子細 珍重)

분양선소가 이에 말했다.
"이것이 바로 삼현에 대한 게송이다. 그 삼현의 旨趣는 무엇인지 곧장 분명하게 결택해야 한다. 결코 허공을 향해서 잘못 이해하여 떠벌이지 말라. 내가 일찍이 화상을 친근하였는데 나한테 다음과 같이 말씀해주셨다. '허탈하고 공허한 妄語는 타인을 속이고 화를 돋구어줄 뿐이다. 쇠몽둥이를 맛볼 날이 있을 것이다. 도가 아닌 것은 말하지 말라.' (자세하게 살피고 꼼꼼하게 살펴라. 수고들 많았다)[147]"

又因採菊謂衆曰 金花布地玉蘂承天 杲日當空乾坤朗耀 雲騰致雨露

147) 『汾陽無德禪師語錄』 卷上, (大正藏47, p.597下)에 의거하여 '子細子細珍重'을 보충함.

結爲霜 不傷物義 道將一句來 還有道得底麼 若道不得 眼中有屑 直須出却始得 所以風穴云 若立一塵 家國興盛野老顰蹙 不立一塵 家國喪亡野老安貼 於此明去 闍梨無分 全是老僧 於此不明 老僧卽是闍梨 闍梨與老僧亦能悟却天下人 亦能瞎却天下人 要知老僧與闍梨麼 拊其膝曰 這裏是闍梨 這裏是老僧 且問諸上座 老僧與闍梨是同是別 若道是同去 上座自上座 老僧自老僧 若道是別去 又道老僧卽是闍梨 若能於此明得去 一句中有三玄三要 賓主歷然 平生事辦 參尋事畢 所以永嘉曰 粉骨碎身未足酬 一句了然超百億 又曰 臨濟兩堂首座 一日相見齊下喝 僧問臨濟 還有賓主也無 答曰賓主歷然 師作偈曰 兩堂首座總作家 其中道理有分拏 賓主歷然明似鏡 宗師爲點眼中花

또 국화를 채취하면서 대중에게 일러 말했다.

"노란 꽃이 땅에 펴져 있고, 꽃술은 하늘을 받들며, 높이 뜬 해는 허공에 있어 하늘과 땅을 밝게 비추고, 구름은 승천하여 비를 뿌리고 이슬은 맺혀서 서리가 되었다. 사물의 뜻을 해치지 않는 것을 일구로 말해 보라. 말로 표해볼 것이 있겠는가. 만약 말로 표현할 수가 없다면 눈 속에 있는 티끌과 같으므로 반드시 끄집어내야 할 것이다. 때문에 풍혈은 말한다. '만약 티끌 하나가 일어나면 국가가 흥성하고 야로가 얼굴을 찡그리며, 티끌 하나가 일어나지 않으면 국가가 망하고 야로가 편안하다.' 여기에서 해명한다면 그대들은 곧 그대로 노승으로서 구별이 없지만, 여기에서 해명하지 못한다면 노승이 곧 그대로 그대이다. 그대와 노승은 또한 천하의 사람들을 깨우쳐줄 수도 있고 또한 천하의 사람들의 눈을 멀게 할 수도 있다. 요컨대 노승과 그대를 알고자 하는가."

자기의 무릎을 쓰다듬고 말했다.

"이것이 도리어 곧 그대이고 그것이 바로 곧 노승이다. 자, 묻겠다. 모든 상좌들이여, 노승과 그대가 같은가 다른가. 만약 그대로 같다고 말한다면 상좌들은 본래부터 상좌들이고, 노승은 본래부터 노승이다. 만약 그대로 다르다고 말한다면 또한 노승이 곧 그대로 그대이다. 만약 이 자리에서 해명한다면 일구중에 삼현과 삼요가 들어 있고, 賓과 主가 분명하며, 平生事를 변별하고, 參尋事를 마친 것이다. 때문에 영가는 말한다. '몸과 목숨을 바쳐도 다 보답할 수 없지만, 해탈법문의 한마디가 백억 법문 초월하네.'"

또 말했다.

"임제원의 양당 수좌가 어느 날 서로 보고 일제히 할을 하였다. 한 승이 임제에게 물었다. '여기에 賓과 主가 있습니까.' 임제가 말했다. '빈과 주가 분명하다.'"

분양선소가 게송으로 말했다.

"두 승당의 수좌는 모두가 작가들인데도
그 속의 도리는 엉크러지고 소란스럽다
손님과 주인이 밝은 거울처럼 분명한데
명안종사는 점안된 사람 중의 꽃이라네"[148]

無盡居士謂予曰 汾陽臨濟五世之嫡孫 天下學者宗仰 觀其提網渠渠唯論三玄三要 今其法派皆以謂三玄三要一期建立之語無益於道 但於諸法不生異見 一切平常卽長祖意 其說是否 予曰 居士聞其說曉然了

148) 『汾陽無德禪師語錄』 卷上, (大正藏47, pp.597上-598下) ; 『古尊宿語錄』 卷10, (卍新續藏68, pp.58下-59下)

解 寧復疑汾陽提綱乎 曰吾固疑而未決也 予曰 此其三玄三要之所以設也 所言一句中具三玄 一玄中具三要 有玄有要者 一切衆生熱惱海中淸涼寂滅法幢也 此幢之建 譬如塗毒之鼓撾之 則聞者皆死 唯遠聞者後死 若不橫死者 雖聞不死 臨濟無恙時 興化三聖保壽定上座輩聞而死者 今百餘年猶有悟其旨者 卽後死者也 而諸法派謂無益於道者卽不橫死者也 祖宗門風壁立萬仞 而子孫畏之 喜行平易坦塗 此所謂法道陵夷也 譬如衣冠 稱孔門弟子而毀易繫辭 三尺童子笑之 臨濟但曰 一句中具三玄 一玄中具三要 有玄有要而已 初未嘗目爲句中玄. 意中玄. 體中玄也 古塔主者悞認玄沙三句爲三玄 故但分三玄而遺落三要 叢林安之不以爲非 爲可太息 玄沙曰 眞常流注爲平等法 但是以言遣言 以理逐<遣=>理 爲之明前不明後 蓋分證法身之量 未有出格之句 死在句下 若知出格之量 則不被心魔所使 入到手中便轉換落落地 言通大道 不坐平常之見 此第一句也 古謂之句中玄 回機轉位 生殺自在 縱奪隨宜 出生入死 廣利一切 逈脫色欲愛見之境 此第二句也 古謂之意中玄 明陰洞陽 廓周沙界 一眞體性大用現前 應化無方 全用全不用 全生全不生 方便喚作慈定之門 此第三句也 古謂之體中玄 浮山遠公亦曰 意中玄非意識之意 古不足道 遠亦迷倒 予不可以不辨 無盡頷之

무진거사가 나[각범혜홍]한테 물었다.

"분양선소는 임제의 제오세 적손으로 천하의 납자들이 宗仰합니다. 그 提綱을 살펴보면 왕성하게[渠渠] 오직 삼현과 삼요를 논하고 있습니다. 지금도 그 法派들은 모두 삼현과 삼요는 一期에 建立된 語句로 깨침에 무익하고, 다만 제법에 이견을 일으키지 않으면 일체의 평상이 그대로 영원히 祖意라고 말합니다. 그런 말이 옳은 것입니까."

나 각범이 말했다.

"거사께서는 그 말을 분명하게 요해하고 있습니다. 어찌 다시 분양선소가 제강한 것을 의심하겠습니까."

거사가 말했다.

"제가 깊이 의심하고 있는 점이 아직도 해결되지 않았습니다."

나 각범이 말했다.

"그것이야말로 삼현과 삼요가 시설된 까닭입니다. 말한 바 일구중에 삼현이 갖추어져 있고 일현중에 삼요가 갖추어져 있어서 현도 있고 요도 있다는 것은 惱海中에 있는 일체중생에게는 淸涼하고 寂滅한 法幢입니다. 그 法幢의 건립을 비유하면 塗毒鼓를 두드리면 則聞하는 사람은 모두 죽고, 오직 遠聞한 사람만 이후에 죽는 것과 같습니다. 만약 횡사하지 않은 사람은 비록 듣고서 죽지는 않았지만, 임제가 건강했을 때에도 흥화 · 삼성 · 보수 · 정상좌 등은 듣고서 죽은 사람들입니다. 지금 백여 년이 되었는데 그 종지를 깨친 사람은 卽後에 죽을 사람들입니다. 그리고 諸法派에서 깨침에 무익하다고 말한 것은 곧 횡사하지 않은 사람들입니다. 祖宗의 門風은 壁立萬仞하여 자손들은 그것을 외경하면서도 기쁘게 평이하게 탄탄대로를 걷습니다. 이것이 소위 法道의 陵夷로서 비유하면 衣冠과 같습니다.

孔門의 제자이면서도 繫辭[149]를 훼손시키고 바꾸니[毁易], 삼척동자라도 그것을 비웃습니다. 임제는 단지 '일구중에 삼현이 갖추어져 있고 일현중에 삼요가 갖추어져 있어서 현도 있고 요도 있다'고만 말했습니다. 처음에는 일찍이 句中玄 · 意中玄 · 體中玄이라고 제목하지 않았습니다. 古塔主라는 사

149) 繫辭는 본문에 딸려 그 말을 덧붙여 설명하는 말이다.

람이 현사의 삼구를 삼현으로 오인했습니다. 때문에 단지 삼현만 나누고 삼요를 遺落한 것이 총림에 안착되었는데, 그릇되었다고 여길 것이 아니라 가히 탄식해야 할 일입니다.

현사가 말했습니다. '진여[眞常]와 번뇌[流注]는 평등법이다. 무릇 그것은 언설로써 언설을 물리치고 이치로써 이치를 물리치는 것은 해명[明] 이전이지 해명[明] 이후가 아니다. 무릇 법신의 역량을 分證하는 것은 出格句에는 없고 死在句 아래일 뿐이다. 만약 出格量을 알면 즉 마음이 魔의 부림을 당하지 않고 手中에 入到하면 곧 落落地로 전환하는데 말하자면 대도에 통하여 평상견에 앉지 않는데, 이것이 제일구입니다.'[150]

고인이 말한 句中玄은 回機와 轉位로서 生과 殺이 自在하고, 縱과 奪이 隨宜하며, 出生 및 入死에 널리 일체중생을 이롭게 하고, 色欲 및 愛見의 경계를 멀리 벗어나는 것인데, 이것이 제이구입니다.

고인이 말한 意中玄은 明과 陰에 洞陽하고, 사바세계에 廓周하며, 一眞體性이 大用現前하며, 응화가 무방하고, 全用 · 全不用 및 全生 · 全不生에 방편으로 慈定의 門을 喚作하는데, 이것이 제삼구입니다.

고인이 말한 體中玄에 대하여 부산원공[浮山法遠]은 또한 '意中玄은 意識의 意가 아니다.'고 말합니다. 그런데 고인은 말할 것도 없고, 부산법원도 또한 미혹하여 전도된 것입니다. 때문에 내[각범]가 그것을 변별해보지 않을 수가 없습니다."

무진거사[張商英]가 고개를 끄덕거렸다.

150)『玄沙師備禪師語錄』 卷上, (卍新續藏73, p.32下)

又曰 吾頃見謝師 直稱吳僧簡程者 有大知見 親見慈明 蓋是眞點胸 楊岐道吾之流亞接人 多擧汾陽十智同眞 願遂聞其說

또 (무진거사가) 물었다.

"제가 요즘 謝스님을 친견하였습니다. (謝 스님의 말에 의하면 다음과 같습니다.) 吳僧이라고 자칭한 簡程은 대지견이 있고, 자명초원을 친견하였는데, 바로 그가 可眞點胸으로서 楊岐方會와 道吾吾眞의 동문으로 接人에 뛰어났고, 항상 분양선소의 십지동진[151]을 언급하였다고 합니다. 바라건대 십지동진에 대한 설법을 끝까지 들려주시기 바랍니다."

予曰 十智同眞與三玄三要同一關捩 汾陽曰 夫說法者須具十智同眞 若不具十智同眞 邪正不辨 緇素不分 不能與人天爲眼目 決斷是非 如鳥飛空而折翼 如箭射的而斷絃 絃斷故射的不中 翼折故空不可飛 弦壯翼牢空的俱徹 作麼生是十智同眞 與諸上座點出 一同一質 二同大

151) 十智同眞은 분양선소가 내세워 납자를 접득한 機關으로 十智가 그대로 동일한 진여로 同歸한다는 의미이다. 곧 宗師家로서 갖추어야 할 열 가지 지혜를 말한다. 이 십지가 없으면 邪正을 분별하는 것도, 緇素를 분별하는 것도, 인천의 안목이 되어 시비를 결단할 수도 없다. 그것은 새가 허공을 날아갈 때 날개가 꺾인 것과 같고, 활을 쏠 때 활줄이 끊어진 것과 같다. ① 同一質 – 구도하는 납자와 스승이 하나가 되고, 또한 각각 그 본분을 다하고 있는 것. ② 同大事 – 불법의 本事를 항상 염두에 두고 납자의 의문에 답하여 법을 布衍하고 있는 것. ③ 總同參 – 삼라만상 일체의 존재를 각각 불법으로 귀의시킬 만한 역량을 지니고 있는 것. ④ 同眞智 – 거해거 터럭에 들어가고 개자가 수미산을 받아들이는 것처럼 사량을 초월한 세계를 인식하고 진실한 지혜를 가지고 있는 것. ⑤ 同徧普 – 불도를 해명하는 것이 결코 특별한 세계를 해명하는 것이 아니라 흙과 돌이 그대로 불법의 현성임을 이해하고 있는 것 . ⑥ 同具足 – 人人本具의 불성을 해명하고 있는 것. ⑦ 同得失 – 一方으로만 주의를 기울이면 일방을 상실하고 만다는 득실이 있음을 변별하고 있는 것. ⑧ 同生殺 – 납자와 스승이 생사를 함께 할 정도로 밀접해 있는 것. ⑨ 同音吼 – 납자가 법을 말하는 것과 스승의 설법이 하나가 되어 모두 불법을 開衍 하고 있는 것. 1 同得入 – 산문이 佛殿에 올라타는 것처럼 일체의 待對를 단절하고 실개성불 시켜주고 있는 것.

事 三總同參 四同眞智 五同徧普 六同具足 七同得失 八同生殺 九同音吼 十同得入 又云 與什麽人同得入 與誰同音吼 作麽生是同生殺 什麽物同得失 阿鄃箇同具足 是什麽同徧普 何人同眞智 孰能總同參 那箇同大事 何物同一質 有點得出底麽 點得出者不恪慈悲 點不出者未有參學眼在 切須辨取 要識是非 面目見在 今此法門叢林怕怖 不欲聞其若何以言之諸方但愛平實見解執之不移唯欲傳授不信有悟 借使汾陽復生 親爲剖折 亦以爲非 昔阿難夜經行 聞童子誦佛偈曰 若人生百歲 不善水潦鶴 未若生一日 而得決了之 阿難就敎之曰 不善諸佛機 非水潦鶴也 童子歸白其師 師哄曰 阿難老昏矣 當以我語爲是 於今學者之前 語三玄十智旨趣 何以異此

나 각범이 말합니다.

“십지동진은 삼현 · 삼요와 더불어 동일한 핵심[關捩]입니다. 분양이 말했습니다.

‘대저 설법하는 사람이라면 반드시 십지동진을 갖추어야 한다. 만약 십지동진을 갖추지 못하면 邪 · 正을 변별하지 못하고, 緇 · 素를 분별하지 못하며, 人 · 天의 안목이 될 수가 없고, 是 · 非를 결단할 수가 없다. 그것은 마치 화살로 과녁을 쏘는데 활줄이 끊어진 것과 같다. 활줄이 끊어진 까닭에 화살을 쏘아도 적중하지 못한다. 그리고 날개가 꺾인 까닭에 허공을 날 수가 없다. 활줄이 튼튼하고 날개가 견고하야 허공과 과녁에 모두 철저할 수가 있다. 그렇다면 그 십지동진이란 무엇인지 諸上座들에게 보여주겠다. 첫째는 同一質이고, 둘째는 同大事이며, 셋째는 總同參이고, 넷째는 同眞智이며, 다섯째는 同徧普이고, 여섯째는 同具足이며, 일곱째는 同得失이고, 여덟째는 同生殺이며, 아홉째는 同音吼이고, 열째는 同得入이다.’ 그리고 다시 말했다. '어떤 사람과 함께 同得入하고, 누구와 함께 同音吼하며, 어떤 것이 同生殺이고, 어떤 것이 同得失이며, 어느 것이 同具足이고, 무엇이 同徧普이며, 어떤 사람이 同眞智이고, 무엇이 總同參이며, 어느 것이 同大事이고, 어떤 것이 同一質인지 점검해낼 수 있겠는가. 점검해내는 사람이라면 자비에 인색하지 않을 것이고, 점검해내지 못하는 사람이라면 參學眼을 가지고 있지 못한 사람이다. 그러므로 반드시 변별해보라. 요컨대 그 是·非를 알고자 하는가. 면목을 갖추지 못하면 불가능하다.'[152)]

지금은 이 십지동진의 법문에 대하여 총림에서 저어하며 그 (십지동진이라는) 명칭을 들어보려고도 하지 않는데 무엇으로써 그것을 말하겠습니까. 제방에서는 무릇 平實[153)]의 견해만 좋아하며 평실에 집착하여 벗어나지 못하고 있습니다. 그래서 오직 십지동진을 傳授하고자 할 뿐이지 깨침이 있다는 도리를 믿지 못하고 있습니다. 이제 분양을 다시 환생시켜서 그가 친히 剖折해준다고 해도 또한 잘못될 뿐입니다. 옛적에 아난이 밤에 경행을 하다가 동자가 부처님 게송을 암송하는 소리를 들었습니다.

설령 어떤 사람이 백 년을 살더라도
수료학의 가르침에 맞추지 못한다면
설령 어떤 사람이 하루를 산다 해도
곧 그것을 결택한 것만 못할 것이다[154)]

---

152) 『汾陽無德禪師語錄』 卷上, (大正藏47, p.596中-下)

153) 平實은 일체중생이 본래성불의 존재라는 말을 고수하고 그에 안주하여 특별히 수행과 깨침과 자각을 추구하지 않는 자세를 말한다. 이러한 선풍을 平實禪이라고 한다.

154) 『禪林寶訓順硃』 卷3, (卍新續藏64, p.591中) "水潦鶴 阿難見比丘誦法偈云 若人生百歲 不見水潦鶴 不如生一日 而得覩見之 阿難聞已歎日 世間眼滅 亦何速乎 語比丘言 此非佛語 不可修行 汝今當聽我演佛偈 若人生百歲 不善諸佛機 不如生一日 而得決了之 比丘持以告師 師日 阿難老昏 不可信矣 當以前誦爲是 阿難後聞比丘仍前誦習 問其故 答言 吾師告我 阿難老昏不可信 當以我爲是 阿難見其不信 卽入三昧 推求勝德 無能挽救 乃歎日 異哉異哉 不可正也" 참조.

아난이 그를 가르쳐주며 말했다. '제불의 機에 맞추지 못하면 수료학을 배반한 것이다.' 동자가 돌아가서 그 스승에게 여쭈자, 스승이 웃으면서 말했다. '아난이 늙어서 혼미한 것이다. 반드시 내 말이 맞다.'

오늘날 납자들 앞에서 三玄과 十智의 旨趣를 말하는 것도 그것과 무엇이 다르겠습니까."

於是無盡嗟咨曰 然其旨趣豈無方便

이에 무진거사가 탄식하고 한숨을 쉬며 말했다.
"그런데 그 지취에 어찌 방편이 없겠습니까."

予作偈曰 十智同眞面目全 於中一智是根源 若大洛見汾陽老 擘破三玄作兩邊

(나 각범이 말했습니다.)
나 각범이 게송을 지어 말해보겠습니다.
십지동진의 면목은 전체가 완전하여
그 가운데 일지만 해도 근원이 되네
분양노인을 친견하여 모두 묻는다면
삼현을 타파하여 두 동강 낼 것이다"

又問 四種賓主亦臨濟建立法門乎

(무진거사가) 또 물었다.
“사종빈주도 또한 임제가 건립한 법문입니까.”

予曰 三世如來諸代祖師 鍛出凡聖情見之鑪鎚 非止臨濟用之 如龍山本見馬祖 洞山价禪師初游方與密師伯者偕行 經長沙龍山之下 見溪流菜葉 价回瞻峯巒深秀 謂密曰箇中必有隱者 乃並溪而進十許里 有老僧癯甚 以手加額呼曰 此間無路 汝輩何自而至 价曰 無路且置 庵主自何而入 曰我不曾雲水 价曰庵主住山幾許時 曰春秋不涉 价曰 庵主先住耶 此山先住耶 曰不知 价曰爲什麽不知 曰我不曾人天來 价曰得何道理便爾住山 曰 我見泥牛鬪入海 直至而今無消息 价卽班密之下而[玨/下]之 問 如何是主中賓 曰青山覆白雲 又問如何是主中主 曰長年不出户 又問主賓相去幾何 曰長江水上波 又問賓主相見有何言說 曰青<清?>風拂白日 价再拜求依止 老僧唉曰 三間茆屋從來住 一道神光萬境閑 莫作是非來辨我 浮生穿鑿不相關 於是自焚其庵深入層峯 其後价住山 問僧 何者是汝主人公 對曰現祇對者 价仰而咨嗟曰 此所謂馬後驢前事 奈何認以爲自巳乎 佛法平沉此其兆也 客中主尚未明 況主中主哉 僧曰 如何是主中主 价曰汝自道看 曰道得卽是客中主如何是主中主 价良久曰 不辭向汝道 相續也大難 予觀龍山老僧之意如蕭何之識韓信 豈有法哉 而价公之論如霍光之立朝 進止亦有律度嗚呼 後生之不見古人之大全也 必矣价亦置主中主于胸中 可疑也 予嘗至臨川與朱世英游相好 俄上藍長老者至上盖 謂世英曰 覺範聞工

詩耳 禪則其師 猶錯矧弟子耶 世英咲曰 師能勘驗之乎 上藍曰諾 居一日 同游踈山 飯于逆族 上藍以手畫案謂余曰 經軸之上必題以字 是何義 予亦畫圓相橫一畫曰是此義也 上藍愕然 予爲作偈曰 以字不成八不是 法身睡著無遮閑 衲僧對面不知名 百衆人前呼不起 上藍歸擧似世英 世英拊手曰 孰爲詩僧 亦能識字義乎 因同看汾陽作犢牛偈曰 有頭無角實堪嗟 百劫難逃這作家 凡聖不能明得盡 現前相皃有些些 予謂世英曰 此偈又予字義之訓詁也 世英問余 華嚴經曰 毗目仙人執善財手 卽時善財自見其身住十佛刹微塵數世界 中到十佛刹微塵數諸佛所見彼佛刹及其衆會 諸佛相好種種莊嚴 乃至或經百千億不可說佛刹微塵數劫 乃至時彼仙人放善財童子手 卽時自見其身還在本處 此一段義何以明之 予曰 皆象也 方執其手 卽入觀法之時 見自他不隔於毫端 始終不移於當念 及其放手 卽是出定之時 永明曰 是知不動本位 遠近之刹歷然 一念靡移 延促之時宛爾 世尊蓋以蓮爲譬 而世莫有知者予特知之 夫蓮方開華時 中巳有子 子中巳有虆 因中有果 果中有因 三世一時也 其子分布又曾屬焉 相續不斷十方不隔也 又問 法華經曰 世尊於一切衆前現大神力 出廣長舌相 上至梵世 極難和會 而解者曰 佛音深妙觸處皆聞 超越聖凡 則其舌廣長高出梵世 此說如何 予曰 此殆所謂隨語生解 非如來世尊之意 潙山曰 凡聖情盡 體露眞常 理事不二卽如如佛 而學者不能深味此語 苟認意度而巳 譬如衆盲摸象 隨其所得爲是 故象偏爲尾爲蹄爲腰爲牙而全象隱矣 般若經曰 無二無二分無別無斷故者眞常也 非凝然一物卓然不變壞之眞常也 舌相之至梵世其可以情求哉 唐僧玄奘至西竺見戒賢論師 賢時巳一百六歲 衆所宗向 號正法藏 奘修敬 訖賢使坐 問從何來 對曰從支那國來 欲學瑜伽等論 於是賢流涕呼弟子 覺賢指以謂曰 我前所夢何如弟子 謂奘曰 和尚

三年前得疾危甚 如人以刀劃其腹 欲不食而死 夜夢男子身金色曰 汝勿自厭其身 汝昔作貴 近多害物 命當自悔責 自盡何益 有支那國僧來此學法 已在塗矣 三年當至 以法惠彼 彼復流通 汝罪自滅 我曼殊室利也 故來曉汝耳 和尚疾損已三年 而闍梨果至 前夢有徵也 子涉世多艱蓋其夙障 聞曼殊室利之言以法惠人 則罪自滅 故有撰述佛祖旨訣之意 欲以惠人而自滅夙障耳 非有他求也

臨濟宗旨(終)

나 각범이 말했습니다.

"삼세여래와 제대조사가 凡·聖이라는 분별견해[情見]를 없애주는[鍛出] 방편[鑪鞴]은 임제가 활용하는 그것에 그치지 않습니다.

[저 潭州龍山이 처음에 마조를 친견하였다. 동산양개 선사는 처음에 제방을 유행할 때 밀사백(神山僧密)과 함께 하였다. 장사를 거쳐 용산으로 내려갔는데 시냇물에 푸성귀가 떠내려오는 것을 보았다. 양개가 돌아서서 산봉우리를 올려보고 밀사백에게 말했다. 저 산봉우리에는 분명히 은자가 살고 있을 것입니다. 이에 함께 계곡으로 십여 리를 들어갔는데, 매우 야윈 어떤 노승이 손을 이마에 얹고 말했다. 여기에는 길이 없는데 그대들은 어디로 온 것입니까. 양개가 말했다. 길이 없다는 것은 차치하고 암주께서는 어디로 들어온 것입니까. 노인이 말했다. 나는 일찍이 운수납자가 아니었습니다. 양개가 말했다. 암주께서는 이 산에 주석한신 지가 얼마나 되었습니까. 노인이 말했다. 세월은 알지 못합니다. 양개가 말했다. 암주께서 먼저 주석한 것입니까, 아니면 이 산이 먼저입니까. 노인이 말했다. 모르겠습니다. 양개가 말했다. 어째서 무란다는 것입니까. 노인이 말했다. 나는 일찍이 人·

天에서 오지 않았습니다. 양개가 말했다. 어떤 도리를 터득하였길래 이 산에 주석하게 된 것입니까. 노인이 말했다. 나는 泥牛가 싸우면서 바다속으로 들어간 것을 보았는데 지금까지 소식이 없습니다. 양개가 곧 밀사백과 함께 예배를 드리고 물었다. 主中賓이란 무엇입니까. 노인이 말했다. 청산이 백운에 뒤덮였습니다. 양개가 물었다. 主中主란 무엇입니까. 노인이 말했다. 오랫동안 문 밖을 나가지 않았습니다. 양개가 물었다. 主와 賓이 헤어질 때는 언제입니까. 노인이 말했다. 장강은 물 위에 일어나는 물결입니다. 양개가 물었다. 賓과 主가 만날 때는 어떤 말을 나눕니까. 노인이 말했다. 맑은 바람이 뜨거운 태양을 씻어냅니다. 양개가 다시 예배를 드리고 거기에 머물고자 하였다. 그러나 노승이 웃으면서 말했다.

비록 풀로 엮은 세 칸 암자에서 살고 있지만
한 가닥 신통광명이 온갖 경계에도 한가롭네
시비를 가지고 찾아와서 나한테 따지려 말라
그것은 속세 중생살이와 아무런 상관이 없네
스스로 그 암자를 불태우고 다시 더 깊은 산으로 들어가버렸다.」[155)]

그 후에 양개가 그 산에 주석하였는데 한 승에게 물었습니다. 〈그대의 주인공은 무엇인가.〉 승이 말했습니다. 〈지금 화상을 마주보고 있는 그대로입니다.〉 양개가 올려다보더니 탄식을 하고 한숨을 쉬며 말했습니다. 〈이것은 소위 말이 지나간 이후에 아직 나귀가 오지 않은 소식인데 어떻게 그것으로 자기의 주인공을 삼겠는가.[156)] 불법이 꺼지는데 이것이 그 조짐이다.

155)『請益錄』卷上, (卍新續藏67, p.473中-下)

156) 馬後驢前은 나귀가 먼저 와 있다가 나귀가 떠난 후에 그 자리에 말이 와서 선다는 말인데, 여기에서는 뒤에 오는 말이 먼저 왔다가 그 자리를 떠난 후에도 앞서 와 있던 나귀가 아직 오지 않은 상황이다.

客中主도 아직 해명하지 못했는데 하물며 主中主이겠는가.〉 승이 물었습니다. 〈主中主란 무엇입니까.〉 양개가 말했습니다. 〈그대가 직접 말해 보라.〉 승이 말했습니다. 〈말로 하면 곧 그것은 객중주일 뿐입니다. 어떤 것이 주중주란 말입니까.〉 양개가 良久하고 말했습니다. 〈그대한테는 말해주지 않겠다. 상속하기가 어렵기 때문이다. 내가 용산노승의 의도를 관찰해보건대 마치 蕭何가 韓信을 알아본 것과 같은데,[157] 어찌 法[언설법]인들 있겠는가.〉

양개공의 論은 마치 霍光[158]이 立朝한 것과 같이 進 · 止에 또한 律度가 있었습니다. 오호라. 후생이 고인의 大全을 알아보지 못한 것입니다. 반드시 양개도 또한 주중주를 가슴에 담아두고 있었으니 그것이 궁금합니다.

나 각범은 일찍이 臨川에 이르러서 朱世英과 함께 아울리는 것을 좋아하였습니다.

갑자기 上藍長老가 암자까지 찾아와서 주세영에게 말했습니다. '각범스님은 詩에 뛰어나다고 들었는데, 그 분은 禪師가 아닙니까. 저는 혼란스럽습니다.' 주세영이 웃으면서 말했습니다. '스님께서 勘驗해 보시지요.' 상람장로가 말했습니다. '예.' 그리고는 하룻밤을 머물고 나서 나와 함께 疎山을 유람하다가 逆旅에서 공양을 하였습니다. 상람장로가 손으로 소반에 그림을 그리더니, 나 각범에게 말했습니다. '經軸에는 반드시 제목을 글자로 써 놓는데, 이것은 무슨 뜻입니까.' 나 각범이 또한 圓相을 그리고 옆으로 일획을 그으며 말했습니다. '이것이 그 뜻입니다.' 상람이 깜짝 놀랐습니다. 이에 나 각범이 게송으로 말했습니다.

상식을 초월한 소식을 일컫는 말로 驢事未去馬事到來의 언구 참조.

157) 蕭何는 前漢의 재상으로 張良 및 韓信과 함께 高祖에게 三傑의 한 사람이었다.

158) 霍光은 前漢의 정치가로서 字는 子孟이고 霍去病의 이복동생이다.

以字도 아니고 그렇다고 또 八字도 아니네
법신은 잠결에 빠져도 눈을 감지 않는다네
납승을 만나보고도 이름마저도 몰라보다니
백 사람이 면전에서 불러도 일어나지 않네

상람이 돌아가서 주세영에게 이 이야기를 전해주자, 주세영이 손뼉을 치고 말했습니다. '누가 詩僧이고, 또한 글자의 뜻을 아는 자는 누구입니까.'

그로 인하여 함께 분양이 지은 犢牛偈를 읽어보았습니다.

머리는 있는데 뿔이 없으니 실로 안타깝다 有頭無角實堪嗟
일백 겁이 지나도 작가는 만나기 어렵다네 百劫難逃者作家
삼세의 부처라 할지라도 해명할 수 없으니 凡聖不能明得盡
눈앞에 있는 송아지 모습으로 만족할 밖에 現前相兒有些些

나 각범이 주세영에게 말했습니다.

'이 게송도 또한 餘字의 뜻을 훈고한 것입니다.'

주세영이 나 각범에게 『화엄경』에 대하여 물었습니다.

'비목선인이 선재의 손을 잡았다. 그때 선재는 자기의 몸이 십불찰미진수세계를 지나서 십불찰미진수제불의 처소에 도달한 것을 보았다. 그리고 그 佛刹과 그 衆會에 있는 제불의 상호가 종종으로 장엄되어 있는 것을 보았고, 내지 백천억불가설불찰미진수 겁을 경력하였다. 이에 그때 그 비목선인이 선재동자의 손을 놓자 즉시에 자기의 몸이 본처로 돌아와 있는 것을 보았다. 이 일단의 뜻은 무엇을 설명한 것입니까.'

나 각범이 말했습니다.

'그것은 모두 象일 뿐입니다. 바야흐로 그 손을 잡은 것은 곧 관법에 들어간 때입니다. 그래서 자타가 터럭 끝만큼도 간격이 없고, 시종 당념에서 옮겨진 적도 없음을 본 것입니다.' 그리고 손을 놓은 것은 곧 출정한 때입니다. 영명이 말했습니다. 〈(본래의 자리를 옮기지 않고 몸이 시방에 편재하였고 일념을 벗어나지 않고 시간이 억겁을 경력하였으니) 본래의 자리는 부동이면서도 원근의 국토가 분명하였고, 일념도 옮기지 않았으면서도 延促의 시간이 완연[宛爾]한 줄을 알아야 한다.〉[159)]

세존은 즐겨 연꽃으로 비유를 삼았는데, 세간에는 知者가 없었습니다. 나 각범이 특별히 그것을 알려주자면, 대저 연꽃이 바야흐로 개화했을 때 그 가운데 이미 씨앗이 들어 있고, 씨앗 가운데는 이미 蜜艸가 들어 있습니다. 因 가운데 果가 있고 果 가운데 因이 있어서 삼세가 일시입니다. 그 씨앗의 분포도 또한 일찍이 그러한 이치에 속하여 서로 계속되어 단절이 없고 시방도 간격이 없습니다.

또 『법화경』에 대하여 물었습니다.

'세존이 일체대중 앞에서 대신통력을 드러내고, 廣長舌相을 내밀어 위로 범천세계에 이르렀다는데, 이해하기가 참으로 어렵습니다. 그리고 그것을 해석한 것에 의하면, 부처님의 음성이 深妙하여 觸處마다 모두 듣고 부처와 범부를 초월한 즉 그 혓바닥이 넓고 길어서 높이 세우면 범천세계를 벗어난다고 합니다. 도대체 이것은 무슨 말입니까.'

나 각범이 말했습니다.

'그것은 대부분 언설에 따라 이해를 발생한 것으로 여래세존의 의도는 아

159) 『宗鏡錄』 卷16, (大正藏48, p.500下) "是知不動本位之地 而身遍十方 未離一念之中 而時經億劫 本位不動 遠近之刹歷然 一念靡移 延促之時宛爾"

닙니다. 위산은 〈범부다 부처다 하는 분별식정이 없어지면 깨침[眞常]이 그대로 드러나고, 理와 事에 대해서도 다르지 않게 되는데[不二] 그것이 바로 如如佛이다.〉[160]고 말합니다. 그런데도 납자가 그 법어를 깊이 맛보지 못하고 단지[苟] 분별의 헤아림[意度]으로만 인식할 뿐입니다. 그것은 마치 여러 맹인이 코끼리를 더듬고 벽이라고 생각하여 각자 이해하는 것과 같습니다. 이런 까닭에 코끼리 전체를 두고 꼬리만 만지거나 발굽만 만지거나 허리만 만지거나 상아만 만지거나 하여 전체적인 코끼리는 숨어버린 꼴입니다. 『반야경』에서는 無二이고 無二分이며 無別이고 無斷이기 때문이라고[161]고 말하는데, 그것이 바로 깨침[眞常]입니다. 곧 응연한 일물일 뿐만 아니라 변괴하지 않는 진실한 도[常]입니다. 舌相이 범천세계에 이른다는 것은 다는 것을 가히 분별식정으로 추구할 수 있겠습니까.

당나라 승려 현장이 서천축에 이르러 계현논사를 친견하였는데, 계현논사는 그때 이미 백 여섯 살이었습니다. 대중으로부터 최고로 숭앙되어 正法藏이라고 불렸습니다. 현장이 공경한 예를 드리자 계현이 앉게 하고 물었습니다. 〈어디에서 왔습니까.〉 현장이 말했습니다. 〈지나국에서 왔는데, 瑜伽 등에 대한 경론을 공부하고자 합니다.〉 이에 계현논사가 눈물을 흘리고 제자 각현을 불러서 지시하여 말했습니다. 〈내가 이전에 꾼 꿈이 무엇이었는가.〉 그러자 각현이 현장에게 말했습니다. 〈화상께서는 삼년 전에 병에 걸려 대단히 위독하였습니다. 마치 사람이 칼로 그 배를 도려내는 것과 같아서 먹지 않고 죽으려고 했습니다. 그런데 밤에 금색신의 남자가 말했습니다. 〈〈그대는 자신의 몸을 싫어하지 마십시오. 그대가 전생에 귀인이었을

160) 『潭州潙山靈祐禪師語錄』, (大正藏47, p.577下)
161) 『大般若波羅蜜多經』 卷183, (大正藏5, p.985上)

때 수많은 생명을 해쳤는데 그것을 스스로 자책하고 있는 것입니다. 그런데 죽는다고 무슨 이익이 되겠습니까. 지나국 스님이 여기에 불법을 공부하러 올 것인데 이미 출발하였습니다. 삼년이 지나면 도착할 터이므로 그 스님[현장]에게 법을 베풀어주십시오. 그[현장]가 다시 유통시키면 그대[계현]의 죄는 저절로 소멸할 것입니다. 나는 만수실리입니다.〉〉 그런데 오늘 새벽에 그대[현장]가 온 것입니다. 화상께서 병에 걸린 지 삼 년이 되었는데, 과연 闍梨[현장]가 도착한 것을 보니 이전의 꿈이 징험된 것입니다.〉

나[각범]도 세상을 살면서 수많은 어려움을 겪었는데 무릇 그것은 전생의 업장이었습니다. 만수실리가 들려준 말처럼 법을 사람들에게 베풀어준 즉 죄업이 스스로 소멸하였습니다. 때문에 佛祖旨訣의 의도를 찬술하여 사람들에게 베풀어줌으로써 저절로 전생의 업장이 소멸하기를 바랄 뿐이지 달리 추구하는 것은 없습니다.'"

『임제종지』를 마치다.

제 2 장
한국 선리논쟁의 발흥

禪門綱要集
3. 『선문강요집』[162]

禪門綱[163]要集 目次[164]

『선문강요집』 목차

1) 三聖章 2) 二賢話 3) 第二篇 4) 一愚說 5) 山雲篇 6) 雲門三句

1) 삼성장 2) 이현화 3) 제이편 4) 일우설 5) 산운편 6) 운문삼구

三聖章

清風長老 與皓月上人 會茶於碧菴老宿之松軒 語及臨濟家風 月問大師云 大凡下語 一句中須具三玄 一玄中須具三要 有玄有要 有照有用 有權有實云云 其意云何 風答余聞覺範 臨濟宗旨云 所言一句中具三玄 一

162) 『禪門綱要集』, (韓國佛教全書6, pp.850中-859下) 〈底〉 嘉靖十年慶尙道智異山鐵窟開刊本(國立圖書舘所藏) 〈甲〉萬曆三十九年智異山能仁庵刊移 鎭于雙溪寺本(서울大學校所藏) 〈乙〉隆熙元年雲門寺開刊禪門撮要所載同文. 이하 韓國佛教全書는 韓佛全으로 약칭한다. 저자는 고려의 眞靜天頙(1206-?)이다. 天頙은 그의 법명이고, 자는 蒙且 또는 天因이며, 호는 內願堂이고, 속명은 申克貞으로 1206에 태어났다. 19세에 시험을 거쳐 국자감에 입학하였다. 23세(1228) 때 만덕산 백련사 蓮律에게 출가하였고 圓妙了世의 법통을 계승하였다. 스승 요세의 명에 의하여 [白蓮結社文]을 짓고 『법화경』의 신앙운동에 힘써 만덕산 백련사 제4세가 되었다. 만년에 국사가 되었다. 그의 시문집으로 『湖山錄』, 저술로 『禪門寶藏錄』 3권 및 『禪門綱要集』 1권이 있다. 또한 『동사열전』에 의하면 『傳弘錄』 4권이 있었다고 한다.

163) 「綱」無有『甲』

164) 目次編者補入.

玄中具三要 有玄有要者 一切衆生 熱惱海中 淸凉寂滅法幢也 此幢之立 比<譬?>如塗毒鼓撾之則聞者皆死之<之-?> 汝自會去 何須更說也

[본문]

1) 삼성장[165)]

청풍장로와 호월상인이 벽암노숙의 松軒에 모여서 차를 마시다가, 이야기가 임제가풍에 이르렀다. 호월상인이 청풍장로[大師]에게 물었다.

"무릇 법어를 보면 다음과 같습니다. '일구중에는 반드시 삼현이 갖추어져 있고, 일현중에는 반드시 삼요가 갖추어져 있어서 〈玄도 있고 要도 있으며, 照도 있고 用도 있으며,〉 權도 있고 實도 있다. 〈云云 그대들은 어떻게 이해하는가.〉' 이것은 무슨 뜻입니까."[166)]

청풍장로가 답했다.

"내가 듣건대 각범혜홍은 『임제종지』에서 말합니다.

'말한 바 일구중에 삼현이 갖추어져 있고 일현중에 삼요가 갖추어져 있어서 현도 있고 요도 있다는 것은 열뇌의 바다에 있는 일체중생에게는 청량하고 적멸한 法幢이다. 이 법당을 내세운 것은 비유하면 마치 도독고의 경우처럼 그것을 두드리면 곧 소리를 듣는 사람은 모두 죽는 것과 같다.'[167)]

이것은 그대 스스로 알 것이므로 어찌 다시 설할 필요가 있겠습니까."

---

165) 三聖은 청풍장로 · 호월상인 · 벽암노숙을 가리킨다.

166) 『鎭州臨濟慧照禪師語錄』, (大正藏47, p.497上) "一句語須具三玄門, 一玄門須具三要, 有權有用 汝等諸人作麼生會"과 비교.

167) 『臨濟宗旨』, (卍新續藏63, p.168中)

問此中所答三要印開朱點窄等三句 是三玄之祖出也否 答不然 何不看語勢之次第乎 而言句中有三玄 玄中有三要則句豈玄也

호월상인이 물었다.

"거기에서 답변하신 말씀으로, 삼요의 심인이 열리면 붉은 점이 드러난다(三要印開朱點窄) 등 삼구[168]가 곧 삼현이 출현한 근원[祖出]입니까."

청풍장로가 답했다.

"그렇지 않습니다. 어찌 어세의 차제가 있는 것을 보지 않는 것입니까. 구중에 삼현이 있고 현중에 삼요가 있다고 말한다면 곧 구가 어떻게 그대로 현이겠습니까."

問余謂句乃能詮 玄要乃所詮 句則別無意也 答余嘗閱宗門武庫 臨濟云 第一句薦得 堪<堪-?>與祖佛爲師 第二句薦得 與人天爲師 第三句薦得 自救不了 又其孫首山念<慈明圓?>公 再唱此語 則句何能詮耳 又若道第一句 是第一玄 則單玄下 入作之人 豈與祖佛爲師也 餘二例知也 中精法海禪師 於三玄三要之語外 別引蘊物三句 爲三句語例也 崇齋惠 亦於玄要之外 別頌三句 是則句與玄之逈別明矣

호월상인이 물었다.

"제 말은 구는 이에 능전이고 현과 요는 이에 소전으로서 구는 곧 달리 의

168)『鎭州臨濟慧照禪師語錄』, (大正藏47, p.497上) "如何是第一句 師云 三要印開朱點側 未容擬議主賓分 問如何是第二句 師云「妙解豈容無著問 漚和爭負截流機 問如何是第三句 師云 看取棚頭弄傀儡抽牽都來裏有人"

미가 없다는 것입니다."

청풍장로가 답했다.

"제가 일찍이 『종문무고』를 열람해보았습니다.

'임제는 말했다. 제일구에서 깨친다는 것은 조사와 부처의 스승이 될 만한 사람이고, 제이구에서 깨친다는 것은 인간과 천상의 스승이 될 만한 사람이며, 제삼구에서 깨친다는 것은 (타인의 스승은커녕) 자신의 구원도 마치지 못한다.'[169)]

또한 임제의 제7대 법손인 자명초원공도 이 법어를 거듭 提唱하였듯이[170)] 句[第一句]가 어찌 능전이 되겠습니까. 또한 만약 제일구를 곧 제일현이라고 말한 즉 하나의 현(第一玄)에 대해서만 따로 떼어 지어낸[入作] 사람일 터인데, 어찌 조사와 부처의 스승이 되겠습니까. 나머지 두 가지 경우(第二玄과 第三玄)는 常例에 따라서 알 것입니다.

중정법해 선사가 삼현과 삼요라는 용어 이외에도 별도로 온총삼구를 인용하여 삼구라는 용어를 삼은 것도 그 일례입니다. 숭제혜도 또한 현과 요 이외에 별도로 삼구를 頌하였는데, 그것이야말로 곧 구와 현이 아득히 다르다는 분명한 증거입니다."[171)]

---

169) 『宗門武庫』, (大正藏47, p.946上) "불안청원이 오조법연 처소에 있었다. 그때 원오극근이 다음과 같은 이야기를 꺼냈다. '임제가 말했다. 제일구에서 깨친다는 것은 조사와 부처의 스승이 될 만한 사람이고, 제이구에서 깨친다는 것은 인간과 천상의 스승이 될 만한 사람이며, 제삼구에서 깨친다는 것은 (타인의 스승은커녕) 자신의 구원도 마치지 못한다.' 佛眼禪師在五祖時圓悟擧臨濟云 第一句下薦得 堪與佛祖爲師 第二句下薦得 堪與人天爲師 第三句下薦得 自救不了"; 『鎭州臨濟慧照禪師語錄』, (大正藏47, p.502上) 참조.

170) 『人天眼目』 卷1, (大正藏48, p.301下) "慈明示衆云 先寶應日 第一句薦得 堪與佛祖爲師 第二句薦得 堪與人天爲師 第三句薦得 自救不了"

171) 청풍장로의 견해로는 句와 玄과 要가 동일한 차원이 아니라는 말이다. 그러나 이하의 [이현화]에서 청풍법사의 견해로는 같기도 하고 다르기도 하며 같고 다름이 없기도 하다고 말하고, [일우설]에서 일우의 견해로는 句와 玄과 要가 명연하여 차별이 없다고 말한다. 이와 같은 차이점은 [삼성장]의 설명이

問何等是第一句也 答達摩[172]將無文印字來 覿面全提語句也 此印亦名諸佛法印 亦名祖師心印 亦名三要印也 三要者 無文印字 上文彩也

호월상인이 물었다.
"제일구란 어떤 것들입니까."
청풍장로가 답했다.
"달마가 無文字印을 가져왔는데 찍어보니 전체가 어구를 제시하고 있습니다. 그 도장도 또한 제불의 법인이라고 말하고, 또한 조사의 심인이라고 말하며, 또한 삼요인이라고 말합니다. 삼요는 無文字印으로 찍은 문채입니다."

問六代已下 阿誰親提此印耶 答此宗祖鼻馬大師 把百丈面門 一印印破 振威一喝是也 後來雪竇西院 各下兩錯 汾陽重陽九月菊花新之句等 亦是親提此印者也 佛果於西院之錯錯下 着語云 三要印開

호월상인이 물었다.
"육대조사 이후로 누가 그 도장을 친히 지녔습니까."

[이현화] 및 [일우설]의 견해가 다르다는 것인데, 결국 그 차이점이란 [삼성장]의 경우에는 삼자에 대하여 교화를 위한 구조적인 관계로 파악한 것이고, [이현화] 및 [일우설]의 경우에는 삼자에 대하여 궁극적으로 방편으로 제시된 機關의 관계로 파악한 까닭에 연유한 것일 뿐이다. 이에 [이현화]에서 청풍법사는 구와 현과 요가 같기도 하고 다르기도 하며 같고 다름이 없기도 하다고 말한다. 그러므로 [삼성장]과 [이현화] 및 [일우설]의 견해는 임제삼구에 대한 이해의 접근방식에서 반드시 감안하지 않으면 안 되는 점을 노출시켜주고 있다.

172) 「摩」作「磨」『甲』『乙』

청풍장로가 답했다.

“조사선의 비조[祖鼻]인 마조대사가 백장의 面門을 잡아채어 하나의 도장을 찍고 일할을 떨친 것이 바로 그것입니다. 후래에 설두가 여주의 서원사명에게 각각 내린 두 차례의 錯[兩錯]이라든가,[173] 분양선소가 중양절인 구월의 국화가 새롭다[174]고 말한 것들도 또한 친히 이 도장을 제시한 것입니다. 불과원오는 서원이 말한 錯! 錯!에 대하여 ‘삼요의 심인이 열리면 (붉은 점이 드러난다. 주체와 객체를 분별하려는 것조차 용납되지 않는다.) 三要印開(朱點窄 未容擬議主賓分)’라고 착어하였습니다.”

問玄之與要 其義云何 還有深淺也無 答此第一句中 雖具玄要之義 不可說其相狀 豈可論深淺也 此乃雪竇印空之印也 然以玄要配戈甲 三要印開朱點窄 未容擬議主賓分 則玄要深淺可知矣

호월상인이 물었다.

“현과 요는 무슨 뜻입니까. 그리고 거기에 深과 淺의 차이가 있습니까.”

청풍장로가 답했다.

“이 第一句中에는 비록 玄과 要의 뜻이 갖추어져 있을지라도 그 相狀을 설할 수가 없습니다. 그런데 어찌 그 심천을 논하겠습니까. 이것이 바로 설두가 허공에다 찍은 도장입니다. 그러나 玄과 要를 창과 갑옷[방편]에 배대하였는데, ‘삼요의 심인이 열리면 붉은 점이 드러난다. 주체와 객체를 분별하

173) 『佛果圜悟禪師碧巖錄』 卷10, (大正藏48, p.221中-下) ; 『景德傳燈錄』 卷12, (大正藏51, pp.298下-299上)
174) 『朝宗禪師語錄』 卷1, (嘉興藏34, p.226下)

려는 것조차 용납되지 않는다.'는 것으로 곧 玄과 要의 심천을 알 수가 있습니다."

問句中 旣具玄要之旨 只言三要 不言三玄何也 答第一句則 不施戈甲 單提此印故也 然要 是玄之綱要也 則言要而玄 亦在其中矣 則可云玄要備在於一句中也

호월상인이 물었다.

"句中에 이미 玄과 要의 종지가 갖추어져 있는데, 단지 삼요라고만 말하고 삼현이라고는 말하지 않은 것은 어째서입니까."

청풍장로가 답했다.

"제일구는 곧 창과 갑옷[방편]을 베풀지 않는데 그것은 그 허공인[此印]을 單提[175]한 것이기 때문입니다. 그러나 要는 곧 玄의 綱要입니다. 그런즉 要라고만 말했지만 곧 玄도 또한 그 가운데 들어있습니다. 그런즉 玄과 要가 一句中에 갖추어져 있다고 말할 수 있습니다."

問第一句下 還有當機也無 答不道全無 只是罕遇其人 若擧此句下 直薦之機 雖洞下相逢 不相識之類 猶爲鬼窟裡作活計[176]也

175) 單提는 全提에 상대되는 용어로서, 여기에서는 삼구를 모두 언급하지 않고 제일구에 해당하는 虛空印 하나에 대해서만 언급한 것을 가리킨다.

176) 「計」作「宗」『甲』

호월상인이 물었다.

"제일구에 해당하는 근기가 있습니까."

청풍장로가 답했다.

"전혀 없다고는 말할 수 없습니다. 단지 그런 사람을 만나는 것이 드물 뿐입니다. 만약 제일구에서 곧장 깨치는 사람[機]을 들어보자면 대낮에 서로 만나고도 알아보지 못하는 경우에 견주어볼 수가 있는데, (알아보지 못하는 모습은) 마치 귀신굴 속에서 짓고 있는 활계와 같은 꼴입니다."

問如何是第二句 答分拆[177]未容擬議之處 隨之便用的句也 到此第二句 施設[178]三玄戈甲[179]也

호월상인이 물었다.

"그러면 제이구란 무엇입니까."

청풍장로가 답했다.

"'未容擬議'의 도리를 분석하고 그것을 따라서 곧 활용하는 句입니다. 이 제이구에 도달하면 삼현의 창과 갑옷[방편]을 시설하게 됩니다."

問如何是第一玄 答全機照應故也 乾坤之內 萬像森羅 如因陁羅綱[180]

177) 「拆」作「析」『乙』
178) 「設」作「說」『甲』『乙
179) 「戈甲」作「甲戈」『甲』『乙』
180) 「綱」作「網」『甲』

可配雲門函盖<蓋=>乾坤也

호월상인이 물었다.

"그러면 제일현은 어떤 것입니까."

청풍장로가 답했다.

"全機로 照하고 應하는 것입니다. 그래서 乾 · 坤 안의 삼라만상이 마치 인다라망과 같아서 운문의 函蓋乾坤을 배대할 수가 있습니다."

問第二玄 答妙用縱横 隨宜下手也 言言堪愛 句句全眞 此乃昭陽 隨波應機也

호월상인이 물었다.

"제이현은 어떤 것입니까."

청풍장로가 답했다.

"묘용이 종횡하여 마음대로 손을 쓰는 것입니다. 그래서 言言이 堪愛이고 句句가 全眞입니다. 이것은 곧 운문소양[소양대사 운문문언]이 隨波應機한 것입니다."

問第三玄 答機用齊施 人境俱忘 凡聖情盡也

"제삼현은 어떤 것입니까."

청풍장로가 답했다.

“機와 用을 함께 베푸는 것인데, 주관과 객관을 모두 잊고, 범부와 부처라는 분별심이 모두 사라진 것입니다.”

二賢話

月禪客問風法師 臨齊[181]云 大凡下語 一句中具三玄 一玄中具三要 有玄有要 有權有實 有照有用 敢問句與玄與要 爲同爲別 風曰 或同或別 或無同別

2) 이현화[182]

호월선객이 청풍법사[청풍장로]에게 물었다.

“임제는 무릇 다음과 같은 법어로 말합니다. ‘일구중에 삼현이 갖추어져 있고 일현중에 삼요가 갖추어져 있어서, 玄도 있고 要도 있으며 權도 있고 實도 있으며 照도 있고 用도 있다.’ 감히 묻겠습니다. 구와 현과 요는 같은[同] 것입니까 다른[別] 것입니까.”

청풍법사가 답했다.

“같기도[同] 하고, 다르기도 하며[別], 같고 다름이 없기도 합니다.”

月云 願聞其說 風曰 句言句之句 句詮差別 玄幽玄之玄 玄不可辨 要

181) 「齊」作「濟」『甲』『乙』次同.

182) 二賢은 호월선객과 청풍법사를 가리킨다.

省要之要 要不在多 玄要在句 權實在玄 照用在要 各有攸當 不應莽鹵

호월선객이 물었다.

"바라건대 그 설명을 들려주십시오."

청풍법사가 답했다.

"句는 言句의 句로서 句의 설명에는 차별이 있지만, 玄은 幽玄의 玄으로서 玄은 변별할 수가 없으며, 要는 省要[183]의 要로서 要에는 多가 없습니다. 玄과 要는 句에 있고, 權과 實은 玄에 있으며, 照와 用은 要에 있습니다. 이처럼 각각 해당하는 바[攸當]가 있어서 결코 흐리멍덩[莽鹵]하지 않습니다."

月問 第一句如何 風曰 夫祖師[184]心印 亦名諸佛法印 今以三要爲文 故稱三要印 其實則達摩[185]所傳無文印字<字印?>也 或提此印 向虛空裏搭破 了無朕迹 直名三要

호월선객이 물었다.

"제일구는 어떤 것입니까."

청풍법사가 답했다.

"대저 조사의 심인으로서 또한 제불의 법인이라고도 말합니다. 지금은 삼요로써 글[文]을 삼은 까닭에 三要印이라고 일컫는데, 사실은 보리달마가 전승한 문자가 없는 도장[無文字印]입니다. 혹 이 도장을 가지고 허공에다 찍어

183) 省要는 줄이고 요약하는 것을 가리킨다.

184) 「師」作「帥」『甲』

185) 「摩」作「磨」『甲』『乙』

도 끝내 朕迹이 없는데 곧 그것을 삼요라고 말합니다.”

月問 朕迹旣無 何名三要 風喝一喝云 落在甚處 月(賏/友)[186]然 風曰若但無文 何名爲印 空若無迹 孰云受搭 無名數中 當辨三要 大須審細我此一喝 是照也 是用也 是照用也 臨濟答此句云 三要印開朱點窄 未容擬議主賓分 前句則先照後用 後句則先用後照 四番照用 出於臨濟浮山遠公釋之詳矣 崇齊[187]惠云 第一要 大機圓應 第二要 大用全彰第三要 機用齊施 意與照用同時 特名異耳 機者 機關也 如云觸一機而百關俱發 正當不觸不發之時 謂之大機 大機以圓應爲義 是大用之機旣觸旣發之時 謂之大用 大用以直截爲義 是大機之用 隨得一要 便乃超三玄越三句 如百丈得大機 黃蘗<檗?>得大用 莫不親承馬祖一喝赫然▩[188]臨齊本宗 此其證也 此機所入 直在威音已前 毗盧向上 得大惣持 故臨濟云 第一句薦得 與祖佛爲師 此第一句也

호월선객이 물었다.

“이미 朕迹이 없는데 무엇을 삼요라 말하는 것입니까.”

그러자 청풍법사가 一喝을 喝하고 말했다.

“이 喝의 경우에 朕迹의 낙처는 어디에 있습니까.”

호월선객이 두리번거리자[矍] 청풍법사가 말했다.

“만약 무릇 문양이 없다면 어찌 도장이라고 말하겠습니까. 그리고 만약

186) 「〈破字〉(賏/友)」作「矍」『乙』

187) 「齊」作「齋」『乙』

188) ▩字體磨滅「底」· 作「爲」『甲』『乙』

허공에는 朕迹이 없는데 어찌 도장을 찍었다고 말하겠습니까. 그러므로 名과 數가 없는 가운데서 마땅히 삼요를 변별하고 모름지기 자세하게 살펴보아야 합니다. 제가 말한 이 일할이 바로 照이고, 바로 用이며, 바로 照·用입니다.

임제가 이 此句[三要]에 대하여 말한 '삼요의 심인이 열리면 붉은 점이 드러난다. 주체와 객체를 분별하려는 것조차 용납되지 않는다.'에서 전구[三要印開朱點窄]는 곧 先照後用이고, 후구[未容擬議主賓分]는 곧 先用後照입니다. 네 번이나 照·用이 임제의 법어에 출현하였는데, 부산법원은 그것을 상세하게 해석하였습니다.

그리고 숭제혜가 말한 '제일요는 大機圓應이고, 제이요는 大用全彰이며, 제삼요는 機用齊施이다'의 의미는 照用同時와 같은데 특별히 명칭만 다를 뿐입니다. 機는 機關입니다. 一機를 촉발하면 百關이 모두 촉발된다고 말하는 경우와 같습니다. 그러나 바로 不觸이고 또 不發의 경우에 그것을 가리켜 대기라고 말합니다. 대기는 圓應으로써 義를 삼는데 그것이 바로 大用之機입니다. 旣觸이고 또 旣發의 경우에는 그것을 대용이라고 말합니다. 대용은 直截로써 義를 삼는데 그것이 바로 大機之用입니다. 一要를 얻게 되면 곧 이에 삼현을 超하고 삼구를 越합니다.

그것은 마치 백장이 얻은 대기와 황벽이 얻은 대용과 같아서 친히 마조의 일할을 계승하지 않음이 없고 분명하게 임제의 本宗이 되는데, 이것이 바로 그 증거입니다. 그런 사람[機]의 깨침[所入]은 그대로 威音已前과 毗盧向上에서 大惣持를 얻은 것입니다. 때문에 임제는 제일구를 통해서 깨치면 부처와 조사의 스승이 된다고 말했는데, 이것이야말로 바로 그 제일구에 해당합니다."

月問 第二句如何 風連下三喝云 是幾耶 月云三也 風曰 然則非實也權也 臨濟答此句云 妙喜豈容無着問 漚和爭負截流機 前句現乎實 後句示其權 就此權門 立三玄名 名者古所謂實之賓也

호월선객이 물었다.

"제이구는 어떤 것입니까."

청풍법사가 세 번이나 연속해서 할을 하고 물었다.

"할을 몇 번을 했습니까."

호월선객이 말했다.

"세 차례 하였습니다."

청풍법사가 말했다.

"그렇게 말하는 것은 實이 아니고 權입니다. 임제는 제이구에 대한 답변으로 '문수가 어찌 무착의 질문을 인정하겠는가. 그렇지만 방편의 입장에서 어찌 수행납자를 저버리겠는가. 妙喜豈容無着問 漚和爭負截流機'라고 말했는데, 전구는 實을 드러낸 것이고, 후구는 그 權을 제시한 것입니다. 그 權門에 나아가서 삼현이라는 명칭을 내세운 것입니다. 명칭이란 고래로 소위 實의 賓일 뿐입니다."

月問 何名三玄 風曰 或提三要印 直向水上搭却 宛成文彩 轉名三玄 玄雜壞色 青白爲蒼 蒼黑爲玄 三者混然可見 而不可變之之比也 外說亦有三玄 謂易約有爲玄 老約無爲玄 莊約有無爲玄 臨齊借此而止云三玄而已 而古搭<塔?>主 始立其名 一體中 二用中 亦名句中 三意中亦名玄中 初二體用爲對 明後一玄 玄於前二 又以意句爲對 明此二玄

體中所流也 將此三玄 以配玄沙雲門三句 則欲人之圓契三法 不使之偏滯一隅而已 覺範以謂唯論三玄 遺落三要 其失也深 譏斥之 其有由矣 旣引石[189]頭叅同契 而發揚其旨 則又列體中句中玄中之名 而不列要名何哉 意者 遣其病 不除其法 卽其權 正明其實也 子其善變 於此辨得 見理性無邊 事相無外 具正知覺 此所謂第二句薦得 與人天爲師者也

호월선객이 물었다.

"무엇을 삼현이라고 말합니까."

청풍법사가 말했다.

"三要印을 들어서 곧장 물 위에다 찍으면 문채가 완연히 성취되는데, 그것을 轉하여 삼현이라고 말합니다. 玄은 뒤섞이고 빛바랜 색입니다. 靑과 白을 합친 것이 蒼이고, 蒼과 黑을 합친 것이 바로 玄입니다. 삼자[玄·靑·蒼]는 混然해도 볼 수가 있는데, 그것은 변하지 않는 것을 가지고 비교한 것입니다. 외도의 설에도 또한 三玄이 있습니다. 소위 『주역』에서는 有爲의 玄에 의거하고, 『노자』에서는 無爲의 玄에 의거하며, 『장자』에서는 有無爲의 玄에 의거합니다.

임제는 이렇게 차용하는데 그쳤지만, 말하자면 이것이 바로 삼현이었습니다. 그래서 古塔主가 처음으로 그 명칭을 내세웠는데, 첫째는 體中玄이고, 둘째는 用中玄인데 또한 句中玄이라고도 하며, 셋째는 意中玄입니다. 곧 처음과 둘째는 體와 用으로 상대를 삼고, 셋째의 一玄[意中玄]을 앞의 두

189) 「石」作「右」『甲』

가지에 비하여 玄中玄이라고 설명합니다.[190] 또한 의중현과 구중현을 상대로 삼는데, 이 둘[二玄]은 체중현에서 유출된 것이라고 설명합니다. 이 삼현을 가지고 현사사비와 운문문언의 삼구에 배대해 보면 곧 사람을 三法에다 원만하게 계합시켜서 그들로 하여금 偏滯하지 않게 하려는 것입니다.

각범혜홍의 경우는 오직 삼현에 대해서만 논하고 삼요는 방치해버렸기에 그 실수가 심각한 것이었습니다.[191] 각범혜홍이 꾸짖음과 배척[譏斥]을 당한 것은 바로 그것을 말미암은 것입니다. 이미 석두희천의 『참동계』에서부터 인용되어 그 旨則이 발양되었기 때문입니다. 또한 體中玄 · 句中玄 · 玄中玄이라는 명칭만 나열되고 要의 명칭이 나열되지 않은 것은 어째서이겠습니까. 그 의미는 곧 病만 없애고 그 法은 제거하지 않는 것은 그 權에 즉한다는 것이야말로 바로 그 實임을 설명해주는 것입니다. 그대(호월선객)가 여기에서 그 변별을 善變한다면 理性은 無邊하고 事相은 無外임을 보고 正知覺을 갖추게 되는데, 그것이 소위 '제이구에서 깨친다면 인간과 천상의 스승이 되는 사람이다.'는 것입니다."

月問 第三句如何 風曰 卽今吾與子 一說一聽一問一答 早落第三句了 如將三要印 向爛泥裡搭却 痕縫全彰 轉名三句 玄要在其中矣

---

190) 『人天眼目』 卷2, (大正藏48, p.311下) "至古塔主始裂 爲體中玄句中玄玄中玄"

191) 여기에서 언급한 각범혜홍의 견해는 곧 고탑주의 견해에 대한 부정의 입장이다. "임제는 단지 '일구중에 삼현이 갖추어져 있고 일현중에 삼요가 갖추어져 있어서 현도 있고 요도 있다'고만 말했습니다. 처음에는 일찍이 句中玄 · 意中玄 · 體中玄이라고 제목하지 않았습니다. 古塔主라는 사람이 현사의 삼구를 삼현으로 오인했습니다. 때문에 단지 삼현만 나누고 삼요를 遺落한 것이 총림에 안착되었는데, 그릇되었다고 여길 것이 아니라 가히 탄식해야 할 일입니다. 臨濟但日 一句中具三玄 一玄中具三要 有玄有要而已 初未嘗目爲句中玄. 意中玄. 體中玄也 古塔主者悞認玄沙三句爲三玄 故但分三玄而遺落三要 叢林安之 不以爲非 爲可太息" 『臨濟宗旨』, (卍新續藏63, p.168中-下)

호월선객이 물었다.

"제삼구는 어떤 것입니까."

청풍법사가 말했다.

"지금 나와 그대가 함께 說하고 함께 聽하며 함께 問하고 함께 答하고 있는데, 이것이 벌써 바로 제삼구에 떨어져 있는 것입니다. 마치 三要印을 가지고 물렁한 진흙에다 도장을 찍으면 흔적[痕縫]이 온전히 드러나는 것과 같아서 이것을 轉하여 삼구라고 말하는데, 玄과 要가 그 가운데 있습니다."

月問 第三句中 復云三句者何以 風曰至此建化之門 旁施午說 倒用橫拈 如圓悟云 作家漢 將三要印 印空印水印泥 以驗人者 在師家邊說也 大慧云 上士聞道 如印印空 中士聞道 如印印水 下士聞道 如印印泥者 就賓家邊云耳 此皆此句中事切莫錯會 臨齊答此句云 看取棚頭弄傀儡 抽牽全借裡頭人 裡頭人 豈臨濟自謂歟 逢佛說佛 逢羅漢說羅漢 逢餓鬼說餓鬼者 豈棚頭弄傀儡歟 然且不是你凡聖淨穢 又向甚句中 討這老漢 或若滯他言句 認他光影 尚不能自救 大辜負臨濟之恩 此第三句也

호월선객이 물었다.

"제삼구중에서 다시 삼구라고 말하는 것은 무엇입니까."

청풍법사가 말했다.

"이 건화문에 이르러서는 널리 베풀기도 하고, 핵심을 설하기도 하며, 뒤집어 활용하기도 하고, 비껴서 잡기도 하는 법입니다. 그래서 원오극근은 '작가가 三要印을 가지고 허공에다 도장을 찍기도 하고, 물에다 도장을 찍기도 하며, 진흙에다 도장을 찍기도 하면서 납자를 시험한다.'[192]고 말합니다. 이것은 스승의 입장에서 말한 것입니다. 그리고 대혜는 '上士가 道를 듣는 것은 마치 도장을 허공에다 찍는 것과 같고, 中士가 도를 듣는 것은 마치 도장을 물에다 찍는 것과 같으며, 下士가 도를 듣는 것은 마치 도장을 진흙에다 찍는 것과 같은 것은 賓家의 입장에서 말한 것이다.'[193]고 말합니다.

이것들은 모두 제삼구중의 모습[事]이므로 결코 착각해서는 안 됩니다.

임제가 제삼구에 대하여 말한 '무대에서 재롱을 떠는 꼭두각시를 보라. 그 장난은 막후에 있는 사람에 달려 있다. 看取棚頭弄傀儡抽牽全借裡頭人'에서 裡頭人이 어찌 임제 자신을 말한 것이겠습니까. 부처를 만나면 부처의 경지에 대하여 설해주고, 나한을 만나면 나한의 경지에 대하여 설해주며, 아귀를 만나면 아귀의 경지에 대하여 설해준다는 것이 어찌 棚頭弄傀儡이겠습니까. 그렇다고 해서 또한 그것이 凡 · 聖 · 淨 · 穢가 아니라면 또한 어느 句中에서 그 노인[임제]에 대하여 논의하겠습니까. 그렇다고 해서 혹 임제의 言句에 막히거나 임제의 光影을 인정하게 된다면 오히려 자기도 구제하지 못하고 임제의 은혜를 크게 저버리게 되는데, 이것이 바로 제삼구입니다."

月問 汾陽所答三句 與此不同何故 風曰 汾陽 乃臨濟五世嫡孫 天下學者宗仰 其立法 安得不同 或似不同 非實不同 盖深有以

192)『禪門綱要集』[二賢話], (韓佛全6, p.852上)
193)『禪門綱要集』[二賢話], (韓佛全6, p.852上-中)

호월선객이 물었다.

"분양선사가 답변한 삼구는 이것과 더불어 같지 않은데 무슨 까닭입니까."[194]

청풍법사가 말했다.

"분양선소는 임제의 제5세 적손입니다. 천하의 납자들이 경모[宗仰]하고 그 가르침[法]을 내세우는데, 어찌 임제의 삼구와 같지 않겠습니까. 혹 같지 않게 보일지라도 실은 같지 않은 것이 아닙니다. 무릇 깊은 까닭이 있기 때문입니다."

月曰 試說看 風曰 汾陽第一 答得力處云 嘉州打大象 謂打就一尊大功德像 長坐不起者 猶云成佛不動本位也 第二答轉身處云 夾<陜?>府灌鐵牛 牛丑類也 以是鐵故 水灌之不濕 喩言同凡 不染諸塵也 第三答親切處云 西河弄師子 人蒙假面師子 東走西走 弄來弄去 意云起倒自在 隨處得活也 今竊觀之 臨濟所明 是三人入處 汾陽之答 唯一人行相 況先後布置之序 若首尾相換 表裡相成 其三一 一三 淺深麤細 烏可得而擬議哉 汾陽旣下三句語已 云若會此三句 已辨三玄者 卽句明玄也 又云更有三要語哉 待與頌出 却頌三玄而止者 卽玄明要也 如以此則何疑一句中 不具三玄 一玄中不具三要也

호월선객이 물었다.

194) 『人天眼目』 卷2, (大正藏48, p.307中) "汾陽三句 汾陽上堂僧出問 如何是學人著力句 汾云 嘉州打大像 如何是學人轉身句 汾云 陝府灌鐵牛 如何是學人親切句 汾云 西河弄師子 又云 若人會得此三句 已辨三玄 更有三要語在 切須薦取"

"한번 그것을 말씀해주십시오."

청풍법사가 말했다.

"분양은 제일로 得力處에 대하여 '가주의 대미륵불상을 깨부수는 것이다.'고 답변합니다. 말하자면 저 미륵존의 대공덕상을 깨부순다는 것입니다. 長坐不起한다는 것은 또 말하자면 성불했지만 본래자리에서 움직이지 않는 것입니다.

제이로 轉身處에 대하여 '섬부에서 철우를 목욕시키는 것이다.'고 답변합니다. 牛丑類란 이 또한 鐵이기 때문에 물로 그것을 목욕시켜도 젖지 않는 것입니다. 비유한 말로는 범부와 동일하지만, 결코 諸塵에 물들지 않는 것입니다.

제삼으로 親切處에 대하여 '서하에서 사자를 희롱하는 것이다.'고 답변합니다. 사람이 가면의 사자를 만나면 동으로 달아나고 서로 달아나면서 이렇게 희롱하고 저렇게 희롱합니다. 의미로 말하자면 일어나고 넘어지는 것이 자재하고 처하는 곳마다 삶[活]을 터득한다는 것입니다.

이제 가만히 그것을 살펴보면, 임제가 설명한 것은 이들 세 사람이 깨달은 경지에 해당하고, 분양의 답변은 오직 한 사람의 수행[行相]에 해당합니다. 하물며 先 · 後로 나누어 배치한 순서를 보면 마치 首 · 尾가 相換이고 表 · 裡가 相成으로서 그 三이 一이고 그 一이 三인데, 淺 · 深 · 麤 · 細가 어찌 가당키나 하고 擬議나 해보겠습니까. 분양선소가 삼구법어를 마치고나서 '만약 이 삼구를 이해한다면 이미 삼현을 변별한 것이다.'고 말했는데, 이것은 句에 卽하여 玄을 설명한 것이고, 또한 '다시 삼요어가 있는데 (이것을 반드시 깨쳐야 한다).'라고 말했습니다. 그리고 기다렸다가 게송을 말하고, 게송을 마치고 삼현을 그만두었는데, 이것은 玄에 卽하여 要를 설명한 것입니다. 이와 같은데 어찌 일구중에 삼현이 갖추어져 있지 않고 일현중에 삼요가 갖추어져 있지 않는다고 의심할 수가 있겠습니까."

月云 嘗聞湛堂云 見三下三 三三如九 佛佛相傳 祖祖授受 夫斯之謂矣 風曰 束九爲三 束三爲一 一亦不收 佛祖將奚以傳受 崇齋[195]惠云 須知句要玄三事 畢竟冥然在一機 山僧道箇瞎 欲與古人相見 月應喏喏

호월선객이 말했다.

"일찍이 듣건대 담당문준은 '三에다 三을 곱하면 三三은 九가 됨을 보듯이, 부처가 서로 전승하고 조사가 서로 授受한다네.'라고 말했는데, 대저 그것을 말하는 것이로군요."[196]

청풍법사가 말했다.

"아홉을 묶어서 셋을 만들고, 셋을 묶어서 하나를 만들며, 그 하나도 또한 거둘 것이 없습니다. 그런데 佛 · 祖인들 어찌 그것을 전수하겠습니까. 숭제혜는 '반드시 알아야 한다. 句 · 要 · 玄의 세 가지는 필경에 冥然하여 하나의 機만 있을 뿐이다.'고 말했습니다. 산승[청풍법사]의 말은 애꾸눈과 같은 것이므로 고인을 만나보기를 바랍니다."

호월선객이 "예, 그리 하겠습니다."라고 말했다.

195) 「齋」作「齊」『甲』

196) 『大慧普覺禪師宗門武庫』 卷上, (大正藏47, p.946下) "見三下三 三三如九 祖祖相傳佛佛授手" 참조.

3) 제이편[197)]

혹자가 청풍법사에게 물었다.

"임제를 계승했다는 사람들은 임제의 玄 · 要 · 句를 해석하여 '句는 곧 言句의 句인데 句에 대한 설명의 차별이 있다.'[198)]고들 말하는, 그런 것들이 많이 있습니까.

청풍법사가 말했다.

"그렇습니다. 玄 · 要를 간별하는 경우에도 그렇게 말할 수 있습니다."

問 若曰第二第三句 是言句之句 則或聞命矣 第一句 則奚可以言句詮哉 臨濟之言曰 未容擬議主賓分 又曰與祖佛爲師者 將別有所謂乎 又釋第一句 直名三要 第二句 轉名三玄 第三句 轉名三句 文義紛紊 似開似合 似橫似竪 反同錯謬 風曰 善問善問 此不可不辨 本文云 大凡下語 一句語 須具三玄 則句非言句而何 先德云 死句下薦得 自救不了 活句下薦得 祖佛爲師 死句活句 豈非言句耶 噫 凡愚識見麤浮 只認得口頭聲色 謂之言句 故見說向上句那邊 句正句勝句之類 心奇特之 將謂別法 夫豈知祖佛善知識 所發言句 一一如木人唱[199)]拍 烘爐點雪 實不可擬議 謂之無語 亦不得 謂之有語 亦不得 非有語非無語 非非有語非非無語 摠不得 又不可不謂之有語無語 乃至非非有語 非非無語 推此而言 卽此第三句第二句 卽此第一句 第一句 具三句具三玄具三要

197) [第二篇]은 위의 [二賢話]에 부속된 내용으로 보인다.

198) 이 말은 위의 [이현화]에서 풍법사가 말한 '句言句之句 句詮差別'을 가리킨다.

199) 「唱」作「喝」『甲』『乙』

一句旣爾 餘句亦然 三句旣爾 玄要亦然 直下無本末 無背面 無巧拙甚處得開合橫竪來 先聖出世洪規 爲人大致 擧如是也 然其立言設敎諸家軌範 大同小別 其實無同別可立 何謂小別 若洞上宗 則須看語勢辨來蹤 論賓主定尊卑 如有語中無語 偏中正 無語中有語 正中偏 不有不無 不偏不正 兼中到與至 帶病不帶病 在途不在途 色類語類等說 咸有格例 各引諸師語句 爲例爲證 此所謂是非審定 不違法印也 唯臨濟下則不然 雖有三玄三要四照用四料簡等義 略不揀精粗語例 但驀直向一機一境上 石火電光中把得便用 今云一句中 須具三玄三要云者乃臨濟全提妙唱建立之辭 非爲未具者言須具也

또 물었다.

"만약 제이구와 제삼구의 그것이 言句의 句인 즉 가르침으로 내려준 것[命]을 듣는 것에 해당합니다. 그렇다면 제일구를 즉 어찌 언구의 설명이라고 할 수가 있겠습니까. 임제는 그에 대하여 未容擬議主賓分이라고 말했고, 또 與祖佛爲師라고 말했는데, 이에 대하여 별도로 말한 바가 있습니까. 또한 해석하자면 제일구는 그대로[直] 삼요라고 말했고, 제이구는 굴려서[轉] 삼현이라고 말했으며, 제삼구는 굴려서[轉] 삼구라고 말했습니다. 글[文]과 뜻[義]이 紛紊하여 開인 듯 하고, 合인 듯 하며, 橫인 듯 하고, 竪인 듯하니, 도리어 錯謬와 같습니다."

청풍법사가 말했다.

"좋은 질문입니다. 참으로 좋은 질문입니다. 이것은 변별해보지 않을 수가 없습니다. 본문에서는 '무릇 법어를 보면 일구중에는 반드시 삼현이 갖추어져 있은 즉 그 句는 言句가 아닌데 무엇입니까.'라고 말했습니다. 선덕[원오극근]은 '死句를 통해서는 깨치지 못하고 자신도 구제할 수가 없다. 활구를 통해서 깨치면 부처와 조사의 스승이 된다.'[200]고 말했는데 그것이 어찌 언구가 아니겠습니까.

아! 단지 입으로 내는 소리맵시[聲色]만 인식하여 그것을 언구라고 말한 것일 뿐입니다. 때문에 向上句를 설하는 것을 보고도 那邊句 · 正句 · 勝句의 부류로 마음에서 그것을 기특하게 여기고는 특별한 가르침[別法]이라고 말합니다. 그래가지고 어찌 부처와 조사와 선지식을 알아보겠습니까. 발성된 언구는 낱낱이 허수아비가 손뼉을 치며 노래하는 것과 같고, 烘爐點雪과 같아서 실로 어찌해볼 수[擬議]가 없으며, 그것을 無語라고 말하는 것도 또한 불가능하고, 그것을 有語라고 말하는 것도 또한 불가능하며, 非有語 · 非無語 · 非非有語 · 非非無語라고 말하는 것도 결코 불가능합니다. 그런데도 그것을 有語 · 無語 乃至 非非有語 · 非非無語라고 말하지 않을 수가 없습니다.

이로써 미루어 말하자면 곧 이 제삼구와 제이구는 이 제일구에 卽해 있고, 그 제일구에 삼구 · 삼현 · 삼요가 갖추어져 있습니다. 일구가 이미 그러하여 나머지도 또한 그러하고, 삼구가 그러하여 玄 · 要도 또한 그러해서, 바로 그 자리에는 本 · 末도 없고 背 · 面도 없으며 巧 · 拙도 없습니다. 그런데 어디에서 開 · 合 · 橫 · 竪를 찾아볼 수 있겠습니까. 先聖이 출세하여 洪規로써 사람들을 위하여 대강[大致]을 거양한 것이 이와 같습니다. 그리하여 거기에서 言을 내세우고 敎를 시설한 것이 諸家의 궤범으로 大同小別하여 거기에서 실로 同 · 別이 없음을 내세운 것인데 어찌 (大同의 입장은 무시하고) 小別의 입장만 말하는 것입니까.

저 洞上宗[曹洞宗]과 같은 경우에는 곧 반드시 어세를 살피고 그 자취를 변

---

200)『圓悟佛果禪師語錄』卷14, (大正藏47, p.778中) "他參活句不參死句 活句下薦得 永劫不忘 死句下薦得 自救不了 若要與佛祖爲師 須明取活句 韶陽出一句 如利刀剪却" 参조.

별해서 賓 · 主를 논하고 尊 · 卑를 정해야 합니다. 가령 有語中無語는 偏中正이고, 無語中有語는 正中偏이며, 不有不無은 兼中到이고, 不偏不正은 兼中至이며, 帶病 · 不帶病 및 在途 · 不在途 및 色類 · 語類 등의 설에는 모두 격에 맞는 보기가 있어 각각 諸師의 語句를 인용하고 있는 것이 그 例이고 證입니다. 이것이 소위 是 · 非로 審定해야만 法印에 어긋나지 않는다는 것입니다.

그러나 오직 臨濟宗의 경우는 그렇지 않습니다. 비록 三玄 · 三要 · 四照用 · 四料簡 등의 뜻이 있지만 대략적인 것이라서 精 · 粗의 語例를 간별하지 않고, 다만 곧장 一機 · 一境을 향한 것이므로 石火電光 속에서 그 활용을 把得할 뿐입니다. 지금 말한 一句中에 반드시 三玄 · 三要 云云을 갖추어야 한다는 것은 이에 임제종에서 全提하고 妙唱하여 건립한 말[辭]이라는 것이지, 갖추지 못한 사람이 그것을 반드시 갖추어야 한다는 것은 아닙니다."[201]

一愚說(其智可及其愚不可及也)

有一老宿 自號愚夫 扗[202]門一室 塊然獨處 似不能言者旣久 一日有僧來叅問曰 臨濟示衆云 第一句薦得 與祖佛爲師 第二句薦得 與人天爲師 第三句薦得 自救不了 答第一句云 三要印開朱點窄 未容擬議主賓分 答第二句云 妙喜豈容無着問 漚和爭負截流機 答第三句云 看取棚頭弄傀儡 抽牽全借裡頭人 乃云大凡下語 一句中具三玄 一玄中具三

201) 여기 3)의 [제이편]은 앞의 2) [이현화]의 속편으로 연장된 대목이다.
202) 「扗」作「杜」『乙』

要 有玄有要 有權有實 有照有用 敢問此意如何 願聞其說 老宿曰 唯臨濟宗 冠于叢林 此語又爲此宗標[203]準故 商[204]確甚衆 其左者 三聖論之於前 其章條然 二賢話之於後 其辨詳[205]矣 今二說行于世 諸方學者無不稱誦 何不求其文而學之 來問於我耶

4) 일우설(智로만 미칠 수가 있지 그 愚로는 미치지 못한다)

한 노숙이 있는데 자신을 愚夫라 불렀다. 방에서 문을 닫고 망연자실 홀로 처하여 마치 말을 하지 못하는 사람같이 보인 지가 오래 되었다. 어느 날 한 승이 찾아와서 물었다.

"임제가 시중설법으로 말했습니다. '제일구에서 깨친다는 것은 부처와 조사의 스승이 될 만한 사람이고, 제이구에서 깨친다는 것은 인간과 천상에서 스승이 될 만한 사람이며, 제삼구에서 깨친다는 것은 (타인의 스승이 도기는커녕) 자신도 구제하지 못한다.' 그리고 그에 대하여 제일구의 질문에는 '삼요의 심인이 열리면 붉은 점이 드러난다. 주체와 객체를 분별하려는 것조차 용납되지 않는다.'고 답하였고, 제이구의 질문에는 '문수[妙喜]가 어찌 무착의 질문을 인정하겠는가. 그렇지만 방편[漚和]의 입장에서 어찌 수행납자[截流機]를 저버리겠는가.'라고 답했으며, 제삼구의 질문에는 '무대에서 재롱을 떠는 꼭두각시를 보라. 그 장난은 막후에 있는 사람에 달려 있다.'라고 답했습니다.

그리고 이에 무릇 법어에서 일구중에는 반드시 삼현이 갖추어져 있고, 일

---

203)「標」作「摽」『甲』
204)「商」作「商」『甲』
205)「詳」作「祥」『甲』

현중에는 반드시 삼요가 갖추어져 있어서 玄도 있고 要도 있으며, 權도 있고 實도 있으며, 照도 있고 用도 있다고 말했습니다. 그러면 감히 묻겠습니다. 그게 무슨 의미입니까. 바라건대 그에 대하여 설해주십시오."

(일우)노숙이 말했다.

"오직 임제종만이 총림에서 으뜸입니다. 이 말[임제삼구]은 또한 선종의 표준이기도 합니다. 때문에 잘 살펴보면 그 증좌가 대단히 많습니다. 앞의 [삼성장]에서 그것을 논하였지만, 그 [삼성장]에서는 소략[條然]했기에 그 뒤의 [이현화]에서 그것을 상세하게 변별하였습니다. 지금은 二說[삼성장의 설 및 이현화의 설]이 세간에 유행하여 제방의 납자들이 칭송하지 않는 사람이 없습니다. 그런데도 어째서 그 글을 구해보지도 않고 그것을 배우겠다고 찾아와서 나한테 질문하는 것입니까."

僧曰 余豈不知有二說 嘗閱之而疑情未決久向 長老深究此宗 伏望垂慈 毋得設詞而拒絶之 宿曰 旣然如是 但請問來古人云 盍各言尒志 愚夫之志 亦可言也 僧問 第一句如何 宿振威一喝 僧矍然 宿厲聲曰 此是達摩[206]初來底面目 若向此句下薦得 徑踏毘盧向上 直佩祖師心印 故云第一句薦得 與祖佛爲師 問 三要印開朱點窄 未容擬議 主賓分如何 宿連下三喝 僧茫然 宿正色曰 第一要明照 卽大機圓應 是主也 千聖出興 難窮其妙 第二要明用 卽大用全彰 是賓也 明鏡當臺 胡漢皆沉 第三要明照用同時 卽機用齊施 是主賓也 令人撫掌呵呵大笑 語了喝一喝云 還容得擬議麼 又云 切莫錯會

206) 「詳」作「祥」『甲』

승이 말했다.

"二說이 있다는 것을 제가 어찌 모르겠습니까. 일찍이 그것을 열람해보았지만 의정을 해결하지 못한 지가 오래되었는데, 장로[일우노숙]께서는 이 종지를 깊이 궁구해오셨습니다. 바라건대 자비를 내려서 말씀해주시어[設詞] 그것을 거절하지 말아 주십시오."

일우노숙이 말했다.

"이미 그러하다면 무릇 물어보시오. 고인이 '각자 자기의 생각을 말해보는 것이 어떻겠습니까.'라고 말했듯이, 愚夫(일우노숙)의 생각도 또한 말해보겠습니다."

승이 물었다.

"제일구란 무엇입니까."

일우노숙이 위엄스럽게 일할을 해댔다. 그러자 승이 어안이 벙벙하였다. 이에 일우노숙이 큰 소리로 말했다.

"이것은 달마가 처음 도래한 면목입니다. 만약 이 제일구에서 깨친다면 곧장 毘盧向上을 밟고 곧장 祖師心印을 꿰찰 것입니다. 때문에 '제일구에서 깨친다는 것은 부처와 조사의 스승이 될 만한 사람이다.'고 말했습니다."

승이 물었다.

"삼요의 심인이 열리면 붉은 점이 드러난다. 주체와 객체를 분별하려는 것조차 용납되지 않는다. 三要印開朱點窄 未容擬議主賓分는 것은 어떤 것입니까."

일우노숙이 연속해서 세 번이나 할을 해대자, 승이 망연자실하였다. 이에 일우노숙이 정색을 하고 말했다.

"제일요는 照를 설명한 것으로 곧 大機圓應인데 이것이 主입니다. 그래서 千聖이 出興한다고 해도 그 묘용을 궁구하기가 어렵습니다. 제이요는 用을 설명한 것으로 곧 大用全彰인데, 이것이 賓입니다. 明鏡이 當臺하면 오랑캐든 한인이든 모두 숨어버립니다. 제삼요는 照用同時를 설명한 것으로 곧 機用齊施인데, 이것이 主와 賓입니다. 사람들로 하여금 손뼉을 치고 껄껄껄 크게 웃게 만듭니다."

말을 마치고 일할로 할을 하고나서 말했다.

"擬議를 용납할 수 있겠습니까."

그리고 다시 말했다.

"결코 잘못 이해하지 마십시오."

問 第二句如何 曰 爲物作則 施設戈甲 特宛成規模 差爲過耳 若向此句下薦得 堪與人天 爲軌爲範 故云人天爲師 問 妙喜豈容無着問 漚和爭負截流機 如何 曰 妙喜卽大智 是實也 這裡豈容無着問 問答俱泯故 漚和云方便 是權也 箇時 爭負截流機 機應並存故 此兩句 明三玄 第一玄 名體中玄 妙喜豈容無着問也 第二玄 名句中玄 漚和爭負截流機也 第三玄 玄中玄 妙喜豈容無着問 漚和爭負截流機也

승이 물었다.

"제이구란 무엇입니까."

일우노숙이 말했다.

"백성을 위하여 법칙을 만들고 방편[戈甲]을 시설하는 것입니다. 그러나 특별히 완연하게 성취된 규모라도 자칫 어긋나면 허물이 될 뿐입니다. 만약 이 제이구에서 깨친다면 인간과 천상에서 軌가 되고 範이 됩니다. 때문에 인간과 천상의 스승이 될 만하다고 말한 것입니다."

승이 물었다.

"문수[妙喜]가 어찌 무착의 질문을 인정하겠는가. 그렇지만 방편[漚和]의 입장에서 어찌 수행납자[截流機]를 저버리겠는가라는 말은 어떤 것입니까."

일우노숙이 말했다.

"妙喜는 곧 大智로서 그것은 實際입니다. 그런 가운데서 어떻게 무착의 질문을 용납할 수 있겠습니까. 문답이 모두 소멸되기 때문입니다. 漚和는 말하자면 方便으로 곧 權입니다. 이 경우에 '어찌 수행납자[截流機]를 저버리겠는가.'에서 機에게는 당연히 방편이 병존해야 하기 때문입니다. 이 兩句(妙喜豈容無着問과 漚和爭負截流機)는 삼현을 설명한 것입니다. 제일현은 체중현이라고 말하는데, 그것이 '문수가 어찌 무착의 질문을 인정하겠는가.'입니다. 제이현은 구중현이라고 말하는데, 그것이 '그렇지만 방편의 입장에서 어찌 수행납자를 저버리겠는가.'입니다. 제삼현은 현중현이라고 말하는데, 그것이 '문수가 어찌 무착의 질문을 인정하겠는가. 그렇지만 방편의 입장에서 어찌 수행납자를 저버리겠는가.'입니다."

問 第三句如何 曰 落草爲人 隨病與藥 乃事不獲已也 若向此句下薦得 知見偏滯功行不圓 故云自救不了 問 看取棚頭弄傀儡 抽牽全借裡頭人如何 曰 入三眼國土 著三種衣 說三身佛 以至逢羅漢說羅漢 逢餓鬼說餓鬼 正似棚頭弄傀儡 須知有裡頭人 豈臨濟老漢耶

승이 물었다.

"제삼구란 무엇입니까."

일우노숙이 말했다.

“번뇌의 풀숲에 들어가서 중생을 위하고, 또 번뇌[病]에 따라서 설법[藥]을 해주는 행위는 부득이한 것입니다. 만약 이 제삼구에서 깨친다면 知見은 偏滯되고 그 功行은 원만하지 못합니다. 때문에 (타인의 스승은커녕) 자신도 구제하지 못한다고 말한 것입니다.”

승이 물었다.

“무대에서 재롱을 떠는 꼭두각시를 보라. 그 장난은 막후에 있는 사람에 달려 있다는 것은 어떤 것입니까.”

일우노숙이 말했다.

“삼안국토에 들어가서 삼종가사를 걸치고 삼신불을 설함으로써[207] 나한을 만나면 나한의 경지에 대하여 설해주고, 아귀를 만나면 아귀의 경지에 대하여 설해주는 것이[208] 바로 棚頭弄傀儡와 같은 것입니다. 그러므로 모름지기 알아야 합니다. 그 속의 사람이 어찌 臨濟老漢이겠습니까.”

僧小選而進曰 適蒙指誨 粗知其梗槩 然猶有疑在 曰 有疑當質之 問末後云 一句者 於三句中 是何句耶 抑三句外 別有一句耶 曰 子之惑甚矣 何不看語勢之序次乎 上旣垂示三句 故末後云 大凡下語 一句中具三玄 一玄中具三要 是不可的言某句也 佛祖受用 不出三句 更有何

207)『鎭州臨濟慧照禪師語錄』, (大正藏47, p.499上-中) “問如何是三眼國土 師云 我共儞入淨妙國土中, 著淸淨衣, 說法身佛；又入無差別國土中, 著無差別衣, 說報身佛；又入解脫國土中, 著光明衣, 說化身佛. 此三眼國土皆是依變, 約經論家取法身為根本, 報化二身為用” 여기에서 三眼國土는『華嚴經』卷65, (大正藏10, p.349下)에서는 善見比丘의 정토인데,『華嚴經合論』卷96, (卍新續藏4, p.645下) “初釋國土名三目者一法眼二智眼三慧眼”에서는 法眼 · 智眼 · 慧眼으로 해석한다. 그러나 임제는 여기에서 삼신설로 해석하고 있다.

208)『鎭州臨濟慧照禪師語錄』, (大正藏47, p.498中) “道流！即今目前孤明歷歷地聽者, 此人處處不滯, 通貫十方, 三界自在, 入一切境差別不能回換, 一剎那間透入法界, 逢佛說佛､逢祖說祖､逢羅

句 贅於三句之外者耶

승이 약간 망설이다가[小選] 앞으로 나와서 말했다.

“아까 일러주신 가르침[指誨]을 받고 어설프나마 그 대강[梗槩]을 알게 되었습니다. 그런데도 아직 의심이 남아 있습니다.”

일우노숙이 말했다.

“의심이 있으면 마땅히 그것을 물으시오.”

승이 물었다.

“마지막에 말씀하신 일구[209]란 삼구 가운데 어떤 句입니까. 아니면 삼구를 벗어나 별도로 일구가 있는 것입니까.”

일우노숙이 말했다.

“그대의 미혹은 심각합니다. 어째서 語勢의 序次를 보지 못하는 것입니까. 위에서 이미 삼구를 수시하였기 때문에 말후에서 무릇 법어를 보면 일구중에는 삼현이 갖추어져 있고, 일현중에는 삼요가 갖추어져 있다고 말한 것인데, 이것은 확실하게 어떤 구[某句]라고 특정하여 말할 수가 없습니다. 佛·祖가 수용한 것도 삼구를 벗어나지 않는데 다시 어떤 句가 있어서 삼구 이외에 군더더기를 보태겠습니까.”

問 句玄要權實照用 還有祖出否 且同別如何 曰 此不可不辨 所言句者 古云名身與句身 及字身差別 名詮自性 如地牢水濕火燥風動是也 句

209)『鎮州臨濟慧照禪師語錄』, (大正藏47, p.497上) “一句語須具三玄門,一玄門須具三要,有權有用汝等諸人作麼生會”

詮差別 如地水火風是也 字卽是文 如地字水字火字風字是也 則句但詮差別耳 故語言則曰言句 篇章則曰章句 詩律則曰詩句 又字說文云句(凵)象器受物之形 故稱歌曰曲 如語言篇章詩律之稱句焉 則世間一切形 大小相有無 乃至佛祖長言短語 作用默然 一棒[210]一喝 皆各一句也 玄雜壞色 青白爲蒼 蒼黑爲玄 又有易約有名玄 老約無名玄 莊約有無名玄之說 要<者+?>省要 如網之綱 如户之樞 權<者+?>權敎也 實<者+?>實敎也 照<者+?>照通於内 用<者+?>用現於外 如烽火耿急城中興[211]戎塞上 有四反<又有四?>照用 曰先照後用 曰先用後照 曰照用同時 曰照用不同時 諸師所釋詳矣 此不復說之 照用是要 當第一句 權實是玄 當第二句 又當第三句

승이 물었다.

"句·玄·要·權·實·照·用은 조사가 출현시킨 것입니까. 또한 그 같고 다름[同·別]은 어떻습니까."

일우노숙이 말했다.

"이것은 변별해보지 않을 수가 없습니다. 말한 바 句란 옛적에는 名身과 句身과 字身에 차별이 있다고 말했습니다. 名은 自性을 설명하는데, 가령 땅은 견고하고 물은 적시며 불은 말리고 바람은 움직이는 것이 그것입니다. 句는 差別을 설명하는데, 가령 땅과 물과 불과 바람 등이 그것입니다. 字는 곧 그것에 해당하는 文인데, 가령 地字·水字·火字·風字 등이 그것입니다. 그런즉 句는 단지 차별을 설명할 뿐입니다. 때문에 語言을 곧 言句라고

210) 「棒」作「捧」『甲』『乙』
211) 「興」作「舆」『乙』

말하고, 篇章을 곧 章句라고 말하며, 詩律을 곧 詩句라고 말합니다.

또한『字說文』에서는 '句(凵)의 모양[象]은 그릇에다 물건을 담는 형상이다. 때문에 歌를 일컬어 曲이라고 말한다.'고 말합니다. 마치 語言 · 篇章 · 詩律을 句라고 일컫는 것과 같습니다. 그런즉 세간 일체의 形은 크고 작은 모습의 유 · 무, 내지 부처와 조사의 長言과 短語, 작용과 묵언, 一棒과 一喝 등이 모두 각각 일구입니다. 玄은 뒤섞이고 빛바랜 색입니다. 靑과 白을 합친 것이 蒼이고, 蒼과 黑을 합친 것이 바로 玄입니다.

또한『주역』에 의거하면 有名이 玄이고,『노자』에 의거하면 無名玄이 玄이며,『장자』에 의거하면 有無名이 玄이라는 설이 있습니다. 要는 省要[212]로서 마치 그물의 벼리와 같고 외짝문의 지도리와 같습니다. 權은 權敎이고, 實은 實敎이며, 照는 안으로 비추어 통하는 것이고, 用은 밖으로 작용을 드러내는 것입니다. 마치 봉화가 성중에 급히 타오르면 오랑캐가 변방지역에서 난을 일으켰다는 것과 같습니다.

또한 四照用이 있는데 말하자면 先照後用과 先用後照와 照用同時와 照用不同時입니다. 이에 대해서는 諸師가 자세하게 해석하였으므로 여기에서는 그것을 반복해서 설하지 않겠습니다. 照用은 곧 要로서 제일구에 해당하고, 權實은 곧 玄으로서 제이구에도 해당하고 또 제삼구에도 해당합니다."

問 然則三要照用 深於三玄權實 三玄權實 淺於三要照用 皎然矣 不曰要中具玄 而曰玄中具要 不曰有照用有權實 而曰有權[213]實有照用 何

212) 省要는 줄이고 요약한다는 말이다.

213)「權」作「梆」『甲』

其先後 似乎紊亂 旣曰權實是玄 照用是要 但云一句中具三玄 一玄中具三要 而止可矣 繫之曰 有權有實 有照有用 何其文意 似乎重疊 豈[214]有說乎 曰 善問善問 若止論第一句 則先要後玄 少似當然 然先擧綱要則玄必從之 何更特擧然後明玄 況此汎論三句 先三玄權實 後三要照用 而備言之 固其宜也 宗敎本無三玄三要之說 臨濟借他外說 始立名言 以顯家風 連擧權實照用爲證 所以擧古明今 權實乃權實敎 照用盖亦宗敎中古語

승이 물었다.

“그런즉 삼요의 조 · 용은 삼현의 권 · 실보다 깊고, 삼현의 권 · 실은 삼요의 조 · 용보다 얕다는 것이 분명합니다. 要中에 玄이 갖추어져 있다고 말하지 않고 玄中에 요가 갖추어져 있다고 말했으며, 照 · 用이 있고 權 · 實이 있다고 말하지 않고 權 · 實이 있고 照 · 用이 있다고 말한 것을 보면 아무래도 그 선후가 紊亂하게 보이는 것입니다. 이미 權 · 實은 곧 玄이고 照 · 用은 곧 要라고 말했기 때문에 단지 一句中에 三玄을 갖추었고 一玄中에 三要를 갖추었다고만 말하는 것에 그친 것입니다. 이것과 결부시켜 말하자면 權이 있고 實이 있으며 照가 있고 用이 있다는 것은 아무래도 그 文意가 중첩된 것처럼 보입니다. 어찌 그와 같은 설명이 아니겠습니까.”

일우노숙이 말했다.

“좋은 질문입니다. 참으로 좋은 질문입니다. 만약 제일구를 논하는 것에서 그친다면 곧 要가 먼저이고 玄이 나중이라는 것은 적어도 당연하게 보일 것입니다. 그러나 먼저 綱要를 들어보면 곧 玄은 반드시 句를 따르게 되어

214) 「豈」下有「不」『甲』『乙』

있는데, 어째서 다시 특별히 든 연후에 玄을 설명하겠습니까. 하물며 여기에서 삼구를 모두 논의함[汎論]에 있어 삼현의 권 · 실이 먼저[先]이고, 삼요의 조 · 용이 나중[後]이라고 갖추어서 그것을 말한 것이야말로 그 당위성을 확고하게 해둔 것입니다.

선종의 가르침에는 본래 삼현 · 삼요의 설이 없습니다. 임제가 다른 外說을 빌려서 처음으로 名言을 내세움으로써 가풍을 드러내고, 이어서 權 · 實 · 照 · 用을 들어서 증명한 것입니다. 때문에 古를 들어서 今을 증명하였는데 權 · 實은 이에 權敎 · 實敎이고, 照 · 用의 경우에도 생각하건대 또한 선종의 가르침[宗敎] 가운데 있는 古語입니다."

問 云大凡下語 此語屬能示邊 云某句薦得 此語屬所化邊 然則佛祖受用 全機薦得 不出三句 全機薦得 旣有差別 佛祖受用 亦不是一 於三句中 能示所化差等如何 伏望復擧古之公案 頓祛[215]餘疑[216] 曰 臨濟嫡孫風穴 上堂云 祖師心印 狀似鐵牛之機 即第一句 去則印住 住則印破 只如不去不住 印則是 不印則是 是三要 末後打盧陂兩拂子 是用得三要 百丈黃薜<檗?> 於馬祖一喝 得大機大用 是當機 世尊迦葉 三處傳心 所以首摽 此介公案 以立教外別傳之宗者也 如來在寂滅場中 初成正覺 現千丈盧舍那身 四十一位法身大士 及宿世根熟 天龍八部 一時圍繞 如雲籠月 是第二句 故云人天爲師 修山主頌云 初心未入道 不得鬧浩浩 鍾聲裡薦取 鼓聲即顚倒 此乃向第二句中 老婆爲人也 香嚴擊

215) 「祛」作「袪」『甲』
216) 「疑」作「凝」『甲』

竹悟道 作頌云 一擊亡<忘?>所知 更不可修治 動容揚古路 不墮悄然機 處處無蹤跡 聲色外威儀 諸方達道者 咸言向上機 後仰山問 子近日見處如何 云據某甲見處 無一法可當情 仰云你豈無能知無一法可當情者 異日又呈偈曰 去年貧未是貧 今年貧直是貧 仰云如來禪 即許師兄會 祖師禪未夢見在 此是能所二知俱忘 成就如來禪 爲人天師底榜㨾[217]也 如來於木菩提樹下 現劣應身 着弊[218]垢衣 四十九年 隨機說法是第三句 僧問香嚴 如何是道 嚴云枯木裡龍吟 問如何是道中人 髑髏裡眼睛 僧擧問石霜 如何[219]枯木裡龍吟 霜云猶帶喜在 問如何是髑髏裡眼睛 云猶帶▩[220]在 此乃大手宗師 向第三句中 四棱着地 東說▩[221]說底時節 大凡佛祖 落草之談 頓漸之機 功熏修證 一切差別地位 惣屬此句

승이 물었다.

"'무릇 법어를 보면…'의 이 말은 교화를 하는 측면[能示邊]에 속하고, '…句에서 깨친다면'의 이 말은 교화를 받는 측면[所化邊]에 속합니다. 그런즉 부처와 조사가 受用하는 것으로 全機에서 깨치는 것도 삼구를 벗어나지 않습니다. 全機에서 깨친다는 것은 이미 차별이 있는 것이므로 부처와 조사가 受用하는 것도 또한 그 하나가 아니라 삼구 속에서 能示와 所化로 差等되는데 어찌된 것입니까. 바라건대 거듭 고인의 공안을 들어서 나머지 의심을

---

217) 「㨾」作「樣」『乙』
218) 「弊」作「蔽」『甲』『乙』
219) 「何」下有筆書「是」『乙』
220) ▩字形未詳『底』· 作「識」『甲』『乙』
221) ▩字形未詳『底』· 作「西」『甲』『乙』

죄다 없애주십시오."

일우노숙이 말했다.

"임제의현의 적손인 풍혈연소가 상당하여 말했습니다.

'祖師心印의 형상[狀]이 鐵牛之機와 같은 즉 제일구로서 떼어낸 즉 도장자국이 남아 있고, 눌러놓은 즉 도장자국이 망가진다. 그러므로 단지 떼어내지도 않고 눌러놓지도 않은 경우에는 도장을 찍어야 옳겠는가, 도장을 찍지 않아야 옳겠는가.'[222)]

이것이 三要입니다. 그리고 말후에 盧陂를 두 번이나 불자로 때려주었는데,[223)] 이것은 三要를 활용[用]한 것입니다. 백장회해와 황벽희운은 마조의 일할을 듣고 각각 大機와 大用을 터득했는데[224)] 그것은 鐵牛之機에 해당합니다. 세존과 가섭의 삼처전심도 그 때문에 첫머리에 내보였는데 그 공안으로써 교외별전의 으뜸[宗]을 삼습니다. 그리고 여래가 적멸도량에 머물며 비로소 정각을 성취하니 千丈의 盧舍那身과 四十一位法身大士 및 숙세에 근기가 성숙한 天龍八部가 일시에 위요하여 마치 구름이 달을 가린 것과 같은 모습을 드러냈는데,[225)] 이것이 제이구입니다. 때문에 인간과 천상의 스승이 된다고 말했습니다. 修山主는 게송으로 다음과 같이 말했습니다.

---

222)『景德傳燈錄』卷13, (大正藏51, p.302中-下)

223)『景德傳燈錄』卷13, (大正藏51, p.302下)

224)『四家語錄』卷二, (卍新續藏69, p.6上) "黃檗到師處 一日辭云 欲禮拜馬祖去 師云 馬祖已遷化也 檗云 未審馬祖有何言句 師遂擧再參馬祖竪拂因緣言 佛法不是小事 老僧當時被因馬大師一喝 直得三日耳聾 檗聞擧不覺吐舌 師云 子已後莫承嗣馬祖去麼 檗云 不然 今日因師擧 得見馬祖大機之用 然且不識馬祖 若嗣馬祖已後喪我兒孫 師日 如是如是 見與師齊 減師半德 見過於師 方堪傳授 子甚有超師之見 後潙山問仰山百丈再參馬祖竪拂因緣 此二尊宿意旨如何 仰山云 此是顯大機之用 潙山云 馬祖出八十四人善知識幾人得大機 幾人得大用 仰山云 百丈得大機 黃檗得大用 餘者 盡是唱道之師 潙山云 如是如是"

225)『佛祖統紀』卷3, (大正藏49, p.149上) "初頓敎者 卽第一華嚴時 從部時味 得名爲頓 此謂如來始成正覺在寂滅道場 四十一位法身大士 及宿世根熟 天龍八部 一時圍遶 如雲籠月 是時如來現盧舍那身說圓滿修多羅 故言頓敎"

'초심에 깨침에 들어가지 못했거든
시끄럽게 호들갑일랑 떨지 말아라
청아한 범종소리를 듣고 깨쳤지만
법고소리 듣고는 곧장 꼬꾸라지네'[226]

이것은 곧 제이구 가운데서 노파심으로 남을 위한 것입니다. 그리고 향엄지한은 대나무에 돌멩이가 부딪치는 소리를 듣는 찰나에 오도하고 다음과 같이 게송을 지어 말했습니다.

'딱 하는 소리에 분별지를 잊으니
이후 다시 수행할 필요 없어졌네
마음 및 행위를 옛길에다 두고서
하찮은 근기에 결코 빠지지 않네[227]
모든 곳에 종적을 남기지 않으니
소리 및 형색을 벗어난 위의로다
곧 불도에 통달한 제방의 사람은
다 그런 사람을 상상기라 말하네'

후에 앙산이 (향엄에게) 물었다. 〈그대는 요즈음의 견처는 어떻습니까.〉 향엄이 말했다. 〈제 견해에 의거하자면 어떤 법도 분별식정에 해당한 것이 없습니다.〉 앙산이 말했다. 〈그대는 어찌 어떤 법도 분별식정에 해당한 것이 없다는 것을 모르는 것입니까.〉 그러자 훗날에 다시 게송을 지어 바쳤다.

226) 『五燈會元』 卷8, (卍新續藏80, p.181中)

227) 제3구 및 제4구에 대해서는 『禪門諸祖師偈頌』 下之下, (卍新續藏66, p.744下) 참조. 제3구와 제4구와 관련하여 『경덕전등록』 권11에서는 『通明集』에 의거했다고 주석을 붙이고 있다. 『통명집』은 雪竇明覺의 法嗣인 天衣義懷의 『通明集』으로서 『嘉泰普燈錄』 卷2, (卍新續藏79, p.298中) "又摭古今尊宿契悟因緣號通明集 盛行於世" 참조.

〈작년의 가난은 가난이 아니었네

금년의 가난이 그대로 가난이네〉

앙산이 말했다. 〈여래선이라면 곧 사형이 이해하고 있다고 인정할 수 있습니다. 그러나 조사선은 아직 꿈에도 보지 못하고 있습니다.〉'[228]

이것이 바로 能知 · 所知의 二知를 모두 잊고 여래선을 성취한 것으로서 인간과 천상의 스승이 된다는 그 모습입니다. 여래는 木菩提樹 밑에서 劣應身을 드러내어 弊垢衣를 걸치고 49년 동안 수기설법하였는데, 그것이 제삼구입니다.

'승이 향엄지한에게 물었다. 〈어떤 것이 깨침입니까.〉 향엄이 말했다. 〈고목 속에서 나는 휘파람소리이다.〉 승이 물었다. 〈어떤 것이 깨침 속에서 살아가는 사람[道中人]입니까.〉 (향엄이 말했다) 〈해골 속에 들어있는 눈동자이다.〉 그 승이 석상경제에게 그 문답을 말씀드리고[擧] 물었다. 〈고목 속에서 나는 휘파람소리란 무엇입니까.〉 석상이 말했다. 〈아직도 기쁨의 감정이 남아 있다.〉 승이 물었다. 〈어떤 것이 해골 속에 들어있는 눈동자입니까.〉 석상이 말했다. 〈아직도 識이 남아 있다.〉'[229]

---

228) 『潭州潙山靈祐禪師語錄』, (大正藏47, p.580中-下) '一擊忘所知 更不假修時 動容揚古路 不墮悄然機 處處無蹤跡 聲色外威儀 諸方達道者 咸言上上機' 이 두 게송을 산문으로 풀어보면 다음과 같다. "딱 하고 대나무에 돌멩이가 부딪치는 소리를 듣고서, 그 동안 분별지로 이해해왔던 일체의 번뇌를 초월하여 다시는 功用 및 造作의 勳修 내지 作修를 할 필요가 없어지고 말았다. 때문에 납자라면 모름지기 모든 행 · 동 · 거 · 지는 옛날부터 전승해오던 계율의 규범을 따르면서도, 현묘한 도리를 발명해야만 바야흐로 진정한 불법의 도리를 알 수가 있다.(不墮悄然機 결코 흑산귀굴에 살고 있는 귀신과 같이 悄然한 무리의 반열에 빠지지 않는다. 悄然은 감정을 모두 버린 적연한 모습이다. 문어로는 맥이 빠져서 풀이 죽어 있는 모습이지만 구어로는 고요한 경계에 매몰되어 있는 청각적인 의미가 포함되어 있다) 다다르는 곳마다 아무런 자취도 남겨두지 않고, 일체의 경계를 벗어나서 자신의 威儀를 온전하게 보전한다. 이와 같은 납자를 두고서 시방의 지인달사들은, 그런 사람을 향해 모두가 최상상의 근기를 지닌 사람이라고 칭송을 한다."

229) 『撫州曹山元證禪師語錄』, (大正藏47, p.529中)

이것이 바로 수완이 좋은 종사[大手宗師]가 제삼구중에서 네 모서리에 책상다리를 붙이고 東說西說[230]하는 시절로서 무릇 부처와 조사가 중생을 위한 방편설[落草之談] 및 頓 · 漸의 근기를 위한 功熏과 修證의 모든 差別地位가 모두 이 제삼구에 속합니다.”

問 上來所說 旣得聞命矣 然亦有復疑之者 將三要三玄 分屬第一句第二句 則玄之與要 優劣超然 又釋要義 分三而列之 則與三玄 何別 無奈自語相違 令人轉加疑惑 曰 如臨明鏡 形影相對 形之與影 無小欠剩 然彼影子 是假非眞

승이 물었다.

“위의 설명에서 이미 가르침을 들었습니다. 그런데도 또한 다시 의심나는 것이 있습니다. 삼요와 삼현을 가지고 제일구와 제이구로 나누어 배속시킨 즉 玄과 要의 우열이 초연해집니다. 또한 要의 뜻을 세 가지로 나누어 해석하고 그것을 나열한 즉 삼현과 더불어 어떤 차별이 있습니까. 아무래도 자가당착[自語相違]이 되고 다른 사람들에게 의혹을 전가하는 것이 되어 버립니다.”

일우노숙이 말했다.

“그것은 마치 명경 앞에 이르러 형체와 영상이 마주한 것처럼 조금도 부족하거나 남지도 않습니다. 그런데 저것은 영상으로서 곧 假이지 眞은 아닙

230) 東說西說은 東語西話와 같은 의미로서, 여기서 말하고 저기서 말하는 것, 곧 말을 바꾸어 이러쿵저러쿵 이야기하는 것을 가리킨다.

니다."

問 然則要是形眞 當第一句 玄爲影假 屬第二句 臨濟旣曰 一句中具三玄 一玄中具三要 則每句 必具三玄三要 令[231]長老所說 得無與臨濟乖戾乎 曰 所謂三者 如體用等三般面目是也 作家宗師 將此三者 向第一句中用得 則一一絕諸對待故 轉玄名要 如影卽形 不得已而向第二句中施設 則宛成格則故 轉要名玄 如形卽影 而其三者 本不移易也 則擧要而明玄 擧玄而明要 其不曰每句 必具三玄三要乎 聞擧三要 謂離三玄外 別有三要 聞擧三玄 謂離三要外 別有三玄 此乃偏局之量 非得意者也

승이 물었다.

"그렇다면 要가 곧 形으로서 眞이므로 제일구에 해당하고, 玄은 영상으로서 假이므로 제이구에 배속될 것입니다. 임제도 이미 '일구중에 삼현이 갖추어져 있고 일현중에 삼요가 갖추어져 있다'고 말했습니다. 그러면 매 句마다 반드시 삼현과 삼요까지 갖추는 것이 되므로, 그것은 지금 장로[232]의 말씀도 임제와 더불어 어긋남[乖戾]이 없는 것을 터득한 것입니까."

일우노숙이 말했다.

"소위 三이란 體 · 用(· 中) 등과 같은 세 가지 면목이 그것이다. 作家로서 宗師가 이 세 가지를 가지고 제일구중에서 用을 터득한 즉 낱낱이 모든 對

231) 「令」作「今」『甲』『乙』

232) 여기에서 말하는 長老는 일우노숙이라고도 표현되고 청풍장로라고도 표현되며 청풍법사라고도 표현되어 있다.

待를 단절하기 때문에 玄을 轉하여 要라고 말하는데, 마치 영상이 형체에 즉한 것과 같습니다. 부득이하게 제이구중에서 시설한 즉 완연히 格則이 성취되기 때문에 要를 轉하여 玄이라고 말하는데, 마치 형체가 영상에 즉한 것과 같습니다. 그렇지만 그 세 가지는 본래 移 · 易이 없습니다. 그래서 要를 들어서 玄을 설명하고 玄을 들어서 要를 설명합니다. 그것이야말로 每句마다 반드시 삼현과 삼요를 갖춘다는 말이 아니겠습니까. 삼요를 든다는 말을 들으면 삼현을 떠나서 그밖에 별도로 삼요가 있다고 말하고, 삼현을 든다는 말을 들으면 삼요를 떠나서 그밖에 별도로 삼현이 있다고 말한다면 그것은 곧 偏局된 생각[量]으로서 得意者가 못됩니다."

問 如長老所論三玄 則雖曰影假 影卽眞故 轉玄成要 猶得剿絕 三要則雖曰形眞 其奈帶三 返同三玄 若要三般文彩 已有三玄 若要無文彩 又有第一句 未審此三要 合於何處 下而配三玄有餘也 上而配第一句不足也 畢竟有文彩耶 無文彩耶 若道有文彩 忒殺離披 若道無文彩 爭奈帶三 若道雖有文彩 而不落文彩 似乎望其文彩外 無文彩處 而所謂三要者 無所得力矣 且第一句者 莫是文彩外 無文彩處乎 宿糶之忍刃忍二切大笑也 然曰 今時有般底 認他洞山 尊貴言句 道我知有 見玄言妙句 便以爲奇特 見本分活句 返[233]以爲漏透 又有一種學語之流 習聞其說 雷同一辭殊不知拂跡[234]成痕 欲隱彌露 今子以要義 有三而疑憚之 又以第一句 爲無文彩處 正此類也 鮑肆 不知其醜 所以翫其先入 非唯

233) 「返」作「反」『甲』『乙』
234) 「跡」作「迹」『甲』『乙』

莽鹵臨濟宗旨 抑亦埋沒洞山家風 只如百丈得大機 黃蘗<檗?>得大用 大機大用 非三要而何 莫不親承馬祖一喝 這一喝豈非第一句到者裡 討甚有文彩與無文彩耶 前不云乎 切莫錯會 是以若不明三要 不得爲本分宗師矣 盧陂長老 雖有鐵牛之機 而云請師不((跒-可)+畓)印 抵他風穴 兩拂子不得 是不明三要也 故有般漢 只管說風穴 照用同時 人境俱奪 且喜沒交涉 愚夫道 只是介大機大用 然則一語一默一棒[235]一喝 皆是用得祖師心印故曰 大凡下語 一句中具三玄 一玄中具三要 有權有實 有照有用 畢竟喚什麽作三玄 喚什麽作三要 喚什麽作三句 須知句要玄三事 畢竟冥然摠一機

승이 물었다.

"장로께서 논의하신 것처럼 삼현에 대하여 비록 영상은 假일지라도 영상이 眞에 즉해 있는 까닭에 玄을 轉하여 要를 성취하는 것은 마치 剿絕[236]을 터득한 것과 같습니다. 그리고 삼요에 대하여 비록 형체가 眞일지라도 그것이 세 가지를 띠고[帶] 있어서 돌이켜보면 삼현과 동일한 것을 어찌하겠습니까. 만약 要의 세 가지 문채에 이미 삼현이 들어있다면 要에 문채가 없는 것과 같습니다. 또한 제일구가 있어도 이 삼요를 알아차리지 못한다면 어떤 이치로 계합하겠습니까. 아래로 삼현에 배대하는 것은 여유가 있지만 위로 제일구에 배대하는 것은 부족한데, 필경에 문채가 있겠습니까, 문채가 없겠습니까. 만약 문채가 있다고 말한다면 지나치게 분산되고, 만약 문채가 없다고 말한다면 어떻게 세 가지를 띠겠으며,[帶] 만약 비록 문채가 있지만 문

235) 「棒」作「捧」『甲』『乙』
236) 剿絕은 완전히 제거한다 또는 몰살한다는 의미이다.

채에 떨어지지 않는다고 말한다면 그것은 문채를 벗어나 문채가 없는 이치를 바라보는 것과 같게 되는데, 말하자면 삼요는 無所得한 역량[力]일 뿐이고, 또한 제일구도 곧 문채를 벗어나 문채가 없는 이치가 아니겠습니까.”

일우노숙이 그 말에 웃음이 나왔지만 참고 참으며 또 참다가, 두 번이나 크게 웃고 나서야 이에 말했다.

“오늘날 이와 같은 모습은 저 동산양개의 尊貴言句만 인식하고도[237] 자신[我]은 모든 것을 알고 있다고 말하는가 하면, 玄言妙句를 보면 곧 그것을 기특한 것으로 간주하며, 本分活句를 보면 도리어 그것을 漏透[238]로 간주합니다. 또한 일종의 문자만 익히는 부류는 그러한 말을 익히 듣고서 한 마디[一辭]에 부화뇌동하여 자취를 제거하면 또 다른 흔적이 난다는 것을 전혀 모르기 때문에 감추려고 할수록 더욱더 드러나고 맙니다.

지금 그대는 要의 뜻에 세 가지가 있다고 함으로써 그것을 의심하고 꺼려합니다. 또한 제일구로써 문채가 없는 이치를 삼는 그것이 바로 그런 부류입니다. 어물가게[鮑肆]에서는 그것이 더러운 줄을 모릅니다. 때문에 그 先入見만 소중히 여겨서 임제종지에 대하여 흐리멍덩할 뿐만 아니라 또한 洞山家風에도 도리어 매몰되어 버립니다. 단지 백장은 대기를 터득하였고 황벽은 대용을 터득했듯이 대기와 대용이야말로 삼요가 아니면 무엇이겠습니까. 몸소 마조도일의 일할을 계승하지 않음이 없었기에 그 일할이야말로 어

237) 『景德傳燈錄』 卷17, (大正藏51, p.335下) “설사 꽃과 비단을 모아서 事事에 미치고 모든 일체사에 미친다 할지라도 그 또한 수행을 마친 사람 내지 허물이 없는 사람이라고 불릴지언정 끝내 존귀한 사람으로 불리지는 못한다. 장차 尊貴邊을 알고자 하면 어떤 것을 터득해야 하겠는가. 보지 못했는가. 문으로 들어오는 것은 보배도 아니고 몽둥이에서는 용이 되지 못한다는 것을. 設使攢花簇錦事事及得及盡一切事 亦只喚作了事人無過人 終不喚作尊貴 將知尊貴邊 著得什麼物 不見從門入者非寶棒上不成龍知麼”

238) 漏透는 바위에 구멍이 숭숭 뚫려서 물이 새는 것으로 아주 희귀한 것을 가리킨다.

찌 제일구가 도달한 경지가 아니겠습니까. 더욱이 문채가 있느니 또 문채가 없느니 하고 따질 수가 있겠습니까. 위에서도 결코 잘못 이해하지 말라고 말하지 않았습니까. 이로써 보면 만약 삼요를 해명하지 못한다면 본분종사가 될 수가 없습니다. 盧陂長老에게는 비록 鐵牛之機가 있었지만 스승에게 아직 찍어보지 않은 도장[不踏印]을 청했을 때 저 풍혈연소한테 두 번이나 불자로 얻어맞지 않을 수 없었는데, 그것은 바로 삼요를 해명하지 못한 것이었습니다. 때문에 그와 같은 사람들은 오직 풍혈의 照用同時와 人境俱奪만 설합니다.

안타까운 것은 그것과 아무런 상관도 없다는 것입니다. 나 愚夫[일우노숙]가 말하건대, 단지 그것만이 대기이고 대용입니다. 그런즉 一語 · 一默 · 一棒 · 一喝은 모두 조사심인을 터득할 때 활용하는 것들입니다. 때문에 '무릇 법어를 보면 일구중에는 반드시 삼현이 갖추어져 있고, 일현중에는 반드시 삼요가 갖추어져 있어서 權도 있고 實도 있으며, (玄도 있고 要도 있으며,) 照도 있고 用도 있다.'고 말했습니다. 그러면 필경에 무엇을 삼현이라고 일컫고, 무엇을 삼요라고 일컬으며, 무엇을 삼구라고 일컫겠습니까. 그러므로 반드시 알아야 합니다. 句 · 要 · 玄의 세 가지는 필경에 명연하여 모두 동일한 機[一機]입니다."

僧禮拜曰 今日徹見臨濟心髓 余久叅叢林 多見尊宿 未有如此之詳[239] 辨者也 於末代中 再振臨濟宗風者 非長老而誰 於是老宿 命侍者筆[240]

---

239) 「詳」作「祥」『甲』『乙』
240) 「筆」作「筆」『甲』

其辭曰 一愚說以係三聖章二賢話云

그러자 승이 예배하고 말했다.

"오늘에야 임제종의 心髓를 철견하였습니다. 저는 오랫동안 총림을 참방하며 존숙들을 많이 친견하였지만 아직까지 이와 같이 자세하게 변별해주는 사람이 없었습니다. 말법시대[末代中]에 임제종풍을 다시 진작한 사람이라면 장로가 아니면 누구이겠습니까."

이에 일우노숙이 시자에게 그 말씀을 기록하도록 명하고 말했다.

"나 일우의 설명은 [삼성장]과 [이현화]에서 말한 것과 연계되어 있다."[241]

山雲篇

青山父 高蹈物表 影不涉緣 邈然而居焉 白雲子 飽叅叢林 洽聞慱[242]識 志若無人焉 一日造青山叟之廬 而問曰 聞叟善雲門宗旨 是否 曰是 曰吾有一問 叟還答否 曰但問 雲遂問 雲門垂語云 天中函盖乾坤 目機銖兩 不涉春緣 一句作麽生道 衆無語 自代云 一鏃破三關 古今叢林 論雲門宗旨者 必於此語故 釋文講義騣[243]雜之說不一而莫有中者 敢問此語 還有所據 而亦有倫次乎 旣將天中摽於前 又將一鏃置於後 幷中之三句 爲五句 然則宗旨有許多 且約法印 亦有處所 何句當於何處乎 山軒渠而應曰居 余明語子 請詳聽之 渾然無爲 而無過不及之謂天

241) 이상 [삼성장], [이현화], [일우설]에서는 공통적으로 句·玄·要가 다르지 않다고 말한다. 다만 [제이편]의 경우는 [이현화]에 대한 보충설명으로 간주되는 까닭에 따로 언급하지 않은 것으로 보인다.

242) 「慱」作「博」『乙』

243) 「騣」作「駁」『乙』

中 卽大[244]極元氣也 於是天地剖判焉 輕淸陽爲天 至高而無上 是乾也 若盖 重濁陰爲地 萬物所陳列 是坤也 如函 二材旣部[245] 卽有人材 而爲萬物之最靈 所謂目機銖兩 乃人材之所爲 最靈之效也 如陰符經云 心生於物 機在於目 註云爲天下之機 莫近乎心目 心旣發矣 機現乎目 始皇遊會[246]稽 項羽目見其機 心生於物曰 彼可取而伐[247]之 晋師攻淮睢 符[248]堅目見其機 心生於物曰 彼勍敵也 胡爲小耶 然則生死之心在於物成敗之機 見乎目 目者 神之門 神者 心之主 神之出入 莫不由乎目中故 能見機者 莫尙乎心目 則目機 乃目所見機 銖兩猶輕重 言目機之應於事 猶權衡之量於物 或輕或重 各隨其用也 旣有人材 卽有四時行 而萬物興焉 而春居四時之首 而生成萬物 萬物卽緣也 此三材四時 皆禀大極元氣 涵養熏陶之恩力也 一鏃能透義 破則透也 關者 難透義也 又石泰先生云 眼不示 魂在肝 耳不聞 精在腎 舌不聲 神在心 鼻不香 魄在肺 四肢不動 意在脾 五者相與混融 化爲一氣 聚于三關 則盖亦用 陰陽之說耳 然則天中者 一句也 凾盖乾坤者 體用也 目機銖兩用也 不涉春緣 體也 一鏃 亦一句也 特初後不同爾 三關卽前所列底三句也 此雲門 取比之大略也 甞試論之 曰夫由天中一句 分列[249]三句則三句摠是一句 旣是一句 一一絶諸待對[250] 而畢竟亦無一句可得 一尙不可得 甚處得許多來 而學者泥他三句䂓模 透不得徹 則返以雲門

244)「大」作「太」『乙』
245)「部」作「剖」『乙』
246)「會」作「檜」『甲』『乙』
247)「伐」作「代」『乙』
248)「符」作「苻」『乙』
249)「列」作「別」『甲』『乙』
250)「待對」作「對待」『甲』

謾人 其謂之關 不亦宜乎 若靈利漢 才聞擧着 直下透徹 别起便行 雲門何消道介一鏃破三關 當時大衆 旣不能故 雲門伊麽道 是多小[251]慈悲 或若執認一鏃 便向這裡 作活計 與泥三句規模[252]地 無一可者 此所謂以楔出楔 前楔雖出 後楔復入然則能不承言滯句 徹見雲門骨髓者幾希 除非嫡子眞孫 問天與乾一也 旣以天中喩[253]一句 復以乾喩體 此則喩一而法二 旣以坤喩用 復以人材喩用 此則喩二而法一 此何說乎 夫所謂三句者 一體句 二用句 三體用句 斯乃三世佛祖不易之軌則何也 良由衆生 迷己逐物故 說一切諸法 本來空寂 所以體句 爲第一也 又恐衆生 沉空滯寂故 說恒沙妙用 無不具有 所以用句 爲第二也 衆生又是走殺兩頭 故說不空不有 所以體用句 爲第三也 今雲門所說顚末倒置 與夫諸方所立 不同何也 欲人之無疑 不可得己 雲門之子圓明密於三句中 止革目機銖兩不涉春緣 爲隨波逐浪絶斷衆流 而函盖乾坤曾不變易之 又將絶斷衆流 加之函盖乾坤之上 而天中一鏃初後兩句暫不擧着 又有圓明之子普眼[254]道 頌此三句 初函盖乾坤 中絶斷衆流後隨波逐浪而次序之 又於一鏃破三關外 自別置一句而頌之

5) 청산과 구름에 대한 篇

청산은 아버지로서 높이 솟아 만물에 뛰어나지만 그 영상은 반연에 걸림이 없이 아득하게 머문다. 백운은 아들로서 총림을 포참하며 많이 듣고 널

251) 「小」作「少」『甲』『乙』
252) 「模」作「摸」『甲』
253) 「喩」作「諭」『乙』次同
254) 「眼」作「安」『甲』『乙』

리 알아서 마음을 다른 사람이 곁에 없는 것처럼 지닌다. (백운자가) 어느 날 청산수의 초막으로 찾아가서 물었다.

"듣건대 청산수께서는 운문종지를 잘 이해하고 있다던데, 그렇습니까."

청산수가 말했다.

"그렇습니다."

백운자가 물었다.

"저한테 한 가지 질문이 있는데 청산수께서는 답해주시겠습니까."

청산수가 말했다.

"어서 질문이나 해보십시오."

백운자가 이에 물었다.

"운문이 다음과 같이 법어를 내렸습니다. '천중이란 상자와 뚜껑과 하늘과 땅처럼 진여가 편재하고, 目·機·銖·兩처럼 일체에 두루 작용하며, 온갖 반연을 초월해 있다. 자, 그러면 어디 일구에 대하여 한마디 말해 보라.' 대중이 아무런 말도 하지 못했다. 그러자 운문 자신이 다음과 같이 말했다. '한 개의 화살로 세 관문을 꿰뚫어버렸다.'

고금에 총림에서 운문종지를 논하는 사람은 반드시 이 법어를 가지고 글을 해석하고 뜻을 강의한 결과 駁雜[255]하고, 설도 하나가 아니라서 중도가 없습니다. 그래서 감히 묻습니다. 이 법어는 증거가 있습니까. 또한 倫次가 있습니까. 이미 天中을 가지고 前에다 떨구었고[摽], 또한 一鏃을 가지고 後에다 배치하였으며, 그 가운데 있는 三句(函盖乾坤·目機銖兩·不涉春緣)를 병합하여 五句로 만들었습니다. 그런즉 종지가 허다합니다. 또한 법인에 의거해 보아도 또한 처소가 있는 법인데 어떤 句가 어떤 곳에 해당하는 것입니까."

255) 駁雜은 여러 가지가 뒤섞여 있는 모습이다.

청산이 유쾌하게 웃고서[軒渠] 그에 대응하여 말했다.

“앉아보시오. 내가 그대에게 말로 설명해 주겠습니다. 그것을 자세하게 잘 들어보시오. 渾然하고 無爲로서 능가할 수도 없고[無過] 미칠 수도 없는[不及] 그것을 天中 곧 太極元氣라고 말하는데, 그로부터 천 · 지의 둘로 나뉘었습니다. 그래서 가볍고 맑은 양은 하늘이 되어 至高하면서 無上인데 이것이 乾으로서 마치 盖와 같습니다. 무겁고 탁한 음은 땅이 되어 만물이 陳列되는데 이것이 坤으로서 마치 函과 같습니다. 하늘과 땅[二材]이 이미 나뉜즉 人材가 존재하여 만물의 最靈이 됩니다. 소위 目 · 機 · 銖 · 兩은 이에 人材의 행위로서 最靈이 본받은[效] 것입니다.

저『음부경』에서 ‘心은 物에서 발생하고 (物에서 죽으니 死於物) 그 機는 目에 있다.’고 말합니다. 그 주석에서 ‘천하의 機는 心 · 目보다 가까운 것이 없다. 心은 이미 발생하였고 機는 目에서 드러났다.’고 말합니다. 시황이 회계를 순시하였는데, 항우는 目으로 그 機를 보고서 〈心이 物에서 발생하는 것〉 ‘저곳은 취하여 정벌할 만합니다.’[256]고 말했습니다. 晋師는 淮睢를 공격하였습니다. 또한 符堅은 그 機를 보고서 〈心이 物에서 발생하는 것〉 ‘저들은 강한 적인데, 어찌 과소평가하는 것입니까.’라고 말했습니다. 그런즉 生 · 死의 心은 物에 있는데 그것이 成 · 敗의 機입니다. 見은 目인데 目이란 정신[神]의 문이고 神은 心의 主입니다. 神의 出 · 入은 目中을 말미암지 않을 수가 없기 때문에 機를 볼 줄 아는 사람은 心 · 目 즉 目 · 機를 숭상합니

256) “진의 시황제가 동방으로 회계를 순시하며 절강을 건넜다. 그때 梁과 籍이 그곳을 관찰하였는데 籍이 말했다. ‘저곳을 취하여 정벌할 만합니다.’ 그러자 梁이 籍[項羽]의 입을 막으며 말했다. ‘망언하지 마십시오. 저곳은 동족입니다.’ 梁은 그로써 籍을 뛰어난 사람으로 보았다. 籍은 신장이 8척 2촌이었고, 힘은 큰 솥을 들었으며, 재주와 기개가 남들을 능가하였다. 오중의 자제들은 모두 籍을 두려워하였다. 秦始皇帝東遊會稽 渡浙江 梁與籍觀 籍日 彼可取而代也 梁掩其口日 無妄言 族矣 梁以此奇籍 籍長八尺二寸 力扛鼎 才氣過人 吳中子弟皆憚籍” 참조.

다. 이에 目으로 저울[機]을 보고 그 輕 · 重을 銖 · 兩하는 것과 같습니다. 말하자면 目 · 機로 事에 대응하는 것은 마치 權 · 衡으로 物을 헤아리는 것과 같아서, 가벼움과 무거움이 각각 그 작용에 따르게 되어 있습니다. 이미 삼재 가운데 人材가 있은 즉 사시의 운행이 있어서 만물이 일어나니 봄은 사시의 처음에 居하여 만물을 생성하는데, 만물은 곧 緣입니다. 이 三材와 四時는 모두 大極과 元氣로부터 稟한 것으로 涵養하고 熏陶하는 恩力입니다. 그리고 한 개의 화살로 세 관문을 꿰뚫는다는 뜻에서 破는 곧 透이고, 關은 꿰뚫기 어렵다는 뜻입니다.

또한 석태선생[257]은 말합니다. '눈으로 볼 수 없는 魂은 肝에 있고, 귀로 들을 수 없는 精은 腎에 있으며, 혀로 소리 낼 수 없는 神은 心에 있고, 코로 냄새 맡을 수 없는 魄은 肺에 있으며, 사지로 움직일 수 없는 意는 脾에 있다.'

이 다섯 가지가 서로 혼융하여 一氣로 변화해서 三關에 모인 즉 盖가 되고 또한 작용[用]하는데, 이것이 음양의 설입니다. 그런즉 天中이란 一句인데, 函盖乾坤은 體와 用이고, 目機銖兩은 用이며, 不涉春緣은 體입니다. 화살 한 개도 또한 一句인데, 특히 初와 後가 不同일 뿐입니다. 三關은 곧 앞에서 나열한 삼구입니다. 이것은 운문문언의 (삼구를) 취하여 비교해본 대략입니다. 자세하게 살펴서 그것을 논하자면[嘗試論之] 다음과 같습니다.

〈대저 天中이라는 일구가 분별된 삼구를 말미암은 즉 삼구는 모두 그대로 일구입니다. 이미 일구이므로 낱낱이 諸待對를 단절하여 필경에는 또한 일

257) 『道敎仙書道經辨證說』에 다음과 같은 말이 있다. "도가의 남종 · 북종은 전수한 것이 근거가 있다. 東華의 少陽君이 老聃의 道를 얻어 한나라 鍾離權에게 종리권은 당나라 呂巖과 요나라 劉操에게 유조는 송나라 張伯湍에게 장백단은 石泰에게 석태는 薛道光에게 설도광은 陳枏에게 진남은 白玉蟾에게 백옥섬은 彭相에게 각각 전수하였는데 이것이 남종이다. 여암은 금나라 왕철에게 전수하고 왕철은 일곱 제자에게 전수하였는데, 그 하나가 丘長春이며, 구장춘이 宋道安 · 譚處端 · 劉處玄 · 王處一 · 郝大通 · 馬處鈺 · 孫不二에게 전수하였는데, 이것이 북종이다."

구마저도 얻을 것이 없습니다. 일구[一]도 얻을 수가 없거늘 어디에서 허다한 것[三]이 초래되겠습니까. 그런데도 납자들이 그 삼구라는 규모에 빠져서 투철하지 못하고 도리어 운문문언이 납자들을 속인다고 말하는데, 그것을 關이라고 말하는 것도 또한 적절하지 않습니다. 만약 똑똑한 납자[靈利漢]라면 그 말을 듣자마자 곧장 투철하여 일어나 나가버립니다.

운문은 저 一鏃破三關을 어떻게 소화시켜 말했던 것입니까. 당시의 대중은 이미 불가능했기 때문에 운문이 그렇게라도 말한 것은 곧 웬만큼 자비가 있었기 때문입니다. 그런데 만약 一鏃만 執認하여 곧 거기에서 활계를 도모한다면 삼구의 규모에 빠져버린 것처럼 되어 一[一鏃]마저도 없어지고 맙니다. 이것을 가리켜 쐐기로써 쐐기를 밀어낸다고 말합니다. 곧 이전의 쐐기는 빠져나올지라도 다시 나중의 쐐기가 다시 틀어박히고 맙니다. 그런즉 言을 이해하지 못하고 句에 막힌 꼴입니다.

운문의 골수를 철견한 사람은 대단히 드물어 嫡子 · 眞孫이 아니라면 天과 乾이 동일하다는 것에 대하여 질문할 수가 없습니다. 이미 天中을 가지고 一句라고 비유하였는데, 다시 乾을 體에 비유합니다. 그런즉 비유는 동일하지만[一] 법은 다릅니다.[二] 이미 坤을 가지고 用이라고 비유하였는데, 다시 人材를 用에 비유합니다. 그런즉 비유는 다르지만[二] 법은 동일합니다.[一] 이것은 어떤 설명이겠습니까.

대저 소위 삼구란 첫째는 體句이고, 둘째는 用句이며, 셋째는 體用句입니다. 이것은 이에 삼세불조에게도 변하지 않는 궤칙입니다. 왜냐하면 진실로 중생은 자기에게 미혹하여 사물을 따르기 때문입니다. 그래서 一切諸法 本來空寂이라고 설합니다. 때문에 體句는 첫째가 됩니다. 또한 중생이 空에 빠지고 寂에 막힐 것을 염려한 까닭에 恒沙妙用 無不具有라고 설합니다. 때문에 用句는 둘째가 됩니다. 중생은 또한 양변에 치달리기 때문에 不空不

有라고 설합니다. 때문에 體用句는 셋째가 됩니다. 지금 운문이 설한 顚末倒置는 대저 제방에서 내세운 경우와 다릅니다. 왜냐하면 다른 납자들로 하여금 의심을 없애주려고 부득이하게 한 것이기 때문입니다.

운문의 제자인 원명연밀 곧 덕산연밀은 삼구중에서 目機銖兩과 不涉春緣을 묶어서 隨波逐浪과 絕斷衆流로 삼은 것이지 일찍이 그것을 변역시킨 것은 아닙니다. 또한 絕斷衆流를 가지고 그것을 函蓋乾坤 앞에다 내놓고 天中과 一鏃 곧 처음과 나중의 兩句는 임시로 擧着하지 않았습니다.

또한 원명연밀의 제자인 普眼道는 그 삼구를 게송으로 말했는데, 初는 函蓋乾坤이고 中은 絕斷衆流이며 後는 隨波逐浪의 순서 그것을 나열하였습니다. 또한 一鏃破三關 이외에도 스스로 일구를 별도로 배치하고 그것을 게송으로 말했습니다.〉”

二師旣是克家相承 爲什麽 沿革增損不相同 如是之甚耶 曰凡言體者 比如身體也 夫謂人身爲體 是豈捨其四胑而言之 必兼之也 心體本來清淨 有情器世間三昧六神通 悉皆空寂 唯有心體獨存而已 無有一法 加於此者 然則除此之外 更有什麽一句也耶 若趣用門 即有二法 相對而立 所謂對用之體故 將一天 或喩一句 或喩體句 雖然前則加中字而言之 後則變名爲乾而言之 其亦有所分辨哉 用有二門 曰自性隨緣 自性者 不離自性 隨緣者 隨逐衆緣 前以對乾之坤 喩之 即自性 後以人材 喩之 即隨緣 雖然畢竟自性隨緣 何所擇哉 諸方所立三句者 彼乃自末趍本 曲被中下之流 未出規模 今雲門所說 即不然 從本起末 親提祖師心印 直爲上根大智 何則 位彌下而法彌高也 此雲門大師 見大機大用地<之?>時節 如曰從微至著 其法乃麁 必須道一鏃破三關 然後爲

可 此失旨甚遠矣 埋沒雲門也不小 圓明所立隨波逐浪者 但取洶湧不停之義 比之目機銖兩 尤爲差別 絕斷衆流者截[258]斷之言 比之不涉春緣 尤爲徑廷[259] 只此兩句 是衲僧巴鼻 古人云 莽鹵中更莽鹵 奇特中更奇特 盖得諸此義也 只如今者 叟儼然而坐 子飃然而來 一賓一主一問一答底時節 豈不是這介面目 然則函盖乾坤之句 反不得力而不得爲第一 亦不得爲第三 故不轉名褒異之 而攝在二句之間 雖不得力 其意不無 故兼擧也 彼最初天中 末後一鏃 忒殺漏透[260]故 斷而不擧也 此圓明深得 雲門意旨 爲克家之子者也 而學者 又不善其旨 强生知解 妄作道理 故普安[261]道 設此三句之序 又與雲門圓明 不同義者 直欲學者 不存規模 當下搆[262]取耳 又恐學者 執認一鏃 自別置一句而頌之云云 其跡似與雲門異 其實深明雲門 一鏃 非徒獨一而已 然則非普安 不得孫於雲門 子於圓明 非圓明 不得子於雲門 父於普安 非雲門 不得父於圓明 祖於普安

백운자가 물었다.

"圓明緣密 및 普眼道의 두 선사는 운문종의 가풍을 상승한 사람인데, 增 · 損된 연혁과 서로 동일하지 않은 것이 이토록 심한 것은 어쩐 일입니까."

청산수가 말했다.

258) 「截」作「絕」『甲』『乙』
259) 「廷」作「庭」『乙』次同
260) 「漏透」作「透漏」『甲』『乙』
261) 「安」作「眼」『甲』『乙』次同
262) 「搆」作「構」『乙』

"무릇 體라고 말한 것은 저 신체에 비유한 것입니다. 대저 人身을 體하고 말하는데, 그것이 어찌 그 사지를 버리고 體라고 말할 수 있겠습니까. 반드시 사지를 겸하고 있습니다. 마음의 본체[心體]는 본래 청정하여 有情 · 器世間 · 三昧 · 六神通이 모두 다 공적합니다. 오직 마음의 본체[心體]만 독존할 뿐이지 어떤 법도 거기에 더해진 것은 없습니다. 그런즉 마음의 본체[心體]를 벗어난 그밖에 다시 어떤 일구가 있겠습니까. 그렇지만 만약 用門에 나아간즉 二法이 있어서 상대하여 성립합니다. 소위 用에 상대한 體이기 때문에 혹 一天을 가지고 一句를 비유하기도 하고 혹 體句를 비유하기도 합니다.

비록 그렇지만 前의 경우는 中字를 더하여 그것을 말한 것이고, 後의 경우는 명칭을 변경하여 乾이라고 그것을 말한 것인데, 그것 또한 변별해볼 필요가 있습니다. 用에도 二門이 있는데, 말하자면 自性用과 隨緣用입니다. 자성용이란 자성을 벗어나지 않는 것이고, 수연용이란 衆緣을 수연하는 것입니다. 전자의 경우는 乾에 상대한 坤으로써 그것을 비유한 즉 자성이고, 후자의 경우는 人材를 가지고 그것을 비유한 즉 수연입니다. 비록 그렇지만 필경에는 자성과 수연을 어찌 가리겠습니까.[擇] 그러나 제방에서 내세운 삼구는 그 경우에 末로부터 本으로 옮겨가는 까닭에 中流 및 下流에 뒤섞여 그 규모를 벗어나지 못합니다. 지금 운문이 설한 경우는 그렇지 않습니다. 곧 本으로부터 末을 일으키고 친히 조사의 심인을 제시하여 그대로 上根 · 大智를 위한 것으로 어떤 법칙이든지 位는 낮은 곳까지 넘치고 法은 높은 곳까지 넘칩니다.

이것이야말로 운문대사가 大機 · 大用의 시절을 보여준 것으로 말하자면 희미한 것으로부터 뚜렷함에 이르는[從微至著] 것이었다고 말할 수 있습니다. 그 법은 이에 거칠지라도 반드시 一鏃破三關이라고 말할 수가 있어야만 연후에 가능합니다. 여기에서 종지를 상실하면 더욱더 멀어져서 운문을 매몰시킬 뿐만 아니라 또한 원명연밀이 내세운 隨波逐浪의 경우에도 단지 솟구침이 그치지 않는다는 뜻만 취할 뿐입니다.

이것을 目機銖兩과 비교해보면 더욱더 차별이 됩니다. 그리고 絕斷衆流의 경우에도 絕斷이라는 말만 취할 뿐입니다. 이것을 不涉春緣과 비교해보면 더욱더 현격하게 차별이 납니다. 단지 이 兩句(수파축랑과 절단중류)야말로 곧 납승의 巴鼻입니다. 그래서 고인이 흐리멍텅함 가운데서 다시 흐리멍텅한 것이고 기특함 가운데서 다시 기특한 것이라고 말한 것은 무릇 대부분은 이런 뜻을 터득한 경우를 가리킵니다.

지금 나 청산수는 엄연하게 앉아 있는데 그대 백운자가 표연히 찾아온 것과 같아서 하나는 객이고 하나는 주인이며 하나는 묻고 하나는 답변하는 시절이야말로 어찌 그와 같은 면목이 아니겠습니까. 그런즉 函蓋乾坤이라는 句는 不得力을 도리어 不得으로 첫째를 삼고 또한 不得으로 셋째를 삼은 까닭에 名褒를 그것과 다른 것으로 轉하지 않고 섭수하여 二句 사이에다 두었습니다. 비록 不得力일지라도 그 의미는 없지 않기 때문에 함께 거양[兼擧]한 것입니다. 저 최초의 天中과 말후의 一鏃은 너무 잘 알려져 있는 까닭에 생략하고 언급하지 않은 것입니다.

이것이 바로 원명이야말로 운문의 意旨를 깊이 터득하여 운문가풍을 계승한 것을 보여준 것입니다. 그런데 납자이면서도 또한 그 종지에 통하지 못하여 억지로 知解를 일으켜 함부로 道里를 짓는 까닭에 普安道가 그 삼구에 대하여 차제를 시설해주었는데도 운문 및 원명의 경우와 같은 뜻을 갖지 못하고 있었습니다. 때문에 원명이 직접 납자들로 하여금 규모에 걸리지 않고 그 자리에서 이해하도록 했던 것입니다. 또한 납자들이 一鏃에 執認할까 염려해서 스스로 一句를 별도로 두고 그것을 게송으로 말한 것입니다. 그 표현[其跡]은 운문과 다른 것처럼 보이지만, 사실은[其實] 운문에 깊이 통명한 것으로 一鏃도 그저 하나인 것만은 아닙니다. 그런즉 普安道가 아니라면 운문에게는 孫이 없고 원명에게는 子가 없으며, 원명이 아니라면 운문에게는 子가 없고 보안에게는 父가 없으며, 운문이 아니라면 원명에게는 父가 없고 보안에게는 祖가 없습니다."

語未旣 雲卽進前 掀倒禪床云 捉賊捉賊 山云也是賊過後張弓 便打

말이 채 끝나지도 않았는데, 백운자가 곧 앞으로 나오더니 선상을 들어 엎어버리고는 말했다.

"도둑을 잡았습니다. 도둑을 잡아버렸습니다."

청산수가 말했다.

"그것 또한 도둑이 도망친 연후에 활을 당기는 꼴입니다."

그리고는 곧장 한대 갈겨주었다.

雲門三句

雲門雖有此語 未嘗立爲三句之名 其嫡子圓明密 始立三句之名 一截斷衆流 二隨波逐浪 三函盖乾坤 德山之嗣 普安道禪師 因三句語 隨以頌之 又立別置一句 天中者商[263]量頗多 乾坤之體曰天中 易曰大哉乾乎 萬物資始而生 又云天無爲意 中卽無過不及之謂中 卽但取無爲自然中正不偏之義而已 天中卽三句所出底惣句

263)「商」作「商」『甲』

6) 운문삼구

운문에게는 비록 이 운문삼구라는 말이 있지만 일찍이 삼구라는 명칭을 내세운 적이 없었습니다. 그 적자인 원명연밀이 처음으로 운문삼구라는 명칭을 내세웠는데, 첫째는 截斷衆流이고, 둘째는 隨波逐浪이며, 셋째는 函蓋乾坤입니다. 덕산의 법사인 보안도 선사는 삼구라는 용어를 인하여 각각에 따라서 거기에 게송을 붙이고, 또한 別置一句를 내세웠습니다. 天中이란 상량한 것이 대단히 많은데, 乾坤의 體를 天中이라고 합니다. 『주역』에서 '大는 乾인데, 만물이 그로부터 발생한다.'고 말하고, 또 '天은 無爲이다.'고 말합니다. 中은 곧 지나침도 없고 미침도 없는 것을 中이라고 말합니다. 즉 무릇 無爲 · 自然 · 中正 · 不偏의 뜻을 취할 뿐입니다. 그래서 天中은 곧 삼구가 출현된 惣句입니다.

函蓋乾坤者 理事體用 相容相稱 如乾坤之函蓋 目機銖兩者 目也機也銖也兩也 此四物 合而成枰 以此枰量萬物 可況此法 普應無私 輕重物之昇低 故變之曰 隨波逐浪句 不涉春緣者 若論此事 則剿絶一切 超脫萬物 滴水滴凍底時節 故變▩[264]曰 絶斷衆流

函蓋乾坤이란 理 · 事 · 體 · 用이 相容 · 相稱하는데, 마치 乾 · 坤의 函 · 蓋와 같습니다. 目機銖兩이란 目과 機와 銖와 兩의 이들 사물이 합쳐지면 저울이 되는데, 그것으로써 만물을 枰量합니다. 가히 이 법을 비유하자면

264) ▩字體磨滅『底』· 作「之」『甲』『乙』

널리 상응하여 사사로움이 없이 가볍고 무거운 사물을 올리고 내리는 것입니다. 때문에 그것을 변화시켜서 말한 것이 隨波逐浪句입니다. 不涉春緣이란 만약 此事를 논하자면 곧 일체를 완전히 제거하고 만물을 초탈하여 떨어지는 물방울이 바로 그 자리에서 얼어버리는[滴水滴凍] 시절이기 때문에 그것을 변화시켜서 말한 것이 絕斷衆流입니다.

一鏃破三關者 有三義 一<者+?>返照之智▩[265]一鏃 若當眞實返照之時 不作三一解 故如云 說▩▩[266]三名字 在返照之時 不作三一解 二者三句中▩▩[267]看則句句無定次第 擧一全收 絕諸待對故 三者▩[268]置一句看 則三關施設 自然消落故

一鏃破三關에도 세 가지 뜻이 있습니다.

첫째는 반조의 지혜로써 一鏃을 삼는 것입니다. 만약 진실에 근거하여 반조할 때라면 三이니 一이니 하는 견해를 짓지 않기 때문에 설할 때는 三이라는 名字가 있지만, 반조할 때는 三이니 一이니 하는 견해를 짓지 않는다고 말합니다. 둘째는 三句中一句를 살펴보면 곧 句句마다 정해진 차제가 없어서 하나를 들면 전체가 수렴되는데, 그것은 모든 待對를 단절하였기 때문입니다. 셋째는 별치일구를 살펴보면 곧 三關의 시설도 자연히 消落하기 때문입니다.

---

265) ▩字體磨滅『底』· 作「爲」『甲』『乙』
266) ▩▩字體磨 滅『底』· 作「時有」『甲』『乙』
267) ▩▩字體磨滅『底』· 作「一句」『甲』『乙』
268) ▩字體磨滅『底』· 作「別」『甲』『乙』

然則函盖乾▩[269]截斷衆流隨波逐浪 以何爲左右 以何中[270]間 普安道頌云 乾坤幷萬像 地獄及天堂 物物皆眞現 頭頭摠不傷之義 則函盖乾坤 乃是綿綿不漏絲髮之義 非特先聖 拈槌竪拂作用而已 乃至佛祖 言現眞空妙有緣起性起等 所有一切建立底時節 摠屬此句 如長靈卓云 以放過不放過雙照之智 證函盖乾坤之義 成就如來眞空妙有之理 以示照用同時對機 絶斷衆流<者+?> 頌云 堆山積岳來 一一盡塵埃 更擬論玄妙 氷消瓦[271]解摧之義 則閉門下閘涓滴不通之義也 何啻行捧[272]下喝作用而已 乃至佛祖所說實相無相等 所有一切掃蕩地[273]時節 摠屬此句 如長靈卓云 以放過不放過雙泯之智 證截[274]斷衆流之義 成就如來實相無相之理 以示照用不同時對機 隨波逐浪者 辯口利舌 問高低摠不虧 還如應病與藥[275] 診候在臨時 則前之雙照雙泯 旣無前後 則非一向[276]立 非一向蕩 無私一句現前 豈非隨波逐浪普應群機底時節 則函盖乾坤截斷衆流 爲左右句 隨波逐浪 爲中間句 又惟精禪師云 今時日用自己 悟空劫時 截斷衆流 空劫已前 承今時日用自己 隨波逐浪 流窮浪盡 源派還同 函盖乾坤 斯爲妙矣 則函盖乾坤 體用相會 如函盖之相稱 則中間句 隨波逐浪者 目機銖兩 隨輕隨重 如虛舟駕浪 自東自西故也 則用句也 若約用門 有賓有主 無法不具 截斷衆流者 賓主問答皆是春緣則體句 若約體門 卽離四句絶百非 離言語離文字 名狀不得

269) ▩字體磨滅『底』·作「坤」『甲』『乙』
270) 「中」上有筆 書「爲」『甲』『乙』
271) 「瓦」作「泥」『甲』
272) 「捧」作「棒」『甲』『乙』
273) 「地」作「底」『甲』『乙』
274) 「截」作「絕」『甲』『乙』次同
275) 「藥」作「菜」『甲』
276) 「向」作「句」『甲』

故 又函盖乾坤爲體句 體具萬德故 目機銖兩爲用句 高低輕重 一一現前 不涉春緣爲中間 體用二門 皆是春緣故 如是卽此三句 互爲左右 互爲中間 如同神變 莫定方隅 如是則天中 至不涉春緣者 一句卽三句 一鏃破三關者 三句卽一句 如是則三句可辨 一鏃遼空 三一俱圓俱泯 定當不得

(묻는다)

"그렇다면 函蓋乾坤 · 截斷衆流 · 隨波逐浪은 무엇으로써 左 · 右를 삼고, 무엇으로써 中間을 삼는 것입니까."

(답한다)

"普安道 선사가 게송으로 말한 뜻은 다음과 같습니다.

하늘 땅 그리고 삼라만상과
지옥의 세계 또 하늘세계는
물물이 다 깨침의 현현이고
두두가 다 온전한 모습이네[277]

그런즉 函蓋乾坤은 이에 곧 綿綿하여 털끝만큼도 누설이 없다는 것입니다. 그런데도 특별히 先聖이 拈槌하고 竪拂하는 작용만이 아니라 내지 불조가 언설로 드러낸 眞空 · 妙有 · 緣起 · 性起 등 존재하는 일체를 건립하는 시절은 모두 이 函蓋乾坤의 句에 속합니다.

장령수탁 선사가 말한 放過 · 不放過[278]는 雙照의 지혜로써 函蓋乾坤을 증

277) 『人天眼目』 卷2, (大正藏48, p.312上) "乾坤并萬象 地獄及天堂 物物皆眞現 頭頭總不傷 堆山積嶽來 一一盡塵埃 更擬論玄妙 氷消瓦解摧 辨口利詞<舌=>問 高低總不虧 還如應病藥 診候在臨時"

278) 撫州荷玉山玄悟大師光慧의 법어에 나오는 문답 참조. 『景德傳燈錄』 卷20, (大正藏51, p.364上) "有僧出日 爲衆竭力禍出私門 未審放過不放過 師默然 問如何是和尙爲人一句 師日 汝是九色鹿

득한 뜻입니다. 그리하여 여래의 진공 · 묘유의 이치를 성취함으로써 對機에게 조용동시를 제시한 것입니다.

截斷衆流란 (보안도 선사가) 게송으로 그 뜻을 다음과 같이 말했습니다.

山이 쌓이고 嶽이 쌓였어도
낱낱은 모두 먼지일 뿐이네
다시 현묘한 이치 논의함도
빙소 및 와해를 재촉한다네[279]

이것은 곧 문을 닫고 수문을 막아서 물방울 하나 통하지 못하게 한다는 뜻입니다. 그러니 어찌 방을 휘두르고 할을 질러대는 작용뿐이겠습니까. 내지 佛 · 祖가 설한 實相 · 無相 등 존재하는 일체를 소탕하는 시절이 모두 이 絶斷衆流의 句입니다. 저 장령수탁 선사가 말한 放過 · 不放過[280]는 雙泯의 지혜로써 截斷衆流를 증득한 뜻입니다. 그리고 여래의 실상 · 무상의 이치를 성취함으로써 對機에게 조용부동시를 제시한 것입니다.

隨波逐浪이란 (보안도 선사가 게송으로 그 뜻을 다음과 같이 말했습니다.)

언변 좋고 질문이 예리해서
높고 낮음이 모두 온전하니
마치 응병에 여약과 같아서
항상 진찰하고 또 살펴주네[281]

問抱璞投師時如何 師日 不是自家珍 日如何是自家珍 師日 不琢不成珍"

279)『人天眼目』卷2, (大正藏48, p.312上) "乾坤并萬象 地獄及天堂 物物皆眞現 頭頭總不傷 堆山積嶽來 一一盡塵埃 更擬論玄妙 氷消瓦解摧 辨口利詞〈舌=〉問 高低總不虧 還如應病藥 診候在臨時"

280) 撫州荷玉山玄悟大師光慧의 법어에 나오는 문답 참조. 『景德傳燈錄』卷20, (大正藏51, p.364上) "有僧出日 爲衆竭力禍出私門 未審放過不放過 師默然 問如何是和尙爲人一句 師日 汝是九色鹿 問抱璞投師時如何 師日 不是自家珍 日如何是自家珍 師日 不琢不成珍"

281)『人天眼目』卷2, (大正藏48, p.312上) "乾坤并萬象 地獄及天堂 物物皆眞現 頭頭總不傷 堆山積嶽來 一一盡塵埃 更擬論玄妙 氷消瓦解摧 辨口利詞〈舌=〉問 高低總不虧 還如應病藥 診候在臨時"

이것은 곧 앞의 雙照[함개건곤]와 雙泯[절단중류]에 이미 前 · 後가 없은 즉 일구를 내세움도 없고 일구를 소탕함도 없으며 사사롭게 일구가 현전함도 없다는 말인데, 이것이야말로 어찌 隨波逐浪으로서 널리 群機에 상응하는 시절이 아니겠습니까. 그런즉 函蓋乾坤과 截斷衆流는 左 · 右의 句가 되고, 隨波逐浪은 中間句가 됩니다.

또한 法海有精 선사가 말한 '금시에 일용하는 자기'[282]는 공겁의 시절을 깨친 것으로서 截斷衆流이고, 공겁 이전은 금시에 일용하는 자기를 계승한 것으로서 隨波逐浪이며, 흐름[流]이 다하고 물결[浪]이 그치면 源과 派가 다시 동일해져 函蓋乾坤이 되는데, 이것이 바로 妙가 됩니다.

곧 函蓋乾坤은 體와 用의 相會가 마치 函과 盖가 相稱하듯 한즉 中間句입니다. 隨波逐浪은 目 · 機 · 銖 · 兩으로 輕을 따르고 重을 따르는 것이 마치 虛舟가 물결을 따르는 것처럼 동으로 서로 오락가락하기 때문에 곧 用句입니다. 만약 用門에 의거하면 賓도 있고 主도 있어서 갖추지 못한 법이 없습니다. 截斷衆流는 賓 · 主 · 問 · 答이 모두 그대로 春緣인즉 體句입니다. 만약 體門에 의거하면 곧 離四句 · 絕百非 · 離言語 · 離文字인데 그것은 명칭을 붙일 수도 없고 모양으로 그릴 수도 없기 때문입니다.

또한 函蓋乾坤은 體句인데, 體에는 萬德이 갖추어져 있기 때문입니다. 目 · 機 · 銖 · 兩은 用句인데, 高 · 低 · 輕 · 重의 낱낱이 現前합니다. 不涉春緣은 中間인데, 體 · 用의 二門이 모두 그대로 春緣이기 때문입니다.

282) 이 인용문은 천복승고의 법어에 나오는 말이기도 하다. 『禪林僧寶傳』 卷12, (卍新續藏79, p.516上) "천복이 시중설법을 하였다. 중생이 오랫동안 유전하는 것은 자기를 해명하지 못한 까닭이다. 고의 근원을 벗어나고자 하면 무릇 자기를 분명하게 얻어야 한다. 자기란 공겁시의 자기가 있는가 하면 금시에 일용하는 자기가 있다. 공겁의 자기는 뿌리이고 금시에 일용하는 자기는 지엽이다. 薦福示衆日 衆生久流轉者 爲不明自己 欲出苦源 但明取〈自己+?〉 自己者 有空劫時自己 有今時日用自己 空劫自己是根蔕 今時日用自己是枝葉"

이와 같은 즉 이 삼구는 서로 左 · 右가 되고 서로 中間이 되는데, 마치 신통변화와 같아서 方 · 隅를 확정할 수가 없습니다. 이와 같은 즉 天中이 不涉春緣에 이르는 것은 一句가 三句에 卽한 것이고, 一鏃破三關은 三句가 一句에 卽한 것입니다. 이와 같은 즉 삼구는 변별할 수가 있지만 일촉은 먼 허공과 같아서 三과 一은 모두 圓이면서 모두 泯이라서 확정적으로 해당하는 것이 없습니다."

問三句一句 俱圓俱泯 其狀如何 答三句卽一句 一鏃可辨 一句卽三句 三句可辨 故云三一俱圓 如云一句該三句 三句歸一句 三句卽一句 三義不存 一句卽三句 一義不成 故云三一俱泯 如云三一不相涉 須知向上路

묻는다.

"삼구와 일구가 모두 圓이고 모두 泯이라면 그 형상[狀]은 어떻습니까."

답한다.

"삼구가 일구에 卽하므로 一鏃을 변별할 수가 있고, 일구가 삼구에 卽하므로 三句를 변별할 수가 있습니다. 때문에 三과 一은 모두 圓이라고 말합니다. 그처럼 일구가 삼구를 갖추고[該] 삼구가 일구로 돌아가므로[歸] 삼구가 일구에 卽한 경우는 三의 뜻이 남아 있지 않고, 일구가 삼구에 卽한 경우는 一의 뜻이 성립되지 않기 때문에 三과 一은 모두 泯이라고 말합니다. 三과 一이 相涉하지 않는다고 말한 것은 반드시 그것이 向上路인 줄을 알아야 합니다."

問雲門但有此語 不分前後次第之名 圓明普安 卽是雲門兒孫 爲什麼特立三句一句之名 隨意頌之耶 答若是上根大智 才聞此語 徹見雲門骨髓 何待圓明普安 如此註解 只爲機有萬差故 圓明不措[283]眉毛 曲爲中下之流 落草註解 然若一向實執三句名義 不明圓明昭陽本懷 則又却不是故 普安全爲隨言轉執者 別置一句 如是三句施設 皆是大虛空▩[284]乎者也 打虛空作七八片 故望三句未荫[285]前頭 立一句云別置 所以然者 若是此箇事 猶如大虛 不可辨得 故稱一句 盖不得已爾 故云三句 豈能該

묻는다.

“운문에게는 무릇 이와 같은 법어[此語]가 있었을 뿐 前 · 後 · 次 · 第의 명칭을 분별하지 않았습니다. 그러나 원명연밀과 보안도의 경우 곧 그들은 운문의 아손인데 ,어째서 특별히 삼구 · 일구라는 명칭을 내세워서 거기에 마음대로 게송을 붙인 것입니까.”

답한다.

“만약 上根大智하면 이와 같은 법어[此語]를 듣자마자 운문의 골수를 철견할 터인데, 어찌 원명연밀과 보안도의 그 주해를 기다릴 필요가 있겠습니까. 단지 납자[機]를 위하여 갖가지 차별이 있을 뿐입니다. 원명은 眉毛를 아끼지 않고 완곡하게 中 · 下의 무리를 위해 落草하여 註解를 붙였습니다. 그런데도 만약 오로지 삼구라는 명칭과 뜻[名義]에만 實執(번뇌임을 인정하는 것)한다면 원명연밀과 운문소양의 本懷를 해명하지 못한 것입니다. 그런즉 다

283)「措」作「惜」『乙』
284) ▩字形似「中之」並書『編』· 作「之」『甲』『乙』
285)「荫」作「萌」『乙』

시 잘못[不是]을 물리쳐주기 위한 까닭에 보안도 선사가 온 힘을 기울여서 언설을 추구하여 더욱 집착하는 사람[隨言轉執]을 위하여 별도로 一句를 배치하였습니다.

이와 같이 삼구를 시설한 것은 모두가 그대로 대허공에 대한 옛날식 말투입니다. 허공을 타파하여 예닐곱 조각으로 나누어버린 까닭에 삼구가 싹트기 이전을 향해서 일구를 내세워서 그것을 別置一句라고 말한 것입니다. 이러할진댄 此箇事는 마치 大虛와 같아서 변별할 수가 없기 때문에 一句라고 일컫고 무릇 부득이한 까닭에 三句라고 말한 것인데, 어찌 그것을 갖출 수가 있겠습니까."

問若約三師本意 則畢竟不分前後意耶 答然

묻는다.

"만약 三師(운문 · 원명 · 보안)의 本意에 의거한 즉 필경에 前 · 後의 의미를 나눌 수 없는 것입니까."

답한다.

"그렇습니다."

問旣不分前後次第 則亦無三一之名意乎 答不然 須不分前後次第之名 其意亦有 若三師本意 一向不立三一 則却不是 前不云乎 三一俱圓俱泯定當不得 此乃諸佛諸祖相傳相授底面目 亦是時人日用中現前底受用 不明者凡夫 能解者聖人 迷悟有殊 此道無二 法如是故 受用如是

受用如是故 得入如是 先佛後佛 普爲大千八部之衆 於生死岸頭 廣而說之 則三乘十二分敎一大藏敎 先祖後祖直爲上根大智 於一機一境上 略而現用 則三玄三要四料簡也 故自古宗師 有時伊麼 有時不伊麼有時伊麼不伊麼 摠沒交涉 但一語一默一棒[286]一喝而已 雲門用之則三一句 臨濟用之則 三玄三要 雪峯用之則三箇木毬 歸宗用之則曳磨三度 智者用之則三止三觀 趙州用之則喫茶去 俱低<胝?>用之則竪一指 今始入之人 依其所示 敎學者 華嚴五十五位 一一歷修 方成佛果禪學者 住無住之住 修無修之修 步步踏著[287]毘盧頂 我只管飯來張口那知色卽[288]是空 空卽是色 雖然如是 隨語生解者 說之於口 則非但三乘十二分敎 是敎跡[289] 靈鷲拈花 宗師玄言妙句 一棒一喝 少林面壁一語一默 皆是敎跡 不尋其言 一直便透者 方見古人 赤心片片 得之於心則非但拈花面壁 是敎外別傳 三乘十二分敎 乃至世間麤言細語 皆是向上一竅也

묻는다.

"이미 전 · 후 · 차 · 제를 나눌 수 없은 즉 또한 三과 一이라는 명칭과 의미도 없는 것입니까."

답한다.

"그렇지 않습니다. 꼭 전 · 후 · 차 · 제라는 명칭으로 나누지 않아도 그 의미는 또한 있습니다. 만약 三師의 本意에 똑같이 三과 一을 내세움이 없은

---

286) 「棒」作「捧」『甲』『乙』次同

287) 「著」作「着」『甲』

288) 「卽」作「則」『甲』『乙』

289) 「跡」作「迹」『甲』『乙』次同

즉 도리어 잘못되고 맙니다. 앞에서도 三과 一은 모두 圓이면서 모두 泯이라서 확정적으로 해당하는 것이 없다고 말하지 않았습니까. 그것은 제불과 제조사가 相傳하고 相授한 면목이고 또한 그 당시 사람들의 일용 가운데서 현전하고 수용하는 것입니다. 그것을 해명하지 못한 사람은 범부이고 그것을 이해하는 사람은 성인입니다. 迷와 悟의 차이는 있지만 그 道에는 다름이 없습니다. 法如是이기 때문에 受用如是이고, 受用如是이기 때문에 得入如是로서 先佛과 後佛이 빠짐없이 삼천대천세계 팔부대중을 위하여 生死의 언덕에서 널리 그것을 설한 것이 바로 三乘十二分敎의 一大藏敎입니다. 그리고 先祖와 後祖가 직접 上根大智를 위하여 一機 · 一境에서 간략하게 작용을 드러낸 것이 바로 三玄 · 三要 · 四料簡입니다. 때문에 예로부터 종사들은 어떤 경우에는 이렇게 설하고, 어떤 경우에는 저렇게 설하며, 어떤 경우에는 이렇게도 저렇게도 설하여 모두 沒交涉이었지만, 무릇 一語 · 一默 · 一棒 · 一喝일 뿐입니다.

운문이 그것을 활용한 것이 三句와 一句였고, 임제가 그것을 활용한 것이 三玄과 三要였으며, 설봉이 그것을 활용한 것이 三箇의 木毬였고, 귀종이 그것을 활용한 것이 세 번의 曳磨였으며,[290] 천태지자가 그것을 활용한 것이 三止 · 三觀이었고, 조주가 그것을 활용한 것이 喫茶去였으며, 구지가 그것을 활용한 것이 一指를 치켜세운 것이었습니다.

오늘에야 처음으로 입문한 사람이라면 거기에 제시된 것에 의지해야 합니다. 교학자라면 화엄의 五十五位를 낱낱이 歷修해야 바야흐로 불과를 성취하지만, 선학자라면 無住의 住에 住하고 無修의 修를 修하여 걸음마다 毘盧頂을 밟게 됩니다.

290)『天鏡集』卷中 [刊都序法集科解序], (韓佛全9, p.614中)

나는 오로지 밥이 나오면 입을 벌릴 뿐인데 색즉시공 공즉시색을 어찌 알겠습니까. 비록 그렇더라도 언설을 따라서 이해를 일으키는 사람이 그것을 입으로 설한즉 비단 삼승십이분교가 곧 교학의 흔적[敎跡]일 뿐만 아니라 영취산의 염화미소와 종사의 玄言 · 妙句, 一棒 · 一喝, 少林에서 面壁한 一語 · 一默이 모두 교학의 흔적[敎跡]이 될 뿐입니다. 그러나 그 언설을 찾지 않고 곧장 그대로 투득하는 사람이 바야흐로 고인의 赤心片片을 보고 마음으로 터득한 즉 비단 拈花 · 面壁이 그대로 敎外別傳일 뿐만 아니라 三乘十二分敎 내지 세간의 麤言 · 細語가 모두 그대로 向上一竅가 됩니다.

禪門綱要集 終

『선문강요집』을 마치다.

[刊記]

客訪余 余出此二解示之 客一覽而匿笑 余曰 笑何事乎 客曰 著書所以取信當時 垂曜後世 必也德高位大 才顯名達 爲流所宗仰 然後爲可故古之人 雖賢且聖 不許人記錄言句者 況自爲之耶 其所以自讓也 如此今長老 作此二解 非徒人不信之 抑亦返招其謗 無奈自貶歟 余曰惡 是何言也 子只知其一 不知其二 以己所得愽[291]施於人 此聖賢之用心也且古之人 人已信道已行 則言句乃緖餘耳 故不許人記錄 若予者 適生澆漓之世 又無德位才名 爲人所難服 且學者 以名位(尺/口)[292]久 則人之信道之行 實惟艱[293]哉 盍爲書陳 道其所得乎 雖不見信於今時 後人覽之 而知其所指 轉化無數人 愽施之利 不亦盡乎 然則何必德位高大才名顯達然後 爲之也哉 如後人 亦無有信之者 信乎命也夫 世人雖不信之 臨濟雲門二大師 厥德孔明 必領之矣 然則又焉知吾言之不行歟此余所作此二解之意也 設使古之人 生斯世也 若人不信道不行 必著書然後爲快古人今人 易地則皆然如 或以余爲逞人我 要令譽 是不知我者也 知我者罪我者 其唯春秋 孔子之言 信乎不謬 客愀然避席曰 命之矣 於是乎書

嘉靖十年辛卯日 慶尙道 智異山 鐵窟 開刊以傳臣興[294]

291)「愽」作「博」『乙』次同

292)「〈破字〉(尺/口)」疑「呎」『編』

293)「艱」作「難」『甲』『乙』

294) 甲本刊記如下「化主性林萬曆三十九年辛夏智異山能仁庵刊移鎭于雙溪寺」乙本刊記如下「隆熙二年七月日慶尙道東萊金井山梵魚寺開刊」

[간행기]

한 객이 나를 찾아왔다. 내가 이 『二解』[295]를 꺼내어 그에게 보여주자, 객이 한번 읽어보더니 억지로 웃음을 참고 있었다. 내가 물었다.

"무슨 일로 웃는 것입니까."

객이 말했다.

"글을 짓는 까닭은 진실로 當時를 취하여 후세에 빛내기 위함입니다. 그래서 반드시 덕이 높고 지위가 위대하며 재주가 드러나고 명성이 통달하며 사람들에게 숭앙을 받게 된 연후에 가능한 것입니다. 때문에 고인은 비록 현인이고 또 성인일지라도 남에게 언구를 기록하게 허락하지 않았습니다. 하물며 스스로 글을 짓는 것이겠습니까. 그런 까닭에 스스로 겸손한 것입니다. 그러한데도 지금 장로께서는 이처럼 『二解』를 지었으니, 다른 사람들이 그것을 믿지 않을 뿐만 아니라 또한 반대로 그로써 비방을 초래하여 어쩔 수 없이 自貶하고 말 것입니다."

내가 말했다.

"악! 그게 무슨 말입니까. 그대는 단지 하나만 알고 둘은 모르고 있습니다. 자기가 터득한 것을 가지고 널리 남에게 베풀어주는 것은 곧 성현의 用心입니다. 또한 고인은 사람들이 이미 믿고 도가 이미 실천된다면 곧 언구는 이에 나머지일 뿐입니다. 그 때문에 남에게 기록하는 것을 허락하지 않은 것입니다. 만약 내가 야박한 세상에 태어나고, 또한 德·位·才·名이 없어서 남에게 비난을 받게 된다거나, 또한 납자이면서도 명예와 지위가 높아서 사람들이 믿고 도가 실천된다고 해도 그것은 진실로 난감한 일일 것입니다. 그러니 어찌 글로 도를 진술한들 그것이 소득이겠습니까. 비록 금시

295) 『二解』는 임제종지와 운문종지에 대하여 해설을 가한 『선문강요집』을 가리킨다.

에 믿는 사람을 찾아볼 수가 없을지라도 후인이 그것을 읽어보고 그것이 가리키는 것을 알아준다면 점점 교화되어 무수히 많은 사람에게 널리 베풀어 주는 이익이 또한 그치지 않을 것입니다. 그런즉 하필 덕이 높고 지위가 위대하며 재주가 드러나고 명성이 통달한 연후에야 그것[著書]을 하겠습니까. 저 후인으로서 또한 그것을 믿는 사람이 없다고 해도 그것은 진실로 운명이겠지요. 세상 사람들이 비록 그것을 믿지 않을지라도 임제와 운문의 두 대사는 그 덕이 孔孟과 같으므로 반드시 그것을 이해해줄 것입니다. 그런즉 또한 내 말이 실천되지 못할 것임을 어찌 안단 말입니까. 이것이 바로 내가 지은『二解』의 의미입니다. 설사 고인이 이 세상에 태어난다고 해도 만약 사람들이 믿지 못하고 도가 실천되지 못한다면 반드시 글을 지은 연후에 통쾌하게 고인과 금인이 입장을 바꿔본 즉 모두 그와 같을 것입니다. 혹 나를 나와 남에게 알려서 명예를 추구한다면 그것은 나를 모르는 사람입니다. 나를 아는 사람은 나에게 벌을 내릴 것입니다. 그것은 저『춘추』에 나오는 공자의 말씀이므로 진실로 오류가 없을 것입니다."

객이 정색을 하더니 자리를 피하면서 말했다.

"저를 일깨워준 것은 바로 이 책입니다."

가정 10년(1531) 신묘년 어느 날에 (化主 性林이) 경상도 지리산 철굴암에서 개간하여 臣興에게 보내다.

제 3 장

한국 선리논쟁의 전개

禪文手鏡
4. 『선문수경』[296)]

靈龜山少林窟比丘 亘璇[297)]集說
영구산 소림굴 비구 긍선이 모으고 해설하다

目次[298)]

臨濟三句圖說 向上本分眞如 向下新熏三禪 義理禪三句頌 三句圖示 義理禪格外禪辨 末後句最初句辨 新熏本分辨 殺活辨 圓相說 三性說 <三句一句五重不同+?> 一鏃破三關有五重 配金剛四句偈 配三身有三重 配五分法身 配四弘願 配坐禪禪定四字 達摩不立文字直指人心見性成佛說 達摩三處傳心 禪室三拜說 看堂十統說 無字揀病論科解 禪教大旨不出眞空妙有大機大用

목차

1) 임제의 삼구도에 대한 설명

2) 향상의 본분인 진여

3) 향하의 신훈삼종선

---

296) 『禪文手鏡』, (韓佛全10, pp.514-631上) 〈底〉刊年未詳 東國大學校所藏本(附作法龜鑑之看堂論)

297) 白坡亘璇(1767-1852)의 속성은 李씨이다. 12세에 禪雲寺 詩憲長老를 은사로 출가하였고, 雪峰巨日의 법을 이었다. 저서에 『수선결사문』·『선문수경』·『육조대사법보단경요해』·『선문오종강요사기』·『선문염송사기』·『금강팔해경』·『선문염송사기』 등이 있다.

298) 目次 編者作成補入

臨濟三句圖說

臨濟三句者 一代禪教詮旨 無不該攝 故名曰蘊摠三句 是故 法海惟精禪師曰 佛祖受用 不出此三句 喚惺師翁曰 臨濟三句 非特臨濟宗風 上自諸佛 下至衆生 皆分上事 若離此說法 皆是妄說 是知 三世諸佛 歷代祖師 乃至天下善知識 所留言句 必不離此三句也 是故 凡欲尋究禪門語句者 必須先求人天眼目 五宗綱要 禪門綱要 爲先究此三句義相昭然無疑 然後 當於拈頌 傳燈 四集等語句 以此三句 一一拖照 言言句句 了然昭著於心目 如物得秤衡 錙銖莫逃矣 古人不然 不知此三句是禪文正秤 但將己見 隨文斟酌故 舉多昧却佛祖言頭立脚處 而往往有隔靴搔痒之失也 噫 古人錯答一字 尚墮野狐 今日老漢 旣以盲杖擿埴 安得句句無謬 自惟不入地獄 何由能報佛恩 自以爲法忘 豈避彌天罪逆 橫按寶劒 敢爲圖形三句 摠括禪文語句 願與同胞 一目頓見自己與諸佛祖安身立命處 而直入大圓覺海 續佛慧命於五濁界中矣

1) 임제의 삼구도에 대한 설명

임제의 삼구는 일대 선과 교의 말씀과 종지를 널리 섭수하지 않음이 없기 때문에 蘊摠의 三句라고 말한다. 이런 까닭에 法海惟精 선사는 “불조를 수용함도 이 삼구를 벗어나지 않는다.”고 말했고, 喚惺志安 노사는 “임제의 삼구는 임제종풍에만 특정된 것이 아니라 위로 제불로부터 아래로 중생에 이르기까지 모든 사람에 해당한다. 만약 이 설법을 벗어나면 모두 망설이다.”고 말했다. 그러므로 삼세제불과 역대조사 내지 천하의 선지식이 남겨둔 언구도 모두 이 삼구를 결코 벗어나지 않는 줄 알아야 한다.

이런 까닭에 무릇 선문의 어구를 찾아 궁구하려는 사람은 반드시 먼저

『인천안목』[299]과 『선문오종강요』[300]와 『선문강요집』[301]을 찾아서 제일 먼저 이 삼구의 뜻갈래[義相]를 분명하게 궁구하여 의심을 없애야 한다. 그리고 연후에 반드시 『선문염송집』[302]과 『경덕전등록』[303]과 사집[304] 등의 어구를 이 삼구로써 낱낱이 대조해야 모든 언구가 마음[心目]에 분명하게 보일 것이다. 마치 물건을 저울로 재면 속이지 못하는 것과 같다. 고인은 그렇게 하지 않았으므로 이 삼구가 곧 禪文의 바른 저울인 줄 알지 못하여 무릇 자기의 견해로 글자만 따라 짐작했다. 그래서 많은 사람들은 불조의 언설에서 그 입각처를 모르고서 종종 가죽신을 신고 발을 긁는 잘못을 범하였다.

아! 고인은 한마디의 잘못된 답변으로 여우의 몸을 받았다.[305] 오늘 이 늙은이는 장님이 지팡이로 밭을 가는 것과 같으니, 어찌 구절마다 잘못이 없겠는가. 그러나 몸소 지옥에 들어가지 않고서 어찌 부처님의 은혜를 갚을 수 있겠으며, 불법을 위해 몸을 잊지 않고서야 하늘만큼의 큰 죄를 벗어날 수 있겠는가.

그렇지만 (이제 나 백파가) 함부로 보검을 휘둘러 감히 삼구를 도형으로 만

299) 晦巖智昭가 宋 淳熙 戊申(1188)에 6권으로 찬술한 책으로 선종오가의 교의를 집대성하였다. 大正藏 제48권 수록.

300) 喚惺志安(1664-1729)이 1689년에 禪宗五家의 강요를 서술한 책이다. 여기에 백파긍선은 58세(1824) 때 주석을 붙여 『禪門五宗綱要私記』를 찬술하였다.

301) 고려의 眞靜天頙(1206-?)이 선문에서 요점이 되는 주제를 문답 형식을 빌려 제시한 책으로 〈三聖章〉·〈二賢話〉·〈第二篇〉·〈一愚說〉·〈山雲篇〉·〈雲門三句〉의 여섯 편으로 구성되어 있고, 말미에 발문 형식의 글이 붙어 있다. 韓佛全 제6권 수록.

302) 1226년(고종 13)에 眞覺慧諶(1178-1234)이 1226년에 갖가지 선종문헌에 의거하여 30권으로 편찬한 공안집이다.

303) 북송의 道原이 1004년에 30권으로 찬술한 전등사서이다.

304) 講院에서 沙彌科를 마친 사람이 배우는 과정을 말한다. 사집과정의 교과목은 『書狀』·『都序』·『禪要』·『節要』이다.

305) 『圓悟佛果禪師語錄』 卷19, (大正藏47, p.804上) "老人云大修行底人還落因果也無 某對云 不落因果 丈云 汝問我與汝道 老人遂問 大修行底人還落因果也無 丈云 不昧因果 老人遂悟 得脫野狐身化去"

들어서 禪文語句를 총괄하였다. 이에 동포와 함께 한눈에 자기와 제불조의 안신입명의 도리[安身立命處]를 제대로 보아서 곧장 大圓覺海에 들어가 오탁의 세계에서 부처님의 혜명을 이어가기를 바란다.

向上本分眞如

臨濟因僧問 如何是眞佛眞法眞道 乞師開示 師云 佛者心淸淨是(大機) 法者 心光明是(大用) 道者 處處無碍淨(機)光(用)是(齊施 上妙有三要) 三卽一 皆空而無實有(此眞空一竅) 山僧今日見處 與佛祖不別

2) 향상의 본분인 진여

임제에게 어떤 승이 물었다.

"어떤 것이 진불이고 진법이며 진도입니까. 선사께서 開示해주십시오."

임제가 말했다.

"불이란 청정한 마음이야말로 진불이다.(대기이다. 大機) 법이란 마음의 광명이야말로 진법이다.(대용이다. 大用) 도란 모든 곳에서 걸림이 없는 청정과 광명이 진도이다.(대기와 대용이 함께 시설된 것이다. 機用齊施 이것이 향상의 묘유로서 삼요[306]이다. 上妙有三要) 이 셋은 곧 하나로서 모두 공이므로 실유가 아니다.(이것이 진공의 일규이다) 산승이 말한 오늘의 견해는 불조와 더불어 다르지 않다."

---

306) 三要는 제일요는 분별조작이 없는 언어이고, 제이요는 千聖이 그대로 玄要에 들어가 있는 것이며, 제삼요는 언어를 단절한 것이다.

解曰 本分眞如 有隨緣不變二義 此妙有三要 卽隨緣也 菩提也 照也 此眞空一竅 卽不變也 涅槃也 寂也 此眞空妙有二義 是人人本來面目 亦是佛祖安身立命處 故云 佛祖不別

백파의 해설 :

본분인 진여에는 수연과 불변의 두 가지 뜻이 있다. 그것이 묘유의 삼요인 즉 수연이고 보리이며 照이다. 그것이 진공의 일규인 즉 불변이고 열반이며 寂이다. 이것은 모든 사람의 본래면목이고 또한 불조의 안신입명의 도리이다. 때문에 불조와 더불어 다르지 않다고 말한다.

向下新熏三禪
此是蘊揚三句 若第一句薦得 堪與佛祖爲師(祖師禪) 第二句薦得 堪與人天爲師(如來禪) 第三句薦得 自救不了(義理禪)

3) 향하의 신훈인 삼종선

이것은 온총의 삼구이다. 그래서 만약 제일구에서 깨달으면 불조의 스승이 되고,(조사선) 제이구에서 깨달으면 인천의 스승이 되며,(여래선) 제삼구에서 깨달으면 자신도 제도하지 못한다.(의리선)

解曰 本分宗師 將此眞空妙有之達摩西來無文印字<字印?>印空印水印泥以驗人時 若上士聞 則如印印空 薦得第一句向下三要(妙有) 及向

上一竅(眞空) 了無朕迹 見性成佛 故爲佛祖師 中士聞 則如印印水 而有兩種不同 潙仰法眼宗人 薦得三玄(有) 及本分一句(空) 曹洞宗人 薦得權實向上 而俱有尊貴頭角 則但見眞空 未得成佛 故但爲人天師 下士聞 則如印印泥 痕縫全彰 但悟有無三句 而眞空裏頭人未見故 自救不了 況爲人師

백파의 해설 :

본분종사는 진공과 묘유인 저 달마의 서래 곧 문양과 글자가 없는 도장을 가지고 허공에 찍기도 하고 수면에 찍기도 하며 진흙에 찍기도 함으로써 납자를 증험한다.

가령 상근기가 듣는 경우에는 도장을 허공에 찍는 것과 같다. 그래서 제일구에서 향하의 삼요(묘유)와 향상의 일규(진공)를 깨달아 아무런 조짐과 흔적이 없이 견성하여 성불하기 때문에 불조의 스승이 된다.

가령 중근기가 듣는 경우에는 도장을 수면에 찍는 것과 같다. 여기에 두 종류가 있는데 동일하지 않다. 위앙종과 법안종 사람은 삼현[307](유)과 본분의 일구(공)만 깨닫고, 조동종 사람은 방편과 진실에 의거하여 향상의 일규를 깨닫지만 존귀의 상[尊貴頭角]이 남아 있어서 성불하지 못한다. 때문에 단지 인간세계와 천상세계의 스승이 될 뿐이다.

하근기가 듣는 경우에는 도장을 진흙에 찍는 것과 같다. 자국이 뚜렷이 드러나지만 단지 유무의 삼구만 깨달을 뿐이지 진공 속에 있는 사람은 보지 못

307) 三玄은 體中玄 · 句中玄 · 玄中玄이다. 체중현은 언중에 어떠한 장식도 없고 사물 그대로의 眞相 · 眞理를 드러내고 있는 句이다. 구중현은 분별정식에 걸리지 않는 實語로서 언어에 구애됨이 없이 그 玄奧를 깨치는 句이다. 현중현은 相待的인 모든 논리 및 어구의 굴레를 벗어나 있는 현묘한 句이다. 句中玄 · 玄中玄은 달리 用中玄 · 意中玄이라고도 한다.

한다. 때문에 자신도 제도하지 못하는데, 하물며 타인의 스승이 되겠는가.

義理禪三句頌如次三禪 故云玄要任句 第一句 三要印開朱點窄 未容擬議主賓分

4) 의리선의 삼구송

이하 삼종선과 같다. 때문에 삼현과 삼요가 삼구에 들어있다고 말한다.

(1) 제일구

"삼요의 심인이 열리면 붉은 점이 드러난다. 주체와 객체를 분별하려는 것조차 용납되지 않는다."[308]

風法師云 "前句先照(下三字)後用(上四字) 後句先用(下三字)後照(上四字)" 二句合爲 雙照中故 照用同時 雙遮 則照用不同時 此約四照用釋 若約三要 則前句大機(下三字)圓應(上四字) 後句大用(下三字)直截(上四字) 二句合爲 機用齊施 雙拂機用 爲向上一竅 三要卽妙有 向上卽眞空 此是上士 會得祖師禪

308) 제일구는 언어 이전의 깨침을 의미한다. 삼요는 佛의 깨침으로서 곧 眞佛이고, 印開는 佛心印이 개현한 모습이다. 따라서 三要印이 開한다는 것은 일념에 開悟하여 진불이 구현되는 것이다. 삼요인이 開하여 진불이 개현되면 성불의 여부는 결코 문제가 되지 않는다. 산은 어디까지나 산이고 물은 어디까지나 물로서 그것은 각각 절대의 사실이다.

풍법사가 말한다.

“전구는 선조(주점착) 후용(삼요인개)이고, 후구는 선용(주빈분) 후조(미용의의)이다.”

이구를 합쳐보면 쌍조 가운데 있기 때문에 조와 용이 동시가 되고, 쌍차인 즉 조와 용이 부동시가 되는데, 이것은 사조용에 의거하여 해석한 경우이다. 만약 삼요에 의거하자면 곧 전구는 대기(주점착)가 원응(삼요인개)한 것이고, 후구는 대용(주빈분)으로 직절(미용의의)한 것이다. 이구를 합쳐보면 대기와 대용이 함께 시설된 것이다. 그러나 대기와 대용을 모두 부정해야 향상의 일규가 된다. 삼요는 묘유에 즉하고 향상은 진공에 즉하는데, 그것은 바로 상근기가 조사선을 이해한 것이다.

第二句

妙喜豈容無着問 漚和爭負截流機

(2) 제이구

“문수[妙喜]가 어찌 무착의 질문을 인정하겠는가. 그렇지만 방편[漚和]의 입장에서 어찌 수행납자[截流機]를 저버리겠는가.”[309]

309) 제이구에서는 제일구에서 구현된 진불의 절대에 대한 이해를 보여주고 있다. 이와 같은 이해는 어디까지나 절대적인 것으로서 어떤 방편을 용인하지 않는다. 漚和는 방편의 의미이고, 截流機는 번뇌가 단멸하는 것으로서 해탈을 의미한다. 따라서 ‘방편으로 어찌 절류기 곧 번뇌의 단멸을 감당할 수 있겠는가.’ 하는 것은 어떠한 수단 및 방편을 활용해도 거기에는 절대적인 해탈이 없다는 것을 가리킨다. 말하자면 제이구는 제일구의 진불이 구현된 절대적인 모습을 구체적으로 설명하려는 것이다.

風云 前句現乎實 後句示其權 本分一句爲實 新熏三玄爲權 合爲中句也 漚和此云方便 此則權實三句 爲妙有 宗門向上 爲眞空 此是中士會得如來禪

풍법사가 말한다.

"전구(妙喜豈容無着問)는 진실을 드러낸 것이고, 후구(漚和爭負截流機)는 방편을 보여준 것이다."

본분의 일구는 진실이고, 신훈의 삼현은 방편인데, 이것을 합치면 中句이다. 구화는 번역하면 방편이다. 이것이 방편과 진실의 삼구에서는 묘유가 되고, 종문의 향상에서는 진공이 되는데, 이것은 바로 중근기가 여래선을 이해한 것이다.

第三句

看取棚頭弄傀儡 抽牽全借裡頭人

(3) 제삼구

"무대에서 재롱을 떠는 꼭두각시를 보라. 그 장난은 막후에 있는 사람에 달려 있다."[310]

---

310) 제삼구는 제일구로도 그리고 제이구로도 통하지 못하는 둔근한 구도자를 위하여 傀儡師가 갖가지 鬼頭와 鬼面을 드러내듯이 스승이 방편을 강구하는 것이다.

風云 逢羅漢說羅漢 逢餓鬼說餓鬼 逢佛說佛 前句有無三句 如傀儡之是假無實也 後句出無實所以 宗師所示本分三要 滯他言迹 以但新熏隔別三句薦得 而眞空一竅則全昧 故未名格外禪 羅漢灰身滅智 故無句 餓鬼飢渴狂走 故有句 佛證中道 故中句 而凡聖各異 故爲隔別三句也 此是下士 但會義理禪 是故三禪 皆在三句中

풍법사가 말한다.

“나한을 만나면 나한을 설해주고, 아귀를 만나면 아귀를 설해주며, 부처를 만나면 부처를 설해준다.”

전구(看取棚頭弄傀儡)는 유무의 삼구로서 꼭두각시는 거짓으로 진실이 없는 것과 같다. 후구(抽牽全借裡頭人)는 진실이 아닌 까닭을 나타낸 것이다. 임제종사가 본분의 삼요를 제시해주었는데, 삼요는 남의 언설의 흔적에 집착하여 단지 신훈의 격별의 삼구만 이해할 뿐이지 진공의 일규에는 전혀 어둡기 때문에 격외선이라고 말할 수가 없다. 아라한은 회신멸지이므로 무구이고, 아귀는 굶주리고 목말라 미쳐서 날뛰므로 유구이며, 부처는 중도를 증득하므로 중구이다. 이에 범부와 성인이 각각 다르기 때문에 격별의 삼구이다. 이것은 바로 하근기가 단지 의리선만 이해한 것이다. 이런 까닭에 삼종선은 모두 삼구에 들어 있다.

師云 大凡擧唱宗乘 一句中須具三玄門 一玄中須具三要 有權有實 有照有用 汝等作麼生會

임제는 말한다.

"〈무릇 종승[311]을 현창해보면〉 일구 가운데 반드시 삼현문이 갖추어져 있고, 낱낱의 현 가운데에 반드시 삼요가 갖추어져 있다. 거기에는 방편도 있고, 진실도 있으며, 조(照)도 있고, 용(用)도 있다. 그대들은 알고 있는가."[312]

風云 句言句之句 句詮差別 玄幽玄之玄 玄不可辨 要省要之要 要不在多 玄要在句 權實在玄 照用在要 各有攸當 不應莽鹵

풍법사가 말한다.

"구는 언구의 구인데 구는 차별점을 설명한다는 것이다. 현은 유현의 현인데 현은 구별할 수가 없다는 것이다. 요는 압축하고 중요하다는 요인데 요는 잡다함이 없다는 것이다. 현과 요는 구에 있고, 권과 실은 현에 있으며, 조와 용은 요에 있다. 각자 해당되는 것이 있으므로 결코 흐리멍덩해서는 안 된다."

解曰 一句中者 上三句中 一句也 意云 第三句義理禪 三句每句各具三玄 第二句如來禪 三玄每玄各具三要 則三句已具玄要 三玄中亦具句

311) 제이구에서는 제일구에서 구현된 진불의 절대에 대한 이해를 보여주고 있다. 이와 같은 이해는 어디까지나 절대적인 것으로서 어떤 방편을 용인하지 않는다. 漚和는 방편의 의미이고, 截流機는 번뇌가 단멸하는 것으로서 해탈을 의미한다. 따라서 '방편으로 어찌 절류기 곧 번뇌의 단멸을 감당할 수 있겠는가.' 하는 것은 어떠한 수단 및 방편을 활용해도 거기에는 절대적인 해탈이 없다는 것을 가리킨다. 말하자면 제이구는 제일구의 진불이 구현된 절대적인 모습을 구체적으로 설명하려는 것이다.

312) 『鎮州臨濟慧照禪師語錄』, (大正藏47, p.497上) 임제는 삼구를 설하고 그것을 정리하여 '일구어마다 반드시 삼현문을 갖추어야 하고, 일현문마다 반드시 삼요를 갖추어야만 權이 있고 實이 있으며, 照가 있고 用이 있다. 여러분들은 이것을 어떻게 이해하는가.'라고 말하고 법좌에서 내려왔다.

要 三要中亦具句玄也 然則三句雖云義理禪 已具玄要 故更無餘事 三玄雖云如來禪 亦具三要 故更無餘事 三要雖云祖師禪 尚在於句玄中 故別無特地 直下無本末 無深淺 無背面 無巧拙 如同神變 定當不得 畢竟喚什麽作祖師禪 喚什麽作如來禪 喚什麽作義理禪乎 須知三句三玄 及三要 畢竟冥然摠一機

백파의 해설 :

'일구 가운데'란 위의 삼구 가운데 일구이다. 뜻으로 말하면 다음과 같다. 제삼구의 의리선에는 삼구에 각 구마다 삼현을 갖추고 있다. 제이구의 여래선에는 삼현의 각 현마다 삼요를 갖추고 있다. 곧 삼구에 이미 삼현과 삼요가 갖추어져 있고, 삼현 가운데에도 또한 삼구와 삼요가 갖추어져 있으며, 삼요 가운데에도 또한 삼구와 삼현이 갖추어져 있다. 그런즉 삼구를 비록 의리선이라고 말할지라도 거기에는 이미 삼현과 삼요가 갖추어져 있기 때문에 달리 논할 것이 없다.

삼요에서 비록 조사선이라고 말할지라도 오히려 삼구와 삼현 가운데 들어있는 까닭에 달리 특별할 것이 없다. 그 자리에는 근본과 지말도 없고, 깊음과 얕음도 없으며, 앞과 뒤도 없고, 교묘함과 치졸함도 없어서 마치 신통변화에는 딱히 정해진 것이 없는 것과 같다. 필경에 무엇을 조사선이라고 일컫고, 무엇을 여래선이라고 일컬으며, 무엇을 의리선이라고 일컬을 것인가. 그러므로 삼구와 삼현과 삼요는 필경에 평등하여 전체가 하나의 기틀임을 반드시 알아야 한다.

偉矣哉 正是一切衆生熱惱海中 清凉法幢也 此幢之立 如忉利天上塗

毒鼓 撾之則 聞者皆死也 此是臨濟宗說法之標準 則何以句玄要深淺本末 擬議計較也哉 故六祖大鑑禪師示衆云 吾有一物 無頭無尾 名不得 狀不得 上柱天(眞空) 下柱地(妙有) 明如日 黑似漆 常在動用中 動用中收不得 汝等喚作什麼 臨濟將此眞空妙有之諸佛法印印空印水印泥 而普逗上中下三根 同入如來大圓覺海 何啻但名白拈賊 可謂踏殺天下人 雖無深淺本末 而以句玄要 分別差排者 隨機利鈍 事不獲已也 清凉所謂 云云自他 於我何預者 正是佛祖爲子期也哉 各有攸當 不應莽鹵者 一依圖中三句下所配 而審定名相 不得錯雜亂用也 照用機用殺活心境等 在第一句三要中 權實迷悟途中家裡等 在第二句三玄中 有無事理悟修及玄要等 在第三句三句中 不應莽鹵亂用矣 若其互用者 如偏正古今證化把放等 此是活眼手段 不存軌則 而把土成金之意也 學者究其宗師言頭立脚處 則庶可辨明 而此實不易 惟冀留神琢磨盡力尋繹矣

위대하도다. 바로 이것이 열뇌의 바다에 빠져 있는 일체중생에게는 시원한 당기이기도 하다. 이 당기를 건립하는 것은 마치 도리천의 도독고와 같다. 그것을 두드린 즉 듣는 사람이 모두 죽는다. 이것이야말로 임제종에서 설법하는 표준이다. 그런즉 어찌 삼구와 삼현과 삼요의 깊음과 얕음과 근본과 지말을 가지고 계교할 수 있겠는가.

때문에 육조대감 선사는 시중하여 다음과 같이 말했다.

'우리 모두가 지니고 있는 일물은 머리고 없고 꼬리도 없으며, 이름 붙일 수도 없고 모양으로 그릴 수도 없으며, 위로 하늘을 떠받치고(진공) 아래로 땅을 버티며,(묘유) 해처럼 밝고 칠처럼 까만데, 항상 작용하는 가운데 있지

만 작용으로 거둘 수도 없다. 그대들은 이것을 무엇이라 부르겠는가.'[313]

임제는 이 진공과 묘유라는 제불의 법인을 가지고 허공과 수면과 진흙에 다 도장을 찍어 널리 상 · 중 · 하의 삼종근기에 맞추어 더불어 여래의 대원각해에 들어가도록 해주었다. 그런데 어째서 무릇 날도둑일 뿐이라고 말하겠는가. 가히 천하의 사람들을 짓밟아주었다고 말할 수 있을 것이다. 비록 깊음과 얕음과 근본과 지말이 없을지라도 삼구와 삼현과 삼요로써 분별해서 안배한 것은 근기의 영리함과 아둔함에 따라 부득이한 것이었다. 청량징관이 이러저러하다고 말한 것이 나 백파[징관의 글에서는 부처님으로 되어 있음]와 무슨 상관이 있겠는가.[314] 이것은 바로 불조에게 종자기와 같은 것이다.

(풍법사의 말 가운데서) '각자 해당되는 것이 있으므로 결코 흐리멍덩해서는 안된다.'는 것은 일단 도표에서 삼구의 배열에 의거하여 살펴서 명칭과 행상[名相]으로 배정하였으므로 뒤섞거나 남용하지 말라는 것이다.

照와 用, 機와 用, 殺과 活, 心과 境 등은 제일구의 삼요에 속한다. 權과 實, 迷와 悟, 途中과 家裏 등은 제이구의 삼현에 속한다. 有와 無, 事와 理, 悟와 修 등은 제삼구의 삼구에 속하므로 결코 뒤섞거나 남용해서는 안된다.

만약 그것을 마음대로 활용한다면 저 偏과 正, 古와 今, 證과 化, 把와 放 등에 대하여 활안의 수단을 갖추고 틀에 얽매이지 않는 사람이 흙을 가지고

313) 혜능의 말은 '우리 모두가 지니고 있는 일물은 머리도 없고 꼬리도 없으며, 이름 붙일 수도 없고'까지만 해당한다. 『六祖大師法寶壇經』, (大正藏48, p.359中-下)

314) 『大方廣佛華嚴經疏』 卷13, (大正藏35, p.598下) "'분별정식에 막히면 법신도 의심을 받게 되지만 마음이 통하면 현묘한 종지가 반드시 조화롭게 된다.' 그러니 미주알고주알 하는 것이 자타간에 부처님과 무슨 상관이 있겠는가. 情隔則法身成異 心通而玄旨必均 云云自他於佛何預" 여기에서 백파는 '於佛何預'의 佛을 我로 바꾸어 말하고 있다. 淸凉澄觀(738-839)은 두순 - 지엄 - 법장 - 징관으로 계승되는 중국 화엄종의 제4조이다. 11세에 출가하여 화엄의 宗義를 밝혀 널리 홍포하였는데, 제자 慧苑이 스승의 학설에 반하는 의논을 주장하자 종지의 전통을 바로 세우기 위해 五教教判을 내세워 四種法界의 性起說을 대성하였고, 선종과 융합을 도모하여 禪教一致論의 기초를 마련하였다. 덕종과 헤종으로부터 淸凉國師라는 호를 받았다.

금을 만든다는 것과 같은 뜻이 된다. 납자라면 반드시 종사의 언설에서 입각처를 궁구하여 곧 분명하게 변별해야 하는데 그것은 실로 쉬운 일이 아니다. 그러므로 오직 바라는 것은 정신차리고 탁마하여 진력으로 찾아서 살펴야 한다.

三句圖示
本頌從深至淺者 宗師如次上中下三士普接也 今圖逆次者 欲順學者從淺至深故

5) 삼구를 도표로 나타냄

본 게송 곧 위의 의리선 삼구송에서 깊은 것으로부터 얕은 것에 이른 것은 종사가 상 · 중 · 하의 순차에 맞추어 널리 교화하려는 것이다. 그런데 지금 역차로 도시한 것은 납자가 얕은 경지로부터 깊은 경지에 이르는 순서에 따르려는 까닭이다.

三句圖表

<table>
<tr><td>第三句</td><td colspan="2">第二句</td><td colspan="2">第一句</td></tr>
<tr><td rowspan="2">三種禪
佛祖孼子
一義理禪
自求不了</td><td colspan="2">佛祖嫡子
二如來禪
人天師
格外禪</td><td colspan="2">佛祖嫡子
三祖師禪
佛祖師</td></tr>
<tr><td colspan="4">格外禪</td></tr>
<tr><td>未入三處</td><td colspan="2">■如來三處傳心
◆達磨三傳
殺人刀
■一分半座
眞金鋪
◆一諸緣已斷</td><td colspan="2">活人劒
二擧拈華
◆二貧心不得
殺活齊示
■三槨示雙趺
雜貨鋪
◆三三拜得髓</td></tr>
<tr><td>但新無本</td><td>新熏三句
*本分一句</td><td>宗門向上</td><td>新熏二句</td><td>本分眞如</td></tr>
<tr><td>隔別三句
一有句
二無句
三中句</td><td>三玄
一體中玄
二句中玄
三玄中玄</td><td></td><td>向下三要
一大機圓應
二大用直截
三機用齊施</td><td>向上一竅</td></tr>
<tr><td></td><td>(*本分一句)
權實三句
權句
實句
中句</td><td>向上</td><td>八識三分
一見分
二相分
三自證分</td><td>四證自證分</td></tr>
</table>

<table>
<tr><td>漸修
頓悟
修悟
一時</td><td>雲門三句
一隨波逐浪
二截斷衆流
三函蓋乾坤</td><td>別置一句</td><td>四照用
一先照後用
二先用後照
三照用同時</td><td>四照用不同時</td></tr>
<tr><td>事理中</td><td>偏正中</td><td>上</td><td rowspan="4">四喝
一金剛寶喝
二師子距地喝
三探竿影草喝</td><td rowspan="4">四一喝不作
一喝用喝</td></tr>
<tr><td>功位中</td><td>用體中</td><td>上</td></tr>
<tr><td rowspan="2">常見
斷見
中</td><td>今古中</td><td>上</td></tr>
<tr><td>迷悟中</td><td>上</td></tr>
<tr><td rowspan="2">增益謗
損減謗
相違謗</td><td>凡聖中</td><td>上</td><td rowspan="2">雲門三句
一截斷衆流
二隨波逐浪
三函蓋乾坤</td><td rowspan="2">⊙
○ ∴</td></tr>
<tr><td>途中
家裡
一途</td><td>上</td></tr>
</table>

<table>
<tr><td rowspan="5"></td><td>放行
把定
中</td><td>上</td><td>殺活中</td><td rowspan="2">不變</td><td rowspan="2">隨緣</td></tr>
<tr><td rowspan="3">俗諦
眞諦
中途諦</td><td rowspan="3">第一義諦</td><td>心境中</td></tr>
<tr><td>證化中</td><td rowspan="3">涅槃</td><td rowspan="3">菩提</td></tr>
<tr><td>體用中</td></tr>
<tr><td>化證中</td><td>斯亡</td><td>古今中</td></tr>
<tr><td></td><td>三聖拾得
寒山
呵呵笑</td><td>毘盧</td><td>三寶眞佛
眞法
眞道</td><td>三寶眞佛
眞法
眞道</td><td>常照</td></tr>
</table>

			三身 法身 化身 報身	雙暗	雙明
			三學 戒學 慧學 定學	雙收	雙放
			五分法身 戒香 慧香 定香	解脫香	知見香
		眞空	妙有	眞空	妙有
			三聖 寒山 拾得 呵呵笑	毘盧	(*向上 三要) 染緣起 (*三要) 淨緣起
			靑山 白雲 中		
三關三印泥印	三關水印	一鏃	箭後路空印	向上	三要 大機圓應 大用直截 齊施
四料揀一 奪人不奪境	二奪境不奪人	三人境兩俱奪	四人境俱不奪	向上三寶眞佛 眞法 眞道	
				向上三身法身 化身 報身	
■四賓主 ■一賓中賓 ◆三性 ◆一徧計	■二賓中主 ◆一徧計		■三主中賓 ◆二依他	■四主中主 ◆三圓成	
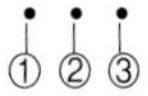 ① ② ③	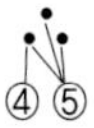 ④ ⑤	 ⑥	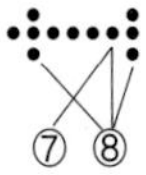 ⑦ ⑧		

①②③ 未入格外禪 荷澤宗明 悟修但新無本	④⑤ 五派宗旨 一法眼宗 明唯心偏明本分一句 二潙仰宗名體用圓明 今本三句	⑥ 三曹洞宗 明向 上超出今本三 句	⑦ ⑧ 四雲門宗 明截斷多明 大用直截 五臨濟宗明 機用具明 三要	五派皆傳 授	五宗向上 無傳
達磨西來意 建立文字		不立文字	直指人心	見性	成佛
配一代禪敎 一切禪文悟修新熏節 及北秀與一代藏敎	下皆敎外別傳 一切禪文威音那邊更那邊及夢覺一如等		一切禪文佛 也安祖也 安及總賞 總罰等	一切禪文山是山水 是水主丈但喚作主文等一一 端端的的節	

삼구도표[315)]

제삼구	제이구		제일구	
〈삼종선〉 불조얼자 일의리선 자구불료	불조적자 이여래선 인천사 격외선		불조적자 삼조사 선불조사	
	격외선			
미입삼처	■여래삼처전심 ◆달마삼전살인도 ■일:분반좌진금포 ◆일:제연이단		활인검 ■이:거염화 ◆이:멱심부득살활제시 ■삼:곽시쌍부잡화포 ◆삼:삼배득수	
단신무본	신훈삼구*본분일구	종문향상	신훈이구	본분진여

315) 도표 속의 1은 북종 2는 우두종 3은 하택종 4는 법안종 5는 위앙종 6은 조동종 7은 운문종 8은 임제종을 나타낸다.

<table>
<tr><td>〈격별삼구〉
일:유구
이:무구
삼:중구</td><td>〈삼현〉
일:체중현
이:구중현
삼:현중현</td><td></td><td>〈향하삼요〉
일:대기원응
이:대용직절
삼:기용제시</td><td>향상일규</td></tr>
<tr><td></td><td>(*본분일구)
권실삼구
권구
실구
중구</td><td>향상</td><td>〈팔식삼분〉
일:견분
이:상분
삼:자증분</td><td>사:증자증분</td></tr>
<tr><td>점수
돈오
수오일시</td><td>〈운문삼구〉
일:수파축랑
이:절단중류
삼:함개건곤</td><td>별치일구</td><td>〈사조용〉
일:선조후용
이:선용후조
삼:조용동시</td><td>사:조용부동시</td></tr>
<tr><td>사리중</td><td>편정중</td><td>상</td><td rowspan="4">〈사할〉
일:금강보할
이:사자거지할
삼:탐간영초할</td><td rowspan="4">사:일할부작일할용할</td></tr>
<tr><td>공위중</td><td>용체중</td><td>상</td></tr>
<tr><td rowspan="2">상견
단견
중</td><td>금고중</td><td>상</td></tr>
<tr><td>미오중</td><td>상</td></tr>
<tr><td rowspan="2">증익방
손감방
상위방</td><td>범성중</td><td>상</td><td rowspan="2">〈운문삼구〉
일:절단중류
이:수파축랑
삼:함개건곤</td><td rowspan="2">⊙
○ ∴</td></tr>
<tr><td>도중
가리
일도</td><td>상</td></tr>
</table>

<table>
<tr><td rowspan="5"></td><td>방행
파정
중</td><td>上</td><td>살활중</td><td rowspan="2">불변</td><td rowspan="2">수연</td></tr>
<tr><td rowspan="3">속제
진제
중도제</td><td rowspan="3">제일의제</td><td>심경중</td></tr>
<tr><td>증화중</td><td rowspan="3">열반</td><td rowspan="3">보리</td></tr>
<tr><td>체용중</td></tr>
<tr><td>화증중</td><td>사망</td><td>고금중</td></tr>
</table>

<table>
<tr><td rowspan="7"></td><td>〈삼성〉습득
한산
가가소</td><td>비로</td><td>〈삼보〉진불
진법
진도</td><td>상적</td><td>상조</td></tr>
<tr><td rowspan="6"></td><td rowspan="3"></td><td>〈삼신〉법신
화신
보신</td><td>쌍암</td><td>쌍명</td></tr>
<tr><td>〈삼학〉계학
혜학
정학</td><td>쌍수</td><td>쌍방</td></tr>
<tr><td>〈오분법신〉계향
혜향
정향</td><td>해탈향</td><td>지견향</td></tr>
<tr><td>진공</td><td>묘유</td><td>진공</td><td>묘유</td></tr>
<tr><td rowspan="2"></td><td>〈삼성〉
한산
습득
가가소</td><td rowspan="2">비로</td><td rowspan="2">(*향상
삼요)
염연기
(*삼요)
정연기</td></tr>
<tr><td>청산
백운
중</td></tr>
<tr><td>삼관
삼인
니인</td><td>삼관수인</td><td>일촉</td><td>전후로공인</td><td>향상</td><td>〈삼요〉
대기원응
대용직
절제시</td></tr>
<tr><td rowspan="2">〈사료간〉
일:탈인불탈경</td><td rowspan="2">이:탈경불탈인</td><td rowspan="2">삼:인경양구탈</td><td rowspan="2">사:인경구불탈</td><td colspan="2">〈향상삼보〉진불
진법
진도</td></tr>
<tr><td colspan="2">〈향상삼신〉法身
化身
報身</td></tr>
<tr><td>■사빈주
■일:빈중빈
◆삼성
◆일:변계</td><td>■이:빈중주
◆일:변계</td><td></td><td>■삼:주중빈
◆이:의타</td><td colspan="2">■사:주중주
◆삼:원성</td></tr>
<tr><td>①②③</td><td>④⑤</td><td>⑥</td><td>⑦ ⑧</td><td colspan="2"></td></tr>
</table>

①②③ 미입격외선 하택종 명오수 단신무본	④⑤ 오파종지 일:법안종명유심 편명본분일구 이:위앙종명체용 원명금본삼구	⑥ 삼:조동종명향 상초 금본삼구	⑦⑧ 사:운문종명절단다 명대용직절 오:임제종명기용구 명삼요	오파개전수	오종향 상무전
달마서래의 건립문자		불립문자	직지인심	견성	성불
〈일대 선교를 배대함〉 일체 선문헌에 있는 悟 · 修 · 新熏의 구절과 북종을 一代藏敎에 배대함	〈이하는 모두 교외별전〉 일체 선문헌에 있는 위음나변 · 나변 · 몽교일여 등		일체 선문헌에 있는 부처와 조사 및 모든 賞과 모든 罰 등	일체 선문헌에 있는 山是山 · 水是水 · 주장자를 무릇 주장자라고 부름 등 낱낱의 端端的的의 구절	

此以三句 爲三禪 卽一愚意 見禪門綱要

이 삼구로써 삼종선을 삼은 것은 일우의 의견에 부합되는데 『선문강요집』에 보인다.

義理禪格外禪辨

古來通談曰 約法 名義理禪格外禪約人 名如來禪祖師禪 此則義理禪卽如來禪 格外禪卽祖師禪也 旣以分座如來禪 亦名義理禪 何云三處皆是格外耶 且義理禪得格外之濫名 如來禪還得義理之累名 理自不然 龍潭曰 一切禪文 皆是格外 故都序節要 亦是格外 然則義理禪無配處 若指金剛楞伽 則彼是敎文 何名禪也 惠庵曰 三玄中初玄如來禪 後

二玄祖師

禪 然則三玄已盡二禪 本分及向上 與第一句三要及向上 更是何法耶 蓮老雖依一愚 亦云義理之言寬 如來之言局 以如來禪尊貴解 近於靈知 故亦名義理禪 義理禪完有義理 故不得名如來禪 寬局之說 亦是穿鑿 且如來禪 正是格外 安得義理之累名耶 故皆未敢聞命 愚伸管見 盖義理禪 以第三句 但新熏悟修之說 完有義路理路之標格 則以是凡夫必須悟修成佛 義理當然 故名義理禪 以下根着相衆生 沒溺邪見 强剛難化 故佛祖老婆心切 無方便中 示設方便 出來化門 示八相成道 廣演悟修成佛之法 而未顯無悟修之本有佛性故 衆生但認悟修之傀儡 未見本有之裡頭性也 格外禪 以如來禪 卽心是佛 祖師禪山是山水是水之說 了沒巴鼻 逈出義理之格 故名格(義理)外禪 是爲敎外別傳一味禪 以衆生知見猛利 可以直截承當 故直示最上乘也 此格外中 又有二種 一如來禪 以中根衆生 卽於三玄權門 透得本分及向上也 此亦祖門中事 以其所悟 盡大地一挺金之說 完同如來統萬法明一心之敎迹 故貶之 曰如來禪 以有尊貴顯角故也 卽分座(法空座)消息 而爲法眼潙仰曹洞三宗旨也 二祖師禪 以上根衆生 卽於三要門 透得向上眞空妙有也 正是祖門中行色 故直名祖師禪 卽拈華(妙有)消息 而爲雲門臨濟二宗旨也 第三示趺(殺活)消息 想必六祖下未傳 故但名禪師 未名祖師 而亦未敢決定

6) 의리선과 격외선의 구별

고래로 통설적으로 '法에 의거하면 의리선과 격외선이라 말하고, 人에 의거하면 여래선과 조사선이라 말한다. 곧 의리선은 여래선에 즉하고 격외선은 조사선에 즉한다.'고 말해왔다. 그런즉 이미 분반좌의 여래선을 또한 의리선이라고도 말했으니, 어째서 삼처를 모두 격외선이라고 말할 수 있겠는가. 의리선은 격외선이라는 과분한 명칭을 얻게 되고, 여래선은 도리어 의리선이라는 누명(累名)이 되는데, 이치가 본디 그렇지 않다.

龍潭慥冠은 '일체의 禪文은 모두 격외이다. 때문에 『도서』 및 『절요』도 또한 격외이다.'고 말했다. 그런즉 의리선은 배대할 곳이 없다. 만약 『금강경』 및 『능가경』이 의리선이라면 그것은 教文인데 어찌 선이라고 말하겠는가.

惠庵玧藏은 '삼현 가운데 제일현은 여래선이고, 제이현과 제삼현의 둘은 조사선이다.'고 말했다. 그런즉 삼현은 이미 모두 여래선과 조사선인데, 본분과 향상 그리고 제일구의 삼요와 향상은 곧 어떤 법이란 말인가.

蓮潭老人은 비록 일우의 설에 의거한 것이기는 하지만, 연담도 또한 '의리선이라는 말은 넓고 여래선이라는 말은 좁다. 여래선의 경우 존귀하다는 견해는 靈知에 가깝기 때문에 또한 의리선이라고도 말하지만, 의리선의 경우 온전히 의리뿐이기 때문에 여래선이라고 말할 수 없다.'고 말했는데, 넓고 좁다는 설도 또한 천착일 뿐이다.

여기에서 여래선이 바로 그대로 격외선인데 어찌 의리선이라는 累名을 붙일 수 있겠는가. 때문에 세 사람의 모든 견해를 감히 받아들일 수가 없다. 따라서 비록 우매할지라도 나 백파의 관견을 피력해본다.

대저 의리선은 제삼구로서 단지 新熏의 悟修를 설한 것이므로 온전히 義路와 이로(理路)의 표격일 뿐이다. 그런즉 범부는 반드시 悟와 修를 통하여 성불한다는 것으로 의미와 이치가 당연하기 때문에 의리선이라고 말한다. 하근기로서 상에 집착하는 중생은 사견에 빠져 있어서 억지로 교화가 어렵다. 때문에 불조가 노파심절에서 방편이 없는 가운데 방편의 시설을 내보여 교화문을 열었다. 그런데 팔상성도를 제시하여 널리 오수해서 성불하는 방법만 연설하고 오수가 없는 본유의 불성을 드러내지 않은 까닭에 중생은 단지 오수의 꼭두각시만 인식할 뿐이지 본유의 불성[裡頭性]은 보지 못한다.

격외선은 여래선의 경우 평상심에 즉한 그것이 부처[卽心是佛]라는 것과 조사선의 경우 산은 그대로 산이고 물은 그대로 물이라는 설인데, 끝내 沒巴鼻로서 의리의 격식을 아득히 벗어나기 때문에 의리의 격식을 벗어난 선[格外禪]이라고 말한다. 격외선은 교외별전의 一味禪이므로 치성한 중생의 지견을 直截해야 이해할 수가 있기 때문에 곧 최상승임을 보여준 것이다.

이 격외선에는 또한 두 종류가 있다.

첫째는 여래선이다. 중근기의 중생은 삼현의 방편문에 즉하여 본분인 진여와 향상의 일규를 깨닫는다. 이것 또한 조사문중의 수행법이지만 방편문에서 깨달은 것으로 온 대지가 하나의 금덩어리라는 설은 여래가 만법을 통괄하여 일심을 해명하는 敎迹과 온전히 똑같기 때문에 그것을 폄하해서 여래선이라고 말한다. 이것은 존귀하다는 견해가 드러난 까닭인데, 곧 제일처전심인 다자탑전분반좌(法空座)의 소식으로서 법안종 · 위앙종 · 조동종 등 삼종의 종지이다.

둘째는 조사선이다. 상근기의 중생은 삼요의 진실문에 즉하여 향상의 일규와 진공과 묘유를 깨닫는다. 이것은 바로 조사문중의 행색이기 때문에 그대로 조사선이라고 말한다. 곧 제이처전심인 염화미소(妙有)의 소식으로서 운문종 · 임제종 등 이종의 종지이다. 제삼처전심인 곽시쌍부(殺活)의 소식은 생각건대 육조혜능 이하로 전승되지 않았기 때문에 단지 禪師라고만 말했지 祖師라고는 말하지 않았는데, 이 또한 감히 결정적인 것은 아니다.

末後句最初句辨

末後句者 出來化門 示說三禪各三句 而意不在此限 言言句句 直得無限 單單要明向上一竅 則雖說傳授三禪 意在於最後無傳本分一竅故以向上眞如 名爲末後句 如世尊初生時云 天上天下唯我獨尊者 是出來化門 示人人本分眞我 故立末後句也 最初句者 斥他拖泥之化跡 直示人人本具之眞如 則初不涉化門 最初直示本分 故以本分眞如 亦名最初句 如雲門覰破世尊云 我當時若見 一棒打殺云者 言雖斥他世尊 要使衆生 不滯化跡 徹見本分 是爲暢佛本懷 故實爲世尊知音也 又金剛經世尊敷座而坐 須菩提覰破云 希有世尊 亦此意也 故龜谷先師曰 末後句至於圓極 則與最初句 何以異哉

7) 말후구와 최초구의 구별

말후구는 교화문을 드러낸 것인데, 삼종선을 각 삼구로 설해준[示說] 것이다. 그러나 그 의미가 삼구에 한정되지 않고 무한한 언구 그대로 분명하게 향상의 일규를 해명하려는 것이다. 그러나 비록 언설로는 삼종선을 전수하였을지라도 말후구의 의미로 보자면 최후까지 본분의 일규를 전수할 수가 없다. 때문에 향상의 진여라는 입장에서 말후구라고 말한 것이다.

가령 세존이 처음 탄생했을 때 '천상천하유아독존'[316]이라고 말한 경우와 같다. 이것은 교화문을 드러낸 것으로 모든 사람의 本分인 眞我를 보여준 것이다.[317] 때문에 말후구를 내세운다.

---

316) 『根本說一切有部毘奈耶雜事』 卷20, (大正藏24, p.298上) "天上天下唯我獨尊" ; 『修行本起經 』 卷1, (大正藏3, p.463下) "天上天下, 唯我爲尊 三界皆苦, 吾當安之" 참조.

317) 천상과 천하의 모든 사람 곧 중생은 오직 眞我의 입장에서 천상과 천하에 출현한 것으로서 진아가 아닌 존재는 하나도 없다는 것으로 본래성불의 사상에 입각하여 설파한 표현이다.

최초구는 저 보살행[拖泥帶水]이라는 교화의 흔적을 배척한 것으로 모든 사람이 본구한 진여를 그대로 보여준 것이다. 그런즉 우선 교화문과 상관없이 최초부터 본분을 그대로 제시한 것이기 때문에 본분인 진여를 또한 최초구라고 말한다.

가령 운문문언이 세존을 보고 "만약 내가 당시에 보았다면 한방에 타살했을 것이다."[318]고 말한 경우와 같다. 비록 저 세존을 배척했지만 중생으로 하여금 교화의 흔적에 집착하지 말고 본분을 철견토록 해준 것인데, 이것은 부처님의 속마음을 펼친 것이기 때문에 사실은 세존과 지음이다.

또한 『금강경』에서 세존이 자리를 펴고 앉자 수보리가 보고서 "희유하십니다, 세존이시여."라고 말한 것도 또한 이런 뜻이다.

때문에 구곡각운 先師는 "말후구가 원극에 도달하면 즉 최초구와 무엇이 다르겠는가."라고 말했다.

新熏本分辨

義理禪但明悟修成佛 則但新無本 未明眞如自性 故爲佛祖孼子也 如來禪中 潙法二宗 以三玄權爲新 以一句實爲本也 曹洞宗全超空劫 不落今時 直示向上眞空故 非新非本也 以三宗皆悟本分自性 故爲嫡子也 祖師禪二宗 以向下三要爲新 以向上眞如爲本也 然則如來禪本分及向上 但是不變眞如 故唯是眞空暗一着也 祖師禪向上本分眞如 具足不變隨緣二義故 圓具眞空妙有 是爲雙暗雙明也 以此二禪 深淺雖殊 皆悟本分眞如 故俱爲佛祖嫡子 義理禪未見本分 故爲孼子也 以義

318) 『雲門匡眞禪師廣錄』 卷中, (大正藏47, p.560中) "我當時若見 一棒打殺與狗子喫却 貴圖天下太平"

理禪 爲如來禪之言 不攻自破也

8) 신훈과 본분의 구별

의리선은 무릇 悟와 修를 통한 성불만 설명한즉 단지 新熏만 있고 本分이 없어서 진여 자성을 해명하지 못한 까닭에 불조의 서자이다.

여래선 가운데 위앙종과 법안종의 이종은 삼현의 방편[權]으로써 신훈을 삼고, 일구의 진실[實]로써 본분을 삼는다. 그런데 조동종은 공겁을 온전히 초월하여 금시에 떨어지지 않고 곧장 향상의 진공을 제시하는 까닭에 신훈뿐이라고도 할 수가 없고 본분뿐이라고도 할 수가 없다. 그러나 이들 삼종은 모두 본분의 자성을 깨닫기 때문에 적자이다.

그리고 조사선의 (임제종과 운문종의) 이종은 향하의 삼요로써 신훈을 삼고 향상의 진여로써 분본을 삼는다. 그런즉 여래선의 본분과 향상은 무릇 불변의 진여이기 때문에 오직 진공뿐으로 暗一着이다. 그러나 조사선의 향상과 본분인 진여는 불변과 수연의 두 가지 뜻을 구족한 까닭에 진공과 묘유를 원만하게 구비하고 있으므로 이것이야말로 雙暗이고 雙明이다.

이들 (여래선과 조사선의) 二禪은 비록 심천이 다르지만 본분인 진여를 깨닫는 것이기 때문에 모두 불조의 적자이다. 그러나 의리선은 본분을 보지 못한 까닭에 서자이다. 그러므로 의리선으로써 여래선을 삼는 것은 공격하지 않아도 저절로 타파된다.

殺活辨

三處傳中 第一分座(眞空)殺人刀 卽三句中 第二句本分及向上 則但傳

不變眞如 唯殺無活故 青原得之 爲六祖傍傳也 第二處拈華(妙有)活人劒 卽第一句 機(殺)用(活)三要及向上眞空(殺活雙暗)妙有(殺活雙明) 則具足殺活(三要) 雙暗雙明(向上)故 南岳得之 爲六祖正傳也 以殺外無活 故百丈得大機 更無餘事 是爲大機(殺)圓應(活)也 以活外無殺故 黃蘗得大用 更無餘事 是爲大用(活)直截(殺)也 至此第一句 則名機用也 照用也 殺活也 是故此活人劒中 具足殺活 以深必該淺故 第二句殺人刀 但名殺 而未得名爲機也照也活也 詳之

9) 살과 활의 구별

삼처전심의 제일처인 분반좌(眞空)는 살인도인데, 곧 삼구 가운데 제이구인 본분과 향상이다. 즉 무릇 불변의 진여만 전승하여 오직 살만 있고 활은 없다. 때문에 청원행사가 이것을 얻어서 육조의 傍傳이 되었다.

제이처인 염화미소(妙有)는 활인검인데, 곧 제일구의 기(殺)와 용(活)과 삼요 및 향상의 진공(殺活雙暗)과 묘유(殺活雙明)이다. 즉 살과 활을 구족(三要)하고 쌍암과 쌍명(向上)이다. 때문에 남악회양이 이것을 얻어서 육조의 正傳이 되었다.

살을 벗어나 따로 활이 없기 때문에 백장회해는 大機만 얻고 다른 수행[事]이 없었는데 그것이 대기(殺)의 원응(活)이었다. 그리고 활을 벗어나 따로 살이 없기 때문에 황벽희운은 大用만 얻고 다른 수행[事]이 없었는데 그것이 대용(活)의 직절(殺)이었다.

이 제일구에 이른즉 機·用이고 照·用이며 殺·活이라고 말한다. 이런 까닭에 이 활인검 가운데는 살·활이 구족되어 있는데, 깊은 것은 반드시 얕은 것을 갖추고 있기 때문이다. 그러나 제이구의 살인도는 단지 살이라고

만 말하고, 아직 機이고 照이며 活은 아니다. 자세하게 살펴보라.

圓相說

∴ 此義理禪 有無三句 頑有故常見 頑無故斷見 以但新熏故 非暗非明

∴ 此如來禪權實三句 以本分一句 破三玄故 唯暗非明

○ 此宗門向上 但是眞空 妙體無物 一圓相故 唯暗非明 以逈超今本 故云無物

⁝ 此祖師禪三要中 初大機圓應 以機外無用故 竪窮三際

··· 此第二大用全彰 以用外無機故 橫徧十方

•⁝• 此第三機用齊施 以機用一時圓具故 縱橫無碍 卽十字街頭 賤賣風流 上三要 是雜貨鋪故 殺(機)活(用)雙明

⊙ 此向上眞如 圓相卽不變也 眞空也 寂也 涅槃也 實相般若也 見性也 裡頭三點 卽隨緣也 妙有也 照也 菩提也 觀照般若也 成佛也 殺活雙暗○ 殺活雙明 •⁝•也

10) 원상설

··· 이것은 의리선의 有無의 三句이다. 완고한 유의 경우에는 상견이고, 완고한 무의 경우에는 단견이다. 그러나 단지 신훈뿐이기 때문에 暗도 아니고 明도 아니다.

∴ 이것은 여래선의 權實의 三句이다. 본분의 일구로써 삼현을 타파하기 때문에 오직 암(暗)만 있고 明은 없다.

○ 이것은 宗門의 向上이다. 무릇 진공의 묘체는 無物의 一圓相이기 때문

에 오직 暗만 있고 명(明)은 없다. 아득히 현재[今]와 옛날[本]을 초월하기 때문에 무물이라고 말한다.

⋮ 이것은 조사선의 삼요 가운데 제일요로서 대기원응이다. 기를 벗어나서 따로 용이 없기 때문에 시간적으로 삼제에 통한다.

··· (조사선의 삼요 가운데) 이것은 제이요로서 大用全彰이다. 용을 벗어나서 따로 기가 없기 때문에 공간적으로 시방에 편만하다.

⁘ 이것은 제삼요로서 機用齊施이다. 기와 용이 일시에 원만히 갖추어져 있기 때문에 종횡으로 걸림이 없은 즉 네거리에서 風流를 싸게 파는 것이다. 이상 삼요는 곧 잡화포이기 때문에 살(機)과 활(用)의 雙明이다.

⊙ 이것은 향상과 진여이다. 원상은 즉 불변이고 진공이며 寂이고 열반이며 실상반야이고 견성이다. 원상 속의 세 개의 점은 수연이고 묘유이며 照이고 보리이며 관조반야이고 성불이다. 살활의 쌍암은 일원상(○)이고, 살활의 쌍명은 가로세로 겹침(⁘)이다.

三性說(金剛傅大士頌)

義理禪三句 有無別執 元是前六了別識 故爲徧計妄情 如來禪本分一句及向上 猶有尊貴解碍 則亦是識情故 又爲徧計妄情 祖師禪三要 是第八識心(見分卽無明業相轉相) 境(相分卽現相)三分 則眞妄和合 雖不如前六了別 猶有微細妄念流注 故爲依他起性 而若依他向上妙有三要

則爲淨分也 若依他前六識 心境影在第八 則爲染分也 向上一竅本分眞如 正是一法界大揔相法門體 故爲圓成(妙有)實性(眞空)也 以此眞如 離向下三要 故無物

11) 삼성설(『금강경오가해』의 부대사 게송)

의리선의 삼구에서는 유와 무를 따로 취급하는데, 원래 그것은 前六了別識이기 때문에 遍計所執의 妄情이다.

여래선의 본분의 일구 및 향상은 아직 존귀하다고 이해하는 장애가 남아있은 즉 그것 역시 識情이므로 또한 변계소집의 망정이다.

조사선의 삼요는 곧 제팔식의 심(견분 곧 무명업상과 전상 見分卽無明業相 · 轉相)과 경(상분 곧 현상 相分卽現相)이 셋[무명업상 · 전상 · 현상]으로 나뉜 것인 즉 진망화합이다. 비록 전육요별식과 다르지만 아직 미세한 망념의 번뇌[流注]가 남아있는 까닭에 依他起性이다. 그래서 만약 저 향상의 묘유와 삼요에 의거하여 향하의 삼요를 일으킨다면 곧 淨分이 된다. 그러나 만약 저 전육식에 의거한 心과 境의 그림자가 제팔식의 영향을 받는다면 곧 染分이 된다.

향상의 일규와 본분인 진여는 바로 一法界大摠相法門의 바탕이기 때문에 원성(妙有)실성(眞空)이다. 이 진여는 향하의 삼요를 떠나있기 때문에 무물이다.

三句一句五重不同

一 第三句有無中爲三句 雖有本分一句 隱而不現 故學者冥然不知 如觀伎者 但見傀儡 未見裡頭人 故但有三句也 二 第二句三玄爲三句 本

分爲一句也 三 權實中爲三句 宗門向上爲一句也 四 第一句三要爲三句 向上一竅爲一句也 五 向上眞空爲一句 妙有三要爲三句也 五重中初一但三句 中三 先三句後一句 後一 先一句後三句也

12) 삼구와 일구의 다섯 가지 부동

첫째, 제삼구의 경우에는 유와 무와 중이 삼구이다. 비록 본분의 일구가 있지만 숨어 드러나지 않는 까닭에 납자가 전혀 모른다. 비유하면 마치 인형극을 구경하는 사람이 단지 꼭두각시만 보고 뒤에서 조종하는 사람을 보지 못하는 경우와 같다. 그래서 단지 삼구만 있다.

둘째, 제이구의 경우에는 삼현이 삼구이고 본분이 일구이다.

셋째, 권과 실과 중이 삼구이고 종문의 향상이 일구이다.

넷째, 제일구의 경우에는 삼요가 삼구이고 향상의 일규가 일구이다.

다섯째, 향상의 진공이 일구이고 묘유의 삼요가 삼구이다.

다섯 가지 가운데서 첫째의 경우에는 단지 삼구만 있다. 중간의 둘째와 셋째와 넷째의 경우에는 앞이 삼구이고 뒤가 일구이다. 다섯째의 경우에는 앞이 일구이고 뒤가 삼구이다.

一鏃破三關有五重

一 以返照之智 爲一鏃 以所觀三諦 爲三關 若當眞實返照之時 不作三一解 故如云 說時 有三名字 在返照之時 不作三一解 又云 於諦常自二 於解常自一故 二 以三句中一句 爲一鏃 則句句無定次第 擧一全收 絶諸對待故 三 潙法二宗 以本分一鏃 破三玄關 則前有無三句 亦一時

破 四 曹洞宗 以向上一鏃 破權實三關 五 祖師禪 以向上一竅 破三要關 初二 通於二禪 中二 如來禪 後一 祖師禪 義理禪 未明本分 故無一鏃 但有三句 與三玄正同 未與本分相應 故但名句 未名玄也

13) 일촉으로 삼관을 타파하는 다섯 가지

첫째, 반조하는 지혜가 일촉이고, 관찰되는 삼제가 삼관이다. 만약 진실하게 반조할 경우에는 삼관 내지 일촉이라는 견해를 짓지 않는다. 마치 '설할 때에는 삼관이라는 名字가 있지만 반조할 경우에는 삼관 내지 일촉이라는 견해를 짓지 않는다.'고 말하는 것과 같다. 또 '진리[諦]에는 본래부터 항상 二諦가 있지만 견해[解]에는 본래부터 항상 하나이다.'고 말하는 것과 같다.

둘째, 삼구에서는 일구가 일촉인 즉 구마다 정해진 차제가 없다. 그래서 하나를 들면 전체가 수렴되어 모든 상대의 대립이 사라진다.

셋째, 위앙종과 법안종의 이종에서는 본분의 일촉으로 삼현의 관문을 타파한 즉 앞의 유무의 삼구도 또한 일시에 타파된다.

넷째, 조동종에서는 향상의 일촉으로 권실의 삼관을 타파한다.

다섯째, (운문종과 임제종의) 조사선에서는 향상의 일규로 삼요의 관문을 타파한다.

여기에서 첫째와 둘째는 (여래선과 조사선의) 이선에 통하고, 셋째와 넷째는 여래선이며, 다섯째는 조사선이다.

의리선의 경우에는 아직 본분을 해명하지 못한 까닭에 일촉이 없고 단지 삼구만 있다. 삼현과 비교하면 온전히 동일하지만 아직 본분에 상응하지 못한 까닭에 단지 句라고만 말하고 玄이라고는 말하지 않는다.

配金剛四句偈

凡所有相句 三玄中用中玄 及義理禪有句也 皆是虛妄句 體中玄 及無句也 若見諸相非相句 玄中玄 及中句也 即見如來句 本分一句也 此則經文但明第二句如來禪也 又初句大用 二句大機 三句齊施 四句向上一竅也 此明第一句祖師禪三要也 故百丈禪師云 教語皆是三句相連初中後善 若即說一句 令人入地獄 三句一時說 渠自入地獄 不干教主事 如金剛般若是也 但三四二句 合爲後善 一句雖遮(四句)照(三句)不同 合爲一中句故也 又六祖大師 示說法規曰 吾今教汝說法 不失本宗說一切法莫離自性 忽有人問汝法 出語盡雙 皆取對法 來去相因(上三句) 究竟二法盡除 更無去處(第四句) 亦明此四句大意也 又初句先用後照 二句先照後用 三句照用同時 四句照用不同時 故莊椿錄云 般若單約體 則離名絕相(二句) 單約用 則繁興大用(初句) 雙約體用 則泥牛吼月(三句) 雙拂體用 則夏暑冬寒(四句) 黃龍新禪師云 一清風拂明月 二明月拂清風 三清風明月 四非清風非明月 此後二意 是三要及四照用故經文 亦明祖師禪 此亦現意也 若法眼所謂 若見諸相非相 即不見如來 則反着經文 明祖師禪 意雖同 而見文不同也 無着菩薩 以此偈科爲欲得色身住之意 到此益明矣 此則 以即見如來 爲見性 以欲得色身爲成佛也 然則 此四句偈 圓具三禪 故六百部般若 乃至一代禪教大意無不包含 故云 七寶校功 四句倍勝 達摩云 金剛楞伽 是我心要 可不信歟 可不信歟

14)『금강경』 사구게에 배당함

'모든 신체적 특징'의 구는 삼현 가운데 用中玄이고 또한 의리선의 유구이다. 또 '다 허망하다.'의 구는 體中玄이고 또한 (의리선의) 무구이다. 또 '만약 신체적 특징이 신체적 특징 아닌 줄 본다면'의 구는 玄中玄이고 또한 (의리선의) 중구이다. 또 '곧 여래를 본다.'의 구는 본분의 일구이다. 이것은 즉 경문인데 무릇 제이구인 여래선을 설명한 것이다.

또 초구(범소유상)는 大用이고, 제이구(개시허망)는 大機이며, 제삼구(약견제상비상)는 齊施이고, 제사구는 향상의 일규이다. 이 경문은 제일구로서 조사선의 삼요를 해명한 것이다. 때문에 백장선사가 말한 "교학의 말씀은 모두 삼구가 서로 관련되어 초 · 중 · 후가 善이어야 한다. (초구와 중구와 후구의 삼구 가운데) 일구에만 즉하여 설하면 사람을 지옥에 들어가게 하고 삼구를 일시에 설하면 사람이 스스로 지옥에 들어갈 것이므로 교주의 임무와 상관이 없다."[319]는 것은 『금강반야경』의 경우와 같다. 다만 제삼구와 제사구의 이구를 합한 것이 후구로서 선이다. 비록 遮句(제삼구)와 照句(제사구)가 같지 않은데 그것을 합치면 하나의 中句가 된다.

또한 육조대사는 설법의 규범에 대하여 시중한 "내 이제 그대들한테 설법 본래의 종지를 상실하지 않도록 해주겠다. 일체법을 설하는 경우에 결코 자성을 벗어나지 말라. 홀연히 누가 그대한테 교법을 물으면 다 상대적인 법을 내세워 모든 경우에 상대적인 설법을 취해야 한다. 그러면 오고 감이 서로 인유하여(이상이 삼구이다) 구경에 상대적인 법이 모두 사라져 더이상 나아갈 것이 없다.(제사구)"[320]는 것도 역시 이 사구의 대의를 해명한 것이다.

319) 『(重編)曹洞五位顯訣』 卷3, (卍新續藏63, p.210中) "丈云不入教 如何是三句 丈云不入念 此俱表向上事 念者塵也 不入是事也 若說一句令眾生入地獄 若說三句渠自入地獄 不干教主事 又云 不入念者 念是剎那也 亦云一[蒺-矢+生]" ; 『古尊宿語錄』 卷1, (卍新續藏68, p.8上) "夫教語皆三句相連 初中後善 初直須教渠發善心 中破善心 後始名好善 菩薩即非菩薩 是名菩薩 法非法非非法 總與麼也"

320) 『六祖大師法寶壇經』, (大正藏48, p.360上-中)

또한 초구는 先用後照이고, 제이구는 先照後用이며, 제삼구는 照用同時이고, 제사구는 照用不同時이다. 때문에 『장춘록』에서는 "반야를 홑[單]으로 체에 의거하는 것은 즉 名을 떠나고 相을 단절하는 것이고,(제이구) 홑[單]으로 용에 의거하는 것은 즉 번거롭게 대용을 일으키는 것이며,(初句) 雙으로 체와 용에 의거하는 것은 즉 진흙소가 달을 보고 울부짖는 것이고,(제삼구) 雙으로 체와 용을 부정하는 것은 즉 여름은 덥고 겨울은 추운 것이다.(제사구)"고 말했다.

黃龍悟新 선사는 "제일구는 맑은 바람이 밝은 달을 부정하는 것이고, 제이구는 밝은 달이 맑은 바람을 부정하는 것이며, 제삼구는 맑은 바람과 밝은 달이고, 제사구는 맑은 바람도 없고 밝은 달도 없다."고 말했다. 여기에서 제삼구와 제사구의 두 가지 의미는 곧 삼요와 사조용이다. 때문에 경문도 또한 조사선을 해명한 것이고, 이 조사들의 법어도 역시 의미를 드러낸 것이다.

만약 法眼文益 선사가 말한 "만약 신체적 특징이 신체적 특징 아닌 줄 본다면 곧 여래를 보지 못한다."는 것에 의한다면 곧 경문을 뒤집어서 조사선을 해명한 것이다. 의미는 비록 동일하지만 경문에 대한 견해는 다르다.

무착보살은 이 사구게에 대한 과목을 欲得色身住[321]로 삼았던 뜻이 여기에서 더욱더 분명해졌다. 이것은 즉 '곧 여래를 본다.[卽見如來]'는 것으로 견성을 삼고, '색신을 얻으려는 것[欲得色身]'으로 성불을 삼은 것이다. 그런즉 이 사구게에는 삼종선이 원만하게 갖추어져 있다. 육백부의 반야 내지 일대선교의 대의가 포함되지 않음이 없다. 때문에 칠보로 공덕을 비교하면 사구

321) 『金剛般若論』 卷上, (大正藏25, p.760中) "爲欲得色身住處故 經言 須菩提 於意云何 應以相具足見如來不 此爲依義 顯示對治如來色身"

게가 배나 뛰어나다고 말한다. 菩提達磨는 “금강경과 능가경이 바로 나의 심요이다.”[322] 그러므로 믿지 않을 수 있겠는가, 믿지 않을 수 있겠는가.

配三身有三重

一 報化身爲三要 法身爲向上一竅 二 三身爲三要 法身機也 以性本淸淨 萬法從生故 化身用也 一念思量 名爲變化故 報身中也 當善惡境不染善惡 是爲收化身 歸法身故 向上法身 爲一竅也 上二義 見金剛經希有分 以此爲實下 涵虛說誼 及六祖壇經 三 三身合爲普賢大用 向上法身 爲文殊大機 三身一身 合爲中也 非三非一眞空 亦三亦一妙有 爲向上毘盧也 見一合相下 冶父說誼

15) 삼신을 세 가지 방식으로 배당함

첫째, 보신과 화신은 삼요이고, 법신은 향상의 일규이다.

둘째, 삼신 전체가 삼요이다. 법신은 機이다. 자성이 본래 청정하여 만법이 이로부터 발생하기 때문이다. 화신은 用이다. 찰나만 사량해도 그것을 변화라고 말하기 때문이다. 보신은 中이다. 선악의 경계에도 선악에 물들지 않는다. 곧 화신을 거두어 법신으로 돌아가기 때문에 향상의 법신이 일규가 된다.

위의 첫째와 둘째의 두 가지 의미에 대해서는 『금강경』 정신희유분의 “이것은 진실이다”에 대한 함허득통의 說誼 및 혜능의 『육조단경』을 보라.

322) 『禪源諸詮集都序』 卷上之一, (大正藏48, p.400中) “卽頻讚金剛楞伽云 此二經是我心要”

셋째, 삼신을 합치면 보현보살의 대용이고, 향상의 법신은 문수보살의 대기이며, 삼신과 일신을 합치면 中이다. 삼신도 아니면서 일신도 아니고,[眞空] 삼신이기도 하면서 일신이기도 하는[妙有] 경우가 향상의 비로자나이다. 『금강경』의 일합상에 대한 야보도천(冶父道川)의 게송에 붙인 함허의 『설의』를 보라.

配五分法身見壇經

一 戒香法身 機也 以自心中 本無諸惡故 二 慧香法身 用也 以不離自性 外修諸行故 三 定香法身 中也 以覩善惡境 自心不亂故 定慧換次者 以順三要次第故 四 解脫香法身 向上眞空也 以自性解脫攀緣 不思善惡故 五 解脫知見香法身 眞空中 本具妙用也 以廣學多聞 自利利他故 此是六祖大師 傳香懺悔也 初三身 卽達摩所謂 直指人心也 四是見性也 五是成佛也 是以 六祖底外 無別達摩底 是爲如甁注甁也 此五香法身 是人人自性中 本具底面目 而又遇此祖師親切直示之外緣 則因緣合故 必有所發 各自密密廻光返照 如救頭燃 熏發自性 不亦宜乎 時乎時乎 不可失也

16) 오분법신에 배당함(『단경』을 보라)

첫째, 계향의 법신은 機이다. 왜냐하면 자심 가운데에는 본래 어떤 악도 없기 때문이다.

둘째, 혜향의 법신은 用이다. 왜냐하면 자성을 떠나지 않고 밖으로 제행을 닦기 때문이다.

셋째, 정향의 법신은 中이다. 왜냐하면 선악의 경계를 보고도 자심이 혼란하지 않기 때문이다. 정향과 혜향의 차례가 바뀐 것은 삼요의 차제를 따르기 때문이다.

넷째, 해탈향의 법신은 향상의 진공이다. 왜냐하면 자성이 해탈을 벗어나 있어서 어떤 반연에도 선악을 생각하지 않기 때문이다.

다섯째, 해탈지견향의 법신은 진공 가운데 본래 묘용을 갖추고 있다. 왜냐하면 널리 닦고 많이 들어서 자리이타하기 때문이다.

이상은 육조대사의 傳香懺悔이다.

앞의 세 가지 법신은 달마가 말한 直指人心에 즉한 것이고, 넷째는 견성이며, 다섯째는 성불이다. 이로써 육조의 말을 벗어나서 달리 달마의 말이 없다. 이것은 마치 병에 담긴 물을 다른 병에 옮겨 붓는 것과 같다.

이 오분향의 법신은 모든 사람의 자성 가운데 본래 갖추어진 면목이다. 그래서 다시 조사가 친절하게 직시해주는 외연을 만나면 즉 인연이 합쳐지기 때문에 반드시 발심하게 된다. 그러므로 각자 면밀하게 회광반조해서 마치 머리에 붙은 불을 끄듯이 자성을 훈발해야 한다. 반드시 그래야 되지 않겠는가. 세월을 낭비해서는 안 된다.

配四弘願見壇經

一 度衆生願 卽不思惡也 以自心中 貪嗔癡等 一切不善心 是自心衆生 是三惡途之因 故願度自心中三毒心也 二 斷煩惱願 卽不思善也 以心着邪見故 雖不造惡業 又着有漏善 教中五戒十善四諦十二因緣六度萬行 乃至禪中 三種禪三三句等 一切善法 隨聞隨見 一一貪着 馳求不歇 雖深淺不同皆是新熏傳授邊 拖泥帶水事 故自本分淸淨自性上觀

之 則無非虛妄思想之煩惱妄想 故願斷心中馳求不歇之煩惱妄想心也 三 學法門願 卽願見性也 旣不思向外馳求之善惡 故還向自性中 直須自起無念智慧 觀照自性 念念不昧 則畢竟親見自性 常行無念無相正法 是名眞學也 四 成佛道願 卽願成佛也 此是眞空法門中 本具妙用是爲眞佛眞法眞道 而擧上下該中 故但云 佛道也 此四弘願 卽本分衲僧 日用四威儀中 不離自性之無念 離相行願 故六祖臨終偈云 兀兀不修善(二願) 騰騰不造惡(初願) 寂寂斷見聞(三願) 蕩蕩心無着(四願) 此是達摩所傳 無文印也

17) 사홍서원에 배당함(壇經을 보라)

첫째, 중생을 제도하겠다는 서원은 곧 惡을 생각하지 않는 것이다. 왜냐하면 자심 속의 탐 · 진 · 치 등 일체의 不善心이 곧 자심중생인데 그것이 三惡道의 원인이다. 때문에 자심 속의 삼독심을 제도하겠다고 서원하는 것이다.

둘째, 번뇌를 끊겠다는 서원은 곧 善을 생각하지 않는 것이다. 왜냐하면 마음이 사견에 집착하기 때문이고, 비록 악업은 짓지 않더라도 다시 有漏善에 집착하기 때문이다. 교학의 五戒 · 十善 · 四聖諦 · 十二因緣 · 六度萬行 내지 선의 三種禪 · 三三句 등 일체의 선법(善法)을 듣는 대로 보는 대로 낱낱이 착하여 끊임없이 치달려 추구하는 것은 비록 심천의 차이는 있을지라도 그것은 모두 신훈으로 전수하는 것이고 拖泥帶水하는 꼴이다. 자기의 본분과 청정한 자성에서 관찰해보면 이것들은 허망한 사려분별로 번뇌와 망상 아님이 없다. 때문에 마음속에서 끊임없이 치달려 추구하려는 번뇌와 망상심을 끊겠다고 서원하는 것이다.

셋째, 법문을 닦겠다는 서원은 곧 견성할 것을 서원하는 것이다. 이미 밖을 향해서 치달려 추구하는 마음을 생각하지 않은 까닭에 오히려 자성을 향하여 곧장 스스로 無念의 지혜를 일으켜서 자성을 관조하여 항상 어둡지 않으면 필경에 친히 자성을 보아 항상 무념과 무상의 정법을 실천하게 된다. 이것을 참다운 수행[眞學]이라고 말한다.

넷째, 불도를 성취하겠다는 서원은 곧 성불을 서원하는 것이다. 이것은 진공의 법문 가운데 본래 갖추어져 있는 묘용이다. 이것은 眞佛이고 眞法이며 眞道인데, 상 · 하를 언급하면 中이 갖추어지기 때문에 단지 佛道라고만 말했다.

이 사홍서원은 곧 본분납자가 일상의 四威儀에서 자성의 무념을 떠나지 않으면서도 상을 떠난 행원이다. 때문에 육조는 [임종게]에서 다음과 같이 말했다.

올올하여 선을 닦지도 말고(제이원)
등등하여 악을 짓지도 말라(제일원)
적적하여 견문을 모두 끊고(제삼원)
탕탕하여 마음에 집착 말라(제사원)
이것이 달마가 전승한 문양이 없는 도장[無文印]이다.

配坐禪禪定四字見壇經

坐者 眞空也 以雖見外境 而不起念故 自性不動 名爲坐也 禪者 妙有也 以無念智 能見不動自性 故名爲禪也 此則 眞空當體不動 爲坐 以智觀照 爲禪也 禪定者 禪是妙有 以卽相離相 故名禪也 定是眞空 以旣離外相 則內心不動 故名定也 然則坐禪者 由眞空而得妙有故 坐外無別禪也 禪定者 由妙有而眞空現故 禪外無別定也 此空有無二之行卽是衲僧 不離自性之無念三昧也

18) 좌 · 선 · 선 · 정의 네 글자에 배당함(『단경』을 보라)

坐는 진공이다. 비록 밖의 경계를 보아도 망념이 일어나지 않기 때문에 자성이 흔들리지 않는 것을 좌라고 말한다.

禪은 묘유이다. 무념의 지혜로 부동의 자성을 보는 것을 선이라고 말한다.

이리하여 진공의 당체에 즉하여 흔들리지 않는 것이 좌이고, 지혜로 관조하는 것이 선이다.

禪은 묘유이다. 왜냐하면 相에 즉해서도 상을 떠나있기 때문에 선이라고 말한다.

定은 진공이다. 왜냐하면 이미 밖의 상을 떠난즉 내심이 부동하기 때문에 정이라고 말한다.

그런즉 좌선은 진공을 말미암아 묘유를 얻는 것이기 때문에 좌 밖에 따로 선이 없다. 선정은 묘유를 말미암아 진공이 드러나기 때문에 선 밖에 따로 정이 없다.

이것이 공과 유를 분별하지 않는 수행으로서 곧 납승이 자성을 떠나지 않고 실천하는 무념삼매이다.

達摩不立文字直指人心見性成佛

說不立文字者 第二句本分及向上也 以其三玄及第三句 建立文字 着相馳求 故不立文字 斥其向外亂走之義理邪見也 直指人心者 第一句向下三要也 以此三要 是第八藏識三分 則是人人本具底 故名曰人心 旣眞妄和合 則可以爲凡 可以爲聖 故祖師老婆心切 初來中華 見諸衆生 不求自心 向外狂走 虛尙義理文字知解 故直指衆生心中 心本淨妄

本空之義 開除妄心 指示眞心 故云直指人心也 見性者 向上眞空也 旣悟妄空心淨 則能所心(見分)境(相分) 當下俱泯 向上眞空當體 獨露面前 故云見性也 是爲涅槃 故云 外息諸緣(境泯) 内心無喘(心泯) 心如墻壁(見性) 可以入道(成佛) 六祖云 心有能所 卽非般若 心無能所 是名般若 成佛者 向上妙有也 雖見自性 若不修證 更無一人發眞歸源 故向此眞空沒通消息處 轉身通氣 敷萬行華 圓成三身圓滿佛 故云 成佛也 是爲菩提

19) 달마의 불립문자 · 직지인심 · 견성성불설

不立文字는 제이구로서 본분과 향상이다. 삼현과 제삼구로 문자를 건립하여 형상에 집착하여 치달려 추구한다. 때문에 문자를 건립하지 않고 밖을 향해 함부로 달려가는 義理와 邪見을 배척한다.

直指人心은 제일구로서 향하의 삼요이다. 이 삼요는 제팔 藏識을 삼분한 것으로 즉 모든 사람이 본래 갖추고 있는 것이므로 人心이라고 말한다. 이미 眞과 妄이 화합된 즉 범부이기도 하고 성인이기도 하다. 때문에 달마조사는 노파심이 간절하여 처음 중국에 도래하자마자 모든 중생이 자심을 추구하지 않고 밖을 향해서 어지럽게 달리며 헛되게 의리와 문자와 지해를 숭상하는 것을 보았다. 그러나 중생심 가운데는 마음은 본래 청정하고 허망은 본래 공이라는 뜻을 직지하여 망심을 열어 없애고 진심을 지시하려는 까닭에 직지인심이라고 말했다.

見性은 향상의 진공이다. 이미 망념은 공이고 마음은 청정임을 깨달은 즉 능소의 심(見分)과 경(相分)이 당장에 모두 사라지고 향상의 진공의 당체가 면전에 뚜렷이 드러난다. 때문에 견성이라고 말한다. 이것이 열반이다. 때문에 (달마는) "밖으로 모든 반연을 그치고(境泯) 안으로 마음이 고요하여(心泯) 마음이 장벽과 같아야(見性) 깨달음에 들어갈 수 있다.(成佛)"고 말한다. 또 육조는 "마음에 능소가 있으면 곧 반야가 아니다. 마음에 능소가 없어야 그것을 반야라고 말한다."고 말한다.

成佛은 향상의 묘유이다. 비록 자성을 보았더라도 만약 수증이 없으면 결코 어떤 사람도 진성을 일으켜서 근원으로 돌아가지 못한다. 때문에 어떤 소식도 통하지 못하는 진공의 그 자리를 향해서 몸을 굴리고 기를 소통시켜 만행의 꽃을 피워야만 삼신의 원만불을 원만하게 성취한다. 때문에 성불이라고 말한다. 이것이 깨달음이다.

達摩三處傳心

一 祖問諸緣已斷否 可曰 已斷 祖曰 莫落斷滅否 可曰 不落斷滅 以明明不昧 了了常知 故言之不可及 說話云 諸緣已斷時 無一法可當情(逈超今古) 了了常知 知有本分事(宗門向上) 與體(眞空)一般也 悟修斯亡故得如來禪

20) 달마의 삼처전심

(1) 제일처전심

조사가 물었다.

"모든 반연을 단절했는가."

혜가가 말했다.

"이미 단절했습니다."

조사가 말했다.

“단멸에 떨어지지 않았는가.”

혜가가 말했다.

“단멸에 떨어지지 않았습니다.”

[조사가 물었다.

“모든 반연이 단절되었는데 단멸이 아닌가.”

혜가가 말했다.

“비록 모든 망념이 단절되었지만 또한 단멸은 아닙니다.”

조사가 물었다.

“무엇을 증험하여 단멸이 아니라고 말하는가.”][323]

혜가가 대답했다.

“밝고 밝아 어둡지 않아서 분명하게 항상 알고 있습니다. 때문에 그것은 언설로 미치지 못합니다.”

『염송설화』에서 다음과 같이 말한다.

“모든 반연이 단멸되었을 때는 어떤 법도 분별에 해당하는 것이 없다.(고금을 아득히 초월한다) 분명하게 항상 알고 있다는 것은 본분사(종문의 향상)와 본체(眞空)와 같음을 알았다는 것이다. 그래서 거기에는 깨달음과 수행이 없기 때문에 여래선을 얻는다.”

二 可問 諸佛法印 可得聞乎 祖曰 諸佛法印 非從人得 可曰 我心未寧

323)『禪源諸詮集都序』 卷1, (大正藏48 p.405中) “問諸緣絶時有斷滅否 答雖絶諸念亦不斷滅 問以何證驗云不斷滅”에 의하여 누락된 내용을 보충함.

乞師安心 祖曰 將心來 與汝安 可曰 覓心了 不可得 祖曰 與汝安心竟 可禮拜 祖曰 汝見什麽道理 禮拜 可曰 明明不昧 了了常知 祖曰 此是 諸佛所傳心體 汝善護持 說話云 當下安心 悟得諸佛所傳心體 前解轉 明曰 明明不昧 了了常知 遂乃會得祖師禪 得他印許

(2) 제이처전심

혜가가 물었다.
"제불의 法印을 들려주십시오."
조사가 말했다.
"제불의 법인은 남한테서 들을 수 있는 것이 아니다."
혜가가 다시 물었다.
"제 마음이 편안하지 않습니다. 스승께서 안심시켜 주십시오."
조사가 말했다.
"마음을 가져오라. 그대한테 안심시켜 주겠다."
혜가가 말했다.
"마음을 찾아봤지만 없습니다."
조사가 말했다.
"그대를 안심시켜주었다."
혜가가 예배하자, 조사가 물었다.
"그대는 어떤 도리를 보았길래 예배를 하는가."
혜가가 말했다.
"밝고 밝아 어둡지 않아서 분명하게 항상 알고 있습니다."
조사가 말했다.
"그것이 바로 제불이 전승한 心體이다. 그대는 잘 호지하라."

『염송설화』에서 다음과 같이 말한다.

"당장에 안심되어 제불이 전승한 심체를 깨달았다. 그래서 이전의 이해가 더욱 밝아지자 '밝고 밝아 어둡지 않아서 분명하게 항상 알고 있습니다.'고 말했다. 마침내 조사선을 깨닫고 조사의 인가를 받았다."

三 祖一日命門人曰 時將至矣 盍各言所得乎 諸人各呈所得 最後慧可出禮三拜(妙有) 依位而立(眞空) 祖曰 汝得吾髓 乃傳衣付法 說話云 此宗門異類 此則入室也

(3) 제삼처전심

조사가 어느 날 문인들에게 말했다.

"장차 때가 되었다. 자, 각자 터득한 것을 말해 보라."

여러 사람이 각자 터득한 경지를 말씀드렸는데, 최후로 혜가가 나와서 삼배의 예를 드리고(妙有) 제자리에 섰다.(眞空)

조사가 말했다.

"그대는 내 골수를 얻었다."

이에 가사를 전승하고 정법안장을 부촉하였다.

『염송설화』에서 다음과 같이 말한다.

"이것이 종문의 이류[宗門異類]이고, 이것이 入室이다."

禪室三拜說

南無十方常住佛 歸依大機也 南無十方常住法 歸依大用也 南無十方

常住僧 歸依齊施也 此乃歸依自性三寶 故爲向上妙有三要 即迦葉二禮佛足 慧可出禮三拜之榜樣也 又此三寶 即自性上妙有 故三無別體 即是眞空向[3]性 且朝夕禮敬 是佛子日用平常事故 正是毘盧向上也 本分衲僧 不敬則已 敬則 須敬自心三寶 何敬他佛 自作邪魔外道也 故云 心外覓佛 是魔眷屬 又三寶皆云 十方(用)常住(機)者 以三要中 各具三要 佛是(機)也 而橫徧十方(用)也 常住三世(機)也 故百丈得大機 更無餘事 法是用也 而亦具三要 故黃蘗<檗?>得大用 更無餘事 故此三拜 正是臨濟宗旨活人劒消息 故祖師以爲禪家日用常規 要使諸人 拜來拜去 庶幾透得佛祖行履處 此三拜 即妙有三句 擊壁一聲 即眞空一句也 上約說話門辨 若約看話門說者 每於拜時 徐徐動身 抖擻精神 回光返照 能如是折旋 俯仰 唱和 禮拜者 是什麼物 如是拜來拜去 照來照去 盡力叅究 切切(懇禱皃)拳拳(奉持皃) 絕無絲毫走作 乃至禮畢 正念堅凝 念念不昧 則稍稍成片 漸覺省力矣 便是得力處也 此說看二門 如人目 是闕一不可 以說話門 洞曉佛法 圓善宗旨 以看話門 切心叅究 眞知實踐 親到古人親證處 始得

21) 선실삼배설

'나무시방상주불'이라고 귀의하는 것은 大機이다. '나무시방상주법'이라고 귀의하는 것은 大用이다. '나무시방상주승'이라고 귀의하는 것은 齊施이다. 이것은 자성삼보에 귀의하는 것이기 때문에 향상의 묘유로서 삼요이다. 곧 가섭이 부처님 발에 두 번 예배한 것, 그리고 혜가가 나와서 삼배의 예를 드린 것과 같은 모습이다.

또한 이 삼보는 곧 자성의 묘유이기 때문에 셋이 체를 달리함이 없다. 곧 진공의 자성을 향한다. 또 조석으로 예경하는 것은 곧 불자의 일용적인 평상사이기 때문에 바로 비로자나불의 향상이다. 본분납승이라면 예경하지 않는 경우에는 몰라도 예경한다면 반드시 자심의 삼보에 예경해야 한다. 어찌 타불에 예경하여 스스로 사마외도가 되겠는가. 때문에 마음 밖에서 부처를 찾는 것은 마의 권속이라고 말한다.

또한 삼보에 대하여 모두 시방[用]에 상주한다[機]고 말한 것은 삼요 가운데 각각 삼요를 갖추고 있기 때문이다.

불은 機이다. 따라서 시방에 편만한 것은 用이고, 삼세에 상주하는 것은 機이다. 때문에 백장은 大機를 얻고 나서 달리 할 것이 없었다.

법은 用이다. 따라서 이 또한 삼요를 갖추고 있다. 때문에 황벽은 大用을 얻고 나서 달리 할 것이 없었다.

그러므로 이 삼배는 바로 임제종의 종지이고 활인검의 소식이다. 때문에 조사는 이것으로 선가의 일용상규를 삼았다. 요컨대 모든 사람들로 하여금 예배할 때마다 불조의 행리처를 투득할 것을 바랬다. 이 삼배는 곧 묘유의 삼구이고, 擊壁의 一聲은 곧 진공의 일구이다. 이상은 說話門에 의거하여 변별한 것이다.

만약 看話門에 의거하여 설하자면, 예배할 때마다 서서히 몸을 움직여주고 정신을 바싹 차려 회광반조하되 '이와 같이 몸을 굽혔다 펴고 머리를 숙였다 치켜들며 소리를 내어 예배하는 놈 이놈은 무엇인가.'라고 이와 같이 예배하고 살펴야 한다. 진력을 다하여 참구하되 간절하고[간곡하게 빈다] 정성스럽게[정성껏 받든다] 하여 털끝만큼도 흩어져 사라지지 않도록 해야 한다. 내지 예배를 마친 후에도 정념으로 뭉쳐서 찰나도 어둡지 않으면 곧 서서히 타성일편이 되어 점차 홀가분해짐을 느끼게 되는데 그것이 바로 힘을 얻는 경지[得力處]이다.

이처럼 설화문과 간화문의 이문은 사람의 눈과 같아서 하나라도 없으면 안 된다. 설화문을 통해서는 불법을 훤히 알고 선의 종지를 원만하게 갖추어야 하며, 간화문을 통해서는 간절한 마음으로 참구하여 제대로 알고 실천하여 고인이 몸소 증득한 경지에 직접 도달해야 한다.

看當十統說

初三統 即義理禪 有無中三句也 中一統 即如來禪 本分一句也 後三統 即祖師禪 向下三要也 故云 一鏃(中一)破三關(初三) 分明箭後路(後三) 將軍竹篦一聲 向壁而坐者 向上眞空 放禪三統 向上妙有也 此是禪家默言作法之一行三昧也 古以十統 托破十惡之說 似失宗旨 廣如作法龜鑑 須者往撿

22) 간당십통설

처음의 三統은 의리선의 유 · 무 · 중의 삼구에 즉한 것이다. 중간의 네 가지에 대한 일통씩은 여래선의 본분의 일구에 즉한 것이다. 나중의 삼통은 조사선의 향하삼요에 즉한 것이다. 때문에 일촉(중간의 일통)으로 삼관(처음의 삼통)을 타파하는데 화살의 後路가 분명하다.(나중의 삼통)

장군죽비 치는 일성에 벽을 향해 앉는 것은 향상의 진공이고, 放禪 때의 삼통은 향하의 묘유이다. 이것이 선가의 묵언작법인 一行三昧이다. 그러나 예로부터 십통으로 십악을 타파한다는 설은 그 종지가 상실된 것 같다. 자세한 내용은 『작법귀감』에 있으므로 필요한 경우에 그것을 검토하라.

훽喝聲

予曾未知喝聲形容 亦無可問處 心常慨然 忽得破傷語錄 於小片中 有此喝聲 如暗得燈 特書以傳 然四喝形容 想必不同 無從可考 可歎

23) 악(할을 하는 소리)

나는 일찍이 喝의 소리맵시를 몰랐는데 또한 딱히 물어볼 곳도 없어서 마음이 항상 답답했다. 그러다가 홀연히 결락된『어록』을 얻었는데 그 가운데 일부분에 이 할의 소리맵시가 들어 있었다. 마치 어둠 속에서 등불을 만난 것과 같아 특별히 서사하여 전승한다. 그러나 四喝의 소리맵시가 분명히 다를 것인데 고증할 방법이 없는 것이 안타깝다.

24)『무자간병론과해』

無字揀病論科解

무자간병론과해[324)]

文分爲二

글을 나누면 두 부분이 된다.

一擧話

Ⅰ. 화두를 언급한다.

324) 眞覺慧諶 述,『狗子無佛性話揀病論』(韓佛全6 수록)에다 白坡亘璇이 분과한 내용이다.

天童擧 僧問趙州 狗子還有佛性也無 州云有 僧云爲什麼 撞入這箇皮俗 州云他知而故犯 又僧問趙州 狗子還有佛性也無 州云無 僧云一切衆生 皆有佛性 爲什麼 狗子却無 州云爲 他有業識在

(혜심의 말씀)

천동정각이 다음과 같은 이야기를 들었다.

한 승이 조주에게 물었다.

"개에게도 불성이 있습니까."

조주가 말했다.

"有"

승이 물었다.

"그렇다면 어째서 개의 몸을 받았습니까."

조주가 말했다.

"그것을 알면서도 고의적으로 범한 것이다."

또 승이 조주에게 물었다.

"개한테도 불성이 있습니까."

조주가 말했다.

"無"

승이 물었다.

"일체중생은 모두 불성이 있다는데 어째서 개한테는 無라고 하는 것입니까."

조주가 말했다.

"개한테는 업식이 있기 때문이다."[325]

解曰 天童 山名 卽正覺禪師上堂也 擧字 釋於識在下 趙州 觀音院 從諗禪師 娑羅王如來後身 三入祖門中 有佛性大用 無佛性大機 卽示祖師禪向下三要也 雖云有無意不在此限故 亦具向上 則眞空妙有 無二圓融之無孔鐵鎚 頓放諸人面前 撞入皮袋 爲什麽却無 皆失支對 知而故犯 及業識在 迷蹤盖覆也 以其不能承當 但以有無錯解故 迷藏自家所示之蹤跡 而盖覆之却順其有無 以答故 名曰迷蹤訣 此是禪師難能之妙訣

(백파가) 해석하였다.

'천동'은 산 이름이고, 정각선사의 상당법어에 해당한다.

'거'라는 글자는 '업식이 있기 때문이다'는 부분까지를 해석한 것이다.

'조주'는 관음원의 종심선사인데 사라왕[娑竭羅龍王] 여래의 후신으로 세 번이나 조사문중에 들어갔다.

'유불성'은 대용이고, '무불성'은 대기로서 조사선의 향하의 삼요에 해당함을 보여준 것이다. 비록 유 및 무라고 말했지만 그 뜻은 이것[326]에 한정되지 않는다. 때문에 또한 향상의 뜻을 갖추고 있은즉 진공과 묘유인데, 무이원융의 무공철추를 그대들 면전에 온전히 내놓은 것이다. 개의 몸을 받은 것과 어째서 無인가 등은 모두 잘못된 답변[支對]이고, 알고도 고의적으로 범

325) 『宏智錄』 卷1, (大正藏48, p.17中) 굉지는 이 내용에 대하여 다음과 같이 자신의 견해를 덧붙이고 있다. "천동정각이 말했다. 조주가 있다고 말하거나 없다고 말하거나 그에 상관없이 개의 불성을 천하사람들이 분별한다. 얼굴이 반반해도 말이 곧은 것만 못하니, 마음이 진실하면 말이 거칠어도 괴이하게 여길 것이 없다. 칠백 갑자의 노련한 선백은 나귀똥을 가지고 만나는 사람마다 눈알로 바꿔준다. 師云 趙州道有趙州道無 狗子佛性 天下分疏 面赤不如語直 心眞莫怪言麤 七百甲子老禪伯 驢糞逢人換眼珠"

326) 有 · 無 · 有業識在 등 조사선의 向下三要를 가리킨다.

한 것과 업식이 있기 때문이라는 것은 조주 자신의 종적을 감추고 덮어버린 것이다. 이에 그 도리를 깨닫지 못하고 단지 유무로써 잘못 이해하였다. 때문에 (조주는) 자신이 보여준 종적을 감추어 덮어버리고 도리어 그 유무의 분별을 따라서 답해준 것이다. 때문에 종적을 미혹하게 만들어버리는 비결[迷蹤訣]라고 말한다. 이에 일반의 선사들이 해결하기 어려운 묘결이다.

二正揀三

Ⅱ. 본격적으로 간별한다. 여기에 세 가지가 있다.

一正明無孔鎚

1. 본격적으로 무공추를 설명한다

師云 趙州道有 趙州道無 狗子佛性 天下分疏 面赤不如語直 心眞莫怪言麤 七百甲子老禪伯 驢糞逢人換眼珠

(혜심의 말씀)

천동정각이 말했다.

"조주가 有라고 말하거나 조주가 無라고 말하거나 개의 불성을 천하사람들이 분별한다. 얼굴이 반반해도 말이 곧은 것만 못하고, 마음이 진실하면 말이 거칠어도 괴이하게 여길 것이 없다. 칠백 갑자의 노련한 선백은 나귀똥을 가지고 만나는 사람마다 눈알로 바꿔준다네."[327]

分疎 猶言分別 心眞 意在無孔鎚故 言麤 迷蹤訣 似是戲談故 驢糞 是無用至賤物故 以比無用之無孔鐵鎚也 以十種錯解 雖是末後句消息 皆未脫意根撞立之識情故 以無孔鎚 一一換却也 祖師旣云 無孔鎚則必無插觜分 學者 切勿以末後句中十種邪解 擬議計較 直須抖擻精神 盡力提撕看是箇什麼 此單提無字

(백파의 해설)

'분소'라는 것은 언설로 분별하는 것을 가리킨다. '마음이 진실하다'는 것은 마음[意]이 무공추에 있기 때문이다. '말이 거칠다'는 것은 미혹한 종적의 수수께끼[迷蹤訣]는 희롱하는 말과 비슷하기 때문이다. '나귀의 똥'이란 쓸모없는 것으로 지극히 천한 물건이기 때문에 나귀의 똥과 같은 무용지물을 무공철추에 비유한 것이다.

여기에서 열 가지의 잘못된 이해를 제시한 것은 비록 그것이 말후구의 소식일지라도 모두 분별심[意根]을 내세우는 識情을 벗어나지 못하고 있기 때문이다. 그러므로 무공추로써 낱낱이 그것들을 뒤집어 주는 것이다.

어떤 조사는 일찍이 무공추는 곧 기필코 부리로 쪼아댈 부분조차 없다고 말했다. 그러니 납자는 결코 말후구에서 십종의 잘못된 견해를 내지 말아야 한다면 곧 정신을 바싹 차려서 진력으로 참구[328]하되 '이것이 무엇인가.'라

327) 『宏智錄』 卷1, (大正藏48, p.17中)
328) 여기에서 참구에 해당하는 말은 '提撕'인데 '제서'라고 발음한다.

고 살펴야 한다. 이것은 無字를 單提한 것이다.

二廣揀十種病二

2. 자세하게 십종병을 간별한다. 여기에 두 가지가 있다.

一正揀三

1) 본격적으로 간별한다. 여기에 세 종류가 있다.

一正揀十種病十

⑴ 본격적으로 십종병에 대하여 간별한다. 여기에 열 가지가 있다.

一揀有無之無解三

① 유 · 무의 무로 이해하는 것을 간별한다. 여기에 세 가지가 있다.

一直破有無三句解

㉮ 유무의 삼구로 이해하는 것을 직파한다.

汎叅道俗 看此話 始終問答 隨言定旨 決定作有無之無 殊不知五祖演和尙頌云 趙州露刃劒 寒霜光焰焰 擬欲問如何 分身作兩段 眞淨和尙頌云 言有業識在 誰云意不深 海枯終見底 人死不知心 如是等頌 不可勝數

(혜심의 말씀)[329]

범연하게 참구하는 도속은 이 화두를 간하면서 시종 문답하는데 언설만 따라서 뜻을 정하므로 결정적으로 유무의 무를 짓고 만다. 그래서 의외로 오조법연 화상은 다음과 같이 게송으로 말했다.

조주의 번뜩이는 칼날은
찬서리 빛이 번뜩이도다
그게 무엇인가 묻는다면
곧장 두 동강 날 것이다[330]

진정극문 화상은 다음과 같이 게송으로 말했다.

업식이 있기 때문이라 말한 것은
뜻이 깊지 않다고 누가 말했던가
바다가 마르면 맨 바닥 드러나되
사람은 죽어도 끝내 마음 모르네[331]

이와 같은 게송은 이루 헤아릴 수 없이 많다.

道俗二家人 汎然叅究也 不知字 釋於勝數 五祖意 無字 是殺人刀大機故無擬心問答分也 眞淨意 趙州意直得無限 故不可知也 豈皆有無之無耶

(백파의 해설)

329) 이하 (혜심의 말씀) 부분은 『韓佛全』6, p.69. 수록 참조.
330) 『法演禪師語錄』 卷下, (大正藏47, p.666下)
331) 『嘉泰普燈錄』 卷27, (卍新纂續藏經79, p.461上)

도속의 출가와 재가인은 범연하게 참구하여 글자만으로 해석하는데 다 헤아릴 수가 없다. 오조법연이 의도한 無字는 살인도로서 대기를 가리킨다. 때문에 분별심으로 이리저리 문답해서는 안 된다. 진정극문의 의도는 조주의 뜻이야말로 무한하기 때문에 알 수 없다는 것을 가리킨다. 그런데 어찌 모두가 유무의 무이겠는가.

二又破嬰兒無性解

㉯ 또 영아는 자성이 없다고 이해하는 것을 타파한다.

或云這僧自謂 得似孩兒 見人空解笑 弄物不知名 又如狗子 蒙蒙瞳瞳 跛跛挈挈 但念水草 餘無分別 以此爲好消息 然未知作家之鑑 可不如何故借狗子 設問呈似 所以趙州謂 直饒伊麽 未徹在 答云無者 如經云 有情無佛性 無情有佛性 黃蘗云 始踏佛階梯 無情有佛性 未踏佛階梯 有情無佛性 又如惠朗禪師問石頭 如何是佛性 頭云汝無佛性 云蠢動含靈 又作麽生 曰蠢動含靈 却有佛性 云某甲爲什麽 却無 爲汝不肯承當等之意也 這僧雖非本意 且擧狗子分上 更問云 一切衆生 皆有佛性 爲什麽 狗子却無 趙州亦擧狗子 答云爲他有業識在 言似隨他

(혜심의 말씀)

혹자는 말한다.

“그 승은 스스로 다음과 같이 말한다. ‘어린아이와 같아서 사람을 보면 공연히 웃을 줄만 알고 장난감을 가지고 놀아도 그 명칭조차 모른다.[332] 또 마치 개와 같아서 캥캥 짖어대고 엉금엉금 기어나닐 줄만 알고 단지 먹이[水草]만 생각할 뿐 나머지는 분별조차 못한다.' 이런 경우는 좋은 소식이기는 하나 조주작가의 鑑定이 어떤 것인지는 모른다. 이에 개를 빌려서 질문으로 제시한 것이다. 때문에 조주가 그렇게 말했다. 설령 그렇다고 해도 아직 철저한 것은 못된다. '무'라고 답변한 것은 경전에서 '유정에는 불성이 없고 무정에는 불성이 있다."[333]고 말한 경우와 같다.

그리고 황벽은 다음과 같이 말한다.

처음 부처님의 가르침 밟아보니
무정물에도 곧 불성이 있더구나
부처님의 사다리를 밟기 전에는
유정물에도 곧 불성이 없었다네[334]

또 저 招提慧朗 선사는 석두에게 다음과 같이 물었다.

"불성이란 무엇입니까."

석두가 말했다.

"그대에게는 불성이 없다."

또 물었다.

"그러면 준동함령이라고들 말하는데 그건 무엇입니까."

석두가 말했다.

"준동함령이란 곧 불성이 있다는 말이지."

또 물었다.

332) 『大慧普覺禪師語錄』 卷4, (大正藏47, p.826中)
333) 『續古尊宿語要』 卷6, (卍新纂續藏經68) "佛言 有情無佛性 無情有佛性 有情不解說法 無情常說法" 참조.
334) 『天聖廣燈錄』 卷9, (卍新纂續藏經78, p.460上) "若踏佛階梯 無情有佛性 若未踏佛階梯 有情無佛性" 참조.

"그러면 저한테는 어찌하여 불성이 없다는 것입니까."
(석두가 말했다.)
"그대에게 일러 주어도 이해하지 못하기 때문이다."
그 승은 본의는 아니었지만 다시 개 이야기를 들어서 다음과 같이 질문했다.
"일체중생에게는 모두 불성이 있다고 하는데 어찌하여 개에게는 없다는 것입니까."
그러자 조주도 역시 개의 이야기를 들어 다음과 같이 답하였다.
"개에게는 업식이 있기 때문이다."
말은 서로 간에 비슷하지만 뜻은 같지가 않다.[335)]

問意如嬰兒無念 必有佛性 答意雖無麤念 亦有業識在 故未踏佛階不肯承當 何有佛性 此亦義理禪有無之無 而但初破有念云無 此破無念云無故異也

(백파의 해설)

질문한 뜻은 '영아처럼 무념하면 반드시 불성이 있는 것인가.'라는 것이다. 답한 뜻은 '비록 麤念은 없을지라도 또한 업식이 있기 때문이다.'라는 것이다. 그래서 아직 부처님의 계단을 밟기 전에는 불성이 무엇인지 이해하지 못하였다. 이것은 또한 의리선에서 말하는 유무의 무이다. 그래서 단지 처음에는 유라는 생각을 타파하여 무라고 말했지만, 이제 여기에서는 무라는

335) 『景德傳燈錄』 卷19, (大正藏51, p.359下) 참조.

생각을 타파하여 무라고 말했다. 때문에 서로 다르다.

三亦破向上無染解

㉰ 또한 향상에는 염오가 없다고 이해하는 것을 타파한다.

或云好箇狗子上 不可用佛性二字染汚 何故西施不用添脂粉也 如見山是山 見水是水 見拄杖但喚作拄杖 見屋但喚作屋 何妨見狗子但喚作狗子 故州云無 如此等邪解 不可勝數 故大慧揀云 不得作有無之無

(혜심의 말씀)

혹자는 말한다.

"개를 말하는 것은 좋지만 불성이라는 두 글자를 더럽히지 말라. 왜냐하면 西施는 화장을 할 필요가 없었다. 마치 '산을 보면 산이라 말하고, 물을 보면 물이라 말하며,[336] 주장자를 보면 그저 주장자라고 부르고, 오두막을 보고 그저 오두막이라고 부르는 경우와 같다. 그러므로 개를 보면 그저 개라고 부르면 좋지 않겠는가. 때문에 조주는 '무'라고 말했다."

이와 같이 잘못된 견해는 수없이 많다. 때문에 대혜는 "유무의 무로 이해하지 말라."[337]고 간별했다.

---

336)『撫州曹山元證禪師語錄』, [五位旨訣], (大正藏47, p.533中)
337)『大慧普覺禪師書』 卷29, (大正藏47, p.886上)

(백파의 해설)

此雖向上會 而亦是有無之無也 如此下 揚結如上三解等之邪解無數也

이것은 비록 향상의 이해일지라도 역시 유무의 무일뿐이다. '이와 같은' 이하[338]는 위의 세 가지 이해[339]의 잘못된 이해가 무수함을 총결한 것이다.

二揀眞無之無解

② 진무의 무로 이해하는 것을 간별한다.

(혜심의 말씀)

旣不許伊麽定 又錯解云 不落有無 是眞無之無 如金剛三昧經<論+?>云 若離無取有 捨有從空 而非眞無 今雖離有而不存空 如是 乃得諸法眞無 恐如此差排 故揀云 不得作眞無之無卜度

이미 위에서 그런 이해[340]를 금지하니, 다시 잘못 이해하여 '유무에 떨어지지 않으면 진무의 무이다.'라고 말한다. 이것은 마치 "금강삼매경에서 말한다. 만약 무를 떠나서 유를 취하거나 유를 버리고 공을 쫓는다면 그것은 진정한 무가 아니다. 지금 비록 유를 떠났지만 공도 남겨두지 않아야 한다.

338) "이와 같이 잘못된 견해는 수없이 많다."는 대목을 가리킨다.
339) 위에서 언급한 ㉮直破有無三句解, ㉯又破嬰兒無性解, ㉰亦破向上無染解의 세 가지를 가리킨다.
340) '그런 이해'는 유무의 무로써 이해하려는 것을 가리킨다.

이처럼 해야 제법의 진무를 터득한다."[341]는 것과 같다. 이와 같이 잘못 안배할 것을 염려한 까닭에 '진무의 무로 헤아리지 말라.'고 간별한 것이다.

(백파의 해설)

此破如來禪本分一句解 以不落前 義理禪新熏三句 故名曰眞無非對有之無

이것은 여래선의 본분의 일구에 대한 이해를 타파한 것이다. 위에서 말한 의리선의 신훈의 삼구에 떨어지지 않게 한 것이다. 때문에 진무는 유에 상대한 무가 아니라고 말한다.

三揀玄妙道理解

③ 현묘한 도리로 이해하는 것을 간별한다.

(혜심의 말씀)

旣不許伊麼定 又作玄妙道理會 揀云 不得作道理會

이미 위에서 그런 이해[342]를 금지하니, 다시 현묘한 도리를 통하여 이해

341) 『萬善同歸集』 卷3, (大正藏48, p.983下)

342) '그런 이해'는 진무의 무로 헤아리지 말라는 것을 가리킨다.

하려고 한다. 이에 도리를 통하여 이해하지 말라고 간별한다.

(백파의 해설)

以第一不落今時三句 第二全超空劫一句故 更作宗門向上會也

제일단계에서는 금시(新熏)의 삼구에 떨어지지 말라고 했다. 제이단계에서는 공겁의 일구조차 완전히 초월하라고 말했다. 때문에 다시 이제 종문의 향상으로 이해하려고 한다.

四揀思量卜度解

④ 사량복탁으로 이해하는 것을 간별한다.

(혜심의 말씀)

旣不許伊麽定 又低頭冷坐 着意搜尋 故揀云 不得向意根下思量卜度

이미 위에서 그런 이해[343]를 금지하니, 다시 고개를 숙이고 조용히 앉아 생각을 헤아리는 것에 집착한다. 때문에 '분별심을 가지고 사량복탁하지 말라.'고 간별한다.

343) '그런 이해'는 현묘한 도리를 통하여 이해하려는 것을 가리킨다.

(백파의 해설)

上旣不許三句一句及向上故 自無立處 但以意根卜度

위에서 이미 신훈의 삼구[344]와 본분의 일구와 향상하는 것도 금지하였기 때문에 스스로 입각할 곳이 없게 되자 무릇 분별심으로 헤아리려는 것이다.

五揀揚眉瞬目解

⑤ 눈썹을 치켜뜨거나 눈을 깜박이는 것으로 이해하는 것을 간별한다.

(혜심의 말씀)

前旣不許有無眞無會 又不許作道理思量定 又認着眼眨眨理會不得底爲是 便引古德云 瞬目揚眉處 明明佛祖機 又有問西來意 答云當觀密作用 云如何是密作用 以目開合示之等爲據 故揀云 不得向揚眉瞬目處垜根

앞에서 이미 '유무와 진무를 통하여 이해하지 말라.'고 금지하였고, 또 '도리를 통하여 사량으로 결정하지 말라.'고 금지하였다. 그러자 다시 눈을 깜박거리는 것으로는 이해하지 못한다는 것을 인정하여 집착한다. 그래서 곧 고덕의 '눈을 깜박이고 눈썹을 치켜뜨는 곳에 불조의 機가 분명하다', 또 '조사서래의를 물으면 반드시 은밀한 작용을 관찰하라고 답변한다', 또 '은밀한

344) 新熏三句에 대하여 현묘한 도리를 통하여 이해하려고 하는 것을 가리킨다.

작용은 무엇인지를 물으면 눈을 떴다 감았다 하는 것으로 답변을 보인다.'[345]는 말 등을 인용하여 전거로 삼는다. 때문에 '눈썹을 치켜뜨거나 눈을 깜박이는 것으로 답변의 터전을 삼지 말라.'고 간별한다.

(백파의 해설)

此下二解 破祖師禪三要解 今初破大機解 以揚眉瞬目 是宗師密作用 故不可以心識思量理會也 眨眨思量貌 以心動則眼動故 垜根地上突起 卽射堋也 以其自性 本無傳授分 今此揚眉瞬目 未免特地故

이하 두 가지 이해[346]는 조사선을 삼요를 통하여 이해하려는 것을 타파한 것이다. 여기에서는 먼저 대기로 이해하려는 것[347]을 타파하였다. 눈을 깜박이고 눈썹을 치켜뜨는 것[揚眉瞬目]은 종사의 은밀한 작용이기 때문에 心識으로 사량하거나 이해할 수가 없다.

'눈을 깜박거리는 것[眨眨]'은 이리저리 사량하는 모습이다. 마음이 움직이면 눈이 움직이기 때문이다.

'터전을 삼다[垜根]'는 것은 땅위에 불쑥 솟아 있는 것으로 화살을 받는 과녁이다. 그 자성은 본래 전수할 수 있는 것이 아니기 때문이다. 지금 양미순목을 통해서는 잘못된 고정관념[特地]을 벗어날 수가 없기 때문이다.

345)『景德傳燈錄』卷4, (大正藏51, p.231下) "問曰 如何是祖師西來意 師曰 何不問自己意 曰如何是自己意 師曰 當觀密作用 曰如何是密作用 師以目開合示之"

346) '두 가지 이해'는 5揚眉瞬目解 및 6揀語路活計解를 가리킨다.

347) 눈을 깜박이고 눈썹을 치켜뜨는 곳에 불조의 機가 분명하다는 것을 가리킨다.

六揀語路活計解

⑥ 말길로 활계하여 이해하는 것을 간별한다.

(혜심의 말씀)

審前不許理路義路 又不許認取作用定 向沒滋味底言句上起疑 便引圓悟云 不疑言句 是爲大病 故揀云 不得向語路上作活計

위에서 이로와 의로를 통하여 찾지 말라는 것을 살펴보았다. 다시 그와 같은 작용을 취하여 단정하는 것을 금지하였다. 그러자 이제 아무런 맛이 없는[沒滋味] 언구에서 의심을 일으켜서 곧 원오의 말을 인용하여 "언구를 의심치 않는 것, 그것이 곧 큰 병통이다"[348]고 말한다. 때문에 '말길을 향해서 활계하지 말라.'고 간별한다.

(백파의 해설)

此破大用解

이것은 대용을 통하여 이해하려는 것을 타파한 것이다.

七揀無事匣裡解

348) 『大慧普覺禪師普說』 卷17, (大正藏47, p.883上)

⑦ 아무것도 하지 않는 것으로 이해하는 것을 간별한다.

(혜심의 말씀)

旣不許伊麽定 又計云 理路義路 旣不揚許 却向伊麽處用心 不如無事 如德山云 無心於事 無事於心 虛而靈空而妙等爲據 故揀云 不得颺在無事匣裡

이미 그렇게 인정하는 것을 금지하니, 다시 '이로와 의로를 모두 금지한다. 차라리 그런 상황에서 용심은 아무것도 하지 않는 것만 못하다. 가령 덕산선감은 매사에 무심하고 매심에 무사하면 텅 비되 신령하고 공이되 미묘하다고 말했다.'고 계탁하여 말한다. 때문에 '아무것도 하지 않는 상태에 안주하지 말라.'고 간별한다.

(백파의 해설)

此破向上本分解 以上三種禪中理路義路 旣不揚許故 又計云 却向新熏邊用心 必不如本分眞空上 無心無事閑道人也 無心於事 內心無喘也 無事於心 外息諸緣也 虛而靈空而妙 心如墻壁 可以入道也 無事匣影無心

이것은 향상의 본분으로 이해하는 것을 타파한 것이다. 이상 삼종선에서 이로와 의로를 모두 금지하였다. 때문에 다시 '신훈의 입장에서 용심하기보다는 반드시 본분의 진공에서 無心하고 無事한 閑道人의 경우만 못한다.'고 계탁하여 말한다.

매사에 무심한 것은 안으로 마음에 흔들림이 없는 것이다. 매심에 무사한 것은 밖으로 모든 반연을 그치는 것이다. 텅 비되 신령하고 공이되 미묘해서 마음을 장벽처럼 유지해야 도에 들어갈 수가 있다. 無事匣은 그림자처럼 무심한 상태이다.

八揀擧起承當解

⑧ 화두를 드는 그 자체를 가지고 이해하는 것을 간별한다.

(혜심의 말씀)

既不許語路上作活計 又不許颺在無事匣裡定 謂欲擧未擧時 正是好消息也 如佛眼云 擬思量何劫悟 不思量終莽鹵 欲思不思踏破時 萬里無雲常 現露爲據 堅執不捨 故揀云 不得向擧起處承當

이미 말길을 통하여 활계하지 말라고 하였다. 다시 아무것도 하지 않는 상태에 안주하지 말라고 하였다. 그러자 '화두를 들거나 말거나 바로 그 자체가 좋은 소식이다.'고 말한다. 그러므로 불안청원의 '어느 겁에 깨칠까를 사량하려고 하지만 종내 그같이 부산하게 사량하지 말라. 사량코자 하나 사량할 수 없는 경지를 밟아야만 만 리에 구름 한 점도 없이 항상 밝게 드러난다.'[349]는 말에 의거하여 굳게 지켜 버리지 말아야 한다. 때문에 화두를 드

349)『古尊宿語錄』卷28 [舒州龍門佛眼和尙語錄], (卍新纂續藏經第 68, p.180中)

는 그 자체를 가지고 이해하려고 하지 말라고 간별한다.

(백파의 해설)

此破今本雙行解 以前六解 但新熏故不可 第七解 但本分故不可 則必須今本雙行 正是好消息也 故圓覺云 雖復本來金 終以銷成就 六祖云 性雖本有 必借新熏 前六中 但躡第六 以影前五故 爲都躡前七也 欲擧爲新熏 未擧 爲本分 是爲今本雙行 擬思量句 但新不可 不思量句 但本不可 欲思下二句 今本雙行爲好也 此是佛祖正意故 堅執不捨 然亦意根撞立故 非無孔鎚

이것은 금시와 본분을 함께 행하여 이해하는 것을 타파한 것이다. 이전의 여섯 가지 경우[350]는 단지 신훈뿐이기 때문에 금지하였다. 일곱 번째는 단지 본분뿐이기 때문에 금지하였다. 곧 반드시 금시와 본분을 함께 행하는 것이 바로 좋은 소식이다. 때문에 『원각경』에서 "비록 다시 본래부터 금이지만 마침내 녹여야 성취된다."[351]고 말했고, 또한 육조도 "성품은 본유이지만 반드시 신훈을 의지해야 한다."[352]고 말했다. 위의 여섯 가지 가운데 무릇 여섯 번째에 이르면 앞의 다섯 가지는 그림자이다. 때문에 모두 일곱 가지에 이르러야 한다.

화두를 드는 것은 신훈이고, 들지 않는 것은 본분이다. 이것은 금시와 본분을 함께 행한 것이다. (불안청원의 말에서) '어느 겁에 깨칠까를 사량하려고

350) ①에서 ⑥까지를 가리킨다.
351) 『大方廣圓覺修多羅了義經』, (大正藏17, p.916上)
352) 『六祖大師法寶壇經』, (大正藏48, p.351上)

하지만'은 제일구는 단지 신훈뿐이므로 불가능하고, '종내 그같이 부산하게 사량하지 말라'는 제이구는 단지 본분뿐이므로 불가능하다. 이하 제삼구와 제사구[353]의 두 구는 금시와 본분을 함께 행하기 때문에 좋다. 이것이야말로 곧 불조의 바른 뜻이기 때문에 굳게 지켜 버리지 말아야 한다. 그러나 또한 분별심을 내세우는 까닭에 무공추가 되지 못한다.

九揀文字引證解

⑨ 문자를 통해서 증명한다고 이해하는 것을 간별한다.

(혜심의 말씀)

又不得向文字引證 引證通上諸病

또 문자를 가지고 증명을 끌어대려고 하지 말라. 증명을 끌어대려는 것은 모두 병통이다.

十揀將迷待悟解

⑩ 미혹한 채로 깨닫기를 기다리면 된다고 이해하는 것을 간별한다.

353) "사량코자 하나 사량할 수 없는 경지를 밟아야만 만 리에 구름 한 점도 없이 항상 밝게 드러난다"는 두 구를 가리킨다.

(혜심의 말씀)

旣不許伊麼定 無可奈何 自生難想 謂卽今迷 幾時悟得 執迷待悟 故揀云 不得將迷待悟 如上諸病中 從揚眉瞬目 至將迷待悟 是時人難離之病

이미 그렇게 참구하는 것이 금지되어 어쩔 수 없게 되자 스스로 어렵다고 생각하여 '지금도 미혹한데 어느 때에 깨달을 것인가.'라고 말하면서 미혹에 얽매인 채로 깨닫기를 기다린다. 때문에 '미혹한 채로 깨닫기를 기다리지 말라.'고 간별한다.

위에서 말한 모든 병통 가운데 ⑤ 눈썹을 치켜뜨거나 눈을 깜박이는 것으로부터 ⑩ 미혹한 채로 깨닫기를 기다리는 것에 이르기까지 이러한 것들은 오늘날 사람들이 벗어나기 어려운 병통이다.

(백파의 해설)

若據格外 則卽心是佛 迷悟本空 今還將迷待悟 還墮義理禪 前四病 是前二禪解故 或有易離 後六病 元是祖師禪佛祖正脉故 實爲難離也

만약에 격외도리에 의거하자면 즉심즉불로서 미혹과 깨달음은 본래 공이다. 그런데 지금 미혹한 채로 깨닫기를 기다리는 것은 도리어 의리선에 떨어진다. 앞의 네 가지[354]의 경우는 위의 (여래선과 의리선의) 이선을 해석한 것이므로 그것을 벗어나기가 비교적 쉬웠다. 그러나 뒤의 여섯 가지[355]의 경우는

354) ①부터 ④까지를 가리킨다.
355) ⑤부터 ⑩까지를 가리킨다.

원래 그것이 조사선으로 불조의 정맥이기 때문에 실로 벗어나기가 어렵다.

二束十爲四病

⑵ 위의 열 가지를 네 가지 병통으로 묶는다.

(혜심의 말씀)

廣而言之 則有十種病 畧而言之 則不出有心無心 語言寂默 故古人云 不可以有心求 不可以無心得 不可以語言造 不可以寂默通

자세하게 말하면 십종병이 있지만, 간략하게 말하면 유심과 무심과 어언과 적묵의 네 가지를 벗어나지 않는다. 때문에 고인은 다음과 같이 말하였다.

유심으로도 무자를 추구하지 말고
무심으로도 무자를 추구하지 말며
어언으로도 무자를 지으려고 말고
적묵으로도 무자를 통하려고 말라[356]

(백파의 해설)

十中 一四十爲有心 二三爲無心 六爲語言 五七爲寂默 八通於四病 欲擧 爲有心語言未擧 爲無心寂默 九亦爲通 古人破四病故 同上揀意

356)『大慧普覺禪師語錄』卷4, (大正藏47, p.829下)

열 가지 가운데 ①과 ④와 ⑩은 ㉮유심에 해당하고, ②와 ③은 ㉯무심에 해당하며, ⑥은 ㉰어언에 해당하고, ⑤와 ⑦은 ㉱적묵에 해당하며, ⑧은 ㉮유심 · ㉯무심 · ㉰어언 · ㉱적묵의 네 가지에 두루 통한다.

화두를 드는 것은 유심과 어언에 해당하고, 화두를 들지 않는 것은 무심과 적묵에 해당하며, ⑨는 또한 화두를 드는 것과 들지 않는 것에 두루 통한다. 고인은 이 네 가지 병통을 타파하려는 까닭에 지금까지 위에서처럼 간별해 왔다.

二<三?>束四爲二病

⑶ 네 가지를 묶어서 두 가지 병통으로 묶는다.

(혜심의 말씀)

畧而言之 則不出思議不思議 所以道 左來也不是 右來也不是 又道伊麽也 不得 不伊麽也不得 伊麽不伊麽摠不得

간략하게 그것[357]을 말하면 사의와 부사의를 벗어나지 않는다. 때문에 이래도 틀리고 저래도 틀린다고 말한다. 또 이렇게 할 수도 없고 저렇게 할 수도 없으며, 이렇게도 저렇게도 모두 할 수 없다고 말한다.

357) ㉮유심 · ㉯무심 · ㉰어언 · ㉱적묵의 네 가지를 가리킨다.

(백파의 해설)

有心語言 爲思議大用也 無心寂默 爲不思議大機也 又思議 卽向上妙有 不思議 卽向上眞空 亦得以此亦爲病故

유심과 어언은 사의로서 대용에 해당하고, 무심과 적묵은 부사의로서 대기에 해당한다. 또 思議[358]는 향상의 묘유에 해당하고, 부사의[359]는 향상의 진공에 해당한다. 그러나 이 또한 병통이 되고 만다.

三<二?>結揀

2) 간별을 맺는다.

(혜심의 말씀)

則明明地揀破 明明地現示 若是靈利漢 聊聞擧着 剔起眉毛便行 終不打之遶

곧 분명하게 간파하고 분명하게 현시하라. 만약 영리한 사람이라면 이렇게 화두를 들라는 말을 듣자마자 곧장 일어나 눈썹을 흩날리며 바로 실천하여 끝내 허송세월해서는 안 된다.

358) 유심과 어언의 사의를 가리킨다.
359) 무심과 적묵의 부사의를 가리킨다.

(백파의 해설)

如上揀破之言 下沒巴鼻無楞縫之 無孔鎚義 自現也 此是看話門消息 若說話門 十種人立脚處 一一不在此限 故無非到家消息 若是利根 言下便悟 則更不假如下起疑叅究事

위에서 간별하여 타파하라는 말처럼 하면 이하에서 몰파비하고 무능봉한 무공추의 뜻이 저절로 드러난다. 이것은 간화문의 소식이다. 그러나 만약 설화문으로 보자면 십종인의 입각처가 낱낱이 여기에만 한정되지는 않는다. 때문에 모두 집에 도착하는 소식 아님이 없다. 만약 이근기라면 언하에 곧 깨달아 다시는 이하의 경우처럼 의심을 일으켜 참구할 필요가 없다.

三結示單提叅

3. 단제로 참구할 것을 결론으로 제시한다.

(혜심의 말씀)

其或未然 莫管有病無病 莫管有滋味 無滋味 莫管得力不得力 但提撕看是箇什麽道理

혹 그렇게 하지 못한다면 유병과 무병에 관계치 말고, 有滋味와 無滋味에도 관계치 말며, 득력과 불득력에도 관계치 말고, 단지 이것이 무엇인가 하는 도리만을 참구[提撕]하라.

(백파의 해설)

或有下根 言下未悟 一切是非 都莫思量 單單提箇無字 疑云是箇什麼是箇無字也 一切話頭 皆有單提全提 如無字話云 趙州因甚道無 則名全提 亦名叅意 單擧無字云 是什麼 則名單提 亦名叅句 單提有純正益而有死心病 全提 有起疑益而有亂想病 初學必須單提 念想都亡 方可全提 若不起疑 未契祖意 又有勤提 心無間斷

혹 하근기로서 언하에 깨닫지 못하겠거든 일체의 시비를 모두 사량분별하지 말라. 단지 저 무자화두만 들어서 이것이 무엇인가 하고 의심해야 한다. 그것이 곧 무자화두이다. 일체의 화두는 모든 경우에 단제(單提)와 전제(全提)가 있다. 무자화두에 대하여 말하자면 다음과 같다.

'조주는 어찌해서 무라고 말했는가'의 경우는 곧 전제라고 말하고, 또한 참의(參意)라고 말한다. 그러나 오직 무자만 들어서 '이것이 무엇인가'의 경우는 곧 단제라고도 말하고, 또한 참구(參句)라고 말한다.

단제는 화두를 오롯하게 이어가는 잇점은 있지만 한 가지에 너무 골몰하는 잘못에 빠지고, 전제는 의심을 일으키는 데는 좋지만 어지러운 망상이 일어나는 폐단이 있다.

그러므로 초학자라면 반드시 먼저 단제로 망상을 모두 없앤 다음에 바야흐로 전제에 들어가야 한다. 만약 의심을 일으키지 못한다면 조사의 뜻에 계합할 수가 없다. 또 부지런히 화두를 들어서 마음에 잠시도 틈이 없어야 한다.

禪教大旨不出眞空妙有大機大用　原夫人人自心　本具隨緣不變二義

隨緣者 妙有也 菩提也 不變者 眞空也 涅槃也 隨緣 則凡聖完然 故佛祖恩大難酬 不變 則離名絕相 故佛祖無風起浪 是以 佛祖先分別諸法 明妙有三句 後說畢竟空 示眞空一句 如金剛偈 初三句 妙有三句 後一句 眞空一句 涅槃偈 諸行生滅 三句 寂滅爲樂 一句 華嚴䟽 往復無際等 三句 超言詞句 一句也 經論大意 無不皆然 至於禪家 則物物拈來 無非祖意 故六祖示說法規 擧三十六對法 明三句 究竟二法盡除 更無去處 示一句 二祖出禮三拜 三句 依位而坐一句 臨濟云 眞佛眞法眞道 三句 三即一云云 一句 又晨鍾三宗 巡堂三匝 禮敬三拜 露柱 燈籠 僧堂 禪堂等 皆三句 昏鍾一宗 擊壁一聲 毘盧法堂等 一句 乃至地萬象故 三句 天無形故 一句也 又眞空實無插觜分 但妙有中亦有許多名相 即機用也 六祖所示 三十六對法 二機用相對故 解用則 道貫一切經法 擴充則 更有山水對 龍虎對 風月對 山雲 人境 牛馬 心境 聲色 寒暑 動靜語默 入息出息 展脚縮脚等 頭頭物物 無非機用相對也 若欲備擧 窮劫難盡 以活眼手段 把土成金 故物物拈來 無非祖意也 呵呵 草裡横身歸 不覺露濕[360]衣

25) 선교의 대지는 진공과 묘유인 대기와 대용을 벗어나지 않음

대저 모든 사람의 자심에는 본래부터 수연과 불변의 두 가지 뜻이 갖추어져 있다. 수연은 묘유이고 보리이며, 불변은 진공이고 열반이다. 수연인 즉 범부와 성현이 완연하기 때문에 불조의 은혜는 보답하기 어렵고, 불변인 즉 명칭을 떠나고 형상을 단절한 까닭에 불조는 바람도 없는데 파랑을 일으킨

360) 此下底本有看堂論 此文在於作法龜鑑之內故編者除之

것이다. 이로써 불조는 먼저 제법을 분별하여 묘유의 삼구로 해명하였고, 나중에 필경공을 설하여 진공의 일구를 제시하였다.

『금강경』 게송에서 처음의 삼구는 묘유의 삼구이고, 나중의 일구[361]는 진공의 일구이다. 『열반경』 게송에서 '제행무상 시생멸법 생멸멸이'까지는 삼구이고, '적멸위락'은 일구이다.[362] 『화엄경소』에서 '왕복무제 동정일원 함중묘이유여'는 삼구이고, '초언사이형출자 기유법계여'[363]는 일구이다.

경론의 대의는 모두 그렇지 않은 것이 없고, 심지어 선가에서도 즉 어떤 사물을 언급해도 조사의 뜻 아님이 없다. 때문에 육조가 설법의 상규를 제시하여 三十六對法을 언급한 것은 삼구를 해명한 것이고, 구경에 상대법이 모두 없어져 다시는 제거할 것이 없는 경지는 일구를 제시한 것이다. 이조 혜가가 나와서 삼배의 예를 드린 것은 삼구이고, 제자리에 의거하여 앉은 것은 일구이다. 임제가 말한 진불과 진법과 진도는 삼구이고, 셋이 곧 하나라고 말한 것은 일구이다.

또한 새벽에 종을 세 번 치는 것, 巡堂 때에 세 바퀴 도는 것, 예경할 때 삼배를 드리는 것, 노주 및 등롱 그리고 승당과 선당 등은 모두 삼구이고, 저녁에 종을 한 번 치는 것과 擊壁의 일성 등과 비로자나불의 법당 등은 일구이다. 내지 대지는 삼라만상이기 때문에 삼구이고, 하늘은 형체가 없기 때문에 일구이다.

또한 진공은 실로 뭐라고 언급할 것조차 없지만, 단지 묘유에서만 또한 허

361) 『金剛般若波羅蜜經』, (大正藏8, p.749上) "凡所有相 皆是虛妄 若見諸相非相 卽見如來"

362) 『大般涅槃經』 卷3, (大正藏1, p.204下) "諸行無常 是生滅法 生滅滅已 寂滅爲樂" ; 『大般涅槃經』 卷13, (大正藏12, pp.692上-693上)

363) 『大方廣佛華嚴經疏』 卷1, (大正藏35, p.503上) "往復無際 動靜一源 含衆妙而有餘 超言思而迴出者 其唯法界歟"

다한 명칭과 향상[名相]이 있어 기와 용[機用]에 즉할 뿐이다. 육조가 제시한 삼십육대법의 경우도 둘은 기용의 상대이다. 때문에 그것을 활용할 줄 알면 도가 일체의 경법을 관통하고, 확충한 즉 다시 산과 물이 상대하며, 용과 호랑이가 상대하고, 바람과 달이 상대하며, 산과 구름이 상대하고, 주체[人]와 객체[境], 소와 말, 마음과 경계, 소리와 색, 추위와 더위, 움직임과 고요함, 말과 침묵, 입식과 출식, 다리를 펴는 것과 다리를 오므리는 것 등 두두물물이 기용의 상대 아님이 없다. 만약 갖추어서 언급하려고 한다면 궁겁토록 끝이 없다. 활안의 수단을 지니면 흙을 만져도 금이 된다. 때문에 어떤 사물을 언급해도 조사의 뜻 아님이 없다.

하하하!

풀숲을 이리저리 헤집다가 돌아오니
어느 결엔가 옷이 이슬에 젖어 있네.

禪門四辨漫語

5. 『선문사변만어』[364)]

목차[365)]

1) 서문 – 원응계정
2) 백파의 삼종선론 비판
   (1) 삼처전심
   (2) 삼종선과 임제삼구
   (3) 이선과 선종오가
3) 사변만어
   (1) 이선래의변
   (2) 격외의리변
   (3) 살활변
   (4) 진공묘유변

364) 『禪門四辨漫語』, (韓佛全10, pp.820下-830中) 〈底〉大正二年圓應戒定序文本(東國大學校所 藏沿印本) 저자 艸衣意恂(1786-1866)은 속성은 張씨이고, 자는 中孚이다. 16세 때 나주 운흥사 碧峰珉聖에게 출가하였다. 다산 정약용 및 추사 김정희를 비롯하여 수많은 사대부와 교유하였다. 『艸衣詩藁』 2권, 『震默祖師遺蹟考』 1권, 『東茶頌』 1권, 『茶神傳』 1권 등이 있다.

365) 텍스트에는 원래 목차가 없지만 번역본이라는 점을 감안하여 번역자가 보입하였다.

禪門四辨漫語序

古德云 禪是佛心 得心於心 則三藏教文 乃至閒談鳥語 皆爲禪旨 失之於心 則拈花微笑 却爲教迹 義理格外 祖師如來 殺活機用 眞空妙有皆由心而現出 則若離心而論禪 可謂離水而求波也 於實地義天 何有哉 中孚老之四辨謾語 博覽廣證 實所游刃 筆直語嚴 近古獨步 所以慈化之盡善盡美 礪世磨鈍之雄文大略也 禪門之徑路 莫越于斯 其所固要 不可韜光 故欲永其壽 本寺住持白翠雲和尙 與其孚老之曾玄孫高碧潭林鏡淵 協力發起 方營印刷 而寺内僉員及門中 自願寄附 募集多少金額 故卽爲印刷 發布於域内寺刹 以爲禪家之要鑑 非其爲先師之芹誠 焉能如是哉 有意於禪門者 覽此謾語 則直饒須知明辨得出矣

大正二年癸丑 陰四月十七日 頭輪山人 圓應戒定序

『底』大正二年圓應戒定序文本(東國大學校所藏沿印本)

1)『선문사변만어』 서문

고덕이 말했다.

“선은 부처님 마음이다. 마음에서 불심을 얻으면 三藏의 教文만이 아니라 거리에서 나누는 이야기와 새들의 지저귐도 모두 禪旨가 되지만, 마음에서 불심을 얻지 못하면 拈花微笑도 모두 교학의 자취가 된다.”[366]

義理과 格外, 祖師禪과 如來禪, 殺과 活, 機와 用, 眞空과 妙有 등은 모두 마음을 근거로 드러나는 것이다. 그러므로 어떤 사람이 마음에서 벗어나 선을 논한다면 물을 떠나 파도를 찾는 격이니, 진실의 땅이나 이치의 하늘이

366)『禪家龜鑑』, (韓佛全7, p.635中-下)

어찌 그런 사람에게 가능하겠는가.

中孚老(초의의순)의 『사변만어』는 해박한 독서로 폭넓게 고증하여 실로 칼날을 자유롭게 놀리듯 하였으며, 엄정한 언어로 바르게 기록하여 고금에 독보적이다. 이 때문에 자비로 펼친 교화는 지극히 선하고 지극히 아름다우며, 세간 사람을 닦아주고 어리석은 사람을 일깨워주는 웅대한 문장이요 중요한 핵심이다. 선문에 들어가는 지름길로 이것을 능가할 것이 없다. 참으로 그 중요한 것을 감추어 둘 수가 없기 때문에 이 책을 영원히 전승하고자 한다.

본사의 주지 백취운 화상이 중부노의 증손 高碧潭 및 현손 林鏡淵과 협력하여 발기하고 막 인쇄하려던 차에 사중의 대중과 문중에서도 자발적으로 기부하여 얼마간의 금액을 모았다. 이 때문에 인쇄하여 지역 안의 절에 배포하자 그것으로 선가의 종지를 비추는 거울로 삼았다. 先師를 기리는 소박하지만 정성스러운 마음이 아니었다면 어찌 이렇게 할 수 있었겠는가. 선문에 뜻을 둔 사람이 이 『사변만어』를 읽어본다면 틀림없이 진가를 분명하게 가려낼 줄 알 것이다.

대정 2년(1913년) 계축년 음력 4월 17일에 두륜산인 원응계정이 서문을 쓰다.

禪門四辨漫語[367)]

全羅南道 海南郡 頭輪山 大興寺

海東沙門 草衣中孚子意詢著

367) 『底』大正二年圓應戒定序文本(東國大學校所藏沿印本)

선문사변만어
전라남도 해남군 두륜산 대흥사에서
해동사문 초의중부자 의순이 짓다

有客自嶺南來者 自言木浮山六隱老之法胤 滯雨十餘日 盛言其師之禪論 有反古義處 引本證正

영남에서 온 어떤 객이 자기는 목부산 육은노인의 법제자[法胤]라고 말했다. 비 때문에 열흘 정도 묶으면서 그 스승[육은노인]의 선론에 대하여 많은 말을 하였다. 그런데 전통적인 이치와 어긋나는 것이 있기에 문헌[本]을 인용해서 증명하고 바로잡겠다.

六隱老人云 分座之殺 但殺無活 故爲如來禪 拈華之活兼殺 故具足機用 而爲祖師禪

[본문]

2) 백파의 삼종선론 비판

(1) 삼처전심

육은노인은 분반좌는 살인데 거기에는 단지 살만 있고 활이 없으므로 여래선이고, 염화미소는 활인데 거기에는 살이 겸비되어 있으므로 기와 용이 구족되어 있어 조사선이라고 말한다.

三處傳心中 分座傳殺 拈花傳活 示趺殺活齊示 此龜谷老之言 今分座之但殺 拈花活之兼殺 龜谷說中無之 夫殺活 機用 照用等 與體用 特其名異也 若明達於機用 殺活體用 亦可以例知也 所言機用者 大機大用 大機 以圓應爲義 大用之機 大用 以直截爲義 大機之用 夫圓應是用也 機得而爲義者 何也 機非用則不得爲機 所以爲機者 以有用之圓應也 直截是機也 用得而爲義者 何也 用非機則不得爲用 所以爲用者以有機之直截也 故交互而言之 以現機用之相資不離也 機用如是 殺活之相資不離 亦復如是也 故知 傳殺必兼於活 傳活必兼於殺 此必然之理也 今言 分座之殺 但殺無活 拈花之活 活兼於殺 斷無是理 單則俱單 具則同具 其何以殺不兼活 活獨兼殺 譬如人之一身 手足用也 全身體也 擧手足而言用 全身自收 擧全身而言體 手足其捨諸 古德云 祖師西來 特唱此事 只貴言前鷹突 句外鵬摶 直拔超昇 不落階級 持王子寶刀 用本分手段 殺人活人 得大自在 旣殺得人 須活得人 旣活得人須殺得人 若只單殺單活 則非好手也 若分座 果是單殺 是世尊非好手也 清源<青原?>但傳殺而不知活 則清源<青原?>亦非好手也 豈有此理哉 是故當知 分座之單殺無活 無有是處

'三處傳心에서 자리를 나누어 앉은 것(分座)은 殺을 전했고, 꽃을 들어 보인 것(拈華)은 活을 전했으며, 관 밖으로 발을 내어 보인 것(示趺)은 살과 활을 齊示하였다.'는 것은 龜谷의 주장이다. (이것에 비추어 볼 때) 백파의 '자리를 나누어 앉은 것에는 오로지 살의 방법만 있고, 꽃을 들어 보인 것에는 활과 더불어 살도 겸비하고 있다'는 말은 구곡의 말에는 없는 내용이다.

살과 활, 기와 용(機 · 用), 조와 용(照 · 用) 등은 체와 용(體 · 用)과 함께 특별히 그 명칭만 다를 뿐이다. 만일 기와 용을 분명하게 통달한다면, 살과 활이나 체와 용 등의 구분도 그것을 기준으로 알 수 있을 것이다.

기와 용이라는 말은 大機와 大用을 뜻한다. '대기란 원만하게 응하는 것을 법도로 삼는 대용의 기이며, 대용은 곧바로 근원에 이르는 것을 법도로 삼는 대기의 용이다.

원만하게 응하는 것은 용인데 기가 그것을 얻어 법도로 삼는다고 한 말은 무슨 까닭에서인가. 기는 용이 아니면 기가 될 수 없으니, 기가 기인 이유는 원만하게 응하는 용의 속성을 지니고 있기 때문이다. 곧바로 근원에 이르는 것은 기인데 용이 그것을 얻어 법도로 삼는다고 한 말은 무슨 까닭에서인가.

용은 기가 아니면 용이 될 수 없으니 용이 용인 이유는 곧바로 근원에 이르는 기의 속성을 지니고 있기 때문이다. 그러므로 두 가지를 번갈아 가며 말함으로써 서로 의존하고 떨어지지 않는 기와 용의 관계를 나타낸 것이다. 기와 용의 관계가 이와 같은 것처럼 殺과 活이 서로 의존하며 떨어지지 않는 관계 또한 이와 같다. 그러므로 살을 전하더라도 반드시 활을 겸비하고 활을 전하더라도 반드시 살을 겸비한다는 진실을 알아야 하니, 이것은 그럴 수밖에 없는 이치이다.

여기서 백파가 '자리를 나누어 앉은 것에 담겨 있는 殺은 오로지 살만 있을 뿐 活이 없고, 꽃을 들어 보인 것에 담겨 있는 활은 살도 겸비하고 있다'고 하였지만, 결단코 이러한 이치는 없다. 單이면 모두 單이고 兼이면 어느 쪽이나 兼인데 그 어찌 (분좌의) 살은 활을 겸하지 않고 (염화의) 활만 살을 겸한단 말인가. 비유하면 사람의 한 몸에서 손발은 작용이고 온몸은 본체인 것과 같다. 손발을 들어 작용이라 말하면 온몸은 저절로 그 작용에 섭수되는데 온몸을 들어 본체라고 말한다고 해서 어찌 손발을 버리는 것이겠는가.

고덕은 달마 대사가 인도로부터 와서 전한 소식은 특별히 此事를 펼쳐 보이기 위한 것이었다고 말한다.[368] 다만 말로 표현하기 이전에 송골매가 구름을 뚫고 솟아오르듯이 깨우치고, 언구의 의미 밖에서 대붕이 날개짓 하듯이 훌쩍 속박을 벗어나고자 할 뿐이다. 가장 빠른 길로 모든 단계를 뛰어넘으며 어떤 점차적 계급에도 떨어지지 않는다. 왕자의 보검을 쥐고 본분의 수단으로써 사람을 죽이기도 하고 살리기도 하며 자유자재한 경지를 누린다. 사람을 죽이는 이상 반드시 사람을 살리기도 해야 하고, 사람을 살리는 이상 반드시 사람을 죽이기도 해야 한다.

오로지 죽이기만 하거나 살리기만 한다면 뛰어난 솜씨가 아니다. 만일 (세존께서) 자리를 나누어 앉은 것에 (백파의 말대로) 참으로 殺만 있다면 세존은 뛰어난 솜씨가 없었던 것이며, 靑原이 오로지 살만 전하고 활의 방식을 몰랐다면 청원 또한 뛰어난 솜씨가 없었다는 결과가 되니, 어찌 이러한 도리가 있을 수 있겠는가. 그러므로 자리를 나누어 앉은 것에 살만 있고 활이 없다는 주장은 타당하지 않다는 것을 알아야 한다.

六隱老人曰 禪有三種 一 祖師禪 對上根故 一一言句 如印印空 如羚精掛角 沒義理 沒蹤跡 和根拔去 了沒巴鼻 永脫根本頭角故 山是山(大機) 水是水(大用) 佛也安 祖也安 但此祖門中所有之言句 故名祖師禪 二 如來禪 對中根故 一一言句 如印印水 似有今本 義理朕跡 而卽權明實 了不可辨故 山非山 水非水 佛也打 祖也打 而法法全眞 此亦祖門中事 以法法全眞之語 完同如來所說 統萬法明一心之言 故貶之云如

368)『景德傳燈錄』卷16, (大正藏51, p.332下) "師上堂謂衆日 祖師西來特唱此事 自是諸人不薦向外馳求 投赤水以尋珠 就荊山而覓玉" 참조.

來禪 以未脫本分那人尊貴頭角故也 上二禪合名格外 以此二禪 皆悟本分 超出於本分第三句新熏悟修證之義理標格故也 三 義理禪 但此今時建化門中 對下根故 一一言句 如印印泥 痕縫全彰 說理如理 說事如事 有無體用 互相隔別 雖名禪 完有頓悟漸修義理敎格 故名義理禪 以此三禪 配臨濟三句 一 祖師禪 卽第一句 旣具機用 殺活兼全 故第一句薦得 與祖佛爲師 二 如來禪 卽第二句 但殺無活 故云 第二句薦得 與人天爲師 三 義理禪 第三句 但新無本故 此句薦得 自救不了

(2) 삼종선과 임제삼구

육은노인은 선에 삼종이 있다고 말한다.

첫째는 조사선이다. 上根을 상대한 것으로 낱낱 언구가 마치 허공에 도장을 찍는 것과 같다. 그것은 마치 영양이 뿔을 나뭇가지 위에 걸고 자면서 흔적을 감추는 것과 같아서 義理가 없고 蹤迹도 없다. 왜냐하면 뿌리째 뽑아서 끝내 몰파비하여 영원히 근본적인 번뇌를 벗어났기 때문이다. 산은 산이고(대기) 물은 물이며(대용), 부처도 있고[安] 조사도 있다.[安] 무릇 이상은 조사문에만 있는 언구이므로 조사선이라 말한다.

둘째는 여래선이다. 중근기를 상대한 것으로 낱낱 언구가 마치 물에 도장을 찍는 것과 같다. 今時 · 本分 및 義理 · 朕跡이 있는 듯해도 權에 卽하여 實을 설명하는 것은 끝내 판별할 수 없기 때문이다. 산은 산이 아니고 물은 물이 아니며 부처도 물리치고 조사도 물리치지만 모든 법이 그대로 진실이다. 이 또한 조사문중의 선으로 모든 법이 그대로 진실한 말이므로 여래가 설한 만법을 통괄하여 일심을 설명한다는 말과 완전히 동일하다. 그럼에도 불구하고 그것을 폄하하여 여래선이라 말한 까닭은 본분에 있는 사람이 존귀하다는 망상을 벗어나지 못하기 때문이다.

이상 조사선과 여래선을 모두 격외선이라고 말한다. 왜냐하면 조사선과 여래선은 모두 本分을 깨친 것이지만 본분에서 제삼구인 新勳으로 悟修하여 증득하는 의리의 標格을 초월하기 때문이다.

셋째는 의리선이다. 무릇 이것은 금시의 교화문[建化門]에서 하근기를 상대한 것으로 낱낱의 언구가 마치 진흙에 도장을 찍는 것과 같아서 그 흔적이 그대로 그러난다. 理는 이에 맞게 설명하고, 事는 사에 맞게 설명하여 有 · 無 · 體 · 用이 서로 격별하다. 비록 禪이라고 말하지만 돈오 · 점수의 義理가 있는 教格이다. 때문에 의리선이라 말한다.

이 삼종선을 가지고 임제삼구에 배대한다. 첫째 조사선은 곧 제일구이다. 이미 機 · 用을 갖추고 殺 · 活을 兼全한다. 때문에 제일구를 통해서 깨치면 부처와 조사의 스승이 될 만하다. 둘째 여래선은 제이구이다. 단지 殺만 있고 活은 없다. 때문에 제이구를 통해서 깨치면 인간과 천상의 스승이 될 만하다. 셋째 의리선은 제삼구이다. 단지 新만 있고 本이 없다. 때문에 제삼구를 통해서 깨치면 자신도 구제하지 못한다.

大凡佛祖之接上根 不以言句 但示一機 直捷應機 更不擬議 今言 對上根故 一一言句 如印印空 苟以言句對機 機非上根 且如印印空之喩 其以言句爲言耶 又曰 某某等言句 是祖門中所有之言句 名曰祖師禪 然則 祖師禪 本以言句得名耶 又 以法法全眞之言 亦是祖門中事 完同如來說 故貶之云如來禪 從古以來 孰敢貶之如來以立此名乎 又以如來禪爲格外禪 配之分座 謂之龜谷義 龜谷說中 有以分座 指爲如來禪之言乎 又曰 如來禪 卽第二句 卽權明實 夫卽權明實者 施設三玄戊甲隨宜下手 言言堪愛 完成格則 是可謂之格外乎 此非他人之外攻 還以

自語自攻也 又於第三句中 以但新無本之義 獨判之 爲義理禪 言依一愚爲準 一愚說中 曾有義理禪之名字乎 世間讀一愚書者 惟此老一人耳 然耶不耶 試詳論之

무릇 불조가 상근기를 교화할 때는 言句를 사용하지 않고 단지 一機만 제시하여 가장 빠른 길로 상근기를 대응하여 다시는 망설이지 않도록 해준다. 그런데 지금 백파는 '上根을 상대한 것으로 낱낱 언구가 마치 허공에 도장을 찍는 것과 같다.'고 말한다. 진실로 언구로써 납자[機]를 상대한다면 그 납자는 상근기가 아니다. 또한 저 허공에다 도장을 찍는다는 비유는 그것이야말로 언구로써 법언[言]을 삼는 꼴이다.

또 말한다. '某某 등의 언구는 곧 조사문중에 있는 언구이므로 조사선이라고 말한다.' 그런즉 조사선도 본래 언구로써 명칭을 얻은 것인가.

또 '또한 모든 법이 그대로 깨침이라는 말이므로 또한 곧 조사문중의 事로서 여래가 설한 말과 완전히 동일함에도 불구하고 그것을 폄하하여 여래선이라 말한다.'고 (백파는) 말하였다.

예로부터 오늘에 이르기까지 누가 감히 여래를 깎아내려 그와 같은 명칭을 붙였던가.

또 여래선으로 (조사선과 함께) 격외선을 삼아 분반좌에 배대하여 그것을 구곡의 뜻이라고 말했다.

그런데 구곡의 말에 분반좌로써 여래선이라 지칭한 것이 있던가.

또 '여래선은 제이구이다. 權에 즉하여 實을 설명한다'고 말했다. 대저 '權에 즉하여 實을 설명한다'는 것은 三玄이라는 창과 갑옷을 시설하여 편의에 따라 수단으로 삼고 모든 말을 부합시켜서 격칙을 완성한다는 것이다.

그런데 이것을 격외라고 말할 수 있는가. 이것은 타인이 밖에서 공격하는 것이 아니라 도리어 자신의 말로 자신을 공격한 것이다.

또 (임제삼구에 대하여) 제삼구에는 단지 新만 있고 本이 없다는 뜻으로써 멋대로 그것을 판단하여 의리선을 삼았다.

(백파는) '一愚說에 의하여 기준을 삼았다.'고 말했지만, 일우설에 일찍이 의리선이라는 명칭이 있었던가. 세간에서 일우의 책을 읽어본 사람이 오직 백파노인 한 명 뿐이었던가. 그런가, 그렇지 않은가. 자세히 따져 보기로 한다.

古德云 夫參學者 但參活句 莫參死句 活句下薦得 與祖佛爲師 死句下薦得 自救不了 又曰 言說出而 眞宗隱 名數入而妙本乖 夫第一句 主賓不分 言說未出 眞宗獨露之活句也 薦此句者 直透威音以前 毗盧向上 所以爲佛祖之師也

고덕[圓悟克勤]은 '참학자는 무릇 活句를 참구해야지 死句를 참구해서는 안 된다. 활구를 통해서 깨치면 불조의 스승이 될 만하지만, 사구를 통해서 깨치면 자신도 구제하지 못한다.'고 말한다. 또 '언설로 표현하면 眞宗이 숨어버리고, 名 · 數로 들어가면 妙 · 本에 어긋난다.'고 말한다.

대저 제일구는 主 · 賓이 나누어져 있지 않아서 언설로 표현하기 이전의 眞宗이 독로한 활구이다. 이 제일구를 통해서 깨치는 사람은 곧장 威音王佛 이전까지 투과하여 毗盧遮那佛로 향상한다. 때문에 불조의 스승이 될 만하다.

第二句 分釋未容擬議處 言說乍興 眞宗將隱 此不死不活之句 薦此句者 因言敎之方便 悟離言之實相 所以爲人天之師也

제이구는 未容擬議의 이치를 분석하는 것이다. 그러나 언설을 일으키자마자 진종은 숨어버린다. 이것은 사구도 아니고 활구도 아니다. 제이구를 통해서 깨치는 사람은 언교의 방편을 말미암아 언설을 벗어난 실상을 깨친다. 때문에 인간과 천상의 스승이 될 만하다.

第三句 指陳三要之機用 開釋三玄之權實 此名數入而妙本大乖之死句也 薦此句者 只是滯他言句 認他光影 所以自救之不了也

제삼구는 三要의 機 · 用을 지칭하여 서술하고 三玄의 權 · 實을 열어서 해석하는 것이다. 제삼구는 名 · 數로 들어가는 것이므로 妙 · 本에 크게 어긋나는 死句이다. 제삼구를 통해서 깨치는 사람은 단지 그 언구에만 막히고 그 그림자만 인식한다. 때문에 자신도 구제하지 못한다.

又古德云 凡三句三玄三要之謂三者 如體用中 三般面目 是也 在第一句中爲三要 三要者 大機 大用 機用齊施也 在第二句中爲三玄 三玄者 體中玄 用中玄 玄中玄 在第三句中爲三句 三句者 第一句 第二句 並本句 爲三句也 夫玄與要 如臨鏡者之形影相資無所欠剩 自家宗師 將此三者 向第一句中用之 則一一絶諸對待 故轉玄名要 如影卽形 向第二句中施設 則完成格則 轉要名玄 如形卽影 而其三者 本不移易也

또 고덕[一愚]은 무릇 삼구 · 삼현 · 삼요에 대하여 '三은 體 · 用 · 中 삼단의 면목이 그것이다.'고 말한다. 제일구에서는 삼요가 된다. 삼요는 大機 ·

大用 · 機用齊施이다. 제이구에서는 삼현이 된다. 삼현은 體中玄 · 用中玄 · 玄中玄이다. 제삼구에서는 삼구가 된다. 삼구는 제일구 제이구 그리고 本句 곧 제삼구이다.

대저 玄과 要의 관계는 마치 거울 앞에서 형체와 영상이 서로 의지하여 모자람도 넘침도 없는 것과 같다.

선종의 종사가 이 三者[삼구 · 삼현 · 삼요]를 가지고 제일구에서 그것을 활용하면 곧 낱낱이 모든 對待를 단절하기 때문에 玄을 굴려서 要라고 말한다. 마치 영상이 형체에 즉한 것과 같다. 저 제이구에서 시설한즉 격칙이 완성되어 要를 굴려서 玄이라고 말한다. 마치 형상이 영상에 즉한 것과 같다. 그러나 句 · 玄 · 要의 삼자는 본래 移 · 易이 없다.

問第一句中用之則絶諸對待者 其義云何 答此宗鼻祖 馬大師 把百丈面門 一印印破 振威一喝 後來雪竇 西院各下兩錯 佛果於西院錯下 著語云 三要印開 此第一句中 全提此印 臨濟頌此句云 三要印開朱點窄 未容擬議主賓分 旣不許其擬議 亦不容分主賓 此非絶諸對待而何 此實達摩所傳無文字印 諸師將以印空之時也

묻는다 : 제일구에서 그것[三者]을 활용하면 곧 낱낱이 모든 對待를 단절한다는 것은 무슨 뜻입니까.

답한다 : 임제종의 비조인 馬祖大師가 百丈의 얼굴에다 한번 도장을 찍고 일할을 위엄차게 떨쳤다. 후에 雪竇와 西院은 각각 두 번이나 '錯'이라 하였고, 佛果는 서원에 대하여 '錯'이라고 한 말에 '삼요의 도장을 찍었다[三要印開]'는 착어를 붙였다. 이것은 제일구에서 心印을 全提한 것이다. 임제는 제

일구의 게송에서 '삼요의 심인이 열리면 붉은 점이 드러난다. 주체와 객체를 분별하려는 것조차 용납되지 않는다.'고 말했다. 이미 분별하려는 것조차 용납되지 않고 또한 주체와 객체를 분별하려는 것도 용납되지 않는다. 이야말로 실로 보리달마가 전승한 문자가 없는 도장[無文字印]이고, 제조사가 그것으로 허공에다 도장을 찍는 소식이다.

<問+?>第二句中用之 則完成格則 其義云何 答 於此難孤絕濟之機 施設三玄戊甲 爲物作則 規模現成 臨濟頌此句云 妙喜豈容無著問 漚和爭負絕流機 此開權現實 妙喜大智 是實也 這裡豈容無著問 蓋問答俱泯也 漚和 此云方便 是權也 個時爭負絕流之機 此機應並存 權實雙行 所以完成格則也

묻는다 : 제이구에서 그것[三者]을 활용한즉 격칙이 완성된다는 것은 무슨 뜻입니까.

답한다 : 이 참으로 제도하기 어려운[難孤絕濟] 근기에 대해서는 삼현이라는 창과 갑옷[방편]을 시설하는데, 그것이 중생을 위해 만든 법칙으로 규모의 현성이다.

임제는 이 제이구에 대하여 게송으로 말한다.

'문수가 어찌 무착의 질문을 인정하겠는가. 그렇지만 방편의 입장에서 어찌 수행납자를 저버리겠는가.'

이것은 權을 열어 實을 드러낸다는 뜻이다. 妙喜는 大智인데 곧 實이다. 그런 경지에서 어찌 무착의 질문을 인정하겠는가. 무릇 問·答이 모두 없다. 漚和는 번역하면 方便인데 곧 權이다. 그런 경우에 어찌 수행납자를 저버리겠는가. 이러한 근기에 대해서는 반드시 권과 실을 병존하여 雙行해야 한다. 때문에 격칙이 완성된다.

問 第三句中用之 則特名三句 其義云何 答 夫第一句中三要義 第二句 <中+?>三玄義 非此第三句 中下之流 無從而聞知也 蓋三要之爲照爲用 三玄之爲權爲實 三句之有淺有深 乃至開一爲三 疊三爲九 束九爲三 收三爲一 凡此之類 皆第三句之所詮也 捨此所詮 無以爲第三句 非第三句 無以宣示上二句之玄要 此其所以轉名此句爲三句者也 臨濟頌此句云 看取棚頭弄傀儡 抽牽全藉裡頭人

묻는다 : 제삼구에서 그것[三者]을 활용한 즉 특별히 삼구라고 말하는 것은 그 뜻이 무엇입니까.

답한다 : 대저 제일구 속의 삼요라는 뜻과 제이구 속의 삼현이라는 뜻에 대해서는 여기 제삼구에 해당하는 중 · 하 근기의 무리가 따라서 듣는다고 알 수 있는 것이 아니다. 무릇 삼요의 제일구는 照가 되고 用이 되며, 삼현의 제이구는 權이 되고 實이 되는데, 삼구의 제삼구는 淺도 있고 深도 있다. 이에 하나를 열어서 셋을 만들고, 셋을 곱하여 아홉을 만들며, 아홉을 묶어서 셋을 만들고 셋을 거두어 하나를 만들기도 한다. 무릇 이와 같은 것들은 모두 제삼구의 所詮이다.

이 所詮을 버리고는 제삼구가 되지 않고, 제삼구가 아니면 제일구의 要와 제이구의 玄을 펼쳐보일 수가 없다. 이것이 바로 제삼구의 명칭을 굴려서 (특별히) 삼구라고 말하는 이유이다. 임제는 이 제삼구에 대하여 게송으로 말한다.

'무대에서 재롱을 떠는 꼭두각시를 보라. 그 장난은 막후에 있는 사람에

달려 있다.'

凡大機全機之圓應照應 大用妙用之直截縱橫 惟憑師家之所說 而知其爲要爲玄 正如傀儡之抽牽 全藉於裡頭人之鼓弄也 然則此第三句之所詮 更可詳聞乎 曰 古來諸師之釋 布在方冊 今引一二而證之

무릇 大機와 全機는 圓應하고 照應하며, 大用과 妙用은 直截하고 縱橫한다. 그런데도 師家의 설명에만 의지하여 그것이 要가 되고 玄이 되는 줄만 아는 것은 바로 꼭두각시를 끌고 당기는 것처럼 온전히 무대 뒤에서 조종하는 사람에 의지하고 만다. 그런즉 이 제삼구의 所詮을 다시 자세히 들어봐야 하지 않겠는가. 말하자면 고래로 諸師의 해석이 책자에 널려있다고 하는데, 이제 한두 가지를 인용하여 그것을 증명해본다.

崇齊惠公 解三要云 第一要 大機圓應 第二要 大用全彰 第三要 機用齊施 與照用同時 特名異耳 機者 機關也 如云 觸一機而百關俱發 正當不觸不發之時 謂之大機 大機 以圓應爲義 大用之機 旣觸旣發之時 謂之大用 大用 以直截爲義 大機之用 隨得一要 便乃超三玄 越三句 如百丈得大機 黃蘗<檗?>得大用 莫不親承馬祖一喝 赫然爲臨濟本宗 此其證也

숭제혜공이 三要를 해석하여 말한다.
"제일요는 大機로 圓應하는 것이고, 제이요는 大用이 全彰하는 것이며,

제삼요는 機·用이 齊施되는 것인데 照·用의 同時와 더불어 특별히 명칭만 다르다. 機는 機關이다. 가령 '一機가 觸하면 百關이 함께 發한다'는 경우와 같다. 그런데 바로 觸·發되지 않은 경우의 상태를 大機라고 말한다. 대기는 圓應으로써 뜻을 삼고 있는 大用의 機이다. 이미 觸·發되는 경우를 大用이라고 말한다. 대용은 直截로써 뜻을 삼고 있는 大機의 用이다. 하나의 要만 따라도 이에 곧 삼현을 超하고 삼구도 越한다. 저 백장이 터득한 대기와 황벽이 터득한 대용은 친히 마조의 일할을 계승하지 않음이 없었듯이 이것이야말로 명백하게 임제의 본래 종지가 되었는데, 이것이 바로 그 증거이다."

汾陽昭禪師 擧三玄語云 直須會取故人意旨 然後自心明去 更得受用自在 識得自家活計 所以南泉云 王老師十八上 解作活計 僧問 古人十八上解 未審作個什麽活計 師云 兩隻水牯牛 雙角無欄圈 若能於此明得去 卽得三玄旨趣 始得受用無礙 暢快平生 與汝一切頌出 第一玄[體中玄] 法界廣無邊 森羅及萬像 總在鏡中圓 第二玄[用中玄] 釋尊問阿難 多聞隨事答 應器量方圓 第三玄[玄中玄] 直出古皇前 四句百非外 閭氏問豊干 師乃曰 這個是三玄之頌 作麽生是三玄之旨趣 [暗指三要] 直須決擇分明

분양선소 선사가 三玄에 대하여 다음과 같이 말했다.

"〈소참법문 때 三玄法語에 대하여 말했다. 그대들은 삼현의 시절을 알겠는가.〉 모름지기 고인의 意旨를 이해해야 한다. 연후에 자심을 해명하면 곧 〈자재한 신통변화를 터득하게 되는데〉 수용이 무궁하다. 〈그것을 자수용신이라고 부른다. 부처님은 남의 가르침을 좇지 않고 곧〉 自家의 활계를 알아차렸다. 때문에 남전은 '왕노사[남전 자신]는 18세 때 作活計를 잘 이해하였다.'고 말했다. 승이 물었다. '고인은 18세 때 作活計를 잘 이해하였다고 말했는데, 어떤 活計를 터득한 것입니까.' 분양이 말했다. '물소가 두 마리인데[兩隻水牯牛] 쌍뿔을 가둘 곳이 없다.[雙角無欄棬]' 〈그리고 분양이 다시 말했다.〉 '만약 이것을 해명하고자 한다면 반드시 삼현의 旨趣를 터득해야 비로소 受用이 無碍하고 〈自家가 慶快하여 평생토록 누린다. 대장부라면 자기를 속이지 말아야 한다. 경계를 상대하여 통하지 못하면 그 사람은 중생을 구제[利濟]하지 못한다.〉 그대들에게 한꺼번에 게송으로 말해주겠다.

제일현[體中玄]이여
광대하고 무변한 법계에는
삼라와 만상의 일체제법이
거울 가운데 모두 다 있네
제이현[用中玄]이여
석가세존께서 질문을 하고
다문인 아난다가 답변하니
그릇의 역량 자유자재하네
제삼현[玄中玄]이여
古皇前에 그대로 드러내니
사구백비를 벗어난 경지를
여씨가 풍간에게 질문하네

분양이 말했다. '이것이 바로 삼현에 대한 게송이다. 그 삼현의 지취는 무엇인가. [삼요에 대한 암시[暗指]이다] 곧장 분명하게 결택해야 한다.'"[369]

三聖問答 曰 如何是第一玄 曰 全機照應 乾坤之內 萬像森羅 如因陀羅網[370] 可配雲門函蓋乾坤也 第二玄如何 曰 妙用縱橫 隨宜下手 言言堪愛 句句全眞 此乃昭陽隨波 應機也 第三玄如何 曰 機用齊施 人境俱忘 凡聖情盡也 此皆此句[第三句]所詮 上二句[第一句 第二句]之事切莫錯會 [此皆第三句之所詮 若以論玄要而謂 第一句 第二句 則爲錯解也]

〈삼성장의 문답〉

호월상인이 물었다.

"그러면 제일현은 어떤 것입니까."

청풍장로가 답했다.

"全機로 照하고 應하는 것입니다. 그래서 乾·坤 안의 삼라만상이 마치 인다라망과 같아서 운문의 函蓋乾坤을 배대할 수가 있습니다."

호월상인이 물었다.

"제이현은 어떤 것입니까."

청풍장로가 답했다.

369)『汾陽無德禪師語錄』, (大正藏47, p.597中-下) "小參因擧三玄語云 爾還會三玄底時節麼 直須會取古人意旨 然後自心明去 便得通變自在 受用無窮 喚作自受用身 佛不從他教 便識得自家活計 所以南泉云 王老師十八 上解作活計 僧問 古人道十八 上解作活計 未審作得箇什麼活計 師云 兩隻水牯牛 雙角無欄棬 復云 若要於此明得去 直須得三玄旨趣始得 受用無礙 自家慶快 以暢平生 丈夫漢莫教自辜觸事不通 彼無利濟 與爾一時頌出 第一玄 法界廣無邊 參羅及萬象 總在鏡中圓 第二玄 釋尊問阿難 多聞隨事答 應器量無邊 第三玄 直出古皇前 四句百非外 閭氏問豐干 師云 這箇是三玄底頌 作麼生是三玄底旨趣 直教決擇分明" 참조.

370)「綱」疑「網」『編』

"묘용이 종횡하여 마음대로 손을 쓰는 것입니다. 그래서 言言이 堪愛이고 句句가 全眞입니다. 이것은 곧 운문소양[소양대사 운문문언]이 隨波應機한 것입니다."

호월상인이 물었다.

"제삼현은 어떤 것입니까."

청풍장로가 답했다.

"機와 用을 함께 베푸는 것이고, 주관과 객관을 모두 잊는 것이며, 범부와 부처라는 분별심이 모두 사라진 것입니다."[371]

이것은 모두 이 구[제삼구]에 대한 설명이다. 그러므로 앞의 두 구[제일구와 제이구]에 대한 것과 결코 착각해서는 안 된다.[이것은 모두 제삼구에 대한 설명이므로 혹 이것을 가지고 玄과 要를 논하여 말한다면 제일구와 제이구를 곧 오해하게 된다.]

如上一絡索 皆援古證今 而不越當句之內 猶是敗闕極甚 況復別立己見 每欲變古易常 以如來禪爲格外 而配之分座 旣謂之格外 而配於分座 則更不可以格外禪 配第二句 以第二句中 完成三玄格則 非是格外也

이상 일련의 말들은 모두 古[고인의 일화]를 인용하여 今[백파의 오류]을 증명한 것이다. 이처럼 (백파는) 當句 안의 모순도 벗어나지 못하면서 오히려 극심한 잘못에 빠져 있다. 하물며 다시 자기의 견해를 별도로 내세워 매번 古를 變하고 常을 易[變古易常]하려는 경우이겠는가. 곧 (백파는) 여래선을 格

371) 『禪門綱要集』 6, (韓佛全6, p.851上)

外로 간주하여 分座에 배대하였다. 이미 여래선을 격외라 하여 분좌에 배대한즉 다시는 격외선을 제이구에 배대할 수가 없다. 곧 제이구에는 삼현이라는 격칙이 완성되어 있는데 그것은 격외가 아니기 때문이다.

然則 一愚何故 以如來禪 配第二句 以如來禪 開說義理 與第二句完成格則相同 故配之也 夫格外者 非透脫權實教格之謂耶

그런데 (백파는) 一愚가 무슨 까닭에 여래선을 제이구에 배대했다고 하는 것인가.[372] 여래선으로 義理를 開說함으로써 격칙이 완성되어 있는 제이구와 더불어 서로 동일해지기 때문에 (백파는 여래선을 제이구) 거기에 배대한 것이다. 대저 격외는 權과 實의 敎格을 투탈한 것을 일컬은 것이 아니었던가.

前頭之言 以如來禪 未脫本分頭角 後頭之言 以如來禪 悟得本分 超出於本分之義理 是當句內 前後相違

앞의 언급(백파가 일우의 설에 의거한다는 말)에 의하면 여래선으로써 본분이라는 소득심[頭角]을 벗어나지 못하지만, 뒤의 언급(백파의 설명)에 의하면 여래선으로써 본분을 깨치고 본분의 義理를 초월한다. 이처럼 當句 內에서 앞뒤의 설명이 어긋난다.

372) 백파는 『禪文手鏡』의 [義理禪格外禪辨] 대목에서 연담의 인용문이라고 인용하는 가운데서 일우의 설을 비판하고 있는 것과 결부시켜 살펴볼 필요가 있다. 그러나 『선문강요집』에서 일우가 여래선을 제이구에 배대한 대목은 보이지 않는다.

又前以法法全眞之言 貶而降之 名如來禪 今以卽權明實之功 褒而昇之 爲格外禪 貶而降之 褒而升之 任意自在 肆然無忌憚 蕲然無慚愧

또한 위에서는 모든 법이 그대로 진실한 말이므로 (여래가 설한 만법을 통괄하여 일심을 설명한다는 말과 완전히 동일하다. 그럼에도 불구하고) 그것을 폄하하여 여래선이라고 말했다. 지금은 權에 즉하여 實을 해명하는 功으로써 그것을 치켜세워 격외선이라고 말했다. 그것을 폄하하고 치켜세우며, 임의대로 자재하고, 거리낌이 없으며, 기탄이 없고 되는대로 부끄러움도 모른다.

異哉 斯老之所造也 疑矣 至於本位那人 頭角之脫與未脫 新熏本分朕跡之有與不有 體用之互相隔別 殺活之偏有兼單 佛祖之打之安之 至謂頓漸之修證有差 南北之適<嫡?>孽生焉 雜踏引配 支離抵捂 不免前捉後失 終成左輔右缺

괴이하다. 이 노인이 조작한 것은 참으로 의심스럽다. 심지어 본래지위의 어떤 사람에 대하여 번뇌[頭角]를 벗어남과 벗어나지 못함, 신훈과 본분의 자취가 있음과 없음, 체와 용의 互相과 隔別, 살과 활의 偏有와 兼單, 佛과 祖의 부정과 긍정, 나아가서 돈 · 점에 따른 수행[修] · 깨침[證]의 차이가 있고, 남종[南] · 북종[北]에 따른 적자[嫡] · 서자[孽]의 차이가 있다고 말한다. 이처럼 잡다하게 인용하고 배대하여 支離하게 비난[抵捂]을 해대니, 그것은 앞에서 잡았다가 뒤에서 놓치는 잘못을 면하지 못하여 끝내 왼쪽을 돕느라고 오른쪽이 모자라는 결과가 되어버렸다.

又言 第三句 惟有但新無本之義理 故名曰 義理禪 此亦大爲不然 蓋第三句中三玄三要 權實照用 一切義理 無不丕顯 何獨有但新無本之義理哉 所以道 如來四十九年 隨機說法 是第三句 亦是大手宗師 東說西說之時節 大凡佛祖 落草之談 頓漸之機 功熏修證 一切差別地位 總屬此句 此一愚所判第三句之義也 何處更有但新無本之義理禪名字乎 若言 如來四十九年 隨機之說 但新無本 大手宗師 東說西說 但新無本 彼一切差別地位 總屬此句之言 又能相何遮障耶

또한 (백파는) 제삼구는 오직 신훈만 있고 본분이 없는 義理이기 때문에 義理禪이라고 말한다. 이것 역시 전혀 그렇지 않다. 무릇 제삼구 가운데에는 삼현 · 삼요 · 權 · 實 · 照 · 用의 일체가 또렷하게 드러나지 않음이 없다. 그런데 어찌 어째서 유독 신훈만 있고 본분이 없는 義理이겠는가. 그래서 여래가 49년 동안 隨機說法한 것을 바로 제삼구라고 말한다. 또한 '수완이 좋은 종사[大手宗師]가 〈제삼구중에서 네 모서리에 책상다리를 붙이고〉 東說西說[373]하는 시절로서 무릇 부처와 조사가 중생을 위한 방편설[落草之談] 및 頓 · 漸의 근기를 위한 功熏과 修證의 일체의 差別과 地位가 모두 이 제삼구에 속한다'[374]는 것은 一愚가 판별한 제삼구의 뜻이다. 어디에 다시 오직 신훈만 있고 본분은 없는 의리선이라는 명자가 있는가. 만약 여래가 49년 동안 근기에 따른 설법에 신훈 뿐이고 본분이 없으며, 수완이 좋은 종사의 동설서설에도 신훈 뿐이고 본분이 없다고 말한다면 저 일체의 차별과 지위가 모두 이 제삼구에 속한다는 말에 대해서는 또 어떤 모습으로 가려서 방해할

373) 東說西說은 東語西話와 같은 의미로서, 여기서 말하고 저기서 말하는 것, 곧 말을 바꾸어 이러쿵저러쿵 이야기하는 것을 가리킨다.

374) 『禪門綱要集』 [一愚說] (韓佛全6, p.855上-中)

것인가.

臨濟示衆云 大凡演暢宗乘 一句中須具三玄門 一玄門須具三要 有權有實 有照有用 此言一句 指第三句也 何以知其然也 蓋不演暢則已 如其演暢 則便當第三句也 [二賢問答 曰 第三句如何 答曰 今吾與子 一說一聽一問一答 早落第三句了也 如將三要印 向爛泥上踏却 痕縫全彰 故轉名三句 玄要在其中矣]

임제가 시중설법하였다.

"무릇 종지를 연창하자면 일구마다 반드시 삼현문이 갖추어 있고, 일현문마다 반드시 삼요가 갖추어 있는데, 權도 있고 實도 있으며 照도 있고 用도 있다."

여기서 말한 일구는 제삼구를 가리킨다. 무엇으로 그런 줄을 아는가. 무릇 연창하지 않은즉 그만이지만 그것을 연창한즉 바로 제삼구에 해당한다."

[二賢[호월상인과 청풍법사]의 문답에서 말한다. 호월상인이 물었다. '제삼구는 어떤 것입니까.' 청풍법사가 말했다. '지금 나와 그대가 함께 說하고 함께 聽하며 함께 問하고 함께 答하고 있는데, 이것이 벌써 바로 제삼구에 떨어져 있는 것입니다. 마치 三要印을 가지고 물렁한 진흙에다 도장을 찍으면 흔적[痕縫]이 온전히 드러나는 것과 같아서 이것을 轉하여 삼구라고 말하는데, 玄과 要가 그 가운데 있습니다.'][375]

375) 『禪門綱要集』 [二賢話] (韓佛全6, p.852上)

故演暢之時 三玄便具於此句[第三句]中 是謂一句中具三玄也 玄是要之影 要乃玄之形 影之所在 形必具焉 故隨擧一玄 便具三要 是爲一玄門具三要也 有權有實者 三玄也 有照有用 三要也 此結指玄要之在第三句也 [一愚曰 照用是要 當第一句 權實是玄 當第二句 又當第三句] 若以演暢玄要之義理 謂之義理禪 則近古[古人 以第二句如來禪 爲義理禪] 而未必不可矣 若第二句如來禪 獨拔之爲格外禪 又以但新無本爲第三句 以此別立義理禪之名 則最大不可,於上於下 皆不襯著 偏局而不成說也

때문에 연창할 경우에는 삼현이 곧 이 구[제삼구]에 갖추어지는데 곧 이것을 '일구마다 삼현이 갖추어 있다'고 말한 것이다.

玄은 곧 要의 影이고, 要는 곧 玄의 形이다. 影이 소재하면 形이 반드시 갖추어져 있기 때문에 하나의 현을 들 때마다 곧 삼요가 갖추어지는데 이것이 '일현마다 삼요가 갖추어져 있다.'는 것이다.

'권도 있고 실도 있다'는 것은 삼현이고, '조도 있고 용도 있다'는 것은 삼요이다. 이것은 玄과 要가 제삼구에 있음을 결론지어 가리킨 것이다.

[일우는 말한다. "照用은 곧 要로서 제일구에 해당하고, 權實은 곧 玄으로서 제이구에도 해당하고 또 제삼구에도 해당합니다."][376]

만약 玄과 要의 뜻을 연창하는 것을 의리선이라고 말한다면 곧 고인의 주장과 가깝기 때문에[古人은 제이구로써 여래선을 삼았다] 반드시 不可한 것은 아니지만, 제이구만 뽑아서 격외선으로 삼는다면 그 또한 신훈만 있고 본분이 없는 것을 제삼구로 삼아서 그것으로 별도로 의리선이라는 명칭을 내세운 꼴이므로 결코 不可하다. 그런즉 전 · 후가 모두 합치되지[襯著] 못하고 국면

376)『禪門綱要集』[一愚說] (韓佛全6, p.854中)

에 치우쳐 어불성설이다.

六隱老曰 二禪若配五宗則 祖師禪 則臨濟雲門二宗 臨濟宗 具足機用故 爲祖師禪正脉 雲門宗, 但明截斷 而未能現說機用故 不及臨濟宗也 如來禪 卽曹洞 潙仰法眼三宗 於中曹洞宗洞明向上 而窮盡眞金鋪故 爲如來禪正脉 潙仰宗 但明體用 而未明向上 而未盡眞金鋪故 不及曹洞宗 法眼宗 但明惟心 則唯攝用歸體故 亦不及潙仰宗也

(3) 이선과 선종오가

육은노인은 말한다.

"조사선과 여래선을 선종오가에 배대하면, 조사선은 임제종과 운문종의 이종에 해당한다. 임제종은 機와 用을 갖춘 까닭에 조사선의 정맥이다. 운문종은 단지 截斷만 해명하고 기와 용을 現說하지 못한 까닭에 임제종에 미치지 못한다. 여래선은 조동종 위앙종 법안종의 삼종에 해당한다. 그 가운데 조동종은 향상을 해명하고 眞金鋪를 궁진하기 때문에 여래선의 정맥이다. 위앙종은 단지 體와 用만 해명할 뿐 향상을 해명하지 못하여 眞金鋪를 未盡하기 때문에 조동종에 미치지 못한다. 법안종은 단지 唯心만 해명할 뿐으로 오직 用을 섭수하여 體로 돌아갈 뿐이기 때문에 또한 위앙종에 미치지 못한다."

言以二禪配五宗則 臨濟宗具足機用故 爲祖師禪正脉 雲門但明截斷 而未能現說機用故 未及臨濟宗 然則離機用外 別有截斷隨波 離截斷

隨波外 別有機用乎 是誠執言而迷義者也 且機用現說則有之 不現說則不有乎 然則世尊未曾現說機用 是世尊無機用也 卅三諸祖 未曾現說機用 是祖師無機用也 旣皆無之 所傳宗旨 以何爲法印乎 若言雲門未曾無乎機用 以其不現說故 不及於臨濟云 則是佛與祖師 皆不及於臨濟 而不足爲祖宗也

(백파는) 말한다.

'조사선과 여래선을 선종오가에 배대하면, 임제종은 기와 용을 구족한 까닭에 조사선의 정맥이다. 운문종은 단지 截斷만 해명할 뿐이고 아직 機와 用을 現說하지 못한 까닭에 임제종에는 미치지 못한다.'

그런즉 기와 용을 벗어난 이외에 별도로 截斷한 隨波가 있고, 截斷한 隨波를 벗어난 이외에 별도로 기와 용이 있다는 것인가. 이야말로 진실로 언설에 집착하여 뜻에 미혹한 것이다. 또 기와 용을 現說한 즉 그것이 있고 現說하지 않은 즉 없다는 것인가. 그런즉 세존도 일찍이 기와 용을 現說하지 않았으니 곧 세존에게도 기와 용이 없고, 삽삼조사도 일찍이 기와 용을 現說하지 않았으니 곧 삽삼조사에게도 기와 용이 없다는 것인가. 이미 세존과 삽삼조사 모두에게 기와 용이 없는데 전승된 종지는 무엇으로 법인을 삼은 것인가.

만약 운문종에도 일찍이 기와 용이 없었던 적이 없지만 그것을 現說하지 않은 까닭에 임제종에 미치지 못한즉 곧 세존[佛]과 삽삼조사[祖]가 모두 임제종에 미치지 못하여 祖宗이 되지 못할 것이다.

又言 潙仰宗 但明體用 而未明向上眞金鋪 尚不及於曹洞宗之洞明向

上 而窮盡眞金鋪 其向上之明不明 眞金鋪之窮不窮 何從而知其層隔之如此詳細耶 於此後末世時 跛脚眇目之阿師輩 如來禪祖師禪 機用之全不全 歷歷洞明而詳悉之 彼密受懸記而來 飽參百丈古佛 洞明大事 爲一千五百衆所宗事之善知識者 都不知有具機用之祖師禪 僅知得如來禪眞金鋪之半面乎 況且仰山是第二祖阿難尊者後身 西天羅漢時時特來問法 呼謂小釋迦 然猶不知如來禪之向上 嗚呼 苦哉 小言之害道也 夫阿難三入祖門 而其爲仰山 則號謂小釋迦 潙山赫赫爲小釋迦之師傳<傅?> 以謂不知祖師禪之機用 僅以如來禪眞金鋪之半面竊吹於五宗之中 打而推之於曹洞宗之脚下 豈不大可冤枉哉

또 (백파는) 말한다.

'위앙종은 단지 體와 用만 해명할 뿐 향상과 眞金鋪를 해명하지 못해서 오히려 조동종에서 향상을 분명하게 해명하여 진금포를 窮盡한 것에도 미치지 못한다.'

그 향상의 明과 不明 그리고 진금포의 窮과 不窮은 어떤 근거에서 그 層隔을 이처럼 상세하게 안다는 것인가. (그 결과) 이후 말세시대에는 절름발이와 애꾸눈의 스승인 주제에 조사선 · 여래선, 기와 용의 全과 不全으로 역력하고 통명하게 그것을 상세히 따질 것이다.

저 위앙종의 조사들이야말로 懸記를 密受한 이래로 百丈古佛을 포참하여 일대사를 훤히 해명하여 천오백 대중이 종사로 섬기는 선지식들인데 기와 용을 갖춘 조사선을 전혀 모르고 겨우 여래선이 진금포 가운데 반쪽만 안다는 것인가. 하물며 또 앙산은 곧 제이조 아난존자의 후신으로 서천의 아라한들이 항상 問法하러 일부러 찾아왔고 小釋迦라고 불렸는데도 불구하고 여래선의 향상을 몰랐다는 것인가.

오호라. 안타깝다. 하찮은 말이 道를 해치는 격이다. 대저 아난도 세 번이나 祖門에 들어갔지만 앙산이 되어서야 곧 소석가라고 불렀다. 더욱이 위산은 명백하게 소석가의 師傅인데 조사선의 기와 용도 모르고 겨우 여래선의 진금포 가운데 반쪽뿐이었다는 것인가. 이것은 선종오가를 竊吹[377]하여 그 속에다 슬며시 밀어 넣어 조동종 밑에 둔 꼴이니, 어찌 대단히 원통하고 아니꼬운 처사가 아니겠는가.

始也洞山參潙山 問無情說法之義 潙山竪起拂子 洞山曰 學人不會 乞師指示 潙山曰 父母所生口 終不爲子說 洞山猶不會 因蒙潙山敎 往參雲岩而有契 先是 雲岩亦參潙山 聞悟絶滲漏之義 後爲洞山之師 洞山受之雲岩 以立曹洞宗旨 是則曹洞宗之淵源 濫觴於潙山也 後人都不知此 而但看人天眼目一書 妄判二宗之優劣 如此倒置無稽之甚也

처음에 동산이 위산한테 참방하여 무정설법의 뜻에 대하여 묻자, 위산이 불자를 치켜세웠다. 동산이 물었다.

"저는 모르겠습니다. 스님께서 지시해주십시오."

위산이 말했다.

"부모에게서 받은 입으로는 끝내 그대한테 설해주지 않겠다."

그러나 동산은 여전히 이해하지 못했다. 위산의 가르침을 받고 운암한테 왕참하여 깨쳤다. 그 이전에 운암도 또한 위산을 참방하여 滲漏[378]를 단절

377) 竊吹는 악기를 부는 행위를 훔친다는 뜻으로 거짓 명성을 훔치는 행위, 내지 수준 미달의 인물이 隱士인 체 하며 명예를 훔치는 행위를 가리킨다.
378) 滲漏는 三種滲漏를 말한다. 동산양개가 납자가 빠지기 쉬운 폐해를 삼종으로 정리하여 제시한 것이다.

한다는 뜻을 듣고 깨쳤는데, 후에 동산의 스승이 되었고, 동산은 운암한테서 사법하고 조동종지를 내세웠다. 이것은 곧 조동종의 연원인데, 위산으로부터 남상을 삼는다. 그런데도 후인이 그것을 전혀 모르고 단지 『인천안목』 1권만 읽고서 위앙종과 조동종의 우열을 잘못 판별함으로써 이처럼 倒置되었으니 황당무계의 극치이다.

今引五宗語錄所載數則因緣 一爲潙仰宗雪屈 潙山在百丈 爲典座時 司馬頭陀來言 頃在湖南 得一山名大潙 是一千五百人善知識所居處 乃指典座爲潙山主人 時花林覺首衆 百丈並與師召至而言曰 若下得一轉語出格 與潙山住持 即指淨甁云 不喚作淨甁 時汝喚作什麽 花林云 不可喚作木 百丈乃問師 師踢倒淨甁 便出去 百丈笑曰 第一座輸却山子 遂命師入潙山 及後住持 潙山日謂衆曰 如許多人 祇得大機 不得大用 仰山擧此話 問山下庵主云 和尙恁麽道意旨 如何 庵主曰 更且喜閑[379] 師擬再擧 被庵主踏倒 仰山歸擧似師 師呵呵大笑

이제 선종오가의 어록에 수록된 수칙의 인연을 인용하여 먼저 위앙종의 굴욕을 씻어보겠다.

① 위산이 백장에서 전좌로 있을 때 사마두타가 (백장을) 찾아와서 말했다.

見滲漏는 아직 아견이 남아 있다는 것이다. 사고가 지적인 대상에 얽매여 진실을 보지 못하는 모습이다. 情滲漏는 아직 情識이 남아 있는 것이다. 취사의 대립적인 사고방식이 아직 남아 있는 모습이다. 語滲漏는 어구에 얽매여 경론 및 문자가 수단임을 모르고 쓸데없이 문자 및 언어의 해명에 고심하는 모습이다.

379) 更且喜閑〈更擧看?〉

"요즘에 호남에서 대위산을 발견했는데 그곳은 천오백 명의 선지식이 거처할 도량입니다."

이에 전좌를 위산의 주인공으로 지목했다. 그때 花林善覺이 대중의 首座였는데 백장이 위산과 함께 불러들여 말했다.

"만약 출격의 일전어를 한다면 그에게 위산의 주지를 주겠다."

그리고는 정병을 가리키며 말했다.

"정병이라고 부르지 말라. 그러면 이때 그대는 뭐라고 부르겠는가."

화림이 말했다.

"나무라고 불러서는 안 됩니다."

백장이 이에 전좌에게 묻자, 전좌는 정병을 걷어차고 곧 나가버렸다. 백장이 웃으며 말했다.

"제일좌[화림]가 山子[전좌]에게 당했다."

마침내 전좌에게 대위산에 들어가도록 명했다.[380)]

위산이 어느 날 대중에게 말했다.

"허다한 사람이 대기만 터득했을 뿐이지 대용은 터득하지 못하였다."

앙산이 이 공안을 들어 山下의 암주에게 물었다.

"화상께서 이렇게 말한 意旨는 무엇입니까?"

암주가 말했다.

"다시 말해 보라."

앙산이 다시 말하려는 찰나 암주한테 걷어차였다. 앙산이 돌아와서 위산

380)『景德傳燈錄』卷9, (大正藏51, p.264中-下) 참조.

에게 고하자, 위산이 껄껄껄 웃었다.[381]

又香嚴仰山侍立次 師擧手云 如今恁麽者少 不恁麽者多 香嚴 從東過西立 仰山 從西過東立 師云 這個因緣 三十年後 如金擲地相似 仰山云 亦須是和尙提唱 香嚴云 卽今亦不少 師云合取狗口 後來南堂靜禪師 擧此話云 象王嚬呻 師子哮吼 踞地盤空 移星換斗 坐斷舌頭 合取狗口 一回擲地作金聲 九曲黃河徹底淸

② 향엄과 앙산이 (위산을) 시봉하며 서 있는데 위산이 손을 들고 말했다.

"요즘은 이런 자는 적고 이렇지 않는 자가 많다."

향엄은 동쪽에서 서쪽으로 가서 서고, 앙산은 서쪽에서 동쪽으로 가서 섰다. 그러자 위산이 말했다.

"이러한 인연이 다음 세대에는 마치 금속을 바닥에 던진 것과 같을 것이다."[382]

앙산이 말했다.

"그래도 또한 화상께서 제창해 주십시오."

향엄이 말했다.

"지금도 또한 모자라지 않습니다."

위산이 말했다.

"개소리 말라."

---

381) 『五燈會元』 卷9, (卍新續藏80, p.185下)

382) 如金擲地는 땅에 던지면 鐘磬과 같은 악기소리가 난다는 뜻으로 아름답고 뛰어난 문장을 비유하는 말이다.

(후에 남당원정 선사가 이 공안에 착어를 붙였다. "코끼리는 하품을 하고 사자는 포효한다. 바닥에 웅크리고 허공에 오를 기세이고, 별자리를 옮기고 북두성을 바꾼다. 말문을 막아버리고 개 주둥이를 닫아버린다. 한번 땅바닥에 던지니 금석의 소리가 나고, 구곡의 황하가 바닥까지 맑아졌다.")[383]

又有僧問 不作潙山一頂笠 無緣得到莫傜村 如何是潙山一頂笠 師喚云 近前來 僧近前 師與一踏

③ 또 어떤 승이 물었다.

"위산의 삿갓 하나를 만들지 않고는 莫傜村[384]에 도달할 인연이 없다는데, 위산의 삿갓 하나란 무엇입니까."

위산이 부르는 소리로 말했다.

"가까이 오라."

그 승이 가까이 다가서자 위산이 한번 걷어찼다.[385]

又仰山見一梵僧 從空而至 師問曰 近離甚處 曰 西天 <曰?> 幾時離彼 曰 今早 師曰 神通遊戲則不無 闍黎佛法 須還老僧是得 僧云 特來東土 禮文殊 却遇小釋迦 卽出梵書貝多葉 與師作禮 乘空而去 自此號小釋迦

---

383) 『潭州溈山靈祐禪師語錄』, (大正藏47, p.597上)

384) 『祖庭事苑』 卷1, (卍新續藏64, p.326中) "本作莫傜 地名 今溈山塔莊是矣 古語云 不作溈山一頂笠 無由得到莫傜村"

385) 『景德傳燈錄』 卷9, (大正藏51, p.265下)

④ 어떤 梵僧이 허공에서 내려오는 것을 보고 앙산이 물었다.

"최근에 어디에서 오셨습니까."

범승이 말했다.

"서천에서 왔습니다."

앙산이 물었다.

"언제 서천을 떠났습니까."

범승이 말했다.

"오늘 아침입니다."

앙산이 말했다.

"신통유희가 없지는 않지만 아사리의 불법은 반드시 노승[앙산]에게 돌려주십시오."

범승이 말했다.

"특별히 동토에 와서 문수에게 예배하려다가 뜻밖에 소석가를 친견했습니다."

그리고는 곧 범어경전[梵書貝多葉]을 꺼내 앙산에게 드리고 예배하더니 허공에 올라 가버렸다. 이로부터 (앙산은) 소석가라 불렸다.[386]

又一日師 在法堂上坐 見一僧從外來 問訊了 向東邊叉手立 目視師 師乃垂下左足 僧却過西邊叉手立 師垂下右足 僧向中間叉手立 師收雙足 僧禮拜 師云 自住此 未曾打著一人 拈拄杖便打 僧便騰空而去

386)『袁州仰山慧寂禪師語錄』, (大正藏47, p.586上)

⑤ 또 어느 날 앙산이 법당에 앉아 있다가 한 승이 밖에서 들어오는 것을 보았다. 인사를 마치더니 동쪽을 향해 차수하고 서서 앙산을 쳐다보았다. 앙산이 이에 왼발을 내려놓자 승이 다시 서쪽으로 가서 차수하고 서 있었다. 앙산이 오른발을 내려놓자 승이 중간에 차수하고 서 있었다. 앙산이 두 발을 거두자 승이 예배하였다. 앙산이 물었다.

"여기에 주석하면서 일찍이 누구도 때린 적이 없었다."

그러더니 주장자를 들어 때리자 승이 허공으로 올라 가버렸다.[387)]

如上數則受用處 看點將來 潙仰父子 爲得機用 未得機用 爲明向上 未明向上 具眼底 自可證明 馬祖一喝 百丈耳聾 黃蘗吐舌 二師之得機用 仰山始言之 古今天下有一人不然其言者乎 若自未得機用 安知人之得與不得乎

이상 수칙의 인연에 보이는 수용처를 잘 살펴보라. 위앙부자가 기와 용을 터득하였는가, 기와 용을 터득하지 못하였는가, 향상을 해명하였는가, 향상을 해명하지 못하였는가. 안목을 갖추었다면 스스로 증명할 수가 있다.

마조의 일할에 백장은 귀를 먹었고 황벽은 혀가 빠졌다. 백장과 황벽이 터득한 기와 용에 대해서는 앙산이 처음으로 그렇게 말했는데, 고금의 천하에 어느 누가 그 말을 인정하지 않은 자가 있었던가. 만약 (앙산이) 스스로 기와 용을 터득하지 못했다면 어찌 백장과 황벽이 터득했는지 터득하지 못했는지 알았겠는가.

---

387)『袁州仰山慧寂禪師語錄』, (大正藏47, p.586下)

先是 潙山聞香嚴擊竹頌曰 此子徹也 仰山往勘所悟 香嚴呈 去年貧未是貧之頌 仰山曰 如來禪 許閑師弟會 祖師禪 未夢見在 香嚴又呈頌曰 我有一機 瞬目視伊 若人不會 別喚沙彌 於是仰山報潙山云 且喜 閑師弟會祖禪師

① 이보다 앞서 위산이 香嚴智閑의 擊竹頌을 듣고 말했다.

"이 납자는 깨쳤다."

그러자 앙산이 깨친 경계를 감변하러 가자, 향엄이 게송을 보였다.

"작년의 가난은 곧 가난이 아니었네"

앙산이 말했다.

"지한 사제가 여래선은 이해했지만 조사선은 꿈에도 보지 못했습니다."

향엄이 다시 게송을 보였다.

"나에게 있는 一機를 瞬目으로 그대한테 내보이겠습니다. 만약 이해하지 못하는 사람이 있다면 특별히 사미라고 부를 것입니다."

이에 앙산이 위산에게 보고를 드렸다.

"참으로 기쁩니다. 지한 사제가 조사선을 이해하였습니다."[388]

潙仰宗中 果無祖師禪 此二尊宿 何以如此弄現耶

388)『潭州潙山靈祐禪師語錄』, (大正藏47, p.580中-下)

위앙종에 과연 조사선이 없다면 앙산과 향엄의 두 존숙이 어찌 이처럼 마음껏 (조사선을) 드러낼 수 있었겠는가.

又法眼云 若見諸相非相 則不見如來者 是祖師禪 是則法眼 亦曾說言祖師禪 今言 法眼 但明唯心 而攝用歸體故 亦但知如來禪 而未及於潙仰宗

또 法眼文益이 말했다.

"만약 제상을 비상이라고 보면 곧 여래를 보지 못한다."[389)]

이것이 곧 조사선이다. 이것은 곧 법안도 또한 일찍이 조사선에 대하여 언급했음을 말해준 것이다.

그런데도 지금 (백파는) 말한다.

"법안종은 단지 유심만 해명했을 뿐으로 用을 섭수하여 體로 돌아갔기 때문에 또한 단지 여래선만 알아서 위앙종에도 미치지 못한다."

如此諸說 從何人學得來 誰之所傳 抑復自證之心印上所流出耶 蓋是當何之言也 大抵以二禪配五宗 有何勝善好道理 如此委曲穿鑿耶 縱使一知半解 如有所得 但當照古而反照之 希令密契而已

이와 같은 제설은 누구한테서 배운 것이고, 누구로부터 傳受한 것인가. 아

389)『宏智禪師廣錄』卷3, (大正藏48, p.28下)

니면 또 자증한 심인에서 유출된 것인가. 무릇 이것은 어떤 설에 해당하는가.

대저 조사선과 여래선을 선종오가에 배대하면 얼마나 뛰어나고 좋은 도리가 있길래 이처럼 자세하게 파헤치는가. 설령 一知半解라도 소득이 있으려면 무릇 고전에 비추어[照古] 반조하여 그로 인하여 밀계하기를 기대해야 한다.

反此不爲 每欲別立己見 特逞神奇於混圓無碍之中 鑿開層節 穿生孔竅 或於一行之內 層節重重 數句之間 孔竅疊疊 將殺活機用字 無節而不貼 以照用同不同 無竅而不納 終以方圓不合 曲直相背 散落而終不粘節 離披而竟還脫竅 於是 法門之全體 都成瘡瘢 禪道之活用 摠屬死門 譬如一領之天衣無縫 變作百結之鶻臭破衫

그러나 이와 반대로 그렇게 하지 않고 매번 자기의 견해를 별도로 내세워 특별히 신기한 것을 드러내어 混圓 · 無碍 속에서 層節을 뚫거나 구멍을 내고 있다. 혹 한 줄의 글에다 거듭 層節을 만들기도 하고, 몇 마디를 가지고 구멍을 송송 내고 있다. 살 · 활 및 기 · 용이라는 글자로 節마다 이어붙이지 않은 것이 없고, 조 · 용 및 同 · 不同을 가지고 구멍마다 받아들이지 않은 것이 없어서 마침내 方과 圓이 들어맞지 않고 曲과 直이 서로 어긋나게 되었다. 그러면서도 또한 散落된 것을 끝내 마디로 이어붙이지 못하고, 흩어진 것을 끝내 결락된 것을 보완하지 못하였다.

이에 法門의 전체는 모두 부스럼자국이 되었고, 禪道의 활용은 모두 死門이 되었다. 비유하면 한 벌의 천의무봉을 더덕더덕 기워 찐내가 나는 낡은 적삼으로 만들어버렸다.

於是 好個靈慧之學者 一被靠倒於葛藤之窠 竟難回轉於荊棘之場 左縈右纏 陳爛沒膝 前堆後積 榼齊身 蒼耳蒺藜之 皆能刺足 鹿床烏喙呑之 便可腐腸 靈竅漸塞 慧識難通 豈不大可傷惜也哉

이에 영명한 지혜를 가진 납자조차 일단 갈등의 소굴에 나자빠지게 되면 끝내 가시나무 숲에서 돌아오기 어려워 좌우로 얼키설키하고, 살이 찢기고 깊이 빠지며, 전후로 꽉 막힌 덩굴에 몸이 휘감기고, 蒼耳와 蒺藜에 발이 찔리며, 鹿床 烏喙를 삼켜 곧 창자가 썩고 만다. 그리하여 영명한 구멍이 점차로 막혀서 慧와 識이 통하기 어려우니, 어찌 대단히 슬프고 안타깝지 않겠는가.

大凡佛祖之所留言句 莫不由此全機大用 而爲敎爲禪 敎乘之十二部 公案之千七百 未有一字 離機用而獨立者 若只向許多章句之內 隨隱現而執定有無 是滯於文而迷失其義者也 於此未免引古一證

무릇 불조가 남겨둔 언구는 이 全機와 大用을 말미암아 敎가 되고 禪이 되지 않은 것이 없다. 십이부의 교승과 천칠백의 공안도 기와 용을 벗어나 독립한 것은 일찍이 한 글자도 없었다. 만약 저 허다한 장구에서 隱 · 現에 따라 有 · 無를 굳게 집착하면 그것은 文에 막혀서 그 義를 상실하고 만다. 이에 고칙을 인용하여 일단 증명하지 않을 수 없다.

昔者 龍牙禪師問臨濟 如何是祖師西來意 臨濟云 與我過禪板來 龍牙便過禪板與臨濟 濟接得便打 龍牙云 打則任打 要且 無祖師意 又問翠

微 如何是祖師西來意 翠微云 與我過蒲團來 龍牙便過蒲團與翠微 微接得便打 龍牙云 打則任打 要且 無祖師意 及龍牙住院後 有僧人室請益云 和尚行脚時 參二尊宿因緣 還肯他也無 龍牙云 肯則深肯 要且無祖師意

① 옛적에 용아거둔 선사가 임제에게 물었다.

"조사서래의는 무엇입니까."

(임제의현이 말했다.)

"禪板을 이리 건네 다오."

용아가 선판을 임제에게 건네주자, 임제가 받자마자 곧장 때렸다. 용아가 말했다.

"때리는 것은 마음대로 때리십시오. 요점은 祖師意가 없다는 것입니다."

용아가 다시 취미에게 물었다.

"조사서래의는 무엇입니까"

(취미무학이 말했다.)

"蒲團을 이리 건네 다오."

용아가 포단을 취미에게 건네주자, 취미가 받자마자 곧장 때렸다. 용아가 말했다.

"때리는 것은 마음대로 때리십시오. 요점은 祖師意가 없다는 것입니다."

용아가 주지로 주석하게 되었을 때 어떤 승이 입실하고 청익하여 말했다.

"화상께서 행각하실 때 임제와 취미의 두 존숙을 참학했던 인연에서 그분들의 답변을 긍정하십니까."

용아가 말했다.

"깊이 긍정했지만, 중요한 것은 祖師意가 없었다."[390]

又南泉住庵時 有沙彌來參 泉云 我登山作務去 你留此炊飯喫 與我將一分來 過時不來 泉回庵視之 僧做飯自喫了 打破家具 高臥床上 泉從傍共臥 沙彌視之 便起行不顧 泉後住院 擧此謂衆曰 我從彼已來 更不逢如此伶利漢

② 또 남전이 암자에 주석할 때, 어떤 사미가 내참하였다. 남전이 말했다.
"나는 산에 가서 작무할 테니 그대는 여기 있다가 취사해서 먹고 일부는 나한테 갖다 다오."
때가 지났는데 오지 않자 남전이 암자로 돌아와 보니 그 사미는 취사해서 혼자 먹고는 취사도구는 내팽개치고 평상에 편히 누워 있었다. 남전이 그 곁에 나란히 눕자, 사미가 흘깃 보더니 문득 일어나 돌아보지도 않고 가버렸다. 후에 남전이 주지로 주석하며 이 일화를 들고 대중에게 말했다.
"나는 그 이후로 다시는 그처럼 영리한 놈을 만난 적이 없다."[391]

又馬祖 因無業國師問 如何是祖師西來 密傳心印 祖曰 正閙在 且去別時來 業一足纔跨門 祖曰 大德 却便回顧 祖曰 是什麼 業大悟

390) 『鎭州臨濟慧照禪師語錄』, (大正藏47, p.504中)
391) 『景德傳燈錄』 卷8, (大正藏51, p.258下)

③ 또 마조에게 무업국사가 물었다.

"조사가 서래하여 밀전한 심인은 무엇입니까."

마조가 말했다.

"참으로 귀찮구나. 그만 갔다가 다음에 오라."

무업의 한 발이 문턱을 넘는 찰나, 마조가 말했다.

"대덕이여."

(무업이) 고개를 돌리는 찰나, 마조가 말했다.

"이것은 무엇인가."

무업이 대오하였다.[392]

看馬師接無業 極甚簡要 無復後世人棒喝 踏摑 惡氣態半點 業師之領荷 亦甚徑捷矣 龍牙之參二尊宿 終不滯在深肯裡 朶根抽身 超逸於範圍之外 豈非透綱[393]金鱗 最所介潔而獨超物外者 到南泉之沙彌也 看他閑閑靖靖地 始終不施些些戈甲 緩緩於實頭上 恰恰鼓弄南泉 以南泉之高明 初未領略 始得知之於起行之後 沙彌豈沙彌 應是達摩現身來試也 此乃古人所以涵瀁遊逸於全機大用之中 如龍潛大海 鵬運長空 隨宜拈弄於格外之榜樣也 這裏曷嘗見著機用字之影跡 以能堂堂顯露 猶復密密隱潛 此古人所大過於今大處

마조가 무업을 교화하는 방식을 보면 지극히 簡要하다. 거기에는 더 이상

392) 『景德傳燈錄』 卷8, (大正藏51, p.257上) "師又問 如何是祖師西來密傳心印 祖曰 大德正鬧在 且去別時來 師才出 祖召曰 大德 師迴首 祖云 是什麼 師便領悟禮拜" 참조.

393) 「綱」疑「網」『編』

후세인의 棒과 喝을 踏과 摑처럼 역겨운 냄새를 풍기는 작태는 없다. 무업 국사의 이해 또한 대단히 민첩했다. 용아가 참문한 임제와 취미의 두 존숙은 끝까지 깊이 긍정하는 마음에 걸림이 없이 송두리째 몸을 벗어나 範圍 밖으로 초월했다. 그 어찌 그물을 벗어난 황금잉어가 아니겠는가.

그렇지만 가장 굳고 깨끗하게 홀로 세속을 벗어난 사람은 남전을 찾아간 사미이다. 그를 보면 무척 한가롭고 손쉽게 시종 사소한 방편도 부리지 않고 느긋하게 실제적인 입장에서 빈틈없이 남전을 우롱하였다. 고명한 남전도 처음에는 알아채지 못했다가 그가 일어나 사라진 후에 비로소 알게 되었다. 그 사미가 어찌 사미였겠는가. 분명히 달마가 현신하여 시험한 것이었다.

이것이 바로 고인이 全機와 大用 속에서 자유롭게 함양했던 까닭이다. 마치 바다에 숨어 있는 용과 장공을 나는 붕새의 경우처럼 마음껏 격외를 염롱했던 모습이다. 그런 가운데서 어찌 機와 用이라는 글자의 흔적인들 조금이라도 찾아볼 수 있겠는가. 당당하게 드러냄으로써 다시 은밀하게 숨기도 하는 모습이야말로 고인이 오늘날 한다. 이것은 옛사람이 요즘의 수많은 사람들보다 훨씬 뛰어난 이유이다.

古德 因僧聞六祖自看自淨 言下有悟 曰 仔細點檢將來 直饒自看自淨也未勦絶在

① 고덕은 어떤 승이 '육조는 自看自淨한다'는 말을 듣고 언하에 깨쳤다는 인연에 대하여 말했다.

"자세히 점검해 보라. 설령 '직접 살펴보고, 직접 청정해진다'고 할지라도 또한 아직 번뇌가 단절된 것은 아니다."

圓悟和尚 擧外道問佛因緣云 若據山僧見處 待他道 不問有言 不問無言 和聲便打

② 원오화상은 外道問佛의 인연[394]에 대하여 말했다.
"만약 산승의 견해에 의하자면 그 외도가 '有言도 묻지 않고 無言도 묻지 않겠습니다'라는 말을 듣자마자 곧바로 때려줬을 것이다."

又擧 百丈再參馬祖因緣 擧起拂子云 或有人問 卽此用 離此用 和聲便打 隨後而喝 復云 還見馬祖百丈麼

③ 또 원오는 백장이 마조에게 재참한 인연[395]에 대하여 불자를 치켜세우고 말했다.
"누가 '이 用에 즉한 것인가, 이 用을 벗어난 것인가.'라고 물으면 말하는 찰나에 그를 때려주고 이어서 할을 했을 것이다."
다시 말했다.
"마조와 백장의 경계를 보았는가."

394) 『汾陽無德禪師語錄』 卷中, (大正藏47, p.611下) "外道問佛 不問有言 不問無言 世尊良久 外道讚嘆云 世尊大慈大悲 開我迷雲 令我得入 外道去 阿難問佛 外道有何所證 讚嘆而去 世尊云 如世良馬見鞭影而行 鞭影分明指似君 多聞瞥地爽精神 汾陽報汝諸禪侶 信手拈來莫厭塵" ; 『景德傳燈錄』 卷27, (大正藏51, p.434下)

395) 『碧巖錄』 第11則, (大正藏48, p.151下)

雲峯說和尚 因僧入室 擧問趙州 萬法歸一 一歸何所 說便喝 僧茫然 說問 趙州 道什麽 僧擬議 說以拂子驀口打

④ 어떤 승이 방장실에 들어와 '한 승이 조주에게 물었다. 만법은 一로 돌아가는데 그 하나는 어디로 돌아갑니까.'라는 공안을 들어 운봉문열 화상에게 물었다. 그 말을 듣고 문열이 갑자기 할을 해대자 승이 망연하였다. 문열이 물었다.

"조주의 말이 어쨌다고."

승이 머뭇거리자, 문열이 불자로 갑자기 곧바로 입을 쥐어박았다.[396]

南泉 魯祖 杉山 歸宗四人 離馬祖處 各謀住庵 於中路相別次 南泉插下拄杖云 道得 破<被?>者碍 道不得 破<被?>者不<個?>礙 宗拽拄杖 打泉一下云 也只是個 王老師說什麽碍與不礙 魯祖云 只此一句 大播天下

⑤ 남전 · 노조 · 삼산 · 귀종의 네 명이 마조의 처소를 떠나 각자 주석할 암자를 모색하려고 도중에 서로 이별하는 즈음에 남전이 주장자를 땅에 꽂고 말했다.

"말을 해도 걸리고, 말을 안 해도 걸린다."

귀종이 주장자를 뽑아 남전을 한 대 때려주고 말했다.

"단지 이것뿐인데, 왕노사[남전]는 어찌 걸린다 걸리지 않는다고 말하는가."

---

396) 『正法眼藏』 卷三之下, (卍新續藏67, p.620上)

노조가 말했다.

“단지 이 一句만 천하에 널리 퍼질 것이다.”[397)]

岩頭 才跨德山門 便問 是聖是凡 德山便喝 岩頭禮拜

⑥ 암두가 덕산의 방장실 문턱에 서서 물었다.

“이것이 聖입니까 凡입니까.'

덕산이 문득 할을 하자, 암두가 예배를 드렸다.[398)]

大慧杲禪師 問遵璞禪人 三聖興化 出不出 爲人不爲人 且道 者兩個老漢 還有出身處也無 璞於師膝上打一拳 師云 汝者一拳 爲三聖出氣 爲興化出氣 速道 速道 璞擬議 師便劈脊與一捧云 第一不得忘了這一捧

⑦ 대혜종고 선사가 준박선인에게 물었다.

“삼성과 흥화 사이에 있었던 出 · 不出, 爲人 · 不爲人의 공안에 대하여 말해 보라. 두 노인으로부터 출신처가 있겠는가.”

준박이 대혜의 무릎을 주먹으로 한 방 치자, 대혜가 말했다.

“그대의 한 방은 삼성의 出氣인가 흥화의 出氣인가. 어서 말하라. 어서 말해 보라.”

---

397)『正法眼藏』卷一之上, (卍新續藏67, p.563上)

398)『宏智禪師廣錄』卷2, (大正藏48, p.20中) ;『大光明藏』卷下, (卍新續藏79, p.726中)

준박이 머뭇거리자 대혜가 곧장 등짝을 세게 때리고 말했다.

"결코 이 한 방을 잊어서는 안 된다."[399]

如上六段 或捧<棒?>或喝之因緣 且道 落在什麽處 一一辨看

이상의 여섯 개 공안[400]은 방과 할의 인연이다. 말해 보라. 어떤 이치로 결착되는가. 낱낱이 판별해 보라.

二禪來義

牧牛子曰 禪門語句 只貴破執現宗 務要直截悟入 不許繁辭註解 施設義理而知之 故昔人云 名數入而妙本乖 言說出而眞宗隱 離言獨了 然後眞宗可傳 離名直荷 然後妙本自任

3) 사변만어

(1) 이선래의변

목우자는 말한다.

"선문의 어구는 다만 집착을 타파하고 종지를 드러내는 것을 귀하게 여기고 요컨대 직절로 悟入하는 것에 힘쓸 뿐이지, 번잡한 말로 주해하거나 의

399) 『大慧普覺禪師語錄』 卷24, (大正藏47, p.914上)

400) 전거가 불분명한 첫째를 제외한 나머지 여섯 개의 공안을 가리킨다.

리를 시설하여 그것을 이해하는 것은 용납하지 않는다."

때문에 옛사람은 말한다.

"名과 數로 들어가면 妙와 本에 어긋나고, 언설로 표현하면 진실한 종지가 가려진다."

그러므로 언설을 벗어나 언설에서 벗어나 우뚝 요해한 연후에 진실한 종지를 전수할 수가 있고, 명수를 벗어나 직접 감당한 연후에 妙와 本을 스스로 감당한다.

夫青蓮目之高瞬 紫金顔之微哂 有何名言可容於舌頭哉 如有名數言說 便是教跡也 其所謂教外別傳之旨 豈有聞於今日哉

대저 (부처님이 지니고 있는) 청련목의 고상한 눈빛과 자금색의 미소를 어떤 名·言을 가지고 (우리의) 혀로 수용할 수 있겠는가. 저 名·數·言·說은 곧 教跡인데, 저 소위 교외별전의 종지를 어찌 오늘날 들을 수 있겠는가.

此州<卅?>三諸祖之所以不言二禪之名字 而亦莫與之演義也 豈州<卅?>三諸祖爲然 南岳清源<青原?>以下大手宗師 未嘗言二禪之優劣

이것이 바로 삽삼의 제조사가 조사선과 여래선의 명자를 말하지 않고 또한 그것을 演義하지 않은 이유이다. 어찌 삽삼의 제조사만 그랬겠는가. 남악과 청원 이하 수완이 좋은 종사[大手宗師]들도 일찍이 조사선과 여래선의 우열을 말한 적이 없다.

後來仰山禪師 聞香嚴擊竹因緣 往勘之 嚴有偈曰 去年貧未是貧 今年貧始是貧 去年貧猶有卓錐之地 今年貧錐也無 仰山曰 如來祖<禪?> 許閒師弟會 祖師禪 未夢見在 嚴復有頌云 我有一機 瞬目視伊 若人不會 別喚沙彌 仰山曰 且喜 閑師弟會祖師禪 此二禪所以分曉名義之始也

훗날 앙산선사가 향엄격죽의 인연을 듣고 그것을 감변하러 갔다. 향엄이 게송으로 말했다.

"작년의 가난은 곧 가난이 아니었다네
올해의 가난이 곧 진실로 가난이었네
작년 가난 송곳 꽂아 둘 땅 있었지만
금년의 가난은 송곳조차 또한 없다네"

앙산이 말했다.

"지한사제가 여래선을 이해한 것은 인정하는데, 조사선은 끔에도 보지 못했습니다."

그러자 향엄이 다시 게송으로 말했다.

"나에게 있는 一機를 瞬目으로 그대한테 내보이겠습니다. 만약 이해하지 못하는 사람이 있다면 특별히 사미라고 부를 것입니다."

이에 앙산이 위산에게 보고를 드렸다.

"참으로 기쁩니다. 지한 사제가 조사선을 이해하였습니다."

이것이 바로 조사선과 여래선의 명칭과 뜻[名·義]이 확실하게 나뉜 이유이다.

後大慧禪師着語云 教得一棚肉傀儡 面面相看手脚動 爭知語話是他人 大慧恁麽道 是肯仰山耶 不肯仰山耶 余曰 有時因好月 不覺過滄洲

후에 대혜선사가 착어로 말했다.

“무대의 꼭두가시[肉傀儡][401]로 하여금 얼굴을 마주보고 손발이 움직이게 한다. 그런데 (꼭두각시의) 語話가 그 사람인 줄 어찌 알겠는가.”[402]

대혜가 이렇게 말한 것은 곧 앙산을 긍정한 것인가 앙산을 긍정하지 않은 것인가. 나[초의의순]라면 다음과 같이 말하겠다.

“어떤 때는 아름다운 달 때문에 창주를 지나친 줄도 모른다.”

問曰 一愚 以世尊在寂滅場中 初成正覺 現盧舍那身 與四十一位法身大士 及宿世根熟天龍八部 一時圍繞 如雲籠月 配第二句 而直名如來禪 以世尊迦葉三處傳心 及百丈黃蘗<檗?>得機用處 配第一句 而何不直名祖師禪 遂引風穴上堂 祖師心印 相似鐵牛機之言 以意暗指此禪耶

묻는다 : 일우는 ‘여래가 적멸도량에 머물며 비로소 정각을 성취하니 千丈의 盧舍那身과 四十一位法身大士 및 숙세에 근기가 성숙한 天龍八部가 일시에 위요하여 마치 구름이 달을 가린 것과 같은 모습을 드러낸 것[403]은

401) 肉傀儡 : 사람이 나무인형의 형태를 흉내 내어 연희하는 꼭두각시이다.

402) 『潭州潙山靈祐禪師語錄』, (大正藏47, p.580下) “徑山杲云 潙山晚年好則極教得一棚肉傀儡 直是可愛且作麼生是可愛處 面面相看手脚動 爭知語話是他人” 참조.

403) 『佛祖統紀』 卷3, (大正藏49, p.149上) “初頓教者 卽第一華嚴時 從部時味 得名爲頓 此謂如來始成正覺

제이구이다'[404]고 배대함으로써 직접 여래선이라고 말하였다.

그런데 세존과 가섭의 삼처전심 및 백장과 황벽이 터득한 대기와 대용의 경계를 제일구에 배대하면서 어찌 직접 조사선이라고 말하지 않고, 끝내 풍혈연소의 상당법어 곧 '조사의 심인은 銕牛機를 닮았다'[405]는 말을 인용하여 그 의미로만 조사선이라고 은근히 조사선임을 暗指한 것인가.

答曰 由其授受之顯密 而有二禪之名 非所傳之法體有二也 如楞伽經云 何名如來禪 入佛地位 自證聖智三種樂 爲諸衆生 作不思議事 是名如來禪 今一愚所引經 世尊在寂滅場中 初成正覺云者 此非自證法時耶 與法身大士 根熟天龍 一時圍繞云者 此非說與自證法 而作不思議事耶 此一愚所以依佛言 而直配如來禪 於第二句也 佛言 我於某夜成佛 某夜涅槃 於此中間 不說一字 此說而無說 非卽權明實之第二句事耶 佛旣自證 如證敎人 若其無義無理 其亦何證何敎歟 此如來禪之所以有義理而現說名字者也

답한다 : 그 종지를 授·受하는 顯·密을 말미암아 조사선과 여래선의 명칭이 있는 것이지, 전승된 법체에 둘이 있는 것은 아니다. 저 『능가경』에서 말한다.

"무엇을 여래선이라 말하는가. 佛地位에 들어가 自覺聖智의 三種樂을 자

在寂滅道場 四十一位法身大士 及宿世根熟 天龍八部 一時圍遶 如雲籠月 是時如來現盧舍那身說圓滿修多羅 故言頓敎"

404) 『禪門綱要集』[一愚說] (韓佛全6, p.855上)

405) 『景德傳燈錄』 卷13, (大正藏51, p.302中-下)

증하여 모든 중생을 위해 不思議事를 일으키는 것을 여래선이라고 말한다."[406]

지금 일우가 인용한 경전에서 '여래가 적멸도량에 머물며 비로소 정각을 성취하니'라고 말한 그것은 자각성지의 법을 증득한[自證法] 때가 아닌가. 그리고 '法身大士 및 숙세에 근기가 성숙한 天龍八部가 일시에 위요하여'라고 말한 것은 자각성지의 법을 증득한[自證法]하여 설하고 不思議事를 일으킨 것이 아닌가. 이것이 일우가 佛言에 의거하여 직접 여래선을 제이구에 배대한 이유이다.

부처님이 말한다.

"나는 밤에 성불하였고 밤에 열반에 들 것인데, 그 중간에 일자도 설하지 않았다."[407]

이처럼 說했지만 無說이라는 것은 權에 卽하여 實을 해명하는 제이구의 행위가 아닌가. 부처님은 이미 자증하였고 자증한 그대로 중생을 가르쳤다. 만약 거기에 義도 없고 理도 그 또한 무엇을 자증하였고 무엇을 가르쳤단 말인가. 이것이 바로 여래선에 義와 理가 있어 명자를 현설한 이유이다.

若祖師禪則不然 分半座而令坐 默無言而承當 擧拈花而顧視 默無言而承當 露雙趺而示之 默無言而承當 乃至百丈因馬師之一喝 而耳聾無語 黃蘗<檗?>因百丈之傳喝 而吐舌無語

406)『大乘入楞伽經』卷3, (大正藏16, p.602上)
407)『楞伽阿跋多羅寶經』卷3, (大正藏16, p.498下)

만약 조사선의 경우라면 그렇지 않다. 分半座하여 앉혀놓자, 침묵하여 무언으로 이해하였고, 擧拈花하자 응시하여 보고 침묵하여 무언으로 이해하였으며, 露雙趺하자 그것을 보고 침묵하여 무언으로 이해하였고, 내지 백장은 마조의 일할로 인하여 귀를 먹고 말이 없었고, 황벽은 백장이 전승한 할로 인하여 혀를 내밀고 말이 없었다.

此皆不因言敎而默授密契者也 然此默傳密契 亦豈無義理哉 旣不容于語言而傳心 又安得以義理而立名乎 故知此禪 但有密契而已 世尊也未曾安看名字 祖師 也未曾安着名字 古德宗師 也未曾安着名字 名且不可得而安著 況其有說於義理哉 此其所以別傳於敎外 而獨得格外之稱焉者也 今一愚 以此別傳之宗旨 配臨濟第一句 亦不直書名字只引風穴語而暗道之 此正不失宗門之典則也

이상은 모두 언교에 의거하지 않고 침묵으로 전수하여 密契한 경우인데 그렇다고 또한 거기에 어찌 義 · 理가 없겠는가. 그러면서도 이미 언어로 전심하는 것이 용납되지 않거늘 또 어찌 義 · 理로써 명칭을 내세울 수 있겠는가.

때문에 조사선은 단지 密契만 있을 뿐이다. 그래서 세존도 또한 일찍이 명자를 붙인 것이 없고, 조사도 또한 일찍이 명자를 붙인 적이 없으며, 고덕의 종사도 또한 일찍이 명자를 붙인 적이 없다. 명칭조차 또한 붙일 수가 없는데 하물며 거기에 義 · 理를 설한 것이 있겠는가. 이것이 교 이외에 별전한 것으로 홀로 격외라는 칭호를 얻은 까닭이다.

지금 일우는 이 별전의 종지로써 임제의 제일구에 배대하였지만 또한 직접 조사선이라는 명자는 쓰지[書] 않고 단지 풍혈의 법어를 인용하여 그것을 은근히 말했는데,[暗道] 이것은 바로 종문의 典則을 상실하지 않는 것이었다.

問 然則第三句之所說 當於何禪耶 答曰 此句中 三句合說 盖第一句中 本具三玄三要 而初不言其狀相 第二句中 只分析未容議擬處 至第三句都說了 上二句之義 方堪東說西說 橫拈倒用 將三要印 印空水泥而驗人 <圓悟曰 自<作?>家漢將三要印 印空印水印泥而驗人者 此師家邊說也> 其三士之薦得 亦如空水泥之受搨 <大慧曰 上士聞道 如印印空 中士聞道 如印印水 下士聞道 如印印泥 此就賓家道云者 此皆第三句事也 切莫錯會> 由其二句<第一句 第二句> 合說於此句<第三句> 故轉名此句<第三句> 謂三句 玄要在其中矣<風法師言也> 二句旣詮於此句 則配二句之二禪<如來祖師> 亦不可謂不詮於此句矣 然謂之詮焉則姑可 將以配之則不可也

묻는다 : 그런즉 제삼구에서 설한 것은 어떤 선에 해당하는 것인가.

답한다 : 제삼구에는 삼구가 합설되어 있다. 무릇 제일구에는 본래 삼현과 삼요가 갖추어져 있지만 애초에 그 狀相에 대해서는 말하고 있지 않다. 그리고 제이구에는 어떤 행위조차 용납하지 않는다. 이에 제삼구에 이르러 모든 것을 설한다. (제삼구에서는) 제일구와 제이구의 뜻을 바야흐로 이러쿵저러쿵 말하기도 하고[東說西說] 자재하게 활용할[橫拈倒用] 줄도 알아서 삼요인을 가지고 허공과 물과 진흙에다 찍어 납자를 시험한다.

〈원오극근은 '작가가 三要印을 가지고 허공에다 도장을 찍기도 하고, 물에다 도장을 찍기도 하며, 진흙에다 도장을 찍기도 하면서 납자를 시험하는 것은 스승의 입장에서 말한 것이다.'고 말하다.〉[408] 여기에서 三士[409]가 깨우쳐주는 것도 또한 허공과 물과 진흙에 찍히는 것과 똑같다. 〈대혜는 '上士가 道를 듣는 것은 마치 도장을 허공에다 찍는 것과 같고, 中士가 도를 듣는 것은 마치 도장을 물에다 찍는 것과 같으며, 下士가 도를 듣는 것은 마치 도장을 진흙에다 찍는 것과 같은 것은 賓家의 입장에서 말한 것이다.'고 말하는데, 이것들은 모두 제삼구중의 모습[事]이므로 결코 착각해서는 안 된다.〉[410]

이 이구〈제일구와 제이구〉가 이 구〈제삼구〉에 합설되어 있다. 그로 인하여 이 구〈제삼구〉의 명칭을 굴려서[轉名] 삼구라고 말하기 때문에 현과 요는 이 (제삼구) 가운데 들어 있다.〈청풍법사의 말이다〉 제일구와 제이구가 이미 제삼구에서 설명되고 있은 즉 제일구와 제이구의 이종선〈조사선과 여래선〉을 배대한 것도 또한 이 제삼구에서 설명되지 않는다고 말할 수가 없다. 그러므로 그와 같은 설명[411]은 즉 일리가 있지만 그렇다고 해서 제삼구를 가지고 조사선이나 여래선에 배대하는 것은 불가하다.

格外義理辨

昔者 白雲端和尚 動用擧指 必稽往古 嘗曰 事不稽古 謂之不法 變古易常 乃今人之大病 此言眞可依而行之也 古者 但有格外之言 未有格

408) 『禪門綱要集』[二賢話], (韓佛全6, p.852上)

409) 三師는 三要印을 가지고 허공에다 도장을 찍기도 하고, 물에다 도장을 찍기도 하며, 진흙에다 도장을 찍기도 하면서 납자를 시험하는 것은 스승을 가리킨다.

410) 『禪門綱要集』[二賢話], (韓佛全6, p.852上-中)

411) '그와 같은 설명'이란 제삼구에서 제일구와 제이구가 설명된다는 말을 가리킨다.

外禪之名 但有義理之言 未有義理禪之名 中古師家欲曉學者 而始言之曰 凡不由言教 以心傳心 謂之祖師禪 此之傳受 逈出教格之外 亦可名格外禪 凡開言而說義 因言而證理 謂之如來禪 是由言敎義理而悟人<入?> 亦可名義理禪 此格外禪義理禪之所以立名之始也 故約人名如來禪祖師禪 約法名義理禪格外禪 此乃古叢林傳來之通談 其於義理 穩涉無欠

(2) 격외의리변

옛적에 백운수단 화상은 動·用·擧·指에서 반드시 옛일을 참고하였는데, 일찍이 말했다.

"수행에 옛일을 참고하지 않으면 그것을 바른 법이 아니라고[不法] 말한다. 變古와 易常은 이에 오늘날 사람들의 병통이다."[412]

이 말은 진실로 그것에 의지하여 실천할 만한 것이다.

옛적에는 단지 격외라는 말만 있었지 격외선이라는 명칭은 없었고, 단지 의리라는 말만 있었지 의리선이라는 명칭은 없었다. 중고시대 종사들이 납자를 일깨워주려고 비로소 '무릇 언교에 의거하지 않고 이심전심하는 것을 조사선이라고 말한다.'고 말했다.

이러한 전수방식은 教格 밖에 멀리 벗어나 있으므로 또한 격외선이라 말할 수 있다. 무릇 말을 통해서 뜻을 설하고 언설을 인유하여 이치를 증득하는 것을 여래선이라고 말한다. 이것은 말에 의한 교설(言教)이나 뜻과 도리(義理)로 말미암아 깨닫기 때문에 또한 의리선이라 말할 수 있다. 이것이 바로 격외선

412)『禪林寶訓』卷2, (大正藏48, p.1025上-中) "圓悟謂佛鑑曰 白雲師翁動用擧措必稽往古 嘗曰事不稽古謂之不法 予多識前言往行遂成其志 然非特好古 蓋今人不足法 先師每言 師翁執古不知時變 師翁曰 變故易常 乃今人之大患 予終不爲也(蟾和尙日錄)" 참조.

과 의리선이라는 이름을 세우게 된 시초이다. 때문에 인명에 의거하면 여래선과 조사선이고, 법명에 의거하면 의리선과 격외선이다. 이것이 이에 옛날 총림에 전래된 통담인데, 義·理의 측면에서도 온당하여 결함이 없다.

近得見六隱老之所辨 言依一愚 而變易一愚之所依 言從虎蓮 而變易虎蓮之所從 一愚以三處傳心 合爲祖師禪 而配臨濟第一句 今以分座 爲但殺無活 以爲如來禪 配第二句 以拈花示衆 謂兼殺活 以爲祖師配第一句 此非言則依於一愚 而義則反於一愚耶 虎蓮二老 亦以三處傳心 爲祖師禪 而配第一句 不以分座爲如來禪 以開說義理 爲如來禪約人法而雙名二禪 一如古叢林而無殊 今以如來禪爲格外禪 却駁古人配之義理曰 壓良爲賤 然則義理二字 但束縛於賤貶之新熏 而更不升用餘處耶 殊不知 義理二字 總貫於三句二禪 而亦爲通天下之公文隨其用處 義理無窮 如潔靜精微 易學之義理也 圓融無礙 華嚴之義理也 元亨利貞 乾之義理也 常樂我淨 佛之義理也 不由言教 直佩祖印格外禪之義理也 佛祖之權實 玄要之影形有以 總人於說聽之中 而丕顯無隱者 此又義理禪之義理也 此配如來禪之義理也 非今人所謂但新無本而賤貶之義理也 格者 非言教義理之格式耶 夫世尊迦葉三處授受 皆不在於言語教格之內 則謂之格外 固其當然 若如來禪則不然世尊先自立名 又從而釋名曰 人<入?>佛地位 自證聖智三種樂 爲諸衆生 作不思議事 是名如來禪 古德頌 靈山會上如來禪 問答何曾別有玄 永嘉曰 頓覺了如來禪 六度萬行體中圓 又古德 以報身主法身賓之所共說聽 爲如來禪

그런데 근래에 육은노인의 판별을 보면 말은 일우설에 의거하면서 일우가 의거한 것을 변경하였고, 말은 호암과 연담을 따르면서 호암과 연담이 따른 것을 변경하였다. 일우는 삼처전심을 합쳐서 조사선을 삼아 임제의 제일구에 배대하였다. 그런데 지금 (백파는) 분반좌로써 살만 있고 활이 없어서 여래선을 삼아 제이구에 배대하였고, 염화시중은 살활의 겸했다고 하여 조사선을 삼아 제일구에 배대하였다. 이것은 말은 일우설에 의거하면서도 뜻은 일우설을 위반한 것이 아닌가. 그리고 호암과 연담의 두 노인도 또한 삼처전심으로써 조사선을 삼아 제일구에 배대하여 분반좌를 여래선으로 삼지 않았다. 곧 義理를 開說하는 것으로써 여래선을 삼았다. 이처럼 人과 法에 의거하여 둘을 조사선과 여래선이라고 명칭한 것은 옛적의 총림과 동일하여 다르지 않다.

그런데 지금 (백파는) 여래선으로 격외선을 삼음으로써 고인이 그것을 의리선에 배대한 것을 놓고 '양민을 짓밟아 천민으로 만들었다.'고 반박하였다. 이로써 보면 義 · 理의 두 글자는 무릇 賤貶의 新熏에만 묶여 다시는 발탁될 여지가 없다는 것인가.

그러나 의외로 義 · 理의 두 글자야말로 삼구와 이선을 總貫하고 또한 천하의 公文에 관통해 있다. 그래서 그 용처에 따라서 義 · 理는 무궁하여 마치 潔 · 靜 · 精 · 微한 易學의 義 · 理와 같고, 圓 · 融 · 無 · 礙한 華嚴의 義 · 理와 같으며, 元 · 亨 · 利 · 貞한 乾의 義 · 理와 같고, 常 · 樂 · 我 · 淨의 佛의 義 · 理와 같다.

이처럼 언교를 말미암지 않고 직접 조사의 심인을 지니고 있는 것은 격외선의 義 · 理이다. 또한 佛과 祖의 權과 實과 같고, 玄과 要의 影과 形과 같아서 모든 사람이 說하고 聽하는 가운데서 크게 드러나 감춤이 없는데, 이 또한 의리선의 義 · 理이다. 이것은 여래선의 義 · 理에 배대한 것이지, 今人

(백파)이 말한 것처럼 신훈만 있고 본분이 없는 賤貶한 義 · 理가 아니다.

格은 언교와 의리의 격식이 아니겠는가. 대저 세존과 가섭이 三處에서 授受한 것은 모두 言語敎의 格內에 있지 않은 즉 그것을 言語敎의 格外라고 말했는데, 그것은 진실로 당연하다. 그러나 만약 여래선의 경우라면 그렇지 않다. 세존이 먼저 스스로 명칭을 내세우고 또한 그에 따라 명칭을 다음과 같이 해석하였다.

"佛地位에 들어가 自覺聖智의 三種樂을 자증하여 모든 중생을 위해 不思議事를 일으키는 것을 여래선이라고 말한다."[413]

또한 고덕은 게송으로 말했다.

"영산의 회상에서 여래가 보여준 선이여.

문답에 어떻게 특별한 현지가 있겠는가."[414]

영가현각은 말했다.

"완전한 깨침 그것을 여래선이라 한다네

육바라밀 모든 수행 본바탕에 원만하다"[415]

또한 고덕은 보신의 主와 법신의 賓이 함께 說하고 聽하는 것을 여래선이라고 말했다.

如上佛祖之指名演義 斷不可言格外也 旣安名字 從演義理 亦名義理禪 有何不可 夫虎蓮以上諸老宿 依一愚風法師 而爲準繩 一愚風法師

413)『大乘入楞伽經』卷3, (大正藏16, p.602上)

414)『建中靖國續燈錄』卷28, (卍新續藏78, p.813中) "靈山會上如來禪 問答何曾別是玄 今日不定昨日定 借婆裙子拜婆年"

415)『永嘉證道歌』, (大正藏48, p.395下)

依古洪二師 浮山遠 仰山寂 汾陽 風穴諸古德 而爲準繩 旣有反於一愚 則已上諸師 亦不可謂不反矣 反於古而行於今 曾未之聞也 此正白雲 所謂變古易常 今人之大病者也

이상 불조가 명칭을 가리키고 뜻을 연창한 경우는 결단코 격외라고 말할 수 없다. 그러나 이미 명자를 붙여서 그에 따라 義 · 理를 연창한 것 또한 의리선이라고 말한들 어찌 不可하겠는가. 대저 호암과 연담 이상의 제노숙은 일우 곧 청풍법사에 의거하여 기준을 삼았다. 일우 곧 청풍법사는 古와 洪의 二師 · 부산법원 · 앙산혜적 · 분양선소 · 풍혈연소 등 여러 고덕에 의거하여 기준을 삼았다. 그러므로 (백파가) 이미 일우설에 반박한 즉 이상의 諸師의 경우에 대해서도 또한 반박하지 않는다고 말할 수 없다. 古를 반박하면서 今을 실천한다는 것은 일찍이 들어본 적이 없다. 이것이 바로 백운수단이 말한 古를 變하고 常을 易하는[變古易常] 것이 오늘날 사람의 大病이라는 것이다.[416]

問曰 今所引古中楞伽經 敎也 靈山會上問答底敎也 六度萬行體中圓敎也 報身主法身賓之說聽底敎也 皆言如來禪 然則敎與禪 元無所別耶 答曰豈不見 古德云 禪是佛心 敎是佛語 言由心發故無異心之言 心是言本故 無異言之心故 悟心忘言 敎爲禪也 滯言迷心 禪爲敎也 古德云 若隨語生解者 但說之於口 則非但三乘十二分敎爲敎跡靈鷲拈華

416)『禪林寶訓』卷2, (大正藏48, p.1025上-中) "圓悟謂佛鑑日 白雲師翁動用擧措必稽往古 嘗日事不稽古謂之不法 予多識前言往行遂成其志 然非特好古 蓋今人不足法 先師每言 師翁執古不知時變 師翁日 變故易常 乃今人之大患 予終不爲也(蟾和尙日錄)" 참조.

少林面壁 宗師玄言妙句 一棒一喝 亦皆是教跡 若不尋言一直 便透得之於心 非但拈華面壁 是教外別傳 三乘十二分敎 乃至世間麤言細語皆是向上一竅也 又徑山禪師云 如是之法 在天同天 在人同人 若以佛身得度者 則現佛身 以爲說法 若以宰官婆羅門 乃至婦女身得者 卽皆現之 以爲說法 此是一味淸淨法門 向這裡明得各人本地風光本來面目 方知一大藏敎 五千四十八卷 句句不說別事 且道 旣不說別事 則說個什麼<參>

묻는다 : 지금 인용한 옛적의『능가경』도 敎이고, 영산회상의 문답도 敎이며, (영가의) 육바라밀 모든 수행 본바탕에 원만하다는 것도 敎이고, 보신의 主와 법신의 賓이 함께 說하고 聽하는 것도 敎인데, 이것을 모두 여래선이라고 말했다. 그런즉 보신의 주인이자 법신의 손님이 함께 말하고 듣는다는 말도 교인데도 이들을 모두 여래선이라 하였다. 敎와 禪은 원래 차별이 없는가.

답한다 : 어찌 고덕이 말한 다음과 같은 말을 들어보지 못했는가.

"선은 곧 부처님의 마음이고 교는 곧 부처님의 말씀이다."[417]

말은 마음을 말미암아 일어나기 때문에 마음과 다른 말이 없고, 마음은 곧 말의 근본이기 때문에 말과 다른 마음이 없다. 때문에 마음을 깨치고 말은 잊으면 敎도 禪이 되지만, 말에 얽매여 마음에 미혹하면 禪도 敎가 된다.

고덕은 말한다.

"만약 말을 따라 이해를 일으키는 사람이 무릇 입으로만 설한다면 즉 비단 삼승십이분교만 敎跡이 될 뿐만 아니라 영취산의 염화와 少林의 面壁과

417)『圓覺經類解』卷第三本, (卍新續藏10, p.205下) ;『禪家龜鑑』, (韓佛全7, p.657中)

宗師의 玄言 · 妙句와 一棒 · 一喝도 또한 모두 곧 敎跡이 된다. 그러나 만약 줄곧 말을 찾지 않고 곧장 마음을 깨친다면 비단 염화미소와 면벽구년이 그대로 교외별전일 뿐만 아니라 삼승십이분교 내지 세간의 麤言과 細語가 모두 그대로 향상일규가 된다".

또한 경산선사는 말한다.

"如是之法은 하늘에 있으면 하늘과 동일하고 사람에 있으면 사람과 동일하다. 만약 佛身으로 제도할 사람에게는 즉 불신을 드러냄으로써 설법을 해주고, 만약 관리 · 바라문 내지 부녀자의 몸으로 제도할 사람에게는 즉 모두 그런 모습을 나타냄으로써 설법을 해준다. 이것이 곧 一味淸淨法門이다. 그런 경지를 향해서 각자의 本地風光과 本來面目을 해명하면 바야흐로 一大藏敎인 五千四十八卷의 모든 구절이 특별한 것을 설하지 않는다."[418]

자, 말해 보라. 이미 특별한 것을 설하지 않은 즉 무엇을 설한 것인가.〈參!!〉

殺活

殺之言 依體而立 活之言 依用而立 蓋以如實空體之中 諸妄不能著到 設有到著 如毛著火 卽便燒空 是則體有慧 而妄不生也 <六祖曰 慧是知體 智是慧用 體若有慧 用智不愚>

(3) 살활변

殺이라는 말은 體에 의지하여 내세운 것이고, 活이라는 말은 用에 의지하여 내세운 것이다. 무릇 如實空의 體에는 모든 망상이 도착하지 못하는데,

418)『大慧普覺禪師語錄』卷17, (大正藏47, p.884中)

설령 도착할지라도 터럭에 불이 붙으면 곧 타서 공이 되는 것과 같다. 이것은 體에 卽하여 慧가 있어서 妄이 발생하지 않는 것이다. 〈육조는 말한다. "慧는 智의 본체요, 智는 慧의 작용이다. 본체에 慧가 있다면 작용인 智가 어리석지 않을 것이다.〉"[419]

妄不生處 本自具足無漏聖功德 如經所云 生滅<滅+?>已 寂照現前 生滅<滅+?>已 <體>爲殺 寂照現前用爲活 <祖師云 空寂體上 自有本智能知> 此直約法體而言殺活

妄이 발생하는 않는 이치는 본래부터 無漏聖功德이 갖추어져 있기 때문이다. 경전에서 말한다.

"생멸이 다하면 寂 · 照가 현전한다."[420]

생멸이 다하면 〈體〉 殺이 되고, 寂 · 照가 현전하면 〈用〉 活이 된다. 〈조사는 말한다. 空 · 寂의 體에는 본래부터 本智의 能知가 있다.〉[421]

이상은 바로 法의 體에 의거하여 살과 활을 말한 것이다.

若約說聽機緣而言殺活 如涅槃經云 吾敎義 如塗毒鼓一擊 遠近聞者皆喪 <聞如實之眞法者 心意識皆死>

419)『金剛經解義』, (卍新續藏24, p.517中)

420)『禪源諸詮集都序』卷上之二, (大正藏48, p.403上) "生滅滅已 寂照現前 應用無窮 名之爲佛"

421)『宗鏡錄』卷78, (大正藏48, p.846上) "所以祖師云 空寂體上 自有本智能知"

만약 說과 聽의 機緣에 의거하여 살과 활을 말한다면, 저『열반경』에서 말한다.

“나의 교의는 마치 塗毒鼓를 일격하면 원근에서 듣는 자가 모두 죽는 것과 같다.”[422]

〈여실한 진법을 듣는 자는 心 · 意 · 識[423]이 모두 죽는다.〉

又覺範臨濟宗旨云 此三玄三要之法門 是一切衆生熱惱海中 清凉寂滅法幢 此幢之建 譬如塗毒鼓撾之 聞者皆死 是則懸崖撒手 自肯承當之時節也

또한 각범혜홍의『임제종지』에서 말한다.

“이 삼현 · 삼요의 법문은 곧 일체중생이 熱惱의 바다에서 만나는 淸凉하고 寂滅한 法幢이다. 이 法幢을 건립한 것은 비유하면 마치 塗毒鼓를 두드려 그 소리를 듣는 자가 모두 죽는 것과 같다.”[424]

이것은 곧 절벽에서 손을 놓고 스스로 알아차리는 시절이다.

又文殊師利 因採藥謂善財曰 不是藥者採將來 此如祖師所云 不是心

422)『大般涅槃經』卷9, (大正藏12, p.420上) “譬如有人, 以雜毒藥, 用塗大鼓, 於大衆中擊之發聲, 雖無心欲聞, 聞之皆死, 唯除一人不橫死者 是大乘典大涅槃經亦復如是, 在在處處諸行衆中有聞聲者, 所有貪欲,瞋恚愚癡, 悉皆滅盡 ; 其中雖有無心思念, 是大涅槃因緣力故, 能滅煩惱, 而結自滅, 犯四重禁及五無間, 聞是經已, 亦作無上菩提因緣, 漸斷煩惱, 除不橫死一闡提也” 참조.

423) 心 · 意 · 識은 일체의 분별심을 가리킨다.

424)『臨濟宗旨』, (卍新續藏63, p.168中)

不是佛不是物之例也 不是藥者 卽是不是物 亦卽是不是佛 又卽是不是心者也 此四不是之空體 名不能安 相不得著故 但以不是强言之 智者卽其不是 而知其所是也 故善財對云 山中無不是藥者 知答也 旣知焉則不妨喚作是心是佛是物是藥 故文殊拈起善財所呈是藥者 而示衆曰 此藥亦能殺人 亦能活人

또한 문수사리는 약초의 채취에 대하여 선재에게 말한다.

“약이 되지 않는[不是藥] 풀을 캐어 오라.”[425]

이것은 조사가 말한 ‘마음도 없고[不是心] 부처도 없으며[不是佛不是物] 중생도 없다[不是物]’는 일례와 같다. ‘약이 되지 않는 풀[不是藥]’이란 곧 중생이 없다는 것에 해당하고,[卽是不是物] 또한 부처도 없다는 것에 해당하며,[卽是不是佛] 또 마음도 없다는 것에 해당하는[卽是不是心] 것이다. 이 네 개의 不是는 空體로서 명칭으로 부를 수가 없고 형상으로 그릴 수가 없다. 때문에 무릇 억지로 不是라는 말을 거기에 붙인 것이다. 지혜로운 사람은 그 不是에 卽하여 그 所是를 안다. 때문에 선재가 (문수의 말에) 응대하여 “산중에는 약이 되지 않는[不是藥] 것이 없습니다.”라고 말한 것은 답변을 알고 있다는 것이었다. 이미 알고 있은 즉 是心 · 是佛 · 是物 · 是藥이라고 말해도 무방하다. 때문에 문수는 선재가 바친 그 약[是藥]을 집어들고 시중설법하였다.

“이 약은 사람을 죽이기도 하고 사람을 살리기도 한다.”

---

425) 『汾陽無德禪師語錄』 卷2, (大正藏47, p.617上) “文殊令善財云 不是藥者 採一莖來 却來白云 無有不是藥者 云是藥者採將來 童子隨手 取一枝草 與文殊 殊接得呈大衆日 亦能殺人 亦能活人”

人能服此四不是之靈丹 心意識蘊處界 一時殂落 卽其心意識殂落處便是淨法身活現時 此其是藥之所以亦能殺人亦能活人者也 <文殊端午 令善財採藥曰 不是藥者採將來 善財還告曰 山中無不是藥者 文殊曰 是藥者採來 善財於足間 釆呈一莖艸 文殊接得 示衆 曰 此藥亦能殺人 亦能活人>

사람이 이 네 개의 不是라는 靈丹을 복용하면 심 · 의 · 식 및 오온 · 십이처 · 십팔계[426]가 일시에 제거된다. 곧 그 심 · 의 · 식이 제거된 도리[處]는 곧 청정법신이 활현하는 시절이다.[時] 이야말로 그 약[是藥]이 사람을 죽이기도 하고 사람을 살리기도 하는 이유이다. 〈문수가 단오에 선재에게 약초를 채취하라고 '약이 되지 않는[不是藥] 풀을 캐어 오라.'고 말하자, 선재는 돌아와서 '산중에는 약이 되지 않는[不是藥] 것이 없습니다.'고 말했다. 그러자 문수가 말했다. '그러면 약이 되는[是藥] 것을 캐어 오라.' 선재가 발밑에서 풀 한줄기를 뽑아 바쳤다. 문수가 그것을 받아들고 시중설법하였다. '이 약은 사람을 죽이기도 하고 사람을 살리기도 한다.'〉

又以修斷而言之 慧能斷惑之謂殺 智能照眞之謂活 類如阿羅漢 此飜爲殺賊 斷殺無明賊 活現法身佛 此莫非金剛般若之神力也 <祖師云 是大神呪 大明呪 无上呪 能除一切苦 眞實不虛 是名無盡陀羅尼藏 亦名靈鋒寶劒 寒山詩云 常持智慧劒 擬破煩惱賊 華嚴經如來現相品云 爲求聲聞衆生 雨大法 名以智劒斷一切煩惱怨>

426) 심 · 의 · 식은 모든 번뇌를 일으키는 주체이고, 오온 십이처 십팔계는 번뇌가 일으킨 객체이다.

또 수행하여 번뇌를 단제하는 입장에서 그것을 말하자면 慧로 번뇌[惑]를 단제하는 것을 殺이라 말하고, 智로 깨침[眞]을 관조[照]하는 것을 活이라고 말한다. 아라한을 번역하면 殺賊이 되는 경우와 비슷하다.[類] 無明賊을 斷殺하고 法身佛을 活現하는 그것은 금강반야의 신통력 아님이 없다. 〈조사는 말한다. "이것은 大神呪이고 大明呪이며 无上呪로서 일체고를 단제하는데 眞實하여 不虛이다. 이것을 무진다라니장이라고 말하고 또한 靈鋒이고 寶劒이라고 말한다."[427] 한산시에서 말한다. "항상 지혜검을 수지하여 번뇌적을 타파하고자 한다."[428] 『화엄경』 여래출현품에 말한다. "성문중생을 제도하기 위하여 대법을 비내리는 것을 智劒으로 일체의 번뇌의 원적을 단제한다고 말한다."[429]〉

古人於此安着劔字曰 此劔 亦能殺人 亦能活人 盖喻行人能斷之智慧也 永嘉曰 般若鋒兮金剛銛 臨濟曰 智劔出來無一物 <臨濟示衆曰 若人行道道不行 萬般邪境競頭生 智劒出來無一物 明頭 未現暗頭明> 正當欛柄在手 斬斷竹木精靈 截斷彌天葛藤 人也殺 鬼也殺 佛也殺 祖也殺 并與自身 和心同殺 宜乎不着佛求 不著祖求 若著之 則佛祖還爲怨賊 身心愛著則亦然 心則意識也 此其所以亦能殺人處 便可名殺人刀也

고인은 여기에 劒이라는 글자를 붙이고 '이 劒은 사람을 죽이기도 하고 또한 사람을 살리기도 한다.'고 말한 것은 무릇 수행인이 번뇌를 단제하는 지

427) 『眞覺國師語錄』, (韓佛全6, p.24中)
428) 『寒山子詩集』, (嘉興藏20, p.660下)
429) 『大方廣佛華嚴經』 卷51, (大正藏10, p.270中)

혜를 비유한 것이다. 영가현각은 말한다.

"반야의 칼날이여, 금강의 도끼이다."[430]

임제의현은 말한다.

"智劒을 뽑았는데 一物도 없다."

〈임제가 시중설법하였다. "어떤 사람은 깨치려고 수행하지만 깨침은 수행으로 되는 것이 아니다. 도리어 갖가지 邪境만 다투어 발생한다. 智劒을 뽑았는데 一物도 없다. 明頭가 현현하기도 전에 暗頭가 나타난다."〉[431]

바로 칼자루를 손에 들었을 때 竹木精靈을 베어버리고 彌天葛藤을 잘라 버려야 한다. 사람도 죽이고, 귀신도 죽이며, 부처도 죽이고, 조사도 죽이며, 아울러 자기의 몸과 더불어 마음까지도 똑같이 죽여야 한다. 마땅히 부처를 추구하는 것도 집착하지 말고, 조사를 추구하는 것도 집착해서는 안 된다. 만약 그것에 집착한즉 부처와 조사가 도리어 원적이 된다. 몸과 마음에 애착한즉 또한 그러하다. (여기에서) 마음[心]은 곧 의식이다.

이상이 '또한 사람을 죽이기도 한다'는 도리의 이유로서, 곧 살인도라고 부를 수가 있다.

我本佛也 所以不得爲佛者 以其精識之分別 波騰於性海 文字之葛藤 羂繞於心田 分人別鬼 求佛著祖 不信自殊勝 甘作下劣人 及乎智劒一揮 都殺了無餘 於是乎 恒沙聖德 無量妙用 一時具足 到這裏 人鬼祖佛元在我 眞常家裡 同體而無異用 是則人也安 鬼也安 佛也安 祖也安

430) 『永嘉證道歌』, (大正藏48, p.396中)
431) 『鎭州臨濟慧照禪師語錄』, (大正藏47, p.499下)

그러나 나 자신이 본래불인데도 부처가 되지 못하는 이유는 精識이라는 분별이 자성의 바다[性海]에서 파도치고, 문자라는 갈등이 마음의 밭[心田]을 얽어매기 때문이다. 그리하여 人을 나누고, 鬼를 구별하며, 부처를 추구하고, 조사에 집착하여 자신이 수승함을 믿지 못하고 기꺼이 하열한 사람이 되었다가 다행히도 智劒의 휘둘림을 받으면 그 모든 것[432]이 남김없이 죽어버린다. 바로 거기에 항하사와 같은 부처님의 공덕과 무량한 묘용이 일시에 구족된다. 그런 경지에 도달하게 되면 사람과 귀신과 부처와 조사가 원래 나 자신에게 있고, 우리집안의 깨침[眞常家裡]과 同體여서 다른 작용이 없다. 이런즉 사람도 있고 귀신도 있으며 부처도 있고 조사도 있다.

此其所<以+?>亦能活人處 便可名活人劒也 今有人以殺活二字 觸處配之 而不知其所自來義故 便多錯雜違越處

이상이 '사람을 살리기도 한다.'는 도리의 이유로서 곧 활인검이라고 부를 수가 있다. 그런데도 지금 어떤 사람[백파]은 살과 활이라는 두 글자를 가지고 곳곳에다 그것을 배대하고 있다. 그것은 살과 활이 유래된 뜻을 모르기 때문에 곧 어긋나고[錯雜] 뒤바뀐[違越] 이치가 많아지게 된 이유이다.

眞空妙有辨

六隱老之言曰 一心體上 本具不變隨緣二義 心不變 則離名絶相 掃蕩

432) '그 모든 것'은 人을 나누고 鬼를 구별하며 부처를 추구하고 조사에 집착하는 일체를 가리킨다.

無餘 故名曰眞空 心隨緣 則建立萬法 千變萬化 故名曰妙有 又名相齊現 故有千名萬相 乃至八萬塵勞 三綱<界?>九類 許多名相 互相發揮 千變萬化 故名妙有

(4) 진공묘유변

육은노인은 말한다.

"일심의 體에 본래 불변과 수연의 두 가지 뜻이 갖추어져 있다. 일심의 불변은 곧 名을 벗어나 있고 相을 단절해 있어서 남김없이 소탕하기 때문에 진공이라고 말한다. 일심의 수연은 곧 만법을 건립하고 천변만화하기 때문에 묘유라고 말한다. 또한 名과 相이 함께 드러나기 때문에 千名과 萬相이 있다. 내지 八萬의 번뇌 및 삼계에 있는 九類衆生의 허다한 名과 相이 서로 천변만화를 발휘하기 때문에 묘유라고 말한다."

永嘉曰 夫欲妙識玄宗 必先審其愚智 若欲審其愚智 善須明其眞妄 若欲明其眞妄 復當究其名體 名體若分 眞妄自辨 眞空妙有之義 於是乎顯矣 夫妄法有名而無體 況之龜毛 眞法有名而有體故 喩之鏡像 究名體而推之 虛實自明 故知 萬法從緣 元無自體 是以 綠[433]會之有 有而非有 性空之無 無而非無

영가현각은 말한다.

"대저 그윽한 종지를 미묘하게 알고자 하면 반드시 우선 그 愚와 智를 살

433) 「綠」疑「緣」『編』

펴야 한다. 만약 그 愚와 智를 살피고자 하면 그 眞과 妄을 잘 해명해야 한다. 만약 그 眞과 妄을 해명하고자 하면 다시 그 名과 體를 자세히 살펴야 한다. 만약 名과 體가 분별되면 眞과 妄은 저절로 판별된다."[434]

진공과 묘유의 뜻은 여기에서 드러난다. 대저 妄法에는 名은 있지만 體가 없는데 비유하면 거북이 터럭과 같다. 眞法에는 名도 있고 體도 있기 때문에 비유하면 거울속의 영상[鏡像]과 같다. 名과 體를 궁구하여 그것을 추론하면 虛와 實이 저절로 해명된다. 때문에 알아야 한다.

"만법은 인연을 따를 뿐 원래 자체가 없다. 이로써 연이 모여 있는 有는 假有이지 眞有가 아니고, 자성이 空인 無는 假無이지 眞無가 아니다."[435]

又長沙岑和尚云 假有元非有 假無元非無 達摩云 有漏因果 如影隨形 雖有非實

또한 장사경잠 화상은 말한다.

"假有는 원래 眞有가 아니고, 假無는 원래 眞無가 아니다."[436]

달마는 말한다.

"유루의 인과는 마치 그림자가 형체를 따르는 것과 같다. 비록 有이지만

434) 『禪宗永嘉集』[事理不二第八], (大正藏48, p.393中)

435) 『禪宗永嘉集』[事理不二第八], (大正藏48, p.393下) "是以萬法從緣 無自體耳 體而無自 故名性空 性之旣空 雖緣會而非有 緣之旣會 雖性空而不無 是以緣會之有 有而非有 性空之無 無而不無 何者會卽性空 故言非有 空卽緣會 故曰非無" 참조.

436) 『續古尊宿語要』 卷5, (卍新續藏68, p.467中) "沙示一偈 假有元非有 假無元非無 涅槃償債義 一性更無殊" ; 『景德傳燈錄』 卷3, (大正藏51, p.221上) "長沙便示一偈云 假有元非有 假滅亦非無 涅槃償債義 一性更無殊)" 참조.

實이 아니다."[437]

佛云 因緣所生法 我說卽是空 論云 三界虛僞 <圭山曰 此心 隨熏現似曰虛 隱其虛體 詐現實相曰僞 虛僞之相 雖有種種 捨緣不自立(唯心所作)> 離心卽無六塵境界 以一切法 如鏡中像 無體可得 唯是虛妄

부처님은 말한다.
"인연으로 발생한 법을 나는 곧 그것을 空이라 설한다."[438]
『기신론』에서는 말한다.
"삼계는 虛僞이다."[439]
〈규산은 말한다. "이 마음이 훈습을 따라 비슷하게 드러나는 것을 虛라고 말하고, 그 虛의 體를 감추고 실상을 거짓[詐]으로 드러내는 것을 僞라고 말한다. 虛와 僞의 형상은 비록 갖가지가 있지만 緣을 떠나서 자립하지 못하고 唯心의 所作이다."〉[440]

---

437) 『景德傳燈錄』 卷3, (大正藏51, p.219上) : "帝問曰 朕卽位已來 造寺寫經度僧不可勝紀 有何功德 師曰 並無功德 帝曰 何以無功德 師曰 此但人天小果有漏之因 如影隨形雖有非實 帝曰 如何是眞功德 答曰 淨智妙圓體自空寂 如是功德不以世求 帝又問 如何是聖諦第一義 師曰 廓然無聖" ; 『嵩山少林寺輯志』 卷9, (大藏經補編24, pp.687中-688上) 참조.

438) 『景德傳燈錄』 卷27, (大正藏51, p.432中) "第十四祖龍樹菩薩偈云 因緣所生法 我說卽是空 亦名爲假名 亦名中道義" ; 『中論』 卷4, (大正藏30, p.33中) "衆因緣生法 我說卽是空" 참조.

439) 『大乘起信論』, (大正藏32, p.577中) "三界虛僞 唯心所作"

440) 이 대목의 인용문은 圭山宗密이 아니라 賢首法藏으로 보인다. 法藏 撰, 『大乘起信論義記』 卷中末, (大正藏44, p.265中-下) "이 마음이 훈습을 따라 비슷하게 드러나는 것을 虛라고 말하고, 그 虛의 體를 감추고 실상을 거짓[詐]으로 드러내는 것을 僞라고 말한다. 虛와 僞의 형상은 비록 갖가지가 있지만 그 인연을 궁구해보면 唯心이 만든 것이다. 此心隨熏現似曰虛 隱其虛體詐現實狀曰僞 虛僞之狀雖有種種 然窮其因緣 唯心作也" 참조.

마음을 떠난즉 육진의 경계가 없다. 일체법은 거울 속의 영상과 같아서 얻을 수 있는 體가 없고 오직 허망일 뿐이다.[441]

近有六隱老人 以隨緣所有虛僞名相 獨辨之爲妙有 烏乎 可哉 嘗聞 眞空不空 妙有不有 卽有之空 方是眞空 卽空之有 方是妙有 如起信論云 眞如者 依言說分別相 有二種義 一者 如實空<此如實之中 空无妄染> 而能究竟現實故<卽下無漏聖功德> 此非卽有之空 爲眞空乎 故曰 眞空不空 二者 如實不空 以有自體<卽上如實空> 具足無漏聖功德故 此非卽空之有 爲妙有乎 故曰 妙有不有

최근에 육은노인[백파]이 수연으로 존재하는 虛僞인 名과 相을 가지고 독단적으로 그것을 妙有라고 판별하였다. 오호라. 가능한 말인가.

일찍이 '진공은 공이 아니고, 묘유는 유가 아니다.'[442]는 말을 들었다. 이것은 有에 卽한 공이 바야흐로 진공이고, 공에 卽한 有가 바야흐로 묘유라는 뜻이다.

저『기신론』에서 말한다.[443]

"진여는 언설에 의거하여 분별상을 설한 것이다. 두 가지 뜻이 있다. 첫째는 如實空〈이 여실 속은 공으로서 망염이 없다〉이다. 구경에 實을 드러내기 때문이다.〈아래의 無漏聖功德에 卽한다〉 이처럼 有에 卽한 空이 아니라

441)『大乘起信論』, (大正藏32, p.577中) "是故一切法, 如鏡中像 無體可得, 唯心虛妄. 以心生則種種法生, 心滅則種種法滅故" 참조.

442)『宏智禪師廣錄』卷4, (大正藏48, p.38下)

443)『大乘起信論』, (大正藏32, p.576上) 참조.

면 진공이겠는가. 때문에 '진공은 공이 아니다'고 말한다. 둘째는 如實不空이다. 자체에 〈위의 여실공에 卽한다.〉 無漏聖功德이 갖추어져 있기 때문이다. 이처럼 空에 卽한 有가 아니라면 묘유이겠는가. 때문에 '묘유는 유가 아니다.'고 말한다."

華嚴記云 自性淸淨心 不與妄合 卽名眞空 性具萬德 卽名妙有 然此但約眞心而論空有 故曰 眞空妙有 約妄心而言空有 則必曰 斷空假有 不曰 眞空妙有 何以知其然也 永明云 眞心妄心 各有性相 且眞心以靈知寂照爲心 不空無住爲體 實相爲相 <此則空是妙有之空故 有是眞空之有也> 妄心以六塵緣影爲心 無性爲體 攀緣思慮爲相 <此則有是虛僞之有故 空亦斷空之空> 如此緣慮覺了能知之妄心 元無自體 但是前塵隨境有無 境來則生 境去則滅 境境心心 各自無性 唯是因緣而已

『화엄기』에서 말한다.

"자성청정심이 妄과 하합하지 않은 즉 진공이라 말하고, 자성에 만덕을 갖추어져 있는 즉 묘유라고 말한다."[444)]

그런데 이것은 무릇 진심에 의거하여 空과 有를 논한 까닭에 眞空 · 妙有라고 말한다. 만약 망심에 의거하여 空과 有를 말한 즉 반드시 斷空 · 假有라고 말하지 眞空 · 妙有라고 말하지 않는다. 무엇으로서 그런 줄을 아는가.

영명연수는 말한다.

"진심과 망심에 각각 性과 相이 있다. 또한 진심은 靈知와 寂照를 心으로

444) 淸涼澄觀, 『華嚴經疏鈔』 卷24, (大正藏36, p.185下) 참조.

삼고, 不空과 無住를 體로 삼으며, 實相을 相으로 삼는다.〈이것은 즉 공이 곧 묘유의 공이기 때문에 유도 곧 진공의 유이다.〉 그러나 망심은 六塵과 緣影으로써 心을 삼고, 無性로써 體를 삼으며, 攀緣과 思慮로써 相을 삼는다.〈이것은 즉 유가 곧 허위의 유이기 때문에 공도 또한 단공의 공이다.〉 이와 같이 緣慮覺了能知의 妄心에는 원래 自體가 없고 단지 그 前塵이 隨境하여 有와 無가 될 뿐이다. 그리하여 境이 오면 즉 生이고 境이 가면 즉 滅이 되어 境境과 心心에 각자 자성이 없이 오직 그대로 인연에 달려있을 뿐이다."[445)]

如此緣影之有名無體者 焉得謂之妙有哉 此非他由 其不究名體 而率你于眞妄 眞妄一昧 空有遂暗 西天外道 本在佛法中 錯解空有二義 轉變至於六十二見 分成九十六種 古百丈錯答因果 隨墮野狐 此解義者之最宜詳細而明辨者也 嘗聞 依法不依人 依了義經不依不了義經 前已依法 略明空有之義 今依了義經 證正眞妄之義

이와 같이 반연의 그림자[緣影]에는 名만 있고 體가 없는데 어찌 그것을 묘유라고 말하겠는가. 이것은 다른 이유가 아니라, 그들이 名과 體를 궁구하지 못하고 우리 납자들을 眞과 妄으로 이끌어 眞과 妄에 하나같이 昧하고 마침내 空과 有에 어둡기 때문이다.

서천의 외도들은 본래 불법 가운데 있었지만 공과 유의 두 가지 뜻을 잘

445)『宗鏡錄』卷3, (大正藏48, p.431中) "答 眞心以靈知寂照爲心 不空無住爲體 實相爲相 妄心以六塵緣影爲心 無性爲體 攀緣思慮爲相 此緣慮覺了能知之妄心 而無自體 但是前塵 隨境有無 境來卽生 境去卽滅 因境而起 全境是心 又因心照境 全心是境 各無自性 唯是因緣" 참조.

못 이해하여 전변하여 62見에 이르고, 다시 나뉘어 96종이 되었다.

古百丈은 인과에 대하여 잘못 대답함에 따라 野狐에 떨어졌다. 이것이야말로 解義하는 사람이 가장 상세하게 설명하고 판별해야 하는 과제이다. 일찍이 다음과 같은 말을 들었다.

"法에 의지하고 人에 의지하지 말고, 요의경에 의지하고 불요의경에 의지하지 말라."[446]

위에서 이미 법에 의지하여 空과 有의 뜻을 略明하였으므로, 이제 제대로 요의경에 의지하여 眞과 妄의 뜻을 증명하겠다.

華嚴經云<須彌頂上偈贊品>
諸法無眞實 妄取眞實相 是故諸凡夫 輪廻生死獄 觀察於諸法 自性無所有 如其生滅相 但是假名說 言語所說法 衆生妄分別 卽壞淸淨眼 愚癡邪見增 此中無少物 但有假名字 若逐假名字 不知聖妙道 此之無慧眼 流轉生死獄

『화엄경』에서 말한다.〈수미정상게찬품〉

諸法無眞實　모든 법에는 진실한 것이 없는데도
妄取眞實相　헛되이 진실한 상 있다고 집착하네
是故諸凡夫　이런 집착을 말미암아 모든 범부들
輪廻生死獄　생과 사의 지옥고를 번갈아 돈다네
觀察於諸法　일체의 제법을 죄다 관찰해 보자면

446)『大寶積經』卷82, (大正藏11, p.478上)

自性無所有　자성이랄 것은 전혀 존재하지 않네
如其生滅相　그러나 혹 생멸하는 모습이 있다면
但是假名說　그것은 무릇 가명으로 설한 것이네
言語所說法　부처님이 언어를 통해서 설한 법을
衆生妄分別　저 중생 부질없이 분별하고 있으니
卽壞淸淨眼　그것은 곧 청정한 안목을 더럽혀서
愚癡邪見增　어리석고 또 사특한 견해 늘어나네
此中無少物　그 가운데는 일물도 존재하지 않고
但有假名字　임시로 설정한 명자로만 존재할 뿐
若逐假名字　만약 그런 거짓 명자만 따라다니면
不知聖妙道　성스럽고 미묘한 깨침 알지 못하네
此之無慧眼　이와 같이 지혜로운 안목이 없으면
流轉生死獄　생과 사의 지옥을 반복하여 떠도네[447)]

447)『大方廣佛華嚴經』卷16, (大正藏10, pp.82上-83上)

金秋史先生證白坡書

6. 『김추사선생증백파서』[448)]

師於禪門 妄證妄解之不足 又敢大膽涉筆於羲文周孔之書 自漢易宋易以來 幾百千家 未有以寂然不動 爲眞空 感而遂通 爲妙有者 寧有如此無嚴無憚者也 旣不知寂然不動 感而遂通之爲何等語 妄證如此 其不知眞空 玅有之爲何等語 妄證明矣 師自以爲八十年条究 而条究皆如此邪說妄證 卽所謂邪人說正法 正法亦邪說者 果實際語也 (不特師而已 如宗密 稍有知見 頗稱於禪門 而其圓覺經序 以元亨利貞 對擧常樂我淨 是何說也 旣不知元亨利貞之爲何說 幷不知常樂我淨 亦何說者也 又以乾之德 爲專一氣而致柔者 又何說也 古今易家所未聞也 妄證妄解 又未有甚於是者 常所竄斥也) 今又見師所說如此 其所謂禪門諸人 自昔來擧皆無識之徒 是不足多卞 吾之如此爲說 反復昌披 無異與小兒爭餠耳 師之妄證一也

백파선사는 선문에서 妄證과 妄解한 것으로도 만족하지 못하고, 다시 감히 대담하게도 복희 · 문왕 · 주공 · 공자의 책에 대해서까지 붓을 대었다. 한의 『주역』과 송의 『주역』으로부터 이래로 수많은 학자들이 있었지만 아직까지 고요하여 부동한 것을 진공으로 삼고 느껴서 마침내 통하는 것을 묘유로 삼은 사람은 없었다. 그런데 어찌 이와 같이 어려워할 줄 모르고 거리낄

448) [金秋史先生證白坡書], (韓佛全12 pp.511中-515中) 이 대목은 금명보정 엮음, 김종진 옮김, 『栢悅錄』(동국대출판부, 2020.5) pp.33-56에 의거하였고, 약간의 수정을 가한 것이다.

줄 모르는 사람이 있단 말인가. 이미 고요하여 부동한 것과 느껴서 마침내 통하는 것도 모르면서 어찌 그와 같은 말로 이처럼 妄證한단 말인가. 그것은 진공과 묘유가 어떤 말인지도 모르고 망증한 것이 분명하다.

백파선사는 스스로 팔십년 동안 참구했다고 하는데 그 참구가 모두 이와 같이 邪說이고 妄證인 즉 소위 삿된 사람이 正法을 설하면 정법조차 또한 邪說이 되고 만다는 것이 과연 딱 부합되는 말[實際語]이다. (특별히 선사만 그런 것은 아니다. 저 종밀은 지견이 있는 것으로 자못 선문에서는 으뜸인데도, 그의 『원각경』 서문에서 원 · 형 · 이 · 정으로써 『열반경』의 상 · 락 · 아 · 정에다 대비시켜 언급했는데 그게 무슨 말이던가. 이미 원 · 형 · 이 · 정이 무슨 설명인 줄을 몰랐고 또한 상 · 락 · 아 · 정이 무슨 설명인 줄도 몰랐다. 또한 乾의 德에 대하여 '오롯한 一氣로 삼아 화평[柔]에 이른다.'는 것은 또 무슨 설명인가. 고금의 어떤 주역가한테도 들어보지 못한 것이다. 妄證하고 妄解한 것이 또 아직까지 이보다 심한 것이 없었음을 항상 배척해오던 즈음에) 지금 또 이와 같은 선사의 설명을 보건대, 그것은 소위 선문의 모든 사람은 예로부터 모두가 무식한 무리라서 그것은 더 말할 여지도 없다. 나 추사가 이처럼 말하는 것도 도리어 또 창피한 것이 마치 어린애와 떡을 두고 다투는 것과 다름이 없다. 이것이 선사의 망증 제일조이다.

至如程朱退栗之援以爲譬 無嚴無忌憚之 未有如是者 直欲以鷄鳴犬吠 妄擬於咸英韶護 可謂不怕天不怕地 跳浪無雙 師之妄證二也

정자와 주자와 퇴계와 율곡을 끌어다 비유로 삼은 것은 어려워할 줄 모르고 거리낄 줄 모르는 것이 아직까지 이와 같은 적은 없었다. 이것은 곧 닭이

우는 소리와 개가 짖는 소리로써 망령스럽게도 咸 · 英 · 韶 · 護[449]에 견주려는 격으로, 가히 하늘과 땅을 두려워할 줄 모르고 무쌍하게도 날뛰는 것이다. 이것이 선사의 망증 제이조이다.

殺活二字 去去愈出愈怪 至引文殊採藥語爲說 尤不覺噴箚滿案 文殊此旨 自拈頌諸師輩 擧無一人解者 只從殺活二字 千萬葛藤 宜其如師者 不知爲何語 因其成語 又胡亂瞢瞳 弄影掠光如是也 文殊之初云不是藥者 採來者 是第一義諦 竟無一人於此句上擧拈 但搖頭努目 於殺活二字 茫無頭緖可歎 且其云是藥能殺人活人者 以此殺人之毒卉 回作活人之靈草 譬如人言 雖殺人之毒藥 盧扁若當其症而試之 亦爲活人之妙方 是轉識爲智 轉凡成聖之眞諦也 此於不是藥者採來之句 已明明的的 何嘗如師所云 殺人刀活人劒也 毫釐之差 千里之謬也 吾則有一殺活 一拳打殺白坡老可活海眼小闍黎 何必紛紛作殺人以刀 活人以劒也 一擧手 殺活俱存如是 與師之殺活 同耶異耶 師之妄證三也

살 · 활의 두 글자는 가면 갈수록 점점 더욱더 괴이하다. 문수보살이 (선재동자에게) 약초를 캐어오라는 법어를 인용하여 말한 대목에서는 더욱이 엉겁결에 밥알이 튀어나와 밥상에 가득할 뻔하였다. 문수의 그 뜻을『염송』에 나오는 여러 선사들 가운데 누구도 이해하는 사람이 없었고, 단지 살 · 활의 두 글자를 좇아서 수많은 갈등만 일으켰다. 그러므로 당연히 선사와 같은 경우에 무슨 법어인 줄도 모르고 그 成語를 인하여 또 어지럽고 흐리멍덩하

449) 堯帝의 음악인 咸池와 帝嚳의 음악인 六英과 舜帝의 음악인 韶와 湯帝의 음악인 護를 가리킨다.

여 그림자를 찾고 빛을 훔치려는 것도 마땅하다.

문수가 처음에 약초가 아닌 것을 캐오라는 것은 곧 제일의제인데, 끝내 누구도 그 구절에 대하여 擧拈하지 못하고 무릇 살 · 활의 두 글자에 대해서만 머리를 흔들고 눈을 부릅떠 아무런 頭緖가 없으니 안타깝다. 또 그 법어에서 '이 약은 사람을 죽이기도 하고 사람을 살리기도 한다.'는 것은 그것으로 사람을 죽이는 독초를 돌이켜서 사람을 살리는 영초로 만드는 것이었다.

비유하면 어떤 사람이 비록 사람을 죽이는 독약일지라도 만약 盧扁이 그 증세에 따라서 그것을 시험하면 또한 사람을 살려내는 묘방이 된다는 것처럼, 그것이야말로 분별식을 굴려서 지혜로 만드는 격이고 범부를 굴려서 부처님으로 만드는 진제였다. 이것은 약초가 아닌 것을 캐오라는 구절에 이미 명맥하게 드러나 있는데, 일찍이 선가에서 말한 살인도와 활인검과 어찌 같겠는가. 터럭 끝만큼의 차이가 천 리만큼 벌어지는 법이다.

나 추사에게도 곧 살 · 활의 주먹이 하나 있어서 白坡老人을 죽이고 海眼小闍黎를 살려낼 수 있다. 그런데 어찌 분분하게 칼로 사람을 죽이고 검으로 사람을 살려낸단 말인가. 손을 한 번 치켜드는 것에 이처럼 살 · 활이 갖추어져 있는데, 이것이 선사의 살 · 활과 같겠는가 다르겠는가. 이것이 선사의 망증 제삼조이다.

殺活爲一心上本具之面目云者 亦何說乎 藥草之殺活 卽云殺人活人 刀釰<劍?>上殺活 亦云殺人活人也 今云殺活一心上本具之面目者 卽自殺自活也 師之殺活 是自殺自活耶 不生不滅 有何殺活之本具也 無面無目 有何殺活之本具也 試以祖意 偈作問之 殺者本非殺 活者亦非活 本來無一物 何處着殺活 凡殺活者 是對人言者 故云殺人活人也 非從

自己言者也 如喜怒之在彼而不在己也 喜人怒人 是物感應 當喜而喜 當怒而怒 自己心上 元无喜怒本具之面目者 比如明鏡之中 胡來胡現 漢來漢現 今若云胡漢爲明鏡之本具面目 可乎 不可乎 師之妄證四也

살 · 활이 일심에 본래부터 갖추어져 있는 면목이라고 이른 것은 또 무슨 말인가. 약초의 살 · 활을 곧 살인 · 활인이라고 말하고, 刀 · 劍의 살 · 활을 또한 살인 · 활인이라고 말하더니, 지금은 살 · 활이 일심에 본래부터 갖추어져 있는 면목이라고 말하는데 그것은 곧 自殺 · 自活이라고 말한 꼴이다. 그렇다면 선사의 살 · 활은 곧 自殺인가 自活인가. 불생 · 불멸이라는데 어찌 살 · 활이 일심에 본래부터 갖추어져 있겠는가. 그리고 無面이고 無目이라는데 어찌 살 · 활이 본래부터 갖추어져 있겠는가. 나 추사가 시험삼아 조사의 뜻으로써 게송을 지어 그것에 대하여 묻겠다.

살이라고 해도 본래 살이 아니고
활이라고 해도 또한 활이 아니다
본래 집착할 거리가 본래 없거늘
어디에 살과 활이 붙어 있겠는가

무릇 살 · 활이란 남을 상대하는 말이므로 사람을 죽인다 또 사람을 살린다고 말하는 것이지 자기로부터 나오는 말이 아니다. 마치 기쁨과 성냄이 남을 상대하여 있는 것이지 자기를 상대하여 있는 것이 아닌 것과 같다. 사람을 기쁘게 하고 사람을 성내게 하는 것은 곧 사물에 감응하여 기쁨을 맞이해서는 기뻐하고 성냄을 맞이해서는 성내는 것이지, 자기의 마음에는 원래 기쁨과 성냄이 본래부터 갖추어져 있는 면목이 없다. 비유하면 명경에 오랑캐가 오면 오랑캐가 나타나고 한인이 오면 한인이 나타나는 것과 같다. 그런데도 만약에 지금 오랑캐와 한인이 명경에 본래부터 갖추어져 있는 면목이라고 말한다면 그것이 옳은 것인가 옳지 않은 것인가. 이것이 선사의 망증 제사조이다.

金剛經三十二分 師之知見 何以透得此關也 昭明之於釋典 精心入微 嘗撰解二諦義 透頂徹底 豈至昧於此經定此三十二分 貽後世笑耶 天衣無縫 割裂爲繁 其爲假託無疑 如推穹四果漸至如來者 政緊關 昔在燃燈 何單承莊嚴佛土也 又色見聲求四句 原與下文 一氣瀠洄 勁難以刀斷水 卽此而三十二分 無有是處矣 此自良覺遇安二大德 一一勘破中國禪門 信受南<奉?>行已久 無有二說者 以師偏方小知小見 何以知大人境界也 此等處 師之見聞 宜所未及 無足深責 其所深責者 師之大我慢 自以爲八十年禪門中 更無有上於我者 貢高增上不已也 昭明涵虛等說 旣云不可削矣 前書忽引德山爇金剛一案 盛說其敎迹死句如此爇去無害者 何耶 德山之爇 是耶 昭明三十二分 亦在爇中 德山之爇 非耶 又不當援而爲證也 此亦非師之口頭禪 隨矢立的 全沒着落處耶 六祖口訣 師又觸處妄證 以無識之六祖 作有識之六祖 吾知六祖必不肯受師有識二字之妄證語也 有識無識 無損益於六祖耳 師之妄證五也

『금강경』 32분과에 대하여 선사의 지견으로 어떻게 그 관문을 투득하였겠는가. 소명태자는 불전에 마음을 쏟아 미묘한 경지에 들어갔다. 일찍이 『解二諦義』를 찬술하였는데 철두철미하였다. 그런데 어찌 이 『금강경』에 미혹하여 32분과를 확정해서 후대에 웃음거리를 끼쳤겠는가. 참으로 천의무봉한 경전을 찢고 나누어 번거롭게 만든 것은 곧 (소명태자의 이름을) 가탁한 것

임에 틀림없다.[450)]

경전에서는 사과를 추궁하여 점차 여래경지에 이른 과정이 긴밀한 관계로 바루어져 있는데 '석재연등' 하나만 어찌하여 '장엄불토'에다 계승시켰는가. 또한 '色見聲求'의 사구게는 원래 이하의 경문과 더불어 하나의 기세로 묶여있어서 칼로 물을 베듯이 잘라내기가 어렵다. 이에 즉해보면 32분과는 말도 안 되는 것이다.

이것은 良覺과 遇安의 두 대덕이 낱낱이 勘破하여 중국 선문에서 믿고 받아들이며 받들고 실천되어 온[信受奉行] 지가 오래도록 다른 설이 없었다. 그런데도 선사가 偏方에서 小知와 小見으로 어찌 대인의 경계를 알 수가 있었겠는가. 이러한 대목에 대한 선사의 견문에 대하여 크게 책망할 수는 없다. 그러나 크게 책망하는 것은 대아만의 선사가 스스로 '80년 선문 가운데 나보다 나은 사람이 없다'고 하여 공고심과 증상심을 그치지 않았기 때문이다.

선사는 소명태자 및 함허득통의 설에 대하여 예전에는 삭제할 수 없다고 말했는데, 연전에는 홀연히 덕산이『금강경』의 주석서를 불살랐다는 공안을 인용하여 치성하게 설명된 교적 또한 死句로서 그것을 덕산처럼 불살라버려도 해가 안 된다고 하였으니, 어쩐 일인가. 덕산이 불사른 것이 옳다면 소명의 32분과도 또한 불살라야 할 것이고, 덕산이 불사른 것이 그르다면 또한 그것을 이끌어다 증거로 삼는 것도 부당하다. 이것 또한 선사의 구두선이 화살이 가는 것을 따라 과녁을 내세운 꼴이므로 전혀 낙처를 모르는 것이 아니겠는가.

선사는 또『육조구결』을 닥치는대로 망증함으로써 무식한 육조를 유식한 육조로 만들었으므로 나 추사는 육조야말로 필히 유식이라는 두 글자로 망

450) 이 대목을 보면 추사는 소명태자가 32분과로 나눈 것이 아니라는 주장이다.

증한 선사의 말을 수용하지 않을 것인 줄 알겠다. 유식이든 무식이든 육조에게 무슨 손익이 있겠는가. 이것이 선사의 망증 제오조이다.

元曉(普照+?)以大慧書爲友者 見於何書耶 吾則知爲元曉 是新羅人也 大惠是南宋人也 新羅在中國爲唐也 南宋在東爲高麗也 元曉之於大慧 相去爲數百年以唐之人 何以預取南宋人書 爲友耶 師以話頭 爲佛之說 頗呶呶爲下 今又以唐人 挪移宋以後書 大抵禪門神通廣大 以佛而挪移趙州以後話頭 以元曉而挪移南宋以後人書 試更以一轉如何 師之妄證六也

원효가 『대혜서』로써 벗을 삼았다는 것은 어떤 책에서 보았단 말인가. 나는 곧 원효는 신라인이고 대혜는 남송인으로 알고 있다. 신라는 중국으로 보면 唐代에 해당하고, 남송은 해동으로 보면 고려에 해당한다. 원효와 대혜는 시대적인 거리가 수백 년인데, 당대에 해당하는 사람으로서 어떻게 남송인의 책을 미리 취하여 벗을 삼는단 말인가.

선사는 화두를 가지고 불설로 삼아 자못 시끄럽게 변증하더니, 지금은 또 당대에 해당하는 사람을 가지고 송대 이후의 책까지 옮겨갔다고 하니, 대저 선문의 신통력이 광대하다. 부처님이 조주 이후의 화두로 옮겨가서 참구하고, 원효가 남송 이후의 책까지 옮겨다가 읽었다고 하니, 시험삼아 다시 一轉해보는 것이 어떠한가. 이것이 선사의 망증 제육조이다.

拈花之迦葉獨破顔 古今之所共聞知也 今乃云拈花之時 阿難 大衆 以

教解 迦葉一人 以禪悟 以至衆生 隨類各解 仍擧華嚴句之佛以一音演說法 衆生隨類各具解者 爲明明的的之證 此何說乎 花嚴句之佛以一音演說 是音說相故 衆生隨類各解者爲當 以拈花是音說相耶 全不襯着矣 且以爲禪悟教解 皆因拈華 禪是佛心 教是佛口 佛之大聖 豈心口之異同云者 必欲幷擧阿難於拈花之悟此諸師語錄中說耶 抑師之獨解無師自悟者耶 妄證七也

부처님이 꽃을 들자 가섭이 미소를 지었다는 것은 고금에 모두가 들어 알고 있다. 지금 선사는 '부처님이 꽃을 들었을 때 아난과 대중은 敎로써 이해했고, 가섭 혼자만 선으로써 깨쳤는데 중생에 이르기까지 근기에 따라 각각 이해하였다.'고 말하고, 거듭하여『화엄경』의 구절을 들어서 '부처님께서 일음으로 설법하자 중생이 근기를 따라서 각자 이해를 갖추었다.'고 언설로써 명명적적한 증명을 삼고 있으니, 이것은 무슨 말인가.『화엄경』의 구절에서 '부처님이 일음으로써 연설하였다.'는데 그것은 곧 음성으로 설법한 모습이기 때문에 중생이 근기를 따라 각자 이해했다는 것은 마땅하지만, 꽃을 들어보인 것도 음성으로 설법한 모습이란 말인가. 전혀 얼토당토 하지 않는 말이다.

또 '선으로써 깨치고 교로써 이해한 것도 모두 꽃을 든 것에 기인한다. 선은 곧 佛心이고 교는 곧 佛口이다. 부처님은 대성인인데 어찌 心과 口에 異同이 있다고 말하겠는가.'라는 것은 반드시 아난까지도 꽃을 들어 깨우쳤다는 것을 거론하려는 것인데, 이것은 제사의 어록 가운데 있는 말인가, 아니면 억지로 선사의 독단적인 견해로 無師自悟한 것인가. 이것이 선사의 망증 제칠조이다.

且禪是佛心 教是佛口 佛以大聖 豈心口之異同云者 是以禪敎合一 而其下段 又以祖語佛語爲不同 若祖語亦如佛說 此牛上騎牛 床上疊牀 何必曰敎外別傳格外禪耶云云 是又禪敎分二也 何等之時 禪敎合一 何等之時 禪敎分二也 忽東忽西 七顚八倒 師之妄證八也

또 '선은 곧 佛心이고 교는 곧 佛口이다. 부처님은 대성인인데 어찌 心과 口에 異同이 있다고 말하겠는가.'라는 것은 선과 교의 합일이다. 그런데 그 이하에서는 또 祖語와 佛語가 같지 않다는 말을 빌려와서 '만약 祖語가 佛說과 같다면 그것은 소 등에서 다시 소를 타는 격이고 평상 위에서 다시 평상을 펴는 격이다. 하필 교외별전이나 격외선이라고 운운하는가.'라는 것은 그 또한 선과 교가 둘로 나뉜 것이다. 어느 때는 선과 교를 하나로 합치고 어느 때는 선과 교를 둘로 나누니, 동에 번쩍하고 서에 번쩍하며 일곱 번 넘어지고 여덟 번 자빠진 것이다. 이것이 선사의 망증 제팔조이다.

達摩之以楞伽經 付與二祖 是天下之所共知共聞也 至以金剛幷付云者 見於何書 誰所傳說耶 且以二經宗趣正同 不必幷付 而但付金剛者 亦誰所傳說耶 是雲門說乎 大慧說乎 師之妄證九也

달마가 『능가경』으로써 이조에게 부여했다는 것은 천하에서 모두가 알고 모두가 듣고 있다. 그런데 『금강경』도 함께 부여했다는 말은 어느 책에서 본 것이고, 누구한테서 전승된 말인가. 또 '두 가지 경전의 宗趣가 아주 똑같아서 반드시 함께 부여할 필요가 없었기에 단지 『금강경』만 부여했다'는 것은 또한 누구한테서 전승된 설인가. 그것은 운문문언의 설인가, 대혜종고의 설인가. 이것이 선사의 망증 제구조이다.

經文譯翻之訛謬 是必有之事 必有之理也 第以心經一部言之 凡經五譯 第一後秦鳩摩羅什 譯名摩訶般若波羅密大明呪經 二劉宋法月 譯名普通<遍?>智藏般若波羅密經 三劉宋施護 譯名佛說聖佛母般若波羅密經 四唐玄奘 譯名般若波羅密多心經 與羅什本多寡不同 五唐利言 譯名與奘師同 賢首云釋迦牟尼佛 說尋珠云 觀自在菩薩所說 今此數百字小本 經名不同 字數不同 互相岨峿 況大品般若 華嚴等經 又當作如何 且凡譯場梵本佛語纔是半句 則譯者以中華文字 敷演爲百十句 此何以盡作佛說看耶 且佛是周昭王時人 又何以作漢魏以後五言七言句耶 此豈非譯師之訛謬處耶 禪門諸人 惟是譯經之爲幸 且多無識之徒 全不照檢 仍以盲傳盲 冒受流行 謂之曰佛說也 有若潙潭大慧之輩 以執相死病 不敢改易一字 寧不可笑 今若有明眼慧識人 盡所藏經一以改翻其謬訛 稍可以高提正命 盡還眞面 而特大力量人 能辦此爲之悶歎 若成邪見妄說之如師者流 敢措一字 亦當爲潙潭之呵禁 直以爲譯文無一謬訛 不敢改易一字 則豈非師之妄證耶 此所以達摩 一以掃除 直指人心者也 且如今日五天竺 擧入版圖中 無道路之艱阻 又無言語文字之不通 中國之人 來往如內地 中國官員駐箚於雪山阿耨達池之間 天竺事情 無不該知 五天竺內 自古初來 本無楞嚴經 聞中國楞嚴經盛行 反從中國人取去 此等事 師若聞之 必以爲大駭 其所謂譯場文字 不可準 有如是矣 無非如師無識鹵莽之輩 墮在黑山鬼窟中 但以口頭禪邪說 妄證者非耶 師之妄證十也

경문의 번역에서 오류는 의례 있는 일이고 당연한 이치이다. 먼저 『반야심경』 일부로써 말해본다. 무릇 『반야심경』에는 다섯 가지 번역이 있다. 제일 후진의 구마라집이 번역한 경명은 『마하반야바라밀대명주경』이다. 제이 유송의 법월이 번역한 경명은 『보변지장반야바라밀경』이다. 제삼 유송의 시호가 번역한 경명은 『불설성불모반야바라밀경』이다. 제사 당의 현장이 번역한 경명은 『반야바라밀다심경』인데 나집 번역본과 비교해보면 다소 차이가 있다. 제오 당의 반야리언이 번역한 경명은 현장 번역본과 동일하다.

『반야심경』에 대하여 현수법장은 석가모니불이 설한 것이라고 말했고, 심주는 관자재보살이 설한 것이라고 말했다.[451] 지금 『반야심경』은 수백 자로 된 작은 경전인데도 경명이 동일하지 않고 글자 수도 동일하지 않으며 서로 어긋나는데, 하물며 『대품반야경』 및 『화엄경』 등은 또 어떻게 되어 있겠는가.

또 무릇 번역장의 범본으로는 부처님 말씀이 겨우 半句일 뿐인데도 번역자는 중화문자로 百十句로 敷演하였는데, 그것을 어찌 모두 불설로 간주할 수 있겠는가. 또 부처님은 周의 昭王 시대 사람인데 어떻게 漢·魏 이후에 등장한 오언구와 칠언구를 지을 수 있겠는가. 이것이 어찌 번역자의 오류가 아니겠는가.

선문의 많은 사람들은 오직 역경이 된 것만을 다행으로 여기고 또 다수는 무식한 자들로서 전혀 대조하여 검토하지 않고 이에 맹인이 맹인에게 전수한 것을 그대로 받아서 유통시켜 소위 불설이라고 말한다. 泐潭文準·大慧宗杲와 같은 무리들은 형상에 집착하는 죽을병에 걸려서 감히 일자도 고치지 못하였으니 어찌 우습지 않겠는가.

이제라도 明眼과 慧識의 사람이 모든 장경에 대하여 일관되게 그 오류를

451) 『般若心經解』, (卍新續藏26, p.908上) "賢首.以此經爲釋迦牟尼佛說.尋珠云.此觀自在菩薩所說也"

고쳐 번역함으로써 조금이라도 正命을 高提하여 모두 진면목으로 돌려놓는다면 특별히 대역량인이라야 그것을 감변해볼 수 있을 것이니, 참으로 안타깝고 한탄스럽다. 만약 백파선사와 같은 邪見과 妄說의 무리가 감히 일자라도 고치려고 손댄다면 또한 마땅히 고치지 말라는 늑담문준의 꾸지람으로 인하여 곧장 번역문에 오류가 하나도 없다고 하여 감히 일자도 고칠 수가 없을 것이다. 그런즉 어찌 백파선사의 망증이 아니겠는가. 이것이야말로 달마가 교학을 一以掃除하고 직지인심한 까닭이다.

또 오늘날에는 오천축도 版圖 안에 편입되어 험난한 도로도 없고, 또 통하지 않는 언어문자도 없어서 중국인이 중국의 본토처럼 왕래하며, 중국의 관원이 설산과 아뇩달지 사이에 주재하고 있어서 천축의 사정도 훤히 모르는 것이 없다. 그리고 오천축 내에서도 자고이래로 본래 『능엄경』이 없었는데 중국에 『능엄경』이 성행한다는 말을 듣고는 도리어 중국 사람에게서 얻어갔다.

이와 같은 사정을 만약 백파선사가 들었다면 반드시 크게 놀랐을 것이다. 소위 번역장의 문자를 기준으로 삼을 수 없다는 것이 바로 이와 같다. 백파선사처럼 무식하고 흐리멍덩한 무리는 모두 흑산귀굴에 떨어져 무릇 口頭禪과 邪說로써 망증하지 않음이 없다. 그렇지 않은가. 이것이 선사의 망증 제십조이다.

佛前無師自悟 是高勝見解 佛後無師自悟 是天然外道者 最是大可笑之語也 以永嘉高勝見解 爲朗師所纏繞 未免作曹溪一行 然永嘉於六祖 有何叅證耶 六祖言言句 永嘉所提敗 而六祖一一心折首膺 只是歎服而已 若使六祖 有一半分 點化於永嘉 則永嘉何以卽地解歸耶 永嘉

眼中視六祖 如草芥耳 何嘗有因六祖而證悟也 壇經中壓良爲淺 謂之一宿覺 永嘉之一宿 爲六祖所挽而一宿 亦非永嘉爲之一宿也 是法海輩妄證也 何以欺眞正法眼也 師則以永嘉爲天然外道耶 不然 以永嘉爲六祖傍派耶 試問 吾東元曉之師爲何人 大智國師之師爲何人 圓宗大師之師爲何人 大鏡國師之師<爲+?>何人 法鏡大師之師<爲+?>何人 廣慈大師之師<爲+?>何人 慧德王師之師<爲+?>何人 和靜國師之師<爲+?>何人 眞鏡大師之師<爲+?>何人 圓應大師之師<爲+?>何人 眞徹大師之師<爲+?>何人 勝妙禪師之師<爲+?>何人 俗傳震默臨化時 其門徒問屬派 笑答曰 西山不過名利 第屬之云云 震默臨化以前 亦天然外道耶 且問師之師 爲何人 而項羽父 竟是何人耶 其累徑大冶 百鍊眞金云者 竟是何等人大冶耶 是不過虛頭狂客之雪巖錦領輩也 師所援引 佛前佛後之說 殊可笑也 師之妄證十一也

'위음왕불 이전에 스승이 없이 스스로 깨친 것은 高勝한 견해이지만 위음왕불 이후에 스승이 없이 스스로 깨친 것은 천연외도이다.'는 말은 대단히 가소로운 말이다. 영가현각의 고승한 견해도 좌계현랑에 이끌려서 어쩔 수 없이 조계를 한 번 참문하였다. 그런데 영가가 육조에게 참문하여 증득한 것이 무엇이 있었던가. 육조가 말한 언구에 대하여 영가가 낱낱이 응대하자 육조가 낱낱이 마음으로 절복하고 머리로 수긍하면서 그저 탄복할 따름이었다. 만약 육조가 일언반구라도 영가를 점화해주었더라면 곧 영가가 어찌 그 자리에서 하직하고 돌아갔겠는가. 영가의 안중에는 육조조차 초개처럼 간주하였거늘, 어찌 일찍이 육조로 인하여 증오했겠는가.

『단경』에서는 양민을 짓밟아 천민으로 만드는 격으로 영가를 일숙각이라고 말했는데, 영가가 일숙한 것은 육조가 만류하여 일숙한 것일 뿐이지 또한 영가가 스스로 일숙한 것이 어니었다. 이것은 法海[452]와 같은 무리가 망증한 것인데, 어찌 眞正法眼을 속일 수 있겠는가. 백파선사는 영가를 천연외도라고 간주하는가, 아니면 영가를 육조의 방계로 간주하는가.

시험삼아 묻자면 우리의 동방 원효의 스승은 누구인가. 그리고 대지국사의 스승은 누구인가. 원종대사의 스승은 누구인가. 대경국사의 스승은 누구인가. 법경대사의 스승은 누구인가. 광자대사의 스승은 누구인가. 혜덕왕사의 스승은 누구인가. 화쟁국사의 스승은 누구인가. 진경대사의 스승은 누구인가. 원응대사의 스승은 누구인가. 진철대사의 스승은 누구인가. 승묘선사의 스승은 누구인가. 시간의 전설에 진묵조사가 입적할 때 그 문도가 어느 문파에 귀속시킬 것인가를 묻자, 웃으며 답했다. '서산도 명리승에 불과하지만 그냥 거기에 귀속시켜두든가.' 그렇다면 진묵도 입적하기 이전에는 또 천연외도였는가.

또 묻는다. 백파선사의 스승은 누구인가. 항우의 아버지는 필경에 누구인가. '여러 차례 대장장이에게 나아가서 단련했다'고 말하는데, 필경에 그 대장장이란 누구인가. 아마 머리가 텅빈 미치광이 나그네에 불과한 설암추붕과 錦領과 같은 무리가 아닐까. 백파선사가 원용하여 인용한 위음왕불 이전과 위음왕불 이후의 설은 무척 가소롭다. 이것이 선사의 망증 제십일조이다.

看話說話之如是歷歷具陳 益見其掇拾無識 不成說之 如干語錄 凡所目中所見之文字 無所揀擇 無有頭尾 隨見卽說 如一虛頭妄人 藤王閣序赤壁賦 俗所稱馬上唐音 口能誦說 如氷轉匏 以南昌古郡壬戌秋七

452) 法海는 『단경』의 기록자이다.

月馬上逢寒食 團作一句說 非不布穀亂翻橫說亂拈 人皆匿笑之 今於如猫捕鼠心眼相屬 如鷄抱卵煖氣相續兩句 益知其無所心得 只作口頭禪 荒雜說來也 大槩此兩句 以爲如何義趣 拈出於看話門中耶 此兩句 非獨看話而已 凡對人接物 日用常行 無不有此一境 無以非此 着脚下手 說話門中 獨不可試此而然耶 師每自以爲八十年工夫 更無上於我者 其所云工夫 落在何處也 試問 心眼相續者 卽何意 煖氣相續者 又是何氣耶 何如而謂之暖氣耶 如猫捕鼠 如鷄抱卵 是次第下工耶 抑又作雙拈并收者耶 又是漸修處耶 直截法耶 師之口頭掇拾 無所體驗 益復呈露 師之妄證十二也

간화와 설화를 이와 같이 역력하게 갖추어 진술하고 견해를 보탠 것은 알지도 못한 것을 주워 모은 것으로 말도 안 되는 것이다. 몇 가지 어록에서 눈에 보이는 문자를 가지고 간택하지도 않고 두서가 없이 보이는 대로 곧 설한 것이다. 이것은 마치 머리가 텅 빈 미친 사람이 [등왕각서]와 [적벽부] 그리고 속칭 [마상당음]을 입으로는 얼음에 박을 밀 듯이 능숙하게 외워서 '남창고군 임술추칠월 마상봉한식'이라고 뭉뚱그려 한 구절을 지은 것과 같아서 뻐꾸기가 어지럽게 날아가듯이 횡설수설하지 않음이 없으니 사람들이 모두가 그것을 비웃는다.

이제 마치 고양이가 쥐를 잡듯이 마음과 눈동자가 상속하고, 닭이 계란을 품듯이 온기가 상속한다는 兩句에 대하여 마음으로 터득하지 못하고 단지 구두선만 지어서 거칠게 말만 늘어놓은 것인 줄 알겠다. 대개 이 兩句에는 무슨 의취가 있길래 간화문중에서 인용하는 것인가. 이 兩句는 비단 간화문중에만 해당하는 것이 아니라 무릇 납자를 상대하여 교화함에 일상의 행위에서 모두 이 한 경계가 없어서는 안 된다. 이것이 없이는 발을 내딛고 손을 뻗칠 곳이 없거늘 설화문중이라고 해서 유독 이것을 시도하지 못하겠는가.

백파선사는 매양 스스로 80년 공부에 자신보다 뛰어난 사람이 없다고 말하는데, 그가 말한 공부의 낙처는 과연 어디인가. 시험삼아 묻겠다. 심안상속이란 곧 무슨 意이고, 난기상속이란 또 어떤 氣인가. 어떤 것을 가리켜 난기라고 말하는가. 고양이가 쥐를 잡듯이 그리고 닭이 계란을 품듯이 차례로 공부한다는 것인가. 아니면 둘을 싸잡아서 거둬들인다는 것인가. 또 그것은 점수의 이치인가, 직절의 법인가. 백파선사가 입으로 주워 모은 것들이 체험에서 우러나온 것이 아님을 더욱더 드러내줄 뿐이다. 이것이 선사의 망증 제십이조이다.

話與話頭不同 話者平說順理 人皆可以曉解者 如所云打牛話等 是話也 話頭者 話字下 添一頭字 以別之 謂之話頭也 話頭者 直截道取 人皆不可曉解者也 如所謂柏樹子等 是話頭也 大藏中何等句 有似柏樹子之話頭者耶 所以佛說無話頭也 若以佛說爲話而已 則亦可也 話與話頭之別 如此其分說 看話說話二門者 似若有分曉 此亦從語錄中 抖擻出來 無心上究得故 打牛話 亦謂之話頭 柏樹子亦謂之話頭 上一說有些差別 而下一說 還瞢瞳糊塗 囫圇呑棗 全無異同 此是只憑何人成語 不知其揀擇審定 隨見說出 作口頭禪 所以先後互相錯倒 東西不能照顧 開口是邪說妄證也 以至如拈花話 分座話 示趺話 三話字罔有紀極矣 但是拈花而已 何嘗有話 分座而已 何嘗有話 示趺而已 何嘗有話耶 如有話迦葉以外 又有何等格外之外 另出一人 領取其話來耶 無非邪說妄證也 大凡雨露霜雪禮樂刑政 無非敎也 二氏之敎 亦各有敎 敎亦多術 如先王之禮樂 敎之於未然之前 刑政敎之於已然之後 雖至殺

人 殺人之中 亦有禮焉 自有敎以來 未有如話頭敎人之慘毒狼愎者 如商鞅之盡廢井田而開阡陌 李斯之燒毁詩書而用秦法 遂至後世 先王經<境?>界 不可復尋 先王典刑 不可復見 夫話頭商鞅李斯之術也 師之禪門 自古昔 雖或有慧識 而一切無有識之人 竟不見一人刑正者 又於鞅斯之外 并用呂不韋手段 陰譎叵測 未有如大慧者 如師之小小識見 只爲大慧籠罩 墮在漆桶而已 師之妄證十三也

話와 話頭는 다르다. 話는 평소에 설하는 순리로서 사람들이 모두 이해할 수가 있는 것이다. 가령 말하자면 打牛話 등과 같은 경우가 話이다. 話頭는 話字 아래 頭字를 첨부한 것으로 話와 구별되기 때문에 話頭라고 말한다. 話頭는 直截로 말한 것으로 사람들이 모두 이해할 수가 없는 것이다. 가령 柏樹子 등과 같은 경우로서 곧 화두이다. 대장경 가운데 어떤 句가 柏樹子의 화두와 비슷한 경우가 있던가. 때문에 불설에는 화두가 없다. 만약 불설을 가지고 話로 삼는다면 그것은 즉 또한 가능하다.

話와 話頭의 구별은 이와 같이 그것을 나누어 說할 수가 있다. 看話와 說話의 二門은 비슷하지만 만약 잘 이해해보면 이 또한 어록 가운데서 엉뚱하게 끌어낸 것으로 무심으로 究得한 것이다. 때문에 打牛話도 또한 화두라고 말하고, 柏樹子도 또한 그것을 화두라고 말한다. 이상 일설에는 사소한 차별이 있지만 이하의 일설에서는 다시 흐리멍덩하고 뭉뚱그려 및 어물어물하게 넘긴 것으로 차이가 전혀 없다.

이것은 곧 단지 어떤 사람에 의지해도 말이 되어 그 揀擇·審定을 모르고 隨見하여 說出하여 口頭禪이 되고 만다. 때문에 先·後가 서로 錯倒하고 東·西도 照顧하지 못하여 開口가 그대로 邪說이고 妄證이다. 저 拈花話·分座話·示趺話의 三話에 이르러 백파선사의 망증이 극에 도달하였다. 단지 꽃만 들었을 뿐이지 일찍이 어디에 話가 있었고, 단지 자리만 나누었을 뿐이지 어디에 話가 있었으며, 단지 발만 내보였을 뿐이지 어디에 話가 있었던가. 만약 話가 있었다면 가섭 이외에 또 누가 격외를 벗어난 한 사람이 따로 있어서 그 話를 이해했겠는가. 이것은 邪說과 妄證이 아닐 수 없다.

무릇 雨 · 露 · 霜 · 雪 · 禮 · 樂 · 刑 · 政은 敎 아님이 없다. 석가와 노자의 종교에도 또한 각각 敎가 있고, 그 敎에는 또한 다양한 수단이 있다. 선왕의 예악은 행해지기 전에 가르치는 것이고, 형정은 행해지 이후에 가르치는 것이다. 비록 형벌로 사람을 죽이는 경우에도 사람을 죽이는 과정에는 또한 禮가 있다. 가르침이 존재한 이래로 화두의 가르침처럼 참혹하고 독하며 어지럽고 괴팍한 것도 없다. 이것은 마치 商鞅이 井田을 폐지하여 阡陌을 개설하고, 李斯가 詩書를 불태우고 秦法을 활용한 것과 같아서 마침내 선왕의 경계를 다시 찾을 수가 없고 선왕의 전형을 다시 볼 수가 없게 되었는데, 대저 화두라는 것이야말로 상앙과 이사의 술책과 같다.

백파선사의 선문에는 자고로 지혜와 유식한 사람이 없지는 않지만 대체적으로 유식한 사람이 없어서 끝내 누구도 화두를 그렇게 바로잡는 사람을 볼 수가 없다. 또한 상앙과 이사 이외에도 呂不韋와 같은 수단을 활용하여 음흉하고 간사하기가 저 대혜종고와 같은 사람은 없다. 그런데도 소소한 식견을 가진 백파선사는 그저 대혜종고에게 사로잡혀 칠통 속에 떨어져 있을 따름이다. 이것이 선사의 망증 제십삼조이다.

話頭揚有千七百則云者 是從傳燈錄抖擻出來之說也 其眼目障翳於傳燈錄中 殊可笑 傳燈錄 卽不過一時門户是非之書 東人又不能見到於此從 卽又爲拈頌一書 奉之於金科玉條 置之於圓敎大敎以上 能解拈

頌者 妄以自尊自大 中國禪門 非徒無拈頌一書 亦無如此法文<門?> 尤可笑也 且佛話 是話也 非話頭也 若以話言之 則大藏八萬 無非話也 何以法寶中 但有數百餘則 華嚴纔是數十則而已耶 傳燈錄 卽不過今日三家村塾 小兒輩課場之史要聚選也 荒雜不經 無倫脊 士大夫案頭 曾見有史要者乎 傳燈錄之後 又有廣燈續燈聯燈普燈諸書 稍加裁剪 輯成五燈元會之書 面目勝於傳燈錄 猶未盡正其駁 糅荒鎖者 大雲五宗錄一書 出而一一釐正 遂爲正論 此等文字 東國禪門 俱未夢見 實可哀也 無足可責也 師之妄證十四也

화두에는 모두 천칠백 칙이 있다고 말하는 것은 곧 『경덕전등록』에서 엉터리로 끌어낸 설이다. 백파선사의 안목은 『경덕전등록』에 가려져 있어서 더욱더 가소롭다. 『경덕전등록』은 곧 한때 문호의 시비를 기록한 책에 불과하다. 우리 해동인은 또 그 책을 볼 수가 없었기에 곧 그것을 모방하여 『선문염송』이라는 책을 만들어서 금과옥조처럼 받들어 圓敎와 大敎 이상으로 간주하고 『선문염송』을 이해하는 사람을 망령스럽게도 존경하고 훌륭하게 여긴다. 중국의 선문에는 『선문염송』이라는 책이 없을 뿐만 아니라 또한 그와 같은 법문도 없으므로 더욱 가소롭다.

또 부처님의 말씀은 法話이지 화두가 아니다. 만약 법화로 말하자면 곧 대장경의 팔만사천법문이 법화 아님이 없다. 그런데 어찌 법보 가운데서 단지 수백 칙만 있겠고, 『화엄경』에는 단지 수십 칙만 있겠는가. 『경덕전등록』은 곧 오늘날 몇 가구만 사는 村塾에서 어린이들이 배우는 『史要聚選』에 불과하다. 조잡하고 이치에 맞지 않아 조리가 없으니 사대부의 책상에서 일찍이 『史要』가 있는 것을 본 적이 있던가.

『경덕전등록』 이후로도 『천성광등록』, 『속전등록』, 『연등회요』, 『가태보등록』 등의 제서에서 약간 체제를 가다듬어『오등회원』이라는 책을 편집하였는데, 그 면목이『경덕전등록』보다 훨씬 낫다. 그러나 아직도 뒤죽박죽이고 거칠게 막혀 있는 것을 모두 바로잡지 못하던 차에 大雲의『오종록』[453]이라는 한 책이 출현하여 낱낱이 바로잡아 드디어 正論이 되었다. 이와 같은 문자를 우리 해동의 선문에서는 모두 꿈에도 보지 못하고 있으니, 실로 서글퍼서 가책할 가치도 없다. 이것이 선사의 망증 제십사조이다.

般若經爲空宗 是禪林不易之說 師則以爲性宗 義理禪格外禪 有何不可云云 若如是推說去 自阿含方等 以至圓教大教諸經 無不皆自具空宗性宗禪宗也 何必一般若而已 又何必分之爲小乘大乘圓教大諄<敎=>也 其然乎否乎 師之妄證十五也

『반야경』이 공종이라는 것은 선림에서 불변의 설인데, 백파선사는 '『반야경』을 성종이고 의리선이며 격외선이라고 말한들 어찌 불가능하겠는가. 운운'이라고 말한다. 만약 백파선사처럼 미루어 말해보면 아함경과 방등경으로부터 원교와 대교의 제경전에 이르기까지 모두가 공종 · 성종 · 선종을 갖추지 못함이 없을 터인데, 하필『반야경』뿐이겠는가. 그리고 또 하필 소승 · 대승 · 원교 · 대교로 나눌 필요가 있겠는가. 그런가 그렇지 않은가. 이것이 선사의 망증 제십오조이다.

453) 明의 圓信과 郭凝之가 편집한『五家語錄』을 가리킨다. 여기에서 말하는 大雲의『五宗錄』은 미상이다.

法華花嚴之爲教迹死句 不得爲禪門上乘者 非師自說耶 前書明明 尚在此忽此 白地抵賴 八十老宗匠 亦有兩舌耶 大抵拈花之教外別傳者以語言文字 歷歷說去 話頭之沒意沒趣者 又以漸修工夫 歷歷說去 古人之生機活法 到得師之手中 皆作教迹死句 土龍木馬 雜然前陣 邪說妄證 到此又極矣

'『법화경』과 『화엄경』은 教迹으로 死句이므로 선문의 최상승이 되지 못한다.'는 말은 백파선사 스스로 한 말이 아니던가. 이전에 쓴 글이 명명백백하게 지금도 여기에 남아 있거늘, 홀연히 이 자리에서 무턱대고 잡아떼니 여든이나 먹은 늙은 宗匠이면서도 또한 兩舌罪를 짓는단 말인가.

대저 염화미소는 교외별전인데도 언어와 문자로 역력하게 설법하고, 화두는 沒意이고 沒趣인데도 또한 점수의 공부로써 역력하게 설법하니, 고인의 生機와 活法이 백파선사의 수중에 들어가서는 모두가 教迹의 死句가 되어 흙으로 만든 용과 나무로 만든 말이 뒤섞여 전진에 배치되는 격이다. 백파선사의 邪說과 妄證이 이보다 심각할 수가 없다.

邪火妄焰 以此十五條 金剛杵一以下之 師乃敗家喪身 無復餘地 雖以一把茆盖頭 不可得矣 到此地頭 水落石出 天根始露 大權菩薩 倒行逆施之功德 如東方虛空 第試拈香一叅

삿된 불길과 망령된 불꽃을 이 십오조의 금강저로 한 번 내려치면 백파선사의 곧 패가망신하여 다시는 여지가 없어서 비록 한 줌의 풀로 머리를 덮으려는 것조차도 불가능할 것이다. 이러한 경지에 이르러서는 물이 마르니

돌이 드러나고 하늘 끝이 비로소 드러날 것이다. 그리고 (관음 · 보현 · 문수 · 미륵 등) 大權菩薩이 상식에 어긋나는 행위[倒行逆施]를 하는 공덕이 동방의 허공과 같을 것이다. 그러므로 백파선사는 한번 향을 사루고 참구해 보는 것이 좋을 것이다.

人皆以爲白坡老人見此 又氣踴如山距踊三百 曲踊三百 若使老人 無碍順受 是牛上騎牛 若不使老人 曲踊距踊 又不足爲書也 此高枕看兒戱一法 第試拈香一叅

사람들이 모두 '백파노인이 이것을 보면 또한 기운이 산처럼 뻗쳐서 距踊三百하고 曲踊三百[454]할 것이다.'고 말한다. 그런데 만약 백파노인이 아무렇지도 않게 순수하게 수용한다면 곧 소를 타고 소를 모는 것이겠지만, 만약 백파노인이 기꺼이 수용하지 못한다면 또한 글을 지을 필요도 없을 것이다. 이것은 베개를 높이 베고 어린이의 유희를 구경하는 한 방법이다. 그러므로 백파선사는 한번 향을 사루고 참구해 보는 것이 좋을 것이다.

中峯老人句

一聲幽鳥到身前 白髮老僧驚晝眠走下竹牀開兩眼 方知屋外有青天第一拈香一叅

454) 距踊三百과 曲踊三百은 자신이 건강함을 보여주는 동작을 말한다.

중봉명봉 노인에게 다음과 같은 싯구가 있다.

그윽한 새 울음소리 가까이서 들려오니
백발의 노승이 낮잠을 자다가 깨어나네
대나무 침상에서 내려와 눈을 비벼보니
집 밖에 하늘이 푸른 줄을 이제 알겠네

그러므로 백파선사는 한번 향을 사루고 참구해 보는 것이 좋을 것이다.

道光貳拾壹年癸卯四月日 邠山居士 蓬萊草堂 金正喜證

도광 21년(1841) 계묘년 4월 일 반산거사 봉래초당 김정희가 변증하다

光緖拾貳年丙戌三月 日 新桃源幻如室中 三淸先陀謹書

광서 12년(1886) 병술년 3월 일 신도원환여실에서 삼청선타[455]가 삼가 쓰다

455) 위의 『백열록』의 해제(pp.12-14)에 의하면 삼청선타는 금명보정으로 추정된다.

禪門證正錄

7. 『선문증정록』(1874년)[456]

禪門證正錄序
선문증정록서

목차[457]

1) 『선문증정록서』 – 惠勤(1900년)
2) 이끄는 말
3) 삼처전심에 대하여 설한다
   (1) 여래의 삼처전심에 대하여 설한다
   (2) 달마의 삼처전심에 대하여 설한다
4) 여래선 · 조사선 및 의리선 · 격외선에 대하여 설한다
5) 살인도와 활인검에 대하여 설한다
6) 삼구와 일구에 대하여 설한다
7) 총론적으로 비판한다
8) 『선문증정록』 간행에 붙이는 발문 금명보정(1913년)

456) 『禪門證正錄』, (韓佛全10, pp.1136中–1145中) 〈底〉 佛紀二千九百四十年 松廣寺發行鉛印本. 저자 優曇洪基(1822–1881)는 속성은 權씨이고, 호는 優曇이며, 자는 洪基이다. 15세 때 希芳寺로 출가하였다. 팔공산 渾虛 및 智峯에게 공부하였다. 蓮月의 법맥을 이었다.
457) 텍스트에는 원래 목차가 없지만 번역본이라는 점을 감안하여 번역자가 보입하였다.

1)『선문증정록서』

昔曹溪牧牛子 倡修禪社 <高麗李牧隱嘗題曰 巍巍修禪社 額曰大吉祥> 眞覺國老緝拈頌 龜谷祖著說話 以來 東方禪學 赫如旭日 天下宗之 <牧牛子修心結社文等書及拈頌說話 大行于世 遠播支那印度> 繼以淸虛老 禪家龜鑑 喚醒老五宗綱要等書 如燈剔炷 益以光大 逮夫白坡老 把臨濟三句 箋註拈頌 圖刊手鏡 其說一時盛行 偶因中孚漫語 <中孚草衣老之別號也 漫語卽其所著四辨漫語也> 之出疑膜交蔽 學者病之 曹溪山優曇和尙 慨然之 一爲掃灑先庭 <和尙之禪 系承於枕溟老 枕溟卽白坡之禪門高第也> 一爲矯捄末學乃著證正錄 引古證今 據眞辨惑 禪門源流 乃得澄淸 禪門名實 乃得眞正 法喩幷彰 本末雙符 佛祖心印 格外玅諦 於斯載伸光線 可不韙歟 或有反駁 欲扶舊說 毋乃張無盡 所謂小孔聖者 莫如孔安國乎 噫 予曾叅曇老講筵 晨夕茶甌香篆之間 頗論箇事 髣髴皓月淸風之會于碧巖松軒 爾四十年後 落筆於千里雲海之中 呵呵癸丑季夏 猊雲散人惠勤 識于木覓山 琵琶舘

예전에 조계의 목우자는 수선사를 내걸었다.〈고려의 목은 이색은 일찍이 題에서는 巍巍修禪社라고 말했고, 額에서는 大吉祥이라고 말했다.〉

眞覺國老가『拈頌』을 편찬하고 龜谷祖가『拈頌說話』를 저술한 이래로 동방의 선학은 떠오르는 태양처럼 빛나서 천하에서 그것을 宗으로 삼았다.〈목우자의『수심결』및『정혜결사문』등의 書와『염송설화』가 세간에 크게 유행하여 멀리 支那와 印度까지 전파되었다.〉 그리하여 淸虛老의『禪家龜鑑』과 喚醒老의『五宗綱要』등의 書가 그것을 계승하였는데, 마치 등불의 심지에 불을 붙인 것과 같이 더욱더 광명이 확대되었다.

무릇 白坡老에 이르러서 임제삼구를 가지고 『拈頌』에 주해를 붙이고[箋詁] 그림을 넣어서 『선문수경』을 간행하였다. 그 설명이 일시적으로 성행하여 中孚의 『선문사변만어』의 因이 되었다. 〈中孚는 草衣老의 別號이다. 『만어』는 곧 중부의 저술인 『선문사변만어』이다.〉 『선문사변만어』가 출현하자, 의심의 꺼풀에 빠져들어 납자들의 병통이 되었다.[458] 이에 조계산의 우담홍기 화상이 그것에 개탄하였다.

그 가운데 하나는 선배[백파]의 뜨락[先庭]을 掃灑(깔끔하게 쓸어버리다)하는 것이었고, 〈和尙(우담화상)의 禪은 枕溟老를 계승하였는데, 枕溟은 곧 白坡禪門의 高第이다.〉 또 하나는 末學을 바로잡는[矯捄] 것이었는데 이에 『證正錄』을 저술하였다. (『선문증정록』에서는) 引古하여 證今하고 據眞하여 辨惑하였는데 禪門의 源流가 이에 澄淸하게 되었고, 禪門의 名實이 이에 眞正하게 되었으며, 法·喩가 并彰하였고, 本·末이 雙符하였으며, 佛·祖의 心印과 格外의 玅諦가 여기에서 밝은 빛을 내었으니[載伸光線] 가히 좋지 않겠는가.[可不韙歟] 혹 반박하는 자[설두유형]가 있어서 백파의 설[舊說]을 옹호하는데, 그것은 바로 張無盡(무진거사 장상영) 소위 小孔聖者와 같은 사람이 아니겠고,[毋乃] 孔安國(前漢의 經學者)과 같은 사람이 아니겠는가.

아!! 나[猊雲散人 惠勤]는 일찍이 叅曇老의 講筵에서 조석으로 차를 마시고[茶甌]과 향을 사루는[香篆] 겨를에도 자못 箇事를 논하였는데, 그것은 碧巖松軒에서 皓月과 淸風의 법회를 방불케 하였다. 그로부터 40여 년이 지나서 千里雲海 가운데서 落筆하게 되었으니, 呵呵로다.

계축(1900) 늦여름[음력 6월]에 예운산인 혜근이 목멱산 비파관에서 쓰다

458) 백파긍선의 설과 초의의순의 설에 대하여 납자들이 어떤 것이 옳은지 분간하지 못했다는 것을 가리킨다.

禪門證正錄幷序
曹溪山 優曇洪基述
頭輪山 梵海覺岸校

선문증정록에 (혜근이) 서문을 붙이고
조계산 우담홍기가 서술하며〈본문〉
두륜산 범해각안이 교정하다〈발문〉

若論禪門之旨 以心傳心者知之 不得心印者 不能知之 譬如皇城之事 親見者知之 不得目擊者 不能知之 旣不能知 而我能知見者 妄也 嗚呼 考我東方祖語 契彼中華祖文 遠比肩而無違求 永爭衡而有傳也

2) 이끄는 말

만약 선문의 종지를 논하자면 이심전심한 사람은 그것을 알겠지만, 심인을 터득하지 못한 사람은 그것을 모른다. 비유하면 皇城의 사건을 친히 본 사람은 그것을 알겠지만, 목격하지 못한 사람은 그 사건을 모르는 것과 같다. 이미 알 수가 없는데도 자신이 알고 본다는 사람은 거짓말이다. 오호라. 우리 동방 조사의 말씀[語][459]을 고찰해보면, 저 중화 조사의 문헌[文]과 계합하여 멀리 비견해보아도 어긋난 곳을 찾아볼 수가 없고 길이 겨루어가면서 전승되었음을 볼 수가 있다.

459) 천책의 『선문강요집』과 구곡각운의 『염송설화』를 가리킨다.

今之學者 或觀禪錄而自悟 或講心聲而他聞 可以對會祖文 <傳燈錄 人天眼目拈頌五宗綱要> 不叅差古釋也 <禪門綱要 拈頌說語> 一切禪門 摠不出臨濟三句 而三句辨釋備盡於禪門綱要 古龜谷先祖 每推之曰 一愚夫已說了 何用更商量 其餘末盡之釋 備於說話 然則欲學禪門 先識臨濟三句 欲識三句 熟讀禪門綱要 欲識其餘釋 應熟讀說話也 於綱要說話之外 別有所釋違於古釋者 何固不信之執也 愚今但叅差於古釋者 引證而辨正之

오늘날의 납자들은 혹 선록을 읽고서[觀] 스스로 깨치기도 하고, 혹 마음의 소리를 강의하여[講] 타인에게 들려주기도 하며, 가히 祖文〈『傳燈錄』·『人天眼目』·『拈頌』·『五宗綱要』 등〉을 대조하여 이해하기도 하였는데 古釋과 어긋나지 않았다. 〈『선문강요집』과 『염송설화』〉 등 일체의 선문은 모두 임제삼구를 벗어나지 않는데, 삼구에 대한 辨釋은 『선문강요집』에 모두 갖추어져 있다. 옛적에 龜谷先祖(龜谷覺雲)는 이 문헌들을 推究하면서 '일우부가 이미 설하였으므로 어찌 다시 상량할 필요가 있겠는가. 그 밖의 末盡의 해석이 『염송설화』에 갖추어져 있다.'고 말했다.

그런즉 선문의 교의를 익히고자 하면 먼저 임제삼구를 알아야 하고, 삼구를 알고자 하면 『선문강요집』을 숙독해야 하며, 그 밖의 해석을 알고자 하면 마땅히 『염송설화』를 숙독해야 한다. 그런데도 『선문강요집』과 『염송설화』 이외에 별도로 어떤 해석[460]은 古釋과 어긋나는 경우인데 어찌 그것(古釋)을 믿지 못하고 고집을 피운단 말인가. 내 비록 어리석지만 이제 무릇 古釋과 어긋나는 것에 대해서는 증거를 인용하여 그것을 바로잡겠다.

460) 백파의 견해에 해당하는 『선문수경』의 경우를 가리킨다.

夫三處傳心 禪門之源 源清則流清 義理禪格外禪 如來禪祖師禪 禪門之名 名正則實正 殺人刀活人劒 禪門之喩說機關 喩極則法極 三句一句 禪門之本有文彩 本達則末達也

무릇 삼처전심이란 선문의 근원으로서 근원이 맑으면 곧 지류도 맑다. 의리선과 격외선과 여래선과 조사선은 선문의 명칭이다. 명칭이 바르면[正] 곧 내용[實]이 바르다. 살인도와 활인검은 선문의 喩說로서 일종의 기관이다. 비유가 지극하면 곧 법이 지극하다. 삼구와 일구는 선문에 本有한 문채이다. 근본에 통달하면 곧 지말에도 통달한다.

初三處傳心說:
如來三處傳心 第一分半座 說話云殺人刀 又云沒分外 第二擧拈花 說話云活人劒 又云 正法眼藏 付囑有在 第三示雙趺 說話云 泥蓮示趺 熊耳留履 此是第三傳心 又云茶毘後品 流通去在 故傳燈錄<中華道源<原?>法師 集一千七百二十一祖傳心成三十卷 目之曰景德傳燈錄 大宋眞宗皇帝 詔翰林楊大年刊布也> 本師釋尊章中 分半座 擧拈花 示雙趺 次第錄之 此西域傳心之源也

3) 삼처전심에 대하여 설한다

(1) 여래의 삼처전심에 대하여 설한다.

여래의 삼처전심이란 제일은 분반좌이다. 『염송설화』에서는 살인도라고 말하고, 또 沒分外라고 말한다. 제이는 擧拈花이다. 『염송설화』에서는 活人

劒이라고 말하고, 또 正法眼藏의 부촉이 거기에 있다고 말한다. 제삼은 示雙趺에 대하여『염송설화』에서는 '니련선하에서 발을 내보였고 웅이산에다 신발을 남겨두었는데 이것을 곧 제삼의 傳心이다.'고 말한다.『염송설화』에서는 또 다비한 이후에 유통한 것이 거기에 있다고 말한다. 때문에『경덕전등록』은 〈중화의 도원법사가 1721명 조사의 傳心을 모아서 30권으로 만든 것으로 그 제목을『경덕전등록』이라고 하였는데, 대송의 진종황제가 조칙으로 한림학사 楊大年(양억)으로 하여금 간행하여 유포하도록 시켰다.〉(경덕전등록에서는) 본사 석존장 가운데서 分半座 · 擧拈花 · 示雙趺의 차제로 그것을 기록하였는데, 이것이 바로 西域에서 傳心한 근원이다.

達摩三處傳心

一覓心了不可得 說話云 悟得諸佛法印 會得祖師禪 所謂二祖之爲二祖者也 二三拜得髓 說話云 親承入室 克紹家業 故傳衣付法也 三手携隻履說話云 此六代傳也 故傳燈錄達摩章中 同如來三處傳心 而次第釋云 第一覓心不得 第二三拜得髓 第三熊耳留履云 此爲震旦傳心之源也 <此上佛祖三傳 皆第一句祖師禪格外禪也> 初師謂二祖曰 汝但外息諸緣 内心無喘 心如墻壁 可以入道云 此一段問答 但證得第二句如來禪 不入於第一句祖師禪 故拔去不載 而但方便因緣 使人知之 註脚於三拜得髓下 已而曹溪之眞覺國師 採集古話一千一百二十五則 幷諸師拈頌等要語錄成三十卷 於如來三傳 次第錄之於達摩三傳 而其諸緣斷否問答 亦拔去不載 此吾東方之拈頌元錄 與中華之傳燈元錄 冥符無差也 中華之禪門綱要 三聖二賢一愚 夫釋傳燈錄 直趣臨濟章中釋蘊揚三句 <傳燈錄三十卷不出蘊摠三句 但釋三句 而其餘不釋自釋

也> 一愚以三處傳心 揚配乎 第一句 祖師心印 教外別傳 格外禪也

(2) 달마의 삼처전심에 대하여 설한다.

첫째는 覓心了不可得이다. 『염송설화』에서는 '제불의 법인을 깨쳐서 조사선을 이해하였다(悟得諸佛法印 會得祖師禪). 이것이 소위 이조[혜가]가 중국선종의 제이조가 된 것이다.'고 말한다. 둘째는 三拜得髓이다. 『염송설화』에서는 '친히 입실하여 계승하였고 가업을 계승할 수 있었기 때문에 傳衣付法하였다.'고 말한다. 셋째는 手携隻履이다. 『염송설화』에서는 '이것이 육대조사의 전승이다.'고 말한다. 때문에 『경덕전등록』 달마장 가운데 있는 여래의 삼처전심과 동일하다. 그것을 차제로 해석하면 다음과 같다. 제일은 覓心不得이고, 제이는 三拜得髓이며, 셋째는 熊耳留履이다. 말하자면 이것은 震旦傳心之의 근원이다.

〈이상에서 佛 · 祖의 삼처전심[三傳]은 모두 제일구로서 조사선이고 격외선이다.〉[461]

初師[달마]는 二祖에게 '그대는 무릇 밖으로 온갖 반연을 그치고 안으로 마음이 혼란하지 않으며 마음을 장벽처럼 해야만 가히 깨침에 들어갈 수가 있다.'고 말했다. 말하자면 이 일단의 문답은 단지 제이구인 여래선만 증득하였고 제일구인 조사선에는 들어가지 못한 것이다. 때문에 拔去하고 수록하

---

461)

염송설화		세존삼처전심	달마삼처전심
조사선	살인도	分半座	覓心了不可得
	격외도리		
여래선	활인검	擧拈花	三拜得髓
	정법부촉		
입적 이후		槨示雙趺	熊耳留履

지 않았다. 그러나 단지 방편의 인연으로 사람들에게 알려주기 위하여 三拜得髓 이하에다 註脚하였다. 그래서 조계의 진각국사는 古話 1125칙을 채집하고 아울러 諸師의 拈頌 등 要·語·錄을 30권으로 만들었다.

그런데 여래의 三傳에서 차제로 그것을 기록하였지만, 달마의 三傳에서는 그 諸緣斷否의 문답을 또한 拔去하고 수록하지 않았다. 이것이 우리 동방에서 출현한 拈頌의 元錄인데 중화에서 출현한 傳燈의 元錄과 더불어 冥符하여 차이가 없다. 중화『禪門綱要集』[462]의 [三聖]·[二賢]·[一愚]은 대저『傳燈錄』의 임제장에 직접 나아가서 해석한 것인데 온총삼구를 해석한 것이다.〈『경덕전등록』30권도 온총삼구를 벗어나지 않는다. 다만 삼구만 해석하고 그 밖의 것에 대해서는 해석하지 않았기 때문에 스스로 해석해보면 된다.〉 거기에서 一愚는 三處傳心을 제일구에 揚配하였는데, 그것이 바로 祖師心印이고 敎外別傳으로서 格外禪이다.

東方之龜谷先祖 作說話三十卷 釋拈頌三十卷 至第三傳心 卽云泥蓮示趺 熊耳留履 此是第三傳心云 然則三拜得髓 爲第二傳心 覓心不得爲第一傳心 不言而知也 請着眼看 旣以諸佛法印 爲達摩初傳 謂會得祖師禪法印 話云 遂乃會得祖師禪 得他印許二祖之爲二祖故也 卽知如來初傳分半座 殺人刀 爲祖師禪明矣 何以知然 法印話中 覓心不得 與分半座別傳正脈 沒分外 相照同爲祖師禪第一句 殺人刀也 得髓話中 出禮三拜依位而立 親承入室 克紹家業 故乃傳衣付法也 此克紹家業 傳衣付法

462)『禪門綱要集』은 고려의 천책이 저술한 문헌인데, 여기『선문증정록』에서는『禪門綱要集』을 중화의 저술로 간주하고 있다.

與擧拈花 正法眼藏 付囑有在 相照 同爲祖師禪第二句 活人劒也

동방의 龜谷先祖(구곡각운)께서 『염송설화』 30권을 지었는데, 이것은 『선문염송』 30권을 해석한 것이다. 거기에서 제삼전심에 이르러 곧 '泥蓮示趺 · 熊耳留履'라고 말했다. 이것은 곧 제삼전심을 말한 것이다. 그런즉 三拜得髓는 제이전심이고, 覓心不得이 제일전심인 줄은 달리 말하지 않아도 알 것이다.

그러면 잘 살펴보라. 이미 제불법인으로써 達摩初傳을 삼은 것은 〈조사선의 법인을 얻었음을 말한다. 그래서 『설화』에서는 '마침내 이에 조사선을 알았다.〉 그것이 바로 혜가가 조사선을 얻은 것을 인가하여 이조로 삼은 까닭이다.'고 말한다. 그러므로 곧 여래의 초전은 分半座이고 殺人刀로서 祖師禪이라는 것이 분명해졌음을 알 것이다.

어찌 그런 줄을 알겠는가. 법인에 대한 일화 가운데서 覓心不得은 分半座와 더불어 별전된 정맥으로서 몰분외이다. 그래서 相照해보면 조사선으로서 제일구이고 살인도와 동일하다. 得髓에 대한 일화의 '(혜가는) 나와서 삼배의 예를 드렸고, 그 자리에 남아 서 있었으며, 입실하여 親承하였고, 가업을 이었다.[克紹] 때문에 이에 (달마가) 傳衣하고 付法하였다.'에서 이 '克紹家業 및 傳衣付法'은 擧拈花와 더불어 정법안장을 부촉한 것이었음이 바로 여기에 있다. 相照해보면 조사선의 제이구인 活人劒과 동일하다.

隻履話中 留隻履 與示雙趺 相照同是入滅後 條流通 生前所傳殺活於萬代也 一愚與龜谷 直以三傳 揚配於第一句 釋之 此東方說話釋錄 與中華綱要釋錄 冥符無差也

隻履話 가운데서 隻履를 남겨둔 것과 雙趺를 보인 것을 相照해보면 모두 이것은 입멸한 이후의 조항인데, 생전에 전승된 살·활을 만대에 유통시킨 것이다. 일우와 구곡은 三傳을 그대로 제일구에 모두 배대하였다. 그것을 해석해보면 이것이야말로 동방의 『염송설화』라는 해석본과 중화의 『선문강요집』이라는 해석본이 딱 부합하여[冥符] 차이가 없다.

拈頌第五卷初四丈鉏斧話 淸源<靑原?> 垂下一足 頂禮拜 入南岳 住山說話第五卷初二丈 釋云垂下一足者 拈鎚竪拂 一般耶

『염송설화』 제5권 初四丈 鉏斧話에서 청원이 垂下一足하자, 석두가 예배를 드리고 남악에 들어가 산에서 주석하였다. 그리고 제5권 初二丈의 해석에서 '垂下一足은 拈鎚 및 竪拂과 동일한 것인가.'라고 말했다.

傳法自有來由 沙羅雙樹下 槨示雙趺 熊耳山中 棺留隻履 則涅槃後不生滅之一着子也
迦葉敬禮處 亦是達摩所留地 事禮拜者見與師齊耶 智過於師耶 亦有來由沙羅樹下 世尊之於迦葉 作榜樣 西乾四七之最初也

전법에는 예로부터 연유가 있다. 沙羅雙樹下槨示雙趺 및 熊耳山中棺留隻履는 곧 열반 이후에는 생멸이 없다는 一着子이다. 가섭이 경례한 곳은 또한 곧 달마가 (신발을) 남겨둔 곳이기도 하다. 예배로 섬긴다는 것은 스승과 나란하다는 것을 보여준 것인가, 아니면 지혜가 스승을 능가한다는 것인가 그 또한 연유가 있다. 사라수 밑에서 세존이 가섭에게 보여준 모습이야말로 인도 28조사의 최초이다.

各言所得時 達摩之於慧可 亦作榜樣 東震二三之最初也 六代以後 清源<青原?>之於石頭 亦作榜樣 不其然乎 後來兒孫 遍地得正脉者無不得用遮個手脚 自然而然乎 非强爲也 然則迦葉第三傳 作榜樣 慧可第二傳 作榜樣也 或以如來分半座第一句祖師禪殺人刀爲第二句如來禪 又以諸緣斷否問答 爲達摩之初傳 不知傳燈拈頌 不載之義 如是誤辨 於是禪源一濁 如來禪祖師禪 殺人刀活人劒三句一句等 千派萬流一時渾濁愚今所清者 但引祖文古釋 以辨之功在祖文 何在於我哉

각각 소득을 말했을 때 달마가 혜가에게 또한 해주었던 모습이야말로 중국 六代 조사의 최초이다. 육대 이후 청원이 석두에게 또한 해주었던 모습이야말로 그러한 것이 아니었겠는가. 후래의 아손으로 도처에서 정맥을 얻은 사람들도 그와 같은 손과 발을 활용하지 않은 적이 없었기에 자연히 그런 것이지 억지로 그런 것은 아니었다. 그런즉 가섭이 제삼전에서 보여주었던 모습이 곧 혜가가 제이전에서 보여주었던 모습이었다.

(그런데 백파의 경우에는) 혹 여래분반좌(제일전) 곧 제일구인 조사선과 살인도를 제이구인 여래선으로 삼고, 또한 모든 반연을 단절했는가 하는 문답을 가지고 달마의 초전을 삼았는데, 그와 같은 견해는『경덕전등록』과『염송설화』에 수록되어 있지 않은 줄도 모르고 그처럼 오판한 것이었다.[463] 이에 禪

463) 백파는 달마의 삼처전심을 각각 제일은 諸緣斷否問答, 제이는 覓心了不可得, 제삼은 皮肉骨髓로

源이 한번 흐려지자 여래선 · 조사선, 살인도 · 활인검, 삼구 · 일구 등 千派 · 萬流가 일시에 혼탁해졌다. 내가[愚: 우담홍기] 지금 밝힌 것은 무릇 祖文의 古釋을 인용하여 판별한 것이다. 따라서 공이 祖文에 있지 어찌 나에게 있겠는가.[464]

第二如來禪祖師禪 義理禪格外禪說 :
夫敎外別傳 但有三處 而上第一段已知三傳 總屬於第一句祖師禪之格外 則其第二句如來禪 不可不屬乎敎内之義理禪 不言而知也

4) 여래선 · 조사선 및 의리선 · 격외선에 대하여 설한다

대저 교외별전에 무릇 삼처가 있다. 위의 제일단에서 이미 삼전은 모두 제일구인 조사선의 격외에 속한 것을 알았다. 그런즉 그 제이구인 여래선은 교내의 의리선에 속하지 않을 수 없다는 것은 말하지 않아도 알 것이다.

所謂如來禪者 如來於正覺山前 見明星 而證得第二句 如證而說華嚴等經 而初現瑞動地 直示第二句 利根頓證 鈍根罔措 故不得已 現說於

간주하였다. 백파는 여래의 삼처전심을 모두 격외선으로 간주하였다. 곧 제일전으로 다자탑전분반좌를 격외선 가운데 여래선에 배대하고, 제이전으로 영산회상염화미소 및 제삼전으로 사라쌍수곽시쌍부를 격외선 가운데 조사선에 배대하였는데, 사라쌍수곽시쌍부는 조계혜능 이후에는 전승되지 않았다고 하였다.

464) 바로 이 삼처전심에 대한 백파의 오해로부터 여래선 · 조사선, 살인도 · 활인검, 삼구 · 일구 등에 대한 이해가 어그러졌다는 것이다.

妙音善字之中以成經敎 然其實本意 現瑞動地 直示第二句之禪 使衆生 悟修斯<俱?>亡 欲證一句法身之意也 此是如來自證之禪 故曰如來禪也 猶形於現瑞動地之義理 經敎之朕迹 故亦名義理禪也

소위 여래선은 여래가 정각산에서 명성을 보고 제이구를 증득한 것이다. 증득한 그대로『화엄경』등을 설하자, 먼저 상서가 나타나고 땅이 진동한 것은 제이구를 직접 보여준 것이다. 利根은 頓證했지만 鈍根은 罔措했기 때문에 부득이하게 妙音 및 善字로 설법을 드러냄으로써 經敎가 성립되었다. 그러나 기실 상서를 보이고 땅을 진동시킨 본의는 제이구의 禪을 직접 보여서 중생으로 하여금 悟와 修를 모두 잊고 제일구인 법신의 의미를 깨우쳐주려는 것이었다. 이것은 여래가 자증한 선이기 때문에 여래선이라고 말한다. 그리고 그 형태가 상서를 드러내고 땅을 진동시킨다는 義理 및 經敎의 朕迹이기 때문에 또한 의리선이라고 말한다.

所謂祖師禪者 世尊自知所證 猶未臻極 尋訪眞歸祖師 始證第一句了沒巴鼻之心印 此是世尊 得之於眞歸祖師 故曰祖師禪也 此和根拔去了沒巴鼻之第一句 永脫現瑞動地義理之迹 亦能出於經敎之外 故亦名格外禪也 <達摩有頌云 眞歸祖師在雪山 叢木房中待釋迦 傳持祖印壬午歲 心得同時祖宗旨> 傳燈錄第九卷十六丈 僧問虔州處微禪師云 三乘十二分敎 體理得妙 與祖意爲同爲別 師云須向六句外鑑 不得隨聲色轉僧問如何是六句 師云語底 默底 不語 不默 摠是 摠不是 汝合作麽生

소위 조사선은 세존이 증득한 것도 아직 진극이 아님을 스스로 알고서 진귀조사를 심방하여 비로소 제일구인 몰파비의 심인을 깨친 것이다. 이것은 세존이 진귀조사에게 터득한 것이기 때문에 조사선이라고 말한다. 이것은 뿌리까지 제거하여 몰파비인 제일구를 요달해서 영원히 상서를 드러냈고, 땅이 진동한 의리의 흔적을 벗어났으며, 또한 경교의 밖으로 벗어난 까닭에 격외선이라고 한다.

〈달마는 게송으로 말한다.

"진귀조사가 설산에 머물고 있으면서

총목방에서 석가가 오기를 기다렸다

조사의 심인을 임오년에 傳持했으니

마음으로 동시에 조사종지를 얻었네"〉

『전등록』 권9 16丈에 다음과 같은 내용이 있다.

"승이 건주처미 선사에게 물었다. '삼승십이분교로 이치를 체득하고 묘용을 얻으면 祖意와 같습니까 다릅니까.' 건주처미가 말했다. '육구를 벗어나 비추어보아야 한다. 결코 聲 · 色을 따르면 안 된다.' 승이 물었다. '육구란 어떤 것입니까.' 처미선사가 말했다. '語句 · 默句 · 不語句 · 不默句 · 摠是句 · 摠不是句이다. 그대는 어떤 것에 해당하는가.'"

指月錄第九卷三十三 藥山問石頭云 三乘十二分教 某甲粗知 嘗聞南方 直指人心 見性成佛 實未明了 望和尚 慈悲指示 頭曰恁麼也不得不恁麼也不得恁麼也不恁麼也總不得 子作麼生 山罔措 頭曰子因緣不在此 且往馬大師處去 山稟命 恭禮馬祖 仍伸前問 祖曰我有時 教伊揚眉瞬目 有時不教伊揚眉瞬目 有時揚眉瞬目者是 有時不揚眉瞬目

者不是 子作麼生 山言下契悟 便禮拜 祖曰伊見什麼道理 便禮拜 山曰某甲在石頭處 如蚊子上鐵牛祖曰汝旣如是 善自護持 拈頌第九卷初五丈引爲話 說話第九卷初三丈釋之云 某甲在石頭云者 非謂在石頭時 悟不得 如蚊子上鐵牛也 於此始悟得 石頭道得如蚊子上鐵牛 揷觜不得也 汝旣如是云者 馬祖伊麼也得 不任麼也得 恁麼也不恁麼也摠得卽是石頭任麼也不得 不任麼也不得 任麼也不任麼也 摠不得云

『지월록』 권9의 33에 다음과 같은 내용이 있다.

“약산이 석두에게 물었다. ‘삼승십이분교에 대하여 저는 조금은 알고 있습니다. 일찍이 듣건대 남방에서는 직지인심 견성성불이라고 한다던데 실로 명료하지 않습니다. 바라건대 화상께서 자비로 지시해주십시오.’ 석두가 말했다. ‘이렇다고 말해도 어긋나고, 이렇지 않다고 말해도 어긋나며, 이렇다 이렇지 않다고 말해도 모두 어긋난다. 그러면 그대는 어찌하겠는가.’ 약산이 황지망조하자, 석두가 말했다. ‘그대의 인연은 여기에 없다. 그러니 마조대사의 처소로 가거라.’ 약산이 그 명을 듣고 마조에게 공경스럽게 예배를 드리고, 이전 석두에게 했던 것과 똑같은 질문을 하였다. 이에 마조가 말했다. ‘나는 어떤 때는 그대한테 揚眉瞬目하라고 시키고, 어떤 때는 揚眉瞬目하라고 시키지 않으며, 어떤 때는 揚眉瞬目하는 것이 옳고, 어떤 때는 揚眉瞬目하지 않는 것이 옳다. 그러면 그대는 어찌하겠는가.’ 약산이 언하에 계오하고, 곧장 예배를 드렸다. 마조가 말했다. ‘그대는 어떤 도리를 보았길래 곧장 예배를 하는가.’ 약산이 말했다. ‘제가 석두의 처소에 있을 때는 마치 모기가 철우 위에 앉아있는 것과 같았습니다.’ 마조가 말했다. ‘그대는 이미 如是이다. 스스로 잘 호지하라.'"[465]

이것은『염송』권9 初五丈에서 인용한 것인데,『염송설화』권9 初三丈에서는 이것을 해석하여 다음과 같이 말한다.

"'제가 석두의 처소에 있을 때…'란 석두의 처소에 있을 때 깨치지 못해서 마치 모기가 철우 위에 앉아있는 것과 같았다는 것을 말하는 것이 아니다. 그리고 여기[마조의 처소]에서 비로소 깨쳤다는 것은 석두의 말이 마치 모기가 철우 위에 앉아있는 것과 같아서 부리를 꽂지 못했다는 것이다. '그대는 이미 如是이다'는 것은 마조의 경우는 이래도 옳고 이러지 않아도 옳으며 이래도 이러지 않아도 모두 옳지만, 석두의 경우는 이래도 옳지 않고 이러지 않아도 옳지 않으며 이래도 이러지 않아도 모두 모두 옳지 않다는 것을 말한 것이다."

拈頌十四卷十八丈 石霜因僧問 教中還有祖意麼 師云 有僧云如何是教中祖意 師云莫向卷中求云 說話十四卷十三丈釋云若道有 世尊何故更拈花 達摩何故更西來 若道無 三乘十二分敎 軆理得妙 何處更有祖師禪 有者 軆理得妙之意也 莫向卷中求者 滯於敎綱又却不是也 此上數條問答 皆如來禪元是敎中所有之 悟修斯亡 證得一句法身之義理 故不問 而但問答了沒巴鼻 格外之祖師禪也 此東方之拈頌元錄 與中華之指月 傳燈元錄 相符無差也 或有難曰 何處有以敎爲禪耶 此惑之甚矣

465)『指月錄』卷9, (卍新續藏83, p.503中)

『염송』 권14 十八丈에 다음과 같은 내용이 있다.

“석상경제에게 승이 물었다. ‘敎中에도 祖意가 있습니까.’ 석상이 말했다. ‘有.’ 승이 물었다. ‘어떤 것이 敎中의 祖意입니까.’ 석상이 말했다. ‘책 속에서 추구하지 말라.’”

이것을 『염송설화』 권14 十三丈에서 다음과 같이 해석하였다.

“만약 有라고 말했다면 세존은 무슨 까닭에 다시 拈花하였고, 달마는 무슨 까닭에 다시 西來하였는가. 만약 無라고 말했다면 삼승십이분교에서도 이치를 체득하고 묘용을 터득할 것인데 어느 곳에 다시 조사선이 필요하겠는가. 有라는 것은 이치를 체득하고 묘용을 터득했다는 의미이고, 책 속에서 추구하지 말라는 것은 敎綱에 막힌다면 또한 도리어 옳지 못하다는 것이다.”

이상의 몇 가지 문답은 모두 여래선으로 원래 敎中에 그것이 들어 있는데, 悟와 修를 모두 잊고서 일구인 법신의 義理를 증득하기 때문에 따로 질문하지 않는다. 무릇 문답을 마치고도 몰파비가 되면 그것은 격외의 조사선이다. 이것은 『염송설화』의 원록으로 중화의 『지월록』 및 『전등록』의 원록과 상부하여 차이가 없다.

혹 어떤 사람은 힐난하여 말한다.

“어디에 敎로써 禪을 삼은 것이 있던가. 이것은 매우 미혹한 짓이다.”

華嚴九會 每入三昧門法華 入無量義處三昧 起信 明眞如三昧 其餘一乘經 皆演三昧之義理以成經敎 盖其本意 在於悟修斯亡證得一句法身之如來禪也 故圭峰云敎也者 諸佛菩薩所說經論也 禪也者諸善知識所述句偈也 但佛經開張 羅大千八部之衆也 禪偈撮畧 就此方一類之機也 羅衆則莽蕩難依 就機則指的易用

『화엄경』에서 아홉 번의 설법[466]은 매번 삼매에 들어가고, 『법화경』에서는 무량의처삼매에 들어가며, 『대승기신론』에서는 진여삼매를 설명하고, 기타 일승경전에서도 모두 삼매의 義理를 연설함으로써 경교를 성취한다. 대개 그 본의는 悟와 修를 모두 잊고서 일구인 법신의 義理를 증득한 여래선에 있다. 때문에 규봉은 다음과 같이 말한다.

"교는 제불보살이 남겨놓은 經論이고, 선은 제선지식이 진술한 句偈이다. 다만 불경은 삼천대천세계의 팔부대중을 위하여 자세하게 펼쳐놓은 것이고, 선게는 이 땅의 한 부류의 사람들을 겨냥하여 간략하게 요약한 것이다. 팔부대중을 위하여 펼쳐놓으면 너무 많아서 자기에게 맞는 것을 찾아 의지하기 어렵지만, 한 부류를 겨냥해 지적해놓으면 자기에 맞는 것을 쉽게 활용할 수가 있다."[467]

蓋鈍機 溺於言教 而不證教中如來禪 故諸善知識 撮畧指的 直示教中第二句如來禪 故謂之禪偈也 此卽教内之義理也 獨第一句祖師禪龍藏所不載之格外 而所謂釋尊之於迦葉 達摩之慧可 第一傳殺人刀 第二傳活人劍 第三傳流通殺活於萬代者也

무릇 둔근기는 언교에 빠져서 교중의 여래선을 증득하지 못한다. 때문에 제선지식이 촬략해서 핵심[的]을 가리켜 교중의 제이구인 여래선을 直示해준 것이다. 때문에 그것을 선게라고 말한 것인데, 곧 교내의 의리이다. 오

466) 實叉難陀가 한역한 80권본『華嚴經』의 七處九會說法을 가리킨다.
467)『禪源諸詮集都序』卷上之一, (大正藏48, p.399下)

직 제일구인 조사선의 경우에만 龍藏에도 수록되어 있지 않은 격외이다. 소위 석존이 가섭에게 전한 것 그리고 달마가 혜가에게 전한 것으로 제일전은 살인도이고, 제이전은 활인검이며, 제삼전은 살활을 만대에 유통한 것이다.

綱要一愚說中 僧問第一句如何宿振威一喝 僧矍然 宿厲聲曰 此是達摩初來之面目 若向此句下薦得 徑踏毘盧頂<向=>上 直佩祖師心印 故云第一句薦得 與佛祖爲師 問第二句如何曰爲物作則 施設戈甲 <特+?>完<宛=>成規模 <差爲過耳+?> 若向此句下薦得 堪與人天 爲軌爲範故云<第二句薦得-?> 人天爲師 此爲物作則等言 正爲格內之義理禪必也 奈何與第一句同爲格外禪耶[468] 問第三句如何曰落草爲人 隨病與藥 乃事不獲已也 若向此句下薦得 <知見+?>偏滯知見 功行不圓 故云自救不了

『선문강요집』[일우설]에는 다음과 같은 내용이 있다.

승이 물었다. "제일구란 무엇입니까." 일우노숙이 위엄스럽게 일할을 해댔다. 그러자 승이 어안이 벙벙하였다. 이에 일우노숙이 큰 소리로 말했다. "이것은 달마가 처음 도래한 면목입니다. 만약 이 제일구에서 깨친다면 곧장 毘盧向上을 밟고 곧장 祖師心印을 꿰찰 것입니다. 때문에 '제일구에서 깨친다는 것은 부처와 조사의 스승이 될 만한 사람이다.'고 말했습니다." 승이 물었다. "제이구란 무엇입니까." 일우노숙이 말했다. "백성을 위하여 법칙

468) '此爲物作則等言正爲格內之義理禪必也奈何與第一句同爲格外禪耶'의 29字는 『선문강요집』에는 없는 내용이다.

을 만들고 방편[戈甲]을 시설하는 것입니다. 특별히 완연하게 성취된 규모라도 자칫 어긋나면 허물이 될 뿐입니다. 만약 이 제이구에서 깨친다면 인간과 천상에서 軌가 되고 範이 됩니다. 때문에 제이구에서 깨친다면 인간과 천상의 스승이 될 만하다고 말한 것입니다." 여기에서 '백성을 위하여 법칙을 만들고' 등의 말은 바로 격내의 의리선임에 틀림없는데, 어찌 제일구와 동일하게 격외선이 되겠는가.[469] 승이 물었다. "제삼구란 무엇입니까." 일우노숙이 말했다. "번뇌의 풀숲에 들어가서 중생을 위하고, 또 번뇌[病]에 따라서 설법[藥]을 해주는 행위는 부득이한 것입니다. 만약 이 제삼구에서 깨친다면 知見은 偏滯되고 그 功行은 원만하지 못합니다. 때문에 (타인의 스승은커녕) 자신도 구제하지 못한다고 말한 것입니다."[470]

此但以言說橫說竪說於第一句格外之朕 第二句義理之迹 及當句中許多差別地位等事 無自證之實 故譬如傀儡之假也 又云十一丈十四行照用是要 當第一句 權實是玄 當第二句 又當第三句 此第一句 獨爲格外 故以照用之要 獨配之第二句第三句 雖假實有異 同爲義理故以權實之玄 合配也 龜谷先祖 每推一愚夫 而不敢異說 奈何以第二句第三句 合爲格外 而爲君臣同席乎

이것은 단지 제일구인 격외의 朕과 제이구 의리의 迹에서 언설로 횡설수설한 것이다. 그리고 해당하는 구에서 허다한 차별지위 등의 수행[事]은 자증한 실제가 없기 때문에 꼭두각시의 허상과 같다고 비유한 것이다.

469) '여기에서 '백성을 위하여 법칙을 만들고' 등의 말은 바로 격내의 의리선임에 틀림없는데, 어찌 제일구와 동일하게 격외선이 되겠는가.'의 대목은 『선문강요집』에는 없이 우담홍기가 보입한 것이다.

470) 『禪門綱要集』, (韓佛全6, pp.853上-854上)

또한 十一丈 十四行에서는 “照用은 곧 要로서 제일구에 해당하고, 權實은 곧 玄으로서 제이구에 해당하고 또 제삼구에도 해당한다.”[471]고 말했다. 이 제일구만이 홀로 격외이기 때문에 照用의 要 하나만 그것[제일구]에 배대하고, 제이구와 제삼구는 비록 假와 實로서 차이가 있기는 하지만 동일하게 義理가 되기 때문에 합쳐서 배대한 것이다.

龜谷先祖는 매번 一愚夫를 받들어 감히 다른 말을 하지 않았는데, 어찌 제이구와 제삼구를 합쳐서 격외로 삼아 君臣을 同席시켰겠는가.

又引風穴上堂云見十二丈中 祖師心印 狀如鐵牛之機 卽第一句 <風吹不入 水洒不着 掀憂不動 故云狀如 鐵牛之機> 去則印住 <去於生死印住涅槃> 住則印破 <住於涅槃印破涅槃> 只如不去不住 印則是耶 不印則是耶 是三要 末後打盧波<陂>?兩拂子 是用得三要 百丈黃蘗<檗?> 於馬祖一喝 得大機大用 是當機 世尊迦葉 三處傳心 所以首標 此個公案 以立別傳之宗者也 此三處傳心 總屬於第一句祖師禪心印 以爲格外別傳之宗旨 然則其第二句如來禪 卽如來所證所說之敎內義理 故次下卽云如來在寂滅場中 初成正覺 現千丈盧舍那身 四十一位法身大士 及根熟天龍八部 一時圍繞 如雲籠月 是第二句 故云人天爲師 然則三傳之第一句祖師禪 爲敎外之格外禪 第二句如來禪 爲敎內之義理禪 如彼分明 奈之何 以第二句如來禪 爲格外禪 又分半座爲第二句如來禪耶

471) 이 대목은『禪門綱要集』, (韓佛全6, p.854中) 인용문이다.

또한 풍혈연소가 상당하여 말한[472] 다음의 말을 十二丈 가운데서 인용하였다.

"祖師心印의 형상[狀]이 鐵牛之機와 같은 즉 제일구로서 〈바람이 불어도 스며들지 않고 물을 뿌려도 젖지 않으며 흔들어도 움직이지 않는다. 때문에 형상이 鐵牛之機와 같다고 말한다〉 떼어낸 즉 도장자국이 남아 있고, 〈생사의 印을 제거하면 열반에 머문다〉 눌러놓은 즉 도장자국이 망가진다. 〈열반의 印에 머물면 열반이 타파된다〉 그러므로 단지 떼어내지도 않고 눌러놓지도 않은 경우에는 도장을 찍어야 옳겠는가, 도장을 찍지 않아야 옳겠는가.[473] 이것이 三要입니다. 그리고 말후에 盧陂를 두 번이나 불자로 때려주었는데,[474] 이것은 三要를 활용[用]한 것입니다. 백장회해와 황벽희운은 마조의 일할을 듣고 각각 大機와 大用을 터득했는데[475] 그것은 鐵牛之機에 해당합니다. 세존과 가섭의 삼처전심도 그 때문에 첫머리에 내보였는데 그 공안으로써 교외별전의 으뜸[宗]을 삼습니다."[476]

이 삼처전심은 모두 제일구인 조사선의 심인에 속하여 격외로 별전된 종

---

472)『鶴峰禪師語錄』卷1, (嘉興藏38, p.561中) "風穴在郢州衙內上堂云 祖師心印狀如鐵牛之機 去卽印住 住卽印破 只如不去不住 印卽是 不印卽是 時有盧陂長老出問 某甲有鐵牛之機 請師不搭印 穴云慣釣鯨鯢澄巨浸 卻嗟蛙步輾泥沙 陂佇思 穴喝云長老何不進語 陂擬議 穴打一拂子云 還記得話頭麼 試舉看 陂擬開口 穴又打一拂子 牧主云信知佛法與王法一般 穴云見個甚麼道理 牧主云當斷不斷返招其亂 穴便下座" 참조.

473)『禪門拈頌拈頌說話會本』卷27, (韓佛全5, p.830下) ;『景德傳燈錄』卷13, (大正藏51, p.302中-下)

474)『景德傳燈錄』卷13, (大正藏51, p.302下)

475)『四家語錄』卷二, (卍新續藏69, p.6上) "黃檗到師處 一日辭云 欲禮拜馬祖去 師云 馬祖[巳〉已]遷化也 檗云 未審 馬祖有何言句 師遂舉再參馬祖竪拂因緣言 佛法不是小事 老僧當時被因馬大師一喝 直得三日耳聾 檗聞舉 不覺吐舌 師云 子已後莫承嗣馬祖去麼 檗云 不然 今日因師舉 得見馬祖大機之用 然且不識馬祖 若嗣馬祖 已後喪我兒孫 師曰 如是如是 見與師齊 減師半德 見過於師 方堪傳授 子甚有超師之見 後潙山問仰山 百丈再參馬祖竪拂因緣 此二尊宿意旨如何 仰山云 此是顯大機之用 潙山云 馬祖出八十四人善知識 幾人得大機 幾人得大用 仰山云 百丈得大機 黃檗得大用 餘者 盡是唱道之師 潙山云 如是如是"

476)『禪門綱要集』, (韓佛全6, pp.854下-855上)

지이다. 그런즉 그 제이구인 여래선은 곧 여래가 증득하고 설법한 교내의 의리이기 때문에, 이하에서 바로 다음과 같이 말했다.

"여래가 적멸도량에 머물며 비로소 정각을 성취하니 千丈의 盧舍那身과 四十一位法身大士 및 숙세에 근기가 성숙한 天龍八部가 일시에 위요하여 마치 구름이 달을 가린 것과 같은 모습을 드러냈는데,[477] 이것이 제이구입니다. 때문에 인간과 천상의 스승이 된다고 말했습니다."[478]

그런즉 삼전의 제일구인 조사선은 교외의 격외선이 되었고, 제이구인 여래선은 교내의 의리선이 된 것이 이처럼 분명한데, 어찌 제이구인 여래선으로써 격외선을 삼고 또한 분반좌로써 제이구인 여래선을 삼는단 말인가.

此下明第三句云 如來於木菩提樹下 現劣應身 着蔽垢衣 四十九年 隨機說法 是第三句 此但有言說 無其所證 若謂之禪 與第二句假實雖異同爲義理禪 然第三句 不謂如來禪 但隨機假說 非如來禪意故也

이하 제삼구에 대한 설명은 다음과 같다.

"여래는 木菩提樹 밑에서 劣應身을 드러내어 弊垢衣를 걸치고 49년 동안 수기설법을 하였는데 그것이 제삼구입니다."[479]

477) 『佛祖統紀』 卷3, (大正藏49, p.149上) "初頓教者 卽第一華嚴時 從部時味 得名爲頓 此謂如來始成正覺在寂滅道場 四十一位法身大士 及宿世根熟 天龍八部 一時圍遶 如雲籠月 是時如來現盧舍那身說圓滿修多羅 故言頓教"

478) 『禪門綱要集』, (韓佛全6, p.855上)

479) 『禪門綱要集』, (韓佛全6, p.855上)

이것은 다만 언설뿐이고 그 증득이 없는 것이다. 그런데도 만약 굳이 禪이라고 말한다면 제이구와 비록 더불어 假와 實의 차이는 있을지라도 동일하게 의리선이 된다. 그러나 제삼구는 여래선이라고 말할 수 없다. 왜냐하면 근기에 따른 假說은 여래선의 의미가 아니기 때문이다.

蓮老云 義理之言寬 如來之言局 以如來禪尊貴解 近於靈知故 亦名義理禪 義理禪 完有義理故 不得名如來禪 寬局之說 本出於綱 <要照用是要 當第一句 權實是玄 當第二句又當第三句云> 實稽古之講老也 說話序云 禪者具云禪那 此云思唯修 亦云靜慮 斯皆定慧之通稱也 <此約法名義理禪但票名不釋義也> 當此看 則教外別傳一味禪也 <此約法名格外禪 但票名不釋義也>

연담노인은 "의리라는 말은 넓고[寬] 여래라는 말은 좁다.[局] 여래선의 존귀하다는 견해는 영지에 가깝기 때문에 또한 의리선이라고 말할 수가 있지만, 의리선에는 완전하게 의리라는 뜻이 있는 까닭에 여래선이라고 말할 수가 없다."고 말한다.

(여래선의) 넓다 그리고 (의리선의) 좁다는 설은 본래 『선문강요집』의 〈"照·用은 곧 要로서 제일구에 해당하고, 權·實은 곧 玄으로서 제이구에도 해당하고 또 제삼구에도 해당한다."에서 나온 것이다.〉 실로 고전을 관찰한[稽古] 講老였다.

『염송설화』의 서문에서는 "선은 갖추어 말하면 선나인데, 번역하면 사유수이고 또한 정려이다. 이것은 모두 정·혜의 통칭이다."고 말했다. 〈이것은 法에 의거하여 의리선이라고 말한 것으로, 단지 名을 드러낸 것이지 義를 해석한 것은 아니다.[票名不釋義]〉 이렇게 보자면 곧 교외별전은 일미선이다. 〈이것도 法에 의거하여 격외선이라고 말한 것으로, 단지 名을 드러낸 것일 뿐이지 義를 해석한 것은 아니다.〉

釋曰 三乘一乘之敎 淺深雖異皆修定慧而證入 故謂之義理禪 當此拈頌看 則唯第一句敎外別傳一味禪爲主 深必該淺 故亦有第二句義理禪也 次下云 且如來禪祖師禪同別如何如來禪者 山山水水 法法全眞也 祖師禪者 和根拔去 了沒巴鼻也 此約人名如來禪 祖師禪 卽票名而釋義也 然則約法名義理禪格外禪約人名如來禪祖師禪者 實祖祖相傳之通談 非泛講之臆論 豈背以無稽之言 以蔽師資授受 積年煅鍊之通談耶 今正其義理禪格外禪等名 名下之實自然隨正也 此上東方之說話釋錄 與中華之綱要釋錄 冥符無差也

해석하여 말한다:

삼승과 일승은 가르침이 비록 얕고 깊음의 차이가 있지만 모두 정 · 혜를 닦아 증입한 것이기 때문에 그것을 의리선이라고 말한다. 이에 대하여 『선문염송』을 살펴보면 곧 오직 제일구인 교외별전의 일미선만 主이다. 그런데 깊음은 반드시 얕음을 갖추고 있기 때문에 또한 제이구인 의리선이 있다.

그래서 이하에서는 "(묻는다:) '또 여래선과 조사선의 같고 다름은 어떻습니까.' (답한다:) '여래선은 산은 산이고 물은 물로서 법마다 모두 眞이다. 조사선은 번뇌의 뿌리까지 모두 제거하여 끝내 몰파비이다.'"고 말했다. 〈이것은 人에 의거하여 여래선 및 조사선이라고 말한 것인데, 곧 名을 드러내어 義를 해석한 것이다.[票名而釋義]〉

그런즉 法에 의거하면 의리선 및 격외선이라고 말하고 人에 의거하면 여래선 및 조사선이라고 말한 것은 실로 조사와 조사가 相傳하는 通談이지 泛講의 臆論이 아니다. 그런데 어찌 황당무계한 언설 및 스승과 제자의 授受를 눈가림하는 것으로써 오랜 세월동안 단련해온 通談을 등질 수 있겠는가.

이제 그 의리선과 격외선 등의 명칭을 바로잡았으니[正] 명칭 속의 실제는 자연히 正을 따를 것이다. 이상으로 동방의『염송설화』라는 주해는 중화의『선문강요집』의 주해가 딱 부합되어[冥符] 차이가 없다.

夫殺人刀活人劒者 <文殊所謂此藥 亦能殺人亦能活人之例也 又本有智慧 殺盡無明賊 活現法身佛之義也 古人安劒字云 此劒亦能殺人 亦能活人之喩云爾> 不分獨在第一句中 三不得謂之殺人刀三得謂之活人劒也 三句謂伊麽也 卽規模也 一句謂不伊麽也 離規模也 然則三句一句揚不得 謂殺人刀三句一句揚得 謂活人劒也 說話第六卷初八丈釋獨耀話中 云百丈本意 作麽生 眞淨文擧起柱杖 擧起也 靈光獨耀 逈脫根塵 放行也 復斜亞云放行也 軆露眞常 不拘文字 把定也 伊麽會在家疑是客 不伊麽會 別國却爲親 到伊麽時節 方知是百丈大智禪師擧揚然則不擧不放 復名何物 便爲剩語矣

5) 살인도와 활인검에 대하여 설한다

대저 살인도와 활인검은 〈문수가 소위 '이 약은 사람을 죽일 수도 있고 사람을 살릴 수도 있다.'고 말한 일례에서 온 것이다. 또한 본유의 지혜가 無明賊을 다 죽이고 법신불을 살려낸다는 뜻도 있다. 고인은 劒이라는 글자를 두고 '이 검은 또한 사람을 죽일 수도 있고 또한 사람을 살릴 수도 있다.'는 것을 비유해서 말한 것이다.〉 나뉘지 않고 오직 제일구에만 있다. 삼구를 얻지 못한 것을 살인도라 말하고 삼구를 얻은 것을 활인검이라 말한다. 삼구를 이렇다고 말하는 것은 규모에 즉(卽)한 것이고, 일구를 그렇지 않다고 말하는 것은 규모를 벗어난[離] 것이다. 그런즉 삼구와 일구를 모두 얻지 못한 것을 살인도라 말하고, 삼구와 일구를 모두 얻은 것을 활인검이라 말한다.

『염송설화』 권6 初八丈의 獨耀話를 해석하는 가운데서 말한다.

"'백장의 본의는 무엇인가.' 진정극문이 주장자를 치켜들고 '주장자를 드니[擧起] 신령스런 광명이 밝게 빛나 根과 塵을 멀리 벗어난다.'고 말했는데, 이것은 放行이다. 다시 주장자를 비스듬히 기울이고 '놓아버리니[放行] 깨침[眞常]이 그대로 드러나서 문자에 걸리지 않는다.'고 말했는데, 이것은 把定이다. 이렇게 알면 집에 있어도 손님인 줄 의심을 받고, 이렇게 이해하지 못하면 다른 나라에 있어도 도리어 친구가 된다. 이와 같은 시절에 도달해야만 바야흐로 백장대지 선사가 거양한 소식을 알게 된다. 그런즉 주장자를 치켜들지도 않고 내려놓지도 않으면 또 무엇이라고 말해야 하겠는가. 그것도 쓸데없는 말이다."[480]

釋曰 此詠月詩也 若拘於三句<軆用中句>規模則不親切 如在家見月疑是客也 若離却三句規模 則親切 如別國見月却爲親也 說話第二卷初七丈 三句是規模也 一句離規模也 綱要亦云 三句是規模 故謂伊麽也 一句離規模 故不伊麽也 故上云三句一句總不得 謂殺人刀 總得謂

480) 『禪門拈頌拈頌說話會本』 卷6, (韓佛全5, p.191上) 참조.

活人劒也 近有以用爲伊麼 以軆爲不伊麼也 旣有體用之名義 則何爲不伊麼也 傳燈拈頌綱要說話中 何處有以用爲伊麼 以軆爲不伊麼耶

해석하여 말한다:

이것은 달을 읊은 시[詠月詩]이다. 만약 삼구〈體 · 用 · 中의 句〉의 규모에 얽매이면 不親切인데, 마치 집에 있어도 손님인 줄 의심받는 격이고, 만약 삼구의 규모를 벗어나면 親切인데, 마치 다른 나라에서 달을 보아도 친구가 되는 격이다. 『염송설화』 권2 初七丈에서는 "삼구는 곧 규모이고, 일구는 곧 규모를 벗어나 있다."고 말했다. 『선문강요집』에서도 또한 말한다. "삼구는 곧 규모이기 때문에 '이렇다'고 말했고, 일구는 규모를 벗어나 있기 때문에 '이렇지 않다'고 말했다." 때문에 위에서는 말했다. '삼구를 얻지 못한 것을 살인도라고 말하고, 삼구를 얻은 것을 활인검이라 말한다.' 근래에 (백파노인은) 用으로써는 '이렇다'는 것을 삼고 體로써는 '이렇지 않다'는 것을 삼고 있다. 그런데 이미 體와 用이라는 名과 義가 있은 즉 어찌 '이렇지 않다'는 것이겠는가. 『전등록』과 『선문염송』과 『선문강요집』과 『염송설화』 가운데 그 어디에서 用으로써 '이렇다'는 것을 삼은 적이 있고, 體로써 '이렇지 않다'는 것을 삼은 적이 있던가.

說話十六片初五丈云 第二句則有許多消息 若約第一句 則但殺人刀活人劒而已 至二十三1) 券<卷>十六丈云 直接上根 向第一機提持 則句句一一全提 到這時節 只道得個殺人刀活人劒而已 不得已爲中根向第二機施設 則完成格則 如軆用中云也 曲爲下根 向第三機接得 則施設許多差別地位 故殺活之名獨在乎第一句祖師禪中也 其第二句如

來禪 則有宗門向上 悟修斯亡 取證一句法身之解碍<脫?> 則乃一句之得也 不可謂三不得也 非殺人刀明矣 釋尊於多子塔前 以第一句祖師禪中三句伊麽之不得 一句不伊麽之不得 三句一句揚不得之 非從人得 沒分外者 傳于迦葉 說話云殺人刀也

『염송설화』十六片 初五丈에서는 '제이구인 즉 허다한 소식이 있지만 만약 제일구에 의거한다면 곧 무릇 살인도와 활인검 뿐이다.'고 말하고, 권23 十六丈에서는 '곧 상근기를 접화하기 위해서 제일기를 향해 提持한 즉 구구마다 낱낱이 全提가 되는데 그러한 시절에 도달하면 단지 살인도와 활인검만 말할 뿐이다. 그러나 부득이하게 중근기를 접화하기 위해서 제이기를 향해 시설하자면 즉 격식을 완성해야 한다. 마치 體 · 用 · 中에서 말한 경우와 같다. 그리고 완곡하게 하근기를 접화하기 위해서 제삼기를 향한 즉 시설에도 허다한 차별과 지위가 있다. 때문에 살인도와 활인검의 명칭은 오직 제일구인 조사선에만 있다.'고 말한다.

그 제이구인 여래선에는 즉 종문의 향상이 있어서 悟와 修가 모두 사라져야 일구법신의 해탈을 取證하는데, 곧 이것은 일구에서 얻었다는 것이지 삼구에서 얻지 못했다고 말하는 것은 아니다. 그러므로 살인도가 아님은 분명하다.

석존의 다자탑전분반좌는 제일구로서 조사선이다. 이것은 삼구로 '伊麽'를 얻지 못하고, 일구로 '不伊麽'를 얻지 못하여, 삼구로도 그리고 일구로도 모두 (제일구인 조사선을) 얻지 못하여 人으로부터 얻을 수가 없는 沒分外를 가섭에게 전승한 것인데, 이것을 『염송설화』에서는 살인도라고 말했다.

釋尊於靈山會上 以第一句祖師禪中 三句伊麽之得 一句不伊麽之得 三句一句揚得之正法眼藏 傳于迦葉 說話云1) 話人劒也

석존의 영산회상염화미소는 제일구로 조사선이다. 이것은 삼구로 '伊麽'를 얻고, 일구로 '不伊麽'를 얻어서, 삼구로도 그리고 일구로도 모두 (제일구인 조사선을) 얻는 정법안장을 가섭에게 전승한 것인데, 이것을『염송설화』에서는 활인검이라고 말했다.

達摩第一傳以三不得之諸佛法印非從人得 覓心了不可得者 殺人刀傳于二祖 說話謂之會祖師禪 此二祖之爲二祖者也

달마의 제일전은 삼구로는 얻을 수가 없다. 諸佛法印은 人으로부터 얻을 수 있는 것이 아니다. 멱심료불가득이란 살인도인데 이조에게 전승되었다.『염송설화』에서는 그것으로써 조사선을 알았다고 말했다. 이것이 바로 이조 혜가가 이조가 된 이유이다.

達摩第二傳以三得之出禮三拜 依位而立者話人劒傳于二祖說話謂之親承入室 克紹家業也 至于六祖 始乃分傳 而殺傳於淸源<靑原?> 活傳於南嶽

달마의 제이전은 삼구로 얻을 수 있다. (혜가가) 出禮三拜하고 제자리에 서 있었다는 것은 활인검을 이조에게 전승한 것을 말한 것이다.『염송설화』에서는 그것을 親承入室하여 가업을 계승한 것이라고 말했다. 육조에 이르러서 비로소 分傳되었는데, 청원에게는 살인도가 전승되었고, 남악에게는 활인검이 전승되었다.

清源<青原?>云 聖諦尚不爲 何階級之有<聖諦一句也 一句尚不爲三句不爲可知也 是爲三不得也>

청원이 말했다.
"성제도 수행하지 않았는데 어찌 계급인들 있겠습니까." 〈성제는 일구이다. 일구도 수행하지 않았기 때문에 삼구도 수행하지 않은 것은 알 수가 있다. 이것이 바로 삼구로는 얻지 못한다는 것이다〉

南嶽云修證卽不無 染汚卽不得<修證不無三句也染汚不得 一句也 是爲三得也>

남악이 말했다.
"수증이 곧 없지는 않았습니다. 다만 염오되지 않았을 뿐입니다." 〈'수증이 곧 없지는 않다'는 것은 삼구이다. '염오되지 않는다'는 것은 일구이다. 이것이 바로 삼구로 얻는다는 것이다〉

說話五卷初丈釋清源<青原?>所務話中 評論二大師行李曰 要識清源

<青原?>麽 伊麽也不得 不伊麽也不得 伊麽也不伊麽也揚不得 看他老清源<青原?> 便作木羅漢 向天台華頂上打坐道 三世諸佛 被我一口呑盡 何處更有衆生敎化 當伊麽時末後句作麽生會 要識讓和尙麽 伊麽也得 不伊麽也得 伊麽也不伊麽也揚得 看他讓和尙 變作水牯牛上三十三天 觸着帝釋鼻孔 却向溪東溪西和泥合水 當伊麽時 正法眼藏 在什麽處 此二大師 如其法印 作榜樣也 世尊於多子塔前 靈山會上密付迦葉迦葉傳于阿難 人傳一人 至于曹溪得此二大士分付 各立家風 二大師得其孫臨濟洞山 斯道大行天下 其派有源 其枝有本 學者不得莽鹵也

『염송설화』 권5 初丈에서 青原所務를 해석하는 가운데서 二大師의 行李에 대하여 다음과 같이 평론하였다.

“청원을 알고자 하는가. 이래도 얻지 못하고, 이러지 않아도 얻지 못하며, 이래도 이러지 않아도 모두 얻지 못한다. 보라. 청원노인은 곧 목아라한이 되어 천태산 화정봉에 앉아서 ‘삼세제불을 내가 한입에 삼켜버렸으니, 어디에 교화해야 할 중생이 있겠는가.’라고 말했다. 이러한 때를 당하면 말후구를 어찌해야 알 수 있겠는가. 회양화상을 알고자 하는가. 이래도 얻고, 이러지 않아도 얻으며, 이래도 이러지 않아도 모두 얻는다. 보라. 저 회양화상은 수고우로 변작하여 33천에 올라가서 제석천의 콧구멍을 찌르고, 연후에 동쪽 계곡과 서쪽 계곡에서 진흙과 물을 합쳤다. 이러한 경우에 정법안장은 어디에 있는가. 이 (청원과 회양의) 두 대사는 바로 그 법인[정법안장]의 본보기를 보여주었다. 세존은 다자탑전분반좌 및 영산회상염화미소로써 가섭에게 密符하였고, 가섭은 아난에게 전승하였다. 한 사람이 한 사람에게 전승하여 조계에 이르러서 이 두 대사에게 나뉘어 부촉[分付]되어 각각의 가

풍이 성립되었다. 두 대사는 그 법손으로 임제와 동산을 얻어 그들의 도가 천하에 크게 유행하였다. 물결에는 근원이 있고, 가지에는 뿌리가 있으므로 납자는 흐리멍덩해서는 안 된다."

然殺活皆第一句上 義分兩傳 而體則一故淸源<靑原?>令石頭 馳書達信於讓和尙云易子而敎之也 此殺活 傳之不絶 卽釋尊達摩第三傳 荼毘後品流通去在之相 故第三傳 乃流通前二傳而已 非別有體 深於前二傳也

그런데 殺 · 活은 모두 제일구에서 뜻[義]을 둘로 나누어 전승한 것이지만 體는 곧 하나이다. 청원이 석두로 하여금 회양화상에게 편지를 전달하게 하면서 '제자를 바꾸어주니 그를 가르쳐주시오.'라고 말한 것도 또한 殺 · 活로써 그것을 단절되지 않게 전승한 것이다. 곧 석존과 달마의 제삼전은 다비 이후의 내용[品]을 유통한 것의 모습을 하고 있다. 때문에 제삼전은 이에 앞의 제일전과 제이전을 유통한 것으로써 별도로 體가 있는 것이 아니라 제일전과 제이전보다 심화된 것이다.

又第一句中 同時三句 不同時一句 總不得者 謂之殺 摠得者 謂之活 則非以大機爲殺 大用爲活也 說話中有機用處 或有殺活然機用但活 而殺活体無二故 因便擧之 如馬祖一喝 百丈三日聾 黃蘗不覺吐舌 後來仰辨曰 百丈得機 黃蘗得用也 說話六卷初丈釋云 百丈黃蘗 到這時節 古人只道得個殺人刀活人劒也

또한 제일구에서 동시삼구와 부동시일구를 모두 얻을 수 없는 경우를 殺이라 말하고, (동시삼구와 부동시일구를) 모두 얻을 수 있는 경우를 活이라 말한다. 그런즉 대기로써 殺을 삼고 대용으로써 活을 삼는다[481]는 것은 아니다. 『염송설화』에서는 機 · 用의 이치도 있고, 혹 殺 · 活도 있다. 그리고 機 · 用에는 단지 活 뿐이지만, 殺 · 活의 체는 둘이 아니라 그저 편의에 따라서 그렇게 언급한 것이다. 마치 마조의 일할에 백장이 사흘 동안 귀가 멀었고, 황벽이 엉겁결에 혀를 내민 것과 같다.

후에 앙산은 이것을 판별하여 '백장은 機를 얻었고 황벽은 用을 얻었다'고 말했다. 『염송설화』 권6 初丈에서는 "백장과 황벽이 그러한 시절에 도달한 것에 대하여 고인은 단지 살인도와 활인검을 얻었을 뿐이다."[482]고 말했다.

又殺謂之鈍金鋪者 清源<青原?>石頭 子子孫孫 傳授無變勢也 活謂之雜貨鋪者 馬祖百丈 子子孫孫 傳授有變勢也 如所謂百丈得大機 黃蘗<檗?>得大用也 故說話六卷三丈馬祖百丈黃蘗臨濟 用處不同 非如清源<青原?>石頭子孫 只明得尊貴人邊事也 殺下出曹洞一宗 活下出臨濟雲門潙仰法眼四宗 其所證之自宗 則但第一句祖師禪中 殺活教化 說通門中 或宗一句 或宗二句 故曹洞明向上 潙仰明体用 法眼明唯心 然意不在此 使之成熟 畢證於第一句之殺活去在也 如教中文殊宗空 彌勒宗相之例也

481) 殺活에 대한 백파의 견해를 가리킨다.
482)『禪門拈頌拈頌說話會本』卷6, (韓佛全5, p.182中)

또한 殺에 대하여 鈍金鋪라고 말한 것은 청원과 석두가 자자손손 전수한 것에 變勢가 없는 것이었고, 活에 대하여 雜貨鋪라고 말한 것은 마조와 백장이 자자손손 전수한 것에 變勢가 있는 것이었다. 소위 백장은 대기를 얻었고 황벽은 대용을 얻은 것과 같다. 때문에 『염송설화』 권6 三丈에서는 마조 · 백장 · 황벽 · 임제의 用處는 不同이라서 청원과 석두의 자손이 단지 尊貴人의 邊事를 설명한 것과 다르다. 殺의 문하에서는 조동의 일종이 출현하였고, 活의 문하에서는 임제 · 운문 · 위앙 · 법안의 사종이 출현하였다.[483) 그들이 증득한 종지는 곧 무릇 제일구인 조사선 입장에서는 살 · 활로 교화하였지만, 說通門 입장에서는 어떤 종파에서는 일구로 그리고 어떤 종에서는 이구로 교화하였다. 때문에 조동종에서는 향상을 해명하였고, 위앙종에서는 체 · 용을 해명하였으며, 법안종에서는 유심을 해명하였다. 그러나 그 의도는 여기[각 종파의 종지]에 있는 것이 아니라 그 종파들로 하여금 성숙하여 필경에 제일구의 殺 · 活을 증득하도록 하는 것에 있었다. 마치 교학에서 문수종은 空이고 미륵종은 相이었던 것과 같다.

故指月錄二十二卷十五丈法眼初行脚時 過地藏 地藏問曰 師常說三界唯心 萬法唯識 借問庭中一片石 在心內耶 在心外耶 師曰在心內也 藏曰師何謂在一片石於心頭耶 師無以對而因求決 月餘 藏曰若論佛法 一切現成 師言下大悟 師有頌曰 理極亡情謂 如何有喩齊 渡頭霜夜月 任運落前溪

483) 이와 같이 남악의 문하에서 4종이 출현했다는 점에 대해서는 법맥의 문제와 관련하여 재고할 필요가 있다.

때문에 『지월록』 권22 十五丈에 다음과 같은 내용이 있다.

"법안이 처음으로 행각할 때 지장원을 방문하였다. 지장이 물었다. '그대는 항상 삼계유심 만법유식이라고 설하므로, 가령 묻겠다. 정원의 돌멩이 하나는 마음 안에 있는 것인가 마음 밖에 있는 것인가.' 법안이 말했다. '마음 안에 있습니다.' 지장이 말했다. '그대는 어찌 돌멩이 하나가 마음에 있다고 말하는 것인가.' 법안은 대꾸하지 못했다. 그로 인하여 결택을 추구하였는데, 달포가 지나자 지장이 말했다. '만약 불법을 논하자면 一切가 現成되어 있다.' 법안은 언하에 대오하고, 게송으로 말했다.

이치가 다하면 정식을 잊는다는데
그것을 무엇이라 비유해야 좋을까
나룻터 끝에 찬 서리가 내리는 밤
달빛은 무심하게 계곡을 비춰주네"[484)]

說話<兜率話中>引云 末後句具足也 仰山藥山 皆證祖師禪之明文 若此何以第一句祖師禪中殺 爲第二句如來禪 又云如來禪 則單殺無活 祖師禪 則有殺有活 以大機單得 爲三不得之殺 以大用單得 爲三得之活也 然則百丈得大機 何不謂之殺人刀傳心耶 夫殺活所證之本源 五宗說通之枝派 執派昧源者 何也 綱要說話等何處有以殺人刀 爲第二句者乎 盖諸緣斷否問答 爲達摩初傳 而說話旣配如來禪 又如來初傳分半座 說話旣配殺人刀 故不知其諸緣斷否問答 非達摩初傳 故傳燈拔去不載 而說話明辨非傳心之義 誤以殺人刀 爲如來禪 噫殺活極喩

484) 『指月錄』 卷22 [金陵淸涼院文益禪師], (卍新續藏83, pp.643中-645中) 참조.

壓累於第二句中 又累於單機單用 而昧目後學 不知其然 故今正其殺活極喩 獨在乎一句中也

『염송설화』[도솔화]에서 이 게송을 인용하여 '말후구를 구족하였다.'고 말한다. 앙산과 약산은 모두 조사선에서 해명한 글[明文]을 증득하였다. 만약 그렇다면 어째서 제일구인 조사선 가운데 殺로써 제이구인 여래선을 삼았을까. 또 말하자면 여래선에는 단지 殺 뿐이고 活은 없고, 조사선에는 殺도 있고 活도 있다. 따라서 대기만 얻으면 세 가지(제일구 · 제이구 · 제삼구)를 얻지 못한 殺뿐이지만, 대용만 얻으면 세 가지(제일구 · 제이구 · 제삼구)를 얻은 活이다. 그런즉 백장이 얻은 대기를 어찌 살인도의 傳心이라고 말하지 못하겠는가.

대저 殺 · 活은 증득해야 할 本源이고 五宗은 설통의 지파인데, 지파에 집착해서 본원에 昧한 것은 무슨 까닭인가. 『선문강요집』과 『염송설화』 등 어디에서 살인도로써 제이구를 삼은 것이 있던가. 대개 『선문수경』에서 '諸緣斷否'의 문답은 달마의 초전이 되었지만, 『염송설화』에서는 이미 여래선에 배대하였다. 또한 『선문수경』에서 여래의 초전인 '分半座'를 『염송설화』에서는 이미 살인도에 배대하였었다. 그 까닭은 '諸緣斷否'의 문답이 달마초전이 아님을 몰랐기 때문에 『전등록』에서 누락하여 수록하지 않았고, 『염송설화』에서는 傳心의 뜻이 아님을 판명하였지만 (살 · 활을 논하는 찬술자가) 잘못하여 살인도로써 여래선을 삼은 것이다. 殺 · 活의 極喩를 제이구에다 억지로 묶어둔 것은 가소로운 일이다. 또한 單機와 單用에다 묶어둔 것은 후학의 안목을 어둡게 만든 것인데 그렇게 한 연유가 궁금하다. 때문에 이제 그 殺 · 活의 極喩를 바로잡아서 오직 제일구에만 배치한다.

第四三句一句說 大凡無有定法 名阿耨菩提 亦無有定法 如來可說 授受傳心 俱爲虛妄 求眞覓實 轉見叅差 然雖復不依言語道亦復不着無言說 佛祖之傳授心印上本有文彩 所謂體用中三般面目也 心印者 卽祖師心印 亦諸佛心印也 說話云 法如印也 有三義 文彩分明也號令群品也 惟傳嫡子 終不妄與也

6) 삼구와 일구에 대하여 설한다

무릇 무유정법을 아뇩다라삼먁삼보리라고 말한다. 또한 무유정법을 여래가 설하였다. 수수하여 전심한다는 것은 모두 허망하고, 眞을 추구하고 實을 찾는 것도 도리어 叅差만 보이고 만다. 또 言語道에 의지하지 말아야 하지만 또한 無言說에도 집착하지 말아야 한다.

불조가 전수한 심인에도 문채가 본유한데 소위 體 · 用 · 中의 세 가지 면목이다. 심인이란 곧 조사심인이고 또한 제불심인이다.

『염송설화』에서 말한다.

“법은 도장과 같은데 세 가지 뜻이 있다. 첫째는 문채가 분명하고, 둘째는 중생을 호령하며, 셋째는 적자에게만 전승하고 끝내 헛되게 수여하지 않는다.”

今體用中 三般面目 卽三義中 第一文彩分明者也 體用中 則三句之本名也 三玄三要 則三句 分淺深之異名也 人或有滯乎體用中之義理 故別立省要之名曰三要也 故第二句中 多立體用中之本名 而又約當句中 難辨之義 以立三玄之名也 佛祖將心印 傳授於人 機有利鈍 故分其淺深也

지금 체 · 용 · 중의 세 가지 면목이란 곧 세 가지 뜻 가운데 첫째에 해당하는 것으로 문채가 분명하다는 것에 해당한다. 체 · 용 · 중은 곧 삼구의 本名이다. 삼현과 삼요는 곧 삼구를 심 · 천으로 나눈 異名이다. 사람들이 혹 체 · 용 · 중의 義理에 막히는 까닭에 별도로 省要(줄이고 요약함)라는 명칭으로 삼요를 내세운다. 때문에 제이구에서 체 · 용 · 중의 본명을 다양하게 내세웠지만 또한 해당하는 句에 의거해도 판별하기 어려운 뜻은 삼현이라는 명칭으로 내세웠다. 불조가 심인을 가지고 사람들에게 전수함에 있어서 근기에 이둔이 있는 까닭에 그 심 · 천을 나눈 것이다.

深則謂之三要 在第一句中 而喩之以形也 淺則謂之三玄 在第二句中 而喩之以影也 形影相卽 故或擧要明玄或擧玄明要也 故第一句中 雖但擧要而玄在其中也 故綱要一愚夫曰 所謂三句者 如體用中三般面目是也

深은 곧 삼요라고 말하는데 제일구에서는 그것을 形으로 비유하고, 淺은 곧 삼현이라고 말하는데 제이구에서는 그것을 影이라고 비유한다. 形과 影이 相卽이기 때문에 要를 들어서 玄을 설명하고, 혹 玄을 들어서 要를 설명한다. 때문에 제일구에서는 비록 要만 들어도 玄이 그 가운데 있다. 때문에 『선문강요집』에서 一愚夫는 "소위 삼구란 체 · 용 · 중의 세 가지 면목과 같다."면서 다음과 같이 말한다.

作家宗師 將此三者 向第一句中用得 則一一絶諸對待 故轉玄名要 如

影卽形也 不得已向第二句中施設 則完成格則 故轉要名玄 如形卽影也 其三者本不移易故 卽擧要而明玄 擧玄而明要 其不曰每句中必具三玄三要乎 聞擧三要 謂離三玄外 別有三要 聞擧三玄 謂離三要外 別有三玄 此乃偏局之量 非得意者也

“작가로서 종사가 이 세 가지를 가지고 제일구에서 用을 터득한 즉 낱낱이 모든 對待를 단절한다. 때문에 玄을 굴려서 要라고 말한다. 마치 影이 形에 즉한 것과 같다. 부득이하게 제이구에서 시설한 즉 완성된 격칙이기 때문에 要를 굴려서 玄이라고 말한다. 마치 形이 影에 즉한 것과 같다. 그 세 가지는 본래 移易하지 않기 때문에 곧 要를 들어서 玄을 설명하고, 玄을 들어서 要를 설명한다. 그러므로 매 구마다 반드시 삼현과 삼요를 갖추고 있다고 말하지 않을 수 있겠는가. 듣건대, 삼요를 언급한[擧] 것은 삼현을 벗어난 이외에 별도로 삼요가 있다고 말하고, 듣건대, 삼현을 언급한[擧] 것은 삼요를 벗어난 이외에 별도로 삼현이 있다고 말한다. 이러한 것들은 편국된 깜냥이지 得意者가 아니다.”[485]

所謂一句者非三句外別有也 乃三句體無二 而擧一全收 故謂之一句也 謂聞擧心印上三句 鈍者滯於三句規模 而不能證入三句 故乃立一句而破之 令證入三句 故謂之一鏃破三關也 所謂第二句宗門向上之一句也 若執一句規模 則如執三句 終不證入也

485)『禪門綱要集』, (韓佛全6, p.855中)

소위 일구는 삼구 이외에 별도로 있는 것이 아니고, 이에 삼구의 체와 無二로서 擧一全收하기 때문에 그것을 일구라고 말한다. 소위 심인에서 삼구를 언급한다[擧]는 말을 들어도 아둔자는 삼구의 규모에 막혀서 삼구에 증입하지 못한다. 그러므로 일구를 내세워서 그것을 타파하여 삼구에 들어가도록 해준다. 때문에 그것을 가리켜 一鏃破三關이라고 말한다. 소위 제이구인 종문향상의 일구이다. 그러나 만약 그 일구의 규모에 집착하면 곧 삼구에 집착하는 것과 같아서 끝내 증입하지 못한다.

綱要山雲篇云夫由天中一句 分別三句 則三句摠是一句 旣一句 一一絶諸對待 而畢竟亦無一句可得 一尙不可得 甚處得許多來 而學者泥他三句規模 透不得徹則反以雲門謾人 其謂之關 不亦宜乎 若靈利漢才聞擧着 直下透徹 驀起便行 雲門何消道介一鏃破三關 當時大衆 旣不能 故雲門<何消道介一鏃破三關 當時大衆 旣不能故 雲門>[486] 伊麽道 是多小慈悲 或若執認一鏃 便向這裡作活計 與泥三句規模地 無一可者 此所謂以楔出楔 前楔雖出 後楔復入

『선문강요집』[산운편]에서 말한다.

“대저 天中이라는 일구가 분별된 삼구를 말미암은 즉 삼구는 모두 그대로 일구입니다. 이미 일구이므로 낱낱이 諸待對를 단절하여 필경에는 또한 일구마저도 얻을 것이 없습니다. 일구[一]도 얻을 수가 없거늘 어디에서 허다한 것[三]이 초래되겠습니까. 그런데도 납자들이 그 삼구라는 규모에 빠져

486) ‘何消道介一鏃破三關 當時大衆 旣不能故 雲門’의 대목이 누락되어 있는 까닭에 여기에 보충해둔다.

서 투철하지 못하고 도리어 운문문언이 납자들을 속인다고 말하는데, 그것을 關이라고 말하는 것도 또한 적절하지 않습니다. 만약 똑똑한 납자[靈利漢]라면 그 말을 듣자마자 곧장 투철하여 일어나 나가버립니다. 운문은 〈저 一鏃破三關을 어떻게 소화시켜 말했던 것입니까. 당시의 대중은 이미 불가능했기 때문에 운문이〉 그렇게라도 말한 것은 곧 웬만큼 자비가 있었기 때문입니다. 그런데 만약 一鏃만 執認하여 곧 거기에서 활계를 도모한다면 삼구의 규모에 빠져버린 것처럼 되어 一[一鏃]마저도 없어지고 맙니다. 이것을 가리켜 쐐기로써 쐐기를 밀어낸다고 말합니다. 곧 이전의 쐐기는 빠져나올지라도 나중의 쐐기가 다시 틀어박히고 맙니다."

故一句不深於三句也 然一鏃破三關之說 唯用於第二句義理禪中機也 其第一句格外禪之機 則一聞三要 而卽證同時三句 不同時一句 融同一味 而三一雙奪 則爲三不得殺人刀也 三一雙具則爲三得活人劍也 何用一鏃破三關哉 若聞擧三要 而滯三句之規模 則墮在第二句中機 而非第一句中機也

때문에 일구가 삼구보다 깊은 것이 아니다. 그러나 一鏃破三關의 설명은 오직 제이구인 의리선의 근기에만 활용된 것이다. 그 제일구인 격외선의 근기인 즉 일단 삼요를 들으면 즉 同時三句와 不同時一句를 증득하고 융합하여 일미와 같아진다. 三과 一을 모두 부정[雙奪]한 즉 三이 살인도가 될 수 없지만, 三과 一을 모두 긍정한[雙具] 즉 三이 활인검이 된다. 그런데 어찌 一鏃破三關을 활용하겠는가. 만약 삼요를 언급함[擧]을 듣고서 삼구의 규모에 막힌다면 곧 제이구에 떨어진 근기이지 제일구의 근기가 아니다.

綱要雲門三句註云 一鏃破三關者 有三意 一者反照之智爲一鏃 若當眞實反照之時 不作三一解 故如云 說時有三名字 在反照時 不作道一解故二者三句中一句看 則句句無定次第<一+?> 擧全收 絶諸對待故三者別置一句看則三關施設 自然消落故 此等皆在第二句中也 三一體無二 而一不在於三外 亦不深於三之義 故今約四喝而明之 前三喝三句也 第四喝一句也

『선문강요집』[운문삼구]의 주석에서 말한다.

"一鏃破三關에도 세 가지 뜻이 있습니다. 첫째는 반조의 지혜로써 一鏃을 삼는 것입니다. 만약 진실에 근거하여 반조할 때라면 三이니 一이니 하는 견해를 짓지 않기 때문에 설할 때는 三이라는 名字가 있지만, 반조할 때는 三이니 一이니 하는 견해를 짓지 않는다고 말합니다. 둘째는 三句中一句를 살펴보면 곧 구구마다 정해진 차제가 없어서 하나를 들면 전체가 수렴되는데, 그것은 모든 待對를 단절하였기 때문입니다. 셋째는 별치일구를 살펴보면 곧 三關의 시설도 자연히 消落하기 때문입니다."

이것들은 모두 제이구에 들어 있다. 三과 一의 체가 無二이므로 一은 三밖에 있지 않고, 또한 (一은) 三의 뜻보다 깊은 것도 아니다. 때문에 지금 사할에 의거하여 그것을 설명하자면, 앞의 삼할(제일할, 제이할, 제삼할)은 삼구이고, 제사할은 일구이다.

說話十九卷初四丈云 四喝者 金剛寶劒喝 獅子踞地喝 探竿影草喝 一喝不作一喝用也 前三隨其取比之義 現然可知 一喝不作一喝用 例皆謂三喝外別有一個不作一喝用地喝者 非也 喝喝一一是不作一喝用也

故首山念云 甚處是一喝用 是前一喝 不作一喝[487] 是後一喝云 又此說中 旻德兩喝外 無一喝但禮拜歸衆 興化云 一喝不作一喝<喝-?>用不言喝之一字 若是旻德兩喝後 不一喝 興化亦是應言 一喝不作一喝用喝矣

『염송설화』 권19 初四丈에서 말한다.

"사할이란 金剛寶劍喝 · 獅子踞地喝 · 探竿影草喝 · 一喝不作一喝用이다. 앞의 삼할은 그것을 비유의 뜻으로 취한 것이므로 분명하게 알 수가 있다. 그러나 제사할인 一喝不作一喝用의 예는 모두가 '삼할 이외에 별도로 있는 하나는 일할로만 작용하지는 않는 경지의 할이다.'고 말하는데, 그렇지 않다. 낱낱의 할이 곧 일할로만 작용하는 것은 아니기 때문이다. 그래서 수산성념은 말한다. '곧 일할이 일할로만 작용하는 것이 아나라는 것은 어떤 이치인가. 앞의 일할인가, 뒤의 일할인가.'[488] 그리고 또 이 설명 가운데서는 旻德의 경우에 두 번의 할 이외에 다른 일할은 없으므로 무릇 예배만 드리고 대중속으로 돌아갔다고 말한다. 이에 대하여 흥화존장은 '일할이 하나로만 작용하는 것은 아니다.'고 말하여 '할'이라는 한 글자는 말하지 않았다. 만약 민덕이 두 번의 할을 한 후에 다시 일할을 하지 않았다면 흥화존장도 또한 마땅히 '일할이 일할로만 작용하는 것은 아니다'고 말했을 것이다."

釋曰 此亦是辨四喝也 故作家宗師將心印上 本有文彩之三句以傳授

487) '是前一喝 不作一喝'은 '不作一喝 是前一喝'이어야 한다.

488) 『智證傳』, (卍新續藏63, p.192中) "首山曰 看他興化與麼用 爲什麼放得他過 諸上座 且道什麼處是一喝不作一喝用 前一喝 後一喝 且道那箇是賓 那箇是主 雖然如是 亦須子細 便下座"

而利機則薦取第一句 同時三句 不同時一句 自在其中也 三一雙奪雙具 所謂殺人刀活人劍也 鈍機則薦取第二句三玄 宗門向上一句 自在其中也 所謂悟修斯亡 證一句法身也 一句法身 非三句外一句 乃統三一之一法界身也 若鈍之又鈍 滯在三玄規模 則又不能證入也 故有三玄外 別置宗門向上一句 破三玄之關說 第一句則但三要三句也 第二句則但三要三句也權實但三玄之異名也 非三玄外 別有權實三句也

해석하여 말한다:

이 또한 사할을 판별한 것이다. 때문에 작가인 종사가 심인에서 본유의 문채인 삼구를 가지고 전수한다.

利機가 곧 제일구를 깨치면 동시삼구와 부동시일구가 그 가운데서 자재하다. 그래서 三과 一을 모두 부정[雙奪]하는 것과 모두 긍정[雙具]하는 것은 소위 살인도와 활인검이다.

둔기가 곧 제이구를 깨치면 삼현과 종문향상일구가 그 가운데서 자재하다. 소위 悟와 修를 모두 잊고서 일구인 법신을 증득한다. 그래서 일구의 법신은 삼구를 벗어난 일구가 아니라 이에 三과 一을 통합한 一法界身이다.

만약 둔하고 또 둔한 사람이라면 삼현의 규모에 막힌 즉 또한 증입할 수가 없다. 때문에 삼현 이외에 종문향상일구를 別置하여 삼현의 관문이라는 설을 타파한다. 제일구는 무릇 삼요와 삼현이고, 제이구도 무릇 삼요와 삼현이지만, 權 · 實은 무릇 삼현의 異名일 뿐이지 삼현 이외에 별도로 권 · 실의 삼구가 있는 것은 아니다.

綱要二賢話 月問第二句如何 風連下三喝云 是幾耶 月云三也 風曰然

則非實也 權也 臨濟答此句云 妙喜豈容無着問 漚和爭負絶流機 前句現乎實 後句示其權 就此權門 立三玄名云

『선문강요집』[이현화]에서 말한다.

"호월선객이 물었다. '제이구는 어떤 것입니까.' 청풍법사가 세 번이나 연속해서 할을 하고 물었다. '할을 몇 번을 했습니까.' 호월선객이 말했다. '세 차례 하였습니다.' 청풍법사가 말했다. '그렇게 말하는 것은 實이 아니고 權입니다. 임제는 제이구에 대한 답변으로 〈문수가 어찌 무착의 질문을 인정하겠는가. 그렇지만 방편의 입장에서 어찌 수행납자를 저버리겠는가.〉라고 말했는데, 전구는 實을 드러낸 것이고, 후구는 그 權을 제시한 것입니다. 그 權門에 나아가서 삼현이라는 명칭을 내세워 말한 것입니다.'"

釋曰 就此權門者 文似單約後句 實則合約前後句權實 以成此一權門立三玄名 待權之實 故實亦權也 故下一愚章中 問第二句如何 曰爲物作則 施設戈甲 特完成規模 <差爲過耳+?> 若向此句下薦得 堪與人天 爲軌 爲範 故云人天爲師 問妙喜豈容無着問 漚和爭負絶流機 如何曰妙喜 卽大智 實也 這裏豈容無着問 問答俱泯 故漚和 卽方便 權也個時爭負絶流機 機應幷存 故此兩句 明三玄 第一玄 名體中玄 妙喜豈容無着問 第二玄 名句中玄 漚和爭負絶流機 第三玄 名玄中玄 妙喜豈容無着問 漚和爭負絶流機也

해석하여 말한다:

이 權門을 살펴보면 文이 후구에만 홀로 의거한[單約] 것처럼 보이지만, 실제로는 전 · 후구의 권 · 실이 합쳐 의거해서[合約] 성립된 이 하나의 權門에다 삼현이라는 명칭을 내세워 권을 상대한 실[待權之實]이기 때문에 實도 또한 勸이다. 그래서 이하 [일우장]에 다음과 같은 내용이 있다.

"승이 물었다. '제이구란 무엇입니까.' 일우노숙이 말했다. '백성을 위하여 법칙을 만들고 방편[戈甲]을 시설하는 것입니다. 특별히 완연하게 성취된 규모라도 자칫 어긋나면 허물이 될 뿐입니다. 만약 이 제이구에서 깨친다면 인간과 천상에서 軌가 되고 範이 됩니다. 때문에 인간과 천상의 스승이 된다고 말한 것입니다.' 승이 물었다. '문수[妙喜]가 어찌 무착의 질문을 인정하겠는가. 그렇지만 방편[漚和]의 입장에서 어찌 수행납자[截流機]를 저버리겠는가라는 것은 어떤 것입니까.' 일우노숙이 말했다. '문수[妙喜]는 곧 大智로서 그것은 實際입니다. 그런 가운데서 어떻게 무착의 질문을 용납할 수 있겠습니까. 문답이 모두 소멸되기 때문입니다. 漚和는 말하자면 方便으로 곧 權입니다. 이 경우에 〈어찌 수행납자[截流機]를 저버리겠는가.〉에서 機에게는 당연히 (방편이) 병존해야 하기 때문입니다. 이 兩句(妙喜豈容無着問과 漚和爭負截流機)는 삼현을 설명한 것입니다. 제일현은 체중현이라고 말하는데, 그것이 〈문수가 어찌 무착의 질문을 인정하겠는가.〉입니다. 제이현은 구중현이라고 말하는데, 그것이 〈그렇지만 방편의 입장에서 어찌 수행납자를 저버리겠는가.〉입니다. 제삼현은 현중현이라고 말하는데, 그것이 〈문수가 어찌 무착의 질문을 인정하겠는가. 그렇지만 방편의 입장에서 어찌 수행납자를 저버리겠는가.〉'"

觀此釋文 可知二賢話之 合前後句權實 以爲一權門矣 奈何 三玄外別有權實 第二句中 立兩種三句 筆而圖示 使人必信耶 其第三句 無別立

三句 軆與名 但數第一句 第二句 第三句 以爲第三句中三句 盖第三句 但能詮言說門 橫說竪說於第一句三要之格外 第二句三玄之義理 及自句中 前二句 緣影功熏 修證一切 差別地位也

이 해석문을 살펴보면 [이현화]에서는 전 · 후구의 권 · 실을 합쳐서 하나의 權門으로 삼은 것을 알 수가 있다. 어찌 삼현 이외에 권 · 실을 별도로 두고 제이구에서 兩種三句[489]를 내세워 글과 그림으로 제시하여 사람들에게 기필코 믿도록 한 것이겠는가. 그 제삼구는 삼구의 軆와 名을 별도로 내세운 것이 아니라 다만 제일구 · 제이구 · 제삼구를 헤아림으로써 제삼구 자리에다 삼구로 삼은 것이다. 무릇 제삼구는 단지 능전의 언설문이기에 제일구인 삼요의 격외 및 제이구인 삼현의 의리를 횡설수설한 것이고, 또한 제삼구[自句] 가운데서 앞의 이구(제일구와 제이구)인 緣影과 功熏 등 修證의 一切差別地位이기도 하다.

故綱要二賢話 月問第三句如何 風曰卽今吾與子 一說一聽 一問一答 早落第三句了也 如將三要印 向爛泥裏搭却 痕縫全彰 轉名三句 玄要在其中矣 月問第三句 復云三句者何 風曰至建化門中 旁施午設 倒用橫拈 圓悟云 作家漢 將三要印 印空印水印泥 以驗人者 在師家邊說也

489) 임제의 삼구에 대하여 조선후기의 백파긍선은 전체적인 의미에서 蘊摠三句라고 하여 그것을 本分一句로 간주하고, 그 낱낱의 삼구에 대해서는 다시 本分三句와 新熏三句 및 理 · 事三句와 權 · 實三句로 분류한다. 임제삼구의 설명에 대하여 여러 주석서에는 삼구라는 용어가 能量三句, 所量三句, 新熏三句, 分別三句, 有無三句, 蘊摠三句 등 다양한 개념으로 등장하는데, 여기에서 말하는 두 종류의 삼구[兩種三句]란 임제삼구를 총칭하는 온총삼구(本分一句로서 實을 의미함)와 임제삼구 가운데 제삼구에 시설된 신훈삼구(方便을 의미함)의 둘을 가리킨다.

大慧云 上師聞道 如印印空 中師聞道 如印印水 下師聞道 如印印泥者 就賓客邊云耳此皆此句中事 功<切?>莫錯會 臨濟答此句云 看取棚頭弄傀儡 抽牽全借裡頭人裡頭人豈臨濟自謂歟 逢佛說佛 逢羅漢說羅漢 逢餓鬼說餓鬼者 豈棚頭弄傀儡歟 且不是汝 凡聖淨穢 又向甚句中 討這老漢 或若滯他言句 認他光影 尚不能自救 大辜負臨濟之恩 此第三句也云

때문에 『선문강요집』[이현화]에 다음과 같은 내용이 있다.

"호월선객이 물었다. '제삼구는 어떤 것입니까.' 청풍법사가 말했다. '지금 나와 그대가 함께 說하고 함께 聽하며 함께 問하고 함께 答하고 있는데, 이것이 벌써 바로 제삼구에 떨어져 있는 것입니다. 마치 三要印을 가지고 물렁한 진흙에다 도장을 찍으면 흔적[痕縫]이 온전히 드러나는 것과 같아서 이것을 轉하여 삼구라고 말하는데, 玄과 要가 그 가운데 있습니다.' 호월선객이 물었다. '제삼구중에서 다시 삼구라고 말하는 것은 무엇입니까.' 청풍법사가 말했다. '이 건화문에 이르러서는 널리 베풀기도 하고, 핵심을 설하기도 하며, 뒤집어 활용하기도 하고, 비껴서 잡기도 하는 법입니다. 그래서 원오극근은 〈작가가 三要印을 가지고 허공에다 도장을 찍기도 하고, 물에다 도장을 찍기도 하며, 진흙에다 도장을 찍기도 하면서 납자를 시험하는 것은 스승의 입장에서 말한 것이다.〉고 말합니다. 대혜는 〈上士가 道를 듣는 것은 마치 도장을 허공에다 찍는 것과 같고, 中士가 도를 듣는 것은 마치 도장을 물에다 찍는 것과 같으며, 下士가 도를 듣는 것은 마치 도장을 진흙에다 찍는 것과 같은 것은 賓家의 입장에서 말한 것이다.〉고 말합니다. 이것들은 모두 제삼구중의 모습[事]이므로 결코 착각해서는 안 됩니다. 임제가 제삼구에 대하여 말한 〈무대에서 재롱을 떠는 꼭두각시를 보라. 그 장난은 막후에 있는 사람에 달려 있다.〉에서 裡頭人이 어찌 임제 자신을 말한 것이겠습니까. 부처를 만나면 부처의 경지에 대하여 설해주고, 나한을 만나면 나한의 경지에 대하여 설해주며, 아귀를 만나면 아귀의 경지에 대하여 설해준다는 것이 어찌 棚頭弄傀儡이겠습니까. 그렇다고 해서 또한 그것이 凡·聖·淨·穢가 아니라면 또한 어느 句中에서 그 노인[임제]에 대하여 논의하겠습니까. 그렇다고 해서 혹 임제의 言句에 막히거나 임제의 光影을 인정하게 된다면 오히려 자기도 구제하지 못하고 임제의 은혜를 크게 저버리게 되는데, 이것이 바로 제삼구입니다.'"

釋曰 作家宗師 於第三句中 對第一句佛祖師之機而說 故云逢佛說佛也 對第二句中人天師之機而說 故云逢羅漢說羅漢 大小乘羅漢 皆出世之名 度人天出世 故曰人天師也 對自句中自救不了之機而說故云逢餓鬼說餓鬼也 或若滯他言句不能自救 如餓鬼之不能自救口腸 而不了也 奈何 以第三句中 別立有無中 隔別三句 以架空作之曰 餓鬼則飢渴狂走 故有句 羅漢則灰身滅智故無句 佛證中道 故中句云乎 若云必有隔別之名 則以第一句 三要三句第二句 三玄三句 第三句 則三別三句也 若然則臨濟 不曰一句中 須具三玄 應必曰 一別中須具三玄云矣 傳燈拈頌元錄 綱要說話釋錄中 何處有如此說 不見其文 可訝也

해석하여 말한다:

작가인 종사가 제삼구 가운데서 제일구는 곧 불조의 스승이 되는 근기에 대응하여 설한 것이기 때문에 부처를 만나면 부처에 대하여 설해준다고 말했고, 제이구는 곧 인간과 천상의 스승이 되는 근기에 대응하여 설한 것이기 때문에 나한을 만나면 나한에 대하여 설해준다고 말했다. 대승과 소승의 나한들은 모두 출세의 명칭으로 인간과 천상을 제도하고 출세한 까닭에 인간과 천상의 스승이라고 말했다. 그리고 제삼구[自句]는 곧 자신도 구제하지 못하는 근기에 대응하여 설한 것이기 때문에 아귀를 만나면 아귀에 대하여 설해준다고 말했다.

혹 만약 남의 언구에 막혀서 자신도 구제하지 못한다면 마치 아귀가 입에 난 상처를 스스로 치료하지 못하여 먹지 못하는 것과 같다. 그런데 어째서 (백파는) 제삼구에다 有·無·中의 격별삼구를 別立함으로써 가공으로 그것에 대하여 '아귀는 굶주리고 목이 말라 미쳐 달리기 때문에 有句이고, 나한은 灰身滅智하기 때문에 無句이며, 부처는 중도를 증득하기 때문에 中句이다'고 말하는가.

만약 격별이라는 명칭이 반드시 있어야 한다고 말한다면 곧 제일구는 삼요삼구이고, 제이구는 삼현삼구이며, 제삼구는 三別三句이다. 만약 그런즉 임제는 一句마다 반드시 삼현을 갖추어야 한다고 말하지 않고 응당 一別마다 반드시 삼현 등을 갖추어야 한다고 말했어야 한다.

그러나 『전등록』과 『선문염송』의 元錄 및 『선문강요집』과 『염송설화』의 釋錄 가운데 어디에서 이와 같은 설명이 있는가. 그런 글을 찾아볼 수 없으니, 참으로 의심스러운 말이다.

第一句但有同時三句 不同時一句 第二句但有三玄三句 宗門向上一句 而三一體無二 故綱要三聖二賢一愚 只論三句 摠不言一句也 又其殺人刀活人劍獨在第一句中 但泯跡之極喩故 亦不論也 又從第二句三玄上 至第一句中不同時 向上一竅 皆是末後句 傳授邊法也 其同時

不同時 未起之前 謂之最初句 無傳授也 如何以末後句向上一竅 爲無傳授耶

제일구에는 무릇 同時三句와 不同時一句가 있고, 제이구에는 무릇 삼현삼구와 종문향상일구가 있는데, 三과 一의 體가 無二이다. 때문에 『선문강요집』의 [삼성장], [이현화], [일우설]에서는 단지 삼구만 논하고 일구에 대해서는 모두가 논하지 않았다.

또한 그 살인도와 활인검은 오직 제일구에만 있어서 무릇 자취를 없애려는 極喩이기 때문에 또한 논하지 않았다.

또한 제이구의 삼현으로부터 제일구 가운데 부동시일구 및 향상일규는 모두 말후구인데 이미 전수된 법이다. 그리고 그 동시삼구 및 부동시일구가 일어나기 이전을 소위 최초구라고 말하는데 아직 전수된 적이 없다.

그런데 어찌 말후구인 향상일규가 전수된 적이 없다고 하는가.[490)]

說話云 末後句 至於圓極 則與最初句 何異哉者 謂傳授之同時不同時圓具 則法體無缺 與無傳授之法體 混全無二之謂也 非但以傳授中不同時 卽爲無傳授也 若單約不同時 則末後句之一着 何爲圓極耶 所謂圓極者 三句一句 一時圓具之謂也 又旣在末後句傳授中 則何謂無傳授耶 旣不爲無傳授 則第一句 豈有兩種妙有耶 又所謂向上一竅之言亦有多勢也 或在三句 而指一句曰向上也 或在第二句 而摠在一句曰

490) 백파는 말후구와 최초구를 분별하였다. 말후구에 대해서는 교화를 위하여 보여준 '천상천하유아독존'과 같은 경우라 간주하였고, 최초구에 대해서는 아예 교화의 자취를 보이지 않고 사람마다 본유한 본분진여를 直示한 것으로 간주하였다.

向上者也 或有摠在末後句 而指最初句曰 向上一竅者也

『염송설화』에서 "말후구가 원극에 이르면 곧 최초구와 어찌 다르겠는가." 라고 말한다. 이것은 말하자면, 그것을 전수하여 동시삼구와 부동시일구가 원만하게 갖추어진[말후구] 즉 법체에 결함이 없어 곧 전수된 적이 없는[최초구] 법체와 더불어 混全하여 無二임을 말한 것이다. 그래서 비단 전수된 가운데 있는 부동시일구일 뿐만 아니라 곧 전수된 적이 없는 것이기도 하다. 만약 단순히 부동시일구에만 의거한다면 곧 말후구의 일착자를 어찌 圓極이라고 하겠는가. 소위 원극이란 삼구와 일구가 일시에 원만구족된 것을 말한다.

또한 이미 말후구로써 전수된 가운데 있은 즉 어찌 전수된 적이 없다고 말하는 것인가. 이미 전수된 적이 없다면 곧 제일구가 아닌데 어찌 두 가지의 묘유가 있겠는가.

또한 소위 향상일규라는 말에도 또한 여러 가지 갈래[多勢]가 있다. 혹 삼구에 있으면서도 일구를 가리키는 경우를 向上이라고 말하는가 하면, 혹 제이구에 있으면서도 전체가 일구에 있는 경우를 向上者라고 말하는가 하면, 혹 전체가 말후구에 있으면서도 최초구를 가리키는 경우를 向上一竅라고 말하기도 한다.

唯此向上一竅 卽傳授未起爲前 人人分上 修行亦竟 成佛亦竟 山是山 水是水 了沒巴鼻之法 但以傳授 與無傳授 分爲最初句與末後句中 第一句之法 而體無二也 故拈頌第七卷三十一 盤山示衆云 向上一路千聖不傳 此是摠在末後句 而指最初句 曰向上一竅者也 故無傳授 曰向

上一竅者 皆指最初句也 非指不同時者也 今世人只知在於三句 而指一句 謂向上 而不知在第二句 而揚指第一句 謂向上 及揚在末後句 而指最初句 謂向上者也 那知擧一而收三也 擧三而收一也 擧最初而收末後擧末後而收最初也 三句一句 舛錯失條 迷本迷末矣 于今辨之 本達而末達也

생각해보면 이 향상일규는 곧 전수행위가 아직 일어나기 전에 이전부터 모든 사람의 분상에서 수행도 또한 마쳤고 성불도 또한 마친 것으로 山是山이고 水是水로서 沒巴鼻의 法을 깨친 것이다. 무릇 傳授와 無傳授로 나뉘면 최초구와 말후구가 되는데 제일구의 법으로서 체가 無二이다.

때문에 『선문염송』 권7의 31에서 반산이 시중설법으로 "향상일로는 천성도 전수하지 못한다."고 말했다. 이것은 곧 모두 말후구에 있지만 그것이 바로 최초구임을 가리킨 경우로서 말하자면 向上一竅者이다. 때문에 無傳授를 향상일규라고 말하는 경우에 그것은 모두 최초구를 가리킨 것이지 부동시일구를 가리킨 것이 아니다. 오늘날 世人들은 단지 삼구에서 일구를 지목하여 향상이라고 말하는 것만 알 뿐이지, 제이구에서도 전체를 제일구라고 지목하여 향상이라고 말한다는 것과 말후구에 있는 전체를 최초구라고 지목한 것을 向上者라고 하는 줄은 모른다.

그러니 일구를 들면 삼구가 수렴되고, 삼구를 들면 일구가 수렴되며, 최초구를 들면 말후구가 수렴되고, 말후구를 들면 최초구가 수렴되는 줄을 어찌 알겠는가. 삼구와 일구가 어지럽게 섞여 조리를 상실하고 근본에 미혹하고 지말에 미혹한 까닭에 지금 여기에서 그것을 판별하여 근본에 통달하게 하고 지말에 통달하게 하는 것이다.

近老以諸緣斷否問答 爲達摩初傳 又以如來 初傳分半座之第一句殺人刀爲第二句 又以如來禪 爲格外禪 以如來禪 名義穿鑿 決不爲如來之如證所說 華嚴一乘敎中之禪也 又爲殺有二種 以第二句爲殺 而又以第一句中大機爲殺<前殺單殺後殺兼活> 又以第二句中 立兩種<三句三玄三句>權實三句 又第三句中 別立三句<有無隔別三句>也 甚可訝焉 如上所辨者 但擧大端之處 其餘小節 不欲甚煩也

7) 총적으로 비판한다

근래에 백파노인이 諸緣斷否의 문답으로써 달마의 초전을 삼고, 또한 여래의 초전 곧 분반좌의 제일구인 살인도로써 (임제의) 제이구를 삼았으며, 또한 여래선으로써 격외선을 삼아 여래선으로써 名·義를 천착하였는데, 그것은 결코 여래가 증득한 그대로 설법한 것이 아니라 화엄일승교의 선이다.

또한 (백파노인은) 殺에도 두 종류가 있다고 하여 제이구로써 살을 삼기도 하고, 또한 제일구 가운데 대기로써 살을 삼기도 하였다. 〈앞의 살은 單殺이지만 뒤의 살은 兼活이다〉 또한 제이구 가운데에도 두 종류의 삼구 〈삼현삼구와 권실삼구〉를 내세웠다. 또한 제삼구에도 별도로 삼구를 내세웠으니 〈유무의 격별삼구〉 참으로 의심스럽다.

이상에서 판별한 것은 무릇 근본적인 단서가 되는 것[大端之處]만 언급한 것이고 그 밖의 小節에 대해서는 더 이상 번거롭게 하고 싶지 않다.

此等誤說 誤却吾東後學 不足惜也 如或流入中華 則與中華爭衡之禪一朝墮在無稽之坑 愚敢證古正今 補過拾遺於先老之門 此可爲後生

之孝道也 其或以先老之誤處 强爲推尊以誤爲證 以爲後生之孝道者 吾不敢取也 惟諸方知識 洞鑑焉

이와 같은 (백파노인의) 誤說은 우리 해동의 후학들을 오도한 것으로 안타까움을 금할 수가 없다. (이러한 오설이) 만약 중화로 유입된 즉 중화와 더불어 충돌하는 선이 되어 하루아침에 황당무계한 구덩이에 떨어지고 말 것이다.

내[愚]가 감히 옛것을 고증하여 현재의 것을 바로잡은 것은 先老之門에서 補過하고 拾遺한 것이었다. 이것은 가히 후생의 孝道가 될 것이다. 그러나 간혹 先老의 誤處로써 억지로 推尊하여 誤로 證하여 그것으로써 후생의 효도를 삼는 것이라면 나는 감히 취하지 않겠다. 바라건대 제방의 지식들은 洞鑑해주소서.

大朝鮮開國四百八十五年 大淸光緖元年 大日本 明治七年丙子三月日
대조선 개국 485년 대청 광서 원년 대일본 명치 7년 병자 3월일

書于昇平府曹溪山 吉祥社廣遠菴丈室中
승평부 조계산 길상사 광원암 방장실에서 쓰다

禪門證正錄印刊跋

臨濟三句 即禪門之髻珠也 三聖二賢一愚之綱要 即禪門之指針也 是以龜谷祖之拈頌說話 至三句玄要殺活機用等語一遵綱要 毋或少差 洎乎淸虛浮休雪坡蓮潭默菴碧潭諸先正 一如注甁捺印而已 近古六隱

老人 著拈頌般若等書足或失於源流名實 或錯於法喩本末 頗與綱要說話叅差 而世無燃犀之眼矣 優曇禪師 博攷祖章 證辨是非 昭若是星實禪學之寶鑑也 嗚呼 禪師易簀 于玆十有餘禩 如深山大澤 龍亡而虎逝 於是宗門僉德 玆謀出貲 印刊斯錄 公諸宇內 俾我佛燈祖燄 庶冀復明於塵劫 豈不光偉歟

8)『선문증정록』 간행에 붙이는 발문

임제삼구는 곧 선문의 髻珠이다. 그리고 [삼성장], [이현화], [일우설]의『선문강요집』은 곧 선문의 指針이다. 이로써 구곡각운 조사의『염송설화』는 삼구·삼현·삼요·살·활·기·용 등의 법어에 이르기까지 하나의 준범이고 강요로서 조금의 어긋남도 없다.

淸虛·浮休·雪坡·蓮潭·默菴·碧潭의 諸先에 이르기까지 바로 一如하게 注甁하고 捺印한 것과 같았다. 近古에 六隱老人이『拈頌』및『般若』등에 사족을 붙였는데, 혹 源·流·名·實을 상실하기도 하고, 혹 法·喩·本·末이 뒤섞이기도 하여 자못『선문강요집』과『염송설화』와 어긋났지만 세간에는 燃犀[491]의 안목을 가진 사람이 없었다.

이에 우담선사가 백파조사의 글에 대하여 널리 고증하고 시비를 證辨하니 마치 별처럼 밝아서 실로 禪學의 보감이었다.

오호라. 선사께서 자리를 바꾼 것[易簀]이 이에 10여 년이 되었으니, 마치 深山과 大澤에서 용이 사라지고 호랑이가 떠난 것과 같다. 이에 종문의 수

491) 燃犀: 사물을 꿰뚫어 보는 것. 晋나라 때 溫嶠가 牛渚 물가에 이르니, 깊이를 모를 물속에서 이상한 음악 소리가 들려왔다. 그가 물소 뿔에 불을 붙여 비추자 온갖 형상의 괴물이 모습을 드러냈다.

많은 대덕스님들이 여기에 재화를 모아서 이 『선문증정록』을 간행하였다. 공[우담]께서는 이 땅에서 우리 부처님의 전등과 조사의 불꽃을 보완하여 다시 진겁토록 밝게 빛나기를 바랐으니 어찌 빛나고 위대한 일이 아니겠는가.

曹溪后學錦溟寶鼎謹識釋尊應化二千九百四十年癸丑暮春之七日大正二年七月二十日昌文社印行

조계후학 금명보정이 삼가 기록하다
석존응화 2940(1913) 계축년 3월[暮春] 7일
대정 2년 7월 20일 창문사 간행

禪門證正錄印刊跋
『선문증정록』 간행에 붙이는 발문

禪源溯流

8. 『선원소류』[492]

白坡門人雪竇有炯述
백파문인 설두유형이 서술하다

목차[493]

492) 『禪源溯流』, (韓佛全10, pp.653中-677下) 〈底〉光緖十五年 幻翁喚眞述記本(서울大學校 所藏) 저자 雪竇有炯(1824-1881)은 속성은 李씨이고, 자는 有炯이며, 호는 雪竇이고, 초명은 奉琪이다. 19세 때 백양산의 快逸에게서 출가하였다. 靈龜山 백파긍선 講會에 참가하였고, 道圓의 뒤를 이어 강단에 올라 10여 년 동안 후학을 길러냈다.

493) 텍스트에는 원래 목차가 없지만 번역본이라는 점을 감안하여 번역자가 보입하였다.

禪者 三禪 源者 向上一竅 然向上一竅 通最初末後二句 最初句爲向上一竅 可知末後句爲向上一竅者 古德云 末後句至於圓極 則與最初句何以異哉 又云要識末後句 看取未生時 泝有泝游泝洄二義 流有順流逆流二義 謂最初直示此事最初句次說三句 則此自最初句泝游而順流也 若說三句 末後結示此事末後句則此逆流而泝洄 至末後句向上也

1) 여래선과 조사선[494]

(禪源遡流라는 제목에서) '禪'은 삼종선이고 '源'은 향상일규이다. 또 향상일규는 최초구와 말후구의 이구에 통한다. 최초구는 향상일규이므로 말후구도 향상일규인 줄을 알 것이다. 고덕은 말한다.

"말후구가 圓極에 이른 즉 최초구와 어찌 다르겠는가."

또 말한다.

"말후구를 알고자 하는가. 未生時를 살펴보라."

'遡'에는 泝游와 泝洄의 두 가지 뜻이 있다. '流'에는 順流와 逆流의 두 가지 뜻이 있다. 말하자면 최초에 此事가 최초구임을 직시하고 다음으로 삼구를 설한 즉 그것은 최초구로부터 泝游이지만 順流이다. 만약 삼구가 말후구임을 설하고 此事가 말후구임을 결시한 즉 그것은 逆流이지만 泝洄로서 말후구의 향상에 이른다.

佛見明星悟法 猶未甚深 遊行數十日 傳得祖師心 新羅梵日國師 因眞

494) 여기서부터 이하 〈5) 임제삼구의 변〉까지는 백파긍선의 선리에 대하여 옹호하는 변론에 해당한다.

聖王 問禪敎兩義 答曰世尊見明星悟道 復知所悟之法 猶未臻極 遊行數十月 尋訪祖師 始傳得玄極之旨 謂如來悟底 名如來禪 祖師傳底 名祖師禪也是故如來禪 劣於祖師禪

부처님이 明星을 보고 悟法했지만 아직 甚深이 아니어서 數十日 동안 유행하여 조사심을 傳得하였다.

신라 범일국사에게 진성왕이 선과 교의 두 가지 뜻에 대하여 묻자, 다음과 같이 답했다.

"세존은 明星을 보고 悟道했습니다. 그러나 또한 깨친 법이 아직 다시 臻極이 아님을 알고 數十月을 유행하며 조사를 尋訪하여 비로소 玄極의 종지를 傳得하였습니다."

말하자면 여래의 깨침을 여래선이라고 말하고, 조사가 전한 것을 조사선이라고 말한다. 이런 까닭에 여래선은 조사선보다 하열하다.

數十月月 淸虛禪師禪敎釋 亦作月 然當作日 達摩云 眞歸祖師在雪山叢木房中待釋迦 傳持祖印壬午歲 心得同時祖宗旨 以壬午臘月八日成道 而成道後數十日 傳持祖印 則尙在臘月晦前 故爲壬午歲 若過數十月 則非壬午也 法華云 我始坐道場 觀樹及經行 於三七日中 思惟如是事 今數十日遊行 至叢木房 亦順經中觀樹及經行 三七日思惟也 然禪云 尋訪祖師 傳持祖印 經云思惟如是事 此是禪敎之所以異也

數十月의 月은 청허선사의『선교석』에서도 또한 月이라고 되어 있지만 마땅히 日이라고 해야 한다. 달마가 말한다.

"진귀조사가 설산의 총목방에서 석가를 기다렸다가 조사심인을 傳持하였다."[495]

임오세에 心得했는데 동시에 祖宗旨로써 임오세 납월 팔일에 성도하였다. 그리하여 성도 이후 數十日에 祖印을 傳持한 즉 아직도 납월 그믐 이전이었기 때문에 임오세였다. 그러나 만약 數十月이 지났다면 즉 임오세가 아니다.

『법화경』에서 말한다.

"내가 처음 도량에 앉아서 나무를 관찰하며 경행하였다. 三七日 동안 如是事를 사유하였다."[496]

지금 數十日 동안 遊行하여 총목방에 이르렀고, 또한 順經 중에 나무를 관찰하였으며, 그리고 경행하면서 三七日 동안 사유하였다. 또 禪에서는 '조사를 심방하여 조인을 전지하였다.'고 말한다. 經에서는 '여시사를 사유하였다.'고 말한다. 이것이 곧 선과 교가 다른 이유이다.

如來悟底 名如來禪者 普曜經云 菩薩於二月八日成道 號曰人天師

여래의 깨침을 여래선이라고 말한 것은 『보요경〈보집경〉』에서 말한다.

"보살이 이월 팔일에 성도하자 인천사라고 불렀다."[497]

495) 『禪門寶藏錄』 卷上, (卍新續藏64, p.807下) "唐土第二祖惠可大師 問達磨 今付正法卽不問 釋祖傳何人得何處 慈悲曲說 後來成規 達磨日 我卽五天竺 諸祖傳說有篇 而今爲汝說示 頌日 眞歸祖師在雪山叢木房中待釋迦 傳持祖印壬午歲 心得同時祖宗旨 達磨密錄"

496) 『妙法蓮華經』 卷1, (大正藏9, p.下)

497) 『景德傳燈錄』 卷1, (大正藏51, p.205中) "故普集經云 菩薩於二月八日明星出時 成佛號天人師" 참조.

菩薩者 約成道前而言也 若約成道後 則轉得佛號 是爲釋加牟尼佛也 二月八日者 世尊出世 與周同時 則周以子月爲歲首 前亥月終 壬午歲至 子月爲癸未正月 故丑月爲二月 卽周穆王三年癸未二月八日也 成道道卽所悟之法 能悟之人 是如來 而今約所悟之法 兼能悟之人 故名如來禪 禪是所悟之心法也 天人師者 以成道後 施設方便 爲人天說法 故云天人師

보살이란 성도 이전에 의거하여 말한 것이다. 만약 성도 이후에 의거하자면 즉 佛號라고 轉得해야 하는데 그것이 석가모니불이다.

이월 팔일이란 세존의 출세가 周나라와 동시대인 즉 周나라는 쥐의 달[子月]로 歲首의 처음을 삼고, 그 앞의 돼지의 달[亥月]로 끝을 삼는다.[498] 임오세에 이르러서는 子月은 계미년 정월에 해당하기 때문에 丑月은 이월에 해당한다. 곧 周 穆王 3년 계미년 2월 8일이다.

成道의 道는 곧 깨친 법으로써 타인을 깨우쳐주는 것인데 곧 여래이다. 그리하여 지금은 깨친 법과 타인을 깨우쳐주는 것을 겸하기 때문에 여래선이라고 말한다. 여래선에서 禪은 곧 깨침의 심법이다. 천인사란 성도 이후에 방편을 시설하여 인간과 천상을 위해 설법하는 까닭에 천인사라고 말한다.

臨濟云 第二句薦得 與人天爲師

임제가 말한다.

498) 十二干支의 子丑寅卯辰巳午未申酉戌亥에서 처음의 子와 끝의 亥를 가리킨다.

"제이구를 통해서 깨치면 인간과 천상의 스승이 될 만하다."[499]

一愚釋云 如來在寂滅場中 初成正覺 現千丈盧舍那身 四十一位法身大士 及天龍八部 一時圍遶 是第二句 故云人天爲師 謂初成正覺 卽如來悟底 是第二句薦得也 法身大師人 天龍八部天云云 成正覺後 施設戈甲 說華嚴時也 故云人天爲師 香嚴曰 去年貧未是貧 今年貧直是貧 仰山曰 如來禪卽許師兄會 祖師禪未夢見在 一愚云 此是能所二知俱忘 成就如來禪 爲人天師之榜樣 謂香嚴悟底 是第二句薦得 故云成就如來禪 如是悟之 施設方便 堪與人天爲師 故云爲人天師之榜樣

일우가 해석하여 말한다.

"여래가 적멸도량에 머물며 비로소 정각을 성취하니 千丈의 盧舍那身과 四十一位法身大士 및 숙세에 근기가 성숙한 天龍八部가 일시에 위요하여 마치 구름이 달을 가린 것과 같은 모습을 드러냈는데,[500] 이것이 제이구입니다. 때문에 인간과 천상의 스승이 된다고 말했습니다."[501]

'비로소 정각을 성취한다'는 것은 곧 여래의 깨침인데, 이것이 곧 제이구를 통해서 깨친다는 것이다. '법신대사'는 타인을 가리키고, '天龍八部가 …'는 정각을 성취한 이후에 방편[戈甲]을 시설한 것으로 화엄을 설한 시기이다.

499) 『鎭州臨濟慧照禪師語錄』, (大正藏47, p.502上)

500) 『佛祖統紀』 卷3, (大正藏49, p.149上) "初頓敎者 卽第一華嚴時 從部時味 得名爲頓 此謂如來始成正覺在寂滅道場 四十一位法身大士 及宿世根熟 天龍八部 一時圍遶 如雲籠月 是時如來現盧舍那身說圓滿修多羅 故言頓敎"

501) 『禪門綱要集』, (韓佛全6, p.855上)

때문에 말한다. 때문에 인간과 천상의 스승이 된다고 말했다.

향엄은 말한다.

"작년의 가난은 곧 가난이 아니었다네

올해의 가난이 곧 진실로 가난이었네"

앙산이 말했다.

"지한사제가 여래선을 이해한 것은 인정하는데, 조사선은 꿈에도 보지 못했습니다."

일우는 말한다.

"이것이 바로 能知 · 所知의 二知를 모두 잊고 여래선을 성취한 것으로서 인간과 천상의 스승이 된다는 그 모습입니다."[502]

소위 향엄의 깨침이 곧 제이구를 통해서 깨친 것이기 때문에 '여래선을 성취한 것'이라고 말한 것이다. 이와 같이 그것을 깨치고 방편을 시설하는 까닭에 '인간과 천상의 스승이 된다는 그 모습이다'고 말한다.

祖師傳底 名祖師禪者 慧可問達摩 今付正法卽不問 釋祖傳何人得何處 達摩曰 天竺則諸祖傳說有篇 吾今爲汝說示 頌曰 眞歸祖師在雪山 叢木房中待釋迦 傳持祖印壬午歲 心得同時祖宗旨

조사가 전승한 것을 조사선이라고 말한다는 것은 다음과 같다.

혜가가 달마에게 물었다. "지금 정법안장의 부촉에 대해서는 곧 묻지 않겠습니다. 조사의 전승[祖傳]을 누가 어디에서 얻었는지 해석해주십시오."

502) 『禪門綱要集』, (韓佛全6, p.855上)

달마가 말했다. "천축에는 곧 諸祖傳이 책으로 설해져 있다. 내가 이제 그대한테 說示하겠다.

게송에서 말한다.

진귀조사가 설산에 있으면서
총목방에서 석가를 기다렸네
임오세에 조사심인 전지하니
동시에 祖師宗旨를 心得했네"[503)]

眞歸祖師 文殊菩薩 如是化現 爲七佛祖師也 此能傳之人 雪山及叢木房 傳法之處 壬午歲 傳法之時 祖印是所傳之法 今約所傳之法 兼能傳之人 故名祖師禪也 禪是所傳之心法也 祖宗旨 卽向上一竅 人人本具箇箇圓成 不從人得 故傳持向下祖印之時 秖自心得此宗旨也 壬午歲者 孔子曰 行夏時 夏以寅月爲歲首 自漢武帝太初曆後 至今行夏時 以今所行言之 故丑月爲壬午臘月也

진귀조사와 문수보살은 이와 같이 화현하여 칠불의 祖가 되었다. 이것이 能傳의 人이고, 설산과 총목방은 傳法의 處이다. 임오세는 傳法의 時이고, 조사심인[祖印]은 곧 所傳의 法이다. 지금 여기에서는 所傳의 法에 의거하면서 能傳의 人을 겸한 것이다. 때문에 조사선이라고 말한다.

(조사선의) 禪은 所傳의 心法이고, 조사종지[祖宗旨]는 곧 향상일규로서 모든 사람이 본래 갖추고 개개인에게 원만성취되어 있어서 남으로부터 얻는

503) 『禪門寶藏錄』 卷上, (卍新續藏64, p.807下)

것이 아니기 때문에 향하로 祖印을 傳持하는 시절이라고 해도 단지 자심이 그 宗旨를 얻은 것뿐이다.

임오세와 관련하여 공자는 "夏나라 역법의 시대에서 夏는 寅月을 歲首로 삼는다."고 말한다. 漢의 武帝로부터 太初의 曆法 이후에 지금에 이르렀다. 그런데 夏나라 역법의 시대를 가지고 지금 행해지는 것도 그것을 말한다. 때문에 丑月로 壬午年 臘月을 삼는다.

臨濟云 第一句薦得 與祖佛爲師

임제가 말한다.
"제일구를 통해서 깨치면 조사와 조사의 스승이 될 만하다."[504)]

<一+?>愚云 此句下薦得 徑踏毘盧向上 直佩祖師心印 故云與祖佛爲師 謂直佩祖師<佛?>心印 故名祖師禪 徑踏毘盧向上 則是悟本分故 新熏佛祖立下風爲侍者 故云爲佛祖師<祖佛爲師?>

일우는 말한다.
"이 제일구에서 깨친다면 곧장 毘盧向上을 밟고 곧장 祖師心印을 꿰찰 것이다. 때문에 조사와 부처의 스승이 될 만하다고 말했다."[505)]

504) 『鎭州臨濟慧照禪師語錄』, (大正藏47, p.502上)
505) 『禪門綱要集』, (韓佛全6, p.853下)

소위 '곧장 祖佛心印을 꿰차기' 때문에 조사선이라고 말한다. 그리고 '곧장 毘盧向上을 밟은' 즉 그것은 本分을 깨쳤기 때문이다. 그래서 新熏의 불조를 내세워 이하에서 청풍장로까지도 시자로 삼았기 때문에 부처와 조사의 스승이 될 만하다고 말한다.

問眞聖旣問禪敎兩義 則答中世尊悟道 豈非敎義耶 答豈不聞道 古德云 得之於心 則乃至世間麤言細語 皆爲敎外別傳禪旨 失之於口 則拈花微笑 却爲敎跡 然則世尊悟道 得之於心 故爲如來禪也 若謂不然 世尊悟道 不得於心耶 故知眞聖 雖問禪敎兩義 意實問禪 豈不知四十九年說是爲敎也 故梵日答中 世尊悟道 明如來禪 祖師傳旨 明祖師禪也

묻는다 : 진성왕이 질문한 선교의 두 가지 뜻에 대한 답변 가운데서 세존이 오도했다는 것은 어찌 교의가 아니겠습니까.

답한다 : 어찌 들어보지 못했는가. 고덕은 말한다. '마음을 깨치면[得之於心] 곧 내지 세간에서 미주알고주알 떠드는 말이 모두 교외별전의 선지가 된다. 언설에 집착하면[失之於口] 곧 염화미소도 모두 교의 자취가 된다.'[506] 그런즉 세존의 오도는 마음을 깨친[得之於心] 것이기 때문에 여래선이 되는데, 만약 그렇지 않다고 말한다면, 세존의 오도가 마음을 깨친 것이 아니란 말인가. 때문에 알아야 한다. 진성대왕이 비록 선교의 두 가지 뜻에 대하여 질문하였을지라도 그 의도인즉 진실로 선에 대하여 질문한 것이다. 어찌 49

506)『明覺禪師語錄』卷3, (大正藏47, p.688中) "擧安國問僧 得之於心 伊蘭作栴檀之樹 失之於旨 甘露乃蒺藜之園"; 『禪家龜鑑』, (韓佛全7, p.635中-下) "是故若人 失之於口 則拈花微笑 皆是敎迹 得之於心 則世間麁言細語 皆是敎外別 傳禪旨"

년 동안의 설법이 곧 敎가 되는 것을 모른단 말인가. 때문에 범일은 답변 가운데서 세존의 오도는 여래선을 설명한 것이고 진귀조사가 전승한 종지는 조사선이라고 말한 것이다.

問世尊悟道 祖師傳旨 皆是心得爲禪 果如所言 其失之於口爲敎者 經云如證說華嚴 華嚴中 何法爲如來悟底 何法爲祖師傳底耶 答風釋第二句云 於此辨得見 理性無邊 事相無外 具正知覽說話 云敎說事事無碍 禪行事事無礙 故知說理事無碍 是如來悟底 說事事無礙 是祖師傳底也

묻는다 : 세존의 오도와 진귀조사가 전승한 종지는 모두가 곧 마음으로 터득한 것이기에 선입니다. 과연 말한 대로 언설에 집착하면[失之於口] 敎가 된다면, 경전에서 '증득한 그대로 화엄을 설했다'고 말하는데, 화엄 가운데서 어떤 법이 여래의 깨침이고 어떤 법이 조사가 전승한 종지입니까.

답한다 : 청풍장로는 제이구를 다음과 같이 해석하여 말한다.

"理性은 無邊하고 事相은 無外임을 보고 正知覺을 갖추게 된다."[507)]

『염송설화』를 살펴보면 다음과 같이 말한다.

"敎에서는 사사무애를 설하고 禪에서는 사사무애를 실천한다."[508)]

때문에 이사무애를 설하는 것이 곧 여래의 깨침이고, 사사무애를 설하는 것이 곧 조사가 전승한 종지임을 알아야 한다.

---

507) 『禪門綱要集』, (韓佛全6, p.852上)
508) 『禪門拈頌 拈頌說話會本』 卷1, (韓佛全5, p.6上-中)

已知如來祖師二禪之所以得名 且道名下之義如何 說話(拈頌說話)云 如來禪者 山山水水 法法全眞也 祖師禪者 和根拔去 了沒巴鼻也 (上標擧法體下類指經法) 如經云 若見諸相非相 卽見如來云者 是如來禪 法眼云 若見諸相非相 卽不見如來云者 是祖師禪也 (上別指經文下通類佛法) 又佛法有頭角邊 謂之如來禪 佛法無頭角邊 謂之祖師禪也 又古德云 天地地天天地轉 水山山水水山空云者 是如來禪 天天地地何曾轉 水水山山各宛然云者 是祖師禪也(此約世法)

이미 여래선과 조사선 곧 이선의 명칭이 붙은 까닭을 알아보았다. 그러면 자, 말해 보라. 그 명칭에 따르는 뜻은 무엇인가. 『염송설화』에서 말한다. "여래선은 산은 산이고 물은 물이다. 이처럼 제법이 그대로 깨침이다. 조사선은 통째로 뽑아버려 끝내 코를 잡을 곳도 없다.[沒巴鼻].(이상은 법체를 들어서 보였다. 이하에서는 그에 비견되는 경법을 가리킨다) 경전에서 말한 '만약 제상이 진상이 아님을 보면 곧 여래를 본다'는 것은 곧 여래선이다. 법안이 말한 '만약 제상이 진상이 아님을 본다면 곧 여래를 보지 못한다.'는 것은 곧 조사선이다.(이상에서는 경문을 특별히 가리켰고, 이하에서는 공통적으로 불법을 비견했다) 또 불법에 드러남[頭角邊]이 있으면 그것을 여래선이라고 말하고, 불법에 드러남[頭角邊]이 없으면 그것을 조사선이라고 말한다. 또 고덕은 말한 '천지와 지천은 하늘과 땅이 구르고 수산과 산수는 물과 산이 공이다.'는 것은 곧 여래선이다. 그리고 '천은 천이고 지는 지인데 어찌 그른 적이 있던가. 물은 물이고 산은 산으로 각각 완연하다.'는 것은 곧 조사선이다.(이것은 세간법에 의거한 것이다)"[509]

509)『禪門拈頌拈頌說話會本』[禪門拈頌集序], (韓佛全5, p.1中) ; 『朝鮮佛敎通史』 下編, (大藏經補編31,

教外傳三處 是爲一味禪 達摩來此土 如水甁甁傳 教外別傳者 祖門刊正錄云 敎也者 自有言至於無言者也 心也者 自無言至於無言者也 自無言至於無言 則人莫得而名焉 故强名曰禪 此非文字所可擬議 故曰教外 以不歷位次階級 而悟佛心宗 徑受法印 故曰別傳 一味者 華嚴疏云 如海雖廣 同一鹹味 又如衆藥 煮之一器 其味無別 故云一味 然此云一味者 無味之味也 故說話云 古人云 不見纖塵到眼前 清風明月兩蕭然 淡中有味君知否 箇是長蘆一味禪 眞淨禪師頌云 海印定中三種現 三種世間皆無盡 無盡性海合一味 一味相沉是我禪 合一味者 是華嚴疏一味 一味相沉處 是長蘆一味禪 三處傳心者 世尊如上悟之見星悟道受之傳持祖印 以是而傳之三處 一在多子塔前 爲人天說法 迦葉後至 世尊遂分座令坐 座是法空座 故表殺人刀也 說話但云 是殺人刀傳心 而無頌句 古引女子出定話中 先頌入定云 樓閣重重華藏界 紫羅帳裏撒眞珠之句 以爲此殺人刀頌 盖此頌拈弄殺義也 二在靈山說法天雨四花 世尊遂拈花示衆 迦葉微笑 花是許多般 故表活人劍也 說話云 是活人劍傳心 又頌云 四五百條花柳巷 二三千處管絃樓 三泥蓮河畔 – 婆[510]羅雙樹間 入涅槃 經七日迦葉至 繞棺三匝 世尊遂槨示雙趺迦葉作禮三拜 說話但頌云 犀因玩月紋生角 暗中有明卽殺之活 象被雷驚花入牙 明中有暗卽活之殺 雖無殺活齊示之言 雙趺意不無 表殺活齊示也

p.613上)

510)「婆」疑「娑」『編』

2) 삼처전심

교외별전된 삼처는 곧 일미선인데, 달마가 이 국토[此土:중국]에 도래하여 마치 물병의 물을 물병에다 전수해준 것과 같았다. 교외별전에 대하여 『祖門刊正錄』에서 말한다.

“敎法은 유언으로부터 무언에 이르는 것이다. 心法은 무언으로부터 무언에 이르는 것이다. 무언으로부터 무언에 이른즉 사람이 얻을 수가 없고 명칭 뿐이기 때문에 억지로 禪이라고 말한다. 이것은 문자로 가히 어찌할 수[擬議] 있는 것이 아니기 때문에 敎外라고 말한다. 그리고 位次나 階級으로 경력하지 못하고 불심종을 깨쳐서 곧장 法印을 받기 때문에 別傳이라고 말한다.”[511)]

일미란 『화엄소』에서 말한다.

“마치 바다가 비록 광활하지만 동일하게 짠맛인 것과 같다. 또 마치 갖가지 약을 한 그릇에 넣어 끓이면 그 맛에 차별이 없는 것과 같기 때문에 일미라고 말한다.”[512)]

그러나 여기에서 일미라고 말한 것은 無味의 味이다. 때문에 『염송설화』에서 말한다.

“고인이 말한다.

섬진이 안전에 내려앉는 것 보지 못하고
맑은 바람과 밝은 달빛 모두 적막하다네
맑은 물속에 있는 맛을 그대는 알겠는가

---

511) 『禪門寶藏錄』 卷上, (韓佛全6, p.471上)
512) 『大方廣佛華嚴經隨疏演義鈔』 卷54, (大正藏36, p.425中)

그것이야말로 바로 장로의 일미선이라네
진정선사가 게송으로 말한다.
해인삼매 가운데 삼종세간이 드러나는데
그 삼종세간 모두가 끝이 없이 펼쳐지네
끝이 없는 자성의 바다 일미로 합쳐지니
일미의 모습마저 없음이 곧 나의 선이네"[513]

'일미로 합쳐진다'는 것이 곧『화엄소』에서 말하는 일미이다. '일미의 모습마저 없는' 이치가 곧 장로의 일미선[514]이다.

삼처전심이란 앞에서 언급했듯이 세존이 見星悟道하여 조사의 심인을 전지하였는데 그것[조사의 심인]을 삼처에서 전수하였다.

첫째는 다자탑전에서 인천을 위하여 설법하였는데 가섭이 나중에 도착하자 세존이 마침내 자리를 나누어 앉도록 하였다. 때문에 殺人刀를 表한다.『염송설화』에서 단지 살인도를 가지고 전심했다고만 말하고 그에 대한 頌句가 없다. 옛적에 女子出定話에서 먼저 게송을 말하고 입정한 것을 인용하여 '겹겹이 늘어선 누각은 연화장 세계요. 보랏빛 비단 장막에다 진주를 뿌리네'라는 句로써 이 살인도의 게송을 삼았는데, 무릇 이 게송이야말로 殺의 뜻을 염롱한 것이다.

둘째는 영취산 설법에서 天雨四花[515]하였는데, 세존이 마침내 拈花示衆하자 가섭이 미소를 지었다. 꽃이 곧 허다하게 내렸기 때문에 活人劍을 表한다.『염송설화』에서는 이것이야말로 활인검을 가지고 전심한 것이라고 말하고, 다시 또 게송으로 말한다.

513)『禪門拈頌拈頌說話會本』卷8, (韓佛全5, p.242上)
514)『明覺禪師語錄』卷2, (大正藏47, p.683下) 歸宗智常의 一味禪 참조.
515) 天雨四花는 하늘에서 사방에 꽃을 비내리는 모습이다.

'사오백 그루 늘어진 꽃 버들나무 숲 이루고
이삼천 수많은 누각에서 법음이 울려퍼지네'

셋째는 세존이 니련선하 주변에 있는 사라쌍수 사이에서 열반에 드셨다. 칠일이 지나서 가섭이 도착하여 관의 주변을 세 바퀴 돌았는데, 세존이 마침내 槨示雙趺하자 가섭이 삼배의 예를 드렸다. 『염송설화』에서는 단지 게송으로만 말한다.

'무소가 달빛을 받아 뿔에 문양이 생겨나니
어둠속에 밝음이 있은 즉 殺 가운데 活이고
코끼리 우레 맞고 놀라 상아에 꽃이 생기니
밝음 속에 어둠이 있은즉 活 가운데 殺이네'

이것은 비록 殺活齊示가 없는 말이지만 곽시쌍부의 의미가 없지 않으므로 殺活齊示를 表한 것이다.

三處傳心 古有多說 然圓悟示勝首座[516)]法語云 釋迦文多子塔前分座已 密授此印 爾後拈花是第二 重公案至於付金襴 雞足山中候彌勒者 多少節文也 說話云 此爲明證 勤親傳正脉 爲臨濟嫡孫 豈肯妄爲無實遊言乎

삼처전심에 대해서는 예로부터 수많은 설이 있었다. 그런데 圓悟示勝首座法語(원오극근이 승수좌에게 해준 법어)에서 말한다.

"석가모니가 다자탑전에서 자리를 나누고 이 법인을 밀수하였다. 이후에

516) '示勝首座'는 '示法濟禪師'가 옳다.

염화하였는데, 그것이 둘째이다. 거듭해서 공안은 금란가사를 부촉하기에 이른다. 계족산에서 미륵을 기다린다는 것은 다소의 글을 요약한 것이다."[517]

『염송설화』에서는 "이로써 증명하건대, 勤親하여 정맥을 전승한 것이 임제의 적손이다."[518]고 말한다. 그런데 어찌 거짓말을 수긍하여 진실이 아닌 떠도는 말[無實遊言]이라고 하겠는가.

三處傳心 諸祖相承 如缾注瓶 至于達摩 達摩亦傳之三處 一祖問慧可 諸緣斷否 可曰已斷 祖云莫落斷滅否 可曰不落 祖云爲什麼不落 可曰明明不昧 了了自知 言不可及 說話云 諸緣已斷時 無一法可當情 明明不昧 了了自知者 知有本分事 與體一般 向上自性體 以悟修斯亡 乃證得如來禪 二可問諸佛法印可得聞乎 祖云諸佛法印 匪從人得 可曰我心未寧 乞師安心 祖云將心來 與汝安 可曰覓心了不可得 祖云與汝安心竟 可禮拜 祖云汝見什麼道理禮拜 可曰明明不昧 了了自知 說話云 當下安心 悟得諸佛所傳心體 前解轉明曰 明明不昧 了了自知 遂乃會得祖師禪 三祖一日命門人曰 時將至矣 盍各言所得乎 時道副得皮 尼捴持得肉 道育得骨 最後慧可 出禮三拜 又依位而立 祖曰汝得吾髓 說話但云 宗門異類 不云二禪齊得 然旣許第三傳心 則三拜意不無 表二禪齊得也 又依位而立者 不滯傳受之迹也 故說話云 出禮三拜 又依位而立之義 不得莽鹵 直須仔細

517) 『佛果克勤禪師心要』 卷上, (卍新續藏69, p.457上)

518) 此爲明證勤親傳正脉 爲臨濟嫡孫 『禪門拈頌拈頌說話會本』 卷2, (韓佛全5, p.50下)

삼천전심은 제조가 상승한 것으로 마치 물병의 물을 물병에 옮겨 담는 것과 같다. 달마에 이르러서 달마도 역시 법인을 삼처에서 전승하였다.

첫째〈제일처전심〉

달마조사가 혜가에게 물었다. "모든 반연을 단절하였는가." 혜가가 말했다. "이미 단절했습니다." 조사가 물었다. "혹 단멸에 떨어진 것은 아닌가." 혜가가 말했다. "떨어지지 않았습니다." 조사가 물었다. "떨어지지 않은 경지는 어떤가." 혜가가 말했다. "명명하여 어둡지 않고 요요하게 스스로 아는 것인데, 언설로도 미치지 못합니다."[519]

『염송설화』에서 말한다.

"모든 반연이 이미 단절되었을 경우에는 어떤 법도 識情에 해당하는 것이 없고 명명하여 어둡지 않고 요요하게 스스로 안다는 것은 본분사를 갖추고 있으면 본체와 더불어 일반인 줄을 안다는 것이다."[520]

이것은 그리하여 향상의 자성의 본체로써 깨침과 수행[悟修]을 모두 잊고 이에 여래선을 증득한다.

둘째〈제이처전심〉

혜가가 물었다. "제불의 법인을 들어볼 수 있습니까." 조사가 말했다. "제불의 법인은 남으로부터 얻는 것이 아니다." 혜가가 말했다. "제 마음이 불안합니다. 스승께서 안심시켜 주십시오." 조사가 말했다. "불안한 마음을 가져오라. 그대를 안심시켜주겠다." 혜가가 말했다. "불안심을 찾아보았지만 없습니다." 조사가 말했다. "이미 그대를 안심시켜주었다." 혜가가 예배하였다.[521] 조사가 말했다. "그대는 어떤 도리를 보았길래 예배하는가." 혜

519) 『宗鏡錄』 卷34, (大正藏48, p.615中) 참조.

520) 『禪門拈頌拈頌說話會本』 卷3, 제100칙 (韓佛全5, p.106上)

521) 『景德傳燈錄』 卷3, (大正藏51, p.219中)

가가 말했다. "명명하여 어둡지 않고 요요하게 스스로 알았습니다."[522]

『염송설화』에서 말한다.

"그 자리에서 안심한 것이야말로 제불이 전승한 심체를 깨친 것이다. 이전에 이해한 것이 더욱더 밝아졌기에 명명하여 어둡지 않고 요요하게 스스로 알았다고 말한 것이다. 마침내 이에 조사선을 터득하였다."[523]

셋째〈제삼처전심〉

어느 날 조사가 문인들에게 말했다. "시절이 바야흐로 도래하였다. 각자 터득한 것을 말해보지 않겠는가." 그때 도부는 皮를 얻었고, 비구니 총지는 肉을 얻었으며, 도육은 骨을 얻었고, 최후로 혜가는 앞으로 나와서 삼배로 예배하였다. 그리고는 제자리에 가서 서 있었다. 조사가 말했다. "그대는 나의 髓를 얻었다."[524]

『염송설화』에서는 단지 宗門異類[525]에 대해서만 말하고 여래선과 조사선의 모두 얻은 것[二禪齊得]에 대해서는 말하지 않았다. 그런데 이미 제삼처전심을 인정한 즉 삼배의 의미에 여래선과 조사선을 모두 얻은 것[二禪齊得]을 表함이 없지 않다. 또 '제자리에 가서 서 있었다'는 것은 전수한 흔적에 얽매여 있지 않았다는 것이다. 때문에 『염송설화』에서 말한다. '앞으로 나와서 삼배로 예배하고 또 제자리에 가서 서 있었다는 뜻은 莽鹵[526]가 아니므로 보름지기 자세히 살펴보라.'

『염송설화』에서 말한다.

522) 『禪門拈頌拈頌說話會本』 卷3, (韓佛全5, p.106上)
523) 『禪門拈頌拈頌說話會本』 卷3, (韓佛全5, p.106上)
524) 『景德傳燈錄』 卷3, (大正藏51, p.219中-下)
525) 曹山本寂의 四種異類 가운데 네 번째의 宗門中異類는 자신이 터득한 향상의 경지에 안주하지 않고 집착도 없으며 자유자재한 작용을 구사하는 것이다.
526) 莽鹵는 행동이나 말이 침착하지 못한 모습이다.

“이류에 사종이 있다. 첫째, 왕래이류는 몸[相]이 항상 윤회하는 것을 類라고 말하고, 자성을 상실하지 않는 것을 異라고 말한다. 둘째, 보살이류는 몸[形]이 육도중생을 닮은 것을 類라고 말하고, 보살 자신이 생사하는 중생과 동일하지 않는 것을 異라고 말한다. 셋째, 사문이류는 보살행[披毛戴角]을 類라고 말하고, 불변역(不變易: 변역생사하는 보살)를 해명한 것을 異라고 말한다. 넷째, 종문이류는 語言으로 미치는 것을 類라고 말하고, 智로도 도달하지 못하는 이치를 異라고 말한다. 이 가운데 종문이류는 의미로 말하자면 앞으로 나와서 예배한 것[出禮三拜]이고, 대중이 모두 본 즉 그것은 語言이 미친 것이기 때문에 類라고 말한다. 스승[달마]과 제자[혜가]가 相見하는 이치는 대중이 헤아리지 못하는 것인 즉 그것이 바로 智로도 도달하지 못하는 이치이기 때문에 異라고 말한다.”[527)]

說話釋世尊傳心云 傳殺人刀活人劒者 約所悟所受之法 以立名也 在師邊云 傳釋達摩傳心云 得如來禪祖師禪者 就能悟能傳之人 以立名也 在資邊云 得名雖有殊 義則無別 故余以爲殺是如來悟底 故名如來禪 活是祖師傳底 故名祖師禪

『염송설화』에서 세존의 삼처전심을 해석하여 말한다.

‘살인도와 활인검을 전수했다는 것은 깨침[所悟]과 전수받은[所受] 법에 의거해서 내세운 명칭이다. 스승의 측면에서 삼처전심을 해석하여 말하면, 達摩의 삼처전심은 곧〈여래선과 조사선을 얻었다는 것은 能悟와 能傳人에 나

527) 『禪門拈頌拈頌說話會本』 卷7, (韓佛全5, p.221中-下) 참조.

아가서 내세운 명칭이다.〉는 것이다. 제자의 측면에서 말하면, 명칭[名]을 얻은 것은 비록 다를지라도 뜻[義]은 곧 차별이 없다는 것이다. 때문에 나 구곡각운은 殺을 곧 여래의 깨침으로 삼았기 때문에 여래선이라고 말하고, 活을 곧 조사의 전수로 삼았기 때문에 조사선이라고 말한 것이다.'[528]

若殺非如來悟底 活非祖師傳底 殺活之法 從何而來 又如來禪 非如來悟底 祖師禪 非祖師傳底 二禪之名 據何而立耶 然不敢自全 若有他意 明眼詳示

3) 살인도와 활인검

(①묻는다) : 만약 殺이 여래의 깨침이 아니고 活이 조사의 전수가 아니라면 살활의 법은 어디에서 온 것입니까. 또한 여래선이 여래의 깨침이 아니고 조사선이 조사의 전수가 아니라면 (여래선과 조사선의) 二禪의 명칭은 무엇에 의거하여 내세운 것입니까. 또한 감히 저절로 온전해진 것은 아닐 것입니다. 만약 다른 의미가 있다면 밝은 안목으로 상세하게 제시해주십시오.

上來所傳殺活外 又有不傳底 此是人人本具 箇箇圓成 各其分上 本自具足 故名爲本分 此無傳受分 只自心得而已 故云心得同時祖宗旨 此祖宗旨 卽向上本分 而有體有用 用者 如臨濟所謂眞佛眞法眞道此也

528) 『禪門拈頌拈頌說話會本』의 내용을 발췌 및 요약하여 설명한 것이다.

體者 三卽一 皆空而無實有者也 圭峯云 如銅鏡之質 是自性體 銅鏡之明 是自性用 明所現影 是隨緣用

(답한다) : 지금까지 전승된 살 · 활 이외에 또한 전승되지 않은 것도 있다. 그것은 곧 사람마다 본래 구족하고 개개인이 원만성취되어 있는데, 각각 그 분상에 본래부터 구족하고 있기 때문에 본분이라고 말한다. 이것이 바로 전수된 적이 없는 분상이므로 무릇 자심으로만 터득할 뿐이다. 때문에 마음으로 터득한 것이 동시에 조사의 종지이기도 하다. 이 조사의 종지는 곧 항상 본분으로서 體도 있고 用도 있다. 용이란 임제가 말한 진불 · 진법 · 진도와 같다. 체란 삼구가 곧 일구[三卽一]로서 모두 공으로서 實有가 없다. 규봉은 말한다.

"마치 구리거울의 質은 곧 자성의 본체이고 구리거울의 明은 자성의 작용인 것과 같다. 明이 드러내는 影은 곧 수연의 작용이다."[529]

問圭峯以空寂爲體 以靈知爲自性用 爲自宗所解之法 石頭但認空寂之體 洪州但認自性用之隨緣用 以銅鏡喩體用 今引此義 然則石頭洪州 反不及荷澤 答圭峯云 顯密雖殊 非謂所傳之法體有異 謂顯傳者 以說顯傳 但知其所以然也 密傳者 默默密契 親證其體也 盖此空寂靈知之性 凡有心者 其誰無之 然凡夫不知有此靈知之性 故荷澤以言顯傳云 知之一字 衆妙之門 此但知其有此靈知之性 而不自親證故 不知卽

529)『中華傳心地禪門師資承襲圖』, (卍新續藏63, p.35上) "猶如銅鏡 銅之質是自性體 銅之明是自性用 明所現影是隨緣用"

心卽佛之旨 滯於頓悟漸修之解 爲義理禪也 淸源<靑原?>云 聖諦尙不爲 何階級之有 此不落悟修階級 親證其體 南岳云 設似一物卽不中 此和根拔去 了沒巴鼻故 大用現前 此是自性用之隨緣用 然則淸源<靑原?>南嶽 密證其體用 一超直入如來地 故爲格外禪也 故雖云所傳之法體是同 顯密懸殊 不啻若雲泥

②묻는다 : 규봉은 空寂으로써 體를 삼고 靈知로써 自性을 삼았습니다. 用은 自宗[하택종]이 이해하고 있는 법입니다. (규봉의 평가에 의하면) 石頭宗의 경우는 단지 空寂의 體만 알고 있다[認]고 하였고, 洪州宗의 경우는 단지 自性用 가운데 (本用은 없고) 隨緣의 用만 있다[認]고 하였는데, 그것에 대하여 구리거울을 가지고 체와 용을 비유하였습니다. 지금 (규봉의) 이 뜻을 인용하자면 곧 석두종과 홍주종이 도리어 하택종에 미치지 못하게 됩니다.

답한다 : 규봉은 현교와 밀교가 비록 다를지라도 그것이 전수된 법체에 차이가 있다는 것은 아니라고 말한다. 소위 현교의 전수는 언설로써 전수를 드러낸 것으로 단지 그 이유를 알 뿐이고, 밀교의 전수는 묵묵히 밀계하여 친히 그 체를 증득한 것이다. 대개 이 공적영지의 자성은 무릇 有心者라면 그 누구에겐들 없겠는가. 그러나 범부는 그 영지의 자성이 있는 줄 모르기 때문에 하택은 언설을 드러내 전수하여 '知라는 一字는 衆妙의 門이다'고 말한다. 이것은 단지 그들이 이 영지의 자성이 있는 줄만 알지 스스로 親證하지 못한 까닭이다. 이처럼 卽心卽佛의 종지를 모르고 頓悟 · 漸修의 이해에만 막혀 있는 것은 의리선이다. 청원행사는 '聖諦도 오히려 실천하지 않는데 어찌 계급인들 있겠는가.'라고 말한다. 이것이야말로 悟 · 修의 계급에 떨어지지 않고 그 본체를 親證한 것이다. 남악회양이 말한 '일물이라고 말해도 곧 的이 아닙니다.'는 것은 뿌리째 뽑아버린 것으로 끝내 沒巴鼻한 것

이기 때문에 大用現前이다. 이것은 자성용 가운데 수연용이다. 그런즉 청원과 남악은 그 體·用을 密證하여 대번에 如來地에 直入한 것이기 때문에 격외선이다. 따라서 비록 所傳의 法體는 곧 동일할지라도 顯·密처럼 현격한 차이뿐만 아니라 雲·泥의 차이가 있다.

又殺人刀 亦名眞金鋪 此與向上本分之體一般也 故說話釋達摩第一傳心云 諸緣已斷時 無一法可當情 明明不昧 了了自知者 知有本分事與體一般 到這裏 山山水水 法法全眞 是盡大地一挺金 故名曰眞金鋪亦是無一法可當情 則佛祖容身無地 故云佛也打祖也打 眞人面前休說假 謂打打殺也 打殺新熏佛祖之人 故云殺人刀 如世尊初生時 一手指天 一手指地云 天上天下唯我獨尊 雲門云 我當時若見 一棒打殺云者是也 活人劒亦名雜貨鋪 此是向上自性用之隨緣用 到這裏 和根拔去了 沒巴鼻故 大用現前 是十字街頭 賤賣風流 故名曰雜貨鋪 亦是佛也端端的的 祖也端端的的 故云佛也安祖也安 衲僧肚裹[530]如海寬 謂安 安活也 安活佛祖之人 故云活人劒 如各安其位 摠不動着者是也

또 살인도는 또한 진금포라고도 말한다. 이것은 향상본분의 본체와 더불어 일반이다. 때문에 『염송설화』에서 '達摩第一傳心'을 해석하여 말한다.

"모든 반연이 이미 단절되었을 경우에는 어떤 법도 識情에 해당하는 것이 없다. 그래서 명명하여 어둡지 않고 요요하게 안다."[531]

530) 「裹」疑「裏」『編』

531) 『禪門拈頌拈頌說話會本』 卷3, 제100칙 (韓佛全5, p.106上)

이것은 본분사를 갖추고 있음을 알면 본체와 더불어 일반이라는 것이다. 이런 경지에 이르러서는 산은 산이고 물은 물이며 법마다 모두 깨침[眞]이다. 이것은 盡大地가 한 덩어리의 금이기 때문에 진금포라고 말한다. 또한 곧 어떤 법도 識情에 해당하는 것이 없은 즉 부처와 조사라도 몸담을 여지가 없다. 때문에 부처도 부정하고[打] 조사도 부정한다[打]고 말한다. 진인의 면전에서는 언설도 가탁하지 말라는 것을 打라고 말한다. 打殺은 또한 신훈의 부처와 조사를 타살하는 사람이기 때문에 살인도라고 말한다. 마치 세존이 처음 태어났을 때 한 손으로는 하늘을 가리키고 한 손으로는 땅을 가리키며 天上天下唯我獨尊[532]이라고 말한 것에 대하여 운문이 자신이 당시에 보았다면 한 방으로 타살했을 것이라고 말한 경우와 같다.

활인검은 또한 잡화포라고 말한다. 이것은 곧 향상의 자성용 가운데 수연용이다. 이런 경지에 이르러서는 뿌리째 뽑아버린 것으로 끝내 沒巴鼻한 것이기 때문에 大用現前이다. 이것은 십자가두에서 賤하게 풍류를 파는 것이기 때문에 잡화포라고 말한다. 또한 곧 부처도 또렷하고 분명하고[端端的的] 조사도 또렷하고 분명하기[端端的的] 때문에 부처도 긍정하고 조사도 긍정한다고 말한다. 납승의 뱃속은 바다처럼 넓은 것을 安이라고 말한다. 安活은 또한 부처와 조사를 安活하는 사람이기 때문에 활인검이라고 말한다. 마치 각자 그 자리에 안치하여 모두 부동한 모습[不動着]이 바로 이것이다.

問以刀劒喻殺活 殺人刀可有 而何處有活人劒耶 答古之名將 率兵入

532) 天上天下唯我獨尊의 용어에 대해서는 『根本說一切有部毘奈耶雜事』 卷20, (大正藏24, p.298上) 雲門의 著語는 『雲門匡眞禪師廣錄』 卷中, (大正藏47, p.560中) 참조.

胡地 臨渴無水 一軍幾死 將軍以劒大呼斫地 水隨劒涌 兵皆快活 將軍曰 此劒亦能殺人 亦能活人 以此觀之 豈無活人劒耶 然殺人刀 亦名眞金鋪 是體也 活人劒 亦名雜貨鋪 是用也 而以體有無用之體 故殺是單殺 用無無體之用 故活必兼殺 然則刀劒二字 言其優劣 眞雜二字 言其單兼也

③묻는다 : 刀 · 劒은 殺 · 活을 비유한 것입니다. 살인도는 어디에나 있지만 활인검은 어디에 있는 것입니까.

답한다 : 옛날 한 名將이 병사를 거느리고 오랑캐 땅에 들어갔다. 목이 말랐지만 물이 없어서 군대가 거의 죽을 지경이었다. 장군이 검을 가지고 크게 소리치며 땅을 가르자, 물이 칼을 따라 솟구쳤다. 병사들이 모두 快活하자, 장군이 말했다. '이 검은 또한 사람을 죽이기도 하고 또한 사람을 살리기도 한다.' 이로써 그것을 관찰해보면 어찌 활인검인들 없겠는가. 그러나 살인도도 또한 진금포라고도 말하는데 그것은 體이고, 활인검도 또한 잡화포라고도 말하는데 그것은 用이다. 이로써 體에 無用의 體만 있기 때문에 殺이 곧 單殺이지만, 用에 無體의 用이 없기 때문에 活은 반드시 兼殺이다. 그런즉 刀와 劒의 二字는 그 優 · 劣로 말하지만, 眞과 雜의 二字는 그 單 · 兼로 말한다.

卅三諸祖師 受記摩耶肚 四七在西天 二三出漢土 付法藏傳云 西天二十七 般若多羅尊者云 我佛從兜率陀天 入摩耶胎中 與三十三人 摠授懸記云 吾有心法 摠付於汝 各各候時 當一人 傳一人 密護宗旨 勿令斷絕 頌曰 摩耶肚裏堂 法界體一如 卅三諸祖師 同時密授記

삼십삼 명의 모든 조사는 마야부인의 뱃속에서 수기하였는데, 이십팔조는 서천에 있고 육조는 한토에서 출현하였다. 『부법장인연전』에서 말한다. "서천의 이십칠조 반야다라존자가 말한다. 우리 부처님께서는 도솔타천으로부터 마야부인의 태속에 들어가서 삼십삼 명에게 모두 현기를 주고 말했다. 내가 가지고 있는 심법을 모두 그대한테 부촉하니, 각각 때를 기다렸다가 반드시 한 사람이 한 사람에게만 전승하고 은밀하게 종지를 수호하여 단절되지 않도록 하라. 게송으로 말한다.

마야의 뱃속을 집 삼아 머물러도
법계의 체성 언제나 변함이 없네
서른 세 명의 모든 대선지식들이
동시에 은밀히 수기를 주고 받네"[533)]

西天四七者 自迦葉至達摩 爲二十八祖 於中十二祖馬鳴菩薩 造甘蔗起信等論 明如來藏緣起宗 故爲法性宗宗主也 十四祖龍樹菩薩 入龍宮 見三本華嚴 於下本抄出 畧本華嚴 現行人間 又造智度論等數十部明我法俱無宗 故爲空宗宗主也

서천의 이십팔조는 가섭으로부터 달마에 이르는 이십팔조이다. 그 가운

533) 『禪門寶藏錄』 卷上, (卍新續藏64, p.807下) "般若多羅云 我佛從兜率天 入摩耶胎中 直與三十三人總授玄記云 吾有心法 總付於汝 各各候時 當一人傳一人 密護宗旨 勿令斷絕 謂之教外別傳 由是頌曰 摩耶肚裏堂 法界體一如 卅三諸祖師 同時密授記 付法藏傳" 참조. 여기에서 『부법장인연전』이라고 하였지만, 실제로 『부법장인연전』은 제24대 조사로 끝나 있기 때문에 찾아볼 수가 없다. 대신 『부법장인연전』을 인용했다는 『선문보장록』에서 그 근거를 찾는다.

데 제십이조 마명보살은『甘蔗』,『起信』등의 논서를 지어서 여래장연기종을 해명하였기 때문에 법성종의 종주가 되었다. 제십사조 용수보살은 용궁에 들어가서 삼본의『화엄경』을 보고 삼본에서 抄出하여 약본『화엄경』을 인간 세계에 현행시켰고, 또한『제도론』등 수십 부를 지어서 我法俱無宗을 해명하였기 때문에 空宗의 종주가 되었다.

第二十二祖摩拏羅尊者 傍出左陀瞿頗尊者 傳至提納薄陀尊者 號曰指空 是爲西天百八代祖師也

제이십이조 마라나존자에게서 傍出된 左陀瞿頗尊者의 전승은 提納薄陀尊者에 이르러 호를 指空이라고 하였다. 이 존자가 곧 서천의 백팔대 조사이다.

二十四祖師子尊者 傍出達摩達 柳子厚南嶽碑云 自迦葉 至師子二十四世而離離 而爲達摩 至忍五世 而益離離 而爲秀爲能 櫟翁稗說云李益齋諱齊賢櫟翁其別號也盖有達摩達者 師子之傍出 而柳子以達摩達爲菩提達摩 故云至師子而離離而爲達摩

제이십사조 사자존자에게서 傍出된 達摩達은 柳子厚[柳宗元]가 지은 [남악비]에서 말한다. 〈가섭으로부터 사자존자 곧 제이십사세에 이르러 나란히 이어져서[離離] 달마에게 이르렀다. 그로부터 홍인 곧 제오세에 이르러 더욱더 왕성하여[離離] 대통신수가 나왔고 대감혜능이 나왔다.〉 이제현의『櫟翁

稗說』[534]에서 말한다.

'이익제의 휘는 제현이고, 역옹은 그 별호이다. 대개 달마달이라는 사람은 사자의 방출이다. 그런데 유종원은 달마달을 가지고 보리달마로 간주하였다. 때문에 사자존자에 이르러 나란히 이어져서 달마에게 이르렀다고 말하였다.'

圭峯覺鈔 除第七婆須蜜故 佛陀難提爲第七 獅子尊者 爲第二十三祖 婆舍斯多第二十四 此下出優婆掘第二十五 婆須蜜第二十六 僧伽羅叉第二十七 菩提達摩第二十八 此亦優婆掘者 婆舍斯多之傍出 而至四世 亦有菩提達摩 故圭峯依而編之也 然第六祖彌遮迦 謂婆須蜜曰 我師提多迦云 佛告阿難 吾滅後三百年 有一聖人 名婆須密 而於禪祖當獲第七 其在汝躬 遂付法 然則已有如來懸記 又有諸祖傳說 當以婆須蜜爲第七也 旣以婆須密爲第七 其何後世又有婆須蜜耶 乍可不知

규봉종밀의 『원각경대소초』에서는 제칠조 바수밀을 제외한 까닭에 불타난제가 제칠조가 되었다. 그래서 사자존자는 제이십삼조가 되었고, 바사사다는 제이십사조가 되었다. 그 밑에서 출현한 우바굴이 제이십오조이고, 바수밀이 제이십육조이며, 승가라차가 제이십칠조이고, 보리달마가 제이십팔

534) 『櫟翁稗說』은 李齊賢이 56세(忠惠王 3년, 1342년) 때 은퇴하여 詩文 史錄에 걸친 故事를 漫錄體로 엮은 것이다. 『역옹패설』은 前說 2卷 및 後說 2卷인데, 전설과 후설에 각각 自序가 있다. 前說의 序에서는 책 제목에 대한 해석을 하였고, 後說의 序에서는 詩文에 관한 설화를 다루었음을 설명한다. 前說 2권에는 고려 왕실의 祖宗 世系부터 學士 大夫들의 언행 등 역사 인물일화 滑稽가 실려 있다. 後說은 詩話인데, 제1권은 대체로 중국의 것을, 그리고 제2권은 고려의 시인 또는 그들의 시에 관한 것을 주로 다루었다.

조이다. 여기에서는 또한 우바굴이 바사사다의 방출로서 이하 四世에 이르러서 또한 보리달마가 있는 까닭은 규봉에 의거하여 그것을 편집한 것이다. 그런데 제육조 미차가는 바수밀에게 말한다.

'나의 스승이신 제다가께서 말씀하신다. 부처님이 아난에게 말했다. 내가 입멸한 이후 삼백 년에 한 성인이 있는데 이름이 바수밀이다. 그러므로 선의 조사에서 마땅히 제칠조가 되어야 하는 것은 그대 자신이다.'

그리고는 마침내 법을 부촉하였다. 그런즉 이미 여래의 현기가 있었고, 또한 제조사가 전하는 말씀에도 반드시 바수밀을 제칠대로 삼는다고 하였다. 이미 바수밀을 제칠조로 삼았는데 그 어찌 후세에 또 다른 바수밀이 있어야 한다는 것인지 도통 알 수가 없는 노릇이다.

東土有六祖 自達摩至六祖慧能也

동토에 육조가 있는데, 달마로부터 육조혜능에 이르는 것이 그것이다.

上三十三祖 殺活傳心 如甁注甁 爲諸宗之祖 故名爲祖師 六祖以下 南嶽得活人劒 淸源<靑原?>得殺人刀 諸宗角立 如南岳門人 不以淸源<靑原?>爲祖 淸源<靑原?>門人 不以南岳爲祖 故名爲禪師也

이상 삼십삼조는 殺·活로 傳心하였는데, 마치 병의 물을 다른 병에 붓는 것과 같이 제종의 조사가 되었기 때문에 조사라고 말한다. 육조 이하에서 남악은 활인검을 얻었고, 청원은 살인도를 얻어서 제종이 각립하였다. 그래서 저 남악의 문인은 청원으로 조사를 삼지 않았고, 청원의 문인은 남악을 조사로 삼지 않았다. 때문에 禪師라고 말한다.

三藏曾別化 殺活又分傳 荷澤存知解 是爲義理禪 三藏別化者 都序云 自迦葉至毱多 皆兼傳三藏 提多迦以下 因僧起諍 律敎別行 罽賓國已來 因王亂經論分化

삼장이 일찍이 별도로 분화되었듯이 殺 · 活도 또한 나뉘어 전승되었다. 하택은 지해를 남겨두었기에 곧 의리선이 되었다. 삼장이 별도로 분화되었다는 것은『도서』에서 말한다.

"초조 마하가섭으로부터 제사조 우바국다에 이르기까지 널리 정법안장을 홍포한 것도 모두 삼장을 겸비하였다.[535] 그러나 제오조 제다카 이후에 승단의 분쟁으로 인하여 율의 가르침이 별도로 유행하였고,[536] 계빈국 시대 王亂으로 인하여 경과 논이 분화되었다."[537]

世尊成道八年 赴王舍城 國王齋食訖 令羅睺羅洗鉢 因失手 破爲五片

535) 초조 마하가섭으로부터 서천의 제4조 우바국다에 이르기까지 모두 삼장을 겸비했다는 말은 단순히 부처님의 말씀을 의거했다는 뜻으로 해석해야지 굳이 삼장이라 할 필요는 없다. 소위 논장의 성립은 적어도 불멸 후 200여 년 이후 아쇼카왕 시대에 성립되었기 때문이다. 따라서 여기에서 삼장이라는 말은 經이 지니고 있는 廣 · 狹의 의미 가운데 일반적으로 삼장을 지칭하는 경우로 간주된다.

536) 이전까지는 부처님의 말씀은 보편적으로 경전으로 간주하였다. 그러다가 승단의 분쟁 및 미라굴왕의 법난으로 인하여 경전[本]으로부터 율장의 개념으로 세분되고[末] 선맥이 단절(『付法藏因緣傳』 卷6, 大正藏50, p.321下)된 것을 가리킨다.

537)『禪源諸詮集都序』 卷上之一, (大正藏48, p.400中)

佛曰我滅後 初五百年 諸惡皆丘 分毘尼爲五部 果後優婆毱多 有五百弟子 各執一見 分律藏爲五部也 師子尊者 在北天竺罽賓國 不傳經論 但傳心於婆舍斯多 令即抵南天竺 隨機演化 尊者留罽賓時 外道摩目多都落遮二人 盜爲釋子形狀 潛入王宮 共爲謀逆 事旣敗王怒曰 吾歸心三寶 何乃搆害 一至於斯 即命毀伽藍 除去釋衆 又自秉劒 斷尊者首 涌白乳數尺云爾

세존은 성도한 이후 8년 만에 왕사성을 찾아갔다. 국왕이 재계하고 공양을 마치자 라후라에게 발우를 씻도록 하였는데 손을 실수하여 다섯 조각으로 깨졌다. 부처님이 말했다.

'내가 입멸한 이후 初五百年에는 모든 악이 다 모여들어 마침내 毘尼가 五部로 나뉠 것이다.'

과연 이후에 우바국다에게 오백 명의 제자가 있었는데 각자 一見을 고집하여 율장이 오부로 나뉘었다.

사자존자는 북천축에 있었는데, 계빈국에서 경론이 전승되지 못했기에 무릇 바사사다에게 명하여 곧바로 남천축으로 가서 시절인연에 따라[隨機] 演化토록 하였다. 바사사다존자가 계빈국에 머물고 있을 때 摩目多와 都落遮의 두 외도가 거짓으로 부처님 제자[釋子]의 形狀을 하고 왕궁에 잠입하여 함께 역모를 꾀하였다. 역모사건이 실패하자 왕이 노하여 말했다.

"나는 본래 마음으로 삼보에 귀의하였는데, 어찌 해악이 이런 지경까지 이르렀는가."[538]

538) 『景德傳燈錄』 卷3, (大正藏51, p.218中-下) 搆害는 트집을 잡아 해치는 것을 말하고, 一至于斯는 마침내 이런 지경까지 이르다는 뜻이다.

그리고는 곧장 伽藍을 훼손하고 부처님 제자[釋衆]를 제거하라고 명했다. 또한 자신이 직접 칼을 들고 존자의 머리를 베었는데, 흰 우유가 수척의 높이로 솟구쳤다. 운운.

殺活分傳者 壇經云 懷讓禪師 自嵩山來 祖曰什麽物恁麽來 師云設似一物即不中 祖曰還可修證否 師云修證即不無 汚染即不得

살 · 활이 나뉘어 전승되었다는 것은『단경』에서 말한다.

"회양선사가 숭산에서 찾아오자, 조사가 물었다. 무엇이 이렇게 왔는가. 회양이 말했다. 일물이라고 말해도 的中한 것은 아닙니다. 조사가 말했다. 수행과 깨침은 있었던가. 회양이 말했다. 수행과 깨침이 없는 것은 아니지만 곧 오염되지 않을 뿐입니다."[539]

此乃和根拔去 了沒巴鼻 故得活人劒祖師禪也

이것이 이에 뿌리째 뽑아버리고 끝내 몰파비한 것이다. 때문에 활인검인 조사선을 얻은 것이다.

祖曰此是諸佛之所護念 汝旣如是 吾亦如是

539)『六祖大師法寶壇經』, (大正藏48, p.357中)

조사가 말했다.

'그것이야말로 제불이 호념하신 것이다. 그대도 또한 그와 같고 나도 또한 그와 같다.'[540]

此是滿口許他 故爲六祖之正傳也

이것은 곧 온전하게 회양을 인가한 것이다. 때문에 육조의 正傳이 되었다.

清源<青原?>行思禪師一日問云 當何所務 卽不落階級 祖曰曾作什麽來 師云聖諦亦不爲 祖曰落何階級 師云聖諦尚不爲 何階級之有

청원행사 선사가 어느 날 물었다.

"장차 어떤 수행에 힘써야 곧 계급에 떨어지지 않습니까."

조사가 말했다.

"일찍이 어떤 수행을 했던가."

행사가 말했다.

"聖諦도 또한 수행한 적이 없습니다."

조사가 말했다.

"그렇다면 계급에 떨어진 꼴이다."

행사가 물었다.

540) 『六祖大師法寶壇經』, (大正藏48, p.357中)

"聖諦도 또한 수행한 적이 없는데 어찌 계급인들 있겠습니까."[541]

此乃無一法可當情 故得殺人刀 如來禪也

이것은 이에 어떤 법도 識情에 해당하는 것이 없다. 때문에 살인도인 여래선을 얻은 것이다.

祖深器之曰 汝當分化一方 無令斷絶

조사는 충분히 그를 그릇으로 여기고 말했다.
'그대에게 이제 한 지역을 담당하여 교화하도록 맡겨주겠다.[542] 그러니 법이 단절되지 않도록 하거라.'[543]

雖深器之 當分化一方 此是半肯 故爲六祖之傍傳也

비록 충분히 그를 그릇으로 여겨 한 지역을 담당하여 교화하도록 맡겨줄지라도 그것은 절반만 긍정한 것이다. 때문에 육조의 傍傳이 되었다.

---

541) 『六祖大師法寶壇經』, (大正藏48, p.357中)
542) 分化一方은 세존과 마하가섭 사이의 일화로 전해지는 多子塔前分半座와 같이 스승과 제자 사이에 이루어지는 以心傳心의 전법을 가리킨다.
543) 『六祖大師法寶壇經』, (大正藏48, p.357中)

說話云 要識清源<青原?>麼 伊麼也不得 不伊麼也不得 伊麼不伊麼摠不得 看他老清源<青原?> 便作木羅漢 向天台華頂上打坐道 三世諸佛 被我一口呑盡 何處更有衆生 可敎化 要識讓師麼 伊麼也得 不伊麼也得 伊麼不伊麼摠得 看他讓和尙 便作水牯牛 上三十三天 築着帝釋鼻孔 却向溪東溪西 和泥合水 世尊於多子塔前 靈山會上 密付迦葉 迦葉傳阿難 人傳一人 至于曺溪 得此二大士分付 各立家風

『염송설화』에서 말한다.

"청원을 알고자 하는가. 이렇게 해도 안 되고, 이렇게 하지 않아도 안 되며, 이렇게 해도 이렇게 하지 않아도 모두 안 된다. 저 늙은 청원을 보라. 곧 木羅漢이 되어 천태산 화정봉에서 좌선하면서 '삼세제불을 내가 한입으로 삼켜버렸다. 그런데 어디에 다시 교화할 중생이 남아 있겠는가.'라고 말한다. 회양을 알고자 하는가. 이렇게 해도 안 되고, 이렇게 하지 않아도 안 되며, 이렇게 해도 이렇게 하지 않아도 모두 안 된다. 저 회양화상을 보라. 곧 水牯牛가 되어 삼십삼천으로 올라가서 제석천의 콧구멍을 찔러버린 연후에 동쪽의 계곡 물과 서쪽의 계곡 물을 하나로 합쳐버렸다. 세존은 다자탑전 및 영산회상에서 가섭에게 은밀하게 부촉하였고, 가섭은 아난에게 전수하여 한 사람이 한 사람에게만 전수하였는데, 조계에 이르러서 이처럼 청원과 회양의 두 大士에게 나누어 부촉함으로써 각자의 가풍이 성립되었다."[544]

自此分傳殺活 始有二禪優劣之辨矣

544)『禪門拈頌拈頌說話會本』卷五, (韓佛全5, p.150上-中)

이로부터 살 · 활이 나뉘어 전수됨으로써 비로소 여래선과 조사선의 이선의 우열에 대한 변별이 생겨났다.

荷澤知解者 祖一日告衆曰 吾有一物 無頭無尾 無名無字 諸人還識否 神會禪師出云 諸佛之本源 神會之佛性 祖曰向汝道 無名無字 便喚作本源佛性

4) 의리선과 격외선

하택이 지해종사라는 것에 대해서는 다음과 같다.

"혜능조사가 어느 날 대중에게 고하였다. 우리 모두가 지니고 있는 一物[545]은 頭도 없고 尾도 없으며 名도 없고 字도 없으며 背도 없고 面도 없다. 그대들은 그것이 무엇인지 알겠는가. 신회가 나서서 말했다. '그것은 제불의 本源이고,[546] 또한 저 신회의 불성이기도 합니다.' 조사가 말했다. '아까전에 내가 그대한테 名도 없고 字도 없다고 말했는데도 불구하고 그대는 곧 本源이니 불성이니 하고 들먹이는구나.'"[547]

545) 一物은 깨침, 열반, 진여, 본래면목 등을 가리키는 말로서 那一物, 這箇, 此事, 渠, 一圓相, 一著子라고도 한다. 『祖堂集』 卷18, (高麗大藏經45, p.349中) "汝不聞 六祖在曹溪說法時 我有一物 本來無字 無頭無尾 無彼無此 (無內外) 無方圓大小 不是佛 不是物 反問衆僧 此是何物 衆僧(無對) …." 참조.

546) 鳩摩羅什 譯, 『梵網經盧舍那佛說菩薩心地戒品』 第十卷下, (大正藏24, p.1003下) "金剛寶戒是一切佛本源 一切菩薩本源 佛性種子 一切衆生皆有佛性 一切意識色心是情是心皆入佛性戒中 當當常有因故 有當當常住法身" 참조.

547) 『六祖大師法寶壇經』, (大正藏48, p.359中-下)

此於無名無字處 喚作本源佛性 是知解故 爲義理禪也

이처럼 名도 없고 字도 없는 이치에서 도리어 本源이니 불성이니 말하는 것이 바로 지해이기 때문에 의리선이 되었다.

他日雖把茆盖頭 作得箇知解宗徒

훗날 비록 작은 암자나 지어놓고 단지 知解宗徒의 노릇은 하겠구나.[548)]

此是不肯故 爲六祖之孽子也

이것이 바로 혜능조사가 하택을 긍정하지 않은 것이다. 때문에 육조의 孽子가 되었다.

法集別行錄節要 牧牛子曰 荷澤神會 是知解宗師 雖未爲曺溪嫡子 然悟解高明 決擇了然 密師宗承其旨故 於此錄中 伸而明之 今爲因教悟心之者 除去繁辭 抄出綱要 以爲觀行龜鑑 乃至又恐觀行者 未能忘懷

548) 把茆蓋頭의 把茆는 작은 초막을 가리키고, 蓋頭는 한 사람이 겨우 들어가 살 수 있는 좁은 집을 가리킨다. 따라서 협소하고 보잘 것 없는 암자나 소박하고 겸손한 모습을 비유한 말이다. 知解宗徒는 郭凝之 編集, 『金陵淸凉院文益禪師語錄』, (大正藏47, p.592下) “古人受記人終不錯 如今立知解爲宗卽荷澤是也” 참조.

虛朗 滯於義理 故末後畧引本分宗師徑截門言可[549] 要令滌除知見之病

『법집별행록절요병입사기』에서 말한다.

“목우자가 말한다. 하택신회는 지해종사이다. 비록 조계의 적자는 아닐지라도 悟解가 고명하고 결택이 요연하여 종밀은 그 종지를 중심으로 계승하였다. 때문에 이『법집별행록』에서는 그것을 펼쳐서 설명하였기에 활연하게 볼 수가 있었다. 이제 여기에서는 그 敎를 인하여 마음을 깨치려는 자를 위해 번거로운 언사는 제거하고 강요를 초출하였으므로 관행의 귀감으로 삼을 수가 있을 것이다. … 또한 관행하는 자가 자성의 虛朗을 잊고 義理에 막히게 될까 염려하는 까닭에 끝머리에다 본분종사의 경절문의 언구를 간략하게 인용해두었다. 그것은 요컨대 지견의 병통을 씻어버리고 출신활로가 있음을 알게 해주려는 것이다.”[550]

此以荷澤宗知解 爲義理禪 以南嶽清源<青原?>殺活二禪 爲格外也 何也 荷澤宗知解 爲義理禪 文見 殺活二禪 爲格外禪者 下引本分宗師徑截門言句 皆是南嶽清源<青原?>門下諸師事也

이로써 하택종의 지해는 의리선이 되었다. 그리고 남악과 청원의 살·활의 이선은 격외선이 되었다.

549)「可」疑「句」『編』
550)『法集別行錄節要並入私記』, (韓佛全4, p.741上-中)

(묻는다 :) 어째서 하택종의 지해가 의리선이 되었는가.

(답한다 :) 글을 살펴보자면, 살 · 활의 이선이 격외선이 된 것은 이하에서 인용하고 있듯이 본분종사의 경절문의 언구는 모두 곧 남악과 청원 문하의 제조사의 수행[事]이기 때문이다.

古德云 約法名 義理禪 禪<格?>外禪 約人名 如來禪 祖師禪

고덕(백파긍선)은 말한다.

'法에 의거한 명칭은 의리선과 격외선이고, 人에 의거한 명칭은 여래선과 조사선이다.'

意謂約法名 義理禪格外禪 此格外禪中 又約人名 如來禪祖師禪也 非謂二種禪 約人法 有異也 何也 若義理禪 是如來禪 一愚云 能所二知俱忘 成就如來禪 龜谷云 悟修斯亡 證得如來禪 此以能所二知俱忘 悟修斯亡 爲如來禪也 大慧答張侍郎書云 纔見涉理路 入泥入水爲人底便欲掃除云 如忠國師說義理禪 教壞人家男女 此以涉理路爲人底 爲義理禪也 然則義理禪 與如來禪 其義逈不同 何以義理禪 爲如來禪耶

의미로 말하자면, 法에 의거한 명칭이 의리선과 격외선이고, 이 격외선을 두고 다시 人에 의거한 것이 여래선과 조사선이다. 이것은 이종선을 말하는 것이 아니라 人과 法에 의거하면 차이가 있다는 것이다. 왜냐하면 이에 의리선이 곧 여래선이기 때문이다. 일우는 '能知 · 所知의 二知를 모두 잊고 여래선을 성취한다.'고 말한다. 구곡은 '깨침과 수행이 모두 없어지면 여래선을 증득한다.'고 말한다. 이로써 보면 能知와 所知의 二知를 모두 잊고 깨침과 수행이 모두 없어지는 것이 여래선이다. 대혜는 장시랑에 답하는 글에서 말한다.

"理路를 통해서 진흙에 들어가고 물속에 들어가 중생을 위한 것을 보고는 곧장 掃除하고자 하며 (종적을 없애고자 합니다. 내가 집성해 놓은 『정법안장』을 읽어보고 문득) 말하기를, (임제문하의 몇몇 암주들은 기봉이 뛰어났는데 어째서 거두어들이지 않았는가. 또한) 저 혜충국사는 의리선을 설하여 남의 집 남녀들을 망쳐놓았으므로 (반드시 질책해야 합니다.)"[551]

여기에서는 理路를 통해서 중생을 위한 것을 의리선으로 삼고 있다. 그런즉 의리선과 여래선은 그 뜻이 아득하게 동일하지 않는데, 어찌 의리선을 가지고 여래선으로 삼겠는가.

說話云 圭峯云 禪者具云禪那 此云 思唯修 亦云靜慮 斯皆定慧之通稱也 當此看則敎外別傳一味禪 且如來禪 祖師禪 同別如何 如來禪者 山山水水 法法全眞也 祖師禪者 和根拔去了沒巴鼻云云

『염송설화』에서 말한다.

"규봉은 말한다. 禪은 본래는 禪那이다. 중국에서는 思惟修라고 말하고

551)『大慧普覺禪師語錄』 卷29, (大正藏47, p.937中) "纔見涉理路入泥入水爲人底 便欲掃除使滅蹤跡 見宗杲所集正法眼藏便云 臨濟下有數箇菴主好機鋒 何不收入 如忠國師 說義理禪 敎壞人家男女 決定可刪" 참조.

또 靜慮라고도 말하는데, 이것은 모두 定과 慧를 통칭한 것이다."[552]

(묻는다 :) 이 설명을 보면 교외별전의 일미선에도 또 여래선과 조사선이 있는데, 그 同別은 어떻습니까.

(답한다 :) 여래선이란 산은 산이고 물은 물이며 법마다 모두 깨침이다. 조사선이란 뿌리째 뽑아버리고 끝내 몰파비한 것이다. 운운.[553]

意謂禪那 是義理禪 非此拈頌所用 此拈頌中所明者 是格外禪也 上古叢林所謂約法明義理禪格外禪也 且如來禪云云者 古所謂約人名如來禪祖師禪也 此亦格外禪中 有如來禪祖師禪也 若以義理禪爲如來禪義理禪非今所用如來禪 則如兜率話 證化斯亡 豈非如來禪耶 又拈頌諸師 多明法法全眞之義 故知 義理禪非如來禪明矣

의미로 말하자면 선나는 곧 의리선인데, 이것은『염송』에서 활용하고 있는 것이 아니다. 이『염송』에서 해명하고 있는 것은 곧 격외선이다. 고래로 총림에서는 소위 法에 의거하여 의리선과 격외선을 해명하였다.

또 여래선 운운 하는 것은 예로부터 소위 人에 의거한 것으로 여래선과 조사선이었는데, 이 또한 격외선 가운데다 여래선과 조사선을 남겨두고 있다. 그런데 만약 의리선을 여래선으로 삼는다면 그 의리선은 지금 활용하고 있는 여래선은 아닐 것이다. 곧 兜率話의 경우처럼 깨침의 주체와 교화의 객체[證化]가 모두 없는데 그 의리선이야말로 어찌 여래선이 아니겠는가. 또한

552)『禪源諸詮集都序』卷上之一, (大正藏48, p.399上)

553)『禪門拈頌拈頌說話會本』[禪門拈頌集序], (韓佛全5, p.1中)

『염송』의 諸師들은 대부분이 그 의리선을 법마다 온전히 깨침이라는 뜻으로 해명한다. 때문에 알아야 한다. 곧 의리선은 여래선이 아님은 분명하다.

然則義理名爲格 如來祖師二禪爲格外也 然格外敎外之言 或同或異 同者 義理禪亦得敎外之名 如祖門刊正錄云 心法非文字所可擬議 故云敎外以不歷位次階級 悟佛心宗 徑受法印 故曰別傳 此格外二禪 爲敎外也 圭峯云 不以文句爲道 須忘詮得意 忘詮卽是敎外 得意卽是傳心 又淸凉云 圓頓之上 別有一宗 此忘詮會旨之宗 或問忘何詮會何旨 答曰忘五敎之詮 會五敎之旨 禪宗是也 此義理禪 亦爲敎外也 異者 義理名格 則如來祖師二禪 獨得格外之名

그런즉 의리라는 명칭은 格이고, 여래선과 조사선의 이선은 格外이다. 그런데 격외 및 교외라는 말은 혹 같기도 하고 혹 다르기도 하다.

같다[同]는 것은 의리선도 또한 교외라는 명칭을 얻는 경우이다. 저 『祖門刊正錄』에서 말한다.

'(교외별전의) 심법은 문자로 어찌할 수 있는 것이 아니기 때문에 교외라 말하고, 순서의 차례나 수행의 계급을 거치지 않고 불심종을 깨쳐 곧바로 법인을 수용하기 때문에 별전이라 한다.'[554]

이 格外의 여래선과 조사선의 이선은 敎外이다. 규봉은 말한다.

"문구로써 도를 삼지 말라. 반드시 설명을 잊고 의미를 얻어야 한다. 의미

554) 『禪門寶藏錄』 卷上, (卍新續藏64, p.808上)

를 얻은 즉 그것이 傳心이다."[555]

또 청량은 『화엄소』에서 말한다.

"원돈의 가르침에 특별히 하나의 종지가 있다. 그것은 곧 언설을 잊고 뜻을 터득하는 종지이다. 묻는다. 어떤 언설을 잊고 어떤 뜻을 터득한다는 것인가. 답한다. 오교의 언설을 잊고 오교의 뜻을 터득하는 것이다. 선의 종지가 바로 그것이다."[556]

이것이 바로 의리선이면서 또한 교외이기도 하다.

다르다[異]는 것은 의리가 格을 말한 즉 여래선과 조사선의 이선은 독립적으로 격외라는 명칭을 얻는 경우이다.

問格外禪有撥教明宗 有卽教明宗 撥教明宗 元是教外 而卽教明宗 與義理禪之忘詮得意 同別如何 答古德云 若人得之於心 則三藏十二分教 皆是教外別傳禪旨 此是活眼手段 得之於心 不存軌則 把土成金 一字一句 無非祖師意也 是以卽教明宗 爲格外禪也 忘詮得意者 不然 以名詮諸法自性 句詮諸法差別 則名句是能詮 自性差別 是所詮也 故於彼名句上 而能忘詮 雖得自性差別之意 然未能忘自性差別之解 故爲義理禪也 此教外之言 雖通三禪 其義懸隔

①묻는다 : 격외선에는 교학을 벗어나 종지를 해명하는[撥教明宗] 것이 있고, 교학에 즉하여 종지를 해명하는[卽教明宗] 것이 있다. 撥教明宗은 원래

555) 『圓覺經大疏釋義鈔』 卷三之下, (卍新續藏9, p.531上)

556) 『禪門寶藏錄』 卷上, (卍新續藏64, p.809中) "如華嚴疏云 圓頓之上 別有一宗 此亡詮會旨之宗 或問亡何詮會何旨 答亡五教之詮 會五教之旨 禪宗是也 玄覺禪師教外竪禪章" 参조.

곧 교외이고 卽敎明宗은 의리선의 언설을 잊고 의미를 터득하는[忘詮得意] 것과 더불어 같고 다름[同別]이 어떻습니까.

답한다 : 고덕은 말한다.

"어떤 사람이 마음에서 터득한 즉 삼장 및 십이분교가 모두 그대로 교외별전의 선지가 된다."[557]

이것이 바로 활안의 수단으로서 마음에서 터득한 경우인데, 궤칙에 얽매이지 않고 흙을 쥐면 금이 되어 一字 · 一句가 祖師意 아님이 없다. 이로써 卽敎明宗으로 격외선을 삼는다. 그런데 언설을 잊고 의미를 터득하는[忘詮得意]는 경우는 그렇지 않다. 名으로써 제법의 자성을 설명하고 句로써 제법의 차별을 설명한 즉 名 · 句가 곧 능전이고 자성 · 차별이 곧 소전이다. 때문에 그 명 · 구에서 能忘詮하는 것은 비록 자성 · 차별의 意를 터득할지라도 자성 · 차별의 解를 未能忘한다. 때문에 의리선이다. 이 敎外의 언설은 비록 三禪에 통할지라도 그 뜻은 현격하다.

問三禪皆得名爲禪 禪義同別如何 答格外二禪 以眞心爲禪 義理禪以禪那爲禪 禪那爲禪者 如都序云 源者 卽本覺眞心 此本覺眞心 悟之名慧 脩之名定 定慧通名爲禪 禪者具云禪那 此云思惟修 亦云靜慮 斯皆定慧之通稱 然則心是理也 禪是行也 故返斥以心爲禪之禪 曰此不達理行之旨 亦不辨華竺之音也 以眞心爲禪者 祖門刊正錄云 敎也者 自有言至於無言者也 心也者 自無言至於無言者也 自無言至於無言 則

557)『明覺禪師語錄』卷3, (大正藏47, p.688中) "擧 安國問僧 得之於心 伊蘭作栴檀之樹 失之於旨 甘露乃蒺藜之園" ;『禪家龜鑑』, (韓佛全7, p.635中-下) "是故若人 失之於口 則拈花微笑 皆是敎迹 得之於心 則世間麁言細語 皆是教外別 傳禪旨"

人莫得而名焉 故强名曰禪 或謂學而可知 思而可得 習而可成 學而知思而得 習而成者 謂之禪那 此云靜慮 靜慮者 澄神端坐 息緣束心 助成觀慧之一法 非世尊迦葉密傳之道 此以眞心爲禪 斥其義理禪之以定慧爲禪也

②묻는다 : 삼선이 모두 선이라는 명칭을 얻는데 선의 뜻의 같고 다름[同別]은 어떻습니까.

답한다 : 격외의 이선 곧 여래선과 조사선은 진심으로써 선을 삼고, 의리선은 선나로써 선을 삼는다. 선나를 선으로 삼는 것은 저『도서』에서 말한다. "源은 본각진심이다. 이 본각진심은 그것을 깨치는 것을 慧라 말하고 그것을 닦는 것을 定이라 말한다. 정과 혜를 선이라고 通名한다. 선은 갖추어 말하면 선나이다. 번역하여 말하면 사유수이고 또한 정려인데 이것은 모두 정혜의 通稱이다."[558]

그런즉 心은 곧 理이고, 禪은 곧 行이다. 때문에 返斥하여 心으로써 선을 삼는 선인데, 말하자면 이것은 (禪)理 · (禪)行의 종지에는 통달하지 못한 것이고, 또한 (中)華 · (天)竺의 音도 분별하지 못한 것이다. 진심으로써 선을 삼는다는 것은『조문간정록』에서 말한다.

'敎는 유언으로부터 무언에 이르는 것이고, 心은 무언으로부터 무언에 이르는 것이다. 무언으로부터 무언에 이르는 것은 사람들이 얻을 수 없는 것을 가리킨 것으로 억지로 이름하여 선이라 한다. (세상 사람들이 그 유래를 알지 못하기 때문에) 혹 배워보면 알 수 있는 것이라 말하고, 혹 생각해보면 얻을

558)『禪源諸詮集都序』卷上之一, (大正藏48, p.399上) "禪是天竺之語 具云禪那 中華翻爲思惟修 亦名靜慮 皆定慧之通稱也 源者是一切衆生本覺眞性 亦名佛性 亦名心地 悟之名慧 修之名定 定慧通稱爲禪那" 참조.

수 있는 것이라 말하며, 혹 수행을 하면 성취할 수 있는 것이라 말한다.' 그래서 배워서 알고 생각해서 얻으며 익혀서 성취하는 것이라고 한다. 그러나 "소위 선나라는 것은 인도어로서 번역하면 정려이다. 정려란 마음을 가다듬고 단정하게 앉아 마음을 구속하는 반연을 그치고 관찰을 통하여 지혜를 터득하는 방법의 한 가지이다."[559]

그러나 이것은 세존이 가섭에게 전수한 도가 아니다. 이것은 진심으로 선을 삼는다는 것을 가지고 그 의리선의 그것을 배척하고 정·혜로써 선을 삼은 경우이다.

問義理禪若以定慧爲禪 與四禪八定何異 又欲界無禪 禪在上界 此界如何脩習耶 答都序云 起信云 若修止者 住於靜處 端身正意 不依氣息形色 乃至唯心無外境界 金剛三昧云 禪卽是動 不動不禪 是無生禪 法句云 若學諸三昧 是動非坐禪 心隨境界流 云何名爲定 淨名云 不起滅定 現諸威儀 不於三界現身意 是爲宴坐 此是本宗本教一行三昧

③묻는다 : 의리선의 경우에 만약 정·혜로써 선을 삼는다면 사선·팔정과 더불어 어떤 차이가 있습니까. 또 욕계에는 선이 없고, 선은 욕계 이상의 세계[上界]에 있다면 이 세계[욕계]에서는 어떻게 (선을) 수습해야 합니까.

답한다 : 『도서』에서 말한다.

"『기신론』에서 말한다. 만약 止를 수행하려는 자는 한정처에 주하여 端

559) 『禪門寶藏錄』 卷上, (韓佛全6, p.471上) "敎也者 自有言至於無言者也 心也者 自無言至於無言者也 自無言而至於無言 則人莫得而名焉 故强名曰禪 世人不知其由 或謂學而可知 思而可得 習而可成 謂之禪那 此云靜慮 靜慮者 澄神端坐 息緣束心助成觀4) 惠之一法耳"

身 · 正意하면서도 氣息 · 形色에 의거하지 말아야 한다. 내지 正念은 唯心일 뿐 바깥 경계가 없다.[560] 또 『금강삼매경』에서는 다음과 같이 말한다. 선은 곧 動이다. 그래서 不動은 선이 아니다. 그것은 無生禪이다.[561] 또 『법구경』에서는 다음과 같이 말한다. 만약 모든 삼매에 대하여 배워야 하는 것으로 간주한다면 그것은 흔들림이지 좌선이 아니다. 그것은 마음이 경계를 따라 흐르는 것이므로 어찌 定이라 말할 수 있겠는가.[562] 또 『정명경』에서는 다음과 같이 말한다. 대저 宴坐란 삼계에 身 · 意를 나타내지 않는 것이고, 滅定으로부터 일어나지 않고도 모든 威儀(행 · 주 · 좌 · 와)를 나타내는 것이 宴坐이다.[563]"[564]

이것이 바로 本宗(直顯心性宗)과 本教(顯示眞心卽性教)의 一行三昧[565]이다.

此義理禪之所修得也 然義雖圓玅 猶屬教義也 此一行三昧 如無名無字處 喚作本源佛性之解也

이것이 의리선에서 수행하여 터득하는 것이다. 그러나 뜻은 비록 원묘함

560) 『大乘起信論』 卷下, (大正藏32, p.590中)

561) 『金剛三昧經』 無生行品 第三, (大正藏9, p.368上)

562) 『法句經疏』, (大正藏85, p.1435上) 종밀은 앞의 『금강삼매경』의 경우에는 선의 작용적인 측면을 강조하였지만 여기 『법구경』에서는 선의 본질적인 측면을 강조하고 있다.

563) 『維摩詰所說經』 卷3, (大正藏14, p.539下) "夫宴坐者 不於三界現身意 是爲宴坐 不起滅定而現諸威儀 是爲宴坐 … 若能如是坐者 佛所印可" 경문에 의하여 위의 인용문 곧 "不起滅定現諸威儀 不於三界現身意 是爲宴坐 佛所印身"을 교정함.

564) 『禪源諸詮集都序』 卷上之二, (大正藏48, p.405中-下)

565) 일행삼매는 眞如三昧이고 一相三昧이다. 진여삼매는 진여의 一理를 관찰하는 삼매이다. 『文殊說般若經』 卷下 ; 『大乘起信論』 참조. 일행삼매가 念佛三昧와 동일한 의미로 활용되는 경우는 『安樂集』 卷下 참조. 또한 일행삼매와 『금강경』의 관련성에 대해서는 『南宗定是非論』 참조.

에도 불구하고 오히려 敎義에 속한다. 이 일행삼매는 無名 · 無字의 이치와 같아서 本源佛性의 이해라고 부를만한 것이다.

大義禪師答云 法師只知欲界無禪 不知禪界無欲 法師云 如何是禪 師以手點空

아호대의 선사가 답하여 말한다.
'법사께서는 단지 欲界에 선이 없는 줄만 알고 禪界(色界)에 욕망이 없는 줄은 모르십니다.' 법사가 말했다. 그러면 선이란 무엇입니까. 아호대의가 손으로 허공에다 점을 찍었다.'[566]

此格外禪之所行得也 此是不存軌則 把得便用 如明明百草頭 明明祖師意也

이것은 격외선에서 수행하여 터득하는 것이다. 이것이 바로 궤칙에 얽매이지 않고 곧장 묘용[用]을 파악한 것이다. 그래서 사사물물마다 達磨祖師意가 분명하다[明明百草頭 明明祖師意]는 것과 같다.

傍出三宗法 分流五派禪 說相有內外 會義無中邊 三宗者 四祖下傍出

566) 『景德傳燈錄』 卷7, (大正藏51, p.253上)

牛頭法融 解則一切皆無 行則休心不起 是爲空宗

傍出된 삼종(우두종 · 북종 · 하택종)의 선법은 五派禪(선종오가)으로 나뉘어 흘러들어갔다. 相으로 설하자면 內 · 外가 있지만 뜻으로 이해하자면 中 · 邊이 없다.

三宗은 다음과 같다.

첫째, 사조 문하에서 방출된 우두법융종은 解는 곧 일체가 모두 없는[一切皆無] 것이고 行은 곧 마음을 그쳐 아무것도 일으키지 않는[休心不起] 것으로서 이것은 空宗이다.

五祖下傍出大通神秀 解則一切皆妄 行則伏心滅妄 是爲相宗

둘째, 오조 문하에서 방출된 대통신수종은 解는 곧 일체는 모두 妄[一切皆妄]이라는 것이고 行은 마음을 항복받아 妄을 소멸하는[伏心滅妄] 것으로서 이것은 相宗이다.

六祖下傍出荷澤神會 解則諸相非相 行則無脩而修 是爲性宗

셋째, 육조 문하에서 방출된 하택신회종은 解는 곧 제상은 진상이 아니라는[諸相非相] 것이고 行은 곧 닦음이 없이 닦는[無脩而修] 것으로서 이것은 性宗이다.

若配頓漸 都序云 頓悟頓修者 此說上上智根性 樂欲俱勝 一聞千悟 得大摠持 一念不生 前後際斷 乃至且就事迹而言 如牛頭融大師之類是也 故以頓三對 可以配之也 神秀宗以悟修皆漸 故以漸三對配之 荷澤宗以頓悟 心本淨妄元空 依悟而修 念念修習 自然漸得百千三昧故 以頓悟漸脩配之也

만약 돈·점에 배대하자면 『도서』에서 말한다.

"돈오하고 돈수한다는 것은 上上의 智者가 근성도 뛰어나고 구도하려는 욕구도 뛰어나 하나를 들으면 천 가지를 깨치고 大總持를 터득하여 찰나도 번뇌가 일어나지 않고 전제 및 후제의 분별이 단절된 상태를 설명한 것이다. … 事跡의 입장에서 언급하면 저 우두법융 대사의 경우가 이에 속한다."[567)]

때문에 頓으로써 삼종에 배대하자면 가히 그것에 배대할 수가 있다.

신수종은 깨침과 수행이 모두 漸이기 때문에 漸으로써 삼종에 배대하자면 가히 그것에 배대할 수가 있다.

하택종은 돈오로서 心은 본래 청정이고 妄은 원래 공이라서 깨침에 의거하여 닦는데 염념에 수습하면 자연히 점차 백천삼매를 터득하기 때문에 돈오점수로써 그것에 배대한다.

上三宗法語 依都序及別行錄也

567) 『禪源諸詮集都序』 卷下之一, (大正藏48, pp.407下-408上)

이상 三宗의 法語는 『도서』 및 『별행록(중화전심지선문사자승습도)』에 의거한 것이다.

五派者 淸源<靑原?>傳石頭希遷 藥山惟儼 雲巖曇晟 至洞山良个<价?> 曹山耽章 是爲曹洞宗 宗旨明向上 全超空劫 不落今時

五派는 청원의 전수는 석두희천 · 약산유엄 · 운암담성 · 동산양개 및 조산탐장에 이르렀는데 이것이 조동종이다. 조동종지는 향상을 해명하는 것이다. 온전히 공겁을 초월하여 금시에 떨어지지 않는다.

南嶽傳馬祖道一 百丈懷海 黃蘗<檗?>希運 至臨濟義玄 是爲臨濟宗 宗旨明機用 靑天轟霹靂 平地起波濤

남악의 전수는 마조도일 · 백장회해 · 황벽희운 · 임제의현에 이르렀는데 이것이 임제종이다. 임제종지는 機 · 用을 해명하는 것이다. 청천하늘에 벼락이 치고 평지에서 파도가 일어난다.

說話云 世尊於多子塔前 靈山會上 密付迦葉 迦葉傳阿難 人傳一人 至于曹溪 得南嶽淸源<靑原?>二大士分付 各立家風 二大士得其孫 至于臨濟洞山 斯道大行天下 其派有源 其枝有本 學者不得莽鹵

『염송설화』에서 말한다.

“세존이 다자탑전 및 영산회상에서 가섭에게 은밀하게 부촉하였고, 가섭은 아난에게 전수하였는데 한 사람이 한 사람에게 전수하였다. 조계에 이르러 남악과 청원의 二大士를 얻어 나누어 부촉하였는데 각각 가풍을 성립시켰다. 二大士는 그 법손을 얻었는데 임제와 동산에 이르러 그 도가 천하에 크게 유행하였다. 그 派에는 源이 있고 그 枝에는 本이 있으므로 납자들은 莽鹵[568]해서는 안 된다.”[569]

馬祖傍傳天王道悟 龍潭崇信 德山宣鑑 雪峯義存 至雪[570]門文偃 是爲雲門宗 宗旨明截斷 劒鋒有路 鐵壁無門 百丈傍傳潙山靈佑 仰山慧寂是爲潙仰宗 宗旨明體用 斷碑橫古路 鐵牛眠少室

마조의 방전으로 천왕도오 · 용담숭신 · 덕산선감 · 설봉의존 · 운문문언에 이르렀는데 이것이 운문종이다. 운문종지는 截 · 斷을 해명하는 것이다. 칼끝에 길이 있고 철벽에는 문이 없다.

백장의 방전으로는 위산영우 앙산혜적인데 이것이 위앙종이다. 위앙종지는 體 · 用을 해명한다. 부러진 비석이 옛길에 뒹굴고 철우가 소실에서 낮잠 잔다.

雪峯傍傳玄沙師備 羅漢桂琛 至法眼文益 是爲法眼宗 宗旨明唯心 風

568) 莽鹵는 행동이나 말이 침착하지 못한 모습이다.

569) 『禪門拈頌拈頌說話會本』 卷五, (韓佛全5, p.150中)

570) 「雪」疑「雲」字之誤『編』

柯月渚 現露眞心 翠竹黃花 宣明妙法

설봉의 방전으로는 현사사비 · 나한계침 · 법안문익에 이르렀는데 이것이 법안종이다. 법안종지는 唯心을 해명하는 것이다. 바람을 일으키는 도리깨와[枷] 달빛을 머금은 모래섬에서[渚] 眞心을 드러내고, 푸른 대나무와 노란 꽃은 묘법을 뚜렷하게 드러낸다[宣明].

上五宗法語 依人天眼目 及禪家龜鑑五宗綱要也

이상 오종의 법어는 『인천안목』 · 『선가귀감』 · 『선문오종강요』에 의거한 것이다.

上三宗五派 若配三禪三宗 可以配義理禪 而牛頭宗是無句 神秀宗是有句 荷澤宗爲中句也

이상 三宗과 五派를 만약 三禪과 三宗에 배대한다면 가히 의리선에 배대할 수가 있다. 그런데 우두종은 곧 無句이고, 신수종은 곧 有句이며, 하택종은 中句이다.

牛頭雖了達本來無事 悟修皆頓 猶有悟脩之解 故爲義理禪也

우두종은 비록 본래무사를 요달할지라도 깨침과 수행[悟修]이 모두 頓으로서 아직도 깨침과 수행[悟修]이라는 견해가 남아 있다. 때문에 의리선이다.

問南岳云 修證卽不無 豈無悟脩之解耶 答此因六祖 還可修證否之問不獲已而言之也 故次云 染汚卽不得 有何修證之解耶

④묻는다 : 남악은 '수행과 깨침[修證]이 곧 없지 않습니다.[卽不無]'고 말합니다. 그런데 어찌 깨침과 수행[悟修]의 견해가 없겠습니까.

답한다 : 그것은 '수행과 깨침[修證]이 있는가.' 하는 육조의 질문에 대하여 부득이하게 말한 것일 뿐이다. 때문에 이어서 '染汚도 곧 없는데 어찌 修證이라는 견해가 있겠습니까.'라고 말했다.

五派可以配格外二禪 而法眼宗明惟心 故配如來禪實句也 潙仰宗明體用 故配權實三句也 曹洞宗明宗門向上也 上三宗爲如來禪 雲門宗明大用直截 臨濟宗明機用三要 此二宗爲祖師禪也

五派는 가히 격외의 이선 곧 여래선과 조사선에 배대할 수가 있다. 그러나 법안종의 경우는 唯心을 해명하는 것이기 때문에 如來禪의 實句에 배대하였고, 위앙종은 體 · 用을 해명하는 것이기 때문에 權實의 三句에 배대하였으며, 조동종은 종문의 向上을 해명하는 것이다. 이상 三宗은 여래선이다. 운문종은 大用直截을 해명하고, 임제종은 機 · 用 및 三要를 해명한다. 이상 二宗은 조사선이다.

問潙法二宗 出於南岳門下 則當爲祖師禪宗 而今所明宗旨 爲如來禪何也 答祖師禪中 有大機大用 機用是殺活也 故說話云 百丈得大機 黃蘗<檗?>得大用 到這時節 古人只道 得箇殺人刀活人劒 故知大機卽是殺人刀 大用卽是活人劒也 然則潙法二宗 得大機明殺人刀 故爲如來禪宗 言宗者 非不知祖師禪 但宗如來禪 故云宗也 故仰山對香嚴云 如來禪卽許師兄會 祖師禪未夢見在 說話云 法眼云 若見諸相非相 卽不見如來云者 是祖師禪 若不知祖師禪 豈有是言耶 上皆說相也

⑤묻는다 : 위앙종과 법안종의 이종은 남악 문하에서 출현하였기에 곧 조사선종이다. 그런데 지금 소명한 종지로는 여래선인데, 어떻습니까.

답한다 : 조사선 가운데는 大機가 있고 大用이 있는데, 機와 用은 곧 殺과 活이다. 때문에 『염송설화』에서 '백장은 대기를 터득하였고 황벽은 대용을 터득하였다.'고 말한다.

그러한 시절에 이르렀어도 고인은 단지 그것이야말로 살인도와 활인검을 얻었을 뿐이라고 말했다. 때문에 대기는 곧 살인도이고 대용은 곧 활인검인 줄 알아야 한다. 그런즉 위앙종과 법안종의 이종에서 대기를 터득한 것은 살인도를 해명한 것이기 때문에 여래선의 종지이다. 여기에서 '종지[宗]'라고 말한 것은 조사선을 모른다는 것이 아니라 단지 종지만 여래인 까닭에 '종지[宗]'라고 말한 것이다. 때문에 앙산이 향엄을 상대하여 말한다.

'여래선은 곧 사형이 이해했다고 인정하겠지만, 조사선은 꿈에도 보지 못했습니다.'

때문에 『염송설화』에서 '법안이 만약 제상이 진상이 아닌 줄 본다면 곧 여래를 보지 못한다고 말한 것은 곧 조사선이다. 만약 조사선을 몰랐다면 어찌 그런 말을 했겠는가.'고 말한다.

이상은 모두 相으로 설한 것이다.

若會義 都序云 禪教雙忘 心佛俱寂 俱寂卽念念皆佛 無一念而非佛心 雙忘卽句句皆禪 無一句而非禪教(此會禪教)如此則自然聞泯絶無寄之說 知是破我執情 聞息妄修心之言 知是斷我習氣 執情破而眞性顯 卽泯絶是顯性之宗 習氣斷而佛道成 卽修心是成佛之行(此會三宗) 大慧云 若知知解起處 則以知解儔侶 以知解爲方便 於知解上 行平等慈 於知解上 作大佛事 卽此知解 便是解脫之場 卽此知解 便是出生死之處(此會知解) 上會義也

만약 義로 이해하자면 『도서』에서 말한다.

"禪 · 教를 둘 다 잊어 心 · 佛까지도 모두 적정해야 한다. 모두 적정해지면 念念이 모두 佛이 되어 一念도 佛 · 心 아님이 없고, 둘 다 잊으면 句句가 모두 禪이 되어 一句도 禪 · 教 아님이 없다.(이것은 선교에 대한 이해이다) 이와 같은 즉 자연히 민절무기종의 설법을 들으면 그것이야말로 아집의 생각을 타파하는 것임을 안다. 또 식망수심종[571]의 말씀을 들으면 그것이야말로 我에 대한 습기를 단절하는 것임을 안다. 그리고 견해에 대한 집착을 타파하고 진성을 현현시키면 곧 민절무기종이 그대로 직현심성종이고 我에 대한 습기를 없애고 불도를 성취하면 곧 식망수심종이 그대로 성불의 수행이다."[572](이것은 삼종에 대한 이해이다)

571) 식망수심종의 종지는 修心 · 看心 · 疑心이다.
572) 『禪源諸詮集都序』 卷下之一, (大正藏48, p.407中)

대혜는 말한다.

'만약 지해가 일어나는 이치를 알아차려서 곧 지해로 도반을 삼고 지혜로 방편을 삼아 지해에서 평등자비를 실천하고 지해에서 대불사를 짓는다면 바로 지해에 卽하는 것이 곧 그대로 해탈의 도량이고 지해에 卽하는 것이 곧 그대로 생사를 벗어나는 이치이다.'[573](이것은 지해에 대한 이해이다)

이상은 義로 이해한 것이다.

臨濟頌三句 三禪在句中 老師爲手鏡 拖照揚宗風

5) 임제삼구의 변

임제는 삼구를 송으로 말했는데, 삼선은 三句 가운데 들어 있다. 이제 노사[백파긍선]는 『선문수경』을 지어 그것에 비추어서 종풍을 거양하고 있다.

禪家龜鑑五宗綱要皆云 臨濟三句 非特臨濟宗風 上自諸佛 下至衆生 皆分上事 若離此說法 皆是妄說也 故老和尚 以此三句 爲禪文手鏡 拖照諸家章疏 發揚其諸家之宗風也 老師姓李氏 貫全州 派出璿源 以德興大院君 爲十一代祖 諱亘璇號白坡 法嗣禪宗於淸虛老和尚 爲二五

573) 『大慧普覺禪師語錄』 卷26, (大正藏47, p.921上-中) "但就能知知解底心上看 還障得也無 能知知解底心上還有如許多般也無 從上大智慧之士 莫不皆以知解爲儔侶 以知解爲方便 於知解上行平等慈 於知解上作諸佛事 如龍得水 似虎靠山 終不以此爲惱 只爲他識得知解起處 旣識得起處 卽此知解便是解脫之場 便是出生死處" 참조.

世孫 大開禪門 盡得奥旨故 人稱祖師重來 此見解同祖 老師常題額其所居室曰少林窟 字曰少林叜 此稱號同祖也 金阮堂先生 舊供本達摩像與老師像極肖 因以達摩像 爲老師像 題其像側曰 隻履西歸 報身東現歟 遠望似達摩 近看卽白坡 以有差別 入不二門 流水今日 明月前身 此像亦同祖也 有此三絕 聳觀千古 垂裕後昆 孰不蒙賜

『선가귀감』 및 『선문오종강요』에서 모두 '임제삼구는 특별히 임제종풍만이 아니라 위로는 제불로부터 아래로는 중생에 이르기까지 모두의 분상이다.'고 말한다. 만약 이 설법을 벗어난다면 모두 그것은 망설이다. 때문에 노화상[백파긍선]은 이 삼구를 가지고 『선문수경』을 지어서 그것을 諸家의 章疏에 비추어 그 諸家의 종풍을 발양하였다.

노사[백파긍선]의 성은 李씨이고, 본관은 전주이며, 派는 璿源에서 나왔기 때문에 德興大院君이 11대 조가 된다. 휘는 긍선이고, 호는 백파이다. 법맥은 선종을 이었는데, 청허노화상의 제25세손이다. 자는 少林叜인데, 이 칭호는 조사[보리달마]와 동일하다. 완당 김정희 선생이 예전에 達摩像을 본떠서 老師像을 함께 모셨는데 매우 닮았다. 그로 인하여 達摩像을 가지고 老師像을 삼고 그 肖像畵 곁에다 題하였는데 다음과 같다.

한 짝의 신발 메고 서천으로 돌아갔지만　隻履西歸
과보의 몸 동쪽 나라에 그대로 나투었네　報身東現歟
멀리 서서 바라보면 꼭 달마와 닮았는데　遠望似達摩
가까이서 보니 영락없이 백파긍선이구려　近看卽白坡

현상세계의 차별적인 입장에서 보노라면　以有差別

둘이 없는 저 깨달음의 법문에 들었는데　入不二門
끊임없이 흘러가는 저 강물 금생 몸이고　流水今日
본래부터 밝은 저 달빛은 전생의 몸이네　明月前身

이 초상도 또한 달마조사와 동일하다. 이 三絕(달마 · 백파 · 추사)은 천고에 우뚝하고 후손에게 복을 주었으니 그 어찌 큰 혜택을 받은 것이 아니겠는가.

臨濟因僧問 如何是眞佛眞法眞道 乞師<垂?>開示 師云佛者 心清淨是(大機) **法者 心光明是**(大用) **道者 處處無碍淨光是**(機用齋示 上妙有) **三卽一皆<是+?>空<名+?> 而無實<寔?>有**(眞空) **… 山僧**(臨濟自謂) **今日見處 與佛祖不別**(此眞空妙有是佛祖安身立命處 故云與佛祖不別)

"임제에게 한 승이 물었다. 어떤 것이 진불이고 진법이며 진도입니까. 바라건대 개시를 내려주십시오. 임제가 말했다. 불이란 心淸淨이 그것이다.(大機) 법이란 心光明이 그것이다.(大用) 도란 處處無碍淨光이 그것이다.(機 · 用齋示이다. 이상은 묘유이다) 三이 곧 一로서 이것은 모두 空이라는 명칭이지 진실로 有가 아니다. … 산승(임제 자신을 일컫는다)의 오늘 견처는 불조와 더불어 차별이 없다.(이것은 진공묘유이고, 이것은 불조의 안신입명처이기 때문에 불조와 더불어 차별이 없다고 말한다)"[574)]

574)『鎭州臨濟慧照禪師語錄』, (大正藏47, pp.501下-502上)

此明向上一竅(向上者 在下三句而言也 一竅者 如云一物也 然猶較些 子 故讓和尚云設似一物卽不中) 卽祖師無紋印字 如教中同體三寶也 無紋及同體 故三卽一皆空 而無實<寔?>有 是爲眞空 印字及三寶故一卽三不無三般面目 是爲玅有也 此三一相卽空有圓融處 三教立名不同 儒謂之一太極 老謂之天下母 佛有多名教 則起信謂之衆生心 此大位在因 圓覺謂之一圓覺 法華謂之佛知見 此大位在果 華嚴謂之一法界 楞嚴謂之玅眞如 此通因果也 禪則謂之一着子卽此向上一竅也

이것은 향상일규를 설명한 것이다.(향상이란 이하에 있는 삼구를 말한다. 일규는 일물이라고 말한 것과 같다. 그러나 아직은 부족하다. 때문에 회양화상은 일물이라고 말해도 곧 적중한 것이 못된다고 말한다) 곧 조사의 문양이 없는 도장으로 찍은 글자로서[無紋印字] 교학에서 말하는 同體三寶와 같다. '無紋'이고 '同體'이기 때문에 三이 곧 一로서 이것은 모두 空이라는 명칭이지 진실로 有가 아니다. 이것은 진공이다. '印字'이고 '三寶'이기 때문에 一이 곧 三으로서(불 · 법 · 도의) 세 가지 면목 아님이 없다. 이것이 묘유이다. 이 三과 一은 상즉이고 空과 有가 원융하는 이치로서 삼교에서 내세우는 명칭과는 동일하지 않다. 곧 儒教에서는 그것을 一太極이라고 말하고, 老壯에서는 그것을 天下母라고 말한다. 그런데 불교에는 다양한 名과 教가 있다. 곧『기신론』에서는 그것을 衆生心이라고 말하는데 이것은 大位를 因에 둔 것이고,『원각경』에서는 그것을 一圓覺이라고 말하고『법화경』에서는 그것을 佛知見이라고 말하는데 이것은 大位를 果에 둔 것이며,『화엄경』에서는 그것을 一法界라고 말하고『능엄경』에서는 그것을 玅眞如라고 말하는데 이것은 大位가 因과 果에 통하는 것이고, 선에서는 곧 그것을 一着子라고 말하는데 곧 이것이 向上一竅이다.

若第一句薦得 堪與佛祖爲師(祖師禪) 第二句薦得 堪與人天爲師(如來禪) 第三句薦得 自救不了(義理禪)

'만약 제일구를 통해서 깨친다면 부처와 조사의 스승이 될 만하다.(조사선) 제이구를 통해서 깨친다면 인간과 천상의 스승이 될 만하다.(여래선) 제삼구를 통해서 깨친다면 자기구제도 하지 못한다.(의리선)'[575]

此明向下三禪(向下者 在上一竅而言也 三禪者 三句下薦得之法也) 圓悟云作家漢將三要印<語?>(風云祖師心印亦名諸佛法印[576] 今以三要爲文 故稱三要印 其實無紋印字)

이것은 향하의 삼선을 설명한 것이다.(향하란 위에서는 일규라고 말하였다. 삼선이란 삼구를 통해서 깨친 법이다)

원오는 '작가가 三要印을 가지고 말한다.(청풍장로는 말한다. 조사의 심인이라고 말하고, 또한 제불의 법인이라고 말한다. 지금은 삼요로써 문양을 삼기 때문에 삼요인이라고 말하는데 기실 문양이 없는 도장으로 짝은 글자이다[無紋印字]).'[577]

印空(第一句) 印水(第二句) 印泥(第三句) 以驗人(風云此在師家邊說) 如云

---

575) 『鎭州臨濟慧照禪師語錄』, (大正藏47, p.502上)

576) '祖師心印亦名諸佛法印'이 『禪門綱要集』에서는 '此印亦名諸佛法印 亦名祖師心印 亦名三要印也'이다.

577) 『禪門綱要集』 [二賢話], (韓佛全6, p.852上) 글 속에 나오는 원오의 말은 『指月錄』 卷22, (卍新續藏83, p.642中) 참조.

爲求聲聞者 說四諦 爲求緣覺者 說十二因緣 爲求菩薩者 說六波羅蜜也 大慧云 上士聞道 如印印空 中士聞道 如印印水 下士聞道 如印印泥(風云此就賓家邊云) 如云佛以一音演說法 衆生隨類各得解也 然則此云句者 爲分一二三 故云句 非言句之句也 至第三句 旁施午設然後 方爲言句也 (故風云 宗師說法 如木人唱拍 實不可擬議)[578] 凡愚識見麤浮 只認得口頭聲色 謂之言句 然風釋第一句云 百丈得大機 黃蘗得大用 赫然爲臨濟本宗 此機所入直在威音已前 毘盧向上 得大摠持 故與佛祖爲師 釋第二句云 於此辨得見 理性無邊 事相無外 具正知覺 故與人天爲師 釋第三句云 吾與子一說一聽 一問一答 早落第三句 此中雖無三禪之言 可以意得也 一愚釋第一句云 若向此句下薦得 徑踏毘盧向上直佩祖師心印 故云 與佛祖爲師 又云臨濟嫡孫風穴上堂云 祖師心印狀似鐵牛之機 卽第一句 去則印住 住則印破 只如不去不住 印則是 不印則是 是顯三要 末後打盧陂兩拂子 是用得三要 百丈黃蘗 於馬祖一喝 得大機大用 是當機 釋第二句云 香嚴云 去年貧未是貧 今年貧直是貧 仰山云 如來禪卽許師兄會 祖師禪未夢見在 此是能所二知俱忘 成就如來禪 爲人天師之榜樣
釋第三句云 落草爲人 隨病與藥 乃事不獲已也 若向此句下薦得 知見偏滯 功行不圓 故云自救不了 此第二句 有如來禪之言 第一第三句 欲爲影現故 不言祖師禪義理禪也

허공에다 도장을 찍기도 하고,(제일구) 물에다 도장을 찍기도 하며,(제이구)

578) '宗師說法 如木人唱拍 實不可擬議'이 『禪門綱要集』에는 '夫豈知祖佛善知識 所發言句 一一如木人唱拍 烘爐點雪 實不可擬議'이다.

진흙에다 도장을 찍기도 하면서(제삼구) 납자를 시험해야 한다.(청풍장로는 말한다. 스승의 입장에서 말한 것이다)[579] 마치 성문을 추구하는 자는 사제를 설하고, 연각을 추구하는 자는 십이인연을 설하며, 보살을 추구하는 자는 육바라밀을 설한다는 것과 같다.

대혜는 '上士가 道를 듣는 것은 마치 도장을 허공에다 찍는 것과 같고, 中士가 도를 듣는 것은 마치 도장을 물에다 찍는 것과 같으며, 下士가 도를 듣는 것은 마치 도장을 진흙에다 찍는 것과 같은 것은 賓家의 입장에서 말한 것이다.'고 말합니다.[580](청풍장로는 말한다. 賓家의 입장에서 말한 것이다) 마치 부처님은 일음으로써 설법을 펼치지만 중생이 부류에 따라서 각각 이해한다는 것과 같다.

그런즉 여기에서 말하는 句는 일 · 이 · 삼으로 나누었기 때문에 句라고 말했지만 실은 言句의 句가 아니고 제삼구에 이르러서야 바야흐로 널리 베풀기도 하고 핵심을 설하기도 한 연후에야 바야흐로 진정한 言句가 된다.(때문에 청풍장로는 말한다. 본분종사의 설법은 허수아비가 손뼉을 치며 노래하는 것과 같고 〈烘爐點雪과 같아서〉 실로 어찌해볼 수[擬議]가 없다) 그러나 凡愚의 식견으로는 거칠고 가벼워서 단지 口頭의 聲色만 이해하기 때문에 그것을 言句라고 말한다.

따라서 청풍장로는 제일구를 해석하여 말한다.

"그것은 마치 백장이 얻은 대기와 황벽이 얻은 대용과 같아서 〈친히 마조의 일할을 계승하지 않음이 없고〉 분명하게 임제의 本宗이 되는데, 이것이 바로 그 증거이다. 그런 사람[機]의 깨침[所入]은 그대로 威音已前과 毗盧向

---

579) 『禪門綱要集』 [二賢話], (韓佛全6, p.852上) 글 속에 나오는 원오의 말은 『指月錄』 卷22, (卍新續藏83, p.642中) 참조.

580) 『禪門綱要集』 [二賢話], (韓佛全6, p.852上-中)

上에서 大惣持를 얻은 것이다. 때문에 임제는 제일구를 통해서 깨치면 부처와 조사의 스승이 될 만하다고 말했다."[581]

(청풍장로는) 또 제이구를 해석하여 말한다.

"여기에서 그 변별을 善變한다면 理性은 無邊하고 事相은 無外임을 보고 正知覺을 갖추게 되기 때문에 제이구에서 깨친다면 인간과 천상의 스승이 될 만한 사람이다."[582]

(청풍장로는) 또 제삼구를 해석하여 말한다.

"지금 나와 그대가 함께 說하고 함께 聽하며 함께 問하고 함께 答하고 있는데, 이것이 벌써 바로 제삼구에 떨어져 있는 것이다."[583]

이 가운데 비록 삼선이라는 말은 없지만 가히 의미로써 알 수가 있다. 일우는 제일구를 해석하여 "만약 이 제일구에서 깨친다면 곧장 毘盧向上을 밟고 곧장 祖師心印을 꿰찰 것입니다."[584]고 말한다. 때문에 제일구에서 깨친다는 것은 부처와 조사의 스승이 될 만한 사람이라고 말했다.'

일우는 또 "임제의현의 적손인 풍혈연소가 상당하여 말했다. 祖師心印의 형상[狀]이 鐵牛之機와 같은 즉 제일구로서 떼어낸 즉 도장자국이 남아 있고, 눌러놓은 즉 도장자국이 망가진다. 그러므로 단지 떼어내지도 않고 눌러놓지도 않은 경우에는 도장을 찍어야 옳겠는가, 도장을 찍지 않아야 옳겠는가. 이것이 三要이다. 그리고 말후에 盧陂를 두 번이나 불자로 때려주었는데,[585] 이것은 三要를 활용[用]한 것이다. 백장회해와 황벽희운은 마조의

581) 『禪門綱要集』, (韓佛全6, p.851下)
582) 『禪門綱要集』, (韓佛全6, p.852上)
583) 『禪門綱要集』, (韓佛全6, p.852上)
584) 『禪門綱要集』, (韓佛全6, p.853下)
585) 『景德傳燈錄』 卷13, (大正藏51, p.302下)

일할을 듣고 각각 大機와 大用을 터득했는데 그것은 鐵牛之機에 해당한다."[586]고 말한다

일우는 또 제이구를 해석하여 말한다.

"향엄은 말한다. 작년의 가난은 가난이 아니었네. 금년의 가난이 그대로 가난이네. 앙산이 말했다. 여래선이라면 곧 사형이 이해하고 있다고 인정할 수 있지만 조사선은 아직 꿈에도 보지 못하고 있습니다. 이것이 바로 能知·所知의 二知를 모두 잊고 여래선을 성취한 것으로서 인간과 천상의 스승이 된다는 그 모습입니다."[587]

일우는 또 제삼구를 해석하여 말한다.

"번뇌의 풀숲에 들어가서 중생을 위하고, 또 번뇌[病]에 따라서 설법[藥]을 해주는 행위는 부득이한 것입니다. 만약 이 제삼구에서 깨친다면 知見은 偏滯되고 그 功行은 원만하지 못합니다. 때문에 타인의 스승은커녕 자신도 구제하지 못한다고 말한 것입니다."[588]

여기 제이구에는 여래선이라는 말이 있다. 그러나 제일구 및 제삼구에는 흔적[影]을 나타내려는 까닭에 조사선과 의리선이라고 말하지 않았다.

僧問如何是第一句 師云三要印開朱點窄 未容擬議主賓分

한 승이 물었다.

"어떤 것이 제일구입니까."

---

586) 『禪門綱要集』, (韓佛全6, p.854下) ; 『景德傳燈錄』 卷13, (大正藏51, p.302中-下)
587) 『禪門綱要集』, (韓佛全6, p.855上)
588) 『禪門綱要集』, (韓佛全6, p.854上)

임제가 말했다.

“삼요의 심인이 열리면 붉은 점이 드러난다. 주체와 객체를 분별하려는 것조차 용납되지 않는다.”[589]

風云前句先照(下三字)後用(上四字 文雖先用後照 意則先有朱點 此上方開三要印 故云先照後用) 後句先用(下三字)後照(上四字 此亦文雖先照後用 意則先有主賓然後 未容擬議 故云先用後照) 二句合爲雙照中故 爲照用同時 雙遮則爲照用不同時也 此約四照用釋 言照用者 照通於內 用現於外 如烽火警急城中 興戎塞上 崇齋惠云 第一要大機圓應 第二要大用直截 第三要機用齊施 雙拂機用 爲向上一竅也 大用直截 亦名大用全彰 以直得無限 非但直截 乃至向上一竅 亦在此中 故云全彰 言機用者 如機關觸一機 而百關俱發 正當不觸不發之時 謂之大機 大機以圓應爲義 是大機卽用也 旣觸旣發之時 謂之大用 大用以直截爲義 是大用卽機也 此機外無用 用外無機 擧一全收 更無餘事也 故說話云 百丈得大機 更不要大用 黃蘗<檗?>得大用 更不要大機 若道大機中有大用 大用中有大機 何曾夢見百丈黃蘗<檗?> 故云 要省要之要 要不在多

청풍장로는 前句〈三要印開朱點窄〉는 先照(아래의 三字 곧 朱點窄) · 後用(上四字 곧 三要印開. 文으로는 비록 先用 · 後照일지라도 意로 보면 즉 먼저 朱點이 있어야 한다.[590] 이것은 上方이 開三要印이어야 한다는 것이다. 때문에 〈청풍장로는 三要印

589) 『鎭州臨濟慧照禪師語錄』, (大正藏47, p.497上)

590) 의미로 보자면 三要印開朱點窄이 朱點窄開三要印이어야 한다는 것이다.

開朱點窄에 대하여〉 先照 · 後用이라고 말한 것이다.)이고, 後句〈未容擬議主賓分〉는 先用(下三字 곧 主賓分) · 後照(上四字 곧 未容擬議. 文으로는 비록 先照 · 後用일지라도 意로 보면 즉 먼저 主賓이 있어야 하고 연후에 未容擬議가 있어야 한다.[591] 때문에 〈청풍장로는 未容擬議主賓分에 대하여〉 先用 · 後照라고 말한 것이다.)라고 말한다.

전구(三要印開朱點窄)와 후구(未容擬議主賓分)를 합하면 雙照의 中이 되기 때문에 照用同時이지만, 雙遮인 즉 照用不同時가 된다. 이것은 (임제가 제시한) 四照用의 해석에 의거한 것이다. 照 · 用이라는 말에서 照는 內에 통하고, 用은 外에 통한다. 마치 봉화로써 성중에 긴급을 경계하는 것[照]은 새외에서 오랑캐가 일어났다는 것[用]과 같다.

崇齋惠가 말한 "제일요는 大機圓應이고, 제이요는 大用全彰이며, 제삼요는 機用齊施이다."[592]는 것은 機 · 用을 모두 초월하는 것으로 향상일규이다. 大用直截은 또한 大用全彰이라고도 말하는데, 곧장 無限을 터득하여 비단 直截일 뿐만 아니라 또한 향상일규에 이르러서도 또한 그 가운데 남아 있기 때문에 全彰이라고 말한다.

機 · 用이라는 말은 마치 기관과 같아서 一機를 촉발하면 百關이 모두 촉발된다. 바로 그러한 까닭에 不觸 및 不發하는 시절을 大機라고 말한다. 대기는 원응으로써 뜻을 삼는데, 그것이 바로 대기가 용에 즉한[大機卽用] 것이다. 旣觸 및 旣發하는 시절을 大用이라고 말한다. 대용은 직절로써 뜻을 삼는데, 그것이 바로 대용이 기에 즉한[大用卽機] 것이다.

이 機를 벗어나서 用은 없고 용을 벗어나서 기는 없어서 하나를 들면 전체가 攝收되어 다시는 餘事가 없다. 때문에 『염송설화』에서는 "백장은 대기

591) 의미로 보자면 未容擬議主賓分이 主賓分未容擬議이어야 한다는 것이다.
592) 『禪門綱要集』, (韓佛全6, p.851中)

를 터득하여 다시는 대용을 필요로 하지 않았고, 황벽은 대용을 터득하여 다시는 대기를 필요로 하지 않았다."[593]고 말했다.

만약 대기 가운데 대용이 있고 대용 가운데 대기가 있다고 말한다면 어찌 하여 일찍이 백장과 황벽을 친견할 수가 있었겠는가. 때문에 要는 省要의 要이므로 要는 多가 없다고 말한다.

問如何是第二句 云妙喜豈容無着問 漚和爭負截流機

묻는다.

"어떤 것이 제이구입니까."

임제가 말한다.

"문수가 어찌 무착의 질문을 인정하겠는가. 그렇지만 방편의 입장에서 어찌 수행납자를 저버리겠는가."[594]

風云前句現乎實 後句示其權 就此權門 立三玄名 名實之實 老師依此立兩重三句 謂一以三玄爲三句(權) 以本分爲一句(實) 此開權顯實也 二以三玄權一句實 爲權實三句 此卽權明實也 一愚云 前句實體中玄 後句權句中玄 二句合爲玄中玄 此以三玄爲權實 是會權顯實也 然三玄之言外說有之 謂易約有爲玄 老約無爲玄 莊約有無爲玄 臨濟借此

593) 故百丈只得大機 更不要大用 黃蘗只得大用 更不要大機『禪門拈頌拈頌說話會本』卷6, (韓佛全5, p.182中)
594)『鎭州臨濟慧照禪師語錄』, (大正藏47, p.497上)

而只云三玄而已 古搭<塔?>主始立其名 一體中玄 二用中玄 亦名句中玄 三意中玄 亦名玄中玄 此以體用爲對 則玄中玄 玄於前二 故玄中玄爲中也 若以句意爲對 則此二玄爲體中所流 故體中玄爲中也 今以體句玄爲次者 意謂前後影畧 欲現互爲中也 如以體句 影第三意中玄現第一體中玄爲中也 又以體玄 影第二用中玄 現第三玄中玄爲中也 句亦有爲中之意 謂非句無以現體與玄也 故三皆有爲中之意 則不可分前後中也 故云青白爲蒼 蒼黑爲玄 玄幽玄之玄 玄不可辨 是以古人配雲門三句 洞山五位偏正

청풍장로는 前句(妙喜豈容無着問)는 實을 드러낸 것이고, 後句(漚和爭負截流機)는 權을 보여준 것이라고 말한다. 이 권문에 대하여 삼현이라는 명칭을 내세웠는데 그것은 實의 眞을 말한 것이다. 노사(백파긍선)는 이것에 의거하여 兩重三句를 내세웠다. 말하자면 다음과 같다.

첫째는 삼현으로써 삼구(權)를 삼고 본분으로써 일구(實)을 삼는 것인데, 이것은 권을 열어서 실을 나타내는[開權顯實] 것이다. 둘째는 삼현의 權과 일구의 實로써 권실삼구를 삼은 것인데, 이것은 권에 즉하여 실을 해명하는[卽權明實] 것이다.

일우가 말한 '前句〈妙喜豈容無着問〉는 實로서 체중현이고, 後句〈漚和爭負截流機〉는 權으로서 구중현이며, 전구와 후구를 합치면 현중현이다.'고 말한 것은 삼현으로써 權과 實을 삼은 것인데 곧 권을 모아서 실을 나타낸[會權顯實] 것이다.

그러나 삼현이라는 말을 벗어나 삼현이 있음을 설한다. 말하자면 『주역』은 有爲玄에 의거하고, 『노자』는 無爲玄에 의거하며, 『장자』는 有無爲玄에 의거한다. 임제는 이것을 빌리면서도 단지 '삼현'이라고만 말했을 뿐이다.

그런데 古搭主가 처음으로 그 명칭을 내세웠는데,[595] 첫째는 체중현이고, 둘째는 용중현인데 또 구중현이라고도 말하며, 셋째는 의중현인데 또 현중현이라고도 말한다. 이것은 체중현과 용중현을 상대로 삼은 즉 현중현은 앞의 둘〈체중현과 용중현〉 사이의 玄이기 때문에 현중현이 中이 된다. 만약 구중현과 의중현을 상대로 삼은 즉 그 둘〈구중현과 의중현〉은 체중현에서 흘러나온 것이기 때문에 체중현이 中이 된다.

지금 체중현 · 구중현 · 현중현으로써 차제를 삼은 것은 의미로 말하자면 전후의 모습[影]을 생략하고 상호 中이 된다는 것을 드러내려는 것이다. 그래서 저 체중현과 구중현으로써 제삼 의중현의 모습[影]을 삼으면 제일 체중현이 中으로 드러나고, 또한 체중현과 현중현으로써 제이 용중현의 모습[影]을 삼으면 제삼 현중현이 中으로 드러나며, 구중현도 또한 有爲中의 의미이다. 소위 구중현이 아니라면 체중현과 현중현을 드러낼 수가 없다. 때문에 삼현이 모두 有爲中의 의미인 즉 전 · 후 · 중을 나눌 수가 없다. 때문에 靑白은 蒼이고, 蒼黑은 玄이며, 玄은 幽玄의 玄으로서 玄은 변별할 수가 없다고 말한다. 이로써 고인은 운문의 삼구 및 동산의 五位偏正을 배대하였다.

雲門三句者 雲門示衆云 函蓋乾坤 目機銖兩 不涉春緣 一句作麼生承當 衆無對 自代云 一鏃破三關 後德山密 遂離其語 爲三句曰 函盖乾坤 截斷衆流 隨波逐浪 普安道 又一鏃破三關外 別置一句 青山变釋云 函盖乾坤者 萬像森羅 乃至佛祖作用 此函盖中 不漏絲髮故 一切建立

595) 『人天眼目』 卷2, (大正藏48, p.311下) "至古塔主始裂 爲體中玄句中玄玄中玄"

底時節 摠屬此句 卽用句也 截斷衆流者 堆山積嶽 一一塵埃 乃至玄竗作用 冰掃瓦解 一切掃蕩底時節 摠屬此句 卽體句也 隨波逐浪者 建立掃蕩 一切普應底時節 非無隨波逐浪 故爲中句也 又函盖乾坤者 體用相會 如函盖之相稱 故爲中句也 截斷衆流者 賓主問答 皆是春緣 而旣云不涉 則爲體句也 隨波逐浪者 有賓有主 無法不具 如目機銖兩 隨輕隨重 虛舟駕浪 隨高隨下 故爲用句也 又函蓋乾坤者 體具萬德 故爲體句 隨波逐浪者 隨波逐浪之高下 目機銖兩之輕重 是大用現前 故爲用句 截斷衆流者 體用二門 皆是春緣 則爲雙照中 又云不涉 則爲雙遮中故爲中句也 然則此三句 亦皆有爲中之義 故如三玄之玄不可下也

운문삼구로 보면 다음과 같다.

"운문이 시중설법하였다. 상자와 뚜껑과 하늘과 땅처럼 진여가 두루 편재하고,[函盖乾坤] 目 · 機 · 銖 · 兩처럼 일체에 두루 작용하며,[目機銖兩] 온갖 반연을 초월해 있다.[不涉春緣] 어찌 하면 일구를 알겠는가. 대중이 아무런 말도 하지 못했다. 그러자 운문 자신이 다음과 같이 말했다. 한 개의 화살로 세 관문을 꿰뚫어버렸다."[596)]

후에 덕산연밀이 마침내 이 말을 벗어난 삼구를 삼았는데 말하자면 函盖乾坤 · 截斷衆流 · 隨波逐浪이다. 普眼道는 또 一鏃破三關 이외에도 스스로 일구를 별도로 배치하였다. 그리고 靑山叟는 〈운문삼구를〉 해석하여 함개건곤이란 만상삼라이고 내지 불조의 작용이라고 말한다. 이 함개 가운데는 실 끝만큼도 새지 않기 때문에 일체가 건립되는 시절이다. 모든 것이 이 함개건곤구에 속하는데 用句에 卽한다.

---

596) 『雲門匡眞禪師廣錄』 卷中, (大正藏47, p.563上)

절단중류에 대하여 〈장령수탁 선사는 말한다.〉

"山이 쌓이고 嶽이 쌓였어도
낱낱은 모두 먼지일 뿐이네
다시 현묘한 이치 논의함도
빙소 및 와해를 재촉한다네"[597)]

모든 것이 이 절단중류구에 속하는데 體句에 卽한다. 수파축랑이란 건립하고 소탕하며 일체가 널리 상응하는 시절로서 수파축랑이 없지 않기 때문에 中句이다.

〈법해유정선사는 말한다.〉

"函盖乾坤은 體와 用의 相會가 마치 函과 盖가 相稱하듯 한즉 中間句입니다. 截斷衆流는 賓 · 主 · 問 · 答이 모두 그대로 초월[不涉]인즉 體句입니다. 目 · 機 · 銖 · 兩으로 輕을 따르고 重을 따르는 것이 마치 虛舟가 물결을 따르는 것처럼 동으로 서로 오락가락하기 때문에 곧 用句입니다. 만약 用門에 의거하면 賓도 있고 主도 있어서 갖추지 못한 법이 없습니다. 수파축랑이란 賔도 있고 主도 있어서 갖추어지지 않은 법이 없다. 마치 目 · 機 · 銖 · 兩과 같아서 輕을 따르고 重을 따르는 것이 마치 虛舟가 물결을 따르는 것처럼 높아지거나 낮아지기 때문에 用句이다."[598)]

또한 함개건곤이란 본체에 만덕을 갖추고 있기 때문에 體句이고, 수파축

597)『人天眼目』 卷2, (大正藏48, p.312上) "乾坤并萬象 地獄及天堂 物物皆眞現 頭頭總不傷 堆山積嶽來 一一盡塵埃 更擬論玄妙 氷消瓦解摧 辨口利詞〈舌=〉問 高低總不虧 還如應病藥 診候在臨時"

598)『禪門綱要集』, (韓佛全6, pp.858下-859上) 인용된 내용에는 출입이 있다. "則函盖乾坤 體用相會 如函盖之相稱 則中間句 隨波逐浪者 目機銖兩 隨輕隨重 如虛舟駕浪 自東自西故也 則用句也 若約用門 有賓有主 無法不具 截斷衆流者第一九張 賓主問答 皆是春緣則體句 若約體門 卽離四句絕百非 離言語離文字 名狀不得故 又函盖乾坤爲體句 體具萬德故 目機銖兩爲用句 高低輕重 一一現前 不涉春緣爲中間 體用二門 皆是春緣故" 참조.

랑이란 파도를 따르고 물결을 따르는 高 · 下 및 目 · 機 · 銖 · 兩의 輕 · 重으로서 이것은 大用의 現前이기 때문에 用句이다. 절단중류란 체 · 용의 이문 모두가 그대로 온갖 반연[舂緣]인 즉 雙照中이고, 또 말하자면 초월[不涉]인 즉 雙遮中이기 때문에 中句이다. 그런즉 이 운문삼구도 또한 모두가 有爲中의 뜻이기 때문에 三玄의 玄처럼 판별할 수가 없다.

又一鏃破三關有三義 一三句中一句爲一鏃 句句無定次第 擧一全收絶諸待對 如三句互爲中也 此一愚之以權實爲三玄之義也 二以三句爲所照三關 以返照之智爲一鏃 此風法師之以實爲一句 就權門立三玄之義也 三若當眞實返照之時 不作三一解故 別置一句 此以別置一句爲一鏃 卽宗門向上 以宗門向上 全超空劫(本分一句) 不落今時也(新熏三玄) 然旣云 一鏃破三關 當有分明箭後路 第一句三要是也

또한 한 개의 화살로 세 관문을 꿰뚫는다[一鏃破三關]에도 세 가지 뜻이 있다.

첫째, 삼구 가운데 일구로 一鏃을 삼는다. 구마다 정해진 차제가 없어서 하나를 들면 전체가 攝收된다. 그리고 모든 待對를 단절해 있는데 마치 삼구가 서로 中이 되는 것과 같다. 이것이 바로 일우가 權 · 實로써 삼현의 뜻을 삼은 것이다.

둘째, 삼구로써 비추어낸 삼관을 삼고 반조의 지혜로써 일촉을 삼는다. 이것은 청풍법사의 경우 實로써 일구를 삼아 권문에 나아가서 삼현의 뜻을 내세웠다.

셋째, 만약 진실에 당면하여 반조하는 때에는 三이라든가 一이라는 견해를 일으키지 않기 때문에 별도로 일구를 배치한다. 이것은 별치일구로써 일촉을 삼은 종문향상에 즉한 것이다. 종문향상으로써 공겁을 온전히 초월하고(본분일구) 금시에 떨어지지 않는다.(신훈삼현) 그래서 이미 '한 개의 화살로 삼관을 타파하니 마땅히 화살이 지나간 뒷길이 분명하다.'[599]고 말했는데, 제일구의 삼요가 바로 이것이다.

洞山五位偏正者 體句即正位君位 屬空界本來無事 用句即偏位臣位 是色界萬物成形 中句即正中來 君視臣 背理就事 本分句即偏中至臣向君 捨事入理 宗門向上 即兼中到 君臣道合 冥應諸緣 不隨諸有 然偏正亦回互 故大慧說 五位偏正圖 一正中偏 ◓(二分黑 一分白) 二偏中正 ◒(二分白 一分黑) 三正中來⊙ 凡有言句 皆無中唱出 無不從正位中來 四偏中至 ○ 如人歸家未到而至 五兼中到● 兼前四位 皆歸正位也 回互可知 見此雲門三句 洞山偏正之說 三玄之玄准知也

동산의 오위편정으로 보면 다음과 같다.

體句는 正位이고 君位에 즉한 것으로서 공계인 본래무사에 속하고, 用句는 偏位이고 臣位이 즉한 것으로서 곧 색계인 만물형성이며, 中句는 正中來이고 君視臣에 즉하 것으로서 背理就事이고, 本分句는 偏中至이고 臣向君에 즉한 것으로서 捨事入理이며, 종문향상은 兼中到이고 君臣道合에 즉한 것으로서 그윽하게 모든 반연에 상응하면서도 제유에 떨어지지 않는다. 그런데 편정 또한 회호이기 때문에 대혜는 [五位偏正圖]에서 설한다.

"첫째는 정중편인데 (◓ 二分黑 一分白)이고, 둘째는 편중정인데 (◒ 二分白

599) 『圓悟佛果禪師語錄』 卷17, (大正藏47, p.793下) "一鏃破三關 分明箭後路" 참조.

一分黑)이며, 셋째는 정중래인데 (◉) 무릇 언구가 있지만 모두 無 가운데서 唱出된 것으로 正位中來에서 나오지 않은 것이 없고, 넷째는 편중지인데 (**O**) 사람이 귀가하는 것과 같이 아직 도착은 아니지만 다가가는 것[未到而至]이며, 다섯째는 겸중도인데 (●) 앞의 四位를 겸하는 것으로서 모두 正位로 돌아간다."[600]

회호는 가히 알 수가 있을 것이다. 이처럼 운문의 삼구와 동산의 편정오위설은 보면 삼현의 현도 그에 준해서 알 수가 있을 것이다.

然看話決疑論云 禪門亦有多種根機 入門稍異 或有依唯心惟識道理入體中玄 此初玄中 有圓敎事事無礙之詮 如無邊刹境 自他不隔於毫端 十世古今 始終不離於當念 然此人長有佛法知見 在心不得脫灑 或有依本分秖對 灑落知見 入句中玄 破初玄門佛法知見 如徑截門庭前柏樹子麻三斤等是也 然未忘灑落知見 猶於生死界 未得自在故 立第三玄中玄 如良久默然棒喝作用等是也 是以三玄施設 本由遣病 若望上祖初宗 卽未可也 故五宗綱要 依此云 體中玄 三世一念等 句中玄 徑截言句等 玄中玄 良久棒喝等 然似非古搭<塔?>主立名之本意 何也 若以入門深淺 分別差排 無幽玄不下之義也 思之

또『간화결의론』에서 말한다.

"선문에도 또한 다양한 종류의 근기가 있어 입문하는 방법이 조금씩 다르다. 어떤 사람은 유심과 유식의 이치에 의거하여 체중현에 들어간다. 이 첫

600)『人天眼目』卷3, (大正藏48, p.316下) 참조.

째의 현문[체중현]에는 원교의 사사무애의 설명이 있다. 〈무변한 국토경계에 자타가 털끝만큼도 간격이 없고 십세의 고금에 시종 당념을 벗어나 있지 않는 것과 같다.〉 그러나 이런 사람은 오랫동안 불법의 지견이 남아 있어서 마음에서 그것을 벗어나지[脫灑] 못한다. 그러나 어떤 사람은 단지 본분에만 의거하여 지견을 떨쳐버리고[灑落] 구중현에 들어가 그 첫째 현문[체중현]의 지견을 타파한다. 가령 (둘째의 현문[구중현]은) 경절문인 정전백수자, 마삼근 등이 그것이다. … 그런데 아직 지견을 떨쳐버리지 못하여 생사의 세계에서 자재하지 못한 까닭에 제삼현인 현중현을 내세운다. 가령 良久 · 默然 · 棒 · 喝의 작용 등이 그것이다. 이로써 삼현문을 시설한 것은 본래 병통을 없애고자 한 것이다. 그러나 만약 임제의현 조사의 처음의 종지[上祖初宗]를 생각한다면 곧 그렇지 않다."[601]

때문에 『선문오종강요』에서는 "체중현은 삼세가 일념이다 등이고, 구중현은 경절의 언구 등이며, 현중현은 양구와 방과 할 등이다.'[602]고 말한다.

이것은 비슷하기는 해도 古塔主가 내세운 本意는 아니다. 왜냐하면 만약 입문의 深 · 淺을 가지고 分別하고 差排한다면 유현해서 판별할 수가 없는 뜻[不卞義]이 없어지기 때문이다. 잘 생각해 보라.

問如何是第三句 云看取棚頭弄傀儡 抽牽全借裏頭人

묻는다.

601) 『看話決疑論』, (韓佛全7, p.734中-下)
602) 『禪門五宗綱要』, (韓佛全9, p.460上)

"어떤 것이 제삼구입니까."

답한다.

"무대에서 재롱을 떠는 꼭두각시를 보라. 그 장난은 막후에 있는 사람에 달려 있다."[603]

風云逢佛說佛 逢羅漢說羅漢 逢餓鬼說餓鬼 此非弄傀儡耶 裏頭人是臨濟自謂也 又云作家漢將三要印(祖師無紋印字) 向虛空裏 搭破了 無朕迹(朕當作眹) 直名三要(第一句) 向水上搭却 似有文彩 轉名三玄(第二句) 向爛泥裏搭却 痕縫全彰 轉名三句(第三句) 然第一句三要 第二句三玄 古德列名釋之 而第三句三句 但有三句之言 無三句之名 老師義說三句 謂佛證中道故爲中句 羅漢灰身滅智故爲無句 餓鬼飢渴狂走故爲有句也 然則凡聖懸隔 有無差別 故名爲隔別三句 故云句言句之句 句詮差別

청풍장로가 말한 "부처를 만나면 부처의 경지에 대하여 설해주고, 나한을 만나면 나한의 경지에 대하여 설해주며, 아귀를 만나면 아귀의 경지에 대하여 설해준다는 것이 어찌 弄傀儡가 아니겠습니까."[604]에서 무대 뒤의 사람은 임제 자신을 일컫는다. 또 〈청풍장로는 원오의 말을 인용하여〉 "작가가 三要印(조사의 문양이 없는 도장을 찍은 글자)을 가지고 허공에다 찍어도 끝내 朕迹이 없는데(朕字는 眹字여야 한다) 곧 그것을 삼요라고 말합니다.(제일구)

603) 『鎭州臨濟慧照禪師語錄』, (大正藏47, p.497上)

604) 『禪門綱要集』, (韓佛全6, p.852中)

… 물 위에다 찍으면 문채가 완연히 성취되는데, 그것을 轉하여 삼현이라고 말합니다.(제이구) … 물렁한 진흙에다 도장을 찍으면 흔적[痕縫]이 온전히 드러나는 것과 같아서 이것을 轉하여 삼구라고 합니다.(제삼구)"[605]

또 제일구는 삼요이고, 제이구는 삼현이다. 고덕은 명칭을 나열하여 그것을 해석하면서 제삼구의 삼구에는 단지 삼구라는 言만 있지 삼구라는 名은 없다고 하였다. 백파긍선 노사는 뜻으로 삼구를 설하였는데 소위 부처님은 중도를 증득하였기 때문에 中句이고, 나한은 회신하고 멸지했기 때문에 無句이며, 아귀는 기갈로 미쳐 날뛰기 때문에 有句이다. 그런즉 범부와 성인이 현격하고 유와 무가 차별되기 때문에 격별삼구라고 말한다. 때문에 구는 언구의 구로서 句와 詮은 差別된다고 말한다.

問此有無 與眞空竗有及斷常見 同別如何 答華嚴秋字四十八疏云 緣生故有 緣生故空 無性故有 無性故空 無性緣生故空 則非無見斷見之空(揀非) 爲眞空也(顯是) 無性緣生故有 則非有見常見之有(揀非) 是幻有也(顯是) 上辨眞空妙有 異於有無斷常之見也 鈔云然有無見 卽斷常見 疏何重牒 此有深意 斷常之見 多是邪宗 卽五利使 邊見所攝 其有無見 通涉正法 但取空有相 未有契理 爲有無見 此有無見 究竟遠離唯大菩薩 此辨有無見 異於斷常見也 然此禪門中有無見 卽有無解 若遠離有無解 爲格外二禪也

① 묻는다 : 이 유·무과 진공·묘유 및 단견·상견의 동·별은 어떻습니

605) 『禪門綱要集』, (韓佛全6, pp.851中-上)

까.

답한다 : 『華嚴秋字四十八疏』에서 말한다.

“연생이기 때문에 有이고 연생이기 때문에 空이다. 무성이기 때문에 有이고 무성이기 때문에 空이다. 무성과 연생이기 때문에 空인즉 무견과 단견의 空 아님이 없으므로(非를 간별한다) 진공이다.(是를 드러낸다) 무성이고 연생이기 때문에 有인즉 유견과 상견의 有가 아니므로 (非를 간별한다) 곧 幻有이다.(是를 드러낸다)”[606)]

이상 진공과 묘유를 변별해보면 有 · 無 · 斷 · 常의 견해와 다르다.

“鈔에서 말한다. 〈또 유견이고 무견인 즉 단견이고 상견이다.〉 疏에서 말한다. 〈무엇이 중첩되는가. 여기에는 깊은 의미가 있다. 단견과 상견은 대부분이 곧 邪宗인 즉 오리사[607)] 가운데 邊見에 속한다. 그 유견과 무견은 정법에 통섭된다. 다만 공상과 유상을 취해서 이치에 계합하지 못하는 것이 유견과 무견이다. 그러나 이 유견과 무견을 구경에 영원히 벗어나는 것은 오직 대보살뿐이다.〉”[608)]

이것은 유견과 무견을 변별한 것으로 단견 및 상견과 다르다. 그러나 이 선문에서 말하는 유견과 무견은 곧 有解와 無解이다. 그래서 만약 유해와

---

606) 『貞元新譯華嚴經疏(華嚴經行願品疏)』 卷1, (卍新續藏5, p.58上-中) “以緣起法有四義故 一(緣生故有 緣生故空 無性故有 無性故空) 由初及四二義別故有相違義 由二及三有相作義 謂緣生故空 則有作於空 無性故有 則空作於有 由上四義同一緣起 有不相导義 又由初二義 有有望於空而成四義 由後二義 有空望於有而成四義 謂由無性故有 有廢己成他義 由無性故空 有泯他顯己義 由上二義無导故 有俱存義 由上二義相形故 有自他俱泯義 有望於空四義准之 又以(無性緣生故有 則非常見) 有見之有為幻有也 (無性緣生故空 則非斷見 無見之空為真空也) 幻有則是不有有 真空即是不空空 非空非有 是中道義 以有與非有無二 方為幻有 空與非空無二 為真空故 又非空與有無二 為一幻有) 空與非有無二 為一真空 又幻有與真空無二 為一味法界 合之則一不為一 開之則具上十義 同時頓起 深思明了 以成事理無导觀也 不唯無念無起而已” 참조.

607) 五利使는 身見 · 邊見 · 邪見 · 見取見 · 戒禁取見을 말한다.

608) 『大方廣佛華嚴經隨疏演義鈔』 卷32, (大正藏36, p.242上-中)

무해를 영원히 벗어나면 그것이 격외의 이선이다.

師云大凡擧唱宗乘 一句中須具三玄 一玄中須具三要 有玄有要 有權有實 有照有用 汝等作麼生會

백파긍선은 말한다.

"무릇 종승을 현창하려면 〈일구 가운데 반드시 삼현문을 갖추어야 하고, 낱낱의 현 가운데에 반드시 삼요를 갖추어야 한다. 거기에는 權도 있고 實도 있으며 照도 있고 用도 있는데, 그대들은 어찌해야 알겠는가.〉[609)]"[610)]

此上諸節禪門綱要 已詳之 而今更以己意 進顯一義 盖本頌 但有第一第二第三句之言 無句玄要之言 而今忽有句中有玄 玄中有要之說 以句中之句 雖似上頌三句中一句 旣頌無玄要之言 而今忽言玄要 則玄是第二句中三玄 要是第一句中三要也 然則第三句中 獨無三句耶 風云 要省要之要 玄幽玄之玄 句言句之句 此言句之句 豈非第三句三句耶 故知此言一句者 是第三句三句中一句也 又風釋第一句第二句至第三句云 吾與子一說一聽 一問一答 早落第三句 此非第三句中具玄

609) 『鎭州臨濟慧照禪師語錄』, (大正藏47, p.497上) 宗乘은 선종의 종지 곧 구체적으로는 임제종의 종지를 가리킨다.

610) 『禪文手鏡』, (韓佛全10, p.516上) 임제는 삼구를 설하고 그것을 정리하여 '일구어마다 반드시 삼현문을 갖추어야 하고, 일현문마다 반드시 삼요를 갖추어야만 權이 있고 實이 있으며, 照가 있고 用이 있다. 여러분들은 이것을 어떻게 이해하는가.'라고 말하고 법좌에서 내려왔다.

要耶 然此中具最初末後二句之義 盖最初末後之說 在中間三句而言也 謂上眞佛眞法眞道(妙有) 三卽一皆空者(眞空) 卽祖師無紋印字 最初直示此事 故謂之最初句也 此宗師將此無紋印字 印空(第一句) 印水(第二句) 印泥(第三句) 㴋游而順流 如次說三句也 如月禪客所謂嘗聞澹堂云 見三下三 三三如九 佛佛相傳 祖祖授受者也 今句中具玄 玄中具要者 崇齋惠云 須知句玄要三事 畢竟冥然摠一機 此眞空也 有玄有要有權有實 有照有用者 風云玄要在句 權實在玄 照用在要 各有攸當 此玅有也 此眞空妙有 以先說三句 末後㴋洄而逆流 結示此事 故謂之末後句也 如風云束九爲三 束三爲一 一亦不收者也 故云汝等作麽生會此是欲令立地搆取 此亦心得有分也 然最初末後二句 或同或異 同者欲識末後句 看取未生時 此同也 異者 末後句者 摠約三句而言也 說話云 大慧云 末後一句子 聲前露裸裸 盖天盖地 盖聲蓋色 黃面老子 得箇一着子 便道云 未離兜率 已降王宮 未出母胎 度人已畢云云 此是末後句之一着子也 謂是末後句之一着則可 謂是末後句則不可 指山而問焉曰 山乎 曰山則可 山有草木土石 皆擧之也 指山中之一石 而問焉曰山乎 曰山則不可 何得擧山之一石 稱山云者哉 故古云 末後句至於圓極 則與最初句 何以異哉 意謂圓極然後同也 此如敎中 初依一乘(華嚴) 開三乘(阿含方等般若)至法華 會三乘歸一乘也 又如起信中 初依一心起二門 後明二門不二歸一心也

이상의 諸節은『선문강요집』에 이미 상세하게 나와 있다. 그런데 지금 다시 나 설두유형의 의견을 가지고 한걸음 나아가서 한 가지 뜻을 드러내보겠

다.[611]

무릇 위의 송[本頌][612]에는 단지 제일구 · 제이구 · 제삼구라는 言만 있지 句 · 玄 · 要라는 言은 없다. 그러나 지금 갑자기 句中에도 玄이 있고 玄中에 要가 있다는 설[613]을 내놓고 있다.(句中有玄에서) 句中의 句란 비록 위의 게송[上頌][614]에서 삼구중의 일구처럼 보일지라도 이미 本頌에는 玄 · 要라는 言이 없는데 지금 갑자기 (上頌에서) 玄 · 要라고 말[言]한 즉 玄은 곧 제이구 속의 삼현이고, 要는 곧 제일구 속의 삼요이다. 그런즉 제삼구 속에만 유독 삼구가 없다.

청풍장로는 말한다.

"要은 省要의 要로서 要이고, 玄은 幽玄의 玄으로서 玄이며, 句는 言句의 句이다."[615]

바로 이 言句의 句가 어찌 제삼구의 삼구가 아니겠는가. 때문에 여기에서 말하는 일구란 곧 제삼구로서 삼구 속의 일구임을 알아야 한다. 또한 청풍장로는 제일구 · 제이구를 해석하는데, 제삼구에 이르러서는 다음과 같이 말한다.

"지금 나와 그대가 함께 說하고 함께 聽하며 함께 問하고 함께 答하고 있

---

611) 여기 '무릇 위의 송에는 단지 제일구 · 제이구 · 제삼구라는 言만 있지 句 · 玄 · 要라는 言은 없다'는 대목부터 이하 '또한 『기신론』에서 처음에 一心에 의거해서 二門을 일으키고 후에 二門과 不二가 一心으로 돌아간다는 것을 해명한 것과 같다.'는 대목까지는 설두유형의 개인적인 견해가 가장 잘 드러난 내용에 속한다.

612) 本頌은 『鎭州臨濟慧照禪師語錄』, (大正藏47, p.502上)의 "若第一句中得, 與祖佛爲師 ; 若第二句中得, 與人天爲師 ; 若第三句中得, 自救不了"를 가리킨다.

613) '句中에도 玄이 있고 玄中에 要가 있다는 설(句中有玄 玄中有要之說)'은 위에서 임제가 말한 '一句中須具三玄 一玄中須具三要'를 가리킨다.

614) 上頌은 위에서 언급한 '일구 가운데 반드시 삼현문을 갖추어야 하고, 낱낱의 현 가운데에 반드시 삼요를 갖추어야 한다. 거기에는 방편도 있고 진실도 있으며 照도 있고 用도 있다'는 임제의 말을 가리킨다.

615) 『禪門綱要集』, (韓佛全6, p.851中)

는데, 이것이 벌써 바로 제삼구에 떨어져 있는 것이다."[616]

이것은 제삼구 속에는 玄·要가 갖추어져 있지 않다는 것이다. 그러나 이 [제삼구] 가운데는 최초구와 말후구의 二句의 뜻이 갖추어져 있다. 무릇 최초와 말후라는 말은 중간의 삼구에서 하는 말이다. 소위 위에서 眞佛·眞法·眞道(묘유)의 셋이 곧 하나[三卽一]로서 모두 공(진공)인 즉 조사의 문양이 없는 도장으로 찍은 글자[無紋印字]로서 최초로 此事를 직접 내보인 것이기 때문에 그것을 최초구라고 말한다. 이것은 宗師가 이 無紋印字를 가지고 허공에다 도장 찍기도 하고(제일구), 물에다 도장 찍기도 하며(제이구), 진흙에다 도장 찍기도 하면서(제삼구) 㴑游와 順流로써 차제에 따라 삼구를 설한 것이다. 그래서 호월선객은 "일찍이 듣건대 담당문준은 三에다 三을 곱하면 三三은 九가 됨을 보듯이, 부처가 서로 전승하고 조사가 서로 授受한다고 말했다."[617]고 말했다.

그리고 지금 句 속에 玄이 갖추어져 있고 玄 속에 要가 갖추어져 있다는 것에 대해서 숭제혜는 "반드시 알아야 한다. 句·要·玄의 세 가지는 필경에 명연하여 모두 一機일 뿐이다."[618]고 말했는데, 이것이 眞空이다.

'거기에는 權도 있고 實도 있으며 照도 있고 用도 있다.'는 임제의 말에 대하여 청풍장로는 '玄과 要는 句에 있고, 權과 實은 玄에 있으며, 照와 用은 要에 있다. 이처럼 각각 해당하는 바[攸當]가 있다.'[619]고 말했는데, 그것이 妙有이다.

616) 『禪門綱要集』, (韓佛全6, p.852上)

617) 『禪門綱要集』, (韓佛全6, p.6.852下) 호월이 인용한 담당문준의 말은 『大慧普覺禪師宗門武庫』 卷上, (大正藏47, p.946下) "見三下三 三三如九 祖祖相傳佛佛授手" 참조.

618) 『禪門綱要集』, (韓佛全6, p.856上)

619) 『禪門綱要集』, (韓佛全6, p.6.852下) 호월이 인용한 담당문준의 말은 『大慧普覺禪師宗門武庫』 卷上, (大正藏47, p.946下) "見三下三 三三如九 祖祖相傳佛佛授手" 참조.

이 진공과 묘유는 먼저 삼구를 설하고 말후에 거슬러 올라[泝洄] 역류하여 이 글[聿]을 결론적으로 제시한다.[結示] 때문에 그것을 말후구라고 말한다. 청풍장로는 '아홉을 묶어서 셋을 만들고, 셋을 묶어서 하나를 만들며, 그 하나도 또한 거둘 것이 없다.'[620]고 말한다. 그런데 (임제가) '그대들은 어찌해야 알겠는가.'라고 말한 것은 곧 그 자리에서 이해토록[立地搆取] 하려는 것이었다. 이 또한 마음으로 터득해야 하는 것이다.

그런데 최초구와 말후구의 이구는 같기도 하고 다르기도 하다. 같다는 경우는 말후구를 알려면 未生時를 살펴야 한다는 것인데 이것은 같은 점이다. 다르다는 경우는 말후구는 모두 삼구에 의거해서 말했다는 것이다. 『염송설화』에서 말한다.

"대혜는 말한다. 말후일구는 소리가 나기 이전에 적나라하게 드러나서 하늘을 덮고 땅을 덮는다. 황면노자[부처님]는 그 일착자를 터득하고 문득 말했다. 〈도솔천을 벗어나지 않고 이미 왕궁에 강림하였다. 모태를 벗어나지 않고 중생의 제도를 이미 마쳤다. 운운〉' 이것이 바로 말후구의 일착자이다. 이것을 말후구의 일착자라고 말하는 것은 가능하겠지만, 이것을 말후구라고 말하는 것은 불가능하다. 산을 가리키면서 〈산인가〉 하고 물으면 〈산이다〉 하고 답하는 것은 가능한데 그것은 산에 있는 초 · 목 · 토 · 석의 전체를 산으로 언급하기 때문이다. 그러나 산에 있는 돌멩이 하나를 가리키면서 〈산인가〉 하고 물으면 〈산이다〉 하고 답하는 것은 불가능하다. 어찌 산 전체 속의 돌멩이 하나를 들어 산이라고 일컬을 수 있겠는가."[621]

때문에 고인은 "말후구가 원극에 이르면 곧 최초구와 더불어 어찌 다르겠

620) 『禪門綱要集』, (韓佛全6, p.6.852下) 호월이 인용한 담당문준의 말은 『大慧普覺禪師宗門武庫』 卷上, (大正藏47, p.946下) "見三下三 三三如九 祖祖相傳佛佛授手" 참조.

621) 『拈頌說話』 卷1, (韓佛全5, p.6下)

는가."[622]고 말했다. 의미로 말하자면 원극에 이른 연후에는 같아진다는 것이다. 이것은 교학에서 처음에 일승(화엄)에 의거하여 삼승(아함 · 방등 · 반야)을 열고 법화에 이르러서 삼승을 모아서 일승으로 돌아간다는 것과 같다. 또한『기신론』에서 처음에 一心에 의거해서 二門을 일으키고 후에 二門과 不二가 一心으로 돌아간다는 것을 해명한 것과 같다.

下圖示本頌 宗師自最初句 從深至淺 上中下三士普接也 此圖逆次欲使學者 從淺至深 悟末後句也

이하에서 本頌을 圖示한다. 종사는 최초구에서 깊은 곳으로부터 얕은 곳에 이르기까지 上 · 中 · 下의 三士를 널리 제접하였다. 그러나 이 圖示는 역차적으로 납자로 하여금 얕은 곳으로부터 깊은 곳에 이르러 말후구에 깨치도록 하려는 것이다.

第三句	第二句	第一句	
此句下薦得 自求不了	此句下薦得爲人天師	此句下薦得 爲佛祖師	自性 三卽一皆空 眞佛 三寶 眞法 眞道
	如來見星悟 道名如來禪	傳持祖師心 印名祖師禪	祖師宗旨 秖自心得

622)『禪文手鏡』(韓佛全10, p.520上) "故龜谷先師曰 末後句至於圓極 則與最初句 何以異哉"

	如來三傳 ●一分座 殺人刀亦名眞金鋪 達摩三傳 ◆一諸緣已 斷得如來禪		●二拈華 活人劍 ◆二覓心不得 得祖師禪	●三示趺 殺活齊示 ◆三拜得髓	佛祖不傳
荷澤作本源佛性 爲義理禪	靑原不落階 級得如來禪 殺人刀 格外禪		南嶽一物不中得 祖師禪 活人劍 格外禪	六祖下不傳	向上無傳
三印 如印印泥痕縫全 彰轉名三句	如印印水似 有文彩轉名三玄		如印印空了 無朕迹直名三要		無紋印字
本頌三句 逢餓鬼說餓鬼 逢羅漢說羅漢 逢佛說佛	權實三句 權 就此權門 立三玄名	實	權實向上	四照用 一先照後用 二先用後照 三照用同時	四照用不同時
隔別三句 有句 無句 中句	新熏三玄 體中玄 句中玄 玄中玄	本分一句	宗門向上	三要 大機圓應 大用直截 機用齊施	向上一竅
圭山三宗 息妄修心宗 泯絶無奇宗 直顯心性宗	雲門三句 截斷衆流 隨波逐浪 函蓋乾坤	一鏃破 三關	別置一句	分明箭後路	眞如 眞空 妙有
眞俗三諦 俗諦 眞諦 第一義諦	洞山偏正五位 正　–君位 偏　–臣位 正中來–君視臣 偏中正–臣向君 兼中到–君臣道合		四喝 金剛寶劍喝 獅子踞地喝 探竿影草喝		一喝不作 一喝用喝
天台三止三觀 隨緣止假觀 體眞止空觀 中道止中觀	大慧偏正圖 正中偏 – ◓ 偏中正 – ◒ 正中來 – ⊙ 偏中至 – ○ 兼中到 – ●		三聖 文殊大智 普賢大行 智行兩存		毘盧向上

<table>
<tr><td>四賓主
一賓中賓
學者無鼻孔</td><td colspan="2">二賓中主
學者有鼻孔</td><td>三主中賓
宗師無鼻孔</td><td>四主中主
宗師有鼻孔</td></tr>
<tr><td>四料揀
奪人不奪境</td><td>奪境不奪人</td><td>人境兩
俱奪</td><td>人境俱不奪</td><td>本地風光</td></tr>
<tr><td>四法界
事
理
理事中</td><td>理無礙法界
事無礙法界
理事無礙法界</td><td>理事雙忘</td><td>事事無碍法界</td><td>一眞法界</td></tr>
<tr><td>達摩西來意
建立文字</td><td colspan="2">不立文字</td><td>直指人心</td><td>見性成佛</td></tr>
<tr><td> 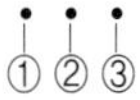① ② ③</td><td> 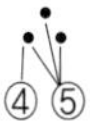④ ⑤</td><td> ⑥</td><td> ⑦ ⑧</td><td></td></tr>
<tr><td>三宗悟修
神秀漸修漸悟
牛頭頓悟頓修
荷澤頓悟漸修</td><td>五宗
法眼明惟心
潙仰明體用</td><td>曹洞明
向上</td><td>雲門明截斷
臨濟明機用</td><td>五宗向上無傳</td></tr>
<tr><td>配一代禪敎
一代禪敎悟
修新熏節</td><td colspan="2">一切禪文威音那
邊更那邊及夢覺一如等</td><td>一切禪文各安其位揔不
動着及揔賞揔罰等</td><td>一切禪文山是山水
是水拄杖但喚作
拄杖一一端端的的等</td></tr>
</table>

제삼구	제이구	제일구	
차구하천득 자구불료	차구하천득위인천사	차구하천득위불조사	자성 삼즉일개공 진불 삼보 진법 진도
	여래견성오도명여래선	전지조사심인명조사선	조사종 지지자 심득

<table>
<tr><td></td><td colspan="2">〈여래삼전〉
●일:분좌 살인도
역명진금포
〈달마삼전〉
◆일:제연이단
득여래선</td><td>●이:염화
활인검
◆이:멱심부득
득조사선</td><td>●삼:
시부
살활제시
◆삼:
배득수</td><td>불조부전</td></tr>
<tr><td>하택작본
원불성위
의리선</td><td colspan="2">청원불락
계급득여래선
살인도
격외선</td><td>남악일물부
중득조사선
활인검
격외선</td><td>육조하
부전</td><td>향상무전</td></tr>
<tr><td>〈삼인〉
여인인니
흔봉전창
전명삼구</td><td colspan="2">여인인수
사유문채
전명삼현</td><td colspan="2">여인인공료
무짐적직명삼요</td><td>무문인자</td></tr>
<tr><td>〈본송삼구〉
봉아귀설아귀
봉나한설나한
봉불설불</td><td>〈권실삼구〉
권
취차권문
입삼현명</td><td>실</td><td>권실향상</td><td>〈사조용〉
일:선조후용
이:선용후조
삼:조용동시</td><td>사:조용
부동시</td></tr>
<tr><td>〈격별삼구〉
유구
무구
중구</td><td>〈신훈삼현〉
체중현
구중현
현중현</td><td>본분
일구</td><td>종문향상</td><td>〈삼요〉
대기원응
대용직절
기용제시</td><td>향상일규</td></tr>
<tr><td>〈규산삼종〉
식망수심종
민절무기종
직현심성종</td><td>〈운문삼구〉
절단중류
수파축랑
함개건곤</td><td>일촉
파삼관</td><td>별치일구</td><td>분명전후로</td><td>〈진여〉
진공
묘유</td></tr>
<tr><td>〈진속삼제〉
속제
진제
제일의제</td><td colspan="2">〈동산편정오위〉
정 – 군위
편 – 신위
정중래–군시신
편중정–신향군
겸중도–군신도합</td><td colspan="2">〈사할〉
일:금강보검할
이:사자거지할
삼:탐간영초할</td><td>사:
일할부작
일할용할</td></tr>
</table>

〈천태삼지삼관〉 수연지가관 체진지공관 중도지중관	〈대혜편정도〉 정중편 – ◓ 편중정 – ◒ 정중래 – ⊙ 편중지 – ○ 겸중도 – ●		〈삼성〉 문수대지 보현대행 지행양존	비로향상
〈사빈주〉 일:빈중빈 학자무비공	이:빈중주 학자유비공		삼:주중빈 종사무비공	사:주중주 종사유비공
〈사료간〉 일:탈인불탈경	이:탈경불탈인	삼:인경 양구탈	사:인경구불탈	본지풍광
〈사법계〉 사 이 이사중	이무애법계 사무애법계 이사무애법계	이사쌍망	사사무애법계	일진법계
〈달마서래의〉 건립문자	불립문자		직지인심	견성성불
 ① ② ③	④ ⑤	⑥	 ⑦ ⑧	
〈삼종오수〉 신수점수점오 우두돈오돈수 하택돈오점수	〈오종〉 법안명유심 위앙명체용	조동명 향상	운문명절단 임제명기용	오종향 상무전
〈일대의 선교를 배대함〉 일대 선교에 있는 悟 · 修 · 新熏의 구절	일체 선문헌에 있는 위음나변 · 나변 · 몽교일여 등		일체 선문헌에서는 각각 제자리에 안치하여 모두 부동하게 안착되어 있음 · 모든 賞과 모든 罰 등	일체 선문헌에 있는 山是山 · 水是水 · 주장자를 무릇 주장자라고 부르는 등은 낱낱이 端端的的함

問古德云 活句下薦得 與佛祖爲師 死句下薦得 自救不了 與此三句 同別如何 答禪家龜鑑云 話頭有句 意二門 叅句者 徑截門活句也 沒心路

淨語路 無摸索故也 叅意者 圓頓門死句也 有理路 有語路 有聞解思想故也 然則活句下上根 薦得第一句 與佛祖爲師 中根薦得第二句 與人天爲師也 如老龐初叅石頭云 不與萬法爲侶者是什麼人 頭以手掩其口 遂悟得如來禪 後再叅馬祖云 不與萬法爲侶者 是什麼人 祖云一口吸盡西江水來 又悟得祖師禪也 然則豈非一叅句之下 悟有先後深淺有異耶 故古德但云 與佛祖爲師者 擧深該淺也 近中孚子所著四辨漫語云 第二句 是不死不活之句 且道 活句是叅句 死句是叅意 則叅句叅意之間 如何叅之爲不死不活之句耶 此不究其意 率爾而發言耳

② 묻는다 : 고덕(임제)이 말한 '활구를 통해서 깨치면 부처와 조사의 스승이 될 만하고, 사구를 통해서 깨치면 자신도 구제하지 못한다.'는 것은 삼구와 더불어 같습니까 다릅니까.

답한다 : 『선가귀감』에서 말한다.

"화두에는 參句門와 參意門의 이문이 있다. 참구는 경절문으로 활구이다. 마음의 작용과 언설의 작용을 초월해 있어서 모색할 수도 없기 때문이다. 참의는 원돈문으로 사구이다. 이치와 언설을 통해 있어서 듣고 이해하며 헤아릴 수가 있기 때문이다."[623]

그런즉 활구를 통해서 상근이 제일구를 깨치면 부처와 조사의 스승이 될 만하고, 중근이 제이구를 통해서 깨치면 인간과 천상의 스승이 될 만하다.

가령 노방[居士 龐蘊]이 석두를 참문하여 물었다.

"만법과 더불어 반려가 되지 않는 자는 어떤 사람입니까. 석두가 손으로 노방의 입을 막아버렸다. 그러자 마침내 노방이 여래선을 깨쳤다. 후에 마

623) 『禪家龜鑑』, (韓佛全7, p.636中)

조를 재참하고 물었다. 만법과 더불어 반려가 되지 않는 자는 어떤 사람입니까. 마조가 말했다. 한 입에 서강의 물을 다 마셔 보라. (그 말을 듣고) 또한 조사선을 깨쳤다."[624]

그런즉 어찌 동일한 참구문을 통한 깨침에도 先·後·深·淺의 차이가 없겠는가. 때문에 고덕은 다만 부처와 조사의 스승이 될 만하다고 말했는데, 이것은 깊은 것을 들면 얕은 것에 두루 미친다는 것이다. 근래에 孚子[草衣意恂]가 지은 『사변만어』에서는 "제이구는 사구도 아니고 활구도 아니다."[625] 고 말한다.

자, 말해 보라. 활구는 곧 참구문이고 사구는 곧 참의문이라면 곧 참구문과 참의문 사이에 어떻게 참구해야 사구도 아니고 활구도 아닌 것이 되는가. 이것[626]은 그 의미를 궁구하지 못하고 경솔하게 내뱉은 말이다.

又古有三線之論 謂太公線者 太公之垂釣 是意不此限 故爲第一句 虛空線者 是第二句 蚯蚓線者 是第三句 皆可知

예로부터 三線의 論이 있었다. 소위 太公線은 태공이 드리운 낚싯줄인데, 그 의미는 여기에서 한정할 수 없기 때문에 제일구가 된다. 虛空線은 곧 제이구이다. 蚯蚓線은 곧 제삼구이다. 모두 알 수가 있을 것이다.[627]

624) 『龐居士語錄』 卷上, (卍新續藏69, p.131上) 참조.
625) 『禪門四辨漫語』, (韓佛全10, pp.821下-822上)
626) '제이구는 사구도 아니고 활구도 아니다.'는 초의의순의 말을 가리킨다.
627) 여기까지는 백파긍선의 선리에 대하여 옹호하는 변론에 해당한다.

有箇閒長老 述成語與錄 逐條說又辨 或恐認魚目

6) 초의의순의 『사변만어』 비판[628]

어떤 한가로운 장로들[초의의순 및 우담홍기를 지칭한다]이 『사변만어』와 『소쇄선정록』을 서술하여 마침내 몇 가지 조항으로 설명하고 또 판별하였지만, 그것은 아마 魚目[629]이 아닐까 한다.

近有中孚子著四辨漫語 四辨者 義理格外禪 如來祖師禪 殺人活人劒 眞空妙有 辨<辨-?>漫語者 汗漫之語 是自謙也 又有優曇子 述掃灑先庭錄 謂禪文手鏡 汚穢先師之門庭 自爲掃灑之意也 錄有四節 一三處傳心 禪門之源 源清則流清 二義理格外禪 如來祖師禪 禪門之名 名正則實正 三殺人刀活人劒 禪名之極 名極則實極 四三句一句 禪門之本有文彩 本達則末達 謂自爲清正極達 以手鏡爲不爲清正極達之意也 此則題意與四節立名 早是斧鑿太甚 且其文中辭意語與錄 皆是非情厚 勝負氣高 不究其義 全務斥破 可謂邪解亂轍 魚目渾<混=>珠也 故今說其語 辨其錄 名曰四辨漫語說(說者如屛 山李純甫鳴道集說) 掃灑先庭錄辨 不是全門之習 第竢通人之攷 先釋正義

628) 여기 6)부터 이하는 초의의순의 『선문사변만어』 및 우담홍기의 『선문증정록』에 대한 비판이다. 이하에서 그 방법은 먼저 백파의 견해를 소개하고 초의의 견해를 타파하며, 다시 백파의 견해를 소개하고 우담의 견해를 타파하는 형식을 취한다.

629) 魚目은 魚目混珠로서 물고기 눈알과 진주가 뒤섞여 있어서 似而非와 같다는 의미이다.

근래에 中孚子가 『사변만어』를 지었는데, 사변은 義理格外禪·如來祖師禪·殺人活人劍·眞空妙有이다. 漫語란 汗漫의 語로서 곧 스스로 겸손하다는 것이다. 또한 優曇子[優曇洪基]는 『掃灑先庭錄』을 지었는데, 소위 『선문수경』이 汚穢이므로 先師[白坡亘璇]의 門庭을 스스로 깨끗이 청소한다[掃灑]는 의미이다.

『掃灑先庭錄(禪門證正錄)』에는 四節이 있다. 첫째는 삼처전심이 선문의 근원이라는 것이다. 근원이 청정한 즉 흐름이 청정하다는 것이다. 둘째는 의리격외선·여래조사선은 선문의 명칭이라는 것이다. 명칭[名]이 바른 즉 진실[實]도 바르다는 것이다. 셋째는 살인활인검은 禪名의 궁극이라는 것이다. 名이 궁극인 즉 實도 궁극이라는 것이다. 넷째는 삼구일구는 선문에 본유한 문채라는 것이다. 本에 통달한 즉 末에 통달한다. 소위 자신[우담홍기]은 청정하고[淸]·바르며[正]·궁극[極]·통달[達]이고, 『선문수경』은 청정하고[淸]·바르며[正]·궁극[極]·통달[達]의 의미가 아니라는 것이다.

이것은 곧 題意를 四節과 더불어 저술의 명칭으로 내세운 것인데, 벌써 너무 심하게 기교를 부렸다. 또 그 글 가운데 있는 辭·意·語·錄은 모두가 非情만 두텁고 승부로 기고만장하여 그 뜻을 궁구하지 않고 그저 斥破에만 힘썼기 때문에 가히 잘못된 이해와 정도를 벗어난 것[邪解亂轍]이고 물고기 눈알과 진주가 뒤섞인 것[魚目渾珠]이라고 말할 수 있다. 때문에 이제 그 語[사변만어]에 대하여 說하고 그 錄[소쇄선정록]에 대하여 辨해보겠다. 그래서 '사변만어설'(說이란 저 屛山 李純甫의 『鳴道集說』의 경우와 같다) 및 '소쇄선정록변'이라는 명칭을 붙였다. 이것은 金門에 대한 되풀이[習]가 아니다. 그것은 눈 밝은 사람[通人]이 상고[攷]하는 차례를 기다려[第竢]야 할 것이다. 먼저 올바른 뜻[正義]에 대하여 풀이하겠다.

禪有詮旨之異 古德云 禪是佛心 教是佛語 又云若人得之於心 則三藏十二分教 乃至市井閑談 鶯吟鷰語 皆是教外別傳 禪旨失之於口 則拈花微笑 却爲教迹 此約禪旨也 又古德云 諸佛說弓 祖師說弦 又云教也者 諸佛菩薩所留經論 禪也者 諸善知識所述句偈 此約禪詮也 然則諸家所述 是禪詮也 若其禪旨 離名絶相 心行尙無處 言語豈有途 到這裏三世諸佛 歷代祖師 嘴盧都地

선에도 詮과 旨의 차이가 있다.[630]

고덕은 "선은 부처님의 마음이고, 교는 부처님의 말씀이다."[631]고 말했다. 또 "어떤 사람이 마음을 깨치면 곧 삼장과 십이분교 내지 시정의 한담 및 지저귀는 새소리가 모두 교외별전이다. 그러나 선지가 언설에 떨어지면 곧 염화미소도 도리어 교학의 흔적이 된다."[632]고 말했다.

이것은 禪旨에 의거한 것이다.

또 고덕은 "제불은 활처럼 설했고, 조사는 활줄처럼 설했다."[633]고 말했다. 또 "교는 또한 제불보살이 남겨놓은 經·論이고, 선은 또한 제선지식이 서술한 句·偈이다."[634]고 말했다.

이것은 禪詮에 의거한 것이다.

그런즉 諸家에서 서술한 것은 곧 禪詮이다. 만약 그 禪旨가 名을 벗어나고 相을 단절한다면 마음의 작용[心行]으로도 오히려 어찌할 수가 없는데 언

630) 詮은 언설로 풀어낸 겉말이고, 旨는 언설이 담고 있는 속말이다.
631) 『禪家龜鑑』, (韓佛全7, p.635中)
632) 『禪家龜鑑』, (韓佛全7, p.635下)
633) 『禪家龜鑑』, (韓佛全7, p.636上)
634) 『禪源諸詮集都序』 卷上之一, (大正藏48, p.399下)

어인들 어찌 길이 있겠는가. 그러한 경지에 도달해서는 삼세제불 및 역대조사도 입도 벙긋하지 못하는 벙어리일 뿐이다.[嘴盧都地]

今依禪詮 說有三種 一祖師禪 二如來禪 三義理禪(上標下釋 標約法之深淺 釋約悟之先後) 如來禪者 普曜<集?>經 菩薩於二月八日 見明星悟道 號曰天人師 以所悟之道 是如來悟底 故名如來禪 悟後施設戈甲 爲天人說法 故云天人師也 臨濟云 第二句薦得 與人天爲師 一愚釋云 如來在寂滅場中 初成正覺(悟道) 現千丈盧舍那身 四十一位法身大士(人)及宿世根熟天龍八部(天) 一時圍遶 如雲籠月(說華嚴時 此是施設戈甲)是第二句 故云人天爲師 祖師禪者 達摩云 眞歸祖師在雪山 叢木房中待釋迦 傳持祖印壬午歲 心得同時祖宗旨 是祖師傳底 故名祖師禪 臨濟云 第一句薦得 與祖佛爲師 一愚釋云 此句下薦得 徑踏毘盧向上 直佩祖師心印 故云與祖佛爲師 然則二禪 悟有先後 自分深淺也 故梵日國師云 世尊見明星悟道 自知所悟之法 猶未臻極 遊行數十日 復尋訪祖師 始傳得玄極之旨 世尊如上悟之受之 以是而傳之三處 第一分座殺人刀 亦名眞金鋪 是傳如來悟底也 故說話釋慧可第一斷緣云 得如來禪 第二拈花 活人劒 亦名雜貨鋪 是傳祖師傳底也 故說話釋第二慧可<慧可第二?>覓心不得云 得祖師禪 然則如來禪祖師禪 卽是殺活而但如來禪祖師禪者 就能悟能傳之人 以立名也 殺人刀活人劒眞金鋪雜貨鋪者 約所悟所傳之法 取譬以立名也 於中刀劒二字 言其殺活之優劣 眞雜二字 言其殺活之單兼也 世尊第三示趺 說話雖無殺活齊示之言 雙趺意不無 是殺活齊示也 慧可第三三拜得髓 說話雖無二禪齊得之言 三拜意不無 是二禪齊得也 自迦葉 傳至西天四七唐土二三

人傳一人 刀劒並用 殺活自在 此所謂持王子寶刀 用本分手段 殺人活人 得大自在者也 故無有二禪優劣之分矣 自六祖已還 分傳殺活 如南嶽得活人劒 清源<青原?>得殺人刀 又分爲五派 斯道大行天下 其派有源 其枝有本 義理禪者 一日祖曰 吾有一物 無名無字 汝等喚作什麼 荷澤云 諸佛之本源 神會之佛性 祖曰向汝道 無名無字 便喚作本源佛性 他日雖把茆盖頭 作得箇知解宗徒 知解是義理 故名爲義理禪也 臨濟云 第三句薦得 自救不了 古德云 死句下薦得 自救不了 禪家龜鑑釋云 死句亦名叅意 有語路義路 意謂有語路 則語忌十成 故謂之死句 有義路則義理宛然 故謂之義理禪也 又大慧答張侍郎書云 纔見涉理路入泥人水爲人底 便欲掃除云 如忠國師 說義理禪 教壞人家男女 此以涉理路爲人底 爲義理禪也 其釋第三句風云 吾與子一說一聽 一問一答 早落第三句 一愚云 落草爲人 隨病與藥 此第三句 所以爲義理禪 上殺活二禪 亦名爲格外禪 以殺活二禪 爲義理標格之外也 故古云 約法名義理禪格外禪 約人名如來禪祖師禪 意謂約法名義理禪格外禪 就此格外禪 又約人名如來禪祖師禪也 非謂二種禪 約人法有異也 如說話云 圭山云 禪者具云禪那 此云思惟脩 亦云靜慮 斯皆定慧之通稱也(上義理禪) 當此看則教外別傳一味禪也(當此拈頌而看 則是教格之外別傳禪也) 且道 如來禪祖師禪 同別如何 如來禪者 山山水水 法法全眞也 祖師禪者 和根拔去 了沒巴鼻也(上格外禪中 又如來祖師二禪不同) 然義理格外之禪 雖殊 所傳之法體一也 以密傳心受 沒理路語路 則爲格外禪 顯存知解 有語路理路 則爲義理禪也 如楞嚴云 知見立知 是無明本 知見無見 斯則涅槃云云也 故圭峯云 但顯密有殊 非謂所傳之法體有異 上釋正義竟 下破邪解 先說四辨漫語

이제 禪詮에 의거해서 설하자면 삼종이 있다. 첫째는 조사선이고, 둘째는 여래선이며, 셋째는 의리선이다.(먼저 標하고 나중에 釋한다. 標는 법의 심천에 의거한 것이고, 釋은 깨침의 선후에 의거한 것이다)

여래선이란 "『보요〈집?〉경』에서 보살이 2월 8일에 명성을 보고 오도하여 호를 천인사라고 하였다."[635]는 것으로써 깨침의 도를 삼았다. 이것은 여래의 깨침이기 때문에 여래선이라고 말한다. 오후에 시설한 방편은 천인사의 설법이 되었기 때문에 천인사라고 말한다. 그래서 임제는 '제이구를 통해서 깨치면 인간과 천상의 스승이 될 만하다.'고 말했다. 이에 대하여 일우는 해석하여 말한다.

"여래가 적멸도량에 머물며 비로소 정각을 성취하니(悟道) 千丈의 盧舍那身과 四十一位法身大士(人) 및 숙세에 근기가 성숙한 天龍八部(天)가 일시에 위요하여 마치 구름이 달을 가린 것과 같았는데(화엄경을 설했을 때이다. 이것이 바로 시설한 방편이다) 이것이 바로 제이구이다. 때문에 인간과 천상의 스승이 된다고 말했다."[636]

조사선이란 달마가 말한다.

"진귀조사께서 설산에 계시면서
총목방에서 석가를 기다렸다네
임오년에 조사심인을 전지하니
마음으론 조사종지 터득하였네"[637]

---

635)『景德傳燈錄』卷1, (大正藏51, p.205中)

636)『禪門綱要集』, (韓佛全6, p.855上) 일우가 인용한 글은『佛祖統紀』卷3, (大正藏49, p.149上) "初頓教者卽第一華嚴時 從部時味 得名爲頓 此謂如來始成正覺 在寂滅道場 四十一位法身大士 及宿世根熟 天龍八部 一時圍遶 如雲籠月 是時如來現盧舍那身 說圓滿修多羅 故言頓教" 참조.

637)『禪門寶藏錄』卷上, (卍新續藏64, p.807下)

이것은 조사의 傳持이기 때문에 조사선이라고 말한다. 그래서 임제는 '제일구를 통해서 깨치면 부처와 조사의 스승이 될 만하다.'고 말한다. 이에 대하여 일우는 해석하여 말한다.

"이 제일구에서 깨친다면 곧장 毘盧向上을 밟고 곧장 祖師心印을 꿰찰 것이다. 때문에 부처와 조사의 스승이 될 만하다고 말한다."[638]

그런즉 여래선과 조사선의 이선은 깨침에 선후가 있고 저절로 심천이 나뉜다. 때문에 범일국사는 말한다.

"세존께서 명성을 보고 오도하였다. 그러나 자신이 깨친 법이 궁극의 경지가 아님을 알았다. 그래서 수십일 동안 유행하며 다시 조사를 찾아다녔다. 이로써 비로소 현극의 종지를 전승받았다."[639]

세존은 위의 경우처럼 현극을 깨치고 종지를 전수받아서 그것으로써 현극의 종지를 삼처에서 전수하였다.

제일의 분좌는 살인도인데 또한 진금포라고도 말한다. 이것이 바로 여래의 깨침을 전수한 것이다. 때문에 『염송설화』에서는 혜가의 第一 斷緣을 해석하여 여래선을 터득했다고 말한다.

제이의 염화는 활인검인데 또한 잡화포라고도 말한다. 이것이 바로 조사의 傳持를 전수한 것이다. 때문에 『염송설화』에서는 혜가의 第二 覓心不得을 해석하여 조사선을 터득했다고 말한다. 그런즉 여래선과 조사선은 곧 그것이 殺이고 活이다. 다만 여래선과 조사선이란 能悟 및 能傳의 人에 나아가서 내세운 명칭이다. 그리고 살인도 · 활인검 · 진금포 · 잡화포란 所悟 및 所傳의 法에 의거하여 비유를 취해서 내세운 명칭이다. 그 가운데서 刀와

---

638) 『禪門綱要集』, (韓佛全6, p.853下)

639) 『禪門寶藏錄』 卷上, (卍新續藏64, p.810上)

劒의 두 글자는 그 殺과 活의 優와 劣을 말한 것이고, 眞과 雜의 두 글자는 그 살활의 單과 兼을 말한 것이다.

세존의 제삼의 示跌에 대하여 『염송설화』에서는 비록 殺活齊示라고 말한 것은 없지만 雙跌의 의미가 없지는 않은데 그것이 바로 殺活齊示이다. 혜가의 第三 三拜得髓에 대하여 『염송설화』에서는 비록 二禪齊得이라고 말한 것은 없지만 삼배의 의미가 없지는 않은데 그것이 바로 二禪齊得이다.

가섭으로부터 전수하여 서천 28조 및 당토 6조에 이르기까지 한 사람이 한 사람에게만 전수하였는데 刀와 劒의 並用이고 殺과 活의 自在였다. 이것이 소위 王子의 寶刀를 지니고 본분수단을 활용하여 사람을 죽이기도 하고 사람을 살리기도 하며 대자재를 터득한 사람이다. 때문에 이선이 우열로 나뉜 것은 없다.

육조로부터 이하에서 살과 활로 나뉘어 전수되었다. 저 남악은 활인검을 터득하였고, 청원은 살인도를 터득하였다. 또한 나뉘어 五派가 되었는데, 그 도가 천하에 크게 유행하였다. 그 派에는 근원이 있고 그 枝에는 근본이 있다.

의리선이란 "어느 날 조사가 말했다. 나한테 一物이 있는데 (頭도 없고 尾도 없으며) 名도 없고 字도 없으며 (背도 없고 面도 없다.) 그대들은 그것이 무엇이라고 부르겠는가. 하택이 말했다. 그것은 제불의 本源이고 저 신회의 불성이기도 합니다. 조사가 말했다. 아까 전에 내가 그대한테 名도 없고 字도 없다고 말했는데도 불구하고 곧 本源이니 불성이니 하고 들먹이는구나. 이후로 작은 암자나 지어놓고 知解宗徒의 노릇은 하겠구나."[640]라는 것에서 知解가 곧 義理이다. 때문에 의리선이라고 말한다. 임제는 '제삼구를 통해서

640) 『六祖大師法寶壇經』, (大正藏48, p.359中-下)

깨치면 자신도 구제하지 못한다.'고 말했다. 고덕[원오극근]은 "死句를 통해서는 깨치지 못하고 자신도 구제할 수가 없다."[641]고 말했다.

『선가귀감』에서는 이것을 해석하여 "사구 또한 참의로서 어로와 의로가 있다."[642]고 말한다. 의미로 말하자면 어로가 있은 즉 語는 十成을 꺼리기 때문에 그것을 사구라고 말한다. 그리고 의로가 있은 즉 의리가 완연하기 때문에 그것을 의리선이라고 말한다.

또한 대혜는 장시랑의 편지에 답하여 말한다.

"理路를 초월해서 진흙에 들어가고 물에 들어가는 사람을 보자마자 곧장 소제하여 (종적을 소멸시키고자 하여 나 종고가 집성한 『정법안장』을 보고서 문득 말한다. 임제 문하에서 몇몇 암주들에게는 좋은 기봉이 있는데 어째서 거두어들이지 않았는가. 또) 저 혜충국사는 의리선을 말하여 人家의 남녀들을 그르치게 하였다."[643]

이로써 理路를 초월하여 중생을 위한 것으로 의리선으로 삼는다. 이에 그 제삼구에 대한 해석에서 청풍장로는 "지금 나와 그대가 함께 說하고 함께 聽하며 함께 問하고 함께 答하고 있는데, 이것이 벌써 바로 제삼구에 떨어져 있는 것이다."[644]고 말했다. 그리고 일우는 "번뇌의 풀숲에 들어가서 중생을 위하고, 또 번뇌[病]에 따라서 설법[藥]을 해주는 행위는 제삼구이다."[645]고 말했다.

641) 청풍장로의 말속에 있는 글의 출처는 『圓悟佛果禪師語錄』 卷14, (大正藏47, p.778中) "他参活句不參死句 活句下薦得 永劫不忘 死句下薦得 自救不了 若要與佛祖爲師 須明取活句 韶陽出一句 如利刀剪却" 참조.

642) 『禪家龜鑑』, (韓佛全7, p.636中) "叅意者 圓頓門死句也 有理路 有語路 有聞解思想故也" 참조.

643) 『大慧普覺禪師語錄』 卷29, (大正藏47, p.937中) "纔見涉理路入泥入水爲人底 便欲掃除 (使滅蹤跡 見宗杲所集正法眼藏便云 臨濟下有數箇菴主好機鋒 何不收入) 如忠國師 說義理禪 教壞人家男女" 참조.

644) 『禪門綱要集』, (韓佛全6, p.852上)

645) 『禪門綱要集』, (韓佛全6, p.854上)

때문에 이로써 의리선을 삼는다.

위의 殺과 活의 이선도 또한 말하자면 격외선이다. 殺과 活의 이선으로써 의리선을 삼은 것은 格外를 標한다. 때문에 고인(백파긍선)은 "法에 의거하면 의리선과 격외선이라고 말하고, 人에 의거하면 여래선과 조사선이라고 말한다.'[646]고 말했다.

의미로 말하자면 法에 의거하여 의리선과 격외선이라고 말하는데 이 격외선에 나아가보면 또 人에 의거해서도 여래선과 조사선이라고도 말하는데, 이것은 이종선이 人과 法에 의거하여 차이가 있다는 것을 말하는 것은 아니다. 저『염송설화』에서 말한 '규산(규봉종밀)은 말한다. 선은 갖추어 말하면 선나이고, 번역하면 사유수이고 또한 정려이다. 이것은 모두 정혜의 통칭이다.'(이상은 의리선이다)는 것은 이로써 살펴보면 곧 교외별전의 일미선에 해당한다.(이것에 해당하는『선문염송』을 보면 곧 教格을 벗어난 別傳의 禪이다)

자, 말해 보라. 여래선과 조사선의 同과 別은 어떤가. 여래선이란 산은 산이고 물은 물이며 모든 법이 그대로 깨침이다. 조사선이란 뿌리까지 통째로 제거하여 끝내 몰파비이다.(이상은 격외선 속에서도 또한 여래선과 조사선이 같지 않다)

그렇지만 의리선과 격외선이 비록 다를지라도 전승된 법체는 동일하다. 곧 밀전된 마음을 받아서 理路와 語路가 없은 즉 격외선이고, 지해를 顯存하여 語路와 理路가 있은 즉 의리선이다.『능엄경』에서는 '知見에 知를 내세우는 것은 곧 무명의 근본이고, 知見에 見이 없으면 그것이 곧 열반이다. 운운'[647]고 말했다.

646)『禪文手鏡』, (韓佛全10, p.519中)

647)『大佛頂如來密因修證了義諸菩薩萬行首楞嚴經』卷5, (大正藏19, p.124下)

때문에 규봉은 "(그 종지를 授·受하는) 顯·密을 말미암아 (격외선과 의리선의 명칭에) 차이가 있는 것이지, 전승된 법체가 다르다고 말하는 것은 아니다."[648]고 말한다.

이상으로 正義를 釋하는 것을 마친다.

이하에서는 邪解를 破한다. 먼저 『사변만어』에 대하여 비판[說][649]한다.

語云 山是山 水是水 佛也安 祖也安之說 是祖門中所有言句 故名曰祖師禪(擧禪文手鏡) 然則祖師禪 本以言句得名耶(彼難)

『사변만어』에서 말한다.

"산은 산이고 물은 물이며, 부처도 있고 조사도 있다. 무릇 이상은 조사문에만 있는 언구이므로 조사선이라 말한다.(이상은 『선문수경』의 말을 언급한 것이다) 그런즉 조사선은 본래 언구로써 명칭을 얻은 것이다.(초의가 비난한 말이다.)"[650]

說曰此依禪詮也 說話亦云 若見諸相非相 卽不見如來云者 是祖師禪 此非以言句爲名耶 敢問尊師以何爲祖師禪耶 低聲低聲 恐上紙墨 若其禪旨 離名絶相 孰敢立名

648) 『禪門四辨漫語』, (韓佛全10, p.827上)
649) 『四辨漫語』에 대한 설두유형의 비판에 해당하는 비판[說]을 의미한다.
650) 『禪門四辨漫語』, (韓佛全10, p.821中)

① 『사변만어』에 대하여 비판[說]한다.

이것은 禪詮에 의거한 것이다. 『염송설화』에서 또한 말한 "만약 제상을 진상이 아니라고 본다면 곧 여래를 보지 못한다."[651]는 것은 곧 조사선이다. 그러나 이것은 언구로써 명칭을 삼은 것이 아니다. 감히 묻건대 尊師께서 무엇으로써 조사선을 삼았는가.

조용히 하라 소리 낮춰라

행여 종이에 먹물 묻을라

만약 그것이 禪旨일 것 같으면 名을 떠나고 相을 단절해야 하는데, 그 누가 감히 名을 내세우겠는가.

語云 如來禪法法全眞之言 亦是祖門中事 完同如來統萬法明一心之敎迹 故貶之云如來禪(擧) 從古以來 孰敢貶之如來以立此名耶(難)

『사변만어』에서 말한다.

"여래선은 모든 법이 그대로 진실한 言이고, 또한 이것도 조사문중의 事로서 여래가 설한 만법을 통괄하여 일심을 해명한다는 말[敎迹]과 완전히 동일하다. 그럼에도 불구하고 그것을 폄하하여 여래선이라 말한다.(백파의 말을 든 것이다) 예로부터 오늘에 이르기까지 누가 감히 여래를 깎아내려 그와 같은 명칭을 붙였던가."[652](비난한 말이다)

651) 『拈頌說話會本』 卷二, (韓佛全5, p.65中) ; 『宏智禪師廣錄』 卷3, (大正藏48, p.28下)
652) 『禪門四辨漫語』, (韓佛全10, p.821中)

說曰此是虎老之言 意謂卅三祖師殺活傳心 人傳一人 如甁注甁 故殺活皆是祖門中事也 無有二禪優劣之辨矣 至南嶽清源<青原?> 分傳殺活 故始立二禪之名 以殺是如來悟底 故名爲如來禪 而如來如是悟之因 以如證說華嚴 統萬法明一心 是華嚴大旨也 故云如來禪法法全眞之言 亦是祖門中事 完同如來統萬法明一心之敎跡 故貶之云如來禪 世尊旣自知所悟之法 猶未臻極 復尋訪祖師 始傳得玄極之旨 則活是祖師所傳玄極之旨也 故立活爲祖師禪邊 謂之貶云 有何過耶 老師不欲背先師之意依而傳之 此淸凉所謂小有可通 卽爲會釋 不欲使人輕毁者也

② 『사변만어』에 대하여 비판[說]한다.

이것은 곧 虎老(虎巖)고덕의 말이다. 의미로 말하자면 삽삼조사는 殺·活로 전수하였는데 한 사람이 한 사람에게 전수하였는데 마치 물병이 물을 다른 물병에다 붓는 것과 같다. 때문에 살·활이 모두 곧 조사문중의 事로서 여래선과 조사선의 二禪에 우열의 변별은 없다. 남악과 청원에 이르러 살·활로 나뉘어 전수되었기 때문에 비로소 여래선과 조사선이라는 이선의 명칭이 성립되었다. 殺은 곧 여래의 깨침이기 때문에 여래선이라고 말한다.

여래는 이와 같은 깨침의 인연으로써 깨침의 상태 그대로 『화엄경』을 설했다. 만법을 통괄하여 일심을 해명하였는데 그것이 화엄의 大旨이다. 때문에 여래선은 모든 법이 그대로 진실한 言이고 또한 조사문중의 事로서 여래가 만법을 통괄하여 일심을 해명한다는 말[敎迹]과 완전히 동일하기 때문에 그것을 폄하하여 여래선이라고 말한다. 세존은 스스로 이미 깨친 법이 아직도 현극이 아닌 줄 알고서 다시 조사를 찾아가서 비로소 현극의 종지를 전수받았다. 그런즉 活은 곧 조사가 전수한 현극의 종지이기 때문에 活을 내세워 조사선의 언저리[邊]로 삼았을 뿐이다. 그런데도 소위 무슨 허물이 있길래 그것을 폄하한 것이라고 말하는가.[653]

노사[백파긍선]는 先師들의 의도를 등지려는 것이 아니라 (오히려 先師들의 의도에) 의지하여 그것을 전수하였다. 이것은 청량징관의 말마따나 조금만 통할 수 있어도 그대로 會釋이 되므로 사람들로 하여금 (聖教를) 輕毁하지 않게 하려는 것이었다.[654]

語云以如來禪 爲格外禪 配之分座 謂之龜谷義(擧) 龜谷說中 有以分座 指爲如來禪之言乎(難)

『사변만어』에서 말한다.

"여래선으로 (조사선과 함께) 격외선을 삼아 분반좌에 배대하여 그것을 구곡의 뜻이라고 말했다.(『선문수경』의 말을 든 것이다) 구곡의 말에 분반좌로써 여래선이라 지칭한 것이 있던가.(비난한 말이다)"[655]

說曰龜谷釋世尊三處傳心云 傳殺人刀活人劒 釋慧可三處傳心云 得如來禪祖師禪 佛祖傳心 旣云如甁注甁 則世尊第一殺人刀傳心 是慧可第一得如來禪也 然則以殺爲如來禪 豈非龜谷義耶 如來禪旣是殺

653) 여래선은 여래를 깎아내려 폄하한 용어가 아니라는 것이다.

654)『大方廣佛華嚴經隨疏演義鈔』卷27, (大正藏36, p.203下) "但已著在經小有可通 卽爲會釋 不欲使人輕毁聖教耳" 참조.

655)『禪門四辨漫語』, (韓佛全10, p.821下)

人刀 則可不謂之格外耶 到此着眼看 面皮厚三尺

③『사변만어』에 대하여 비판[說]한다.

구곡은 세존의 삼처전심을 해석하여 살인도와 활인검을 전수한 것이라고 말한다. 그리고 혜가의 삼처전심을 해석하여 여래선과 조사선을 터득한 것이라고 말한다. 불조의 전심은 이미 물병의 물을 다른 병에 붓는 것과 같다고 말했다. 그런즉 세존의 제일 곧 살인도의 전심은 곧 혜가의 제일 곧 여래선을 터득한 것에 해당한다. 그런즉 殺로써 여래선을 삼는 것인데 어찌 구곡의 뜻이 아니겠는가. 여래선이 이미 곧 살인도인데 즉 가히 그것을 격외라고 말하지 못하겠는가. 이런 경지에 도달해서 잘 살펴보라. 참으로 낯가죽이 두텁구나.

語云以如來禪爲格外禪 又云是第二句 卽權明實(擧) 夫卽權明實者 施設三玄戈甲 隨宜下手 言言堪愛 完成格則 是可謂之格外乎(難)

『사변만어』에서 말한다.

"여래선은 격외선이다. 그것은 제이구로서 權에 즉하여 實을 설명한다.(『선문수경』의 말을 든 것이다) 대저 權에 즉하여 實을 설명한다는 것은 三玄이라는 창과 갑옷을 시설하여 편의에 따라 수단으로 삼고 모든 말을 아끼면서 격칙을 완성한다는 것이다. 이것을 격외라고 말할 수 있는가.(비난한 말이다)"[656]

---

656)『禪門四辨漫語』, (韓佛全10, p.821下)

說曰臨濟云 第二句薦得 爲人天師 又頌云 妙喜豈容無着問 漚和爭負截流機 風釋云 前句現乎實 後句示其權 就此權門 立三玄名 意謂薦得底 是實也 薦得後 施設三玄戈甲 爲人天師底 是權也 旣云示權現實 示權之時 施設三玄戈甲 故完成格則 現實之時 不是權也 豈非格外耶 如法華謂之卽權明實 法華是權耶 實耶 叅

④『사변만어』에 대하여 비판[說]한다.

임제는 말한다. 제이구를 통해서 깨친다면 인간과 천상의 스승이 될 만하다. 또 게송으로 말한다. 문수가 어찌 무착의 질문을 인정하겠는가. 그렇지만 방편의 입장에서 어찌 수행납자를 저버리겠는가. 이에 대하여 청풍장로가 해석하여 말한다. "전구는 實을 드러낸 것이고, 후구는 그 權을 제시한 것입니다. 그 權門에 나아가서 삼현이라는 명칭을 내세운 것이다."[657]

의미로 말하자면 깨치는 것은 곧 實이고, 깨친 이후에 삼현이라는 방편[창과 갑옷]을 시설한 것은 인간과 천상을 위한 것인데 이것은 權이다. 이미 말한 '權을 보여주고 實을 드러낸다'는 것에서 '權을 보여줄 때'는 삼현이라는 방편[창과 갑옷]을 시설하는 것이기 때문에 格을 완성하는 것이다. 그런즉 '實을 드러낼 때'는 權이 아니거늘 어찌 格外가 아니겠는가. 저『법화경』에서는 그것을 '權에 득하여 實을 해명한다'고 말한다. 그렇다면『법화경』은 곧 權인가 實인가.

657)『禪門綱要集』, (韓佛全6, p.851下)

叅![658]

語云以第三句 但新無本之義 獨判爲義理禪 言依一愚爲準(擧) 一愚說中 曾有義理禪之名字乎(難)

『사변만어』에서 말한다.

"또 (임제삼구에서) 제삼구에는 단지 新만 있고 本이 없다는 뜻으로써 멋대로 그것을 판단하여 의리선을 삼았다.(『선문수경』의 말을 든 것이다) (백파는) 一愚說에 의하여 기준을 삼았다고 말했지만, 일우설에 일찍이 의리선이라는 명칭이 있었던가.(비난한 말이다)"[659]

說曰臨濟云 第一句薦得 爲佛祖師 第二句薦得 爲人天師 第三句薦得自救不了 又古德云 死句下薦得 自救不了 禪家龜鑑釋云 死句亦名叅意 有語路理路 意謂有語路 則語忌十成 故謂之死句 有理路 則義理完然 故謂之義理禪也 又大慧答張郎書云 纔見涉理路 入泥入水 爲人底便欲掃除云 如忠國師說義理禪 教壞人家男女 此以涉理路 爲人底 爲義理禪也 風云吾與子 一說一聽 一問一答 早落第三句 一愚釋第三句云 落草爲人 隨病與藥 然則第三句 豈非涉理路爲入底耶 蓋以三句爲三禪 是臨濟之本意 故一愚配之 但第二句現 配如來禪 第一句第三句欲爲影現故 不言祖師禪義理禪 釋文之體容爾也 泛學安知獅子咬人韓獹逐塊

658) 叅은 喝과 같은 의미이다.

659) 『禪門四辨漫語』, (韓佛全10, p.821下)

⑤『사변만어』에 대하여 비판[說]한다.

임제는 말한다.

'제일구를 통해서 깨치면 부처와 조사의 스승이 될 만하다. 제이구를 통해서 깨치면 인간과 천상의 스승이 될 만하다. 제삼구를 통해서 깨치면 자신도 구제하지 못한다.'

또 고덕은 말한다.

"사구에서 깨치면 자신도 구제하지 못한다."[660]

『선가귀감』에서는 이것을 해석하여 "사구 또한 참의로서 어로와 의로가 있다."[661]고 말한다. 의미로 말하자면 어로가 있은 즉 語는 十成을 꺼리기 때문에 그것을 사구라고 말한다. 그리고 의로가 있은 즉 의리가 완연하기 때문에 그것을 의리선이라고 말한다.

또한 대혜는 장시랑의 편지에 답하여 말한다.

"理路를 초월해서 진흙에 들어가고 물에 들어가는 사람을 보자마자 곧장 소제하여 (종적을 소멸시키고자 하여 나 종고가 집성한『정법안장』을 보고서 문득 말한다. 임제 문하에서 몇몇 암주들에게는 좋은 기봉이 있는데 어째서 거두어들이지 않았는가.) 저 혜충국사는 의리선을 말하여 人家의 남녀들을 그르치게 하였다."[662]

이로써 理路를 초월하여 중생을 위한 것을 의리선으로 삼는다.

그 제삼구에 대한 해석에서 청풍장로는 말한다.

---

660)『圓悟佛果禪師語錄』卷14, (大正藏47, p.778中) "他參活句不參死句 活句下薦得 永劫不忘 死句下薦得 自救不了 若要與佛祖爲師 須明取活句 韶陽出一句 如利刀剪却" 참조.

661)『禪家龜鑑』, (韓佛全7, p.636中) "叅意者 圓頓門死句也 有理路 有語路 有聞解思想故也" 참조.

662)『大慧普覺禪師語錄』卷29, (大正藏47, p.937中) "纔見涉理路入泥入水爲人底 便欲掃除 (使滅蹤跡見宗杲所集正法眼藏便云 臨濟下有數箇菴主好機鋒 何不收入) 如忠國師 說義理禪 敎壞人家男女" 참조.

“지금 나와 그대가 함께 說하고 함께 聽하며 함께 問하고 함께 答하고 있는데, 이것이 벌써 바로 제삼구에 떨어져 있는 것이다.”[663]

일우는 제삼구에 대하여 해석하여 말한다.

“번뇌의 풀숲에 들어가서 중생을 위하고, 또 번뇌[病]에 따라서 설법[藥]을 해주는 것이다.”[664]

그런즉 제삼구야말로 어찌 理路를 초월해서 들어간 것이 아니겠는가. 대개 삼구로써 삼선을 삼은 것이 곧 임제의 本意였다. 때문에 일우는 그것을 배대하여 단지 제이구인 형체[現]만 여래선에 배대하였다. 그리고 제일구와 제삼구로는 각각 영상[影]과 형체[現]를 드러내려는 까닭에 조사선과 의리선에 대하여 언급하지 않았다. 글의 근본[體]을 해석해보면 그것을 수용할 수 있을 것이다. 泛學들의 경우에 사자는 사람을 물어뜯지만 똥개는 흙덩어리를 쫓아간다는 이치를 어찌 알겠는가.

語云分座之殺 單殺無活 拈花之活 活兼於殺(擧) 夫殺活體用 與機用特名異也 若明達於機用 殺活體用 亦可以例知也 所言機用者 大機大用也 大機以圓應爲義 大用之機 大用以直截爲義 大機之用 機用互相資 殺活亦復如是 故知傳殺兼活 傳活兼殺 譬如人之手足 用也 全身體也 擧手足<而言用+> 全身自收 擧全身<而言體> 手足其捨諸 古德云 祖師西來 特唱此事 只貴言前鷹突 句外鵬摶 直拔超昇 不落階級持王子寶刀 用本分手段 殺人活人 得大自在 旣殺得人 須活得人 旣活

663)『禪門綱要集』, (韓佛全6, p.852上)

664)『禪門綱要集』, (韓佛全6, p.854上)

得人 須殺得人 若只單殺單活 非好手也 若分座 果是單殺 是世尊非好手也 淸源<靑原?>但傳殺而不知活 則淸源<靑原?>亦非好手(難)

『사변만어』에서 말한다.

"분좌의 殺은 단지 殺만 있고 活이 없다. 염화의 活은 活이 殺을 겸한다.(『선문수경』의 말을 든 것이다) 대저 殺 · 活 · 體 · 用 및 機 · 用과 함께 특별히 명칭만 다를 뿐이다. 그러므로 만약 機 · 用을 분명하게 통달한다면 殺 · 活 · 體 · 用은 또한 가히 그것을 例로써 알 수가 있다. 말한 바 기 · 용이란 大機 · 大用이다. 대기란 圓應으로써 뜻을 삼는 대용의 기이고, 대용은 直截로써 뜻을 삼는 대기의 용이다. 그래서 기와 용은 서로 의지[資]가 되는데 살과 할도 또한 마찬가지이다. 때문에 살을 전수하면 활을 겸하고 활을 겸수하면 살을 겸한다. 비유하면 사람의 손과 발은 用이고 온몸은 體인 경우와 같다. 손발을 들어 작용이라 말하면 온몸은 저절로 그 작용에 섭수되는데 온몸을 들어 본체라고 말한다고 해서 어찌 손발을 버리는 것이겠는가.

고덕[黃山月輪]은 달마 대사가 인도로부터 와서 전한 소식은 특별히 此事를 펼쳐 보이기 위한 것이었다고 말한다.[665] 다만 말로 표현하기 이전에 송골매가 구름을 뚫고 솟아오르듯이 깨우치고, 언구의 의미 밖에서 대붕이 날갯짓하듯이 훌쩍 속박을 벗어나고자 할 뿐이다. 가장 빠른 길로 모든 단계를 뛰어넘으며 어떤 점차적 계급에도 떨어지지 않는다. 왕자의 보검을 쥐고 본분의 수단으로써 사람을 죽이기도 하고 살리기도 하며 대자재를 이미 사람을 죽이는 이상 반드시 사람을 살리기도 해야 하고, 사람을 살리는 이상

665) 『景德傳燈錄』 卷16, (大正藏51, p.332下) "師上堂謂衆日 祖師西來特唱此事 自是諸人不薦向外馳求 投赤水以尋珠 就荊山而覓玉" 참조.

반드시 사람을 죽이기도 해야 한다. 만약 오로지 죽이기만 하거나 살리기만 한다면 뛰어난 솜씨가 아니다. 만일 (세존께서) 분좌에 참으로 殺만 있다면 곧 세존도 뛰어난 솜씨가 없는 것이고, 청원이 오로지 살만 전하고 활을 몰랐다면 곧 청원도 또한 뛰어난 솜씨가 없다는 것이 된다."[666](비난한 말이다)

說曰盖機用 機用相資 機外無用 故百丈得大機 更無餘事 用外無機 故黃蘗<檗?>得大用 更無餘事 殺活則不然 若殺活相兼 必無深淺 若無深淺 傳之迦葉 一處便足 如何分傳三處耶 說話云 傳殺人刀活人劒 刀劒二字 已分優劣 又云眞金鋪雜貨鋪眞雜二字 其意安住 且體有無用之體 故有單體用 無無體之用 故用必兼體也 譬如人之全身 體也 動用也 若全身無事閒處 則是單體也 起來動用則是用 而依體起用 故必兼體也 語云手足是用 全身是體 旣以全身爲體 手足非身耶 若以手足爲用 無事閒處時 手足亦爲用耶 不覺發一笑 又引古德之文 而不知古德之義 第觀其文義 非謂殺活法體 殺活相兼 以祖師具殺具活 得大自在之手段 若只單殺單活 非好手之意也 然則人法有異 如何以人難法耶 推此驗之 文眼猶未瑩然 令人自愧

⑥『사변만어』에 대하여 비판[說]한다.

대개 기와 용의 경우에 기와 용은 서로 의지[資]한다. 기를 벗어나서 용이 없다. 때문에 백장이 터득한 대기에는 다시는 餘事가 없다. 용을 벗어나서 기가 없었다. 때문에 황벽이 터득한 대용에는 다시는 餘事가 없었다. 그러

666)『禪門四辨漫語』, (韓佛全10, p.821上)

나 살과 활은 곧 그렇지 않다. 만약 살과 활이 相兼이라면 반드시 심 · 천이 없을 것이다. 만약 심 · 천이 없다면 그것을 전수한 가섭의 일처만 가지고도 곧 충족할 터인데 어째서 나누어 삼처에서 전수했겠는가. 『염송설화』에서 살인도와 활인검을 전수하였다는 것은 刀와 劍의 두 글자가 이미 우 · 열로 나뉜 것이라고 말한다. 또 말하자면 진금포와 잡화포의 경우에 眞과 雜의 두 글자는 그 의미가 어떻게 붙은[住] 것인가. 또 體의 경우는 用이 없는 體가 있기 때문에 단지 體만 있지만, 用의 경우는 體가 없는 用은 없기 때문에 用은 반드시 體를 겸한다. 비유하면 사람의 경우에 全身은 체이고, 動用은 용인 것과 같다. 만약 全身이 無事閒處에 있은 즉 그것은 곧 體 뿐이지만, 起 · 來 · 動 · 用은 즉 그것은 用이다. 그리하여 體에 의거하여 用을 일으키기 때문에 반드시 體를 겸한다.

그런데도 『사변만어』에서는 손과 발은 곧 용이고 온몸은 곧 체라고 말한다. 이미 온몸으로써 체를 삼고 있는데 손과 발은 몸이 아니란 말인가. 만약 손과 발로써 용을 삼는다면 無事閒處의 경우에도 손과 발이 또한 용이 된단 말인가. 엉겁결에 웃음만 나올 뿐이다. 또한 고덕[청원]의 글을 인용하고 있는데 고덕의 뜻도 모르고 있다. 이어서 그 글의 뜻을 살펴보면 살 · 활법의 體를 말한 것이 아니라 살 · 활이 서로 兼함으로써 조사가 살을 갖추고 활을 갖추어 대자재의 수단을 터득한 것이다. 만약 단지 살만 있고 단지 활만 있다면 뛰어난 수완이 아니라는 의미이다. 그런즉 人과 法에 차이가 있는데 어찌 人으로써 法을 비난한단 말인가. 이로써 미루어 그것을 징험해보면, 아직 글을 보는 안목도 밝지 못하다. 남에 대하여 스스로 부끄러워해야 할 것이다.

語云以臨濟雲門二宗 配祖師禪 以曹洞潙仰法眼三宗 配如來禪(擧) 此但看人天眼目一書 妄判五宗之優劣 如此倒置無稽之甚 更引潙仰宗數則因緣爲潙仰宗 雪屈又云 仰山是阿難後身 又西天羅漢 呼爲小釋迦(難)

『사변만어』에서 말한다.

“임제종 · 운문종의 이종은 조사선에 배대하고, 조동종 · 위앙종 · 법안종의 삼종은 여래선에 배대한다.[667](『선문수경』의 말을 든 것이다) 이것은 단지 『인천안목』 1권만 읽고서 오종의 우열을 잘못 판별함으로써 이처럼 倒置되었으니 황당무계의 극치이다.[668] 다시 위앙종의 여러 칙의 인연을 인용하여 (백파긍선이) 위앙종을 굴욕시켰다고 언급한다. 앙산은 곧 아난의 후신이고, 서천의 나한이 소석가라고 불렀다는 것을 말한다.”[669](이상은 비난이다)

說曰此判果依人天眼目 人天眼目初 豈無稽耶 其序云 非余胸臆之論 俾行於世 有何誚焉 旣云非臆論 可知有公議也 故以清虛喚惺二大老古錐於禪家龜鑑 五宗綱要 皆依而編之 又注云 臨濟宗明機用 雲門宗明截斷 曹洞宗明向上 潙仰宗明體用 法眼宗明唯心 五宗優劣 豈不分明乎 然則若以老師 爲無稽之甚 人天眼目 禪家龜鑑 五宗綱要 皆爲無稽之甚也 此老求名少日 全事翰墨 不知佛法 怕死老年 涉獵如干語錄如是誇張⊠覽 皆以老師 謂之無稽之甚 誰其信乎 非狂則妄 仰山是阿

667) 『禪門四辨漫語』, (韓佛全10, p.823下-824上)
668) 『禪門四辨漫語』, (韓佛全10, p.824中)
669) 『禪門四辨漫語』, (韓佛全10, pp.824中-825上)

難後身 西天羅漢呼爲小釋迦云者 須菩提是青龍陀佛後身 何以爲聲聞宗鏡延壽禪師 是阿彌陀佛後身 亦何爲法眼門人耶 盖佛法門中 有本高迹下之事 不可以阿難後身 羅漢呼爲小釋迦 難其宗門之高下也 且所引數則因緣 意明潙仰宗之會得祖師禪 清源<青原?>之得殺人刀 天下所其許者 而問廬陵米價 是許多般 故爲祖師禪 法眼所謂若見諸相非相 卽見[670]如來云者 亦是祖師禪也 盖以殺到底 則殺中具活 故諸宗或弄現祖師禪也 然非其所宗也 言宗者 非不知餘法 但以一法爲宗也 故曹洞宗明向上 僞<潙?>仰宗明體用 法眼宗明惟心 皆宗如來禪也

⑦『사변만어』에 대하여 비판[說]한다.

이와 같은 비판의 결과는『인천안목』에 의거한 것이다. 그런데『인천안목』은 처음부터 얼마나 황당무계한가는 그 서문에서 말한다.

"내가 억측으로 논한 것이 아니다. 그러니 세상에 도움이 될지언정 어찌 책망할 수 있겠는가."[671]

이미 억측으로 논한 것이 아니라는 것에서 公議임을 알 수가 있다. 때문에 청허휴정 및 환성지안의 二大老는 뛰어난 선사[古錐]로서『선가귀감』및『선문오종강요』도 모두 그것[인천안목]에 의거하여 편찬한 것이다. 그리고 주석에서 (환성지안은) 말한다.

"임제종은 기와 용을 해명한다. 운문종은 절과 단을 해명한다. 조동종은 향상을 해명한다. 위앙종은 체와 용을 해명한다. 법안종은 유심을 해명한다."[672]

670) 「見」上疑脫「不」「編」
671)『人天眼目』卷1, (大正藏48, p.300上)
672) 환성지안이『선문오종강요』에서 선종오가의 대의를 평가한 말이다.

오종의 우열이 어찌 분명하지 않는가. 그런즉 만약 노사[백파긍선]에 대하여 황당무계하다는 말은 심한 말이다. 곧『인천안목』·『선가귀감』·『선문오종강요』에 대하여 모두 황당무계하다는 것은 심한 말이다.

이 노인[초의의순]은 명예를 추구하는 젊은 날에는 온전히 책에만 매달렸지만 불법이라곤 전혀 몰랐다가 노년에 이르러 죽음을 두려워하여 약간[如干]의 어록을 섭렵하였다. 그러면서도 이와 같이 박람했다고 과장하는 것은 모두 노사[백파긍선]에 대하여 그를 황당무계하다고 말하니 그토록 심한 말을 누가 믿겠는가. 미치지 않은 즉 망어이다. 앙산은 곧 아난의 후신으로 서천의 나한에게 소석가라고 불렸다고 한다. 말하자면 수보리는 곧 靑龍陀佛의 후신인데 어째서 성문이 되었겠는가. 종경연수는 곧 아미타불의 후신인데 또한 어찌 법안종의 문인이 되었겠는가.

무릇 불법문중에는 本高迹下[673]라는 말[事]이 있다. 그래서 아난의 후신인데도 나한에게 소석가라고 불릴 수는 없는 일이다. 이것은 곧 그 종문[위앙종]의 고하를 따진 것이다. 비록[且] 인용된 수칙의 인연의 의미가 위앙종의 경우에 조사선을 이해했음을 해명한 것들이라고 할지라도 청원행사가 터득한 것이 살인도임은 천하가 인정한 것이다. 그리고 여릉의 쌀값[廬陵米價]에 대하여 질문하였듯이 그러한 것들은 대단히 많은데도 불구하고 (초의의순은) 고의적으로 조사선으로 간주하였다. 그리고 법안이 말한 '만약 제상이 진상이 아니라고 본다면 곧 여래를 보지 못한다.'는 것까지도 또한 곧 조사선으로 간주하였다.

무릇 殺로써 도달한 것인즉 殺인데 그 가운데 活이 갖추어져 있기 때문에 제종에서 간혹 조사선을 드러낸 것이라고 염롱한다. 그러나 그것은 (조사선

673) 本高迹下는 本地는 훌륭하고 垂迹은 뒤떨어진다는 말이다.

의) 종지가 아니다. (조사선의) 종지를 말하자면 그 밖의 법[餘法]을 모르는 것은 아니지만 무릇 일법으로써만 종지를 삼는다. 때문에 조동종이 향상을 해명하고, 위앙종은 체와 용을 해명하며, 법안종은 유심을 해명한 것은 모두 그 종지가 여래선이다.

語云一心體上 本具不變隨緣二義 心不變則離名絶相 掃蕩無餘 故名曰眞空 心隨緣則建立萬法 千變萬化 故名曰妙有(擧) 以隨緣所有虛僞名相 謂之妙有 烏乎可哉 此則有是虛僞之有 故空亦斷空之空 此非他由 其不究名體 而率爾于眞妄 眞妄一昧 空有遂暗 西天外道 本在佛法中 錯解空有二義 轉至六十二見 分成九十六種(難)

『사변만어』에서 말한다.

"일심의 體에 본래 불변과 수연의 두 가지 뜻이 갖추어져 있다. 일심의 불변은 곧 名을 벗어나 있고 相을 단절해 있어서 남김없이 소탕하기 때문에 진공이라고 말한다. 일심의 수연은 곧 만법을 건립하고 천변만화하기 때문에 묘유라고 말한다.(『선문수경』의 말을 든 것이다) 수연으로 존재하는 虛僞인 名과 相을 가지고 그것을 妙有라고 판별하였다. 오호라. 가능한 말인가. 때문에 공도 또한 단공의 공이다. 이것은 다른 이유가 아니라, 그들이 名과 體를 궁구하지 못하고 우리 납자들을 眞과 妄으로 이끌어 眞과 妄에 하나같이 昧하고 마침내 空과 有에 어둡기 때문이다. 서천의 외도들은 본래 불법 가운데 있었지만 공과 유의 두 가지 뜻을 잘못 이해하여 전변하여 62見에

이르고, 다시 나뉘어 96종이 되었다."[674](비난한 것이다)

說曰今之講場 雖四集學人 皆知卽有之空爲眞空 卽空之有爲妙有也 老師豈以斷空頑有 爲眞空妙有耶 老師云 心隨緣則建立萬法 旣眞心隨緣爲萬法 則萬法卽是眞心 故爲妙有也 譬如以金作器 器器皆金也 故法華云 是法住法位 世間相常住 華嚴以染淨緣起 皆爲法界緣起 旣云世間相常住染淨緣起 皆爲法界緣起 豈非妙有耶 此引敎而證 以禪言之 古云天天地地何曾轉 水水山山各完然 又云一一端端的的 豈非妙有耶 昧空有爲外道云者 意以老師 謂之外道 不知仰面唾天 還着於本人 圓覺經云 無邊虛空 覺所顯發 一二<云?>虛空 是覺之所顯發 謂虛空是虛僞緣影 故爲頑有也(中孚子所見如此) 一云虛空覺 卽是顯發 謂虛空卽覺 故爲妙有也(老師所見如此) 以此判爲邪正 諸方所共知者也 然則世出世間 一切萬法 卽是眞心 故謂之妙有 是外道耶 虛僞無體故謂之妄有 是外道耶 毫釐有差 天地懸隔 上說四辨漫語竟 下辨掃灑先庭錄

⑧『사변만어』에 대하여 비판[說]한다.

오늘날 강원에서는 비록 四集班의 학인일지라도 有에 卽한 공이 진공이고 空에 卽한 有가 묘유인 줄은 모두가 안다. 노사[백파긍선]가 어찌 斷空과 頑有를 진공과 묘유로 간주했겠는가. 노사[백파긍선]는 일심의 수연이 곧 만법을 건립한다고 말한다. 이미 진심의 수연이 만유가 된 즉 만법은 곧 그대

674)『禪門四辨漫語』, (韓佛全10, pp.829下-830中) 내용 발췌.

로 진심이기 때문에 묘유가 된다. 비유하면 금으로써 그릇을 만들면 그릇마다 다 금인 것과 같다.

때문에 『법화경』에서는 '이 法은 깨침[法]의 자리에 있으므로 세간의 相은 상주불멸이다.'고 말한다. 『화엄경』에서는 染淨緣起를 가지고 모두 법계연기로 간주한다. 이미 말했듯이 세간의 상 및 염정연기가 모두 법계연기인데 어찌 묘유가 아니겠는가. 이것은 教[경전]를 인용해서 증명한 것이다. 선문의 언설로 그것을 증명하자면, 고인은 "하늘은 하늘이고 땅은 땅인데 어찌 일찍이 뒤바뀌리오. 물은 물이고 산은 산으로서 각각 완연하다."[675]고 말한다. 또 "낱낱이 端端이고 的的이다."[676]고 말한다.

空과 有에 어두우면 외도라고 말한 것은 노사[백파긍선]가 의미상 그들을 외도라고 말한 것인데, 곧 얼굴을 들어 하늘에 침을 뱉으면 도로 본인에게 떨어지는 줄 모르는 것이다. 『원각경』에서는 "끝이 없는 허공처럼 원각이 발현한다."[677] 말한다. 말하자면 허공은 곧 원각의 발현이다. 소위 허공은 곧 허위를 반연한 그림자이기 때문에 頑有이다.(중부자의 소견은 이와 같다) 말하자면 허공이 원각인 즉 곧 발현이다. 소위 허공이 그대로 원각이기 때문에 묘유이다.(백파노사의 견해는 이와 같다)

이로써 邪·正을 판단한 것은 제방에서 모두 알고 있는 것이다. 그런즉 세간·출세간의 일체 만법이 곧 그대로 진심이기 때문에 그것을 묘유라고 말하는 것이 곧 외도인가. 허위로서 체가 없기 때문에 그것을 妄有라고 말하는 것이 곧 외도인가. 털끝만큼의 차이만 있어도 하늘과 땅만큼 현격하다.

이상은 『四辨漫語』에 대하여 비판[說]한 것이다. 이하에서는 『掃灑先庭錄』

---

675) 『金剛般若波羅蜜經五家解說誼』 卷下, (韓佛全7, p.77中)
676) 『金剛般若波羅蜜經五家解說誼』 卷下, (韓佛全7, p.40中)
677) 『大方廣圓覺修多羅了義經』, (大正藏17, p.914下)

에 대하여 변별[辨]하겠다.

錄有四節 一云三處傳心 是禪門之源 源清則流清 至於達摩三處傳心 以覔心不得 爲第一殺人刀傳心 以三拜得髓 爲第二活人劒傳心 以熊耳留履 爲第三殺活齊示傳心 引示趺話云 泥蓮河畔 槨示雙趺 熊耳山前 曾留隻履 此是第三傳心云云 隻履話云 古人云 一箇六代傳 一箇六代不傳云云 鈯斧話釋 清源<青原?>垂下 一足 石頭禮拜云 垂下一足 拈槌竪拂一般耶 傳法自有來由 娑羅樹下 槨示雙趺 熊耳山中 棺留隻履 則入涅槃後 不生不滅底一着也 禮拜者 見與師齊耶 智過於師耶 亦有來由 娑羅樹下 迦葉作榜樣 各言所得時 慧可作榜樣 六代以後 石頭亦作榜樣云云(引字至此) 以證之仍破古義云 斷緣非傳心故 傳燈不載 而但註脚於得髓下 拈頌亦不載 而說話但因便 叙於法印話中云云

7) 우담홍기의 『소쇄선정록(선문증정록)』 비판

(1) 삼처전심

『소쇄선정록(禪門證正錄)』에는 四節이 있는데, 제일절은 다음과 같다.

"삼처전심이란 선문의 근원으로서 근원이 맑으면 곧 지류도 맑다."[678]고 말한다. 근원이 맑은 즉 지류가 맑다. 달마의 삼처전심에 이르러 覓心不得으로써 제일 살인도의 전심을 삼고, 三拜得髓로써 제이 활인검의 전심을 삼으며, 熊耳留履로써 제삼 살활제시의 전심을 삼는다. 그래서 『선문증정록』

678) 『禪門證正錄』, (韓佛全10, p.1137上-中)

의 내용을) 인용해보면 다음과 같다.

[“示趺에 대해서『염송설화』에서 말한다. 니련선하의 물가에서 관에서 두 발을 내보였고, 웅이산에는 일찍이 신발 한 짝을 남겨두었는데, 그것이 곧 셋째의 傳心이다. 운운”[679]

“隻履에 대해서는 ‘염송설화에서 말한다. 고인은 이것을 육대조사의 전승이라고 말한다. 운운”[680]

“(『염송설화』 제5권 初四丈의) 鈯斧話의 해석에서, 청원이 垂下一足하자, 석두가 예배를 드리고 (남악에 들어가 산에서 주석하였다. 그리고 제5권 初二丈의 해석에서) 말한다. 垂下一足은 拈鎚 및 竪拂과 동일한 것인가.”[681]

“전법에는 예로부터 연유가 있다. 沙羅雙樹下槨示雙趺 및 熊耳山中棺留隻履는 곧 열반 이후에는 생멸이 없다는 一着子이다.”[682]

“예배로 섬긴다는 것은 스승과 나란하다는 것을 보여준 것인지, 아니면 지혜가 스승을 능가한다는 것인지 그 또한 연유가 있다. 사라수 밑에서 (세존이) 가섭에게 보여준 모습…”[683]

“각각 소득을 말했을 때 (달마가) 혜가에게 또한 해주었던 모습이야말로 (중국 6조사의 최초이다.) 육대 이후 (청원이) 석두에게 또한 해주었던 모습이야말로 (그러한 것이 아니었겠는가.)”[684](문자의 인용은 여기까지 이른다)]

679) 『禪門證正錄』, (韓佛全10, p.1137中)
680) 『禪門證正錄』, (韓佛全10, p.1137中)
681) 『禪門證正錄』, (韓佛全10, p.1138上)
682) 『禪門證正錄』, (韓佛全10, p.1138上)
683) 『禪門證正錄』, (韓佛全10, p.1138上)
684) 『禪門證正錄』, (韓佛全10, p.1138上)

이로써 그것을 증거로 삼아서 거듭하여 고인의 뜻[古義 곧 백파긍선의 뜻]을 타파하여 다음과 같이 말한다.

["諸緣斷否의 문답은 傳心이 아니기 때문에 전등사서에서 수록하지 않았다. 그리고 三拜得髓 이하에다 註脚하였다. 『선문염송』에서도 또한 수록하지 않았다. 그리고 『염송설화』에서도 단지 방편의 인연으로 (달마조사의) 法印話 가운데서 서술하였을 뿐이다. 운운"][685]

辨曰夫傳法者 師資兩人 眉毛撕結 箭鋒相投然後 謂之傳之受之 而今留履不然 達摩示寂後三載 魏使宋雲 自西域 回路於葱嶺途中 見達摩手携隻履 而去 來奏 啓塔視之 棺中曾留隻履則伊時誰其傳法耶 此爲傳之之不可也 迦葉於示趺處 三拜作禮 呈己所悟 而慧可於留履處 無呈悟之跡 何謂之得法耶 此爲受之之不可也 且心本無形 故傳受之際托事而顯法 如世尊三處傳心 則第一分座 座是法空座 故表殺人刀也 第二拈花 花是許多般 故表活人劍也 第三示趺 雙趺意不無 故表殺活齊示也 達摩三處傳心 則第一諸緣已斷 無一法可當情 故得如來禪也 第二覓心不得 和根拔去 了沒巴鼻 故得祖師禪也 第三三拜得髓 三拜意不無 故二禪齊得也 此是大段分明 孰敢雌黃 默庵老亦如是說之 登梓傳之 應知 是從前傳來之通談耳 若以留履 爲第三傳心 只是一隻履而已 何謂之殺活齊示耶 此爲殺活齊示之不可也 上辨按定三處之不可 次辨引文爲證之不可

685) 『禪門證正錄』 [達摩三處傳心], (韓佛全10, pp.1137中-1138中) 내용 발췌.

① **변별[辨][686]한다.**

대저 전법이란 스승과 제자 두 사람이 눈썹과 터럭을 쪼개서 매듭을 짓고[眉毛撕結] 화살 끝과 칼끝이 마주 부딪치는[箭鋒相投] 행위이다. 그런 이후에야 정법안장을 전하고 정법안장을 받는다고 말한다. 그러나 지금 留履는 그렇지 않다. 달마가 시적한 후 3년에 魏의 사신인 송운이 서역으로부터 돌아오는데 총령의 도중에서 달마가 손에 隻履를 휴대하고 돌아가고 있는 모습을 보았다. (송운이 魏에) 도래하여 상주를 드리고 탑을 열어 살펴보니, 관 속에는 일찍이 隻履만 남아 있었다. 그런즉 그때 누가 정법안장을 전법했다는 것인가. 이것으로는 정법안장을 전수하는 것이 불가능하다.

가섭은 示趺하는 곳에서 삼배의 예배를 드리고 자기의 깨침을 드러내보였지만, 혜가는 留履의 처소에서 깨침을 드러내보였던 흔적이 없는데 어떻게 득법을 했겠는가. 이것은 정법안장을 받는 것이 불가능하다.

또 心은 본래 형체가 없기 때문에 心을 전수할 때 사물에 의탁하여[托事] 법을 드러낸다.[顯法] 세존의 삼처전심은 다음과 같다. 곧 제일은 分座이다. 座는 곧 法空의 座이기 때문에 殺人刀이다. 제이는 拈花에서 花는 곧 많다는 것을 나타내기 때문에 活人劍을 表한다. 제삼은 示趺에서 雙趺는 의미가 없지 않기 때문에 殺活齊示를 表한다.

달마의 삼처전심은 다음과 같다. 곧 제일은 諸緣已斷이다. 어떤 법도 分別識情에 해당하는 것이 없기 때문에 여래선을 터득한 것이다. 제이는 覓心不得이다. 뿌리까지 통째로 제거하여 끝내 沒巴鼻이기 때문에 조사선을 터득한 것이다. 제삼은 三拜得髓이다. 삼배는 의미가 없지 않기 때문에 여래선과 조사선을 함께 터득한 것이다. 이것은 대단히 분명한데 그 누가 감히

686) 이하에서 말하는 변별[辨]은 우담홍기의 『선문증정록』에 대한 오류를 설두유형이 변별한다는 의미이다.

雌黃[687]한단 말인가. 묵암노인[688]도 또한 이와 같이 그에 대하여 설했고, 그것을 登梓하여 전수하였다. 반드시 알아야 한다. 이것이야말로 종전부터 전래된 通談이다. 그런데도 만약 留履로써 第三의 傳心을 삼는다면 단지 그것은 一隻履일 뿐이다. 그런데 어찌 그것을 殺活齊示라고 말할 수 있겠는가. 그것으로는 殺活齊示를 삼을 수가 없다.

이상의 변별[辨]은 삼처가 불가능하다는 것을 살펴서 확정[按定]한 것이다. 이어서 문헌의 인용을 증거로 삼아서 (삼처가) 불가능하다는 것을 변별[辨]해 보겠다.

示趺話云 槨示雙趺者 慈明示<寄?>李駙馬書中畵雙足 則往來相見之意耶 人人脚跟下 有不沉不掉地一條活路耶 靈源湛寂 無古無今 玅體圓明 何生何死 所以泥蓮河畔 槨示雙趺 熊耳山前 曾留隻履 此是第三傳心 意謂此示趺 非往來相見之意 與人人脚跟下 不沉不掉地一條活路也 是古德所言 不生不滅之一着 而此不生不滅之一着 爲第三所傳之心法也 何也 靈源云云 古德爲孤魂 示不生不滅之一着而初二句 票擧不生不滅之一着 下二句 引示不生不滅之相 以示趺留履 皆是不生不滅之相也 故鈍斧話釋 清源<青原?>垂下一足云 拈槌竪拂一般耶 傳法自有來由 娑羅樹下 槨示雙趺 熊耳山中 曾留隻履 則入涅槃後不生不滅底一着 謂此垂足 非拈槌竪拂一般傳法有由 世尊殺活齊示

687) 雌黃은 口中雌黃인데 입 안에 자황이 있다는 말이다. 곧 잘못을 범했을 때 즉시 바로잡는다는 뜻이다.
688) 默庵最訥(1716-1790) 18세에 등원사로 출가하여, 선종과 교종에 뛰어났고, 고금의 제자백가 및 詩와 書에도 뛰어났다. 楓巖世察(1688-1765)에게 경학을 베웠다. 조계산 보조암에서 세수74세로 입적하였다.

傳心 是不生不滅底一着 則殺亦是不生不滅底一着 活亦是不生不滅之一着也 故今垂下一足 傳殺人刀 不生不滅底一着也 故票云 傳法有由 結云入涅槃後 不生不滅之一着 然則此示趺留履 但示不生不滅底相而已 若以此示趺留履爲證傳心 清源<青原?>之但得殺人刀 世皆許之 則此垂下一足 亦爲殺活齊示耶 說話釋石頭禮拜云 見與師齊耶智過於師耶 亦有來由 娑羅樹下 迦葉作榜樣 各言所得時 慧可作榜樣六代已後 石頭亦作榜樣 此亦證禮拜作榜樣之同 非謂證得法之同 若謂是證得法之同 石頭亦得殺活齊示耶 迦葉作禮 是第三傳心 而錄以三拜得髓 爲第二傳心 豈可謂之所得同耶 第其古德云 葱嶺途中 手携隻履 今說話云 熊耳山前 棺留隻履者 非謂以留履爲傳心 但證其携底留底 皆示不生不滅之相也 故隻履話 手携隻履 翩翩獨逝(携底) 又空棺一隻革屣存焉者(留底) 古人云 一箇六代傳(留底) 一箇六代不傳(携底) 此非謂以一箇傳爲傳法 但證其留底 亦示不生不滅之相也 故此云古德云 靈源湛寂 至隻履 此言携去地也 無盡居士頌 熊耳塔開留隻履十方全體現圓通 此言所留地也 其迹雖異 其義卽同 意謂携地留地之跡雖異 其示不生不滅之義卽同也 然則隻履話 無一言傳法之意 但說不生不滅之義也 故知示趺話云 泥蓮河畔 槨亦[689]雙趺 熊耳山前 曾留隻履 皆示不生不滅之相 而以此不生不滅之心體 爲第三傳心也 下卞其破古義之不可

示趺에 대하여 『염송설화』에서 말한다.

"관에서 쌍부를 내보였다는 것은 자명이 이부마에게 보낸 편지에서 쌍족

689)「亦」疑「示」『編』

을 그려보낸 즉 왕래하면서 상견한다는 의미인가. 사람마다 발꿈치 밑에서 혼침도 아니고 도거도 아닌 한 가닥 활로가 있다는 의미인가. 신령한 근원이 맑고 고요하고 고금이 없으며 미묘한 본체가 영명한데 무엇이 생이고 무엇이 사인가. 때문에 니련하반에서 관에서 쌍부를 내보였고, 웅이산에다 일찍이 척리를 남겨 놓았는데, 이것이 제삼의 전심이다. 삼처전심에 대하여 상량하는 사람은 많다. 어떤 사람은 悟·修·證의 세 마디로 그것에 배대하였다. 悟·修·證은 이에 납자가 습기를 鍊治하는 행상이지 교외별전의 행상은 아니다."[690]

의미로 말하자면 이 示趺는 왕래하면서 상견한다는 의미가 아니라 사람마다 발뒤꿈치 밑에서 혼침도 아니고 도거도 아닌 한 가닥 활로이다. 이것은 고덕이 말한 불생불멸의 일착자이다. 이 불생불멸의 일착자가 제삼의 전수된 심법이다. 왜냐하면 신령한 근원 운운. 고덕은 孤魂으로 불생불멸의 일착자를 삼았다. 처음의 이구는 불생불멸의 일착자를 票擧하였고, 나중의 이구는 불생불멸의 相을 引示하였다. 그로써 示趺와 留履는 모두 그대로 불생불멸의 相이다.

때문에 (『염송설화』 제5권 初四丈의) 鈯斧話의 해석에서, 청원은 垂下一足한 것에 대하여 "拈鎚 및 竪拂과 동일한 것인가. 전법에는 예로부터 연유가 있다. 沙羅雙樹下에서 槨示雙趺하고 熊耳山中에서 일찍이 留隻履한 것은 곧 열반에 들어간 이후에는 생멸이 없다는 一着子이다."[691]고 말했다. 말하자면 이 垂足은 拈鎚 및 竪拂과 동일한 전법의 연유가 아니다. 세존이 殺活齊示로 전심이 바로 불생불멸의 일착자인 즉 殺도 또한 그대로 불생불멸의 일

690) 『禪門拈頌拈頌說話會本』 卷2 제37칙, (韓佛全5, p.50中)
691) 『禪門證正錄』, (韓佛全10, p.1138上)

착자이고, 活도 또한 그대로 불생불멸의 일착자이다.

때문에 지금 垂下一足은 살인도를 전수한 것으로 불생불멸의 일착자이다. 그래서 票에서는 전법에 유래가 있다고 말하고, 結에서는 열반에 들어간 이후의 불생불멸의 일착자라고 말했다. 그런즉 示趺와 留履는 단지 불생불멸의 相만 보여주었을 뿐이다. 만약 이 示趺와 留履로써 전심의 증명을 삼는다면 청원이 단지 살인도만 얻고도 세간에서 모두 인정한 즉 그 垂下一足도 또한 殺活齊示가 된단 말인가.

『염송설화』 제5권 제149칙 石頭禮拜에 대한 해석에서 "見이 스승과 더불어 나란한가. 智가 스승을 능가했는가. 또한 유래가 있다. (전법의 유래에 대해서는) 사라수하에서 세존이 가섭에게 전수한 모습이 그것이고,(西乾 28조의 최초이다) 각각 터득한 바를 말했을 때 (달마가) 혜가에게 전수한 것이 그것이며,(東震 6대의 최초이다) 육대 이후에는 (청원이) 또한 석두에게 전수한 것이 그것이다."[692]

이것도 또한 예배하고 전수했다는 것이 동일하다는 것을 증명하는 것이지 득법했다는 것이 동일하다는 것을 증명하는 것은 아니다. 만약 그 증득한 법이 동일하다고 말한다면 석두도 또한 殺活齊示를 얻은 것이다. 迦葉作禮는 곧 제삼전심인데, 『선문증정록』에서는 三拜得髓로써 제이전심을 삼는다. 이 어찌 그 소득을 동일하다고 말할 수 있겠는가.

이어서 그 고덕이 말한 총령의 도중에서 手携隻履했다는 것에 대하여 지금 『염송설화』에서 말한 '웅이산의 관 속에 남겨둔 隻履'라는 것은 留履로써 傳心을 삼은 것을 말한 것이 아니라 다만 隻履를 지니고[携] 남겨두었다[留]는 것을 증명하는 것뿐인데, 이것은 모두 불생불멸의 相을 보여준 것이다.

692) 『禪門拈頌拈頌說話會本』 卷5 제149칙, (韓佛全5, pp.152下-153上)

때문에 隻履話는 손에 隻履를 들고 홀홀히 홀로 가는 것이다.(휴대하다) 또 빈 관 속에는 한 짝의 가죽신발만 남아 있었다.(남겨두다)

고인은 '하나는 육대까지 전수되었고,(남겨두다) 하나는 육대까지 전수되지 못했다.(휴대하다)'고 말했는데, 이것은 하나의 전수로써 전법을 삼는다는 것을 말한 것이 아니다. 다만 그것은 남겨두었다는 것을 증명한 것뿐이고 또한 불생불멸의 相을 보여준 것뿐이다. 때문에 여기 『염송설화』에서 말한 "고덕은 말한다. 신령한 근원이 담적하여 고금이 없고 묘체가 명명한데 무엇이 생이고 사인가. 때문에 니련하반의 槨示雙趺 및 웅이산의 曾留隻履이 〈제삼전수이다.〉"[693]는 이 말은 휴대했다는 것[携去地]을 가리킨다.

無盡居士의 게송 제3구와 제4구에서 말한다.

"웅이산 탑을 열자 신발 한 짝 남았는데

시방에 전신으로 관음의 원통 드러냈네"[694]

이 말은 남겨두었다는 것[所留地]을 가리킨다. 그 자취는 비록 다르지만 그 뜻은 곧 동일하다. 의미로 말하자면 휴대한 것과 남겨둔 것의 자취는 비록 다를지라도 그것이 불생불멸의 뜻을 보여주었다는 것은 곧 동일하다는 것이다.

그런즉 隻履話는 전법이라는 의미는 一言도 없고 단지 불생불멸의 뜻이라고만 설할 뿐이다. 때문에 알아야 한다. 곧 示趺話는 니련하반의 槨示雙趺 및 웅이산의 曾留隻履를 말하는데, 이것은 모두 불생불멸의 相이고 그 불생불멸의 심체로써 제삼전심을 삼는다는 것을.

이하에서는 古義[백파긍선의 견해]를 타파하는 것은 불가능함을 판별해보겠다.

---

693)『禪門拈頌拈頌說話會本』卷2 제37칙, (韓佛全5, p.50中) "靈源湛寂 無古無今 妙體靈明 何生何死 所以泥蓮河畔槨示雙趺 熊耳山前曾留隻履"

694)『禪門拈頌拈頌說話會本』卷3 제103칙 (韓佛全5, p.112中)

斷緣語句 傳燈拈頌 俱不載者 夫禪門語句 散在諸文 或此文有始無終或彼文有終無始 非如藏經之序正流 通三分具足也 是以錄者集者 隨其見聞 而錄之集之 如傳燈錄拈頌集 見法印得髓二話之機緣語句 錄之集之也 傳燈錄中注引別記者 此亦明其隨見而記之也 非謂非傳心 故註脚指之也 記云師初居少林 爲二祖說法 秖敎曰 外息諸緣 內心無喘 心如墻壁 可以入道 二祖種種說心說性 說道說理 俱不契 師秖遮其非 不爲說無念心體 可曰我已息諸緣 師曰莫落斷滅去否 可曰不落 師曰以何驗之云 不斷滅 可曰了了自知 言不可及 師曰此是諸佛所傳心體 更勿疑也旣云 此是諸佛所傳心體 豈非傳心耶 故知記主不知是誰 而應以此斷緣爲傳心也 又都序云 達摩善巧 揀文傳心 標擧其名 默示其體 喩以壁觀永絶諸緣 絶諸緣時 問斷滅否 答不斷滅 問以何證驗云不斷滅 答了了自知 言不可及 師卽印云 此是自性淸淨心 更勿疑也 旣是印云 此是自性淸淨心 豈非傳心耶 又書狀云 二祖種種說心說性 俱不契 一日忽然省得白曰始息諸緣 達摩曰 莫成斷滅否 曰無 曰作麽生 曰了了自知 言不可及 曰此乃從上諸佛諸祖所傳心體 汝今旣得更勿疑也 旣云此乃從上佛祖所傳心體 汝今旣得 豈非傳心耶 故知 圭峯大慧 亦皆以此斷緣爲傳心也 故說話合斷緣及法印得髓 三段機緣 爲三處傳心 非以斷緣 因便叙之也 又說話釋斷緣云 了了自知者 知有本分事 得如來禪 釋法印云 前解轉明曰 了了自知 得祖師禪 然則二禪 皆以了了自知 得之而祖師禪 獨爲傳心 如來禪不爲傳心耶 故知二禪 皆爲傳心 而但前解轉明云者 分二禪之深淺耳 嗚呼 此子但知三處傳心 爲禪門之源 不知三處傳心 亦有其源也 若知第一殺人刀 是傳如來悟底 故名爲如來禪 第二活人劒 是傳祖師傳底 故名爲祖師禪 則必不如是饒舌 如何又有向下文長也(向下三節文長 由此第一節錯解) 豈不見 差決擇於發軔 終適越而北轅

반연을 단절한다[斷緣]는 어구[慧可第一斷緣]는『경덕전등록』및『선문염송』에는 모두 수록되어 있지 않는 내용이다. 대저 선문의 어구는 諸文에 산재되어 있다. 혹 어떤 글은 시작은 있지만 끝이 없고,[有始無終] 혹 어떤 글은 끝은 있지만 시작이 없어서[有終無始] 저 장경의 서분 · 정종분 · 유통분의 경우처럼 삼분으로 갖추어져 있지 않다. 이로써 기록한 것과 집성한 것도 그 見 · 聞에 따라 그것을 기록하고 그것을 집성하였다.

저『경덕전등록』및『선문염송』의 경우에도 法印話 및 得髓話의 二話에 대한 기연어구를 보고 그것을 기록하고 집성하였다.『경덕전등록』에 있는 注引 및 別記의 경우에도 그 또한 見을 따라서 그것을 기록한 것임을 설명해주고 있다. 말하지 않고서는 傳心할 수 없기 때문에 註脚으로써 그것을 지시하고 있다.

"(別記에서 다음과 같이 말한다. '달마대사는 처음에 소림사에 주석하며 이조를 위하여 설법하였는데, 단지 다음과 같이 가르칠 뿐이었다. 밖으로는 온갖 반연을 멈춰두고, 안으로는 마음에 흔들림 없애라. 마음을 마치 장벽처럼 만들어야, 그것이 깨침에 들어가는 길이다.' 이에 이조가 갖가지로 心을 설하고 性을 설하며 道를 설하고 理를 설했지만 모두 계합하지 못하였다. 달마대사는 단지 혜가의 오류[非]만 막아주었을 뿐이지 무념이야말로 마음의 본체라는 것에 대해서는 말해주지 않았다. 혜가가 여쭈었다. '저는 이미 모든 반연을 멈췄습니다.' 달마대사가 말했다. '그렇다면 단멸에 떨어진 것이 아닌가.' 혜가가 여쭈었다. '〈단멸에〉 떨어진 것은 아닙니다.' 달마대사가 말했다. '〈그 말이 단멸이 아님을〉 무엇으로 증험하겠는가.' 혜가가 여쭈었다. '了了自知[695]한 까닭에 본래 언설로는 그것에 미칠 수가 없습니다.'

695) 了了常知는 了了自知와 동일한 말이다. 곧 선정에서 혼침과 산란이 없이 정상적인 의식활동이 실행되고

달마대사가 말했다. '그런 경지가 바로 제불이 전승한 마음의 본체이다. 다시는 의심하지 말라.')"[696]

이미 말하고 있듯이, 그것은 곧 제불이 전승한 마음의 본체인데 어찌 전심이 아니겠는가. 때문에 알아야 한다. 별기의 主는 그게 누구인지는 몰라도 마땅히 그 斷緣으로써 전심을 삼아야 한다. 『도서』에서 말한다.

"달마는 善巧로써 언어문자를 간별하여 傳心하고, 그 名〈心은 곧 名이다〉을 겉에 내세워 그 體를〈知는 곧 體이다〉 침묵으로 보여주었다. 〈달마는〉 벽관으로써〈위에서 서술한 바와 같다〉 모든 반연을 영원히 단절하였다. 〈그리고 혜가가〉 모든 반연을 단절했을 때 물었다 : 단멸했는가. 〈혜가가〉 답한다 : 〈모든 망념이 단절되었을지라도 또〉 단멸이란 없습니다. 묻는다 : 무엇으로써 단멸이 아니라는 말을 증험하는가. 답한다 : 了了自知한 것이므로 언설로는 설명이 불가능합니다. 이에 달마가 곧 인가하고 말했다 : 그것이야말로 자성청정심이다. 그러니 다시는 의심하지 말라."[697]

이미 그것을 인가하고 말했듯이, 그것은 곧 자성청정심인데 어찌 전심이 아니겠는가. 또 『서장』에서 말한다.

"이조가 갖가지로 心을 설하고 性을 설했지만 모두 계합하지 못하였다. 어느 날 홀연히 깨치고 물었다 : 비로소 모든 반연을 그쳤습니다. 달마가 말했다 : 단멸을 성취한 것은 아닌가. 이조가 말했다 : 아닙니다. 달마가 물었다 : 어째서 그런가. 이조가 말했다 : 了了自知하여 언설로 미치지 못합니다. 달마다 말했다 : 그것은 이에 종상의 제불조사가 전수한 심체이다. 그

있는 모습이다. 곧 분명하게 깨어 있는 모습이다.

696) 『景德傳燈錄』 卷3, (大正藏51, pp.219下-220上)

697) 『禪源諸詮集都序』 卷上之二, (大正藏48, p.405中) 참조.

대는 이제 이미 그것을 얻었다. 다시는 의심하지 말라."[698]

이미 말했듯이, 그것은 이에 종상의 불조가 전수한 심체이고 그대가 이제 이미 그것을 얻었다는데, 어찌 전심이 아니겠는가. 그러므로 규봉종밀과 대혜종고도 또한 모두 그 斷緣으로써 전심을 삼았다는 것을 알아야 한다. 때문에 『염송설화』에서는 斷緣과 法印과 得髓를 합쳐서 삼단의 기연으로 삼처 전심을 삼은 것이지 斷緣을 因便으로 삼아 서술한 것이 아니었다. 또한 『염송설화』에서 斷緣을 해석하여 말한다. "了了自知는 본분사였음을 아는 것으로서 여래선을 얻은 것이다."[699] 또 法印을 해석하여 말한다. "이전의 이해가 점점 명백해지고 了了自知하여 조사선을 얻은 것이다."[700]

그런즉 이선[여래선과 조사선]은 모두 了了自知하여 그것을 얻었는데 조사선만이 홀로 전심이 되었고, 여래선은 전심이 되지 못했다는 것인가. 때문에 알아야 한다. 이선은 모두 전심이다. 다만 이전의 이해가 점점 명백해졌다고 말한 것은 이선의 심천을 나눈 것일 뿐이다.

오호라. 이 사람[우담홍기]은 단지 삼처전심이 선문의 근원인 줄만 알았지 삼처전심에도 또한 그 근원이 있는 줄은 모르고 있다. 만약 제일 살인도는 곧 여래의 깨침을 전수한 것이기 때문에 여래선이라고 말하고, 제이 활인검은 곧 조사가 전수한 것이기 때문에 조사선이라고 말하는 줄 알았다면 곧 결코 그와 같이 지껄이지 않았을 것이고, 어찌 또 이하[向下]의 글처럼 장황했겠는가.(이하의 삼절〈의리선격외선여래선조사선 · 살인도활인검 · 삼구일구〉의 글이 장황한 것은 이 제일절〈삼처전심〉의 잘못된 이해를 말미암은 것이다) 어찌 보지 못했는가.

698) 『大慧普覺禪師語錄』 卷27, (大正藏47, p.925中)
699) 『禪門拈頌拈頌說話會本』 卷3, 제100칙 (韓佛全5, p.106上)
700) 『禪門拈頌拈頌說話會本』 卷3, 제100칙 (韓佛全5, p.106上)

“처음부터[發軔] 잘못 선택한 탓에 마침내 남쪽의 월나라로 가려고 하면서도 북쪽으로 수레를 몬다.”701)

錄第二節義理禪格外禪 如來禪祖師禪 是禪門之名 名正則實正 引說話云 圭峯云 禪者具云禪那 此云思唯<惟?>修 亦云靜慮 斯皆定慧之通稱 此義理禪也 當此看則敎外別傳一味禪 此格外禪也 此上古叢林所言約法名義理禪格外禪也 且如來禪祖師禪 同別如何 如來禪者 山山水水 法法全眞也 祖師禪者 和根拔去 了沒巴鼻云云 古所言約人名如來禪祖師禪也 又引綱要云 照用是要 當第一句 權實是玄 當第二句又當第三句云(引字至此) 第一句獨爲格外故 獨屬於要 第二句第三句同爲義理故 同屬於權實 又云第一句云 世尊迦葉三處傳心 所以首標此个公案 以立敎外別傳之宗 此三處傳心 皆在第一句 故爲敎外也 第二句如來在寂滅場中 初成正覺 法身大士及天龍八部 一時圍繞 是第二句 故云人天師 此如來禪爲敎內云云

(2) 여래선 · 조사선 및 의리선 · 격외선

『선문증정록』의 제이절은 의리선 · 격외선 및 여래선 · 조사선인데, 이것은 선문의 명칭이다. 名이 올바른 즉 實이 올바르다. 『염송설화』의 말을 인용하자면, “규봉은 말한다. 선은 갖추어 말하자면 선나이고, 번역하면 사유수라고도 말하고 또 정려라고도 말하는데, 이것은 모두 定 · 慧를 통칭한 것

701)『高峰原妙禪師禪要』[序文], (卍新續藏70, p.702上)

이다."[702]라는 것은 의리선이다. 이에 맞추어 살펴본 즉 교외별전의 일미선은 격외선이다.

이상은 예로부터 총림에서 말한 바 法에 의거하자면 의리선과 격외선이라고 말한다는 것이다.

또한 여래선과 조사선의 同 · 別은 어떤가.

"〈『염송설화』에서 말한다.〉 여래선은 산은 산이고 물은 물이다. 이처럼 제법이 그대로 깨침이다. 조사선은 통째로 뽑아버려 끝내 코를 잡을 곳도 없다. 운운"[703]

고래로 말한 바 人에 의거하자면 여래선과 조사선이다.

또한『선문강요집』의 말을 인용해본다.

"照 · 用은 곧 要로서 제일구에 해당하고, 權 · 實은 곧 玄으로서 제이구에도 해당하고 또 제삼구에도 해당합니다."[704](인용한 문자는 여기까지이다)

제일구만 홀로 格外이기 때문에 홀로 要에 속하고, 제이구와 제삼구는 함께 義理에 속하기 때문에 함께 權 · 實에 속한다. 또 말한다.

"제일구에 대하여 말한다. 세존과 가섭의 삼처전심도 그 때문에 첫머리에 내보였는데 그 공안으로써 교외별전의 으뜸[宗]을 삼는다."[705]

이 삼처전심은 모두 제일구에 있기 때문에 教外이다. 제이구는 "여래가 적멸도량에 머물며 비로소 정각을 성취하니 〈千丈의 盧舍那身과 四十一位〉法身大士 및 〈숙세에 근기가 성숙한〉 天龍八部가 일시에 위요하였는데, 〈마치 구름이 달을 가린 것과 같은 모습을 드러냈다.〉 이것이 제이구이기 때문에

702)『禪門拈頌拈頌說話會本』[序文], (韓佛全5, p.1中) ;『禪源諸詮集都序』 卷上之上, (大正藏48, p.399上)
703)『禪門拈頌拈頌說話會本』[序文], (韓佛全5, p.1中)
704)『禪門綱要集』, (韓佛全6, p.854中)
705)『禪門綱要集』, (韓佛全6, pp.854下-855上)

인간과 천상의 스승이 된다고 말했다."[706]

이 여래선은 敎內이다. 운운.

辨曰盖如來悟底 名如來禪 祖師傳底 名祖師禪 此約能悟能傳之人 立名也 以此傳之 三十三世南岳得活人劍祖師禪 淸源<靑原?>得殺人刀如來禪 荷澤喚作本源佛性 爲義理禪也 然對此義理禪上 殺活二禪亦得名爲格外禪也 所以得格外之名者 古德云 若人得之於心 則乃至世間麤言細語 皆爲敎外別傳禪旨 失之於口 則拈花微笑 却爲敎迹 故知密傳心受 沒理路語路 則名爲格外禪 若存知解 有理路語路 則名爲義理禪 此約沒義理有義理 以立名也 故說話云 圭峯云云 至敎外別傳一味禪者 古叢林所謂約法名義理禪格外禪也 上格外禪中 又有如來祖師二禪之不同 此約能悟能傳之人 以立名也 故說話云 且道 如來禪祖師禪 同別如何云云者 古所謂約人名 如來禪祖師禪也 然則合爲三禪 非謂二種禪 約人法有異也 若以義理禪 爲如來禪 說話云 諸緣已斷時 無一法可當情 明明不昧 了了自知者 知有本分事 以悟修斯亡 乃證得如來禪 然則義理禪 亦是無一法可當情 又知有本分事 悟脩斯亡耶 若如是 則不可謂之義理禪也 綱要云 照用是要 當第一句者 照用皆活則第一句 但爲活而無殺 何以殺亦屬於第一句 以第一句獨爲格外禪耶 淸源<靑原?>之得殺人刀 所共許者 而曺洞以淸源<靑原?>門人其宗旨明第二句宗門向上 宗門向上 卽淸源<靑原?>之所得殺人刀也 故云第二句薦得 爲人天師 其薦得底 此宗門向上也 豈非格外耶 說話

706)『禪門綱要集』, (韓佛全6, p.855上)

云 如來禪以悟修斯亡 知有本分事 與體一般 意謂此本分與向上之體一般 則如來禪 豈非格外耶 故不可以第二句如來禪 同爲義理禪第三句也 若二三兩句 同爲義理禪 則臨濟如何別說兩句耶 但三玄悟後 施設戈甲 完成格則 則有若第三句 三句面目 故云又當第三句 然但相似而已 非眞屬於第三句也 故云在第一句 直明三要 要省要之要 要不在多 如印印空 了無朕迹 在第二句 轉名三玄 玄幽玄之玄 玄不可辨 如印印水 似有文彩 在第三句 又轉名三句 句言句之句 句詮差別 如印印泥 痕縫全彰 然則句玄要之深淺 甚自分明 豈可以三玄屬於第三句耶 綱要以世尊迦葉三處傳心 爲第一句云云者 泛學實難看得 今具引本文 並爲註脚 俾爲易解 文云僧問佛祖受用 全機薦得 不出三句 全機薦得 旣有差別 佛祖受用 亦不是一於三句中 復擧古之公案 頓祛餘疑

② 변별[辨]한다.

무릇 여래가 깨친 것을 여래선이라고 말하고, 조사가 전수한 것을 조사선이라고 말한다. 이것은 能悟하고 能傳하는 人에 의거하여 내세운 명칭이다. 이로써 그것을 전수하여 제33세 남악회양은 활인검의 조사선을 얻었고, 청원행사는 살인도의 여래선을 얻었으며, 하택신회는 本源佛性이라고 한다는 말을 함으로써 의리선이 되었다. 그런데 이 의리선에 상대하여 殺 · 活의 二禪에도 또한 격외선이라는 명칭이 붙기 때문에 격외라는 명칭을 얻었다.

고덕은 말한다.

“어떤 사람이 마음에서 터득한 즉 내지 세간의 거친 말과 고운 말이 모두 교외별전의 선지가 된다. 그러나 언설에 집착하면 곧 염화미소도 도리어 교의 자취가 된다."[707]

때문에 알아야 한다. 은밀한 전수한 마음을 받으면 理路와 語路가 없는데 곧 이것을 격외선이라고 말한다. 그러나 만약 지해를 남겨두면 理路와 語路가 있는데 곧 이것을 의리선이라고 말한다. 이것은 義理가 있고 義理가 없음에 의거한 것으로써 내세운 명칭이다. 때문에 『염송설화』[서문]에서 말한 '규봉은 말한다. … 교외별전의 일미선'의 대목에 이르기까지는 예로부터 총림에서 소위 法에 의거하여 의리선 · 격외선이라고 말하였다.

이상의 격외선 가운데에는 다시 여래선 · 조사선의 이선의 不同이 있다. 이것은 能悟 미 能傳의 人에 의거하여 내세운 명칭이다. 때문에 『염송설화』[서문]에서 말한 "자, 말해 보라. 여래선과 조사선은 그 同 · 別이 어떤가. 운운"의 대목은 예로부터 소위 人에 의거하여 여래선 · 조사선이라고 말한 것을 가리킨다. 그런즉 합쳐서 삼선으로 삼은 것이지,[708] 이종선이라고 말하지 않았다.

人에 의거한 것과 法에 의거한 것에는 차이가 있다. 만약 의리선으로 여래선을 삼는다면 『염송설화』에서 말한 "모든 반연이 이미 단절되었을 경우에는 어떤 법도 識情에 해당하는 것이 없다. 그래서 명명하여 어둡지 않다."[709]는 것이 되고, 또 "了了自知는 본분사를 알게 됨으로써 悟 · 修가 곧 사라지고 이에 여래선을 증득한다."[710]는 것이 된다. 그런즉 의리선도 또한 곧 어떤 법도 識情에 해당하는 것이 없고 또 본분사를 알게 됨으로써 悟 ·

707) 『禪家龜鑑』, (韓佛全7, p.635中-下) "是故若人 失之於口 則拈花微笑 皆是敎迹 得之於心 則世間麤言細語 皆是敎外別 傳禪旨"

708) 의리선과 격외선, 그리고 격외선 가운데 여래선과 조사선이 있으므로 의리선 · 여래선 · 조사선의 삼종선임을 말한다.

709) 『禪門拈頌拈頌說話會本』 卷3, 제100칙 (韓佛全5, p.106上)

710) 『禪門拈頌拈頌說話會本』 卷3, 제100칙 (韓佛全5, p.106上)

修가 곧 사라진다. 만약 이와 같은 즉 그것을 의리선이라고만 부를 수는 없다.[711] 『선문강요집』에서 말한 "照 · 用은 곧 要로서 제일구에 해당한다."[712]는 것은 照 · 用이 모두 活인 즉 제일구이다. 다만 活만 있고 殺이 없으면 어떻게 殺이 또한 제일구에 속하겠는가. 이로써 제일구 하나만 격외선이 된다.

청원행사가 터득한 살인도를 공유한다는 것은 조동종은 청원행사의 문인이고 그 종지는 제이구인 종문의 향상을 해명한다는 것을 가리킨다. 종문의 향상이란 곧 청원행사가 터득한 살인도이다. 때문에 제이구를 통해서 깨치면 인간과 천상의 스승이 될 만하다고 말한 것에서 그 깨침이 곧 종문의 향상이다. 그런데 어찌 격외가 아니겠는가.

『염송설화』에서는 여래선은 悟 · 修가 모두 사라지고 본분사를 알아서 體와 더불어 일반이라고 말한다. 이것을 의미로 말하자면, 이 본분이 향상의 體와 더불어 일반인 즉 여래선인데 어찌 격외가 아니겠느냐는 것이다. 때문에 제이구 여래선을 가지고 의리선인 제삼구와 동일시할 수가 없다. 만약 제이구와 제삼구의 양구가 동일하게 의리선이라면 즉 임제의현이 어째서 제이구와 제삼구의 양구를 별도로 설했겠는가. 다만 삼현이 깨친 이후에 시설한 방편[戈甲]으로서 완성된 격칙이라면 즉 그것은 제삼구일지라도 삼구의 면목이 있다. 때문에 『선문강요집』에서 '또한 제삼구에 해당한다.'고 말하지만 그것은 단지 비슷하게 보일 뿐이지 제삼구에 그대로 속한 것은 아니다.

때문에 제일구에서 그대로 三要를 해명한다고 말한다. 要는 省要의 要로서 要는 多가 없다. 마치 도장을 허공에다 날인하는 것과 같아서 끝내 朕迹조차 없다.

711) 곧 격외선이라고 불러도 된다는 것을 가리킨다.
712) 『禪門綱要集』, (韓佛全6, p.854中)

그리고 제이구에서는 명칭이 三玄으로 바뀐다. 玄은 유현의 현이다. 현은 변별할 수가 없다는 것이다. 마치 도장을 물에다 날인하는 것과 같아서 문채가 있는 듯이 보일뿐이다.

그리고 제삼구에서는 다시 명칭이 三句로 바뀐다. 句는 언구의 구이다. 구는 차별을 설명한다. 마치 도장을 진흙에다 날인하는 것과 같아서 흔적이 그대로 드러난다.

그런즉 句 · 玄 · 要의 深淺이 저절로 더욱더 분명해진다. 그런데 어찌 삼현을 가지고 제삼구에 배속시키겠는가. 『선문강요집』에서 '세존과 가섭의 삼처전심을 제일구로 삼는다. 운운'이라고 말한 것을 泛學者는 실로 간파하기가 어렵다. 그런데 지금 구체적으로 그 本文을 인용하고 또 註脚을 붙여본 것은 쉽게 이해하도록 해준 것이다. 『선문강요집』의 본문에서 말한다.

"부처와 조사가 受用하는 것으로 全機에서 깨치는 것도 삼구를 벗어나지 않는다. 全機에서 깨친다는 것은 이미 차별이 있는 것이므로 부처와 조사가 受用하는 것도 또한 그 하나가 아니라 삼구 속에서 〈能示와 所化로 差等되는데 어찌된 것입니까. 바라건대〉 거듭 고인의 공안을 들어서 나머지 의심을 죄다 없애주십시오."[713]

問意佛及禪祖之受用 於三句中 各不是一 則以古之公案 明示三句差別云云 故答中擧佛之公案 明佛之受用 擧禪祖公案 明禪祖受用 然則三句中 自有兩重公案也

713) 『禪門綱要集』, (韓佛全6, p.854下)

질문한 의미[問意][714]는 부처 및 禪祖(선의 조사)가 수용한 것이 삼구에서 각각 동일하지 않은 즉 고인의 공안으로써 삼구의 차별을 明示해달라는 것이다. 운운. 때문에 〈일우는 그에 대한〉 답변에서 부처를 언급한 공안으로는 부처가 수용한 것을 해명하였고, 禪祖를 언급한 공안으로는 禪祖가 수용한 것을 해명하였다. 그런즉 삼구에는 애초부터[自] 양중공안이 들어 있다.

一愚答曰 臨濟嫡孫風穴上堂云 祖師心印 狀似鐵牛之機 卽第一句 去則印住 住則印破 只如不去不住 印則是 不印則是 是三要末後 打盧陂兩拂子 是用得三要 百丈黃檗 於馬祖一喝 得大機大用是當機

일우가 답변으로 말한다.

"〈임제의현의 적손인 풍혈연소가 상당하여 말했다. 祖師心印의 형상[狀]이 鐵牛之機와 같은 즉 제일구로서 떼어낸 즉 도장자국이 남아 있고, 눌러놓은 즉 도장자국이 망가진다. 그러므로 단지 떼어내지도 않고 눌러놓지도 않은 경우에는 도장을 찍어야 옳겠는가, 도장을 찍지 않아야 옳겠는가.〉[715] 이것이 三要이다. 그리고 말후에 盧陂를 두 번이나 불자로 때려주었는데,[716] 이것은 三要를 활용[用]한 것이다. 백장회해와 황벽희운은 마조의 일할을 듣

714) 問意란 『선문강요집』에서 승이 일우에게 다음과 같이 질문한 것을 가리킨다. [승이 물었다. "'무릇 법어를 보면…'의 이 말은 교화를 하는 측면[能示邊]에 속하고, '…句에서 깨친다면'의 이 말은 교화를 받는 측면[所化邊]에 속합니다. 그런즉 부처와 조사가 受用하는 것으로 全機에서 깨치는 것도 삼구를 벗어나지 않습니다. 全機에서 깨친다는 것은 이미 차별이 있는 것이므로 부처와 조사가 受用하는 것도 또한 그 하나가 아니라 삼구 속에서 能示와 所化로 差等되는데 어찌된 것입니까. 바라건대 거듭 고인의 공안을 들어서 나머지 의심을 죄다 없애주십시오."]

715) 『景德傳燈錄』 卷13, (大正藏51, p.302中-下)

716) 『景德傳燈錄』 卷13, (大正藏51, p.302下)

고 각각 大機와 大用을 터득했는데[717] 그것은 鐵牛之機에 해당한다."[718]

此是禪祖第一句公案 而三要卽活也 然則第一句 是單活也

이것이 곧 禪祖의 제일구 공안인데, 삼요가 活에 卽해 있다. 그런즉 제일구는 곧 오직 殺 [單活] 뿐이다.

世尊迦葉三處傳心 首標此个公案 以立教外別傳之宗旨也

세존과 가섭의 삼처전심은 이 공안을 첫머리에 내놓음으로써[首標] 교외별전의 종지를 내세운다.

此是佛之第一句公案 而三處傳心 卽殺活也 然則第一句中具殺活也

이것이 곧 부처의 제일구 공안인데, 삼처전심은 殺·活에 卽해 있다. 그

717)『四家語錄』卷二, (卍新續藏69, p.6上) "黃檗到師處 一日辭云 欲禮拜馬祖去 師云 馬祖已遷化也 檗云 未審馬祖有何言句 師遂擧再參馬祖竪拂因緣言 佛法不是小事 老僧當時被因馬大師一喝 直得三日耳聾 檗聞擧不覺吐舌 師云 子已後莫承嗣馬祖去麼 檗云 不然 今日因師擧 得見馬祖大機之用 然且不識馬祖 若嗣馬祖已後喪我兒孫 師日 如是如是 見與師齊 滅師半德 見過於師 方堪傳授 子甚有超師之見 後潙山問仰山百丈再參馬祖竪拂因緣 此二尊宿意旨如何 仰山云 此是顯大機之用 潙山云 馬祖出八十四人善知識幾人得大機 幾人得大用 仰山云 百丈得大機 黃檗得大用 餘者 盡是唱道之師 潙山云 如是如是"

718)『禪門綱要集』, (韓佛全6, p.854下)

런즉 제일구에 살과 활이 갖추어져 있다.

如來在寂滅場中 初成正覺 現千丈盧舍那身 四十一位法身大士 天龍八部 一時圍繞 是第二句 故云人天爲師

"여래가 적멸도량에 머물며 비로소 정각을 성취하니, 千丈의 盧舍那身과 四十一位法身大士 및 〈숙세에 근기가 성숙한〉 天龍八部가 일시에 위요하여 〈마치 구름이 달을 가린 것과 같은 모습을 드러냈는데,[719]〉 이것이 제이구이다. 때문에 인간과 천상의 스승이 된다고 말했다."[720]

此是佛之第二句公案也 上旣以三處傳心 爲第一句 則如來所悟底 殺亦屬於第一句 故今第二句 但約悟後 施設戈甲 是故無如來禪之言但云人天爲師 卽說華嚴時也

이것이 곧 부처의 제이구 공안이다. 위에서 이미 삼처전심으로써 제일구를 삼은 즉 여래의 깨침에는 殺도 또한 제일구에 속해 있다. 때문에 지금 제이구는 다만 悟後에만 의거하여 방편[戈甲]을 시설한다. 이런 까닭에 여래선이라는 말이 없고 다만 인간과 천상의 스승이 될 만하다고 말한 즉 화엄시를 설한 것이다.

719)『佛祖統紀』卷3, (大正藏49, p.149上) "初頓教者 卽第一華嚴時 從部時味 得名爲頓 此謂如來始成正覺在寂滅道場 四十一位法身大士 及宿世根熟 天龍八部 一時圍遶 如雲籠月 是時如來現盧舍那身說圓滿修多羅 故言頓教"

720)『禪門綱要集』, (韓佛全6, p.855上)

修山主頌云 初心未入道 不得鬧浩浩 鍾聲裏薦取 鼓聲卽顚倒 此乃向第二句中 老婆爲人也 乃至香嚴云 無一法可當情 又云去年貧未是貧今年貧直是貧 仰山云 如來禪卽許師兄會 祖師禪未夢見在 此是能所二知俱忘 成就如來禪 爲人天師之榜樣也

"修山主는 게송으로 다음과 같이 말했다.
〈초심에 깨침에 들어가지 못했거든,
시끄럽게 호들갑일랑 떨지 말아라.
청아한 범종소리를 듣고 깨쳤지만,
법고소리 듣고는 곧장 꼬꾸라지네.〉[721]

이것은 곧 제이구 가운데서 노파심으로 남을 위한 것입니다. '〈그리고 향엄지한이 대나무에 돌멩이가 부딪치는 소리를 듣는 찰나에 오도하고 다음과 같이 게송을 지어 말했다.

딱 하는 소리에 분별지를 잊으니,
이후 다시 수행할 필요 없어졌네.
마음 및 행위를 옛길에다 두고서,
하찮은 근기에 결코 빠지지 않네.[722]

721) 『禪門綱要集』, (韓佛全6, p.855上) ; 『五燈會元』 卷8, (卍新續藏80, p.181中)
722) 제3구 및 제4구에 대해서는 『禪門諸祖師偈頌』 下之下, (卍新續藏66, p.744下) 참조. 제3구와 제4구와 관련하여 『경덕전등록』 권11에서는 『通明集』에 의거했다고 주석을 붙이고 있다. 『통명집』은 雪竇明覺의 法嗣인 天衣義懷의 『通明集』으로서 『嘉泰普燈錄』 卷2, (卍新續藏79, p.298中) "又摭古今尊宿契悟因緣號通明集 盛行於世" 참조.

모든 곳에 종적을 남기지 않으니,
소리 및 형색을 벗어난 위의로다.
곧 불도에 통달한 제방의 사람은,
다 그런 사람을 상상기라 말하네.

후에 앙산이 (향엄에게) 물었다. 그대는 요즈음의 견처는 어떻습니까.〉 향엄이 말했다. 〈제 견해에 의거하자면〉 어떤 법도 분별식정에 해당한 것이 없습니다. 〈앙산이 말했다. 그대는 어찌 어떤 법도 분별식정에 해당한 것이 없다는 것을 모르는 것입니까. 그러자〉 (향엄은) 훗날에 다시 게송을 지어 바쳤다.

작년의 가난은 가난이 아니었네.
금년의 가난이 그대로 가난이네.

앙산이 말했다. 여래선이라면 곧 사형이 이해하고 있다고 인정할 수 있습니다. 그러나 조사선은 아직 꿈에도 보지 못하고 있습니다.'[723] 이것이 바로 能知 · 所知의 二知를 모두 잊고 여래선을 성취한 것으로서 인간과 천상의

---

723) 『潭州潙山靈祐禪師語錄』, (大正藏47, p.580中-下) '一擊忘所知 更不假修時 動容揚古路 不墮悄然機 處處無蹤跡 聲色外威儀 諸方達道者 咸言上上機' 이 두 게송을 산문으로 풀어보면 다음과 같다. "딱 하고 대나무에 돌멩이가 부딪치는 소리를 듣고서, 그 동안 분별지로 이해해왔던 일체의 번뇌를 초월하여 다시는 功用 및 造作의 動修 내지 作修를 할 필요가 없어지고 말았다. 때문에 납자라면 모름지기 모든 행 · 동 · 거 · 지는 옛날부터 전승해오던 계율의 규범을 따르면서도, 현묘한 도리를 발명해야만 바야흐로 진정한 불법의 도리를 알 수가 있다.(不墮悄然機 결코 흑산귀굴에 살고 있는 귀신과 같이 悄然한 무리의 반열에 빠지지 않는다. 悄然은 감정을 모두 버린 적연한 모습이다. 문어로는 맥이 빠져서 풀이 죽어 있는 모습이지만 구어로는 고요한 경계에 매몰되어 있는 청각적인 의미가 포함되어 있다) 다다르는 곳마다 아무런 자취도 남겨두지 않고, 일체의 경계를 벗어나서 자신의 威儀를 온전하게 보전한다. 이와 같은 납자를 두고서 시방의 지인달사들은 그런 사람을 향해 모두가 최상상의 근기를 지닌 사람이라고 칭송을 한다."

스승이 된다는 그 모습이다."[724)]

此是禪祖第二句公案 而上旣以三要活 爲第一句祖師禪 故今以第二句 爲如來禪 如來禪是殺也

이것이 곧 禪祖의 제이구 공안인데, 위에서는 이미 삼요의 活로써 제일구 조사선을 삼았다. 때문에 지금은 제이구로써 여래선을 삼는데, 여래선은 곧 殺이다.

如來於木菩提樹下 現劣應身 着蔽垢衣 四十九年 隨機說法 是第三句

"여래는 木菩提樹 밑에서 劣應身을 드러내어 弊垢衣를 걸치고 49년 동안 수기설법하였는데, 그것이 제삼구이다."[725)]

此是佛之第三句公案 而上旣以說華嚴 爲第二句 故今以退說三乘 爲第三句也 故第二第三句 皆爲敎內也

이것이 곧 부처의 제삼구 공안인데, 위에서는 이미 화엄을 설한 것으로써

724) 『禪門綱要集』, (韓佛全6, p.855上)
725) 『禪門綱要集』, (韓佛全6, p.855上)

제이구를 삼았다. 때문에 지금은 물러나서 삼승을 설한 것으로써 제삼구를 삼는다. 때문에 제이구와 제삼구는 모두 教內가 된다.

僧問香嚴 如何是道 嚴云 枯木裡龍吟 石霜云 猶帶喜在 僧云如何是道中人 嚴云髑髏裏眼睛 霜云猶帶識在 此乃向第三句中 東說西說底時節

"승이 향엄지한에게 물었다. 어떤 것이 깨침입니까. 향엄이 말했다. 고목 속에서 나는 휘파람소리이다. 석상이 말했다. 아직도 기쁨의 감정이 남아 있다. 승이 물었다. 어떤 것이 깨침 속에서 살아가는 사람[道中人]입니까. 향엄이 말했다. 해골 속에 들어있는 눈동자이다. 〈그 승이 석상경제에게 그 문답을 말씀드리고[擧] 물었다. 고목 속에서 나는 휘파람소리란 무엇입니까. 승이 물었다. 어떤 것이 해골 속에 들어있는 눈동자입니까.〉 석상이 말했다. 아직도 識이 남아 있다.[726] 이것이 〈바로 수완이 좋은 종사[大手宗師]가〉 제삼구에서 〈네 모서리에 책상다리를 붙이고〉 東說西說[727]하는 시절이다."[728]

此是禪祖第三句公案 而旣云東說西說底時節 則爲義理禪也

726)『撫州曹山元證禪師語錄』, (大正藏47, p.529中)

727) 東說西說은 東語西話와 같은 의미로서, 여기서 말하고 저기서 말하는 것, 곧 말을 바꾸어 이러쿵저러쿵 이야기하는 것을 가리킨다.

728)『禪門綱要集』, (韓佛全6, p.855上-中) 다만『선문강요집』의 내용과 동일하지만 글의 순서에 약간의 차이가 보인다.

이것이 곧 禪祖의 제삼구 공안인데, 이미 東說西說하는 시절이라고 말했는데, 그것이 곧 의리선이다.

詳看上所引佛祖受用兩重公案 及註配 其意可知也 意謂佛之公案 旣以三處傳心 爲第一句 故以說華嚴 爲第二句 以退說三乘 爲第三句者 爲引教機而入禪也 此非禪門正義也 禪祖公案 以祖師禪活 爲第一句 以如來禪殺 爲第二句 以義理禪 爲第三句者 此是禪門正義也 兩重公案 大段分明 安得雜用 若不分說兩重公案 一愚未免自語相違之失也 何也 初以機用 爲第一句 機用 單活也 次以三處傳心 爲第一句 第一句具殺活也 不得放過 草裏橫(身)

자세하게 살펴보면 위에서 인용했던 부처와 조사가 수용한 양중공안 및 주석의 배열에 대하여 그 의미를 알 수가 있을 것이다.

의미로 말하자면, 부처의 공안에서는 이미 삼처전심으로 제일구를 삼았다. 때문에 화엄을 설한 것으로써 제이구를 삼았다. 물러나서 삼승을 설한 것으로써 제삼구를 삼았다. 이것은 교학의 근기[教機]를 이끌어서 선으로 들어가도록 하기 위함이었다. 이것은 선문의 올바른 뜻[正義]은 아니다.

그리고 禪祖의 공안에서는 조사선의 活로써 제일구를 삼았다. 여래선의 殺로써 제이구를 삼았다. 의리선으로써 제삼구를 삼았다. 이것은 선문의 올바른 뜻[正義]이다.

양중공안이 이처럼 대단히 분명하거늘 어찌 뒤섞어 활용[雜用]할 수 있겠는가. 만약 양중공안을 나누어 설하지 않았다면 일우는 자신의 말이 相違되는 실수를 벗어날 수 없었을 것이다. 왜냐하면 처음에는 機·用으로써 제일구를 삼았기에 機 · 用에 오직 활[單活] 뿐이었지만, 다음에는 삼처전심으로써 제일구를 삼았기에 제일구에 殺 · 活을 모두 갖추고 있었기 때문이다.

"결코 방심하지 말찌니라.

평지에서 넘어지고 만다."[729]

錄第三節云 殺人刀活人劍 禪名之極 名極則實極 乃云不分殺活 獨在於第一句中 又引揖坐話云 至第二句 有許多消息 若約第一句 則但殺人刀活人劍而已也 古佛話云 向第一句提持 則只道得箇殺人刀活人劍也 不得已向第二機施設 則完成格則 如體用中三句 又云機用皆活也 以大機爲活者非也 又云機用但活 而殺活體無二 故有殺而殺付焉云云

(3) 살인도 · 활인검

『선문증정록』의 제삼절에서 말한 살인도 · 활인검은 禪名의 궁극이다. 名이 궁극이면 實도 궁극이다. 이에 살 · 활을 나누지 않은 것은 오직 제일구에만 있다고 말한다. 또한 揖坐話를 인용하여 "〈『선문증정록』에서는 『염송설화』 十六片 初五丈의〉 '제이구인 즉 허다한 소식이 있지만 만약 제일구에 의거한다면 곧 무릇 살인도와 활인검 뿐이다.'는 말을 인용한다. 이어서 古佛話 대목에서 말한다. '〈권23 十六丈에서는〉 제일구를 향해서 〈第一機를〉 提持한 즉 단지 살인도 · 활인검만 언급할 수가 있다. 그래서 부득이하게 제이기를 향해서 시설하자면 즉 격식을 완성해야 한다. 마치 體 · 用 ·

729) 『禪家龜鑑』, (韓佛全7, p.635中)

中에서 삼구를 말한 경우와 같다.' 또 말한다. '機 · 用은 모두 活이지만, 대기로써 활을 삼는다는 것은 아니다.' 또 말한다. '機 · 用은 단지 活뿐이지만 殺 · 活의 체는 無二이다. 때문에 殺이 있지만 殺을 붙여서 운운."[730]

辨曰殺人刀活人劒 亦名眞金鋪雜貨鋪 刀劒二字 言其殺活之優劣 眞雜 二字 言其殺活之單兼也 然活人劒 是祖師傳底 故名祖師禪 而在第一句中 風法師云 此機所入 直在威音已前 毘盧向上 直佩祖師心印 故與祖佛爲師 此第一句活人劒中 有機用 機用是殺活 此殺活 卽第一句活人劒中 所具底也 故再叅話云 百丈得大機黃蘗得大用 到這時節 古人只道得箇 殺人刀活人劒 以大用爲活人劒 以大機爲殺人刀明矣 何不引此再叅話而遽云 以大機爲殺者非也耶 故揖坐古佛二話 第一句中所明殺活亦是 此機用 非三處傳心之殺人刀活人劒也 故此第一句活人劒 亦名爲雜貨鋪 此活人劒 雜貨鋪中 豈無殺人刀眞金耶 故知第二處殺人刀傳心 是如來悟底 故名如來禪 而在第二句中 此殺是單殺故名爲眞金鋪也 然則第一句爲活人劒 第二句爲殺人刀明矣 何云第一句 獨具殺活耶 雖大機爲殺 是活中所具底 故機用皆是活也 而彼云以大機爲殺者非也 然則第一句 全無殺意何云第一句中具殺耶 欲强爲具殺 故云殺活體無二 故有活而殺付焉 敢問殺付於何邊耶 提示殺

730) 『禪門證正錄』, (韓佛全10, p.1141中-下) "또한 제일구에서 동시삼구와 부동시일구를 모두 얻을 수 없는 경우를 殺이라 말하고 (동시삼구와 부동시일구를) 모두 얻을 수 있는 경우를 活이라 말한다. 그런즉 대기로써 殺을 삼고 대용으로써 活을 삼는다는 것은 아니다. 『염송설화』에서는 機 · 用의 이치도 있고 혹 殺 · 活도 있다. 그리고 機 · 用에는 단지 活 뿐이지만 殺 · 活의 체는 둘이 아니라 그저 편의에 따라서 그렇게 언급한 것이다. 又第一句中 同時三句 不同時一句 總不得者 謂之殺 摠得者 謂之活 則非以大機爲殺 大用爲活也 說話中有機用處 或有殺活然機用但活 而殺活体無二故 因便擧之" 참조.

來也 殺活同是傳心 而無寄身之所附 傭於他活家耶 但知鐵脊撑天 不覺頤門着地

③ **변별[辨]한다.**

살인도 · 활인검의 경우에도 또한 眞金鋪 · 雜貨鋪라고 말한다. 刀와 劍의 두 글자는 그 살 · 활의 優 · 劣을 말한 것이고, 眞과 雜의 두 글자는 그 살 · 활의 單 · 兼을 말한 것이다. 그런데 활인검은 곧 조사가 전수한 것이기 때문에 조사선이라고 말하여 제일구에 둔다. 청풍장로가 말한다.

"그런 사람[機]의 깨침[所入]은 그대로 威音已前과 毗盧向上에서 곧장 조사심인을[大惣持] 꿰찬 것이다. 때문에 〈임제는 제일구를 통해서 깨치면〉 부처와 조사의 스승이 된다〈고 말했는데, 이것이야말로 바로 그 제일구에 해당합니다.〉"[731]

이것이 제일구인 활인검 속에는 기 · 용이 있다는 것이다. 기 · 용은 곧 살 · 활이다. 이 살 · 활은 제일구 활인검 속에 卽하여 갖추어져 있다. 때문에 再叅話에서 말한다.

"〈『염송설화』 권6 初丈에서는〉백장은 대기를 터득하였고 황벽은 대용을 터득하였다. 그러한 시절에 도달한 것에 대하여 고인은 단지 살인도와 활인검을 얻었을 뿐이라[732]고 말했다."[733]

대용으로써 활인검을 삼고, 대기로써 살인검을 삼은 것은 분명하다. 그런데 어찌 이 再叅話를 인용하지 않고 군색하게 대기로써 殺을 삼은 것에 대하여 그르다[非]는 것인가. 때문에 揖坐話 및 古佛話의 二話에서 제일구 가

731) 『禪門綱要集』, (韓佛全6, p.853下)
732) 『禪門拈頌拈頌說話會本』 卷6, (韓佛全5, p.182中)
733) 『禪門證正錄』, (韓佛全10, p.1141下)

운데서 해명한 살 · 활도 또한 옳다. 그 기 · 용은 삼처전심의 살인도 · 활인검이 아니다. 때문에 이 제일구인 활인검도 잡화포라고 말한다. 이 활인검의 잡화포 가운데에 어찌 살인도의 진금포가 없겠는가. 때문에 제이처 살인도의 전심은 곧 여래의 깨침이기 때문에 여래선이라고 말하고, 또 제이구 가운데서 그 殺은 곧 單殺이기 때문에 진금포라고 말한다는 것을 알아야 한다.

그런즉 제일구는 활인검이고, 제이구는 살인도임이 분명하다. 그런데도 어째서 제일구에만 오직 살 · 활을 갖추고 있다고 말하는가. 비록 대기를 殺로 삼을지라도 그것은 活 속에 갖추어져 있기 때문에 기 · 용이 모두 그대로 活이다.

그런데도 그(우담홍기)는 대기를 殺로 삼은 것이 아니라고 말한다. 그런즉 제일구에 전혀 殺의 의미가 없는데 어찌 제일구 가운데 殺이 갖추어져 있다고 말하는 것인가. 억지로 殺이 갖추어져 있다고 우기려는 까닭에 살 · 활의 체를 無二라고 말한다. 때문에 活이 있지만 殺을 붙여둔 것이다.

감히 묻건대, 殺이 어디에[何邊] 붙어 있는가. 殺을 제시해 보라. 살 · 활은 똑같이 곧 傳心이므로 자신에게만 의탁하여 붙어 있거나 남의 活家에 빌릴 수도 없는 것이다.

단지 철척사모로 하늘을 찔러댈 줄만 알았지[734]
자기 머리가 바닥에 떨어진 줄은 모르는구나

錄第四節云 三句一句 是禪門之本有文彩 本達則末達 引一愚云所謂三者 體用等三般面目是也 向第一句用得 則一一絶諸待對 故轉玄名

734) 鐵脊蛇矛는 무기 이름이다.

要 向第二句施設 則完成格則 故轉要名玄等說云(引字至此) 體用中卽三句之本名 三玄三要 卽深淺之異名 又云一句者 一一絶諸待對 擧一全收 故卽三是一 一不在三外 引山雲篇云 學者泥他三句規模 透不得徹 則反以雲門謾人 其謂之關不亦宜乎 靈利漢纔聞擧着 直下透徹 别起便行 雲門何消道个一鏃 破三關之說云(引字至此) 觀此可知 一不在三外云云

(4) 삼구 · 일구

『선문증정록』의 제사절에서는 '삼구와 일구는 곧 선문에 본유한 문채로서 本에 통달한 즉 末에도 통달한다.'고 말한다. (우담홍기는) [일우설]을 인용하여 말한다.

"소위 三이란 體 · 用(· 中) 등과 같은 세 가지 면목이 그것이다. 〈作家로서 宗師가 이 세 가지를 가지고〉 제일구중에서 用을 터득한 즉 낱낱이 모든 對待를 단절하기 때문에 玄을 轉하여 要라고 말하는데, 〈마치 영상이 형체에 즉한 것과 같습니다. 부득이하게〉 제이구중에서 시설한 즉 완연히 格則이 성취되기 때문에 要를 轉하여 玄이라고 말하는데, 마치 형체가 영상에 즉한 것과 같다."[735](인용문은 여기까지이다)

體 · 用 · 中은 곧 삼구의 本名이고, 三玄 · 三要는 곧 深 · 淺의 異名이다. 또 '일구이므로 낱낱이 諸待對를 단절해 있다.'고 말한다. 하나를 들면 전체가 섭수되기 때문에 三에 卽하면 그대로 一이므로 一은 三을 벗어나 있지

735) 『禪門證正錄』, (韓佛全10, p.1142中-下)

않다.[736]

또 [山雲篇]을 인용하여 말한다.

“납자들이 그 삼구라는 규모에 빠져서 투철하지 못하고 도리어 운문문언이 납자들을 속인다고 말하는데, 그것을 關이라고 말하는 것도 또한 적절하지 않습니다. 만약 똑똑한 납자[靈利漢]라면 그 말을 듣자마자 곧장 투철하여 일어나 나가버립니다. 운문은 저 一鏃破三關을 어떻게 소화시켜 말했던 것입니까.”[737](인용문은 여기까지이다)

이 대목을 살펴보면 알 수가 있을 것이다. 곧 일구는 삼구를 벗어나 있지 않다. 운운.

辨曰風法師云 夫祖師心印 亦名諸佛法印 以三要爲文 故稱三要印 以此印向第一句用得 則如印印空 了無朕迹 故直名三要 向第二句用得 則如印印水 完有文彩 故轉名三玄 向第三句用得 則如印印泥 痕縫全彰 故轉名三句 此是臨濟之本意 亦是圓悟 大慧之所共言者也 故此三印 言其功能 則了無朕迹 宛成文彩 痕縫全彰 自有次序 立其名也 直名三要 轉名三玄 又轉名三句 亦自有序 而其實祖師心印中本具之三要也 然則三要是本有之文彩 何以體用中三句 爲本有文彩耶 此所謂强愎不遜者也 盖一愚意 僧問臨濟旣曰 一句中具三玄 一玄中具三要

736)『禪門證正錄』, (韓佛全10, p.1142下) 내용 발췌.
737)『禪門證正錄』, (韓佛全10, p.1142下)

則每句必具玄要 今長老 以三要屬第一句 以三玄屬第二句 得無與臨濟乖戾乎 曰所謂三者 如體用中三般面目是也 向第一句用得 則一一絶諸待對 故轉玄名要 向第二句施設 則完成格則 故轉要名玄 而三者本不移易 謂僧旣約句中具玄 玄中具要而問故 答中約體用而言 體用是第二句三玄 而非句無以言體用 故云句中具玄也 又此體用中 向第一句用得 則絶諸待對 故轉玄名要 此玄中具要也 然三者 本不移易 則以玄要 分屬第一第二兩句 其義不相乖戾也 然則文甚易曉 何以體用中爲三句之本名耳 又此三句 絶諸待業<對?> 故卽三是一 引山雲篇而言 盖山雲篇 意謂雲門垂語云 天中函盖乾坤 目機銖兩 不涉春緣一句 作麽生道 衆無語自代云 一鏃破三關 謂由天中一句 分別下三句 則三句摠是一句 一一絶諸待對也 若靈利漢 直下透徹雲門何 消道介一鏃破三關 然則山雲篇 絶諸待對 故三句卽一句 此中絶諸待對 故轉玄名要也 故知 絶諸待對之言雖同 其義異也 何以此中絶諸待對 爲之一句云 三句一句是本有文彩耶 但會搜人底蘊 不知賣弄家風

④ **변별[辨]한다.**

청풍법사는 말한다.

"대저 조사의 심인으로서 또한 제불의 법인이라고도 말합니다. 지금은 삼요로써 글[文]을 삼은 까닭에 三要印이라고 일컫지만, 〈사실은 보리달마가 전승한 문자가 없는 도장[無文字印]입니다.〉 혹 이 도장을 가지고 제일구를 향해 활용하면 곧 도장을 허공에다 찍으면 끝내 朕迹이 없기 때문에 곧 삼요라고 말한다."[738] "제이구를 향해 활용하면 곧 도장을 물에다 찍으면 완연

738) 『禪門綱要集』, (韓佛全6, p.851中)

하게 문채가 남아있기 때문에 이것을 轉하여 삼현이라고 말한다."[739] "제삼구를 향해 활용하면 곧 도장을 진흙에다 찍으면 흔적[痕縫]이 온전하게 드러나기 때문에 이것을 轉하여 삼구이라고 말한다."[740]

이것은 곧 임제의현의 本意이고, 또한 곧 원오극근과 대혜종고도 共言한 것이기도 하다. 때문에 이 三印은 그 공능을 말한 것인즉 끝내 朕迹이 없고, 완연하게 문채가 성취되며, 흔적이 온전히 드러나는데 그 차서에 따라서 그 명칭을 내세운 것이다. 直名은 삼요이지만 轉하여 삼현이라고 말하였고, 또 轉하여 삼구라고 말한 것에도 역시 차서가 있는데, 사실인 즉 조사심인 가운데 본래 갖추고 있던 삼요이다.

그런즉 삼요가 곧 본유의 문채이다. 그런데 어찌 體·用·中의 삼구로써 본유의 문채를 삼는 것인가. 이것이야말로 소위 强愎하고 不遜한 것이다. 일우의 의견을 보기로 한다.

"승이 질문한다. 임제가 이미 일구중에 삼현이 갖추어져 있고, 일현중에 삼요가 갖추어져 있다고 말했습니다. 그러면 매 句마다 반드시 삼현과 삼요까지 갖추는 것이 됩니다. 그런데 지금 장로[741]의 말씀으로는 삼요는 제일구에 속하고 삼현은 제이구에 속하는 것이 되는데도 임제와 더불어 어긋남이 없다는 것입니까. 일우노숙이 말했다. 소위 三이란 體·用·中 등과 같은 세 가지 면목이 그것이다. 〈作家로서 宗師가 이 세 가지를 가지고〉 제일구중에서 用을 터득한 즉 낱낱이 모든 對待를 단절하기 때문에 玄을 轉하여 要라고 말하는데, 〈마치 영상이 형체에 즉한 것과 같다. 부득이하게〉 제이

739) 『禪門綱要集』, (韓佛全6, p.851下)

740) 『禪門綱要集』, (韓佛全6, p.852上)

741) 여기에서 말하는 長老는 일우노숙이라고도 표현되고 청풍장로라고도 표현되며 청풍법사라고도 표현되어 있다.

구중에서 시설한 즉 완연히 格則이 성취되기 때문에 要를 轉하여 玄이라고 말하는데, 〈마치 형체가 영상에 즉한 것과 같다. 그렇지만〉 그 세 가지는 본래 移 · 易이 없다."[742]

말하자면 승은 이미 句 가운데 玄이 갖추어져 있고 玄 가운데 要가 갖추어져 있다는 것에 의거하여 질문한 것이기 때문에 (일우는) 답변에서 체 · 용에 의거하여 말했다. 그런데 체 · 용은 곧 제이구의 삼현이므로 句가 아니면 체 · 용이라는 말도 없었을 것이다. 때문에 句 가운데 玄을 갖추고 있다고 말한 것이다. 또한 이 체 · 용 · 중을 제일구를 향해서 활용한 즉 모든 對待를 단절하기 때문에 玄을 轉하여 要라고 말했는데, 그 玄 가운데는 요가 갖추어져 있다. 그렇지만 구 · 현 · 요의 셋[三者]은 본래 移 · 易이 없은 즉 玄 · 要를 나누어 제일구와 제이구의 양구에 배속해도 그 뜻은 서로 어긋나지 않는다. 그런즉 글[文]이 대단히 쉽게 이해되는데, 어째서 體 · 用 · 中을 삼구의 본명으로 삼는 것인가.

또한 이 삼구는 모든 待對를 단절하기 때문에 三에 卽한 그대로 一임[卽三是一]을 山雲篇을 인용하여 말한다. 무릇 山雲篇의 의미로 말하면 다음과 같다.

"운문이 다음과 같이 법어를 내렸다. 천중이란 상자와 뚜껑과 하늘과 땅처럼 진여가 두루 편재하고, 目 · 機 · 銖 · 兩처럼 일체에 두루 작용하며, 온갖 반연을 초월해 있다. 자, 그러면 어디 일구에 대하여 한마디 말해 보라. 대중이 아무런 말도 하지 못했다. 그러자 운문 자신이 다음과 같이 말

742) 『禪門綱要集』, (韓佛全6, p.855中)

했다. 한 개의 화살로 세 관문을 꿰뚫어버렸다."[743]

소위 天中一句의 분별로 말미암은 이하의 삼구는 곧 삼구가 모두 그대로 일구로서 낱낱의 모든 待對를 단절한다. 만약 영리한 납자라면 그 자리에서 운문이 어떻게 소화시켰길래 그것을 一鏃破三關이라고 말했는지 투철했을 것이다. 그런즉 山雲篇에서는 모든 待對가 단절된 까닭에 삼구가 일구에 즉해 있다. 그런데 이 『선문증정록』에서는 모든 待對가 단절되어 있기 때문에 玄을 轉하여 要라고 말한다. 때문에 알아야 한다. '絕諸待對'라는 말은 비록 동일하지만 그 뜻은 다르다.

어째서 이 『선문증정록』에서는 絕諸待對를 일구로 삼아서 '삼구와 일구는 곧 선문에 본유한 문채이다.'고 말하는 것인가.

다만 사람을 찾아 간직할 줄만 알았지
본래가풍을 팔아먹는 줄은 모르는구나.

第觀錄說四節 皆誤爲引文穿鑿不已 眩亂莫甚 然或易知 其非畧而不言 若邪解亂轍 事須決之 此所謂盲杖擿埴 貽笑具眼 假雞聲韻難謾知音者也 以此見解 講得經論 曺溪嵐絲 瞎却幾箇眼目 蒼天蒼天

이어서 『선문증정록』에서 설하고 있는 四節을 관찰해보면 모두 오류로서 문헌만 인용해서 천착할 뿐으로 眩亂하기 그지없다는 것은 누구나 쉽게 알

743) 『禪門綱要集』, (韓佛全6, p.856中)

수가 있다. 이에 대해서는 그것을 생략하고 더 이상 말하지 않겠다. 만약 잘못 이해하고 철칙을 어지럽히는[邪解亂轍] 일이라면 반드시 그것을 결택지어 주어야 한다. 이것은 소위 盲杖의 擿埴[744]과 같아서 안목을 갖춘 사람이 보면 웃어버릴 것이다. 그리고 닭 울음소리를 내는 것[假雞聲韻][745]으로는 지음을 속이기 어려운 법이다. (선문증정록과 같은) 그러한 견해로써 경론을 강의하면 조계의 아름다운 기운[嵐絲]이 할각되고 말 것인데, 안목을 갖출 사람이 몇 명이나 되겠는가. 아이고, 맙소사!!

大凡學者 慧眼眞正 徹見義天 脚跟牢定 踏着實地然後 遍看諸佛菩薩所留經論 諸善知識所述句偈 不爲文句所使 使得文句 竟歸於不偏不二之中道 而今四辨漫語 掃灑先庭錄 皆眼沒着落 莫定方隅 脚無立處 隨言走殺 其於實地義天 如何行 得見了然 四辨漫語 義雖杜撰 文則炫燿 令人愛玩 而所謂掃灑先庭錄 義皆十零百落 文亦七藤八葛 不可取其文義 無足覈其得失 且以義理言之 此子學法 於枕溟和尚 仍爲受禪枕溟和尚 學法於白坡老和尚 又爲受禪 則白坡老和尚 卽渠之先師也 然則先師設有小瑕 其所斥破 須存禮樂 不可自尊己德 下視先賢 今此錄說 發言不道 無所顧忌 是可忍乎 斯文云 君師父一體 一體之義安在二子可謂斯文之亂賊 佛家逆孫[746] 扶昔大義 古今同然 願我同儕 以此警策 俾爲後昆之永規

744) 盲杖은 장님용 지팡이이고, 擿埴은 맹인이 지팡이로 땅을 짚으면서 어렵게 길을 찾는 것을 말한다.
745) 假雞聲韻은 닭의 우는 소리를 흉내 내어 僞裝으로 속임을 試圖하는 뜻을 가리킨다.
746) 「二子…逆孫」十三字 底本以筆墨抹消故 編 者依側面筆寫而補入.

8) 비판의 총결

무릇 납자라면 진정한 혜안을 갖추고 義天을 철견하며 굳은 선정을 바탕으로 實地를 밟은 연후에 제불보살이 남겨둔 經論 및 제선지식이 서술한 句偈를 널리 살펴보면서도 문구에 얽매이지 않고 문구를 활용하여 구경에 不偏 · 不二의 중도에 돌아가야 한다.

그런데 지금 『사변만어』 및 『소쇄선정록』은 모두 안목이 땅에 떨어져 方隅도 정하지 못하고 立處가 없는 곳에 서 있고 함부로 떠드는 언설을 따르고 있으니, 그것으로 實地 및 義天에 대하여 어떻게 행해야 견해가 분명해지겠는가. 『사변만어』는 뜻은 비록 두찬일지라도 글은 현란하게 빛나서 사람들이 좋아하고 있으며, 소위 『소쇄선정록』은 뜻이 모두 낱낱이 零落하고 글도 또한 모두 갈등에 빠져 있어서 그 글과 뜻을 취할 것이 없고 득과 실에 대하여 살펴볼 것도 없다.

또 義理로써 그것을 말해보자면 이 사람[우담홍기]은 침명화상에게서 學法하였고 거듭하여 선을 받았으며, 침명화상은 백파노화상에게서 學法하였고 또 선을 받았다. 곧 백파화상은 곧 그의 先師에 해당한다. 그런데 先師가 시설한 것에 작은 흠만 있어도 그것을 척파하였다. 모름지기 禮樂으로 보자면 스스로 자기의 덕을 존숭하지 못하여 선현을 下視한 것이다.

지금은 그 『소쇄선정록』의 설에 대하여 말로 표현하지 않겠지만 아무것도 꺼리는 것이 없으니 그것을 어찌 참겠는가. 글로 말하자면 君 · 師 · 父는 一體라는데 一體의 뜻이 어디에 있단 말인가. (초의의순과 우담홍기의) 두 사람은 소위 斯文의 亂賊이고 佛家의 逆孫이다. 옛적의 大義를 이해하고 고금에 통연하여 저희 모두가 이것으로 경책을 삼아서 후대에까지 영원한 규범이 되는데 도움이 되기를 바란다.

以此所修功 自他同一日 速成無上道 般若波羅密

9) 회향

여기에서 닦은 공덕으로
자타가 모두 하루아침에
무상도를 속히 성취하세
나무 불법승 반야바라밀

此慶讚回向 回向有三 一回自向他 是衆生回向 二回因向果 是菩提回向 三回智向理 是實際回向也 菩提此云覺 亦云道 道是菩提也 般若者般是字界 若加那字 此云智 智是後得智 若加若字 此云慧 慧是根本智今般若是根本智 故證理也 理是涅槃 涅槃是彼岸也 波羅蜜此云彼岸到 順此方語云到彼岸也

이것은 慶讚하는 回向이다. 회향에 세 가지가 있다.

첫째는 자기에게 회향하고 타인에게 회향하는 것인데, 이것은 중생회향이다. 둘째는 因에 회향하여 果에 회향하는 것인데, 이것은 보리회향이다. 셋째는 智에 회향하고 理에 회향하는 것인데, 이것은 실제회향이다.

보리는 번역하면 覺이라고도 말하고 또 道라고도 말한다. 道는 곧 보리이다. 반야는 般은 곧 字界이고 若은 那字가 첨가된 것인데, 번역하면 智이다. 智는 後得智이다. 若은 若字가 첨가된 것인데, 번역하면 慧이다. 慧는 곧 根本智이다. 지금의 반야는 곧 근본지이기 때문에 證理이다. 理는 곧 열반인데, 열반은 곧 피안이다. 바라밀은 번역하면 彼岸到이다. 此方語를 따르자면 到彼岸이다.

跋

拈頌離言月指 講伯談論 糢糊難辨 我老爺白坡和尚 分析玄微 爲之私記 實學者之眼目 而又係雪竇法兄 大振禪文 唯恐此迷 乃述㴑流 洞徹法味 然則取魚之筌 莫此爲緊 以此觀之 吾兄即老爺之迦葉也 非歟 今夏兄欲會編於全秩 未合如初 只成三卷時也 何爲此㴑流 特爲時會 法伴之强請 不得已 並以印布 願我同胞 試詳覽之
大淸光緖十五年己丑七月自恣日 法弟幻翁喚眞述

10) 발문

〈발문〉

『염송』은 언설을 떠나서 달을 가리키는 것인데, 강백의 담론은 모호하여 변별하기 어렵다. 그러나 우리의 老爺 白坡和尙께서 玄微를 분석하여 그에 대한 私記를 만들었는데, 실학자의 안목이었다. 그리고 또한 같은 법맥인 설두법형[설두유형]이 禪文을 크게 진작하였는데, 이에 미혹할까 염려하여 이에『선원소류』를 저술하였는데 법미에 통철하였다.

그런즉 물고기를 잡는 통발로서 이보다 번거로운 것이 없다. 이로써『선원소류』를 관찰해보면 우리의 사형[설두유형]은 곧 老爺 白坡和尙에게 있어서 가섭과 같은 분이 아니겠는가. 금년 여름에 법형[설두유형]이 全秩을 會編하고자 했지만 처음의 뜻대로 계합되지 못하고 단지 삼권만 성취되는 때가 되었다. 그러니 어찌 이『선원소류』가 특별한 時會가 아니겠는가. 도반들의 강청으로 부득이하게 아울러 인쇄하여 배포한다. 우리의 동포라면 시험삼아 자세하게 그 책을 열람해보기 바란다.

대청 광서 15년(1889) 기축년 7월 自恣日에 法弟 幻翁喚眞이 서술하다.

11) 시주질

施主秩

시주질[747]

乾命壬子生閔氏 坤命己酉生申氏 坤命乙酉生李氏 信士丁亥生朴圓覺準基 乾命丁卯生具氏 率子丁巳生昌浩 坤命戊戌生吳氏 乾命甲申生張氏 尙宮甲辰生安氏淨德花 信女庚辰生金氏 尙宮己亥生李氏萬德花 乾命辛巳生朴大圓

건명 임자생 민씨, 곤명 기유생 신씨, 곤명 을유생 이씨, 청신사 정해생 박원각준기,[748] 곤명 정묘생 구씨, 솔자 정사생 창호, 곤명 무술생 오씨, 건명 갑신생 장씨, 상궁 갑진생 안씨 정덕화, 청신녀 경진생 김씨, 상궁 기해생 이씨 만덕화, 건명 신사생 박대원

747) 緣化秩 또는 大衆秩이라고도 하는데 불사에 참여한 모든 대중의 명단을 모아서 기록하는 것. 여기에는 재물을 시주한 사람을 비롯하여 해당 사업의 업무에 참여한 사람을 모두 기록하여 그 덕을 기림.

748) 원각은 법명이고, 박준기는 성명임.

校正 比丘大禪師雪竇堂有烱 大禪師幻翁堂喚眞

교정 : 비구 대선사 설두당 유경, 대선사 환옹당 환진

學會比丘 景鵬益運 晦惺愚敞 西應普戒 普應良玹 應虛奉助 錦溪一珠 震虛在允 東化璟文 應雲雨能 清浩和日 寶峯桂煥 玄虛義宣 萬應一祐 聾隱佑葉 雪乳慧悟 晋明 仙定 應善 定荷 奇炫 永炘 榮敏 奎弘 炳順 法眞 普仁 性典 文星 惠權 斗弘

학회비구[749] : 경붕익운, 회성우창, 서응보계, 보응양현, 응허봉조, 금계일주, 진허재윤, 동화경문, 응운우능, 청호화일, 보봉계환, 현허의선, 만응일우, 농은우엽, 설유혜오, 진명, 선정, 응선, 정하, 기현, 영흔, 영민, 규홍, 병순, 법진, 보인, 성전, 문성, 혜권, 두홍

引勸化主 仁坡暎玄 騰雲修隱

인권화주[750] : 인파영현, 등운수은

749) 강원 내지 선원에서 더불어 공부하는 대중.
750) 사찰의 불사를 위해 권선 내지 덕성을 위하여 화주를 담당하는 직무.

持殿 奇峯 五雲

지전[751] : 기봉, 오운

都監 敞訖 永能

도감[752] : 창흘, 영능

別座 時萬 性安

별좌[753] : 시만, 성안

時會大衆 章輝 海敏 普仁 富察等

시회대중[754] : 장휘, 해민, 보인, 부찰 등

751) 佛殿의 청소나 향을 피우는 일을 하는 소임.
752) 재물 내지 양식을 관리하는 직무.
753) 典座라고도 하는데, 부처님 내지 대중승에게 공양할 반찬 및 음식을 만드는 소임. 본래는 平床이나 器具를 맡는 소임.
754) 당시 해당하는 작업에 투입된 사람.

供司 圭午 漢璟 大洪 宗順 童子 同伊 巖回 金鐵

공사[755)]: 규오, 한경, 대홍, 종순, 동자, 동이, 암회, 김철

擇字 文學周 金完植 金東錫

택자[756)] : 문학주, 김완식, 김동석

來往 孔順石 金南原

내왕[757)] : 공순석, 김남원

755) 공양을 담당하는 직무.
756) 인쇄를 준비하는 작업에서 많은 활자 가운데 해당하는 글자를 골라내는 직무를 담당하는 사람.
757) 특별히 초청하거나 내지 자원하여 방문해서 일을 거들어주는 사람.

禪文再正錄

9. 『선문재정록』[758]

忠淸北道報恩郡法住寺沙門 徐震河述

충청북도 보은군 법주사 사문 徐震河가 서술하다

목차[759]

1) 백파의 조사선 · 여래선에 대한 견해 비판
2) 백파 및 설두의 격외선 · 의리선에 대한 견해 비판
3) 우담의 이종선에 대한 비판
4) 백파의 삼처전심에 대한 비판
5) 설두의 살 · 활에 대한 비판
6) 四家說의 비판적 계승

古來談禪 約人約法 各有二種 義理格外 約法名者 如來祖師 約人名者 立此兩重 諸說之同異 白坡老總非之開合兩重 特申己見云 禪有三種 一祖師禪 二如來禪 合名格外禪 三義理禪 將臨濟三句 爲準繩而如次

758) 『禪文再正錄』, (韓佛全11, pp.868上-871下) 〈底〉日本國江田俊雄氏所藏筆寫本. 저자 竺源震河(1861-1926)는 속성은 徐씨이고, 호는 震河이다. 12세 때 금강산 神溪寺 常雲에게 출가하였고, 西灝에게 구족계를 받았으며, 坦鐘의 법을 이었다. 有炯 · 海珠에게서 경전을 배워 대강사가 되었고, 만년에 중국에 건너가 저장성 天庵律師에게 다시 구족계를 받았다. 1926년 제주도에 갔다가 아라교당에서 입적하였다.

759) 텍스트에는 원래 목차가 없지만 번역본이라는 점을 감안하여 번역자가 보입하였다.

配於三禪 (臨濟云 若第一句薦得 堪與祖佛爲師 第二句薦得堪與人天爲師 第三句薦得 自救不了)

1) 백파의 조사선 · 여래선에 대한 견해 비판

고래의 담선에서 人에 의거하고 法에 의거하면 각각 이종선이 있다고 하였다. 곧 의리선과 격외선은 法에 의거한 명칭이고, 여래선과 조사선은 人에 의거한 명칭이다. 이렇게 양중으로 내세운 것에 대하여 제설에 같고 다른 점이 있다. 이에 대하여 백파노인은 전체적으로 그러한 설이 잘못된 것이라고 보아 양중을 開 · 合함으로써 특별히 자기의 견해를 펼쳐서 '곧 선에 삼종이 있다. 첫째는 조사선이고, 둘째는 여래선인데, 이들을 합쳐서 격외선이라고 말한다. 셋째는 의리선이다.'고 말하였다.

그리고 또 임제삼구를 가지고 기준을 삼아 차례대로 삼종선에 배대하였다.[760] 〈임제는 말한다. 만약 제일구를 통해서 깨치면 부처와 조사의 스승이 될 만하다. 제이구를 통해서 깨치면 인간과 천상의 스승이 될 만하다. 제삼구를 통해서 깨치면 자신도 구제하지 못한다〉

其三句之配 旣對三根故 理應如此 古之兩重立名 約人則合之 約法則開之 是知格外 乃如來祖師之法未委義理 是何人之法 爲凡夫法耶 爲賢聖法耶 若無約人 而空立一法爲義理禪 反不如各開人法 爲四種禪

760) 백파긍선은 『선문수경』의 [向下新熏三禪]에서 임제삼구에 대하여 각각 조사선 · 여래선 · 의리선으로 배대하였다.

也 胡乃一法二人 有人法不齊之失耶 若以佛祖落草之談 爲義理禪 則義理不是別法 自是如來之法也 祖師之法也明矣 臨濟爲對三根 立三句名 所示法門 隨句應異 云何大凡下語 一句中須具三玄 一玄中須具三要 有玄有要 有權有實 有照有用 淸風法師 捻釋中云 句言句之句玄要在句(第三句) 權實在玄(第二句) 照用在要(第一句) 各有攸當不應莽鹵

(백파가 말한) 이 삼구의 배대는 이미 삼종근기를 상대한 까닭에 이치가 응당 그와 같다. 그러나 예로부터 양중으로 내세운 명칭에서 人에 의거한 것은 그것을 合한 것이었고 法에 의거한 것은 그것을 開한 것이었다. 이것으로 알아보자면 (백파가 말한) 격외선은 이에 여래선과 조사선의 법인데, 그것이 어떤 사람의 법인지 그 뜻과 이치[義理]가 자세하지 않다. 가령 범부의 법인지 아니면 성현의 법인지 알 수가 없다.

만약 人에 의거하지 않고 공연히 어떤 법을 의리선으로 삼는다면 도리어 각각 人과 法을 開하여 四種禪으로 삼는 것만 못하다. 어찌 一法(격외선)에 二人(여래선과 조사선)이 있다는 식이 되어 人과 法이 다르다[人法不齊]는 실수를 범한단 말인가. 만약 부처와 조사가 자세하게 설명한 것[落草之談]을 의리선으로 삼는다면 곧 그 의리는 특별한 법이랄 것이 없다. 이로부터 여래의 법과 조사의 법은 분명해졌다.

임제는 삼종근기를 상대하기 위하여 삼구의 명칭을 내세웠기 때문에 제시한 법문은 句마다 응당 다르다. 곧 '무릇' 이하의 법어에서 "일구중에는 반드시 삼현이 갖추어져 있고, 일현중에는 반드시 삼요가 갖추어져 있어서

玄도 있고 要도 있으며, 照도 있고 用도 있으며, 權도 있고 實도 있다."[761]고 말했다.

이에 대하여 청풍법사는 捻釋에서 말한다.

"句는 言句의 句로서 〈句의 설명에는 차별이 있지만, 玄은 幽玄의 玄으로서 玄은 변별할 수가 없으며, 要는 省要(생요: 줄이고 요약함)의 要로서 要에는 多가 없습니다.〉 玄과 要는 句에 있고,〈제삼구〉 權과 實은 玄에 있으며,〈제이구〉 照와 用은 要에 있다.〈제일구〉 이처럼 각각 해당하는 바[攸當]가 있어서 결코 흐리멍덩하지 않다."[762]

別釋第一第二句 至第三句云 吾與子 卽今一說一聽 一問一答 (指上初二句所釋) 早落第三句了也 又云如將三要印 向爛泥裏搭却 痕縫全彰 轉名三句 玄要在其中 據此則除却格外中所具之法 (如來祖師二禪) 別無義理之法 (但爲言句有异也) 何以如來祖師二禪 獨配於格外 可謂日用而不知者也

그리고 別釋에서는 제일구로부터 제삼구에 이르기까지 말한다.

"지금 나와 그대가 함께 說하고 함께 聽하며 함께 問하고 함께 答하고 있는데,〈앞의 이구에 대한 해석을 가리킨다〉 이것이 벌써 바로 제삼구에 떨어져 있는 것이다."[763]

761) 『鎭州臨濟慧照禪師語錄』, (大正藏47, p.497上) "一句語須具三玄門, 一玄門須具三要, 有權,有用. 汝等諸人作麼生會"

762) 『禪門綱要集』, (韓佛全6, p.851中)

763) 『禪門綱要集』, (韓佛全6, p.852上)

또 말한다.

"마치 三要印을 가지고 물렁한 진흙에다 도장을 찍으면 흔적이 온전히 드러나는 것과 같아서 이것을 轉하여 삼구라고 말하는데, 玄과 要가 그 가운데 있다."[764]

이에 의거하면 즉 격외에 갖추어진 법을 없애면 〈여래선과 조사선의 이선〉 별도로 의리의 법은 없어지고 만다.〈다만 언구에 차이가 있을 뿐이다〉

(묻는다 :) 어째서 여래선과 조사선의 이선만 유독 격외에 배대하는가.

(답한다 :) 가히 말하건대 일용에서는 알 수가 없는 것이기 때문이다.

請陳管見 夫義理格外中 皆具二禪 義理格外 是能具 如來祖師 是所具之禪 能具虛位 而但從能示師能悟資邊立名 所具卽就所示師所悟資法體上立名 不可所將具 卽目能具 謂宗師對機之時 不陳言迹 或下沒道理之一句 或良久棒喝之類擧之 伶利漢直下承當 呈其悟地 不用多言 或微笑擧手而應之 此機傳受之法 非情識言辭之所可議度 直超義理之格 故名格外禪

사실대로 관견을 진술해보겠다.

대저 의리와 격외에는 모두 이선이 갖추어져 있다. 의리와 격외는 곧 能具의 禪이고, 여래와 조사는 곧 所具의 禪이다. 能具는 虛位인데 무릇 제시해주는 스승[能示師] 및 깨침을 여는 제자[能悟資]의 입장으로부터 내세운 명칭이고, 所具는 곧 제시해주는 스승[所示師] 및 깨침을 얻는 제자[所悟資]의

764)『禪門綱要集』, (韓佛全6, p.852上)

法體上에 나아가서 내세운 명칭이다. 그러므로 시설된 여래선과 조사선[所將具]을 가지고 곧 격외선과 의리선이라고 지목할[目能具] 수는 없다. 말하자면 명안종사는 납자를 상대할 때 言迹으로 말하지 않고 혹 沒道理의 一句를 내려주거나 혹 良久·棒·喝과 같은 부류로써 그것을 들어서 제시하는데, 여기에서 영리한 납자는 곧장 이해하여 그 깨침의 경지를 드러내 보이므로 많은 언설[多言]을 활용하지 않는다. 가령 미소를 짓거나 손을 들어서 거기에 대응한다.[765] 이런 계기로 전수한 법은 情識 및 言辭로써 가히 의논하거나 헤아릴[議度] 수 있는 것이 아니라서 곧장 의리의 格을 초월하기 때문에 격외선이라고 말한다.

若以老婆心 說玄談要 曲盡其意 學者隨語生解 或學而知 思而得習而成 則此機傳得之法 完有名相義理詮旨之迹 可借功熏修證之路 故名義理禪也 然此傳受之法 不可一同宗師欲試眼目 或迷蹤盖覆 落草說去 根利則不滯其迹 卽入格外而悟去 設以棒喝示之 根鈍則墮落義理而<不+?>得入 故古德云 隨言生解 則拈花微笑 却爲敎迹 得之於心 則乃至世間言語 皆爲敎外別傳之旨 故知所悟之法體二禪 本無格外義理之異 所以有異 從傳授邊立名也 卽與死句活句之名 名異義同 故古德云 死句下薦得 自救不了 活句下薦得 與祖佛爲師 (禪家龜鑑作云 死句者 亦名叅意 有語路理路故 活句者 但叅句也說話又云 無語中有語 名死句 有語中無語 名爲 活句也) 故習禪者 看話時 但叅格外 莫入義理也

765) '거기'라는 것은 스승이 言迹으로 말하지 않고 혹 沒道理의 一句를 내려주거나 혹 良久·棒·喝과 같은 부류로써 그것을 들어서 제시하는 것을 가리킨다.

만약 노파심으로 玄을 설해주고 要를 말해주면서 그 뜻을 곡진하게 해준다면 납자가 그 언설에 따라서 지해를 발생하거나, 혹 배워서 알며, 사유하고 익혀서 성취하는데, 즉 그런 계기로 전하고 얻은[傳得] 법은 완연히 名相과 義理와 詮旨의 흔적이 남아있어서 가히 功熏과 修證의 길을 빌린 것이기 때문에 의리선이라고 말한다. 이와 같은 전수법은 명안종사가 시험하고자 하는 안목에 계합[一同]하지 못한 경우이다.

그러나 혹 미혹의 종적에 뒤덮여 있더라도 落草說法해주면 근기가 뛰어난 즉 그 종적에 막히지 않고 격외에 즉입하여 깨칠 수가 있다. 그러나 설령 棒과 喝로써 그것을 제시해주더라도 근기가 둔한 즉 의리에 떨어져서 격외에 들어가지[得入] 못한다. 때문에 고덕은 말한다.

"언설을 따라 분별견해를 일으킨즉 염화미소라도 도리어 教迹이 되지만, 마음에서 그것을 터득한즉 이에 세간의 법어와 언설이 모두 교외별전의 종지가 된다."[766]

그러므로 알아야 한다. 所悟의 法體에서는 二禪의 경우에 본래부터 격외와 의리라는 차이가 없다. 거기에 차이가 있는 까닭은 종전부터 교화하는[授邊] 입장에서 내세운 명칭일 뿐이다. 곧 사구와 활구는 명칭은 달라도 뜻은 동일하다. 때문에 고덕은 말한다.

"사구를 통해서 깨치면 자신도 구제하지 못한다. 그러나 활구를 통해서 깨치면 조사와 부처의 스승이 된다."[767]

〈『선가귀감』에서 말한다. 사구는 또한 참의라고도 말하는데 어로가 있고

766)『明覺禪師語錄』卷3, (大正藏47, p.688中) "擧 安國問僧 得之於心 伊蘭作栴檀之樹 失之於旨 甘露乃蒺䔧之園" ; 『禪家龜鑑』, (韓佛全7, p.635中-下) "是故若人 失之於口 則拈花微笑 皆是教迹 得之於心 則世間麤言細語 皆是教外別 傳禪旨"

767)『圓悟佛果禪師語錄』卷11, (大正藏47, p.765中) "活句下薦得 永劫不忘 死句下薦得 自救不了" 참조.

의로가 있기 때문이다. 활구는 단지 참구뿐이다.[768] 『염송설화』에서는 또 말한다. 無語 가운데 有語를 死句라고 말하고, 有語 가운데 無語를 활구라고 말한다[769]〉 때문에 습선자가 看話할 경우에는 다만 격외의 활구를 참구해야지 의리의 사구에 들어가서는 안 된다.

格外義理之辨 如上所釋 未委如來祖師二禪 據何而立名 白老云 若對上機 一一言句 了沒巴鼻 永脫今本頭角 如佛也安祖也安之類 此但祖門中所用之言句 故名祖師禪 或對中機所示言句 卽權明實 了不可辨 如佛也打祖也打而法法全眞之類 此亦祖門中事 以法法全眞之言 完同如來所說萬法一心之言 故貶之名如來禪 此但辨二禪法體之不同的未言約人立名之本意也

2) 백파 및 설두의 격외선 · 의리선에 대한 견해 비판

격외선과 의리선에 대하여 변별한다.

이상의 해석에서는 여래선과 조사선의 이선이 무엇에 의거하여 내세운 명칭인지 자세하지 않았다. (조사선에 대하여) 白老[백파긍선]의 말에 의하면, 만약 상근기를 상대하자면 낱낱의 언구라도 끝내 몰파비로서 영원히 今時와 本分의 두각을 벗어나 있어서 부처도 있고 조사도 있다는 것에 비견된다. 이것은 무릇 조사문중에서 활용하는 언구이기 때문에 조사선이라고 말한다.

768) 『禪家龜鑑』, (韓佛全7, p.636中)
769) 『禪門拈頌拈頌說話會本』 卷27, (韓佛全5, p.816中)

혹 중근기를 상대를 상대하여 제시한 언구로는, '權에 卽하여 實을 해명하는 것으로 끝내 변별할 수가 없다. 마치 부처도 물리치고 조사도 물리치며 모든 법이 온전히 진실이다.'는 것에 비견된다.

이 또한 조사문중의 事로서 모든 법이 온전히 진실이라는 말은 여래가 설한 萬法一心이라는 말과 완전히 동일하기 때문에 그것을 폄하하여 여래선이라고 말한다.

이러한 것은 단지 이선의 법체가 부동이라는 것만 변별한 것일 뿐이지, 人에 의거하여 내세운 명칭의 本意에 대해서는 적확하게 말하지 않았다.

雪老云 如來所悟之法故(二月八夜見星悟道故) 名如來禪 如來悟道已 尋訪眞歸祖師 所傳得底 故名祖師禪 此老則下得二禪 所從之淵源 有超師之見 而以如來 獨當釋迦 祖師但爲眞歸 此法非三世佛祖通用之禪也 愚則未知二禪之名 始自何時

雪老[설두유형]에 의하면, 여래가 깨친 법이기 때문에 〈또 2월 8일 밤에 見星悟道했기 때문에〉 여래선이라고 말했다. 그리고 여래가 悟道한 이후에 진귀조사를 尋訪하여 전수받은 법이기 때문에 조사선이라고 말했다.

이 雪老는 곧 이선을 변별함에 있어서 그것이 유래한 연원에 대해서는 백파를 초월한[超師] 견해가 있는데, 여래는 단독으로 석가에만 해당시키고, 조사는 다만 진귀에만 해당시켰다. 그 법은 삼세의 佛 · 祖에 통용되는 선이 아니다. (설두는) 어리석은 사람이었기에 이선의 명칭이 처음에 언제부터 시작되었는지도 몰랐다.

以視文詳之 亦自臨濟三句中出來 何也 其第一句云 與佛祖爲師 第二句云 人天爲師 人天師豈不是如來 佛祖師豈非祖師乎 盖悟得第二句法 則但見性成佛而已 悟得第一句法 方爲諸佛之師 故云祖也 (眞歸之稱祖亦以此也) 此非以法名人約人立名之有證處乎 然則前老所說 人勝於法 (人則如來祖師法則禪也) 愚則法勝於人也 (禪能作佛作祖故也 依主依士 二釋之有異) 若配三根 雖格外中 悟有頭角者 是如來禪中根也 解尋亦亡 則是祖師禪上根也 義理禪中 雖有如來祖師之法體 皆情識上悟修故 捴爲下根也

(여래선과 조사선에 대하여) 문헌에 보이는 것으로써 상세하게 말하자면, 또한 임제삼구로부터 출현한 것이다. 왜냐하면 그 제일구에서는 부처와 조사의 스승이 될 만하다고 말하고, 제이구에서는 인간과 천상의 스승이 될 만하다고 말하기 때문이다. 인간과 천상의 스승이 어찌 여래가 아니겠는가. 그리고 부처와 조사의 스승이라면 어찌 조사의 스승이 아니겠는가. 무릇 제이구의 법을 깨친 즉 다만 견성성불일 따름이지만, 제일구의 법을 깨치면 바야흐로 제불의 스승이 되기 때문에 조사라고 말한다. 〈진귀라는 칭호의 조사도 또한 이것이다〉 이것이야말로 법으로써 명칭한 사람[人]이 아니라 사람[人]에 의거하여 내세운 명칭이라는 증좌가 아니겠는가.

그런즉 前老[백파]의 설명에서는 사람[人]이 法보다 뛰어나다. 〈人은 곧 如來와 祖師이고, 法은 곧 禪이다〉 그런데 어리석은 사람(설두)의 설명에서는 곧 法이 사람[人]보다 뛰어나다. 〈禪으로 작불하고 작조하기 때문이다. 主(法)에 의지하느냐[依主]냐 사람에 의지하느냐[依士]의 두 가지 해석에 차이가 있다〉 만약 삼종근기에 배대하자면 비록 격외 가운데서도 깨침에 두각이 있으면 곧 여래선으로 중근기이고, 지해라는 장애마저 또한 없은 즉 곧 조사선으로 상근기이다. 의리선 가운데에도 비록 여래와 조사라는 법체가 있기는 하지만 죄다 情識의 悟 · 修이기 때문에 모두 하근기이다.

禪文多云 教外別傳一味禪 教外之與格外 同別如何 白老卽指三禪中如來祖師二禪 爲教外別傳 此老則教外與格外無別也 然則以詮旨義理之迹爲教 以事理融卽 時處無㝵 三世一念 萬法一心等爲教外 而此不過圓頓教中 六相十玄 (依此如來禪 亦有三玄之言) 之理 雖悟修斯亡卽非聖凡識智之所可度量 何能超出於教格之外 若以此 爲別傳一味之禪 花嚴菩薩 皆爲傳法之機 何至涅槃會上 獨付囑於迦葉 餘衆則悉皆罔措也 旣云一味 又何有如來祖師二法之差別耶

(묻는다:) 선문에서는 흔히 교외별전은 일미선이라고 말한다. 교외와 격외는 同 · 別이 어떠한가.

(답한다:) 白老(백파)가 가리킨 것에 의하면, 삼선 가운데 여래선과 조사선의 이선은 교외별전이다. 그 白老에 의하면 교외와 격외에 차별이 없다. 그런즉 설명[詮] · 종지[旨] · 의미[義] · 이치[理]의 자취로써 教를 삼고, 事와 理의 융즉 · 時와 處의 無㝵 · 三世가 一念 · 萬法이 一心인 것으로써 教外를 삼는다.

그런데 이것은 圓頓教 속의 六相과 十玄의 이치에 불과하다. 〈이 의리선에 의거해보아도 또한 삼현이라는 언구가 있다〉 비록 悟와 修를 모두 잊을지라도 卽과 非, 聖과 凡, 識과 智로 분별하여 헤아리는데 어찌 教格의 밖으로 超出할 수 있겠는가. 만약 이것으로써 별전된 일미선을 삼는다면 『화엄경』의 보살이 모두 傳法하는 사람[機]이 될 것이다. 그런데 어찌 열반회상에 이르러 오직 가섭에게만 부촉하자 그 밖의 대중이 모두 갈팡질팡하였는가. 이미 말했던 일미의 경우에도 또한 어찌 여래와 조사라는 二法의 차별이 있을 것인가.

雪老卽雪竇坡之孫下同別云敎外格外 或同或異 同者 如來祖師二禪元是敎外 而義理禪 亦名敎外 刊正錄云 心法非文字所可擬議 故云敎外 (義理亦思量心故 亦云心法) 又圭山云 不以文句爲道須忘詮得意 得意則是敎外傳心也 其异者 唯義理名格 二禪獨得格外之名此老則敎外之名寬 格外之名狹 又能詮之文爲敎 所詮之旨爲敎外 只知文字爲敎尙迷詮旨義理之爲敎也 引文雖依圭山之說 而此師 (圭山) 所明 不過義理之知解 可以證於義理之爲禪 何足爲別傳之禪也

雪老 곧 雪竇有炯은 백파의 법손으로 (교외와 격외의) 同·別을 변별하여 말했다. 곧 교외와 격외는 혹 같기[同]도 하고 다르기[異]도 하다. 같다[同]는 것은 여래와 조사의 이선은 원래 그대로 교외이고, 의리선도 또한 교외임을 말한 것이다. 『祖門刊正錄』에서는 "심법은 문자로써 擬議할 수 있는 것이 아니다. 때문에 교외라고 말한다."[770]고 말한다. 〈義理도 또한 思量心이기 때문에 또한 심법이라고 말한다〉 또한 규산[규봉종밀]은 "文句로써 말할 수가 없다. 반드시 설명을 잊어야 의미를 얻을 수 있다. 의미를 얻은 즉 그것이 교외전심이다."[771]고 말한다. 그리고 다르다[異]는 오직 의리라는 명칭[名格]

770) 『禪門寶藏錄』 卷上, (韓佛全6, p.471上) "以是法 非文字所可擬議 故日敎外" 참조.
771) 『圓覺經大疏釋義鈔』 卷三之下, (卍新續藏9, p.531上)

뿐이다.

그런데도 (설두는) 여래선과 조사선의 이선에만 유독 격외라는 명칭을 붙일 뿐이다. 此老[백파]에 의하면 교외라는 명칭은 넓고[寬] 격외라는 명칭은 좁다[狹]. 또한 能詮의 文은 教이고, 所詮의 旨는 教外이다. 단지 文字를 아는[知] 것을 教로 삼고 있는데 오히려 詮旨와 義理에 미혹한[迷] 것을 教로 삼고 있다.

인용한 글은 규산[규봉]의 설을 추천한 것이다. 그 규산[규봉]의 설명에 의하면 義理의 지해에 불과할지라도 가히 의리를 가지고도 선을 삼을 수가 있다는 증거인데, 어찌 별전의 선이어야만 충족된단 말인가.

又以花嚴中理事無㝵法界 配如來禪 事事無㝵法界 配祖師禪 若爾 花嚴皆具二禪 華嚴便是敎外 何至靈山拈花枝 而爲別傳之標準也 大違一愚二賢之釋 (一愚說中 以如來說華嚴時 配臨濟第二句 二賢話作第二句云 於此辨得 見理性無邊 事相無外 具正知覺 爲人天師 若依此而强配 四法界於第二句 理法界卽體句 事法界卽用句 二無碍法界 卽中句 一眞法界 卽向上也) 又眞淨頌無盡性海含一味(卽一眞法界) 一味相沉 是我禪之句 何以通之 皆未足爲禪文準繩 以愚詳之 宗師立宗有异各以自宗爲敎外 據實則唯祖師禪獨爲敎外 雖如來禪 亦得格外之名 亦未脫敎迹 何者 敎有三重淺深 一能詮文字 二文内所詮義理之旨 (義理禪亦有一分在) 三亡言絶慮之旨 今如來禪 不過能所俱亡 言思俱絶之消息故也 以文證之 說話云 若是敎外別傳 三句斯亡尚猶不可 一愚釋臨濟第一句云 是敎外別傳之宗 至第二句中 卽無此言順德禪師云 拂一味法界之迹 亦現祖師所示一心 清涼國師云 圓頓之上別有一宗 此豈不是祖師禪 獨爲敎外乎

(설두는) 또한 『화엄경』 속의 이사무애법계를 가지고 여래선에 배대하고, 사사무애법계를 가지고 조사선에 배대하고 있다. 만약 그렇다면 『화엄경』에는 이선이 모두 갖추어져 있어서 『화엄경』이 그대로 교외이거늘, 어찌 영산염화의 분기에 이르러서 별전의 표준을 삼는단 말인가.

이것은 『선문강요집』의 [일우설] 및 [이현화]의 해석과 크게 어긋난다. 〈일우설 가운데서는 여래가 설한 화엄시를 임제의 제이구에 배대하고, 이현화에서는 제이구에 대하여 '여기에서 그것을 변별하자면 理性은 無邊하고 事相은 無外임을 보고 正知覺을 갖추게 되는데, (그것을 소위 제이구에서 깨친다면) 인간과 천상의 스승이 되는 사람이라는 것이다.'고 말한다. 만약 이에 의거하자면 억지로 배대한 것이다. 四種法界는 제이구에 속하는데, 理法界는 體句에 卽하고, 事法界는 用句에 卽하며, (이사무애와 사사무애의) 二無碍法界는 中句에 卽하고, 일진법계는 향상에 즉한다〉 또한 진정극문의 게송에서 '끝이 없는 자성의 바다 일미로 합쳐지니'는 〈곧 일진법계인데〉 '일미의 모습마저 없음이 곧 나의 선이네'[772]라는 句가 어떻게 그것에 통한단 말인가. 모두 禪文의 표준[準繩]이 되기에는 부족함에도 불구하고 어리석은 사람은 그것을 자세하게 설명하고 있다.

명안종사가 내세운 종지에는 차이가 있어서 각각 自宗으로 교외를 삼는다. 진실에 의거한 즉 오직 조사선만이 홀로 교외가 된다. 비록 여래선도 또한 격외라는 명칭을 얻었지만 그 또한 아직은 教迹을 벗어나지 못하고 있다. 왜냐하면 教에는 三重의 淺深이 있기 때문이다. 첫째는 설명하는[能詮] 문자이다. 둘째는 文內에서 설명되는[所詮] 의리의 뜻이다. 〈의리선에도 또한 약간은 있다〉 셋째는 亡言絕慮의 뜻이다.

772) 『禪源溯流』, (韓佛全10, p.655上)

지금 여래선의 경우는 能과 所가 모두 없고, 言과 思가 모두 단절된 소식에 불과하기 때문이다. 문헌으로 그것을 증명하자면 『염송설화』에서는 "만약 교외별전이라면 삼구가 없어졌다는 것도 불가하다."[773]고 말한다. 일우는 임제의 제일구에 대하여 교외별전의 종지라고 해석하는데, 제이구에 이르러서는 곧 그런 말이 없다. 순덕선사는 '그 일미법계의 흔적마저도 없애버려야 또한 조사들이 보여준 일심이 드러난다.'[774]고 말하였고, 청량국사도 '원돈의 가르침에 특별히 하나의 종지가 있다.'[775]고 말했는데, 이것이 어찌 조사선만이 홀로 教外가 아니겠는가.

一愚二賢之釋 如上引之 三玄中體中玄云 三世一念等 香嚴聲竹悟道之類 雖無一法可當情之解 只是圓教中一眞法界之體 此豈不是如來禪 亦在教内乎 旣在教内 何云格外 盖格有二種 (此古人之不分者) 一義理之格 二教格彼圓教中六相十玄之理 雖未脫亡因果之規模 完成格則 元非情識之所思量境 絕義路沒理路故 亦名格外也 如來禪旣未脫教迹 未入別傳 祖師何取用之 以對禪機耶 所以然者 卌三諸祖 皆兼三藏 這圓頓之理 雖未爲祖門中別傳之正宗 是教乘中最極之理 引彼圓機 可進入於禪宗故 亦取而用之 旣爲祖門中法故 轉教爲禪貶之名如來禪 故悟此禪者 只得爲人天師 未爲佛祖師 故古德云 忘情契理有二 一依教契理 此指如來禪 二依禪契理 卽指祖師禪也 說話又云教說事事無碍 禪行事事無碍 故知禪文中 卽教明宗者 是如來禪 撥教明宗者 是祖師禪也

773) 『禪門拈頌拈頌說話會本』 卷2, (韓佛全5, p.50下)
774) 『禪門寶藏錄』 卷上, (韓佛全6, p.471中) "拂此一味法界之跡 方現祖師所示一心 故知諸教不直" 참조.
775) 『禪門寶藏錄』 卷上, (韓佛全6, p.472下)

[일우설] 및 [이현화]에서는 위에서 인용된 말에 대하여 삼현 가운데서 체중현에 대하여 삼세와 일념 등 기타 향엄격죽오도와 같은 부류는 비록 어떤 법도 분별식정에 해당하는 것이 없을지라도 단지 그것은 원교 속의 일진법계의 체뿐이라고 해석하고 있다. 그러므로 이 경우는 어찌 여래선으로서 또한 敎內에 있는 것이 아니겠는가. 이미 교내에 있은 즉 어찌 격외라고 말하겠는가.

무릇 格에도 두 가지가 있다. 〈이것은 고인이 나눈 것이 아니다〉 첫째는 의리의 격이고, 둘째는 敎格이다. 저 원교 속의 六相과 十玄의 이치는 비록 아직은 因果의 規模를 脫亡하지는 못했을지라도 완성된 격칙이므로 원래 情識으로 사량되는 경계도 아니어서 絕義路이고 沒理路이기 때문에 또한 격외라고 말한다.

여래선은 이미 教迹을 벗어나 있지 못하고 아직은 별전에 들어가지 못한데 조사가 어찌 그것을 取用하여 禪機를 응대하겠는가. 왜냐하면 卅三祖師는 모두 삼장을 겸하고 있어서 저 원돈의 이치가 비록 조사문중에서 별전된 正宗은 아닐지라도 그것은 教乘 가운데서 최극의 이치이기 때문에 그 圓機를 인용해야 가히 선의 종지[禪宗]에 들어갈 수 있다. 때문에 또한 원돈의 이치를 취하여 활용한다.

그래서 이미 조사문중의 법이 되었기 때문에 教를 轉하여 禪으로 삼는데 그것을 폄하하여 여래선이라고 말한다. 때문에 여래선을 깨친 사람은 단지 인간과 천상의 스승이 될 만한 경지를 얻을 뿐이지 아직 부처와 조사의 스승이 될 만한 것은 아니다.

그러므로 고덕은 식정을 잊고 이치에 계합하는[忘情契理] 것에 두 가지가 있다고 말한다. 첫째는 교에 의거하여 이치에 계합하는 것[依教契理]인데, 이것은 여래선이다. 둘째는 선에 의거하여 이치에 계합하는 것[依禪契理]인데,

곧 조사선이다. 『염송설화』에서도 또 "교에서는 사사무애를 설하고, 선에서는 사사무애를 실천한다."[776]고 말한다. 때문에 알아야 한다. 곧 선문에서 교에 즉하여 종지를 해명하는[卽敎明宗] 것은 곧 여래선이고, 교를 다스려서 종지를 해명하는[撥敎明宗] 것은 곧 조사선이다.

若爾 如來禪依敎明宗 或可入於義理中 祖師禪則是敎外別傳 亦何入於義理耶 前不云乎 宗師以老婆心 拖泥帶水時 根亦有稍利者 不用圓頓法 直將三要印 指東畫西 葛藤太多故 別傳之旨 還墮義理中也 故宗師之立宗示法 學人之得法悟入 各有多種 宗師則有義理格外之各宗俱通者 所擧法體 亦有如來祖師之各兼不一 學人則有從義理 而漸入格外 或不假義理 直入格外 或滯在義理 不進格外者 所悟法體 亦然不同 然悟祖師禪者 亦知如來禪 但悟如來禪者 未必知祖師禪 故說話讚二祖云 其如中下之流 於此 (指如來禪也 如梁帝已知 敎家極妙窮玄 不會得祖師意之類) 坐着 便以爲能事已畢也

(묻는다:) 만약 그렇게 여래선의 경우에 교에 의거하여 종지를 해명해서 혹 의리 가운데 들어갈 수가 있다면, 조사선 즉 교외별전의 경우인데도 또한 어찌 의리에 들어간다는 것인가.

(답한다:) 이전에 말하지 않았던가. 명안종사가 노파심으로써 보살행[拖泥帶水]을 실천할 때에 근기가 또한 稍利한 사람이 있으면 원돈법을 활용하지 않고 직접 三要印을 가지고도 指東畫西를 해주는데, (稍利한 사람은) 갈등이

776) 『禪門拈頌拈頌說話會本』 卷1, (韓佛全5, p.6上)

너무 많은 까닭에 별전의 종지가 도리어 의리 가운데 떨어지고 만다. 때문에 명안종사가 내세운 종지로 법을 제시하여 납자로 하여금 법을 얻어 悟入토록 해주는데 각각 다양한 종류가 있다.

그리고 명안종사에도 의리와 격외의 각각 종지를 갖추고 있는 사람이 있고, 거양한 법체에[所擧法體]도 또한 여래와 조사가 있어서 각각 겸하고 있는 것이 동일하지가 않다. 그러므로 납자는 곧 의리를 좇아서 점차 격외에 들어가기도 하고, 혹 의리에 의지하지 않고 직접 격외에 들어가기고 하며, 혹 의리에 머물러서 격외에 나아가지 못하는 사람도 있고, 깨친 법체[所悟法體]에도 또한 그러하여 동일하지가 않다.

그러나 조사선을 깨친 사람은 또한 여래선도 알고 있다. 다만 여래선을 깨친 사람은 아직 반드시 조사선을 알고 있는 것은 아니다. 때문에 『염송설화』에서는 이조를 찬탄하여 "저 중 · 하근기의 부류라도 여기에 앉게 되면 〈여래선을 가리킨다. 마치 양 무제가 이미 교가의 極妙 및 窮玄은 알고 있었지만 祖師意와 같은 부류는 알지 못한 것과 같다〉 곧 벌써 일대사를 마치게 된다."[777]고 말하였다.

禪旣心法 宗師示法 設有落艸 只留句偈 則元非敎乘之簡牘 而其義理之叅意 與敎學之看經取意 其相何如此則或同或异 同者 古來宗師 多有閱敎悟道者 如圭山云 一軸之中 義天朗曜者是也 異者 汎學輩只貴循行數墨 捴不管他 是甚道理 所以禪講有异 設或閱敎 有得處 只是如來禪消息已耳

777) 『禪門拈頌拈頌說話會本』 卷3, (韓佛全5, p.106上)

(묻는다:) 선은 이미 심법이기 때문에 명안종사가 내보인 법이 설령 어떤 落草일지라도 단지 句 · 偈로 남겨놓았을 뿐인 즉 원래 敎乘의 문헌[簡牘]이 아니다. 그런데도 그 의미와 이치[義理]를 叅意하는 것은 교학에서 看經으로 取意한 경우와 비교하여 그 모습이 어떠한가.

(답한다:) 그것은 곧 같기도[同] 하고 다르기도[異] 하다. 같다[同]는 것은 고래로 명안종사의 경우에도 敎를 열람하여 오도한 사람이 대단히 많다. 가령 규산[규봉종밀]이 말한 "한 권의 책에 담겨 있는 뜻이 하늘을 밝게 비추어주었다."[778]는 것이 그것이다. 그리고 다르다[異]는 것은 무릇 납자들은 단지 줄을 따르고 글자를 짚는 것[循行數墨][779]만 귀중하게 여길 뿐으로 전체적으로 의미에 관여하지 못하는데 그것이 심각한 도리이다. 때문에 禪과 講에 차이가 있다. 설령 敎를 열람하여 터득한 경지[得處]가 있을지라도 단지 그것은 여래선의 소식일 뿐이다.

別傳之旨何 在敎乘之内耶 或曰說話云 禪者 圭峯云 具云禪那 此云思惟修 亦云靜慮 斯皆定慧之通稱也 當此 (指拈頌) 看則敎外別傳一味禪也 且如來禪祖師禪 同別如何 諸師皆依此判云 敎外卽格外 敎外中又有如來祖師二禪也 子何看得此文 敢判如斯卽應之曰 從初至通稱 引如來禪 當此下 指祖師禪 且如下 合下同別 (雪云從初至通稱 配義理禪 當此下 配格外禪 此上 古叢林所言約法名義理禪格外禪 且如下 又上 格外中 分二禪此約人名者也)

778)『景德傳燈錄』卷13, (大正藏51, p.305下) "一言之下心地開通 一軸之中義天朗耀"
779) 循行數墨은 한 줄 한 줄씩 읽고, 한 글자 한 글자씩 읽는다는 뜻으로 문장으로만 독송할 뿐이지 경전에 담긴 깊은 뜻을 이해하지 못하는 것을 가리킨다.

(묻는다:) 별전의 종지는 무엇인가. 그리고 敎乘의 안에도 별전의 종지가 들어 있는가.

(답한다:) 혹자는 말한다. “『염송설화』에서 말한다. 규봉의 말에 의하면, 선에 대하여 갖추어 말하면 선나인데 번역하면 사유수라고도 말하고 또한 정려인데 이것은 모두 정혜의 통칭이라고 말한다.”[780] 이것에 해당하는 것(『선문염송』을 가리킨다)을 살펴보면 곧 교외에 별전된 일미선이다.

(묻는다:) 또 여래선과 조사선은 같은가 다른가.

(답한다:) 諸師는 모두가 이것에 의거하여 판별해서 말한다. 敎外는 곧 格外이다. 敎外 속에는 또한 여래선과 조사선의 이선이 있다.

(묻는다:) 그대는 이 문헌을 어떻게 보았길래 감히 그와 같이 판별하는가.

(답한다:) 곧 그에 대응해서 말해주겠다. 처음(선에 대하여 갖추어 말하면)부터 ‘通稱’(선나인데 번역하면 사유수라고도 말하고 또한 정려라고도 말하는데, 이것은 모두 정혜의 통칭이라고 말한다.)에 이르기까지는 여래선을 끌어들인 것이다.

‘當此’ 이하부터[781]는 조사선을 가리킨 것이다. ‘且如’ 이하부터[782]는 합쳐서 (여래선과 조사선의) 같고 다름을 변별한 것이다. 〈설두유형은 처음부터 통칭에 이르는 대목을 의리선에 배대한다. 그리고 ‘當此’ 이하는 격외선에 배대한 것이다.[783] 이상의 例로부터 총림에서 말한 바 法에 의거하여 의리선과 격외선이라고 말하였다. ‘且如’ 이하부터 ‘又’ 이상까지[784]는 격외 속에다

780)『禪門拈頌拈頌說話會本』[禪門拈頌集序], (韓佛全5, p.1中) ;『禪源諸詮集都序』 卷上之一, (大正藏48, p.399上)

781) 출처는 上同. ‘當此 이하부터’는 ‘當此看則敎外別傳一味禪也’을 가리킨다.

782) 출처는 上同. ‘且如 이하부터’는 ‘且如來禪祖師禪同別如何也 如來禪者 山山水水法法全眞也 祖師禪者 和根拔去了沒巴鼻也’를 가리킨다.

783)『禪源溯流』, (韓佛全10, p.568下-上) 내용 참조.

784)『禪門拈頌拈頌說話會本』[禪門拈頌集序], (韓佛全5, p.1中) “且如來禪祖師禪同別如何也 如來禪者 山山水水法法全眞也 祖師禪者 和根拔去了沒巴鼻也 如經云 若見諸相非相 卽見如來云云者 是如來禪也

이선을 나눈 것으로, 이것은 人에 의거하여 붙인 명칭이다〉

經云世尊因見明星悟道已 於摩竭陁國 掩關思惟 因行緣行如是七日自受法樂 (證思惟修也) 大珠云 夫禪師者 撮其樞要 直了心源 若不安禪靜慮 到這裡 揔須茫然 (證靜慮) 又說話引涅槃云 聲聞定多慧少不見佛性 菩薩慧多定少不見佛性 唯如來定慧等學 明見佛性 (證定慧) 故我國普照國師 集定慧結社文 是知定慧之學 奚獨爲義理禪也 設爲義理禪是義理中如來禪也 (先庭錄 則從初圭山云云 至一味禪者 古叢林所言約法名義理禪格外禪也 且如來云云下 古所言約人名如來禪祖師禪也 但約法約人 立名有异 其實同也 唯祖師禪爲格外 如來禪猶爲義理 但立二種禪 其格外義理之配有所達局故 爲雪翁之所破也) 如此看得 文法甚便也

3) 우담의 이종선에 대한 비판

경전에서는 “세존이 명성을 보고 오도한 이후로 마갈타국에서 문을 걸어 잠그고 사유하였다. 이와 같이 칠일 동안 因行하고 緣行하면서 自受法樂하였다.”[785]고 말했다. 〈사유수를 증득한 것이다〉 대주는 “대저 선사라면 그 樞要를 취하여 곧장 마음의 근원을 요달하여 〈出·沒·卷·舒·縱·橫으

如法眼云 若見諸相非相 卽不見如來云云者 是祖師禪也”의 대목을 가리킨다.

785)『注肇論疏』卷5, (卍新續藏54, p.198中-下) “釋迦始成道 在摩竭提國阿蘭若法菩提場中 七日不說法 同掩室也 自受法樂故 或云思惟行因緣行故 今取前義 行滿證圓 現量親證 故無所說 七日之數 或云一七二七 乃至七七 半年一年 但爲見聞隨機 故諸經各異 智論云 佛初成道五七日不說法 法華亦云三七日中 思惟如是事等” 참조.

로 중생에 상응하고, 모두 事·理에 균등해서 문득 여래를 친견하여 생·사의 깊은 뿌리를 뽑아버리고 현전삼매를 획득해야 한다.〉 만약 禪靜慮에 안주하지 못한다면 그런 경지에 이르러서는 모든 것에 망연해야 한다."[786]고 말했다. 〈정려를 증득한 것이다〉

또 『염송설화』에서는 『열반경』을 인용하여 말한다.

"성문은 定이 많고 慧가 적어서 불성을 보지 못한다. 보살은 慧가 많고 定이 적어서 불성을 보지 못한다. 오직 여래만 定과 慧가 等學으로서 見佛性을 해명한다."[787] 〈정과 혜를 증득한 것이다〉 때문에 우리나라의 보조국사는 『정혜결사문』을 집성하여 그것으로써 정과 혜를 닦았음[學]을 알 수가 있거늘, 오직 거기에 의리선만 있었겠는가. 설령 의리선이라고 할지라도 그것은 의리선 속의 여래선이다. 〈『소쇄선정록』에서는 즉 '처음 대목부터 규산 운운하여 일미선'[788]에 이르기까지를 옛날의 총림에서 말한 바 法에 의거하여 의리선과 격외선이라고 말했다. '且如來 운운' 이하는 옛날의 총림에서 말한 바 人에 의거하여 여래선과 조사선이라고 말했다.[789] 다만 法에 의거하고 人에 의거하여 내세운 名에는 차이가 있지만 그 實은 동일하다. 오직 조사선만 격외선이고, 여래선은 오히려 의리선이다. 무릇 이종선을 내세우고 거기에 격외와 의리를 배대한 것에는 (우담과 설두 사이에) 어긋나는 국면이 있다. 때문에 그것이 雪翁[설두유형]에게 비판되었다.〉 이와 같이 살펴보

786) 『景德傳燈錄』 卷28, (大正藏51, p.441中) "夫禪師者 撮其樞要直了心源 出沒卷舒縱橫應物 咸均事理頓見如來 拔生死深根獲見前三昧 若不安禪靜慮 到遮裏總須茫然" 참조.

787) 『禪門拈頌拈頌說話會本』 卷6, (韓佛全5, p.203中) '見佛性을 해명한다.[明見佛性]'는 대목은 見佛性을 하나의 명사구로 간주하여 해석한 것이다.

788) 『禪門拈頌拈頌說話會本』 [禪門拈頌集序], (韓佛全5, p.1中) "禪者 圭峯云 具云禪那 此云思惟修 亦云靜慮 斯皆定慧之通稱也 當此看則教外別傳一味禪也"

789) 『禪門證正錄』, (韓佛全10, p.1140上-中) 참조.

면 (能詮의) 文과 (所詮의) 法은 대단히 편리한 점이기도 하다.

又白老將如來祖師二禪 分配如來三處傳心云 分半座 如來禪 擧拈花 祖師禪 槨示雙趺 二禪齊示 此是龜谷老之意 說話作三處傳心中 雖但配殺人刀活人劒 不云如來禪祖師禪 作達摩三處傳心 旣配如來祖師二禪 故爲同例配之 說話旣斥謬解云 有以體用中三句配之者 余以爲不可 三句是規模 若是教外別傳 三句斯亡(向上) 尙猶不可 而况未離規模者哉 此體用中之言 豈非臨濟第二句中消息耶

4) 백파의 삼처전심에 대한 비판

또한 白老는 여래선과 조사선의 이선을 가지고 여래의 삼처전심에 분배하여 '분반좌는 여래선을 보인 것이고, 거염화는 조사선을 보인 것이며, 곽시쌍부는 이선을 함께 보인 것이다. 이것은 곧 구곡노인의 의도이다.'[790]고 말했다.

그러나 (구곡이) 『염송설화』에서 내세운 (여래의) 삼처전심 가운데는 비록 단지 살인도와 활인검만 배대하였을 뿐이고 여래선과 조사선에 대해서는 말하지 않았다. 다만 달마의 삼처전심을 내세운 곳에서 이미 여래선과 조사선의 이선을 배대하였을 뿐이다. 때문에 동일한 예를 그렇게 (구곡과 백파는 다르게) 배열한 것이다.

(구곡은) 『염송설화』 제37칙에서도 이미 (삼처전심을 悟·修·證으로 배대하는

790) 『禪文手鏡』, (韓佛全10, p.519下) 내용 요약.

것은 부처를 비방하고 조사를 비방하는 것으로) 잘못된 이해라고 배척하였을 뿐만 아니라, "체 · 용 · 중을 가지고 삼구에 배대하기도 했지만 나(구곡각운)는 또 그것도 불가하다고 말한다. 삼구는 곧 격식[規模]일 뿐이다. 만약 그것이 진정한 교외별전이라면 삼구가 쪼개져 없어진 경우에도〈향상〉 오히려 불가한데, 하물며 아직 격식[規模]도 벗어나지 못한 경우이겠는가."[791]라고 (삼처전심을 체 · 용 · 중에 배대하는 것도 또한 잘못된 것이라고) 말했다. 그러므로 이 체 · 용 · 중이라는 언설이야말로 어찌 임제의 제이구 속의 소식이 아니겠는가.[792]

又一愚作臨濟第一句云 是世尊迦葉 三處傳心 所以首標 (爲第一句故) 此介公案 以立敎外別傳之宗也 據此 三處皆在第一句中也 然則分座殺人刀 指第一句中大機而言也 拈花活人劒 指大用而言也 示趺機用齊示 (默庵品目 亦如是配古來已有牓樣也) 也 安知其然 再參話云 百丈得大機 黃蘗得大用 到這時節 古人只道得箇殺人刀活人劒 揖坐話云 至第二句 有許多消息 若約第一句 則但殺人刀活人劒而已 古佛話云 直向第一機 提持則只道得箇殺人刀活人劒 不得已 向第二機施設 則完成格則 如體用中三句也

또한 일우는 임제의 제일구에 대하여 "세존과 가섭의 삼처전심도 그 때문

791) 『禪門拈頌拈頌說話會本』 卷2, (韓佛全5, p.50下)

792) 구곡의 『禪門拈頌拈頌說話會本』을 인용하여 여래의 삼처전심을 이종선에 배대한 백파의 견해가 오류임을 지적하고 있다. 곧 구곡의 견해에 의하면 삼처전심은 모두 제일구로서 조사선에 속하는 것이지 제이구인 여래선에 속하는 것이 아니라는 것이다.

에 첫머리에 내보였는데 그 공안으로써 교외별전의 으뜸[宗]을 삼습니다."[793]〈제일구가 되기 때문이다〉고 말했는데, 이 공안으로써 교외별전의 종지를 내세운다. 이에 의거하면 삼처가 모두 제일구 속에 들어 있다.

그런즉 分座의 살인도는 제일구 속의 大機를 가리켜서 한 말이고, 拈花의 활인검은 大用을 가리켜서 한 말이며, 示趺는 機用齊示〈묵암의 품목에서도 또한 이와 같이 배대하였다. 고래로부터 이미 칭탄[牓樣]이 있었다〉이다. 무엇으로 그런 줄을 아는가.

제181칙의 再參話에서는 "백장은 대기를 터득하였고 황벽은 대용을 터득하였다."[794]고 말했다. 그러한 경지에 도달한 시절에도 고인은 단지 그것을 살인도 및 활인검을 얻은 것뿐이라고 말했다.

제618칙의 揖坐話에서는 "제이구에 이르면 허다한 소식이 있다. 그러나 만약 제일구에 의거한 즉 다만 살인도와 활인검 뿐이다."[795]고 말했다.

제1008칙의 古佛話에서는 "곧 第一機를 향하여 提持한다면 곧 단지 살인도와 활인검만 터득했다고 말했지만, 부득이하게 第二機를 향하여 施設한다면 곧 완성된 격칙으로서 체 · 용 · 중의 삼구와 같다."[796]고 말했다.[797]

此之殺活 豈不是特機用之異名耶 (然則刀釖二字 喩其單兼 刀但殺人 釖亦殺亦活故 喩體有不變之體 用無無體之隨緣 用必 兼體故 以刀釖分其殺活也 雪

793) 『禪門綱要集』, (韓佛全6, pp.854下-855上)
794) 『禪門拈頌拈頌說話會本』 卷6, (韓佛全5, p.182上)
795) 『禪門拈頌拈頌說話會本』 卷16, (韓佛全5, p.482下)
796) 『禪門拈頌拈頌說話會本』 卷23, (韓佛全5, p.707中-下) 내용 발췌.
797) 천책 『禪門綱要集』의 한 대목과 구곡 『禪門拈頌拈頌說話會本』의 세 대목을 인용하여 삼처전심은 모두 제일구에 속한다는 점을 다시 강조한 것이다.

翁云 此第一句中所明殺活 特機用而已 非彼三處傳心之殺活 乃立 兩重殺活 而說話一部 旣無殺活 的配如來祖師二禪 安知此之殺活 決非三處之殺活耶 若如所言 刀釼之殺活 其體自异 釼中殺活 只是一家之用殺亦釼活亦釼也 豈可壓良爲賤刀也 有二禪相濫之失也)

5) 설두의 살 · 활에 대한 비판

이러한 살 · 활이 어찌 특별히 機 · 用의 異名이 아니겠는가. 〈그런즉 刀와 釼의 두 글자는 그 單과 兼을 비유한 것이다. 刀는 단지 殺人만 있지만, 釼은 殺人도 있고 또한 活人도 있다. 體에는 불변의 체가 있지만 用에는 체가 없는 수연은 없는데 用은 반드시 體를 겸한다는 것을 비유한 것이다. 때문에 刀와 釼을 가지고 그 殺과 活로 나눈 것이다. 雪翁[설두유형]은 "이 제일구에서 해명한 살 · 활도 또한 특별한 기 · 용일뿐이지 저 삼처전심의 살 · 활은 아니다."[798]고 말하여 이에 兩重의 殺 · 活을 내세웠는데, 그것은 『염송설화』의 일부에 해당한다. (설두는) 이미 살 · 활이 (삼처전심의 살 · 활이) 아니라면서도 여래선과 조사선의 이선에 맞추어 배대[的配]하였다. 그러면 그 살 · 활이 결코 삼처의 殺 · 活이 아닌 줄을 어떻게 알아차려야 하겠는가. 만약 (설두유형이) 말한 바처럼 刀 · 釼의 殺 · 活이 그 體에 본래부터 차이가 있다면 釼 속의 殺 · 活은 단지 그 一家만의 用이므로 殺도 또한 釼이고 活도 또한 釼이 된다. 그 어찌 양민을 짓밟아서 천민으로 만들어버리는 경우의 刀가 아니겠는가. 그러면 二禪이 서로 混濫하는 과실이 되어버리고 만다.〉

798) 『禪源溯流』, (韓佛全10, p.675下)

一愚之以三處 捻配第一句 說話之配殺活 極爲相符 何將殺活 爲如來祖師二禪也 若以三處 分配二禪則有多未便 一愚作第二句中 亦配如來說花嚴時 世尊因見明星悟道已(卽如來禪) 七日思惟 自受法樂 爲傳此法於寂滅場中 與根熟菩薩 演說花嚴皆令證入法界 (已傳授了也 華嚴末會 有二乘會 迦葉亦已證法界也) 至三處中 又傳於迦葉 則豈爲敎外別傳之道 自是重疊之說已耳 若將機用異名之殺活 分配二禪 二禪豈是單殺單活耶 若道祖師禪 是活是用 則何以第一句中 具有殺活機用等三要之名 如來禪是殺是機 則何以第二句中具有體用權實等三玄之名 用之與權 (一愚計權實云 乃權實敎明知第二句是敎內也) 豈不是活底 故三聖章中 釋三玄 以三要 同例配之 不可以如來禪爲單殺也

일우가 삼처의 전체를 가지고 제일구에 배대한 것은『염송설화』에서 삼처를 가지고 살 · 활에 배대한 것과 지극히 잘 부합되는데, (설두유형의 경우에) 어떻게 살 · 활을 가지고 여래선과 조사선의 이선으로 삼는단 말인가. 만약 삼처를 가지고 二禪에다 나누어 배대한 즉 대단히 불편한 점이 있다.

일우는 제이구에다 또한 여래가 설한 花嚴時를 배대하였다. 세존이 明星을 봄으로 인하여 悟道한 이후 〈여래선에 해당한다〉 곧 칠일 동안 사유하며 自受法樂하여 그 법을 전수하였는데, 적멸도량에서 근숙보살에게 화엄을 연설하여 모두 법계에 증입하도록 하였다.[799] 〈이미 전수를 마쳤다. 화엄 (七處八會의) 마지막 법회는 二乘法會였다. 가섭도 또한 이미 법계에 증입하였다〉 그런데 삼처에 이르러서 다시 가섭에게 전수한 즉 어찌 그것이 교

799)『禪門綱要集』, (韓佛全6, p.855上) "여래가 적멸도량에 머물며 비로소 정각을 성취하니, 千丈의 盧舍那身과 四十一位法身大士 및 숙세에 근기가 성숙한 天龍八部가 일시에 위요하여 마치 구름이 달을 가린 것과 같은 모습을 드러냈는데, 이것이 제이구입니다." 참조.

외별전의 도가 되겠는가. 그로부터 중첩된 설명일 뿐이다.

만약 機·用의 異名인 殺·活을 가지고 이선에 분배한다면 이선이 어찌 곧 살 뿐[單殺]이고 활 뿐[單活]이겠는가. 만약 조사선을 그대로 활[是活]이고 그대로 용[是用]이라고 말한즉 무엇을 가지고 제일구 속에 殺·活·機·用 등 三要의 명칭이 갖추어져 있다고 하겠는가. 여래선이 그대로 살[是殺]이고 그대로 기[是機]인즉 무엇을 가지고 제이구 속에 體·用·權·實 등 三玄의 명칭이 갖추어져 있다고 하겠는가. 用이 權과 함께 하면 〈일우는 權·實에 대하여 논의한 말[800]에서 이에 권·실의 敎는 제이구로서 敎內임을 분명하게 알 수가 있다〉 그 어찌 活이 아니겠는가. 때문에 三聖章에서는 삼현을 가지고 삼요를 해석하여 동일한 예로써 그것[제일구]에 배대한다.[801] 곧 여래선에 대하여 살 뿐[單殺]이라고 말할 수가 없게 되고 만다.

若云第二句卽權明實 捨其權而單取其實 第一句中 有四照用 而捨其不同 單取同時一立殺一立活 何立名之不齊乎 (白老每於禪文 中 空天一物等事 便配如來禪 若然者 何以大慧以三根 配三印時 以空配祖師禪 以水配如來禪乎) 乍可不知 故知機用軆用 名但小異軆則實同 皆一心上不變隨緣之義 只由如來禪 則未脫一心之迹 滯在教格故 依教而立軆用等名 祖師禪則直超尊貴 了沒巴鼻 故以教外機用殺活等立名也 其所悟法軆 如來祖師 皆是一心 若如來禪 但有不變之体 無隨緣之用 悟此心者 烏得爲人天師也 若佛祖傳心 如甁注甁 以達摩三處之作爲例 同配於

800)『禪門綱要集』, (韓佛全6, p.854中) "權實是玄 當第二句 又當第三句" 참조.
801)『禪門綱要集』, (韓佛全6, p.851上) "則可云玄要備在於一句中也" 참조.

世尊之三處

만약 제이구는 권에 즉하여 실을 해명하는[卽權明實] 것으로서 그 권을 버리고 단지 그 실만 취하고, 제일구에 있는 四照用에서 그 照用不同時를 버리고 단지 照用同時만 취하여 한편으로는 살을 내세우고 한편으로는 활을 내세운다고 말한다면, 그 어찌 내세운 명칭이 조화로운 일이 아니겠는가. 〈白老는『선문수경』에서 매번 空 · 天 · 一物 등의 事를 곧 여래선에 배대하였다. 만약 그렇다면 어찌하여 대혜는 삼종근기를 가지고 三印에 배대했을 때 허공을 조사선에 배대하고 물을 여래선에 배대한 것인가〉 차라리 모른다고 하는 편이 좋다. 때문에 알아야 한다. 機 · 用 · 軆 · 用은 名에 작은 차이가 있을 뿐이지 體는 즉 실로 동일하여 모두가 일심의 불변과 수연의 뜻임을.

그러나 단지 여래선을 말미암은 즉 일심의 흔적을 벗어나지 못하여 敎格에 머물러 있는 까닭에 敎에 의거하여 체 · 용 등의 명칭을 내세운다. 조사선인 즉 곧장 존귀를 초월하여 끝내 몰파비이기 때문에 敎外의 機 · 用 · 殺 · 活 등으로써 명칭을 내세운다. 그 깨침의 법체는 여래선과 조사선의 경우에 모두가 곧 일심이다. 저 여래선의 경우는 다만 불변의 체만 있고 수연의 용이 없는데 그러한 마음을 깨친 사람의 경우에 어찌 인간과 천상의 스승이 될 만하겠는가. 그러나 저 부처와 조사의 전심은 마치 병속의 물을 다른 병에다 쏟아 붓는 것과 같은데, 달마삼처의 행위로써 일례를 들어보면 세존삼처와 동일하게 배대되어 있다.

何以達摩獨有三處之傳 諸祖要無三處之言 其所傳之法同也 傳處不可一同也 世尊於華嚴會上 爲劣機 已說如證如來禪之法故 於末後 爲

上根 三處別傳殺活機用之法也 達摩則二祖本是教機故 初問諸緣已斷 傳如來禪 次因諸佛法印之問 傳祖師禪 末後因禮三拜 許得吾髓 乃傳衣付法 達摩所傳 則與佛異 豈以三處之同 共作二禪耶 不可胡亂穿鑿也

(묻는다:) 그렇다면 달마에게만 유독 삼처의 전승이 있고 제조에게는 다시 삼처라는 언명이 없는 것은 어쩐 일인가.

(답한다:) 그 전승된 법은 동일하지만 傳處는 동일할 수가 없기 때문이다. 세존은 화엄회상에서 소승의 근기[劣機]를 위해 연설하여 이미 여법하게 여래선을 증득했음을 설하였기 때문에 말후에는 상근기를 위하여 삼처에서 殺·活·機·用의 法을 별전하였다. 그리고 달마삼처의 경우에는 즉 이조는 본래 교학의 근기[教機]였기 때문에 처음에 諸緣已斷을 질문하여 여래선을 전수하였고, 이어서 제불법인의 질문을 인하여 조사선을 전수하였으며, 말후에 禮三拜를 인하여 달마 자신의 골수를 터득했음을 인가하고서 이에 傳衣하고 付法하였다. 달마가 전수한 것인 즉 부처와 다르다. 그런데 어찌 삼처라는 同名만 가지고서 공통적으로 이선이라고 할 수가 있겠는가. 함부로 천착하지 말아야 한다.

其餘下釋白老集禪文手鏡 中孚子著四辨漫語 優曇師述掃洒先庭錄 雪竇老述禪源溯流 各盡其美不可復贅 只摭數疑處決之 續諸四家之後 然非尊己嫉賢 隨見杜撰 法應如是 專門舊學 不免矛盾 唯通人 校其當否也

6) 四家說의 비판적 계승

그 밖의 변별과 해석에 대해서는 白老가 집성한 『선문수경』, 中孚子가 저술한 『사변만어』, 優曇師가 저술한 『소쇄선정록(선문증정록)』, 雪竇老가 저술한 『선원소류』에서 각각 그 장점[美]을 다하였기 때문에 다시는 번거롭게 할 필요가 없다. 단지 몇 가지 의문점을 주워서 그것을 해결하였고, 모든 四家[백파 · 초의 · 우담 · 설두]의 뒤를 이었다.

그러나 나 자신만 높이고 현성을 질시하는 것은 아니다. 여러 사람의 견해를 따른 것이지만 끝내 변변찮은 저술[杜撰]이 되고 말았다. 법은 마땅히 如是이므로 專門의 舊學이라도 모순을 벗어나지는 못한다. 그러므로 오직 안목이 트인 사람[通人]이라야 그 當 · 否를 교정할 수 있을 것이다.

해 제

1.『임제록』

오늘날『臨濟錄』의 母本은 임제의현이 입적한 이후 이백 오십여 년이 지난 송대 선화 2년(1120)에 운문종 제8세인 圓覺宗演이 복주에서 출간한 重刊本으로 福州本 혹은 宣和本이라고도 한다. 이 판본은 권두에 연강전의 학사이고, 금자광록대부이며, 진정부로의 안무사이고, 겸마보군의 도총관이며, 겸 지성덕군의 부사인 마방이 찬술한 서문, 임제의 사법제자인 삼성혜연이 편집하고, 임제의 법제자인 흥화존장이 감수한 것으로 되어 있다. 원각종연이 의거한 것은 그 편제로 보면『사가어록』본으로 추정된다.

『임제록』은 序文, 上堂法門, 示衆法語, 勘辨, 行錄, 略傳으로 구성되어 있다. 이 가운데 상당법문은 공식법회에서 행한 설법이고, 시중은 납자 내지 재가인을 위하여 비교적 자유롭게 행한 법문이며, 감변은 대부분이 임제를 찾아온 사람과 問答商量한 것이고, 행록은 임제가 제방을 유행하면서 法擧量한 것에 해당한다.

2.『임제종지』

『臨濟宗旨』는 송대 覺範慧洪(1071-1128)이 찬술하였다. 先德이 제창한 어구를 언급하여 三玄三要 · 十智同眞 · 四賓主 등의 요지를 해명하여 임제종지의 파악에 힘쓴 저술이다.『선림승보전』말미 및『오가어록』서두에 수록되어 있다.

각범혜홍은 임제종 황룡파 제3세의 선사(황룡혜남 진정극문 각범혜홍)로서 속성은 彭씨이고, 자는 각범이다. 처음의 이름은 德洪이었고 寂音尊者라고 불렸다. 강서성 고안현 瑞州 출신으로 14세 때 출가하였다. 三峯靘 및 宣秘

律師에게 俱舍 및 唯識을 공부하였다. 후에 황룡파에 속한 眞淨克文에게서 수행하였다. 강서성 서주 淸凉寺에 주석하였지만 송 휘종의 숭녕 연간(1102-1106)에 견해를 달리하는 승려의 讒訴에 의하여 전후 네 차례나 투옥되었다. 그때 거사로서 宰相 張商英 및 太尉 郭天民 등의 도움을 받았다. 流刑에서 돌아온 이후에는 호남성 湘西의 明白庵 에 주석하며 저술에 전념하였다. 건염 2년(1128) 5월에 입적하였다. 곽천민의 주청에 의하여 국가에서는 寶覺圓明이라는 시호를 내렸다. 저술로『林間錄』2권,『林間錄後錄』,『禪林僧寶傳』30권,『高僧傳』12권,『冷齋夜話』10권,『石門文字禪』30권 등이 있다.

3.『선문강요집』

고려 후기 眞靜國師 天頙(1206-?)이 지은『禪門綱要集』은 한국의 선종사에서 선리에 대하여 천착한 최초의 문헌에 속한다. 특히 임제종지와 운문종지에 대하여 교의를 논한 것으로, 조선 후기에 喚醒志安이 선종오가의 교의를 집대성한『禪門五宗綱要』과 백파의『禪門五宗綱要私記』의 선구가 되었다.

목차에 보이듯이 ① 三聖章 ② 二賢話 ③ 第二篇 ④ 一愚說은 임제종지에 대한 것이고, ⑤ 山雲篇 ⑥ 雲門三句는 운문종지에 대한 것이다. 임제종지 가운데 ③ 第二篇은 앞의 ② 二賢話에 부속된 내용이다. 따라서 임제종지에 대해서는 ① 三聖章 ② 二賢話 ④ 一愚說가 각각 三과 二와 一로 계승되어 聖과 賢과 愚는 이해하는 근기의 정도에 따라 차제적으로 설명한 교리의 구조를 보여주고 있다. 그리고 운문종지에 대한 ⑤ 山雲篇 및 ⑥ 雲門三句의 대목에서는 운문삼구와 그 명칭의 전승에 대하여 문답으로 설명해주고 있다.

1) 임제종의 종지

임제종의 종지에서 三聖은 청풍장로와 호월상인과 벽암노숙이고, 二賢은 호월선객과 청풍법사이며, 一愚는 愚夫라고 불린 한 노숙이다. 실제로는 등장하는 선리에 심천의 차이가 없지만 임제종지를 설명하는 단계를 보면 선리를 이해하는 입장에서는 ① 三聖章에서는 상근기를 상대하여 임제삼구에 대하여 대강을 설명하였고, ② 二賢話에서는 중근기를 상대하여 임제삼구에 대하여 비유를 언급하여 보다 구제적으로 설명하였으며, ④ 一愚說에서는 일우노숙의 '앞의 [삼성장]에서 그것을 논하였지만, 그 [삼성장]에서는 내용이 소략했기에 그 뒤의 [이현화]에서 그것을 상세하게 변별하였습니다.'는 말처럼 하근기를 상대하여 비유에 대한 구체적인 의미를 통하여 노파친절하게 설명하였다.

① 삼성장에서는 각범혜홍의『임제종지』를 인용하여 句와 玄과 要에 대하여 蘊總三句까지 언급함으로써 임제삼구에 대한 대의를 다음과 같이 설명한다. 제일구는 삼요로서 無紋字印이고, 제이구는 삼현의 창과 갑옷[방편]을 시설한 것이며, 제삼구는 機와 用을 함께 베푸는 것으로 주관과 객관을 모두 잊고, 범부와 부처라는 분별심이 모두 사라진 것이라고 말한다.

② 이현화에서는 구와 현과 요의 상관성에 대하여 같기도 하고, 다르기도 하며, 같고 다름이 없기도 하다고 말한다. 그리고 ③ 第二篇에서는 玄과 要와 句를 해석하여 句는 곧 言句의 句인데 句에 대한 설명의 차별이 있음을 예를 들어가며 재차 설명한다.

④ 일우설에서는 우선 임제삼구의 대의에 대하여 다음과 같이 임제의 말을 그대로 인용한다.

제일구의 질문에 대하여 '삼요의 심인이 열리면 붉은 점이 드러난다. 주체와 객체를 분별하려는 것조차 용납되지 않는다.', 제이구의 질문에 대하여 '문수가 어찌 무착의 질문을 인정하겠는가. 그렇지만 방편[漚和]의 입장에서 어찌 수행납자[截流機]를 저버리겠는가.', 제삼구의 질문에 대하여 '무대에서 재롱을 떠는 꼭두각시를 보라. 그 장난은 막후에 있는 사람에 달려 있다.'

그리고 삼구 각각에 담겨 있는 삼요에 대해서는 설명을 가한다.

우선 제일구의 삼요에 대해서는 다음과 같이 말한다. 제일요는 照를 설명한 것으로 곧 大機圓應인데 이것이 主로서, 千聖이 出興한다고 해도 그 묘용을 궁구하기가 어려운 것이고, 제이요는 用을 설명한 것으로 곧 大用全彰인데 이것이 賓으로서, 明鏡이 當臺하면 오랑캐든 한인이든 모두 숨어버리는 것이며, 제삼요는 照用同時를 설명한 것으로 곧 機用齊施인데 이것이 主와 賓으로서, 사람들로 하여금 손뼉을 치고 껄껄껄 크게 웃게 만드는 것이다.

다음으로 제이구의 삼현에 대해서는 다음과 같이 말한다. 제일현은 체중현이라고 말하는데, 그것이 '문수가 어찌 무착의 질문을 인정하겠는가.'이고, 제이현은 구중현이라고 말하는데, 그것이 '그렇지만 방편의 입장에서 어찌 수행납자를 저버리겠는가.'이며, 제삼현은 현중현이라고 말하는데, 그것이 '문수가 어찌 무착의 질문을 인정하겠는가. 그렇지만 방편의 입장에서 어찌 수행납자를 저버리겠는가.'이다.

마지막으로 제삼구의 삼구에 대해서는 다음과 같이 말한다. 삼안국토에 들어가서 淨妙國土에 들어가 淸淨衣를 걸치고 법신불을 설하고, 또한 無差別國土에 들어가 無差別衣를 걸치고 보신불을 설하며, 또한 解脫國土에 들어가 光明衣를 걸치고 화신불을 설하는 것이라고 말한다. 따라서 부처를 만나면 부처의 경지에 대하여 설해주고, 나한을 만나면 나한의 경지에 대하여 설해주며, 아귀를 만나면 아귀의 경지에 대하여 설해주는 것이라고 친절하게 설명해준다. 그리고 기타 위에서 완전하게 이해하지 못한 의문점에 문답으로 설명해준다.

2) 운문종의 종지

운문종의 종지에서 ① 청산과 구름에 대한 篇인 山雲篇에서는 白雲子가 靑山叟에게 질문하고 청산수가 백운자의 질문에 답변하는 형식으로 되어 있다. 백운자가 운문의 시중법어인 '천중이란 상자와 뚜껑과 하늘과 땅처럼 진여가 편재하고, 目·機·銖·兩처럼 일체에 두루 작용하며, 온갖 반연을 초월해 있다. 자, 그러면 어디 일구에 대하여 한마디 말해 보라.' 대중이 아무런 말도 하지 못했다. 그러자 운문 자신이 다음과 같이 말했다. '한 개의 화살로 세 관문을 꿰뚫어버렸다.'는 내용에 들어 있는 五句를 函蓋乾坤·目機銖兩·不涉春緣인 삼구로 만들어버린 것인 아닌가를 질문한다.

청산수는 그 운문삼구야말로 첫째는 體句이고, 둘째는 用句이며, 셋째는 體用句라고 답하고, 또한 운문의 제자인 圓明緣密(德山緣密)은 삼구중에서 目機銖兩과 不涉春緣을 묶어서 隨波逐浪과 絕斷衆流로 삼은 것이지 일찍이 그것을 변역시킨 것은 아니며, 또한 絕斷衆流를 가지고 그것을 函蓋乾坤 앞에다 내놓고 天中과 一鏃 곧 처음과 나중의 兩句는 임시로 擧着하지 않았다고 답변한다. 그리고 원명연밀의 제자인 普眼道는 그 삼구를 게송으로 말하여 初는 函蓋乾坤이고 中은 絕斷衆流이며 後는 隨波逐浪의 순서로 나열했다고 말한다.

그리고 ② 雲門三句에 대하여 운문에게는 비록 이 운문삼구라는 말이 있지만 일찍이 삼구라는 명칭을 내세운 적이 없었는데, 그 적자인 원명연밀이 처음으로 운문삼구라는 명칭을 내세워 첫째는 截斷衆流이고, 둘째는 隨波逐浪이며, 셋째는 函蓋乾坤이라고 말했다는 것이다. 그리고 다시 덕산의 법사인 보안도 선사가 삼구라는 용어를 인하여 각각에 따라서 게송을 붙이고, 또한 別置一句를 내세웠다고 말한다.

운무삼구의 의미에 대해서는 函盖乾坤이란 理 · 事 · 體 · 用이 相容 · 相稱하는데, 마치 乾 · 坤의 函 · 盖와 같다고 말하고, 目機銖兩이란 目과 機와 銖와 兩의 이들 사물이 합쳐지면 저울이 되는데, 그것으로써 만물을 枰量하다고 말하며, 不涉春緣이란 만약 此事를 논하자면 곧 일체를 완전히 제거하고 만물을 초탈하여 떨어지는 물방울이 바로 그 자리에서 얼어버리는 시절이기 때문에 그것을 변화시켜서 말한 것이 絕斷衆流라고 말한다. 그러나 운문삼구의 경우에 전후의 차제가 없다고 말한다.

나아가서 一鏃破三關에도 세 가지 뜻이 있다고 다음과 같이 말한다.

첫째는 반조의 지혜로써 一鏃을 삼는 경우이다. 만약 진실에 근거하여 반조할 때라면 三이니 一이니 하는 견해를 짓지 않기 때문에 설할 때는 三이라는 名字가 있지만, 반조할 때는 三이니 一이니 하는 견해를 짓지 않는다. 둘째는 三句中一句를 살펴보면 곧 句句마다 정해진 차제가 없어서 하나를 들면 전체가 수렴되는 경우이다. 그것은 모든 待對를 단절하였기 때문이다. 셋째는 別置一句를 살펴보면 곧 三關의 시설조차도 자연히 消落한다.

그리고 『선문강요집』의 마지막에 붙어 있는 [刊記]를 보면 진정국사 천책이 운문종의 종지와 임제종의 종지에 대한 『二解』를 지은 두 가지 이유가 드러나 있다. 첫째는 자기가 터득한 것을 가지고 널리 남에게 베풀어주는 것은 곧 성현의 用心이다. 또한 고인은 사람들이 이미 믿고 도가 이미 실천된다면 곧 언구는 이에 나머지일 뿐이다. 그리고 둘째는 비록 금시에 믿는 사람을 찾아볼 수가 없을지라도 후인이 그것을 읽어보고 그것이 가리키는 것을 알아준다면 점점 교화되어 무수히 많은 사람에게 널리 베풀어주는 이익이 또한 그치지 않을 것이다.

4. 『선문수경』

저자 백파긍선은 『선문수경』에서 임제의현의 삼구에 대하여 임제종을 중심에 두고 그것을 선리의 정통으로 부각시킨다. 보다 구체적으로는 임제의 삼구에 근거하여 선을 삼종선으로 분류하고, 선종오가에 대하여 삼종선을 기준으로 평가하며, 삼처전심과 삼현과 삼요와 살활 등 『임제록』에 보이는 교의의 전반에 대하여 임제삼구에 대응하여 분류한다.

1) 저자

『선문수경』의 저자는 白坡亘璇(1767–1852)이다. 긍선은 이름[諱]이고 백파는 법호이다. 백파의 생애는 조선시대 영조 43년(1767)에서 철종 3년(1852)에 해당한다. 백파는 1767년 4월 11일에 전북 고창군 무장현에서 출생하였다. 세속의 성은 전주 이씨로서 부친 松溪 李宗煥은 宣祖의 부친인 德興大院君의 10대손이고, 모친은 김해 김씨다. 백파는 『緇門』을 배우다가 洞山良价 화상이 출가하여 부모에게 쓴 「辭親書」의 '한 사람이 출가하면 9족이 천상에 태어난다. 一子出家 九族生天'는 구절을 읽고 진정한 효도는 출가에 있다는 것을 깨달았다.

雪竇有炯의 기록에 의하면 18세에 시헌장로를 은사로 출가하여 연곡화상을 계사로 사미계를 받았다.[802] 출가하던 해 4월에 시헌장로의 은사인 연곡의 시자로 있었을 때 연곡이 입적했다.

802) 백파의 출가에 대해서 두 가지 설이 있다. 첫째는 映湖 朴漢永이 지은 「白坡大師略傳」에 의하면 1778년 12세에 禪隱寺에서 詩憲長老에게 득도했다는 설이다. 둘째는 백파의 제자인 雪竇有炯이 지은 「白坡大禪師行狀」에 의하면 18세에 禪雲庵에서 시헌법사를 父師로 그리고 蓮谷 老師를 계사로 출가했다는 설이다.

24세 때 당시 선·교·율을 겸비한 화엄 거장인 雪坡尙彦(1707-1791)의 수계산림이 지리산 영원사에서 열린다는 소식을 듣고 선배들과 함께 靈源寺에 들어갔다. 거기에서 설파에게 구족계를 받고 직접『화엄경』과 율종, 그리고 달마 선법의 西來宗旨를 지도받았지만 법맥은 설파의 법손인 雪峰巨日(雪峰懷淨, 1678-1738)을 사법하였다. 설파가 열반한 후 26세에 백양산 雲門庵에서 禪講을 하였다.

29세 때 蓮潭有一 제자들의 입문을 권유받았으나 설파의 문손인 설봉에게 지도를 청하였다. 영구산 龜庵寺에서 설봉의 법을 이어받고 백파당이라는 당호를 받았다.

30세 때 구암사에서 행자에게 沙彌戒를 설해줌으로써 律師의 역할을 하였다.

45세 때 진실한 법은 문자에 있지 않음을 각성하고 정혜겸수를 위해서 修禪結社運動을 전개하였다.

49세 때 가을에 법의 진실한 뜻이 문자에 있는 것이 아니라 지혜를 悟得하는 데 있음을 일고 講衆을 떠나 초산(정읍의 옛 이름) 용문동에 들어가 8년간 習定均慧하였다.

50세 때 충청도 雲門寺에 법당을 건립하고 임제의 禪旨를 펼치자 사람들이 湖南禪伯이라고 불렀다. 50세 이후부터 禪籍들을 저술하기 시작하였다.

55세 때 다시 금강산, 오대산 기타 명산을 찾아 선림을 참방하여 명안종사를 찾았으나 만나지 못했다.

56세 때 다시 운문암에 돌아와 여러 도반과 함께 수선을 위한 결사체를 조직하고 修禪結社를 결행하고『修禪結社文』을 저술하였는데, 이것은 풍고거사의 질문에 백파가 답변하고 과석한 것을 풍고거사가 기술한 것이다.

58세 때 6월에『禪門拈頌集私記』를 지었고, 7월에『禪門五宗綱要私記』를

지었다.

59세 때 『大乘起信論筆削記』 8권을 編校하였는데 朴致維가 書寫하여 운문암에서 간행하였다.

60세 때 『作法龜鑑』과 『선문수경』을 저술하였다.

62세 때 박치유가 『작법귀감』 2권을 서사하여 간행하였다.

64세 때 전북 순창 구암사를 중창하고 禪講法會를 열자 전국의 운수납자들이 운집하였다. 당시에 禪門의 中興主라 불렸다.

67세 때 소림굴에서 『金剛八解鏡』을 지었다.

73세 때 『高峰和尙禪要私記』를 짓고, 소림굴에서 跋을 썼다.

74세 때 화엄사로 가서 先師影堂 옆에 자그마한 암자 하나를 짓고 정진하였다.

77세 때 『선문수경』 및 기타의 견해에 대해서 추사 김정희(당시 58세)가 [金秋史先生證白坡書]라는 비판의 글을 썼다.

79세 때 『六祖大師法寶壇經要解』를 지었다.

84세 때 『海東初祖高麗國師太古和尙太古庵歌入科』 및 『識智辨說』을 지었다.

86세 때 법랍 68세로 4월 24일에 입적했다.

이처럼 50대에는 『수선결사문』·『선문염송집사기』·『선문오종강요사기』·『대승기신론필삭기』 8권을 編校하였다. 60대에는 『禪文手鏡』·『金剛八解鏡』·『作法龜鑑』을 지었다. 70대에는 『高峰和尙禪要私記』·『六祖大師法寶壇經要解』를 지었다. 80대에는 『海東初祖高麗國師太古和尙太古庵歌入科』·『識智辨說』을 지었다.

연호 및 년도	白坡의 세수	저술 및 활동
순조22년(1822)	56세	『수선결사문』 저술
24년(1824)	58세	『선문염송집사기』 『禪門五宗綱要私記』 저술
25년(1825)	59세	『대승기신론소 필삭기』 교감
26년(1826)	60세	『작법귀감』 序 집필
32년(1832)	66세	『선문수경』 저술
33년(1833)	67세	『금강팔해경』 저술
헌종05년(1839)	73세	『선요사기』 저술
11년(1845)	79세	『육조대사법보단경요해』 저술

선운사에 있는 「華嚴宗主白坡大律師大機大用之碑」는 추사 김정희가 비문을 짓고 썼다.

백파의 법맥은 西山休靜 → 鞭羊彦機 → 楓潭義諶 → 月潭雪霽 → 喚醒志安 → 虎巖體淨 → 雪坡尙彦 → 退巖泰瓘 → 雪峯巨日 → 白坡亘璇이다. 백파의 문손은 두 갈래로 계승되었다. 하나는 龜峰仁裕 → 道峰國燦 → 正觀快日 → 雪竇有炯(1824-1889) → 說乳處明(1858-1904) → 鼎鎬(石顚漢永)(1870-1948)이다. 다른 하나는 龜峰仁裕 → 道峰國燦 → 正觀快日 → 鏡潭瑞寬(1824-1904) → 幻應坦泳(1847-1929) → 浩溟佳成 → 長照峯霞이다.

2) 구성

『선문수경』은 총25개의 주제에 따른 내용으로 이루어져 있다. 그 가운데는 『임제록』의 대목을 인용하고 그에 대하여 『선문강요집』의 내용을 인용하여 설명을 붙이는가 하면, 백파 자신의 설명을 붙이기도 하면서 주제로 내세운 25개의 주제에 대한 의미 상호관계 및 그 주제들 간의 우열에 대하여 설명을 가한다. 그런 까닭에 백파 자신이 集說했음을 명기하고 있다. 우선 전체적인 주제와 핵심을 도표로 나타내면 다음과 같다.

차례	주제	핵심 내용
1	임제의 三句圖說	三句를 도형으로 만들어 禪文語句를 총괄함
2	향상의 본분인 진여	진불 · 진법 · 진도
3	향하의 신훈삼종선	온총삼구—조사선 · 여래선 · 의리선
4	의리선의 삼구송	삼구를 게송으로 보여줌
5	삼구의 도시	『선문수경』의 전체 내용을 그림으로 설명함
6	의리선과 격외선의 구별	제삼구인 의리선은 오수성불이고, 沒巴鼻인 격외선 가운데 여래선은 즉심시불이고 조사선은 山是山水是水
7	말후구 최초구의 구별	말후구는 교화문이고, 최초구는 본분진여이다. 그러나 궁극에 도달하면 차이가 없음
8	신훈과 본분의 구별	신훈에 해당하는 의리선은 본분이 없고, 신훈을 초월하여 본분에 해당하는 여래선과 조사선은 진공과 묘유로서 쌍암이고 쌍차임
9	살과 활의 구별	분반좌는 살인도로서 살만 있고, 염화미소는 활인검으로서 살활쌍암의 진공과 살활쌍명의 묘유임
10	원상설	7종의 원상으로 삼구와 삼요를 내보임
11	삼성설	의리선의 삼구와 여래선의 본분일구는 변계소집의 망정이고, 조사선의 삼요는 진망화합임
12	삼구와 일구의 다섯 가지 부동	제삼구는 유 · 무 · 중의 삼구와 無相의 일구, 제이구는 삼현의 삼구와 본분일구, 권실중의 삼구와 종문향상의 일구, 제일구는 삼요의 삼구와 향상일규의 일구, 향상의 진공이 일구이고 묘유의 삼요가 삼구
13	일촉으로 삼관을 타파하는 다섯 가지	지혜가 일촉이고 삼제가 삼관, 삼구의 낱낱이 일촉이고 전체가 삼관, 위앙종과 법안종은 본분이 일촉이고 삼현이 삼관, 조동종은 향상이 일촉이고 권실삼구가 삼관, 운문종과 임제종은 향상일규가 일촉이고 삼요가 삼관
14	금강경 사구게에 배당함	제일구는 용중현이고 대용이며, 제이구는 체중현이고 대기이며, 제삼구는 현중현이고 齊施이고, 제사구는 본분일구이고 향상일규
15	삼신을 세 가지로 배당함	보신과 화신은 삼요이고 법신은 향상일규, 삼신 전체가 삼요, 삼신 전체는 大用이고 향상법신은 大機이며 삼신과 일신을 합치면 中
16	오분법신에 배당함	계향은 機이고 혜향은 用이며 정향은 中이고 해탈향은 향상진공이며, 해탈지견향은 진공묘유
17	사홍서원에 배당함	제일원은 불사악이고, 제이원은 불사선이며, 제삼원은 견성이고, 제사원은 성불

18	좌 · 선 · 선 · 정의 네 글자에 배당함	坐는 진공이고, 禪은 묘유이며, 禪은 묘유이고, 定은 진공
19	달마의 불립문자 직지인심 · 견성성불설	불립문자는 제이구로서 본분의 향상이고, 직지인심은 제일구로서 향하의 삼요이며, 견성은 향상의 진공이고 성불은 향상의 묘유
20	달마의 삼처전심	諸緣已斷, 覓心不得, 三拜得髓
21	선실삼배설	불은 大機, 법은 大用, 승은 齊施
22	간당십통설	일 · 이 · 삼은 의리선의 유 · 무 · 중 삼구이고, 사 · 오 · 육 · 칠은 여래선의 본분일구이며, 팔 · 구 · 십은 조사선의 향하삼요
23	할	사할의 소리맵시
24	무자간병론과해	무자화두 참구에서 주의할 사항 10가지
25	선교의 대지는 진공과 묘유와 대기와 대용을 벗어나지 않음	제법은 묘유의 삼구이고, 필경공은 진공의 일구

3) 내용

텍스트에는 『선문수경』이라는 제명 아래에 '영구산 소림굴 비구 긍선이 모아서 해설하다'는 저자의 소개가 기록되어 있다. 이하 25주제의 목차가 수록되어 있는데, 원래의 목판본에는 들어있지 않은 것을 『한국불교전서』 편찬자가 본문에서 뽑아서 보입한 것이다.

① 임제의 삼구도에 대한 백파의 설명

임제의 삼구는 일대 선과 교의 말씀과 종지를 모두 포함하는 까닭에 蘊摠三句이다. 불조도 이 삼구를 벗어나지 않고, 임제종풍에만 특정된 것이 아니라 제불 및 중생 그리고 전승된 모든 언구가 이 삼구에 해당한다. 임제삼구를 이해하기 위해서는 우선 『인천안목』과 『선문오종강요』와 『선문강요집』을 통해서 삼구의 의미를 분명하게 궁구하여 의심을 없애야 한다. 연후에 『선문염송집』과 『경덕전등록』과 사집 등의 어구로써 대조해야 한다. 그렇지만 대부분의 사람들이 그 내용을 오해하는 까닭에 나 백파가 삼구를 도형으로 만들어서 禪文語句를 총괄해본다.

② **향상의 본분인 진여**

『임제록』의 대목을 인용하여 진불과 진법과 진도에 대한 임제의 설명을 제시한다. 진불은 청정한 마음이고, 진법은 마음의 광명이며, 진도는 일체처에 장애가 없는 청정과 광명이다. 그리고 이에 대하여 백파는 진불은 大機이고 진법은 大用이며 진도는 機用齊施라고 코멘트를 붙인다. 나아가서 백파는 본분인 진여에는 수연과 불변의 두 가지 뜻이 있는데 그것이 묘유의 삼요인 즉 수연이고 보리이며 照이며, 그것이 진공의 일규인 즉 불변이고 열반이며 寂으로서 모든 사람의 본래면목이고 또한 불조의 안신입명의 도리라고 말한다.

③ **향하의 신훈삼종선**

이에 대하여 백파는 온총삼구로 규정한다. 그리고 『임제록』의 대목인 '만약 제일구에서 깨달으면 불조의 스승이 되고, 제이구에서 깨달으면 인천의 스승이 되며, 제삼구에서 깨달으면 자신도 제도하지 못한다.'는 구절에 대하여 각각 조사선과 여래선과 의리선이라는 코멘트를 붙인다.

④ **의리선의 삼구송**

첫째로 『임제록』의 임제삼구에 대한 비유의 대목을 먼저 인용하고, 둘째로 그 각각에 대하여 『선문강요집』에 나오는 풍혈법사의 설명을 인용하며, 셋째로 백파 자신의 견해를 피력한다.

⑤ **삼구를 도표로 나타냄**

백파는 삼구로써 삼종선을 삼은 것은 一愚의 견해라고 하면서 임제삼구를 중심으로 다양한 개념들을 모아서 배열하고 정의하여 그것을 그림으로 제시한다. 여기에서 의리선의 삼구송은 깊은 것으로부터 얕은 것에 이른 것은 종사가 상 · 중 · 하의 순차에 맞추어 널리 교화하려는 것이지만 그것을 반대순서의 그림으로 제시한 것은 납자로 하여금 얕은 경지로부터 깊은 경지에 이르도록 해주려는 것이었다.

⑥ 의리선과 격외선의 구별

고래로 法에 의거하면 의리선과 격외선이라 말하고, 人에 의거하면 여래선과 조사선이라 말하는 까닭에 의리선은 여래선에 즉하고 격외선은 조사선에 즉한다는 통설을 부정한다. 백파는 龍潭慥冠의 '일체의 禪文은 모두 격외이다.'라는 말을 부정하고, 惠庵玧藏의 '삼현 가운데 제일현은 여래선이고, 제이현과 제삼현의 둘은 조사선이다.'는 말을 부정하며, 蓮潭老人의 '의리선이라는 말은 넓고 여래선이라는 말은 좁다. 여래선의 경우 존귀하다는 견해는 靈知에 가깝기 때문에 또한 의리선이라고도 말하지만, 의리선의 경우 온전히 의리뿐이기 때문에 여래선이라고 말할 수 없다.'는 말을 모두 부정하고 자신의 견해를 피력한다.

의리선은 제삼구로서 단지 新熏의 悟修를 설한 것으로 온전히 義路와 理路의 표격일 뿐이므로 범부는 반드시 오수해야 성불한다는 의미이다. 하근기의 중생은 사견에 빠져 있어서 교화가 어렵기 때문에 불조가 노파심절에서 방편이 없는 가운데 방편의 시설을 내보여 교화문을 열었는데 悟修하여 성불하는 방법만 연설하고 실제의 오수가 없는 본유의 불성을 드러내지 않은 까닭에 중생은 단지 오수의 꼭두각시만 인식할 뿐이지 본유의 불성은 보지 못한다.

격외선은 여래선의 입장으로는 평상심에 즉한 그것이 부처[卽心是佛]라는 것과 조사선의 입장으로는 산은 그대로 산이고 물은 그대로 물이라는 설로서 의리의 격식을 아득히 벗어나기 때문에 의리의 격식을 벗어난 선[格外禪]이라고 말한다. 격외선은 敎外別傳의 一味禪이므로 치성한 중생의 지견을

直截해야 이해할 수가 있다.

격외선 가운데 여래선은 중근기의 중생은 삼현의 방편문에 즉하여 본분인 진여와 향상의 일규를 깨닫는다. 이것 또한 조사문중의 수행법이지만 방편문으로 해명하는 教迹과 온전히 똑같기 때문에 폄하해서 여래선이라고 말한다. 곧 제일처전심인 다자탑전분반좌의 소식으로서 법안종 · 위앙종 조동종 등 삼종의 종지이다.

격외선 가운데 조사선은 상근기의 중생은 삼요의 진실문에 즉하여 향상의 일규와 진공과 묘유를 깨닫는다. 이것은 바로 조사문중의 행색이기 때문에 그대로 조사선이라고 말한다. 곧 제이처전심인 염화미소의 소식으로서 운문종 · 임제종 등 이종의 종지이다. 제삼처전심인 곽시쌍부의 소식은 육조혜능 이하로 전승되지 않았다.

⑦ 말후구와 최초구의 구별

末後句는 교화문을 드러낸 것으로 삼종선을 각 삼구로 설해준 것이다. 그러나 그 의미가 삼구에 한정되지 않고 언구마다 그대로 무한하므로 분명하게 향상의 일규를 해명하려는 것이면서도 최후까지 본분의 일규를 전수할 수가 없기 때문에 향상의 진여라는 의미에서 말후구라고 말한 것이다. 가령 天上天下唯我獨尊이라는 말은 교화문을 드러낸 것으로 모든 사람의 본분인 진아를 보여준 것이기 때문에 말후구를 내세운다.

最初句는 저 보살행이라는 교화의 흔적을 배척한 것으로 모든 사람이 본구한 진여를 그대로 보여준 것이다. 우선 교화문과 상관없이 최초부터 본분을 그대로 제시한 것이기 때문에 본분인 진여를 또한 최초구라고 말한다. 가령 운문문언의 '만약 내가 당시에 보았다면 한방에 타살했을 것이다.'는 말과 같다. 또한『금강경』에서 세존이 자리를 펴고 앉자마자 수보리가 '희유하십니다, 세존이시여.'라고 찬탄한 경우와 같다. 그렇지만 말후구가 원극에 도달하면 즉 최초구와 차이가 없다.

⑧ 신훈과 본분의 구별

의리선은 무릇 오수성불만 설명하기 때문에 단지 新熏만 있고 本分이 없으며, 진여 자성을 해명하지 못한 까닭에 불조의 서자이다.

여래선 가운데 위앙종과 법안종은 삼현의 방편[權]으로써 신훈을 삼고, 일구의 진실[實]로써 본분을 삼지만, 조동종은 공겁을 온전히 초월하여 금시에 떨어지지 않고 곧장 향상의 진공을 제시하는 까닭에 신훈도 아니고 본분도 아니다. 그러나 이들 삼종은 모두 본분의 자성을 깨닫기 때문에 적자이다.

조사선의 임제종과 운문종은 향하의 삼요로써 신훈을 삼고 향상의 진여로써 분본을 삼는 까닭에 여래선의 본분과 향상은 무릇 불변의 진여로서 오직 진공뿐으로 暗一着이다. 그러나 조사선의 향상과 본분인 진여는 불변과 수연의 두 가지 뜻을 구족한 까닭에 진공과 묘유를 원만하게 구비하고 있으므로 이것이야말로 雙暗이고 雙明이다.

이들 여래선과 조사선의 두 선은 비록 심천이 다르지만 다 본분인 진여를 깨닫는 것이기 때문에 모두 불조의 적자이다. 그러나 의리선은 본분을 보지 못한 까닭에 서자이다.

⑨ 살과 활의 판별

三處傳心의 제일처인 분반좌(眞空)는 殺人刀인데, 곧 삼구 가운데 제이구인 본분과 향상이다. 즉 무릇 불변의 진여만 전승하여 오직 살만 있고 활은 없다. 때문에 靑原行思가 이것을 얻어서 육조의 傍傳이 되었다.

제이처인 염화미소(妙有)는 活人劍인데, 곧 제일구의 기(殺)와 용(活)과 삼요 및 향상의 진공(殺活雙暗)과 묘유(殺活雙明)이다. 즉 살과 활을 구족(三要)하고 쌍암과 쌍명(向上)이다. 때문에 南嶽懷讓이 이것을 얻어서 육조의 正傳이 되었다.

살을 벗어나 따로 활이 없기 때문에 百丈懷海는 大機만 얻고 다른 수행[事]이 없었는데 그것이 대기(殺)의 원응(活)이었다. 그리고 활을 벗어나 따로 살이 없기 때문에 黃檗希運은 大用만 얻고 다른 수행[事]이 없었는데 그것이 대용(活)의 직절(殺)이었다.

이 제일구에 이른즉 機用이고 照用이며 殺活이라고 말한다. 이런 까닭에 이 활인검 가운데는 살활이 구족되어 있는데, 깊은 것은 반드시 얕은 것을 갖추고 있기 때문이다. 그러나 제이구의 살인도는 단지 살이라고만 말하고, 아직 機이고 照이며 活은 아니다. 자세하게 살펴보라.

⑩ 원상설

⋯은 의리선의 有無三句이다. 완고한 유의 경우에는 상견이고, 완고한 무의 경우에는 단견이다. 그러나 단지 신훈뿐이기 때문에 暗도 아니고 明도 아니다.

∴은 여래선의 權實三句이다. 본분의 일구로써 삼현을 타파하기 때문에 오직 暗만 있고 明은 없다.

○은 宗門向上이다. 무릇 진공의 묘체는 無物의 一圓相이기 때문에 오직 暗만 있고 明은 없다. 아득히 현재[今]와 옛날[本]을 초월하기 때문에 무물이라고 말한다.

⁝은 조사선의 삼요 가운데 제일요로서 대기원응이다. 기를 벗어나서 따로 용이 없기 때문에 시간적으로 삼제에 통한다.

조사선의 삼요 가운데 ⋯ 은 제이요로서 大用全彰이다. 용을 벗어나서 따로 기가 없기 때문에 공간적으로 시방에 편만하다.

•⁝•은 제삼요로서 機用齊施이다. 기와 용이 일시에 원만히 갖추어져 있기 때문에 종횡으로 걸림이 없은 즉 네거리에서 風流를 싸게 파는 것이다. 이상 삼요는 곧 잡화포이기 때문에 機과 用의 雙明이다.

(∵)은 향상과 진여이다. 원상은 즉 불변이고 진공이며 寂이고 열반이며 실상반야이고 견성이다. 원상 속의 세 개의 점은 수연이고 묘유이며 照이고 보리이며 관조반야이고 성불이다. 살활의 쌍암은 일원상(○)이고, 살활의 쌍명은 ⁘ 이다.

⑪ 삼성설(『금강경오가해』의 부대사 게송)

의리선의 삼구에서는 유와 무를 따로 취급하는데, 원래 그것은 前六了別識이기 때문에 遍計所執의 妄情이다.

여래선의 본분의 일구 및 향상은 아직 존귀하다고 이해하는 장애가 남아 있은 즉 그것 역시 識情이므로 또한 변계소집의 망정이다.

조사선의 삼요는 곧 제팔식의 심(견분 곧 무명업상과 전상 見分卽無明業相轉相)과 경(상분 곧 현상 相分卽現相)이 셋[무명업상 전상 현상]으로 나뉜 것인 즉 진망화합이다.

⑫ 삼구와 일구의 다섯 가지 부동

첫째, 제삼구의 경우에는 유와 무와 중이 삼구이다. 비록 본분의 일구가 있지만 숨어 드러나지 않는 까닭에 납자가 전혀 모른다. 비유하면 마치 인형극을 구경하는 사람이 단지 꼭두각시만 보고 뒤에서 조종하는 사람을 보지 못하는 경우와 같다. 그래서 단지 삼구만 있다.

둘째, 제이구의 경우에는 삼현이 삼구이고 본분이 일구이다.

셋째, 권과 실과 중이 삼구이고 종문의 향상이 일구이다.

넷째, 제일구의 경우에는 삼요가 삼구이고 향상의 일규가 일구이다.

다섯째, 향상의 진공이 일구이고 묘유의 삼요가 삼구이다.

다섯 가지 가운데서 첫째의 경우에는 단지 삼구만 있다. 중간의 둘째와 셋째와 넷째의 경우에는 앞이 삼구이고 뒤가 일구이다. 다섯째의 경우에는 앞이 일구이고 뒤가 삼구이다.

⑬ **일촉으로 삼관을 타파하는 다섯 가지**

첫째, 반조하는 지혜가 일촉이고, 관찰되는 삼제가 삼관이다.

둘째, 삼구에서는 일구가 일촉인 즉 구마다 정해진 차제가 없다.

셋째, 위앙종과 법안종의 이종에서는 본분의 일촉으로 삼현의 관문을 타파한 즉 앞의 유무의 삼구도 또한 일시에 타파된다.

넷째, 조동종에서는 향상의 일촉으로 권실의 삼관을 타파한다.

다섯째, 운문종과 임제종의 조사선에서는 향상의 일규로 삼요의 관문을 타파한다.

여기에서 첫째와 둘째는 여래선과 조사선의 이선에 통하고, 셋째와 넷째는 여래선이며, 다섯째는 조사선이다.

의리선의 경우에는 아직 본분을 해명하지 못한 까닭에 일촉이 없고 단지 삼구만 있다.

⑭ **『금강경』 사구게에 배당함**

'모든 신체적 특징'의 구는 삼현 가운데 用中玄이고 또한 의리선의 유구이다. 또 '모두 허망하다.'의 구는 體中玄이고 또한 의리선의 무구이다. 또 '만약 신체적 특징이 신체적 특징 아닌 줄 본다면'의 구는 玄中玄이고 또한 의리선의 중구이다. 또 '곧 여래를 본다.'의 구는 본분의 일구이다. 이것은 즉 경문인데 무릇 제이구인 여래선을 설명한 것이다.

⑮ **삼신을 세 가지 방식으로 배당함**

첫째, 보신과 화신은 삼요이고, 법신은 향상의 일규이다.

둘째, 삼신 전체가 삼요이다. 법신은 機이다.

셋째, 삼신을 합치면 보현보살의 대용이고, 향상의 법신은 문수보살의 대기이며, 삼신과 일신을 합치면 中이다.

⑯ **오분법신에 배당함**

첫째, 계향의 법신은 機이다.

둘째, 혜향의 법신은 用이다.

셋째, 정향의 법신은 中이다.

넷째, 해탈향의 법신은 향상의 眞空이다.

다섯째, 해탈지견향의 법신은 진공 가운데 본래 妙用을 갖추고 있다.

앞의 세 가지 법신은 달마가 말한 직지인심에 즉한 것이고, 넷째는 견성이며, 다섯째는 성불이다.

⑰ 사홍서원에 배당함

첫째, 중생을 제도하겠다는 서원은 곧 惡을 생각하지 않는 것이다.

둘째, 번뇌를 끊겠다는 서원은 곧 善을 생각하지 않는 것이다.

셋째, 법문을 닦겠다는 서원은 곧 見性할 것을 서원하는 것이다.

넷째, 불도를 성취하겠다는 서원은 곧 成佛을 서원하는 것이다.

⑱ 좌 · 선 · 선 · 정의 네 글자에 배당함(『단경』을 보라)

坐는 진공이고, 禪은 묘유이다. 禪은 묘유이고, 定은 진공이다.

⑲ 달마의 불립문자 · 직지인심 · 견성성불설

不立文字는 제이구로서 본분과 향상이다. 直指人心은 제일구로서 향하의 삼요이다. 見性은 향상의 진공이다. 成佛은 향상의 묘유이다.

⑳ 달마의 삼처전심

제일처전심은 비록 모든 망념이 단절되었지만 또한 단멸은 아니다.

제이처전심은 마음을 찾아봤지만 없다.

제삼처전심은 삼배의 예를 드리고 제자리에 섰다.

㉑ 선실삼배설

'나무시방상주불'이라고 귀의하는 것은 大機이다. '나무시방상주법'이라고 귀의하는 것은 大用이다. '나무시방상주승'이라고 귀의하는 것은 齊施이다. 이것은 자성삼보에 귀의하는 것이기 때문에 향상의 묘유로서 삼요이다.

㉒ 간당십통설

처음의 三統은 의리선의 유 · 무 · 중의 삼구에 즉한 것이다. 중간의 네 가지에 대한 일통씩은 여래선의 본분의 일구에 즉한 것이다. 나중의 삼통은 조사선의 향하삼요에 즉한 것이다. 때문에 일촉(중간의 일통)으로 삼관(처음의 삼통)을 타파하는데 화살의 後路가 분명하다.(나중의 삼통)

장군죽비 치는 일성에 벽을 향해 앉는 것은 향상의 진공이고, 放禪 때의 삼통은 향하의 묘유이다. 이것이 선가의 묵언작법인 一行三昧이다. 그러나 예로부터 십통으로 십악을 타파한다는 설은 그 종지가 상실된 것 같다. 자세한 내용은『작법귀감』에 있으므로 필요한 경우에 그것을 검토하라.

㉓ 악!!(喝을 하는 소리)

나는 일찍이 喝의 소리맵시를 몰랐는데 또한 딱히 물어볼 곳도 없어서 마음이 항상 답답했다. 그러다가 홀연히 결락된『어록』을 얻었는데 그 가운데 일부분에 이 喝의 소리맵시가 들어 있었다. 마치 어둠 속에서 등불을 만난 것과 같아 특별히 서사하여 전승한다. 그러나 四喝의 소리맵시가 분명히 다를 것인데 고증할 방법이 없는 것이 안타깝다.

㉔ 무자간병론과해

『無字揀病論科解』는 진각혜심이 서술한『狗子無佛性話揀病論』에다 백파긍선이 분과하고 설명을 붙인 글이다. 그리고 십종병에 대하여 有心 · 無心 · 言語 · 沈默의 네 가지로 묶고, 다시 그 네 가지를 유심과 언어는 思議大用으로, 무심과 침묵은 不思議大機로 묶어서 정리하였다.

㉕ 선교의 대지는 진공과 묘유와 대기와 대용을 벗어나지 않음

대저 모든 사람의 자심에는 본래부터 수연과 불변의 두 가지 뜻이 갖추어져 있다. 수연은 묘유이고 보리이며, 불변은 진공이고 열반이다. 수연인 즉 범부와 성현이 완연하기 때문에 불조의 은혜는 보답하기 어렵고, 불변인 즉 명칭을 떠나고 형상을 단절한 까닭에 불조는 바람도 없는데 파랑을 일으킨 것이다. 이로써 불조는 먼저 제법을 분별하여 묘유의 삼구로 해명하였고, 나중에 필경공을 설하여 진공의 일구를 제시하였다.

5. 『선문사변만어』

백파긍선이 지은 『선문수경』에는 임제삼구를 삼종선과 배대하였는가 하면, 살인도와 활인검, 말후구와 최초구, 향상과 향하, 본분과 신훈, 의리선과 격외선, 삼성설, 대기와 대용, 여래의 삼처전심과 달마의 삼처전심, 임제가 내세운 다양한 선리, 삼처전심과 삼종선의 대비, 삼종선과 선종오가의 배대 등 다양한 주제에 대하여 개인적인 견해를 주장함으로써 한국선리의 발전과 전개에 큰 기여를 하였다. 그러나 한편으로는 지나치게 도식적이고 자의적인 해석을 가함으로써 이후에 많은 비판의 원인을 제공하였다.

이와 같은 백파의 견해에 대하여 처음으로 본격적인 비판을 가한 인물이 草衣意恂(1786-1866)이었다. 초의는 『선문사변만어』를 통해서 삼처전심, 삼종선을 임제삼구에 배대한 근거, 이선과 선종오가의 배대 등에 대하여 조목조목 근거를 제시하며 나름대로 비판을 가하였다. 그리고 또한 '四辨漫語'라는 용어처럼 조사선과 여래선의 유래, 격외선과 의리선의 유래, 살활과 체용의 관계, 진공과 묘유의 네 가지 주제를 내세우고 각각 그에 대하여 비판의 근거를 제시하며 비판하였다. 백파가 제시한 선리논쟁의 단초에 대하여 초의의 비판은 조선후기에 한국선리의 논쟁에 대한 큰 물줄기의 서막을 보여주었다.

백파가 분반좌는 殺 뿐이고 活이 없으므로 여래선이고, 염화미소는 살과 활을 겸비하였기 때문에 機와 用을 갖춘 조사선이라는 주장에 대하여, 초의는 龜谷覺雲의 『염송설화』에서 분반좌는 살이고, 염화미소는 활이며, 곽시쌍부는 살과 활을 보여준 것이라는 근거를 들어 백파의 견해를 비판한다.

백파가 상근기는 조사선이고, 중근기는 여래선이며, 하근기는 의리선인데 각각 조사선은 제일구에 해당하고, 여래선은 제이구에 해당하며, 의리선은 제삼구에 해당하고, 또 『선문강요집』의 일우설과 관련시켜서 여래선과 조사선의 제일구와 제이구를 격외선에 배대하고 의리선을 제삼구에 배대한 주장에 대하여, 초의는 일우설에는 그와 같은 말이 없다고 비판을 가한다.

백파가 조사선에는 운문종과 임제종을 배대하고 여래선에는 조동종과 위앙종과 법안종을 배대하여 임제종 · 운문종 · 조동종 · 위앙종 · 법안종의 순서로 배대한 것에 대하여 초의는 그와 같은 견해는 『人天眼目』의 오류에 근거한 결과임을 지적하고, 위앙종의 종지를 중심으로 여러 가지 증거를 제시하며 비판한다.

백파가 사람에 의거하여 조사선과 여래선을 구별한 것에 대하여, 초의는 역대조사의 경우에는 그 우열을 나눈 적이 없었다는 것을 들어서 비판한다. 그리고 백파가 조사선은 임제의 제일구와 제이구에 해당하고 여래선은 임제의 제삼구에 해당한다는 것에 대하여, 초의는 종지를 授受하는 顯密에 따라서 조사선과 여래선이란 명칭이 나뉠 뿐이지 본래 법의 본체가 두 가지인 것은 아니라고 비판한다. 또한 백파가 의리선을 제삼구에 배대한 것에 대하여, 초의는 임제의 제삼구야말로 다시 삼구를 합설한 것이라고 제삼구에서 비로소 삼구와 삼요와 삼현에 대하여 언설로 풀어내고 있다고 비판한다.

일우는 삼처전심을 모두 조사선으로 파악하였지만 백파는 일우설에 의거했다고 말하면서 일우설과 달리 분반좌는 여래선이고 염화미소는 조사선이라는 견해를 제시하였는데, 이 점에 대하여 초의는 백파의 오류를 지적한다.

그리고 백파는 조사선과 여래선을 격외선에 배대한 것에 대하여, 초의는 격외선이라고 명칭한 것도 의리로 풀어내는 경우는 모두 의리선이 되는 까닭에 의리선을 격외선의 상대개념으로만 활용하는 것은 아니라고 비판한다.

초의에 의하면 살과 활의 개념은 體와 用을 기준으로 말하면 살은 본체이고 활은 작용이며, 說과 聽을 기준으로 하면 說은 殺이고 聽은 活이며, 修와 斷을 기준으로 하면 慧로 惑을 斷하는 것은 殺이고 智로 깨침을 照하는 것은 活이다. 그래서 刀와 劍이라는 명칭을 붙인 것이라고 말한다. 그런데도 백파는 살과 할이라는 글자를 모든 대상에 붙이고 있는 까닭에 잘못이라는 것이다.

백파가 不變은 眞空이고 隨緣은 妙有라고 말한 것에 대하여 초의는 고인과 『기신론』의 설을 근거로 하여 卽有의 空이어야 眞空이고, 卽空의 有이어야 진정한 妙有라고 비판한다.

이와 같이 초의가 내세운 견해는 나름대로 일리를 확보하고 있지만, 백파의 전반적인 견해에 대한 비판은 아니다. 때문에 초의의 이와 같은 비판의 자세에 대하여 이후에 설두유형은 조사선에 대한 초의의 비판을 반박하고, 여래선에 대한 비판도 반박하며, 삼처전심과 二禪의 배대에 대하여 초의가 구곡의 말을 백파의 주장으로 오해했다고 반박하고, 權에 卽하여 實을 설명하는 것은 격외선이 아니라는 비판도 반박하며, 임제의 제삼구야말로 의리선이라고 초의의 비판에 반박하고, 살활에 대한 비판에도 반박하며, 선종오가를 조사선 및 여래선에 배대한 비판에 대해서도 반박하고, 진공과 묘유의 비판에도 반박한다. 이처럼 설두유형은 초의의 비판에 대하여 모두 여덟 가지로 반박하고 있다.

이것은 어떤 특정의 주제에 대한 비판의 관점에 대한 문제이기도 하지만 전체가 아닌 부분에 대한 문제이기도 하다. 이것은 이전에 출현했던 『선문증정록』에서 우담홍기가 백파의 견해에 대하여 비판을 가한 점을 보면 우담홍기는 초의의순과는 또 다른 관점에서 백파의 견해를 비판하고 있는 것에서도 엿볼 수가 있다. 그런 까닭에 초의의 견해에 대하여 설두유형의 반박이 있었지만, 후대에 백파와 우담과 설두를 싸잡아 비판한 축원진하는 초의의 견해에 대해서는 특별히 비판의 모습을 보이고 있지 않다. 초의가 보여준 백파의 견해에 대한 비판은 오히려 백파가 보여준 선리에 대한 다양한 견해를 세간에 널리 보급시켜주는 계기가 되었다.

6. 『김추사선생증백파서』

본 『金秋史先生證白坡書』는 추사 김정희(1786-1856)가 1841년 56세 때 유배지인 제주도에서 백파긍선(1767-1852)에게 보낸 답신의 성격을 지니고 있다. 때문에 이전에 백파긍선의 편지가 있었을 것으로 짐작은 되지만 아직은 보이지 않는다. 제목은 '김추사 선생이 백파의 견해를 변증한 글'이라는 뜻이다. 제목처럼 추사 김정희는 백파긍선의 견해에 대하여 15가지 주제를 들어 변증하고 있다. 백파의 견해에 대하여 邪說이고 妄證이며 妄解라는 말을 서슴없이 사용하면서 마치 어린애와 같이 유치하다고 일갈한다. 15가지 비판의 내용은 다음과 같다.

① 백파선사는 진공과 묘유에 대하여 몰이해의 입장이라고 비판한다. ② 백파선사가 유자들을 끌어다 비유로 삼고 있는 것은 마치 개가 짖는 소리이고 닭이 우는 소리와 같다고 비판한다. ③ 백파선사는 殺 · 活의 개념에 대하여 몰이해하고 있다고 비판한다. ④ 殺 · 活이 일심에 갖추어져 있다는 백파선사의 견해를 비판한다. ⑤ 소명태자가 『금강경』을 32분과했다는 것과 무식한 육조를 유식한 육조로 평가했다는 백파선사의 견해를 비판한다. ⑥

원효가 『대혜서』를 공부했다는 시대착오적인 백파선사의 견해를 비판한다. ⑦ 염화미소에 대하여 언설로 전승되었다는 백파선사의 견해를 비판한다. ⑧ 禪·敎에 대한 일치와 차이를 설한 백파선사의 견해를 비판한다. ⑨ 달마가 혜가에게 『능가경』 이외에 『금강경』을 전수했다는 백파선사의 견해를 비판한다. ⑩ 번역된 경전에 대한 올바른 안목이 없이 무비판적인 백파선사의 견해를 비판한다. ⑪ 영가현각이 혜능에게 인가받았다는 것은 얼토당토않는 것이라고 하며 백파선사의 견해에 대하여 비판한다. ⑫ 看話와 說話에 대한 백파선사의 몰상식에 대하여 비판한다. ⑬ 三處傳心 및 話와 話頭에 대한 백파선사의 몰이해에 대하여 비판한다. ⑭ 『경덕전등록』에 매몰되어 그것을 금과옥조로 간주하고 있는 백파선사의 견해에 대하여 비판한다. ⑮ 空宗인 『반야경』을 性宗으로 착각하고 있는 백파선사의 견해에 대하여 비판한다.

이처럼 여기에서 김추사가 비판하고 있는 15가지 주제는 온전히 김추사 개인의 견해일 뿐이다. 불교 내지 선종의 상식과 너무나 동떨어진 경우가 대부분이고, 당시 서구의 지식을 습득한 김추사 자신의 지식을 과시하려는 모습으로 채워져 있다. 백파선사를 비판한 대상도 일부는 백파의 『선문수경』의 내용에서 찾아볼 수가 있지만, 기타 백파의 저술 가운데서는 전혀 발견할 수 없는 내용도 많다.

김추사는 당대 최고의 지성인으로서 자부하고 있는 입장에서 불교 나아가서 문헌에 대한 부족한 정보와 간화선풍에 치우쳐 있는 수행풍토 등 선종의 병폐를 지적하고 있는 모습은 한국불교에서 반성할 여지도 없는 것은 아니지만, 늙은 지식인의 꼬장꼬장하고 괴팍한 성미가 그대로 노출되어 있는 점은 차라리 허허실실이 측면에서 받아들일 수도 있을 것이다. 그러나 서로 교유했던 관계를 감안해보면 비판이 지나치게 심한 것은 부정할 수가 없다.

그리고 그 비판대상은 김추사와 백파선사가 개인적으로 주고받은 편지에 담겨있었던 내용을 대상으로 비판한 것으로 짐작될 뿐이다.

그 내용 가운데서 조선 말기에 전개된 선리논쟁과 직접 관련된 대목으로는 ③, ④, ⑦, ⑬의 네 항목에 보이는 殺 · 活의 개념과 三處傳心에 대한 것 뿐이다. 그러나 이 경우에도 『선문수경』의 내용과 동일하지는 않기 때문에 특별히 주의해서 선택적으로 살펴볼 필요가 있다.

7. 『선문증정록』

우담홍기가 저술한 『(掃灑先庭錄)禪門證正錄』(1874년)은 이후 혜근의 서문과 보정의 발문이 부가된 형태로 1913년 7월 20일에 錦溟寶鼎(1861-1930)에 의하여 昌文社에서 간행되었는데, 그 간략한 구성은 다음과 같다.

서문	禪門證正錄序		猊雲散人惠勤	1900년 6월
본문	① 總序		優曇洪基	1874년 3월
	② 삼처전심	여래의 삼처전심		
		달마의 삼처전심		
	③ 여래선 · 조사선 및 의리선 · 격외선			
	④ 살인도 · 활인검			
	⑤ 삼구 · 일구			
	⑥ 총론적인 비판			
발문	禪門證正錄印刊跋		錦溟寶鼎	1913년 7월

도표를 통해서 볼 수가 있듯이 우담홍기는 비판의 주제로서 삼처전심, 여래선 · 조사선 및 의리선 · 격외선, 살인도 · 활인검, 삼구 · 일구 등 전체적으로 4가지 항목에 대하여 논의를 전개하고 있다. 보다 구적으로는 다음과

같다.

첫째는 임제삼구와 삼처전심을 어떻게 배대하느냐의 문제이다. 그것을 여래의 삼처전심과 달마의 삼처전심의 구조와 관련시켜 논의한다.

둘째는 조사선과 격외선을 같은 등급에 놓고, 여래선과 의리선을 같은 등급에 놓아 조사선과 여래선 그리고 의리선과 격외선의 차이에 대하여 논의한다.

셋째는 살인도와 활인검은 삼구를 획득하느냐, 그리고 同時三句와 不同時三句를 획득하느냐의 여부에 따라서 살인도가 되기도 하고 활인검에 되기도 한다는 점을 논의한다.

넷째는 임제의 삼구와 일구의 관계에 대하여 체 · 용 · 중에 대비시켜 설명하면서도 궁극적으로 삼구는 곧 일구임에 대하여 논의한다.

이와 같은 네 가지 점을 중심으로 백파가 『선문수경』에서 주장한 내용에 대하여 그 시비를 증거를 언급해가면서 논의하고 있다. 우담홍기는 총론적인 비판의 대목에서 백파노인이 달마의 초전인 諸緣斷否問答 및 여래의 초전인 분반좌의 제일구인 살인도로써 임제삼구 가운데 제이구를 삼았으며, 또한 여래선으로써 격외선을 삼아 여래선으로써 名 · 義를 천착하였는데, 그것에 대하여 여래가 증득한 그대로 설법한 것이 아니라 화엄일승교의 선이라고 진단하였다.

이것은 우담홍기 자신이 네 가지 주제에 대하여 비판을 가한 종합적인 결론이기도 하다. 그것은 단순히 백파의 선리를 비판만 한 것이 아니라 기존의 선문헌에 근거한 근본적인 단서에 관심을 보여줌으로써 고려[803]의 『선문강요집』으로부터 시작된 한국선의 선리논쟁에 대한 모범을 제시해주었다는

803) 『선문증정록』에서 우담홍기는 『선문강요집』을 중국선문헌으로 이해하고 있다.

의의가 있다. 왜냐하면 우담홍기가 보여준 이와 같은 비판의 자세는 이후 전개된 설두유형의 『선원소류』 및 축원진하의 『선문재정록』에서도 그 모습을 찾아볼 수가 있기 때문이다.

백파긍선이 『선문수경』을 통해서 제시한 다양한 선리에 대하여 초의는 삼종선의 분류, 삼종선과 임제삼구의 배대, 선문오종의 배열, 조사선과 여래선의 분별, 격외선과 의리선의 분별, 살인도와 활인검에 대한 분별, 진공과 묘유의 분별 등의 주제에 대하여 비판을 가하였다. 그러나 우담홍기는 백파의 선리에 대하여 비판을 가하면서도 초의와는 전혀 다른 측면에서 비판을 가하였다. 그 주제는 크게 삼처전심과 조사선 · 여래선의 배대, 조사선 · 여래선 및 의리선 · 격외선의 분별, 살인도와 활인검의 분별, 삼구와 일구의 관계 등 네 가지에 걸쳐 있다.

우담홍기가 보여준 비판의 방향은 일찍이 초의가 보여주었던 관점에 대한 보완 내지 옹호가 아니었다. 초의와는 달리 기존의 『선문강요집』 및 『염송설화』에 근거하여 소위 삼처전심의 구별에 대한 비판, 여래선 · 조사선 및 의리선 · 격외선의 배열에 대한 비판, 살인도와 활인검의 적용에 대한 비판, 삼구와 일구의 관계에 대한 비판 등 네 가지 주제에 대하여 독자적인 안목으로 백파의 견해에 비판을 가함으로써 백파가 주장한 선리의 관점 내지 오류를 드러내는 면모도 있었지만, 보다 넓은 안목으로 보면 선리의 범주를 크게 확장시켜주는 결과를 보여주었다. 이런 점에서 선리논쟁의 의의를 충분히 감안해볼 수가 있다.

8. 『선원소류』

『선원소류』[804]는 1889년 저술로 기록되어 있다. 구분되는 단락의 명칭은 따로 붙어 있지 않지만 편의상 내용에 의거하여 단락을 구분지어보면 총 11 단락으로 나누어볼 수가 있다.

	주제	내용
1	여래선과 조사선	선문강요집과 염송설화를 경증으로 설명
2	삼처전심	달마 삼처전심의 항목에 이견을 보임
3	살인도와 활인검	조사선-정전, 여래선-방전. 조사선과 여래선의 우열 인정
4	의리선과 격외선	격외선에 조사선과 여래선 인정. 의리선과 여래선의 분별
5	임제삼구의 변	백파의 견해. 설두 자신의 견해. 초의의 견해에 오류 지적
6	사변만어 비판	8가지로 초의의 견해를 비판
7	선문증정록 비판	우담이 비판한 네 가지 주제를 소개하고 그것을 비판
8	비판의 총결	사변만어와 선문증정록을 병합하여 평가
9	회향	회향게송
10	발문	幻翁喚眞(1889년)
11	시주질	

위의 단락에서 1.부터 5.까지는 백파의 견해를 소개하고 보편적인 개념 및 의미를 설명하는 모습을 보여준다. 6.부터 8.까지는 본격적인 비판의 글이다. 특히 초의의 견해에 대해서는 소략하게 8가지 주제에 대하여 반박을

804)『韓國佛教全書』 제10책 pp.653中-677下. 光緖十五年 幻翁喚眞述記本(서울大學校 所藏). 『韓國佛教全書』는 이하 韓佛全으로 약칭함.

가하고, 우담의 견해에 대해서는 네 가지 주제에 대하여 비교적 자세하고 구체적으로 반박을 가한다. 아울러 초의와 우담의 견해를 不偏 및 不二의 중도에 근거해야 할 것을 주장한다. 특히 우담에 대해서는 백파의 후손임에도 불구하고 비판을 가한 것은 의리까지 저버린 것이라고 질타한다.

여기에서 보여준 설두의 견해도 다시 이후 1890년 무렵에 출현한 竺源震河(1861-1926)의 『禪文再正錄』에서 상기 노숙들의 견해와 함께 다시 ① 조사선과 여래선, ② 격외선과 의리선, ③『선문증정록(소쇄선정록)』 비판, ④『선문수경』 비판, ⑤『선원소류』 비판 ⑥ 四家說의 계승 등의 주제에 따라서 각각 비판을 받는다.

설두는 백파의 견해에 전반적으로 동조하여 그 견해를 수용하고 있다. 본 『선원소류』는 전체적으로 백파의 견해를 옹호하는 부분과 그 비판에 대한 반박 등 두 부분으로 나누어져 있다. 나아가서 반박에 대해서도 초의와 우담의 문헌에 보이는 비판을 반박함으로써 궁극적으로 백파의 견해를 정착시키려고 하였다.

그 바탕에서 초의가 비판한 견해에 대하여 조사선, 여래선, 삼처전심과 이선의 배대, 卽權明實은 격외선이 아님, 임제 제삼구는 의리선, 살과 활, 선종오가의 배대, 진공과 묘유 등 8가지 주제에 걸쳐 반박을 가하였다. 설두는 또한 우담이 백파의 견해에 가한 네 가지 주제의 비판 곧 삼처전심의 구별에 대한 비판, 여래선 · 조사선 및 의리선 · 격외선의 배대에 대한 비판, 살인도와 활인검의 적용에 대한 비판, 삼구와 일구의 관계에 대한 비판 등에 대해서 반박하였다.

이처럼 설두가 반박한 이면에는 우선 경증으로 제시한『염송설화』 및『선문강요집』을 근거로 하고 있지만, 제불보살이 남겨둔 經論 및 제선지식이 서술한 句偈를 널리 살펴보면서도 문구에 얽매이지 않고 문구를 활용하여 구경에 不偏 · 不二의 中道로 돌아가야 한다는 자세를 지니고 있었다. 때문에 설두는 마지막까지 초의와 우담에 대하여 “지금『사변만어』 및『소쇄선정록(선원소류)』은 모두 안목이 땅에 떨어져 方隅도 정하지 못하고 立處가 없는 곳에 서 있고 함부로 떠드는 언설을 따르고 있으니, 그것으로 實地 및 義天에 대하여 어떻게 행해야 견해가 분명해지겠는가.『사변만어』는 뜻은 비록 杜撰일지라도 글은 현란하게 빛나서 사람들이 좋아하고 있으며, 소위『소쇄선정록』은 뜻이 모두 낱낱이 零落하고 글도 또한 모두 갈등에 빠져 있어서 그 글과 뜻을 취할 것이 없고 득과 실에 대하여 살펴볼 것도 없다.”[805] 고 질타하고 있다. 심지어 설두는 초의의순과 우담홍기에 대하여 “두 사람은 소위 斯文의 亂賊이고 佛家의 逆孫이다.”[806]고까지 말한다.

그러나 설두의 이와 같은 반박도 이후 축원진하의『선문재정록』에서는 설두가 내세운 兩重의 殺 · 活이 비판받고, 살 · 활을 가지고 여래선과 조사선의 이선에 배대한 것도 비판받으며, 제이구는 권에 즉하여 실을 해명하는[卽權明實] 것 그리고 제일구에 있는 四照用에서 그 照用不同時를 버리고 단지 照用同時만 취하여 한편으로는 살을 내세우고 한편으로는 활을 내세우고 있는 점에 대해서 마찬가지로 비판을 받는다.

이러한 점을 감안해본다면 초의와 우담이 超白坡의 견해를 지니고 비판을 가한 점에 비하여 설두는 卽白坡의 견해를 지니고 그것을 충실하게 계승하려 후손이었다. 때문에 설두는 특히 우담에 대하여 백파 침명으로 계승되는 법손임에도 불구하고 ‘先師가 시설한 것에 작은 흠만 있어도 그것을 척

805)『禪源遡流』, (韓佛全10, pp.676上-677下) “今四辨漫語 掃灑先庭錄 皆眼沒着落 莫定方隅 脚無立處 隨言走殺 其於實地義天 如何行 得見了然 四辨漫語 義雖杜撰 文則炫燿 令人愛玩 而所謂掃灑先庭錄 義皆十零百落 文亦七藤八葛 不可取其文義 無足覈其得失”

806)『禪源遡流』, (韓佛全10, p.677下) “二子可謂斯文之亂賊 佛家逆孫”

파한 까닭에 모름지기 禮樂으로 보자면 스스로 자기의 덕을 존숭하지 못하여 선현을 下視한 것이다.'고 하여 義理를 저버린 사람으로까지 몰아댔다. 이와 같은 설두의 관점이 바로『선원소류』를 저술하게 했던 근원이었던 것으로 보인다.

9.『선문재정록』

축원진하는 임제삼구와 관련하여 고려 진정천책의『선문강요집』에 연원을 두고 있는 선리논쟁의 관점에 대하여『선문재정록』을 저술하여 나름대로 종합하고 궁극의 방향을 제시하였다. 거기에는 기존의 여러 쟁점들에 대한 先師들의 비판과 수용의 면모를 보여주고 있다.『선문재정록』의 내용 구성은 다음과 같다.

비판의 대상	비판의 주제	비판의 내용
백파긍선	조사선과 여래선	조사선 · 여래선과 삼종선의 배대
백파긍선 · 설두유형	격외선과 의리선	격외선 · 의리선의 기준
우담홍기	이종선	조사선 · 여래선과 격외선 · 의리선의 배대
백파긍선	삼처전심	여래선 · 조사선과 삼처전심의 배대
설두유형	살 · 활	살활과 여래선 · 조사선의 배대
백파 · 초의 · 우담 · 설두	사가의 종합	사가설의 비판적 계승

축원진하는 조선후기에 선리논쟁을 촉발시킨 도화선이었던 백파긍선의『선문수경』에 제시된 내용을 언급하고 있다. 일찍부터 의리선과 격외선은 法에 의거한 명칭이고, 여래선과 조사선은 人에 의거한 명칭이었는데, 이렇게 양중으로 내세운 것에는 제설에 동이점이 있다고 전제한다. 진하는 이에

근거하여 백파가 삼종선으로 분류한 견해를 비판한다.

축원진하는 한국의 선종사에서 전개된 선리논쟁에 대하여 방점을 찍는다는 자세로 기존의 先師들이 보여준 주장과 견해에 대하여 백파와 우담과 설두의 견해를 낱낱이 검토하였다. 거기에는 긍정적인 측면이 있는가 하면 부정적인 측면도 아울러 드러나 있기 때문에 대부분이 비판을 위주로 전개되었던 이전의 선리논쟁과는 다른 성격을 보여주고 있다. 그런 가운데서도 유독 초의의순의 견해에 대해서는 직접적인 긍정 및 부정의 모습이 보이지 않고 있다. 그것은 초의의 견해에 전적으로 근거하고 있다는 것인지 아니면 아예 초의를 무시하고 건너뛰어 선리논쟁을 전개한 것인지 분명하지 않다. 다만 초의를 전적으로 무시하지는 않았다는 점은 마지막 대목에 드러나 있다.

축원진하는 우선 진정천책의 『선문강요집』과 구곡각운의 『염송설화』의 견해에 대해서는 경증으로 삼고 있는 까닭에 전적으로 수용하는 자세를 보여주고 있다. 그러나 백파의 견해에 대해서는 조사선 · 여래선을 삼종선에 배대한 문제, 조사선 · 여래선을 삼처전심에 배대한 문제, 격외선 · 의리선을 분류한 기준 등으로 나누어 세 가지 점을 중심으로 비판을 가하였다. 또한 설두유형의 견해에 대해서는 격외선 · 의리선의 기준에 대하여 백파의 견해와 관련하여 비판을 가하였다. 나아가서 진하는 우담홍기의 견해에 대해서는 조사선 · 여래선과 격외선 · 의리선의 배대 문제에 대하여 비판을 가하였다.

그럼에도 불구하고 초의의순의 견해에 대해서는 아무런 입장을 표명하고 있지 않다. 그것은 초의의 견해를 직접적으로 수요 내지 긍정의 표현을 하지는 않았을지라도 백파에 대한 비판을 보여주고 있는 점에서 본다면 아무래도 초의의 견해를 긍정했던 것으로 보인다. 나아가서 백파의 견해를 비판함에 있어서 우담홍기의 견해를 전폭적으로 수용하고 있는 점을 감안한다면 비록 초의와 우담이 동일한 관점은 아닐지라도 백파를 비판했다는 점에서는 노선을 같이하고 있었음을 은근히 노출시켜주고 있다.

진하가 『선문재정록』이라고 제명을 붙인 것은 이전의 숱한 선리와 그에 대한 논쟁의 종식을 겨냥하여 거듭 바로잡는다는 의미를 내세운 것이었다. 그 결과로서 『선문강요집』을 원류로 하여 『선문수경』이 출현하고, 그에 대한 비판으로 『선문사변만어』에서부터 본격적으로 촉발된 논쟁의 완성을 이끌어내지는 못했을지라도, 100여 년간에 걸친 선리논쟁에 대하여 그 변별과 해석을 부분적으로 수용함으로써 백파와 초의와 우담과 설두의 각각 장점을 취합했다는 평가를 내릴 수가 있다.

이런 점에서 축원진하가 보여준 선리논쟁에 대한 성격은 어느 한편에 대한 일방적인 비판도 아니었고, 선리에 대하여 단순한 긍정만도 아니었고 부정만도 아니었다. 그것은 선리에 대하여 입장을 피력했던 先師들의 각각의 관점에 나타난 주장과 견해가 다양하게 전개될 수 있는 근거를 확보해주는 것이었다. 이런 점에서 이후 또 다른 선리의 논쟁에 대한 길을 열어 놓은 것이었다.

〈참고문헌〉

김종진 역, 『백열록』 2020. 동국대학교출판부

김영욱 역, 『선문사변만어』 2012. 동국대학교출판부

김호귀 역, 『수선결사문』 2012. 백파사상연구소

신규탁 역, 『선문수경』 2012. 동국대학교출판부

희철 저, 『조선후기 선리논쟁 연구』 2012. 해조음

김두재 역, 『선문수경』 2011. 백파사상연구소

통광 역주, 『초의다선집』 2003. 불광출판부

〈부록〉

한국 선리논쟁의 계보

1. 한국 선리논쟁의 원류

臨濟義玄(?-867)
『臨濟錄』
↓
汾陽無德(947-1024)
『汾陽錄』
↓
覺範慧洪(1071-1128)
『臨濟宗旨』
↓

2. 한국 선리논쟁의 발흥

眞靜天頙(1206-?)
『禪門綱要集』
↓
龜谷覺雲(조선초)
『禪門拈頌·拈頌說話會本』
↓

3. 한국 선리논쟁의 전개

白坡亘璇(1767-1852)　　玩虎倫佑(1758-1826)
①『禪文手鏡』(1827)　　↓
↓　↓　　艸衣意恂(1786-1866)　　金正喜(1786-1856)
龜峰仁裕　翰醒枕溟(1801-1876)　　②『禪門四辨漫語』(1913년 간행)　　②-1 『金秋史先生證白坡書』
↓　↓
道峰國燦　優曇洪基(1822-1881)
↓　③『禪門證正錄(掃灑先庭錄)』(1874)
正觀快逸
↓
雪竇有炯(1824-1889)
④『禪源遡流』(1889)　　大應坦鍾(1830-1894)
↓
竺源震河(1861-1926)
⑤『禪文再正錄』(1890년 무렵)

한국 선리논쟁의 전개

2021년 1월 21일 초판 인쇄
2021년 1월 28일 초판 발행

역주인 | 김호귀
발행인 | 신원식

펴낸곳 | 도서출판 중도
서울 종로구 삼봉로81 두산위브파빌리온 431호
등　록 | 2007. 2. 7. 제2-4556호
전　화 | 02-2278-2240

값 : 35,000원

ISBN 979-11-85175-45-4-93220